해설
대동여지도
大東輿地圖

도편 최선웅

국내 최초 산악 전문지 《월간 등산》(현재의 《월간 산》)을 창간하고, 1974년 지도 제작에 입문해
(주)매핑코리아 대표이사, 《계간 고지도》 편집장을 거쳐 현재 한국지도학회 고문, 한국고지도연구학회 회원,
한국산악회 자문위원, 한국지도제작연구소 대표로 활동 중이다.
저서로는 《한글 대동여지도》, 《2009년 검정 중학교 사회과부도》, 《전국 유명 등산지도 200산》, 《100명산 수첩》,
《백두대간 수첩》, 《한 권으로 보는 그림 한국지리 백과》, 《한눈에 펼쳐보는 세계 지도 그림책》 등이 있으며,
다수의 지도 관련 논문을 발표하였다.

해설 민병준

1980년대 대학 시절부터 전국의 명산대천과 명승지를 두루 답사하고, 《월간 사람과 산》 취재기자를 거쳐
1997년 히말라야의 낭가파르밧(8,125m)을 등반한 후 《월간 사람과 산》 편집장을 지냈다.
이후 《월간 마운틴》 편집장과 《월간 아웃도어》 편집주간을 역임했다. 1990년대 후반부터는 〈대동여지도〉를 들고
백두대간을 비롯해 이 땅의 산하를 두루 다니며 발품을 팔았다. 현재 국립등산학교 교장으로 재직 중이다.
저서로는 《한글 대동여지도》, 《백두대간 가는 길》, 《백두대간 수첩》, 《한국의 아름다운 강》, 《대한민국 산 여행》,
《경북 구곡》, 《속리산 구곡동천》, 《한 권으로 보는 그림 한국지리 백과》 등이 있다.

추천 이상태 박사

연세대학교 문과대학 사학과 학사 및 연세대학교 대학원 석사를 거쳐 동국대학교 대학원에서 박사 과정을 마쳤다.
국사편찬위원회 연구편찬실장과 사료조사실장을 역임하였으며, 동경대학교에서 교환교수로 근무하였다.
국가지명위원회와 문화재위원회의 위원을 역임하였으며, 동해연구회, 독도학회의 부회장과
한국고지도연구학회 회장을 역임하였다. 현재는 한국영토학회의 회장이다.
저서로는 《사료가 증명하는 독도는 한국 땅》, 《조선역사 바로잡기》, 《한국 고지도 발달사》 등이 있다.

해설 대동여지도

초판 1쇄 – 2017년 6월 12일   **초판 3쇄** – 2018년 1월 25일
개정판 인쇄 – 2026년 2월 20일   **개정판 발행** – 2026년 2월 27일
도편 – 최선웅
해설 – 민병준
발행인 – 허진
발행처 – 진선출판사(주)
책임편집 – 최지선
편집 – 김경미, 최윤선, 최지혜
디자인 – 고은정
총무·마케팅 – 유재수, 나미영, 허인화
주소 – 서울시 종로구 삼일대로 457 (경운동 88번지) 수운회관 15층
　　　전화 (02)720 – 5990   팩스 (02)739 – 2129
　　　홈페이지 www.jinsun.co.kr
등록 – 1975년 9월 3일 10 – 92

※ **책값은 뒤표지에 있습니다.**

ISBN 979-11-93003-93-0 03900

해설
대동여지도

大東輿地圖

도편 최선웅 | 해설 민병준
추천 이상태 박사

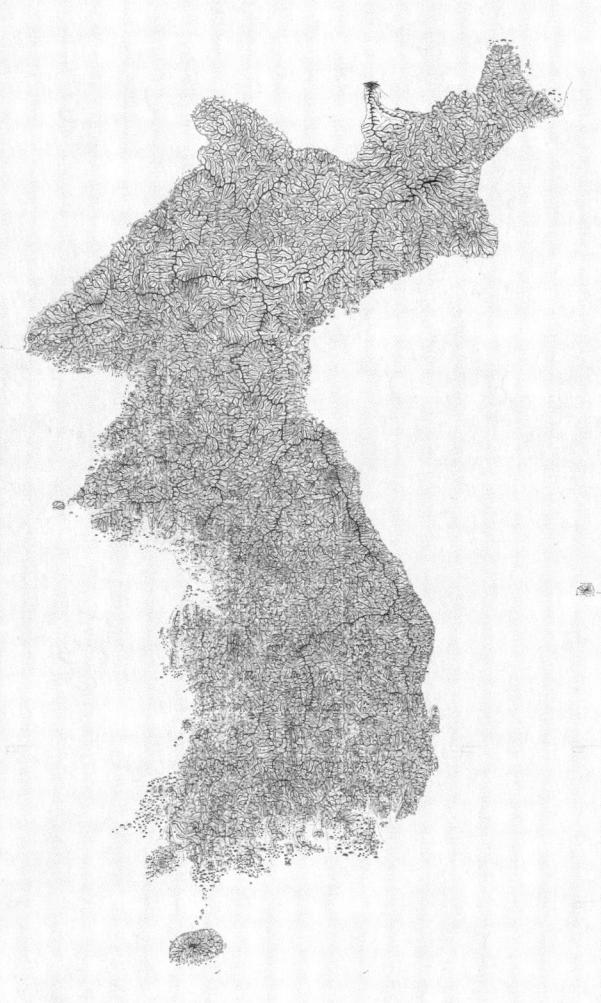

이 책에 실린 〈대동여지도〉는 개정 축쇄판입니다.

‖발간사‖

"대동여지도는 종래의 산천지도와 도리표를 참고하여 좀 더 간편하고 실용적이며 과학성을 집대성한 것으로, 실측지도가 나오기 전까지 이만큼 신뢰성과 실용적 가치를 지닌 지도는 없었다."(고 이병도 전 서울대학교 명예교수) "대동여지도가 정확함은 그것을 펼쳐 들 때 우리나라 강토가 하나도 빠짐없이 한눈에 들어옴을 보아 알 수 있다."(고 김양선 한국기독교박물관 초대 관장) "대동여지도는 전통적인 동양식 지도의 마지막 금자탑이다. 그것은 대동여지도가 조선 시대 사람들의 국토관과 지역에 대한 인식을 가장 분명하게 담고 있고, 그것을 지도학적으로 명료하게 표현하였기 때문이다."(양보경 성신여자대학교 명예교수)

조선 철종 12년(1861년) 고산자(古山子) 김정호(金正浩)가 목판으로 제작한 대동여지도는 우리나라 사람이면 모르는 이가 없을 만큼 조선 시대 최고의 지도로 평가되고 있는 지도입니다. 그 내용이나 특징, 가치 등에 관해서는 그동안 많은 학자나 전문가에 의해 연구되고 기록되어 왔으나 정작 누구나 대동여지도를 쉽게 보고 읽을 수 있는 여건은 마련되지 못하였습니다.

더욱이 대동여지도는 지명과 주기가 한자로 되어 있어 선뜻 대하기가 쉽지 않았습니다. 누구나 대동여지도를 손쉽게 접근할 수 있도록 '한글 표기 대동여지도'를 오래전부터 구상하고 있다가 이제야《해설 대동여지도》를 내놓게 되었습니다.

이 책은 대동여지도의 육지와 수부, 경계, 조선 10대로, 지도표까지 색상으로 단장하고 모든 지명과 주기에 한글을 병기하였습니다. 또한 지도의 우측에는 지도에 표현된 지명과 지형 등으로 조선 시대 상황과 현대에서의 변화를 다루거나 의미 깊은 명소의 해설을 실어 지도 보는 재미를 더하였습니다. 이밖에 지도의 난외주기와 색인 부호를 현대 지도와 같이 꾸며 지도 보기를 편하게 하였습니다.

이 책에서 가장 주목할 것은 대동여지도에 미처 그려 넣지 못한 우산도(獨島)와 삼도(巨文島)를 추가해 명실상부한 조선 전국 지도로서의 면모를 되살린 점입니다. 대동여지도 원판에 누가될지 모르겠으나 우리나라의 국토를 온전히 하고자 하는 의도는 고산자께서도 환영하리라 생각합니다.

대동여지도에는 조선 후기의 상황이나 정보가 고스란히 담겨져 있어 당시의 역사나 지리를 읽어 낼 수 있을 뿐 아니라 그 시대를 살았던 사람들의 숨결마저 느낄 수 있을 것입니다. 끝으로 어려운 여건 속에서도 조선 최고의 지도를 제작한 고산자 김정호 선생과 현대에 대동여지도를 완벽하게 복원해 낸 이우형 선생의 뜻을 기리며 이 책을 펴냅니다.

최선웅 · 민병준

‖추천사‖

김정호가 대동여지도를 제작한 것은 치국경제에 도움을 주기 위해서였습니다. 그는 대동여지도로 천하의 형세를 살필 수 있고, 대동여지도로 나라를 다스리는 큰 틀을 삼을 수 있다고 생각하였습니다.

김정호가 대동여지도를 만들기 위해 백두산을 7차례나 등정하였다는 사실을 믿는 연구자는 거의 없습니다. 그러나 과거에는 김정호의 위대성을 드높이기 위해 무비판적으로 이를 수용하였습니다. 오늘날에도 백두산을 혼자 등정한다는 것은 쉽지 않은 일이고, 또 백두산을 등정하였다고 하더라도 지도 제작에는 큰 도움이 못 되었을 것입니다. 그리고 그가 백두산을 등정하였다면《대동지지》에 수록되어 있는 〈함경도 무산부 백두산조〉 기사를 그렇게 소략하게 기록하지는 않았을 것입니다.

김정호와는 같은 시기에 활약하였고, 대동여지도 제작에 깊은 관심을 보였던 사람으로는 유재건, 최한기, 신헌 등이 있습니다. 그러나 누구 한 사람 김정호가 전국을 두루 답사하였다고 기록한 사람은 없습니다. 세 사람 모두 오로지 기존의 지도들을 두루 모아 좋은 점을 따서 집대성시켰다고 언급하고 있습니다. 김정호는 유재건이 지적한 것처럼 '깊이 고찰하고 널리 자료를 수집'하였거나, 최한기가 말한 것처럼 '오랜 세월 동안 자료를 찾고 수집·열람'하였으며, 신헌이 말한 대로 '광범위하게 수집하여 증거로 삼거나, 비변사에 소장된 여러 지도들을 상호 비교'하여 대동여지도를 만들었습니다. 이러한 과정에서 의심나는 곳은 직접 답사하였을 가능성은 있습니다.

고산자(古山子) 김정호(金正浩)를 모르는 사람은 드뭅니다. 그런데 대동여지도를 본 사람은 별로 없습니다. 대동여지도가 귀하고 비싼 귀중품이며 한자로 기록되어 있기 때문에 읽을 수 없었습니다. 이 책은 이러한 어려움을 한꺼번에 해결하였습니다. 최선웅 선생은 헌신적인 노력으로 누구나 대동여지도를 읽을 수 있도록 한자로 된 지명 옆에 한글로 또박또박 토를 달고, 지도가 한눈에 들어올 수 있도록 현대 지도처럼 색을 입혔습니다. 또한 권말에는 지명 색인을 실어 대동여지도에 수록된 지명을 쉽게 찾아볼 수 있도록 만들었습니다. 그리고 민병준 선생은 땅에 대한 해설을 달았습니다. 우리 조상의 지혜가 담긴 대동여지도가 《해설 대동여지도》로 재탄생되어 이제는 현대를 살아가는 우리도 바로 읽고 이해할 수 있게 되었습니다. 이 귀중한 책을 많은 분이 다방면으로 편리하게 이용하시기를 적극 추천합니다.

이상태
문학박사, 한국영토학회 회장

‖차례‖

‖ 이 책의 특징 ‖

봉명산
송악
만수산
두문동
개성
청교
취적교
풍릉산
진봉산

12–4 개성

1 한글 표기 컬러판 〈대동여지도〉

〈대동여지도〉 1861년(辛酉本) 원판을 디지털 데이터로 변환 축소(80%)하여 육지 · 수부(水部) · 경계 · 조선 10대 도로 · 지도표(地圖標) 일부를 컬러로 제작하고, 모든 지명과 주기에 한글을 병기하였다.

2 우산도와 삼도 추가

〈대동여지도〉에 미처 그려 넣지 못한 독도인 우산도(于山島)와 거문도인 삼도(三島)를 추가하여 명실상부한 조선 전국 지도로서의 면모를 되살렸다.

14–1 울릉도 · 우산도

3 〈대동여지도〉의 주요 지명 해설

《신당서(新唐書)》의 '좌도우사(左圖右史)'의 원칙에 따라 지도 우측에 조선 시대의 역사와 문화가 깃든 지명과 지형지물에 대한 해설을 붙여 〈대동여지도〉에 대한 이해를 높이고자 하였다.

4 새로운 형식의 색인 수록

권말의 지명 색인은 현대 지도와 같은 형식으로 한글명(한자명), 지도표 분류, 지도명 및 층–면수, 쪽수, 색인부호 순으로 기록하여 찾아보기 쉽도록 하였고, 한자 지명의 표기는 가능한 한 지도에 표기된 한자(略字 또는 俗字)대로 수록하였다.

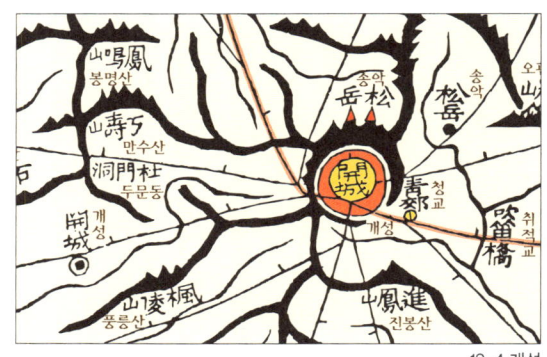

‖ 이 책의 구성 ‖

층–면수
지도 제목
지도표(지도 기호)
색인부호(가로)
행정구역 색인도
해설 제목
도엽 위치도
쪽 표제 (층–면수, 지도명)
인접 도엽 층–면수
조선 시대 역사와 문화에 대한 해설
색인 티크 (세로 4등분)
쪽수
하단 팁
인접 도엽 층–면수
색인 티크 (가로 5등분)
색인부호(세로)
하단 팁
쪽수
함흥 咸興 홍원 洪原
'함흥차사'가 유래한 함흥

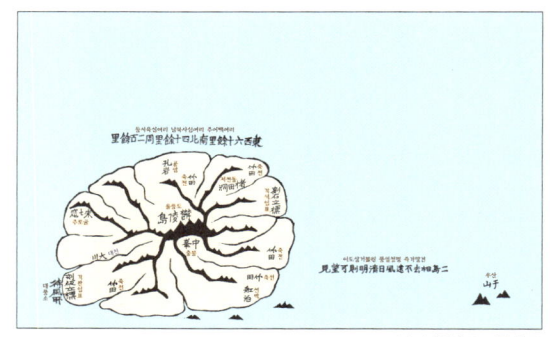

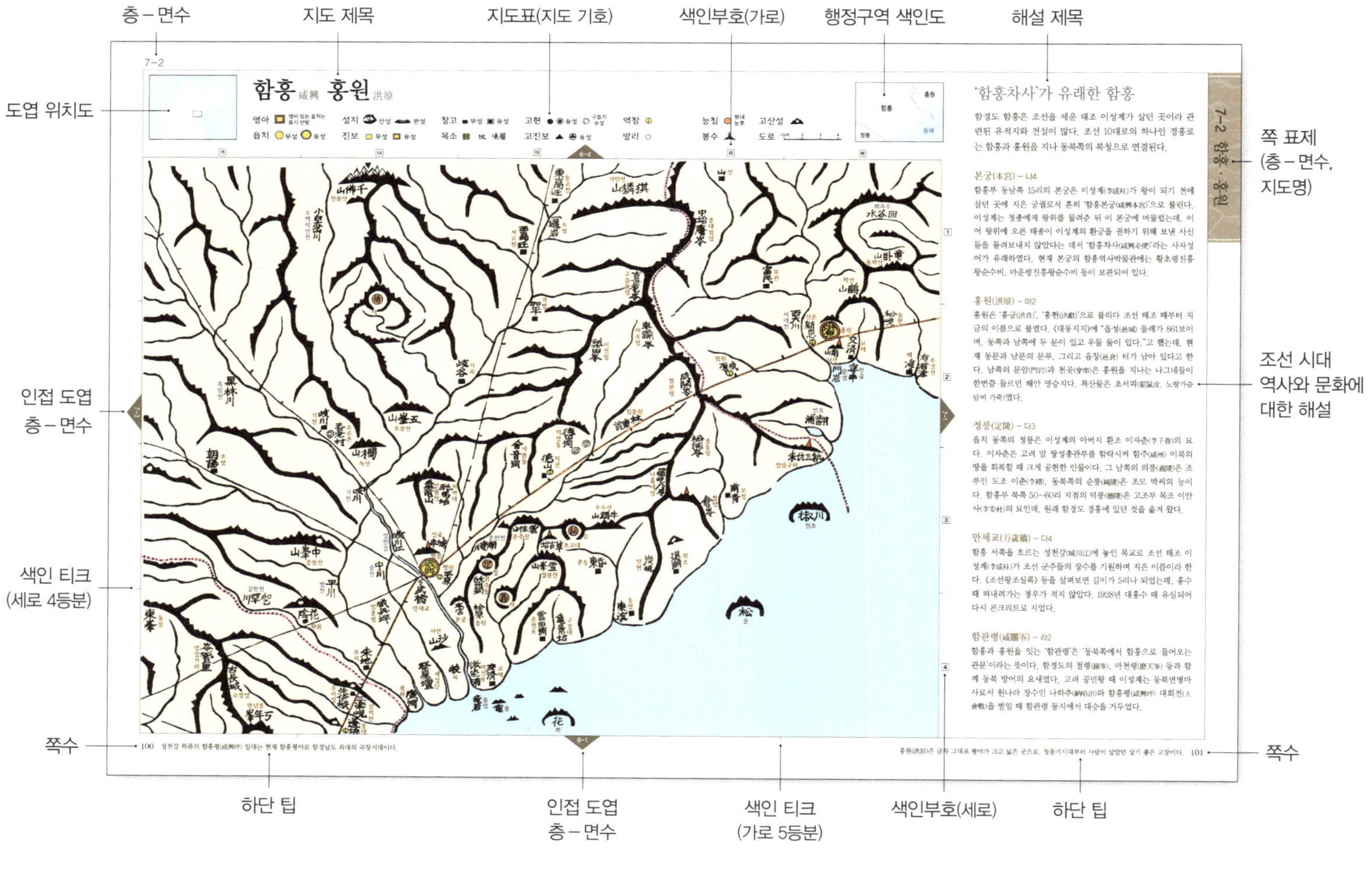

‖ 대동여지도의 특징 ‖

1 전국을 일정한 크기로 구획한 일반도

〈대동여지도〉는 전국을 가로 39.5cm, 세로 29.5cm의 일정한 크기로 남북 22층, 동서 2~8면으로 구획하여 총 120도엽으로 이뤄진 지도로서 현대의 지형도와 같은 일반도 또는 다목적 지도라 할 수 있다. 전국 120도엽을 모두 연접하면 가로 약 3.8m, 세로 약 6.7m의 대형 전국 지도가 된다. 전국 지도 이외의 지도로는 도성도(都城圖)와 경조오부도(京兆五部圖)가 있다.

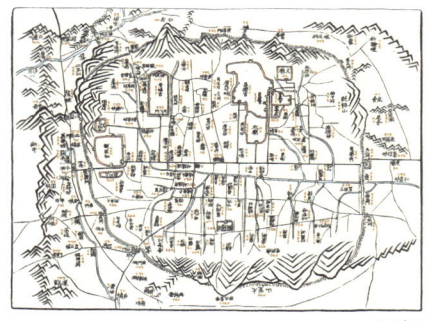

도성도

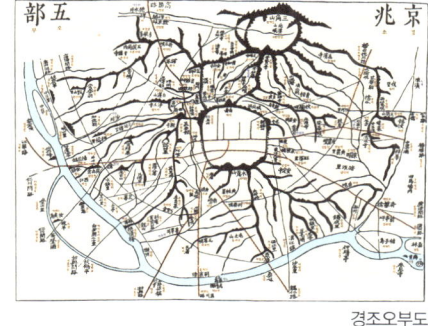

경조오부도

〈대동여지도〉 전도

2 방격(方格)에 의한 일정한 축척

〈대동여지도〉 본문 첫 쪽(1-1 도엽)에 실려 있는 가로 8칸, 세로 12칸의 방격표(方格標)는 지도 한 도엽을 반으로 접은 1면(面, 折)의 크기로 지도상 두 지점 간의 거리와 지도의 축척(縮尺)을 계산해 낼 수 있다. 표의 내부에 쓰인 매방십리(每方十里)는 한 칸이 10리라는 뜻이고, 매편 종백이십리 횡팔십리(每片 縱百二十里 橫八十里)는 방격표 한 편의 세로가 120리, 가로가 80리라는 뜻이다. 십사리(十四里)는 대각선 거리를 말한다. 모눈 한 칸의 길이가 10리이고 도상 길이가 2.5cm이므로 10리를 현재의 미터법으로 환산하면 〈대동여지도〉의 축척을 계산할 수 있으나, 조선 시대에는 통일된 도량형 제도가 없었기 때문에 정확한 축척의 계산은 불가능하다. 다만 조선 시대의 10리가 4km라면 축척은 160,000분의 1이 되고, 5.4km라면 216,000분의 1이 되고, 방격표의 거리로 계산하면 축척은 약 162,000분의 1이 된다.

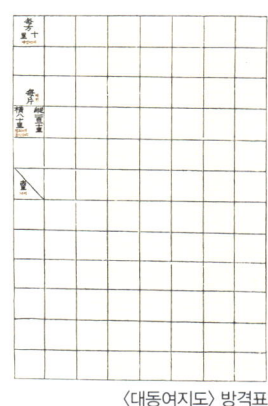

〈대동여지도〉 방격표

3 목판 인쇄(木版印刷) 지도

〈대동여지도〉는 대량 보급을 위해 목판으로 제작되었다. 목판의 재질은 피나무이며, 크기는 가로 약 43cm, 세로 약 32cm, 두께 약 1.5cm이다. 〈대동여지도〉의 판목 수는 표지, 지도유설, 팔도 행정통계, 도성도, 경조오부도를 합쳐 총 126판이 되나 앞뒤로 판각하고 내용이 극히 적은 도엽은 한 판에 두 도엽을 새겼기 때문에 목판 자체의 수는 60장 정도로 추정된다. 현재 남아 있는 목판은 모두 12장으로 보물로 지정되었으며 국립중앙박물관에 11장, 숭실대학교 한국기독교박물관에 1장이 소장되어 있다.

4-3 갑산의 목판 (자료 : 국립중앙박물관)

〈대동여지도〉의 분첩절첩식 제책 (자료 : 국립중앙박물관)

4 분첩절첩식(分帖折疊式) 제책

〈대동여지도〉는 각 층별로 모든 도엽을 연접한 뒤 지도 한 면을 반으로 지그재그로 접으면 병풍처럼 펼쳐 볼 수 있는 분첩절첩식(分帖折疊式) 제책이 된다. 제책한 최종 크기는 가로 19.8cm, 세로 29.8cm로 보관과 휴대에 편리하고 이웃한 층끼리 붙여 넓은 지역을 볼 수 있다.

‖ 대동여지도 읽기 ‖

1 지형의 표현

산줄기

산줄기는 조선 전통의 《산경표(山徑表)》에 따라 백두산에서부터 국토 구석구석에 이르기까지 체계적으로 분류하여 백두대간(白頭大幹)은 가장 굵게, 그 다음 정맥(正脈), 지맥(支脈) 순으로 굵기를 달리하여 산봉우리가 연이어 솟은 톱니 모양으로 표현하였다.

산과 고개

산의 표현은 여러 가지 모습으로 묘사하였다. 가령 백두산은 산줄기를 겹겹이 그려 웅대 무비하게, 금강산은 1만 2천 봉을 그려 아름답게, 그밖에 이름난 산들은 봉우리 위에 바위를 덧그렸고, 평범한 산들은 봉우리만 3개 이상 두드러지게 묘사하였다. 고개는 봉우리와 봉우리 사이에 잘록하게 묘사하였다.

물줄기

물줄기는 쌍선(雙線)과 단선(單線)으로 묘사되었다. 쌍선 하천은 조선 시대의 가항수로(可航水路)로 하류 쪽은 폭이 넓고 상류로 갈수록 폭이 좁아진다. 가항수로는 배가 다닐 수 있는 하천이고, 나루를 가리키는 진(津)은 쌍선 하천에만 표기되어 있다. 단선 하천도 상류로 갈수록 가늘고 뾰족해져 물줄기의 모습대로 묘사하였다.

못

못은 자연 호수와 인공 못으로 구분되며, 못의 형태에 따라 명칭이 달라진다.

섬과 바위섬

강화도나 진도, 울릉도와 같은 큰 섬은 섬 내에 산줄기가 그려져 있고, 그보다 작은 섬은 해안선과 작은 산줄기를 그렸고, 아주 작은 섬은 산봉우리 2~5개로만 묘사하였다. 해안의 바위섬은 삐죽삐죽한 돌조각 모양으로 1개 또는 여러 개로 묘사하였다.

2 행정경계

<대동여지도>에는 전국 334개 군현의 경계가 점선으로 그려져 있다. 이 책에서 군현의 경계는 적색 띠, 조선 8도의 경계는 보라색 띠로 구분하였다. 또 지도에는 74개에 이르는 월경지(越境地)가 군현계와 같은 점선으로 그려져 있는데, 월경지는 다른 행정구역에 둘러싸여 격리된 지역으로 '비지(飛地)', '비입지(飛入地)' 또는 '포령(包領)'이라고도 한다.

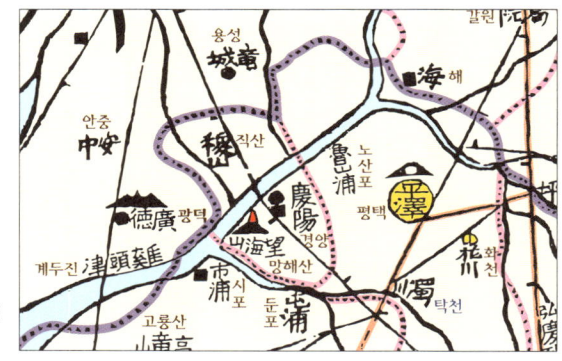

- - - - - - 군현계
- - - - - - 도계

3 도로

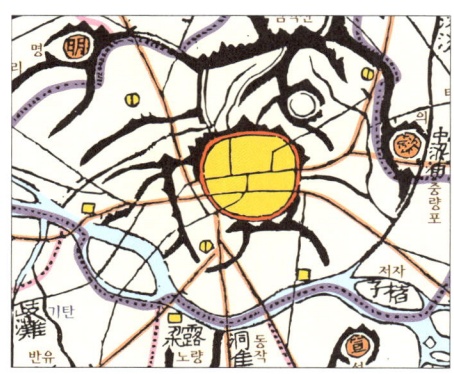

<대동여지도>의 도로는 모두 직선이고, 간선도로 상에는 일정한 간격으로 눈금이 그려져 있다. 지도표에 나와 있는 대로 한 눈금의 간격은 거리로 10리를 나타낸다. 눈금의 간격은 지형의 고저에 따라 간격이 달라지는데, 평지에서는 2.5㎝인데 비해 산을 넘는 길은 한 눈금 간격이 1.5㎝에 지나지 않는다. 도로 가운데 조선 10대로는 갈색으로 구분하였다. 《대동지지(大東地志)》에 나오는 조선 10대로는 일대로서북지의주(一大路西北至義州), 이대로동북지경흥(二大路東北至慶興), 삼대로동남지평해(三大路東南至平海), 사대로동남지동래(四大路東南至東萊), 오대로동남지봉화(五大路東南至奉化), 육대로서지강화(六大路西至江華), 칠대로남지수원(七大路南至水原), 팔대로남지해남(八大路南至海南), 구대로서남지충청수영(九大路西南至忠淸水營), 십대로남지통영(十大路南至統營)이다.

4 지도표

영아(營衙) ▢
영문(營門)에 속하는 관아(官衙)로, 병마절도사의 군영인 병영(兵營)과 수군절도사의 군영인 수영(水營), 이밖에 감영(監營), 행영(行營) 등의 군영(軍營)을 말한다. '영재읍치즉무표(營在邑治則無標)'라는 글은 군영이 읍치에 있는 경우 이 기호를 생략한다는 뜻이다.

읍치(邑治) 🟡 무성 🟡 유성
전국 334개 지방행정 단위의 소재지로 성(城)이 있으면 쌍선 원으로, 성이 없으면 단선 원으로 표시하고 원 내에 고을 이름을 표기하였다.

방리(坊里) ○
하급 지방행정구역의 명칭으로 지금의 읍·면·동에 해당된다.

성지(城池) 🏔 산성 ⌇ 관성
적을 방어하기 위하여 쌓은 성(城)과 성 안에 파 놓은 못(池)을 뜻한다. 지도에서는 산성(山城)과 관성(關城)을 뜻한다.

진보(鎭堡) 🟨 무성 🟧 유성
방어를 위해 쌓은 진지로 군사시설로서의 진(鎭)과 보(堡)를 뜻한다. 성(城)이 있으면 쌍선 사각형, 성이 없으면 단선의 사각형으로 표시한다.

역참(驛站) ⊕
역(驛)은 주요 도로에 약 30km 간격으로 설치되고 말과 역졸(驛卒)을 두어 공문 전달과 공무 여행자에게 말과 숙식을 제공하고 관물(官物) 수송도 담당하였다. 참(站)은 역과 역 사이에 공무 여행자가 휴식을 취하는 곳이다.

창고(倉庫) ■ 무성 ▣ 유성
창(倉)은 곡류를 저장하는 곳이고, 고(庫)는 기장(器仗)이나 포류(布類)를 저장하는 곳으로 모두 '관창(官倉)'이라 한다. 성(城)이 있는 것과 없는 것으로 구분한다.

목소(牧所) 🔲 牧 場屬
행정이나 군사적으로 필요한 말을 기르던 관영목장(官營牧場)이다. 사각형 내에 '牧(목)' 자를 쓴 목장은 종6품(從六品)의 감목관(監牧官)이 관장하던 곳이다.

봉수(烽燧) ▲
횃불과 연기로 변방의 긴급한 정세를 중앙에 신속하게 알리는 군사통신제도로, 지도에서는 공공의 정치나 군사적 통신을 목적으로 설치되었던 봉수대를 뜻한다.

고현(古縣) ● ◉ 유성 ◎ 구읍지·유성
폐지된 부·목·군·현의 소재지로 성(城)이 없는 곳과 성이 있는 곳, 구읍지(舊邑址)로 성이 있는 곳 등 세 가지로 구분한다.

고진보(古鎭堡) ▲ ⬟ 유성
옛 진(鎭)과 보(堡)로 성(城)이 있는 곳과 없는 곳 두 가지로 구분한다.

고산성(古山城) ⛰
옛 산성이나 폐산성(廢山城)을 뜻한다.

능침(陵寢) 🟠 원내 능호
왕이나 왕비의 능원(陵園)과 묘소·침소(寢所)로, 원 내에 능호(陵號)의 첫 글자를 적었다. '시봉능호서권내(始奉陵號書圈內)'라는 글은 '기호 내에 능호를 써 넣어 표시하였다'는 뜻이다.

파수(把守) △
'파수'란 '경계하여 지킴, 또는 지키는 사람'이라는 뜻으로, 조선 시대 변방의 초소나 궁궐문, 도성의 성곽을 수비하는 군인을 말하기도 한다.

5 지명

- 〈대동여지도〉에 수록된 지명의 수는 이 책의 지명 색인으로 11,677개(목장 포함)로 집계된다.
- 강·천·못·폭포·온천 등 수부 지명의 한글 표기는 청색으로 표시하였다.

자연 지명

자연 지명은 산·고개·하천·못·섬·해안·평야 등이다. 산명은 산(山)·봉(峯)·악(岳)·암(岩)·대(坮) 등으로, 고개는 령(岺)·치(峙)·현(峴)·고개(古介) 등으로, 하천은 강(江)·천(川)·수(水)·계(溪)·탄(灘)·곡(谷) 등으로, 못은 호(湖)·담(潭)·지(池)·연(淵)·제(堤) 등으로, 해안은 곶(串)·양(梁)·백사(白沙) 등으로, 평야는 평(坪)·야(野)·벌(伐) 등으로 표기된다.

인문 지명

인문 지명은 행정·취락·경제·교통·군사·문화 등이 해당된다. 행정명은 읍(邑)·고읍(古邑) 등으로, 취락은 리(里)·촌(村)·포(浦)·진(津) 등으로, 경제는 창(倉)·목(牧) 등으로, 교통은 역(驛)·원(院)·참(站)·점(店) 등으로, 군사는 성(城)·고성(古城)·영(營)·진(鎭)·고진(古鎭)·봉수(烽燧) 등으로, 문화는 사(寺)·정(亭)·루(樓)·온정(溫井) 등으로 표기된다.

대동여지도
색인도

		1-2	1-1
2-6	2-5	2-4	2-3	2-2	2-1
3-7	3-6	3-5	3-4	3-3	3-2	3-1
4-7	4-6	4-5	4-4	4-3	4-2	4-1
5-7	5-6	5-5	5-4	5-3	5-2	5-1
6-8	6-7	6-6	6-5	6-4	6-3	6-2	6-1
7-7	7-6	7-5	7-4	7-3	7-2	7-1
8-6	8-5	8-4	8-3	8-2	8-1
9-4	9-3	9-2	9-1
10-6	10-5	10-4	10-3	10-2	10-1
11-6	11-5	11-4	11-3	11-2	11-1
12-6	12-5	12-4	12-3	12-2	12-1
13-6	13-5	13-4	13-3	13-2	13-1
14-6	14-5	14-4	14-3	14-2	14-1
15-6	15-5	15-4	15-3	15-2	15-1
16-6	16-5	16-4	16-3	16-2	16-1
17-5	17-4	17-3	17-2	17-1
18-6	18-5	18-4	18-3	18-2	18-1
19-6	19-5	19-4	19-3	19-2	19-1
20-5	20-4	20-3	20-2	20-1
21
22

해설 대동여지도

지도유설 地圖類說

〈대동여지도〉 서문에 해당하는 지도유설은 고대 중국의 지도 제작 기원과 지도의 중요성을 밝히고, 진(晉)나라 지도학자인 배수(裵秀)의 지도 제작의 규범이 되는 6가지 원칙인 '제도육체(製圖六體)'에 대해 자세하게 설명하고 있다. 제도육체는 분율

周禮云東西爲廣南北爲輪

也二曰準望所以正彼此之體也三曰道里所以定所由之數也四曰高下五曰方邪六曰迂直此六者各因地而制形所以校夷險之故也有圖象而無分率則無以審遠近之差有分率而無準望雖得之於一隅必失之於他方雖有準望而無道里施於山海絕隔之地不能以相通有道里而無高下方邪迂直之校則徑路之數必與遠近之實相違而失準望之正故必以此六者參以考之然後遠近之實定於分率彼此之實定於道里度數之實定於高下方邪迂直之筭故雖有峻山巨海之隔絕域殊方之迴登降詭曲之因皆可得舉而正者準望之法旣定與曲直遠近無所隱其形

宋呂祖謙漢輿地圖序曰輿地之有圖古也自成周大司徒掌天下土地之圖以周知廣輪之數而職方氏之圖後加詳焉逮漢滅秦蕭何先收其圖書始具知天下隘塞戶口多少之差然則尚矣

方輿紀要云正方位辨里道二者方輿之眉目也而或則略之嘗謂言東則東南東北皆可謂之東審求之則方同而里道迥差里同而山川田互圖繪可憑也而未可憑記載可信也而未可信惟神明其中者始能通其意耳若井方隅里道而去之與面墻何異乎

배수(裵秀)의 제도육체는 김정호(金正浩)가 1834년(순조 34년)에 제작한 《청구도》의 서문인 청구도제(靑邱圖題)에도 나온다.

(分率), 준망(準望), 도리(道里), 고하(高下), 방사(方邪), 우직(迂直)이다.

배수의 제도육체

地圖類說

說者曰風后受圖九州始布此輿圖之始也山海有經爲篇十三此地志

之始也周禮大司徒以下職方司書司險之官俱以地圖周知險阻辨正

名物戰國時蘇秦甘茂之徒皆據圖而言天下險易蕭何入關先收圖籍

鄧禹馬援亦以此事光武成功名儒者自鄭玄孔安國以下皆得見圖籍

驗周漢山川盖圖以察其象書以昭其載左圖右書真學者事也

晉裴秀制地圖論畧曰圖書之設由來尚矣自古垂象立制而賴其用三

어떤 사람이 이르기를 풍후가 지도를 받아 비로소 구주에 전파하니 이것이 지도의 시초요, 산과 바다에 관한 책이 13편이 되니 이것이 지지의 시초이다. 주례에 대사도 이하 직방·사서·사험의 관리들이 모두 지도를 가지고 험하고 막힌 것을 두루 알고 각지의 명물을 올바로 분별하였으며, 전국 시대의 소진·감무의 무리들은 모두 지도에 의해 천하의 험하고 평탄한 것을 말하였다.

소하가 관문에 들어가서 먼저 지도와 서적을 거두고, 등우와 마원은 또한 이로써 광무제를 섬기고 공명을 이루었다. 유학자 정현과 공안국 이하 모두 지도와 서적을 얻어 보아 주·한의 산천을 실제 경험하였으니, 대략 지도로써 그 형상을 살피고 지지로써 그 수를 밝혔으며, 좌측에 지도를 두고 우측에 서적을 두었으니 참다운 학자의 일이라고 하였다.

진나라 배수의 지도 만드는 이론을 간추리면 대략 이러하다. "지도와 서적을 만드는 것은 그 유래가 오래되었는데, 옛날 하늘이 형상을 드러내고 제도를 세운 때부터 활용되었고 3대에는 그 관직을 두어 사가 그 직책을 관장하였다." 또 "지도를 만드는 데는 6가지 원칙이 있는데, 첫째는 분율이니 그것은 넓이를 헤아리는 것이다(주례에 동서를 광, 남북을 윤이라 함). 둘째는 준망이니 이곳과 저곳의 방위를 바르게 하는 것이다. 셋째는 도리이니 이쪽과 저쪽의 거리를 정하는 것이다. 넷째는 고하이고, 다섯째는 방사요, 여섯째는 우직이다.

이 6가지로 그 지형에 따라 지도를 만드는 것이니 평탄함과 험함을 헤아리는 것이기 때문에 지도 모양만 있고 분율이 없으면 원근의 차이를 밝힐 수 없고, 분율이 있되 준망이 없으면 한 곳이 잘되더라도 다른 곳에서 반드시 실패하게 된다. 또한 준망이 있되 도리가 없으면 산과 바다에 막힌 곳도 지날 수 있듯 보인다. 도리가 있으나 고하·방사·우직과 대조함이 없으면 경로의 거리가 반드시 원근의 실제와 어긋나게 되고, 준망의 바른 것을 잃게 된다.

그러므로 반드시 이 6가지를 참작하여 고찰한 뒤에 원근의 실제가 분율에 의해 정해지고, 그것의 실제가 도리에 의해서 정해지고, 도수의 실제가 고하·방사·우직의 계산에 의해서 정해지는 것이다. 그런 까닭에 높은 산과 큰 바다로 막히고, 단절된 지역을 우회하는 방법은 오르내리고 어긋나 굽은 것이 제각기 생겼다 할지라도 준망이 정확하고 곡직원근을 잃지 않는 모양을 표현해 낼 수 있다."

송나라 여조겸이 쓴 〈한여지도〉의 서문에 이르기를 땅의 지도가 있던 것은 옛날부터다. 성주 때부터 대사도가 천하 토지의 지도를 관장하여 그로써 광륜의 수를 두루 알았고, 직방씨의 지도는 뒤에 더욱 상세해졌다. 한이 진을 멸망시키기에 이르러서 소하가 먼저 그 지도와 서적을 거두어 비로소 천하의 험하고 막힌 것과 호구의 많고 적음의 차이를 모두 알았으니 그런즉 오래된 것이라고 하였다.

《방여기요》에 이르기를 방위를 바로 하고 거리를 밝히는 것의 두 가지는 방여의 요체인데 더러는 그것을 소홀히 한다. 일찍이 이르되 '동쪽'이라 하면 동남쪽이나 동북쪽이나 모두 동쪽이라 할 수 있는데 자세하게 구한다면 방위는 똑같으나 거리가 들쭉날쭉하고 거리가 같아도 산천이 구불구불할 것이다. 그러면 지도에

지도유설 地圖類說

지도유설에 언급된 《방여기요(方輿紀要)》는 청대의 학자 고조우(顧祖禹)가 1678년(강희 17년)에 완성한 중국의 역사 지리서로 본편 130권, 부록 《여도요람(輿圖要覽)》 4권, 《수(首)》 1권으로 이뤄졌다. 고대로부터 명대까지의 중국 전토에 대한 지리적 형

四夷枝幹強弱之分邊腹重輕之勢不可以不知也宰相佐天子以經邦
凡邊塞利病之處兵戎措置之宜皆不可以不知也百司庶府為天子綜
理民物則財賦之所出軍國之所資皆不可以不知也監司守令受天子
民社之寄則彊域之盤錯山澤之藪慝與夫耕桑水泉之利民情風俗之
理皆不可以不知也四民行役往來凡水陸之所經險夷趨避之實皆不
可以不知也世亂則由此而佐折衝鋤強暴時平則以此而經邦國理人
民皆將於吾書有取焉耳

文獻備考云三海沿兩江沿總一萬九百三十里 三海沿凡一百二十
八邑總八千四十三里 以邊邑相距計之 兩江沿總二千八百八十七里
東北起慶興南至機張三千六百十五里
東自機張西至海南一千八十里 巨濟南海不入
南自海南北至通津一千六百六十里 濟州珍島江華不入
西北自義州南至通津一千六百八十六里 喬桐不入
鴨綠江沿二千三十四里
豆滿江沿八百四十四里

《문헌비고(文獻備考)》는 조선의 모든 제도와 문물을 연대 순으로 정리한 백과전서이다.

세, 연혁, 산천 등에 대해 상술하였는데, 38권에는 고려와 조선에 관한 자료가 실려 있다.

《방여기요》를 지은 고조우

名山支山山之大端也其間有特峰者焉有並峰者焉連峰疊峰者焉經川支流水之大端也其間有滙流者焉有分流并流絕流者焉方輿紀要云孫子有言不知山林險阻沮澤之形者不能行軍不用鄉導者不能得地利然不得吾書亦不可以用鄉導鄉導其可特乎栽何也鄉導用之于臨時者也地利知之于平日未嘗于九州之形勢四方之險易一一辨其大網識其條貫而欲取信于臨時之鄉導安在不爲敵所愚也故辨要害之處審緩急之機奇正斷干胄中死生變于掌上因地利之所在乃爲滙衍焉 玉不蜀于軍之一端也天子灼無萬國外益

그린 것이 믿을 만하지만 꼭 믿을 수 없고, 기재한 것이지만 꼭 믿을 수가 없다. 오직 그 지형을 훤히 아는 사람만이 비로소 그 뜻을 이해할 수 있다. 만약 방위와 거리를 모두 버린다면 담벼락에 얼굴을 대고 있는 것과 무엇이 다르겠는가라고 하였다.

이름난 산에서 갈려 나온 산은 큰 근본이다. 그 사이에 우뚝하게 솟은 것도 있고 나란히 솟은 것도 있고 연이어 솟아 있거나 중첩하여 솟은 것도 있다. 큰 강에서 갈려 나온 물은 큰 근원이다. 그 사이를 돌아 흐르는 것도 있고 나뉘어 흐르는 것도 있고 합쳐서 흐르거나 끊어져 흐르는 것도 있다.

《방여기요》에 손자가 말하기를 산과 숲의 험하고 막힌 것과 늪과 못의 형세를 알지 못하는 사람은 행군을 할 수 없으며, 향도를 쓰지 아니하는 사람은 지세의 이로움을 얻을 수 없다. 그리하여 내 글을 얻지 못하면 또한 가히 향도를 쓸 수가 없으니 향도를 가히 믿을 수 있겠는가. 어째서인가, 향도는 임시로 쓰는 것이고 지세의 이로움은 평소에 알아 두는 것이다. 평소에 일찍이 구주의 형세와 사방의 험하고 평탄한 것에 대해서 하나하나 그 큰 벼리를 판별하고 그 곁가지를 알아 두지 아니하고서 임시로 향도에게서 믿음을 취하고자 하면 어떻게 적이 어리석게 여기는 바가 되지 않을 수 있겠는가.

그러므로 요새가 되는 곳을 구별할 줄 알고 느리고 급한 기미를 살피면, 기습 공격하는 것과 정면 공격하는 것이 가슴 속에서 결정되고, 죽고 사는 것이 손바닥 위에서 변하게 되니, 지세의 이로움이 있는 곳에 의지하여 임기응변하는 것이다. 또한 행군뿐만 아니라 천자가 안으로 만국을 다스리고 밖으로 사방의 오랑캐에 임하는 데 있어 가지와 줄기, 강한 것과 약한 것의 구분과 가장자리와 중심, 중요한 것과 가벼운 것의 형세를 몰라서는 안 된다.

재상이 천자를 도와서 나라를 다스리는 데 무릇 변방 요새의 유리하고 불리한 곳과, 전쟁에 대한 마땅함을 몰라서는 안 되는 것이다. 모든 관원과 여러 부서에서 천자를 위해 백성과 사물을 함께 다스리는 데 있어 재물과 세금이 나오는 곳과 국방과 나랏일의 바탕을 모두 알아야 한다. 감사와 수령들은 천자가 백성과 사직을 맡겼으면 그 지역에 뒤섞여 있는 것과 산과 못의 우거지고 숨겨진 것, 그리고 농사짓고 누에치고, 샘물을 쓰는 데 유리한 것과 백성들의 실정과 풍속을 다스리는 모든 것을 알아야 한다.

백성이 여행하고 왕래하는 데 무릇 수로나 육로의 험하고 평탄함에 따라 나아가고 피하는 내용들을 모두 몰라서는 안 된다. 세상이 어지러우면 이로 말미암아서 쳐들어오는 적을 막아 강폭한 무리들을 제거하고, 시절이 평화로우면 이로써 나라를 경영하고 백성을 다스리니 모두 내 글을 따라서 취하는 것이 있을 따름이라고 하였다.

《문헌비고》에 따르면 3해의 연변과 두 강의 연변이 총 10,930리, 3해의 연변 128읍에 총 8,043리, 두 강의 연변 총 2,887리(변방 고을과의 거리), 동북쪽 경흥에서 남쪽 기장까지 3,615리, 동쪽 기장에서 서쪽 해남까지 1,080리(거제와 남해는 제외), 남쪽 해남에서 북쪽 통진까지 1,660리(제주, 진도, 강화 제외), 서북쪽 의주에서 남쪽 통진까지 1,686리(교동 제외), 압록강 연변은 2,034리, 두만강 연변 844리이다.(황의열 역 재해석)

팔도행정통계 八道行政統計

팔도행정통계는 당시 조선에 대한 중요한 행정통계를 한눈에 볼 수 있도록 정리해 놓은 것이다. 그 내용은 각 도별 지방행 정, 인구, 호구 수 외에도 봉수, 역참, 창고의 통계와 지방에서 국고로 들어오는 곡식의 양, 토지, 군사시설 등의 통계까지 포

	京畿	忠清	慶尚	全羅	江原	黃海	咸鏡	平安	濟州
田賦	八千六結	二十六萬五千	三十七萬三千	三十一萬四千	四萬二千	十二萬三千	十一萬八千	十九萬一丁	面二十七
民戶	十三萬一千	二十一萬七千	三十萬五千	二十萬七千四	八萬一千	十萬四二千	十萬九一千	十萬七九千	海堡十
人口	一百萬四千	八十萬六千七	一百萬七千	九十七萬一千	三十萬三四千	五十萬三千	七十萬三一千	七十萬一八千	烽二十七
軍摠	四十萬一千	十萬七千	三十萬二九千	二十萬六九千	四萬三四千	十萬七六千	十萬六五八千	二十萬五八千	牧所十四
牧場	十一	三	十一	五十	五	五	五	五	
倉庫	六十六	一百十三	三百十二	三百六六	九十三	一百五二	二百一六	四百十四三	
穀摠	三十萬七	八十萬六	一百萬二八	一百萬二十	十八萬三十	三十萬五	一百萬二	一百萬十九十	

전부(田賦)는 논밭에 대한 조세, 민호(民戶)는 조세 대상이 되는 호구 수, 곡총(穀摠)은 나라에 들어오는 곡식의 양이다.

함되어 있다. 수도인 경도(京都)와 제주 (濟州)를 별도로 다루었다.

팔도 총도

	京都	京畿	忠清	慶尚	全羅	江原
坊 / 州縣	五十六	三十七	五十四	七十一	五十六	二十六
津堡 / 大小營	二	十二	八	十一	十	五
鎭堡		二十七	五	三十	二十八	二
山城		五	二	七	六	
烽 / 烽燧	七	四十	四十四	一百三十四	四十三	十一
驛 / 驛站	二	四十九	七十一	一百六十一	五十九	八十一
坊面		四百七十六	五百六十二	九百四十七	七百七十七	二百三十九
戶	四万四千	十一万三千	二十一万七千	三十三万五千	二十四万七千	八万一千
口	十八万七千	四十六万一千	八十六万八千	一百四十四万七千	九十一万七千	三十四万三千

경도
방 56, 진보 2, 봉수 7, 역 2, 호 44,000, 인구 187,000

경기
주현 37, 대소영 12, 진보 27, 산성 5, 봉수 40, 역참 49, 방면 476, 전부 86,000결, 민호 113,000, 인구 461,000, 군총 93,000, 목장 21, 창고 66, 곡총 370,000

충청
주현 54, 대소영 8, 진보 5, 산성 2, 봉수 44, 역참 71, 방면 562, 전부 256,000결, 민호 217,000, 인구 868,000, 군총 171,000, 목장 3, 창고 137, 곡총 860,000

경상
주현 71, 대소영 11, 진보 30, 산성 7, 봉수 134, 역참 161, 방면 947, 전부 337,000결, 민호 335,000, 인구 1,447,000, 군총 392,000, 목장 11, 창고 320, 곡총 1,820,000

전라
주현 56, 대소영 10, 진보 28, 산성 6, 봉수 43, 역참 59, 방면 777, 전부 341,000결, 민호 247,000, 인구 917,000, 군총 296,000, 목장 50, 창고 366, 곡총 1,720,000

강원
주현 26, 대소영 5, 진보 2, 봉수 11, 역참 81, 방면 239, 전부 42,000결, 민호 81,000, 인구 343,000, 군총 48,000, 창고 93, 곡총 180,000

황해
주현 23, 대소영 8, 진보 14, 산성 6, 봉수 46, 역참 29, 방면 317, 전부 132,000결, 민호 124,000, 인구 533,000, 군총 167,000, 목장 5, 창고 125, 곡총 370,000

함경
주현 25, 대소영 11, 진보 41, 봉수 151, 역참 60, 방면 281, 전부 118,000결, 민호 119,000, 인구 713,000, 군총 156,000, 목장 5, 창고 261, 곡총 1,270,000

평안
주현 42, 대소영 12, 진보 57, 산성 9, 봉수 127, 역참 44, 방면 479, 전부 119,000결, 민호 197,000, 인구 781,000, 군총 285,000, 목장 5, 창고 434, 곡총 1,100,000

제주
면 27, 해보 10, 봉수 27, 목소 14

조선 후기의 행정구역은 수도 한성부 외에 전국을 8도로 나누고, 334개 주현을 두었다. 제주는 전라도에 속하였다.

도성도 都城圖

<대동여지도>는 전국 지도뿐만 아니라 도성도(都城圖)와 경조 오부도(京兆五部圖)를 실음으로써 명실상부한 조선 전국 지도 로서의 완벽을 기하였다. 도성도는 당시 조선의 수도 한성부 (漢城府)를 그린 지도로 한성부의 행정구역인 5부(동부·서부·

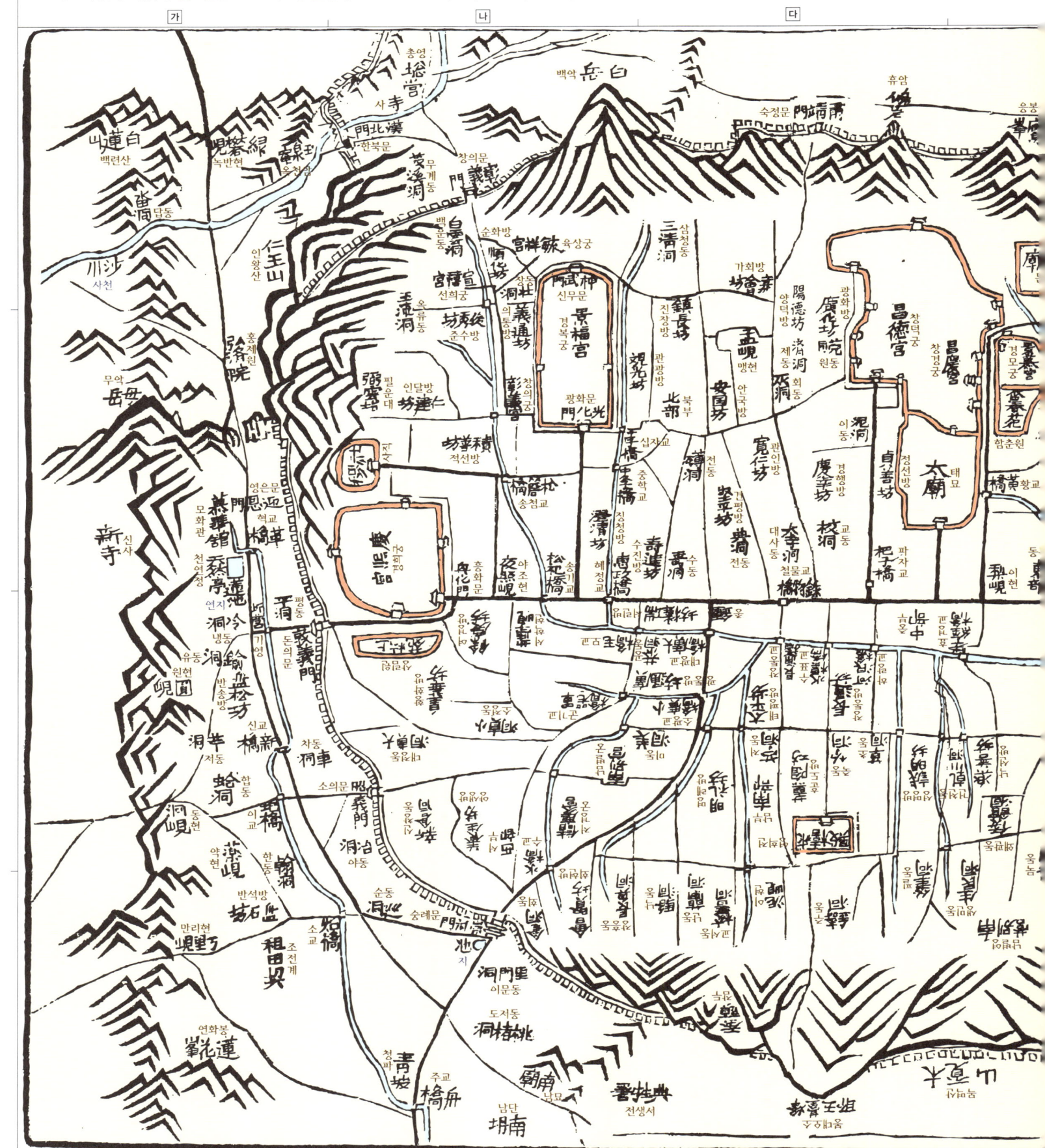

도성(都城)에는 숙정문·창의문·돈의문·소의문·숭례문·광희문·흥인문·혜화문 등 8개의 성문이 있었다.

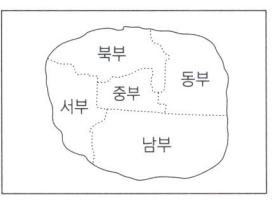

중부·남부·북부)에 따른 방(坊)과 계(契)·동(洞)이 표기되어 있다.

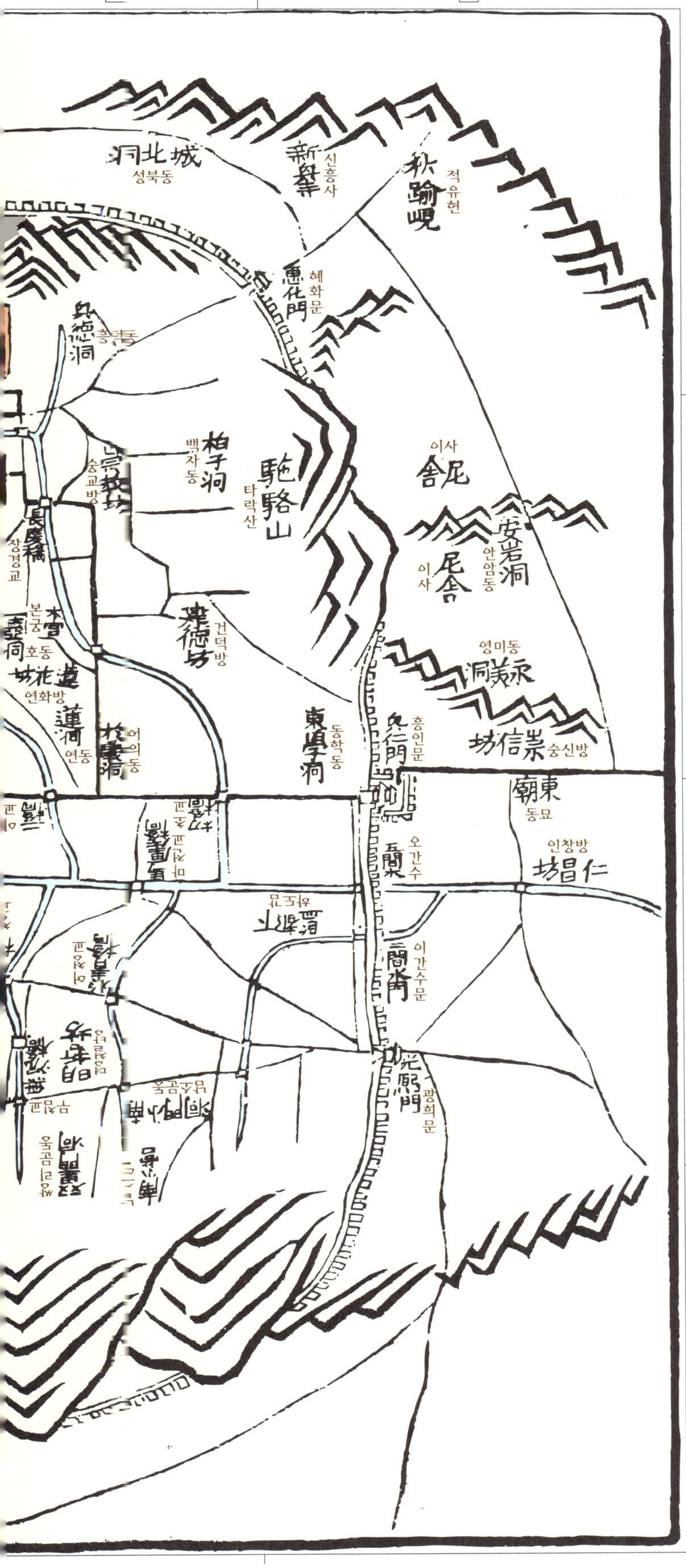

라　　　마

도성 안을 자세히 표현한 한양 정밀도

한양을 둘러싼 내사산 산줄기를 연결해 쌓은 한양 성곽 안을 자세히 보여 주는 지도이다. 국가 경영에 필요한 주요건물이나 성 안의 사정을 자세히 표현하고 있는 도성도는 조선 시대 낱장으로도 인기 있는 지도였다.

한양의 풍수

한양은 '바람은 감추고 물은 얻는다'는 장풍득수(藏風得水)의 명당이다. 한양의 조산(祖山)은 삼각산(三角山, 지금의 북한산)이다. 북쪽의 백악산(白岳山, 지금의 북악산)은 현무인 주산(主山)이고, 동쪽의 타락산(駝駱山, 지금의 낙산)은 좌청룡, 서쪽의 인왕산(仁王山)은 우백호, 남쪽의 목멱산(木覓山, 지금의 남산)은 주작인 안산(案山)이다. 북악산·낙산·인왕산·남산을 일컬어 '내사산(內四山)'이라 한다. 그 가운데를 흐르는 청계천은 내수(內水)인 명당수, 바깥의 한강은 외수(外水)인 객수(客水)이다. 한강은 남산과 관악산 사이를 빠져 흐르며 한양을 크게 감싸고 있는 형세를 취한다.

한양 도성

조선은 1394년(태조 3년) 천도 당시 한양을 둘러싼 내사산 산줄기를 연결해 도성(都城)을 쌓았고, 성 안에 궁궐·종묘·사직단·관아·문묘 등 국가 경영에 필요한 주요 건물들을 세웠다. 성곽에는 4대문과 4소문을 두고 성 안팎을 연결하였다. 한양 도성은 조선 후기까지 온전하였으나 일제 강점기와 한국전쟁을 거치며 많이 파괴되었다.

한양의 궁궐

한양은 궁궐을 중심으로 조성된 신도시였다. 조선 시대 정궐(正闕)인 경복궁(景福宮)은 개국 때 지어졌으나 임진왜란 때 불에 탄 것을 흥선대원군이 1865~1867년에 중건하였다. 〈대동여지도〉가 제작된 1861년(철종 12년) 당시에는 폐허 상태였는데, 정궐이기 때문인지 잘 표현되어 있다. 별궁으로 건축된 창덕궁(昌德宮)은 조선의 왕들이 가장 좋아해 임진왜란 이후 경복궁 중건까지 약 3백 년간 본궁 구실을 하였다. 금원(비원)을 비롯한 정원과 부속 건물들이 원형으로 잘 남아 있다. 왕실의 생활공간으로 지은 창경궁(昌慶宮)이 동남쪽에 붙어 있다. 서쪽 돈의문 근처에는 광해군이 지었지만 인조반정으로 쫓겨난 뒤, 인조가 정사를 보았던 경희궁(慶熙宮)이 보인다.

봉대오소(烽臺五所) – 다4

봉대(烽臺)는 밤에는 불, 낮에는 연기를 이용해 변방 상황을 한양에 알리던 봉수대(烽燧臺)다. 이곳은 전국의 봉수가 최종적으로 모두 전달되는 중앙 봉수대였다. 남산 봉수대는 모두 5개소가 있었으나, 현재 봉수대는 자료를 고증해 1개소를 복원한 것이다.

경조오부도 京兆五部圖

경조오부(京兆五部)는 한성부 전체를 이르는 말로, 조선 시대 한성부는 도성과 그 주변 10리까지를 관할하였다. 이와 같은 성저

십리(城底十里)에는 조선 전기까지는 인구가 적었지만 후기가 되면서 한성부 인구의 절반가량이 살았다. 서강과 마포·용산은 상

업이 번성하였고, 흥인문 밖 왕십리 · 전관평(箭串坪)은 근교농업이 성했다.

⑤부
성저십리

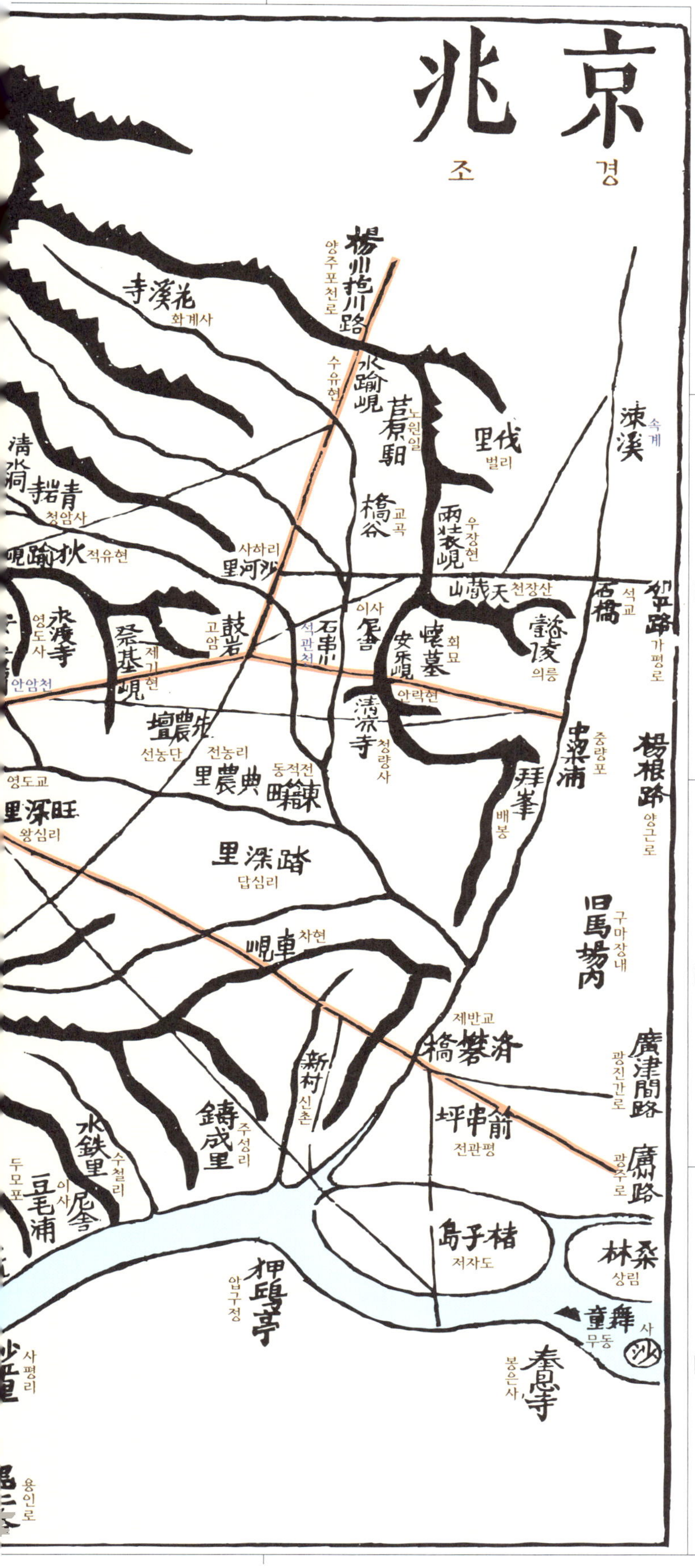

라　　　　　마

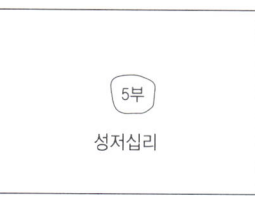

京兆
조　경

성 밖 10리까지 표현한 한양 광역 지도

조선의 도읍지인 한양의 중심부와 성 밖 10리까지 한성부의 전체 구역을 넓게 보여 준다. 성 안은 간략하게 도로만 그렸고, 성 밖 지역은 산줄기와 물줄기, 도로를 중점적으로 표현하고 있다.

경조오부(京兆五部)

경조(京兆)는 도읍인 한성부를, 오부(五部)는 한성부 중심의 중부와 동 · 서 · 남 · 북부를 뜻하는 행정 단위다. 조선 시대 도읍을 표현하는 용어는 여럿인데, 우리가 흔히 쓰는 한양은 고려 때의 명칭이다. 조선 개국과 동시에 사용된 도읍의 정식 명칭은 한성부(漢城府)로서 515년간 유지되었다.

도성(都城)과 성저(城底)

한양은 크게 도성과 성저로 이루어져 있다. 도성은 성 안으로서 궁궐 · 관청 · 도로 · 하수도 · 시장 등이 자리 잡았고, 성저는 성에서 사방 10리에 이르는 바깥 지역이다. 성저의 구역은 동쪽으로는 중량포 · 장안평, 서쪽으로는 양화진, 남으로는 한강 노량진, 북으로는 삼각산에 이르렀다. 당시 도성은 정치 · 행정 중심의 소비도시 성격을 지녔고, 성저십리는 대부분 농경 지역으로서 도성에 생활 물자를 대는 역할을 맡았다.

한강의 나루터

조선 시대 한강은 나라의 대동맥이었다. 조선은 곡식이나 특산물 등 현물로 거둬들인 각 지방의 조세를 선박으로 도읍까지 운반하던 조운(漕運) 제도를 운영하였는데, 인구와 물산 이동의 중심지인 한강은 자연스레 나루와 포구가 발달하였다. 따라서 〈경조오부도〉에는 한강 물줄기를 따라 나루터와 포구 등이 자세히 표현되어 있다. 한강에는 광나루 · 삼밭나루 · 동작나루 · 노량진 · 양화진 등 10여 개의 나루터가 있었는데, 이 중에 황해 · 충청 · 전라 · 경기도에서 서해의 뱃길로 올라온 세곡선이 닿던 조운(漕運) 항구였던 양화진이 가장 크게 번성하였다. 이곳에 모인 세곡은 와우산(臥牛山) 아래의 광흥창(廣興倉)으로 운반해 보관하였다.

성문분로(城門分路) – 다2

조선의 육로는 도성의 도로인 궐문분로(闕門分路)와 도성의 성문을 기점 삼아 전국으로 이어지는 성문분로(城門分路)로 이루어진다. 김정호는 《대동지지》에서 이렇게 전국과 이어진 의주로(한양~의주), 경흥로(한양~경흥), 평해로(한양~평해), 동래로(한양~동래), 봉화로(한양~봉화), 강화로(한양~강화), 수원로(한양~수원), 해남로(한양~해남), 충청수영로(한양~충청수영), 통영로(삼례~통영)를 '10대로(十大路)'라 하였다. 10대로는 현대의 국도와 유사한 역할을 했다.

훈융 訓戎 안원 安原

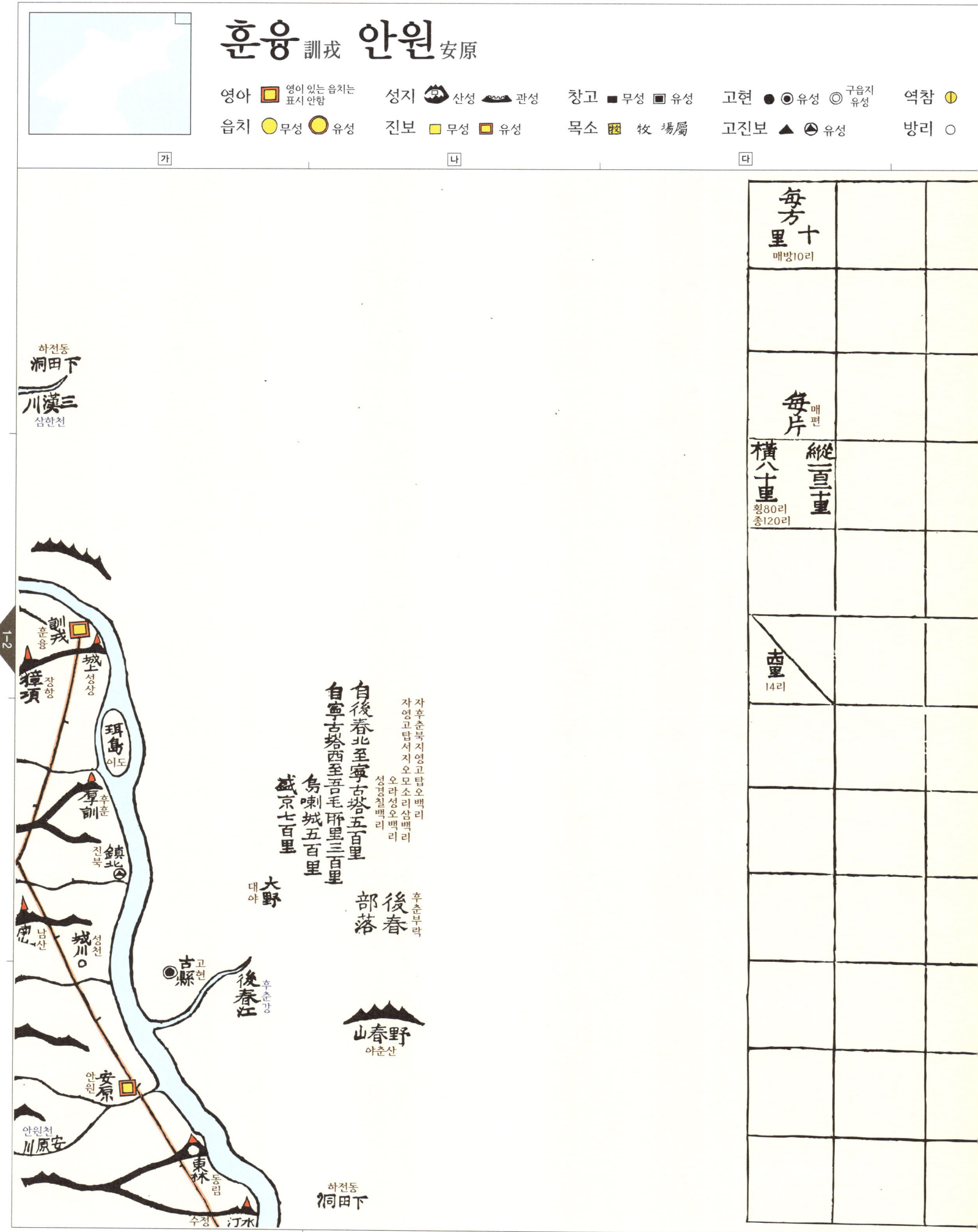

| 영아 | 🟥 영이 있는 읍치는 표시 안함 | 성지 | 🏔 산성 ⛰ 관성 | 창고 | ■ 무성 ▣ 유성 | 고현 | ● ◉ 유성 ◎ 구읍지 유성 | 역참 | 🌓 |
| 읍치 | 🟡 무성 🟠 유성 | 진보 | 🟨 무성 🟥 유성 | 목소 | 牧 牧 場屬 | 고진보 | ▲ ⬣ 유성 | 방리 | ○ |

每方里十 매방10리		
每片 매편 横八十里 종縱百二十里 횡80리 종120리		
里一 14리		

하전동
洞田下
川漢三
삼한천

訓戎 훈융
城上 성상
獐項 장항
珥島 이도
厚訓 후훈
鎮北 진북
南山 남산
城川 성천
吉縣 고현
後春江 후춘강
山春野 야춘산
安原 안원
安原川 안원천
川原安
東林 동림
汀水 수정
하전동 洞田下

自後春北至寧古塔五百里
자후춘북지영고탑오백리

自寧古塔西至吾毛所里三百里
자영고탑서지오모소리삼백리

烏喇城五百里
오라성오백리

盛京七百里
성경칠백리

部落
後春 후춘부락

大野 대야

능침 ●원내 능호　고산성 ▲
봉수 ▲　도로 10리 2 3 4

경원

라　마

여진의 침입을 막는 진보, 훈융

두만강 중하류, 동북 6진의 하나인 함경도 경원 지역이다. 강줄기를 따라 훈융, 안원 등 여진의 침입을 막기 위해 설치한 진보와 서수라에서 한양을 연결하는 봉수들도 보인다.

훈융(訓戎) – 가2

경원의 진보인 훈융진성(訓戎鎭城)은 조선 초기 김종서(金宗瑞)가 여진족의 침입을 막기 위해 쌓은 이후, 여진의 침입으로부터 동북의 6진을 지키는 데 중요한 역할을 하였다. 신립(申砬)은 여기서 전공을 세웠다. 조선 후기의 문신인 김창협(金昌協)은 훈융진 동성(東城)에 올라 "새벽에 북방 해변 피리소리 퍼지니 / 장군기 동틀 무렵 진영 앞에 펄럭이네 / 늙은 장교 한 사람과 동성에 올라가서 / 둥근 천막 가리키며 후춘을 묻는다오" 하고 노래하였다.

안원(安原) – 가4

안원성(安原城)은 여진의 침입을 막기 위해 설치한 진보인데, 현재는 성터 일부만 남아 있다. 임진왜란이 일어나기 전인 1583년(선조 16년) 동북 6진 일대에서 여진족 우두머리 니탕개(尼湯介)가 난을 일으켰을 때, 당시 온성부사로서 여진족 토벌에 명성을 날리던 신립(申砬)이 안원성의 조선군들을 도와 여진족을 물리치기도 하였다.

이도(珥島) – 가3

두만강의 퇴적작용으로 형성된 모래섬인 이도는 오래전부터 우리 백성들이 농사를 짓고 살던 곳이다. 《조선왕조실록》에는 조선과 청나라가 무역하던 국제시장인 경원개시(慶源開市)의 백성들이 청인들의 횡포로 고통을 겪자 이곳으로 옮기려고 시도하였던 기록이 나온다. 국경이었던 이 섬에는 조선과 청나라의 경계를 구분하기 위해 세운 조청정계비, 한청정계비가 있었다고 한다.

동림고산성(東林古山城) – 가4

이 성은 1401년(태종 1년)에 도순무사 강사덕(姜思德)이 쌓은 석성으로, 지금은 성터만 남아 있다. 옛 기록에 "두만강 가에 있다. 돌로 쌓고, 둘레가 5,811척인데 매우 험준하다."라고 하였다. 고려 말기 이 일대가 원나라의 지배에 있을 때 이성계(李成桂)의 고조부인 이안사(李安社)가 두만강 건너 알동(斡東)의 다루가치로서 여진을 다스렸는데, 한때 이곳에도 머물렀다고 한다.

후춘부락(後春部落) – 나3

후춘부락은 지금의 중국 지린성 훈춘시다. 후춘부락 지명 상단의 글은 '후춘부터 북쪽으로 영고탑까지는 5백 리, 영고탑부터 서쪽으로 오모소리까지는 3백 리, 오라성까지는 5백 리, 성경까지는 7백 리'를 뜻한다. 보통 회령에서 영고탑은 7~8일, 오라성까지는 11일 정도 걸렸다. 후춘(後春), 영고탑(寧古塔), 오라성(烏喇城) 등은 모두 옛 고구려의 땅이다.

온성 穩城 종성 鐘城 경원 慶源

영아	🟥 영이 있는 읍치는 표시 안함	성지	⌂ 산성	〜 관성	창고	■ 무성 🔲 유성	고현 ● ◉ 유성 ◎ 구읍지 유성	역참 🟡
읍치	🟡 무성 🟠 유성	진보	🟨 무성 🟧 유성	목소	🈯 牧 場屬	고진보 ▲ ⬛ 유성	방리 ○

가 　　　　 나 　　　　 다

地 圖 標 지도표

牧所 목소	倉庫 창고	驛站 역참	鎭堡 진보	城池 성지	邑治 읍치	營衙 영아
🈯	■	🟡	🟨 무성	⌂ 산성 城 山	🟡 무성 城 無	🟥
牧 목 場屬 속장	城 有 城 유성		🟧 城 有 유성	〜 城 關 관성	🟠 城 有 유성	營在邑治則無標 영재읍치즉무표

道路 도로	古城 고산성	古鎭堡 고진보	古縣 고현	坊里 방리	陵寢 능침	烽燧 봉수
重 10리 二 2 三 3 四 4	⌂	▲	●	○	🟠	△
		⬛ 城有 유성	◉ 城有 유성 ◎		始奉陵號書圈內 시봉능호서권내	
			有城 舊邑址 유성 구읍지			

〈대동여지도〉에 사용된 지도표(地圖標)는 현대 지도의 지도범례와 같다.

2-2

능침 ●원내 능호   고산성 ▲
봉수 ▲   도로 10리 2 3 4

온성
종성   경원

우리 국토의 최북단, 온성

강줄기에 '두만강'이라는 지명이 선명한 이 일대는 우리 국토 최북단에 해당되는 함경도 국경 지역이다. 세종 때 김종서가 여진족을 몰아내고 개척한 동북 6진의 최북단 지역이기도 하다.

온성(穩城) – 라1

"무예를 숭상하고 학문을 소홀히 한다. 말 달리며 사냥하기를 즐긴다."《택리지》에 무인 기질이 강한 고을이라고 평한 두만강 변의 온성은 동북 6진 중 가장 북쪽이면서 우리 국토의 최북단이다. 일제 강점기에 무장독립운동이 활발하였던 지역으로서 1920년 홍범도(洪範圖)와 김좌진(金佐鎭)이 이끄는 독립군은 온성전투에서 일본군을 연달아 격파하였다.

종성(鐘城) – 다3

세종 때 김종서(金宗瑞)가 두만강 유역에 개척한 동북 6진 중 하나다. 이곳 역시 조선 시대에 귀양지였는데, 무오사화에 연루되어 귀양 온 정여창(鄭汝昌)은 이곳에서 세상을 떠났고, 조선 후기의 실학자 박제가(朴齊家)도 이곳으로 유배를 왔다. 종성읍성의 수항루(受降樓)는 평시에는 국경 경비 초소, 전시에는 전투 지휘소로 이용하였던 장대다.

경원(慶源) – 마3

경원은 이성계(李成桂) 고조부의 무덤인 덕릉(德陵)이 있다 하여 '경사스러운 조선 건국의 발원지'라는 뜻에서 유래한 지명이다. 그러나 여진족이 이 지역을 자주 침입하자 태종 때 덕릉을 함흥으로 이장하였다. 〈어부사시사〉로 잘 알려진 조선 중기의 문신 윤선도(尹善道)는 이이첨(李爾瞻)의 잘못을 규탄하는 상소를 올렸다가 이곳으로 귀양 왔지만 인조반정으로 풀려났다.

두만강(豆滿江) – 마1

백두산 동쪽 기슭 원지(圓池)에서 발원해 북한·중국·러시아와의 국경을 따라 흐르는 두만강은 압록강에 이어 우리나라에서 두 번째로 긴 강이다. '고려강'·'통문강' 등 여러 이름으로 불렸는데, 《신증동국여지승람》에는 "여진어로 '만'을 '두만(豆滿)'이라 한다. 여러 갈래의 물이 여기로 합류하기 때문에 이런 이름을 붙였다."라고 기록하고 있다.

이징옥의 난

김종서(金宗瑞)를 도와 평생 4군 6진 개척에 공헌한 이징옥(李澄玉)은 김종서의 후임으로 함길도 도절제사에 올랐다. 그런데 1453년(단종 1년) 수양대군이 김종서 등을 죽이자, 난을 일으켜 스스로 '대금황제(大金皇帝)'라 칭하였다. 이어 영토 개척 과정에서 명성을 얻었던 여진족의 도움을 받아 오국성(五國城)에 나라를 세우려 하였으나, 종성에서 부하에게 살해되었다.

경흥慶興 녹둔도鹿屯島

영아 ⬜ 영이 있는 읍치는 표시 안함	성지 🏔 산성 ⛰ 관성	창고 ■ 무성 ◼ 유성	고현 ● ◉ 유성 ◎ 구읍지 유성	역참 ◐
읍치 🟡 무성 🟠 유성	진보 🟨 무성 🟧 유성	목소 牧 牧 場 屬	고진보 ▲ ⬟ 유성	방리 ○

서수라(西水羅)는 조선 10대로 중 제2대로의 종점이고, 우암 봉수는 조선 5개 봉수로 중 제1로의 시발점이다.

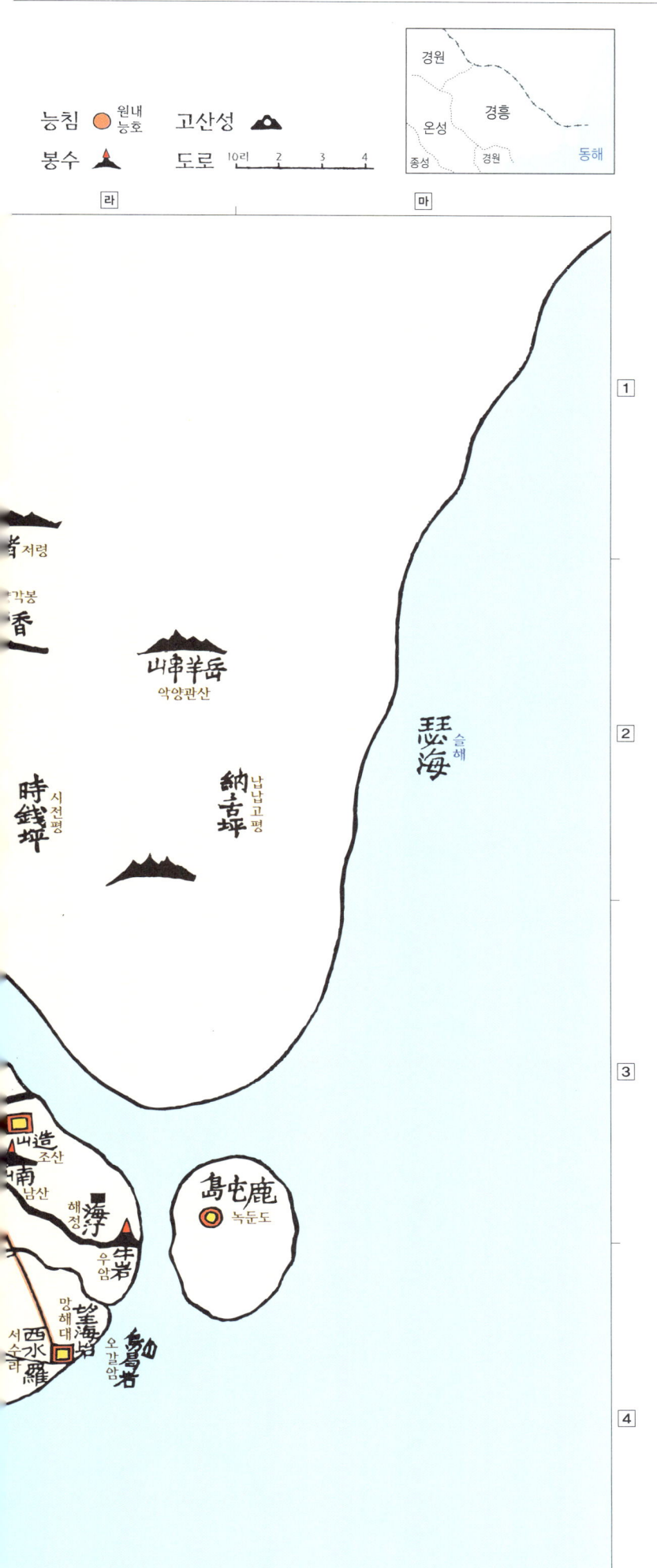

이순신 장군의 첫 백의종군지, 경흥

세종 때 개척한 동북 6진 중 두만강 가장 하류에 위치한 경흥 지역이다. 두만강 하구의 녹둔도는 조선 후기까지 우리 땅이었으나 1860년 베이징조약으로 현재는 러시아 영토로 편입된 상태이다.

녹둔도(鹿屯島) – 라3

이순신(李舜臣) 장군이 백의종군을 하게 된 전투가 벌어졌던 섬이다. 1587년(선조 20년) 추도에 사는 여진족은 녹둔도를 기습해 조선군 11명을 죽이고 160여 명을 잡아갔다. 이에 경흥부사 이경록(李慶祿)과 조산만호 이순신이 반격하였으나 피해가 워낙 커 이순신은 백의종군을 하게 되었다. 이듬해 북병사 이일(李鎰)이 추도를 공격할 때 이순신은 여진족 추장 우을기내(于乙其乃)를 꾀어내 목을 벤 공로로 백의종군에서 벗어났다.

서수라(西水羅) – 라4

우리나라의 동북쪽 끝에 있는 서수라는 동북 6진의 막다른 곳으로서 전략상 매우 중요하였다. 서수라의 우암 봉수는 조선의 5대 봉수로 중 경흥과 한양을 연결하는 제1로의 시발점으로서 두만강을 거슬러 올라가 종성·회령을 지나 한양에 도착하였다. 또한 서수라는 한양~경흥을 연결하는 대로인 경흥로(慶興路)의 종점이다.

아오지진(阿吾地鎭) – 나2

아오지진은 두만강 하류를 지키던 진보(鎭堡)다. 조선 초기에는 경원(慶源)의 강변에 있다가 1488년(성종 19년) 남쪽 10리 지점의 경흥(慶興) 땅으로 옮겨 갔다. 이 아오지진은 돌로 쌓았는데 둘레가 2,825척, 높이가 8척이었다. 1930년대 이곳에 아오지 탄광이 개발된 이후 두만강 최대의 광공업 도시로 바뀌었다.

적도(赤島) – 다4

경흥 남쪽의 동해에 있는 적도는 조선 태조의 증조부인 익조 이행리(李行里)가 여진족에게 쫓길 때 하늘이 바닷길을 열어 줘 무사할 수 있었다는 이야기가 전하는 섬이다. 이 섬에는 당시 이행리가 생활하던 움집터와 이러한 사실을 기록한 어제기적비(御製紀蹟碑)가 있다. 이 이야기는 〈용비어천가〉에도 등장한다.

적지(赤池) – 다3

이성계(李成桂) 전설이 전하는 못이다. 이성계는 왕이 되기 전 적지에서 낚시를 즐겼는데, 어느 날 꿈에 백룡이 나타나 흑룡과의 싸움에서 자신을 도와주면 보은하겠다고 하였다. 이에 이성계는 백룡과 흑룡이 싸울 때 활로 흑룡을 쏘아 죽였고, 훗날 백룡의 도움을 받아 조선을 세울 수 있었다고 한다. 적지 북쪽에 있는 사룡대(射龍坮)는 이 전설에서 유래한 지명으로 추정된다.

회령會寧 행영行營

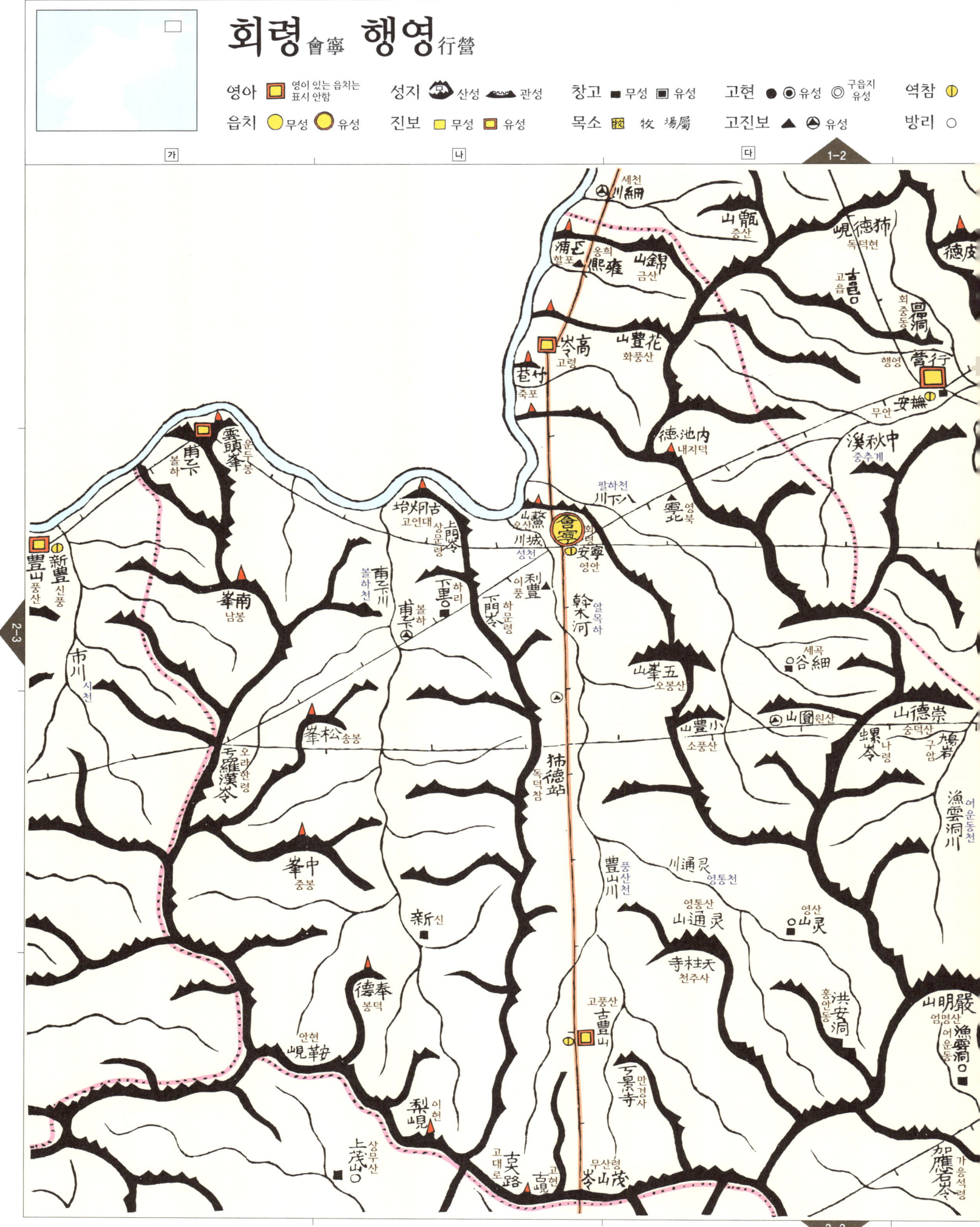

영아 ⬜ 영이 있는 읍치는 표시 안함　　성지 🏔 산성　🗻 관성　　창고 ■ 무성 □ 유성　　고현 ● ◉ 유성 ◎ 구읍지 유성　　역참 🟡

읍치 🟡 무성 🟠 유성　　진보 🟨 무성 🟥 유성　　목소 牧 牧場屬　　고진보 ▲ ⏢ 유성　　방리 ○

두만강 변에 위치한 회령(會寧)은 조선 시대 강변 방어의 가장 중요한 거점으로, 6진이 설치되었던 곳이다.

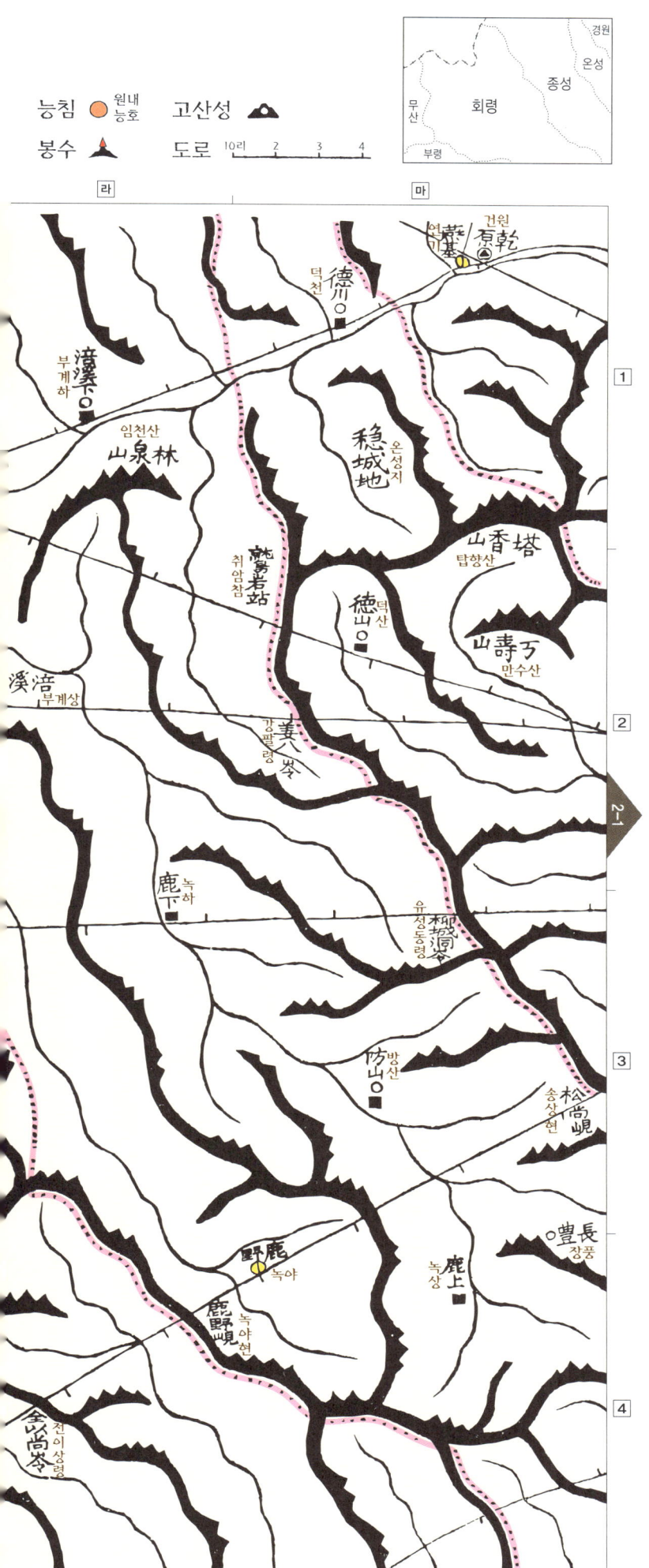

능침 ●원내 능호　고산성 ▲
봉수 ▲　도로 10리 2 3 4

라　마

동북 6진의 두만강 최상류 국경 고을, 회령

두만강 중류 지역으로서 동북 6진의 하나인 함경도 회령이 보인다. 국경답게 여진족의 침입에 대비하기 위해 강변을 따라 수많은 진보와 봉수를 설치하였다.

회령(會寧) – 나2
성천(城川, 지금의 회령천)이 북류하면서 두만강에 흘러드는 평야 지대에 자리 잡은 회령은 조선 세종 때 개척한 동북 6진 중 두만강 가장 상류에 위치하는 고을이다. 임진왜란 때 함경도 지역으로 피난한 임해군·순화군 두 왕자가 회령에서 반란을 일으킨 토호 국경인(鞠景仁)에게 붙잡혀 왜군에게 넘겨진 일도 있었다.

행영(行營) – 라1
'행영'은 '절도사가 주둔하는 본영 외에 작전상 따로 설치한 군영'을 말한다. 함경도는 산악 지대가 넓어 3병영(三兵營)으로 나눠 지켰다. 함흥 본병영은 관찰사가 병마절도사를 겸하였고, 북청의 남병영과 경성의 북병영에 각각 병마절도사를 두었다. 이 중 동북 6진 지휘 본부가 있던 경성 북병영은 동해안에 치우쳐 있어 두만강 유역과 정보 소통이 쉽지 않았으므로, 두만강 변의 회령·종성·온성·경원을 잇는 요지에 종성행영(鐘城行營)을 설치하였다.

운두산성(雲頭山城) – 가2
두만강과 운두봉의 험한 지세를 이용해 쌓은 고구려의 석성으로 길이는 약 6km에 이른다. 두만강에 면한 서쪽과 북쪽은 절벽이고, 동쪽과 남쪽은 산등성이로 둘러막힌 요새다. 성 근처에는 큰 무덤들이 있는데, 예로부터 송나라 휘종·흠종 두 황제의 능이라고 전해 왔다. 조선 후기의 학자 성해응(成海應)은 이곳을 '오국성(五國城)'이라 논증하였다. 휘종과 흠종은 금나라에 포로로 끌려가 오국성에서 유배 중 사망한 비운의 황제들이다.

무산령(茂山岺) – 다4
장백정간 무산령은 동해안 지역의 청진과 두만강 중류인 내륙의 회령을 연결하는 요충지로서 조선 시대에는 역로와 봉수로의 길목이기도 하였다. 이 길들은 두만강 하류인 경흥 서수라에서 두만강을 거슬러 올라, 회령을 거쳐 무산령을 넘은 다음 경성 지나 한양까지 이어졌다. 현재 청진~회령을 잇는 도로가 개설되어 있다.

온성지(穩城地) – 마1
종성과 경원 사이에 끼어 있는 온성의 월경지(越境地)다. '월경지'란 '소속 고을에서 따로 떨어져 다른 군현(郡縣)에 있는 특수 지역'을 말한다. '비입지(飛入地)'·'비지(飛地)'라고도 하는데, 대개 과거의 연고지, 생선·소금 등의 물자 조달, 조운(漕運)·조창(漕倉)과의 관계 등으로 형성되는 경우가 많다.

무산 茂山

| 영아 | 🟧 영이 있는 읍치는 표시 안함 | 성지 | 🏯 산성　〰️ 관성 | 창고 | ■ 무성　◻️ 유성 | 고현 | ● ◉ 유성　◎ 구읍지 유성 | 역참 | 🔔 |
| 읍치 | 🟡 무성　🟠 유성 | 진보 | 🟨 무성　🟧 유성 | 목소 | 牧 牧場屬 | 고진보 | ▲ ⛰ 유성 | 방리 | ○ |

가　　　　　　　　　나　　　　　　　　　다

平頃山
평항산

北甑山
북증산

臨江臺
임강대

五石岩洞
옥석암동

甲嶺
갑령

淸溪寺
청계사

山羊嶺
산양령

三峯坪
삼봉평

南嶺
남령

城川
성천

무산 👑

舍朌城
독소성

下南
하남

曲鋒
쟁곡

鋒嶺
쟁현

德坡豐
풍파덕

무산(茂山)은 원래 장백정간 동쪽의 함경도 부령에 있다가 조선 후기 강변 방위를 위해 두만강 변으로 이전하였다.

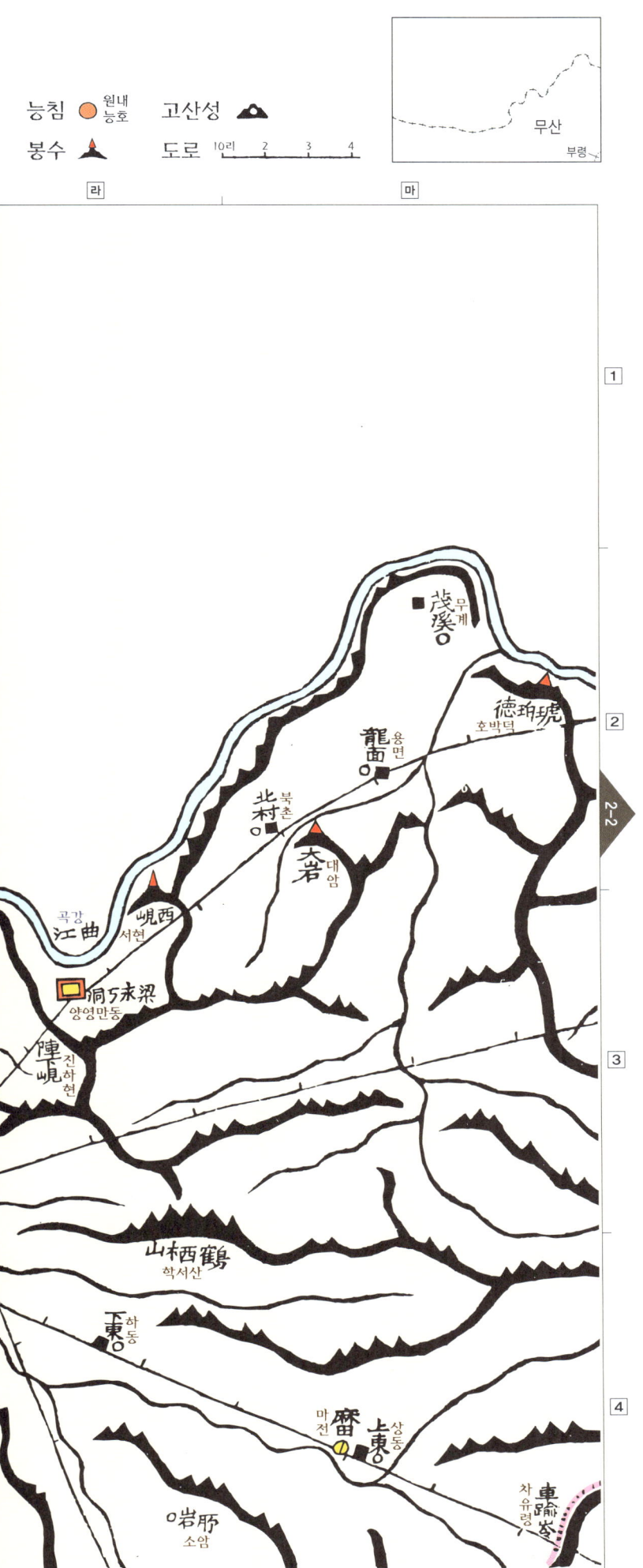

능침 ● 원내 능호   고산성 ▲
봉수 ▲   도로 10리 2 3 4

라   마

1

2-2

무게 茂溪

덕박덕 德珀琥
용면 龍面
북촌 北村
대암 大嵒
곡강 江曲   서현 峴西
양영만동 洞ㅇㅊ禾梁
진하현 陳峴

학서산 山栖西鶴

하동 下東

마전 番   상동 上東

소암 ㅇ嵒肵   차유령 車踰岺

1

2

3

4

백두산 아래 터 잡은
하늘 아래 첫 고을, 무산

두만강 상류의 함경도 무산은 백두산 아래 첫 고을이요, 하늘 아래 첫 고을이다. 무산을 중심으로 역로와 봉수가 잘 나타나 있으나 백두산 가깝게 갈수록 정보가 적어진다.

무산(茂山) - 라3

백두산 동쪽 기슭의 원지(圓池)에서 발원한 두만강이 동해로 흐르다 처음으로 만나는 고을이 무산이다. '나무가 풍성하고 산이 많은 고장'이라는 뜻처럼 백두산에서 뻗어 내리는 백두대간 산줄기와 두만강으로 둘러싸인 해발 1,000m 이상의 용암대지는 원시림이 울창해 화전민이나 겨우 살 정도였다. 일제는 이런 풍부한 자원을 수탈하기 위해 1929년 무산선과 산림철도인 백무선을 개통하였고, 1935년에는 무산광산도 개발하였다.

임강대고산성(臨江大古山城) - 나4

여진족을 방어하기 위해 두만강 변의 무산 임강대에 쌓은 성으로 '도리고성'이라고도 한다. 외성의 둘레는 약 700m, 내성은 약 170m인데, 현재 대부분 소실되고 형태만 남아 있다. 숙종 때 백두산정계비를 세우러 온 청나라 관리들과 조선의 관리들이 치열한 논쟁을 벌인 곳이기도 하다.

무산고원(茂山高原) - 마4

백무고원의 동부 지역을 따로 '무산고원'이라고도 부른다. 서리가 9월 중순부터 이듬해 5월 중순까지 내리는 곳으로서, 중강진보다 더 추운 우리나라 최고 극한지다. 아한대성 식물인 잎갈나무·가문비나무·분비나무·전나무·자작나무 등이 울창한 숲을 이루고 있다.

무산 호곡동 선사유적 - 다3

성천(城川)이 두만강에 합류하는 부근에 있다. 무산 일대는 고원 지대임에도 선사 시대부터 인간이 거주하였던 흔적들이 남아 있다. 호곡동 선사유적은 신석기에서 철기 시대에 걸친 주거지 유적이다. 이곳에서는 약 40개의 주거지가 발굴되었는데, 최소 신석기 시대에는 백두산 기슭에도 인간이 거주하였음을 알려 준다.

무산광산(茂山鑛山) - 라3

무산은 북한 최대의 광산도시다. 북한에서 철광석은 함경북도 무산광산을 비롯해 은율·재령·하성·청동·이원·덕성·용원·풍산 등 20여 개 고을에서 생산되는데, 이 중에서 무산광산은 총 매장량 30억t, 채굴 가능 매장량 13억t으로 아시아 최대의 노천 철광으로 꼽힌다.

백두산 白頭山 천평 天坪

가   나   다

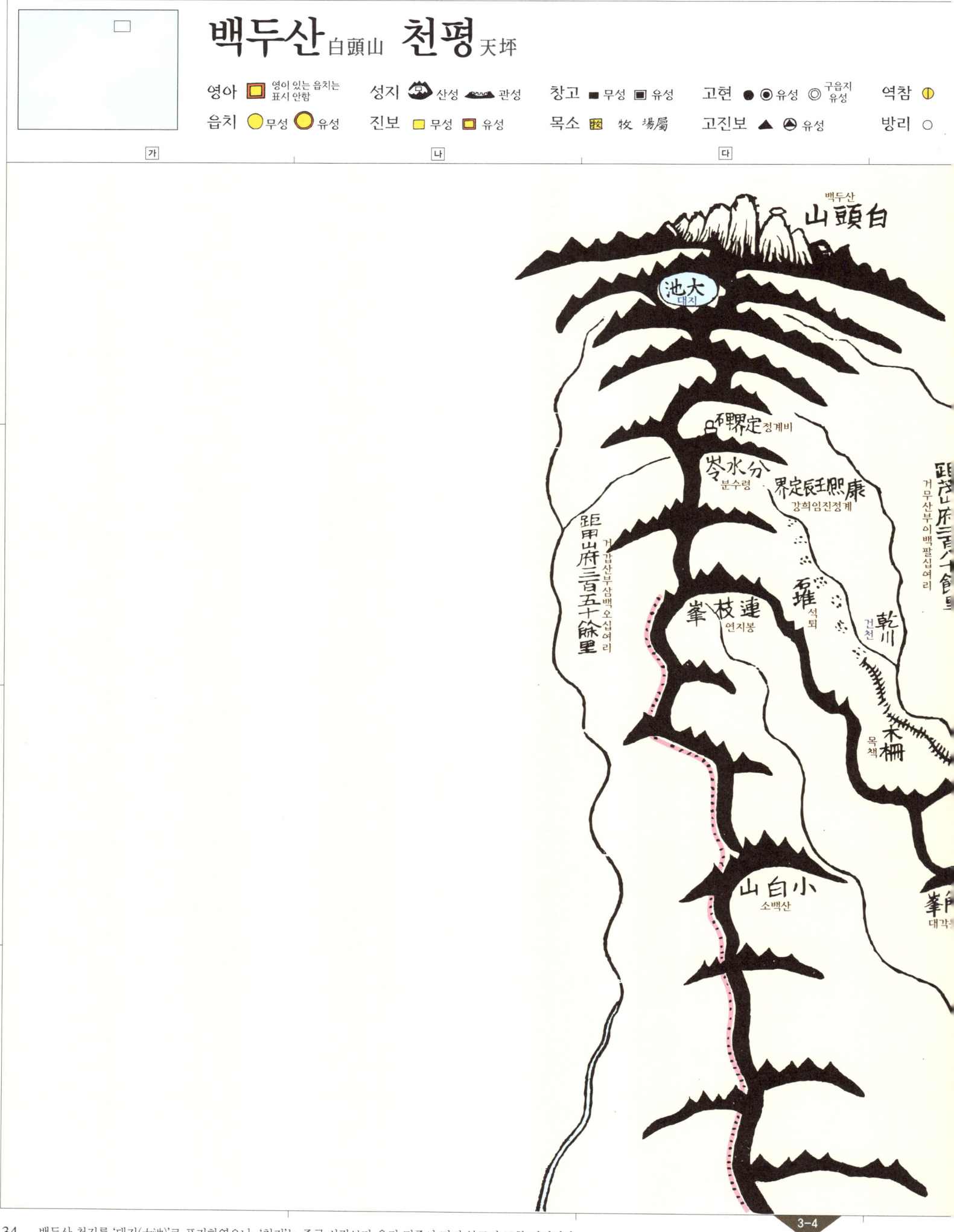

백두산 천지를 '대지(大池)'로 표기하였으나, '천지'는 중국 사람보다 우리 민족이 먼저 부르던 토착 지명이다.

3-4

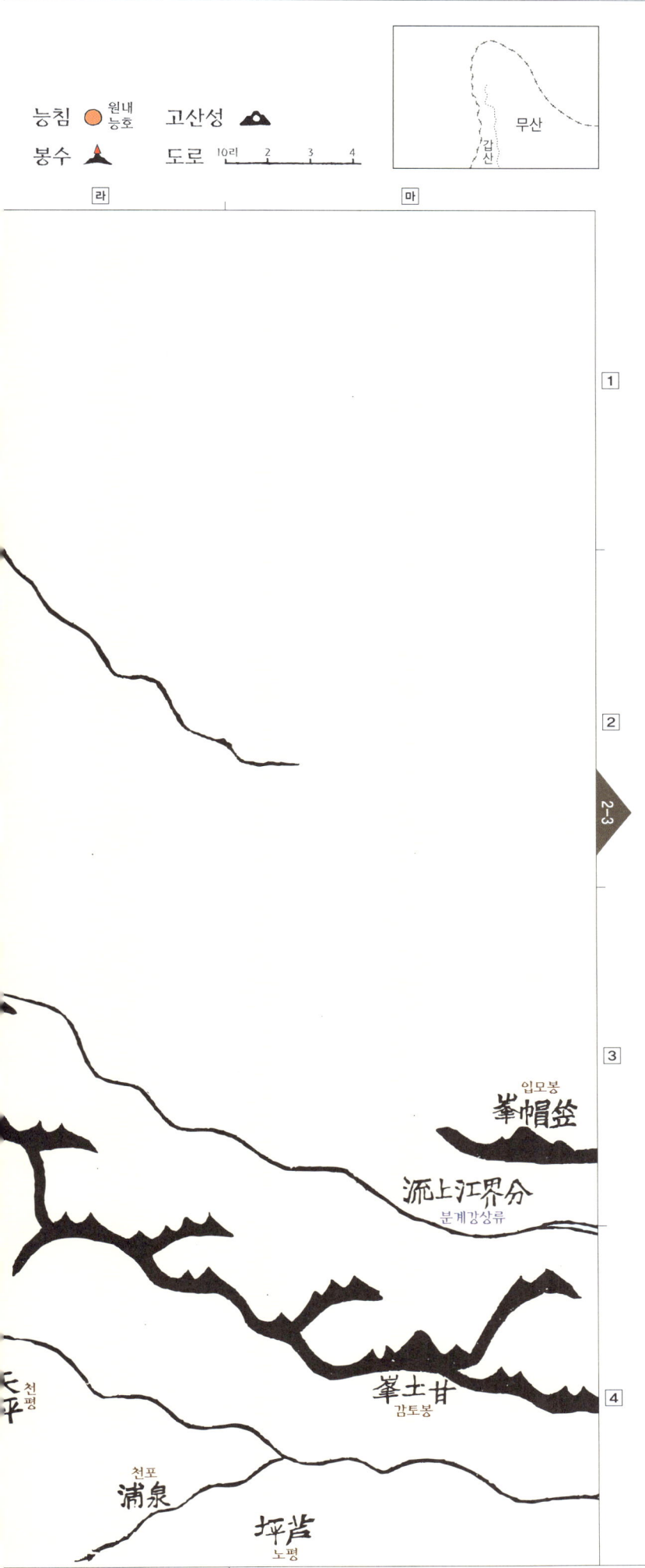

2-3

단군이 신시를 세운 배달겨레의 영산, 백두산

우리 민족의 영산인 백두산은 어느 산보다 특별히 신령스런 느낌으로 표현하였다. 예로부터 '대지'라고 불리던 천지, 청나라와 국경을 정하고 세운 정계비와 석퇴, 목책 등이 보인다.

백두산(白頭山) – 다1

우리나라에서 가장 높은 백두산은 우리나라 모든 산의 근원인 산지조종(山之祖宗)이요, 환인의 아들 환웅이 신시(神市)를 세운 우리 배달겨레의 영산(靈山)이다. 즉 단군의 탄강지(誕降地)로서 우리 배달겨레가 홍익인간의 서막을 펼친 발원지인 것이다. 문헌에 나오는 첫 명칭은 동양에서 가장 오래된 지리서인 《산해경(山海經)》의 '불함산(不咸山)'이다. 우리나라에서는 《삼국유사》에 '개마산(蓋馬山)'·'태백산(太伯山)', 《삼국사기》에 '태백산(太伯山)', 《고려사》에 '백두산'이라는 명칭이 나온다.

대지(大池) – 다1

대지는 백두산 정상의 '천지(天池)'를 부르던 고유 지명 중 하나다. 천지는 '대택(大澤)'·'태일택(太一澤)'·'용왕담(龍王潭)'·'달문지(闥門池)' 등으로도 불렸다. 1751년(영조 27년) 갑산부사 이의철(李宜哲)의 〈백두산기(白頭山記)〉와 조선 후기 실학자 성해응(成海應)의 〈유백두산기(遊白頭山記)〉에도 '천지'라는 명칭이 나온다. 따라서 1908년 청나라 관리 유건봉(劉建封)이 〈장백산강강지략(長白山江崗志略)〉에서 처음 언급했다는 것은 잘못 알려진 내용이다.

정계비(定界碑) – 다2

1712년(숙종 38년) 조선과 청나라가 백두산에 국경을 정하고 세운 비다. 조선을 찾은 청나라 관리 목극등(穆克登)과 조선의 관리들이 백두산을 답사하고 세웠다. 하지만 비문에 적힌 '서쪽은 압록이 되고 동쪽은 토문이므로(西爲鴨綠 東爲土門)'라는 글귀의 '토문(土門)'을 서로 다르게 해석하면서 간도 귀속 문제가 논쟁의 대상이 되었다.

석퇴(石堆)·목책(木柵) – 다2·라3

지도에서 4~8개씩 작은 점들로 표현된 것은 돌무더기인 석퇴, 긴 실선에 짧은 선을 촘촘히 그어 마치 지네처럼 보이는 것은 나무 울타리인 목책이다. 조선과 청나라는 백두산정계비를 세울 때 목책과 석퇴 그리고 토담으로 된 울타리를 쌓아 국경을 분명히 하려고 하였다.

천평(天坪) – 라4

'하늘처럼 높은 곳에 있는 광활한 땅'이라 하여 '천리천평(千里天坪)'이라고도 불리는 이곳은 환웅이 백두산에 내려와 처음 터전을 잡았던 '신시(神市)'라 전한다.

여연 閭延

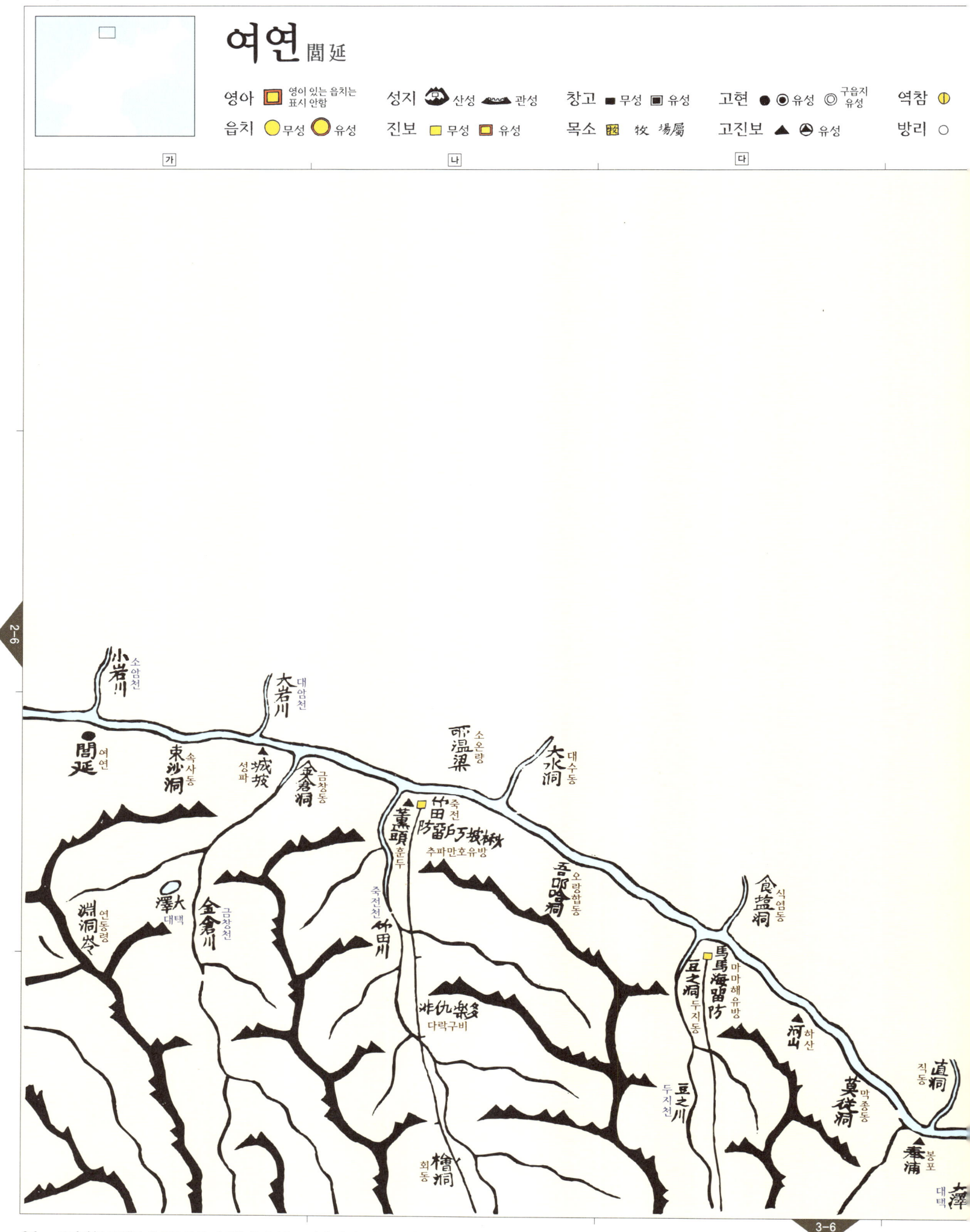

영아 ▢ 영이 있는 읍치는 표시 안함   성지 🏔 산성 〰 관성   창고 ■ 무성 ◼ 유성   고현 ● ◉ 유성 ◎ 구읍지 유성   역참 ◐

읍치 🟡 무성 🟠 유성   진보 🟨 무성 🟥 유성   목소 🄼 牧 場 屬   고진보 ▲ ⬟ 유성   방리 ○

가   나   다

小岩川 소암천
大岩川 대암천
閭延 여연
束沙洞 속사동
城坡 성파
金倉洞 금창동
可溫梁 소온량
大水洞 대수동
竹田 죽전
薰頭 훈두
防牌巧坡椒林 추파만호유방
吾咘洞 오랑합동
淵洞岺 연동령
澤大 대택
金倉川 금창천
竹田川 죽전천
竹田川 죽전천
非仇樂冬 다락구비
食盐洞 식염동
馬馬海留防 마마해유방
豆之洞 두지동
豆之川 두지천
河山 하산
直洞 직동
莫碟洞 막종동
檜洞 회동
奉浦 봉포
大澤 대택

죽전천(竹田川)과 압록강 합류 지점의 죽전진은 조선 후기 만호(萬戶, 진에 따른 종4품 무관직)가 주둔하던 곳이다.

3-6

강이 얼면 여진족 넘어오던 여연

압록강 중상류의 함경도 후주 지역이다. 세종 때 서북방에 개척한 4군의 하나인 여연이 위치한다. 하지만 세조 때 폐군이 되면서 고현이 되었다.

여연(閭延) - 가3

여연은 세종 때 서북방에 개척한 4군(여연군·자성군·무창군·우예군) 중 가장 북쪽에 위치하는 고을이다. 《세종실록지리지》에 "본래 함길도 갑산군(甲山郡)의 여연촌(閭延村)인데 태종 16년 병신년에 군(郡)과의 거리가 멀기 때문에 소훈두(小薰頭) 서쪽 지역을 갈라서 여연(閭延)으로 삼았다."라고 하였다. 여연의 방어성으로 쌓은 여연성(閭延城)에서는 여진족과 크고 작은 전투가 자주 벌어졌다. 1455년(세조 1년) 4군을 폐할 때 이 땅을 비우고 백성들을 구성(龜城)으로 옮겨 갔다. 범가죽·표범가죽·곰가죽·여우가죽·삵가죽 등이 특산품이었다.

압록강의 고진보들

조선 시대 이 지역은 겨울에 강이 얼면 여진의 침입이 잦았으므로 강변에는 많은 진보가 설치되어 있었다. 하지만 세조 때 4군을 폐하면서 국경임에도 압록강 변을 따라 이어지는 도로가 없고, 성파(城坡)·훈두(薰頭)·하산(河山)·봉포(奉浦) 등 고진보들만 눈에 띈다.

추파만호유방(楸坡万戶留防) - 나3

조선 초기 옛 여연(閭延) 지역으로서, 조선 후기에는 추파만호(楸坡万戶)가 주둔하였던 군사시설이다. 유방(留防)은 조선 시대 특수 지역에 군대를 배치해 만약의 사태에 대비케 한 제도다. 이곳서 남으로 이어진 도로는 죽전천(竹田川, 지금의 후창강)을 따라 다락구비(多樂仇非)를 지나면 죽전령~우항령을 넘어 강계에 닿는다.

죽전천(竹田川) - 나3

남에서 북으로 흐르는 죽전천(지금의 후창강)은 오가산령 일대에서 발원해 죽전(竹田)의 후창강구(厚昌江口)에서 압록강에 합류하는 하천이다. 산악 지대를 흐르기 때문에 골짜기가 깊고 좁은 편이다. 이 하천은 상류에서 벌목한 통나무를 옮기는 뗏길로 이용되었다. 강기슭에는 잎갈나무·분비나무·가문비나무 등 고산지대에서 자라는 나무들이 울창하다. 지금은 중하류 유역을 따라 혜산~만포청년선 철도, 혜산~강계를 잇는 도로가 지난다.

두지동(豆之洞) - 다4

두지동은 '쌀뒤주와 같이 쌀이 많이 생산되는 마을'이라는 뜻을 지닌 지명이다. 《승정원일기》를 보면 고종 때 압록강 너머의 비적들이 국경을 넘어와 약탈을 하였다는 기록이 있다. 이곳의 마마해유방(馬馬海留防)도 이런 상황에 대비해 설치한 것이다. 15세기에 쌓았다고 전해지는 두지동옹성(杜芝洞甕城)이 남아 있다.

능침 ● 원내능호 고산성 ▲
봉수 ▲ 도로 1이리 2 3 4

라 마

후주

중강동구평 中江洞口坪

영아 ▢ 영이 있는 읍치는 표시 안함	성지 🜨 산성 ⛰ 관성	창고 ■ 무성 ▣ 유성	고현 ● ◉ 유성 ◎ 구읍지 유성	역참 ◐
읍치 ○ 무성 ● 유성	진보 □ 무성 ▢ 유성	목소 牧 牧 場 屬	고진보 ▲ ⬟ 유성	방리 ○

가　　　　　　　　　나　　　　　　　　　다

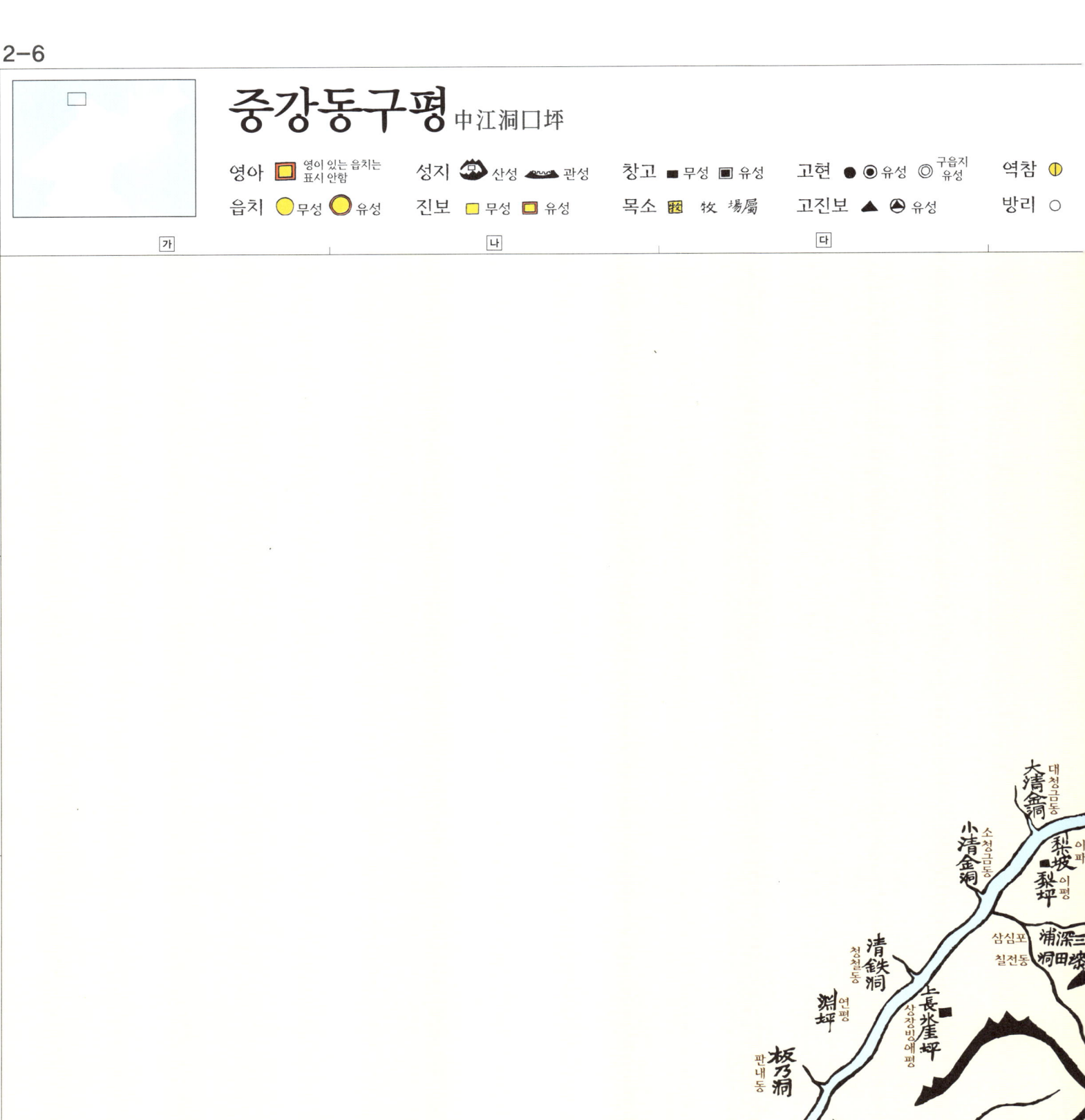

大淸金洞 대청금금동
小淸金洞 소청금금동
梨坡 이파
梨坪 이평
淸鉄洞 청철동
洞坪 연평
浦深洞田三 삼심포
板乃洞 판내동
上長氷崖坪 상장빙애평
間斧洞 간령동
岩項 항암
大竹岩洞 대죽암동
中江洞口坪 중강동구평
川江 중강천
浦者乾 건자포
趙明干 조명간

3-7

"삼수갑산에 갈지언정 중강진에는 못 간다."라는 속담이 있듯 중강진은 누구나 가기 꺼려하였던 험지였다.

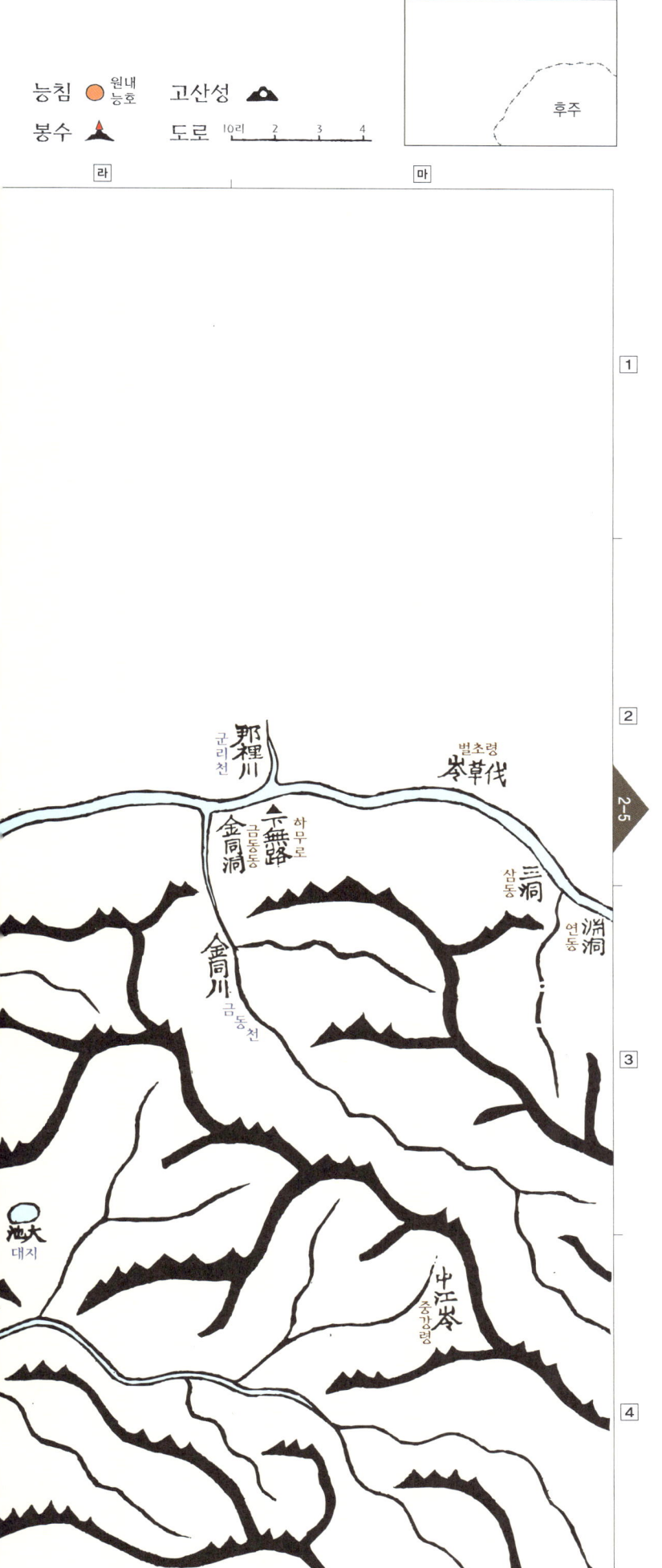

한반도에서 가장 추운 곳으로 알려진 고을, 중강동구평

압록강 중류의 중강진 지역으로서 조선 초기에는 4군의 하나인 평안도 여연 땅이었고, 후기에는 함경도 후주에 속하였다. 고진보 외에는 도로나 봉수 정보가 전혀 없다.

중강동구평(中江洞口坪) – 다4
중강천이 압록강에 합류하는 위치의 중강동구평은 우리나라에서 가장 추운 곳으로 알려진 중강진(中江鎭)으로 추정된다. 중강진은 압록강 국경을 지키던 진(鎭)이었으나 세조 때 4군을 폐지하면서 역할이 축소되었다. 그래서인지 고지도나 지리지 등에 '중강진'이라는 지명은 잘 보이지 않는다. '중강(中江)'이라는 지명은 '압록강의 중류 지역'이라는 데서 유래하였다.

압록강의 고진보들
압록강 일대는 고조선 시대부터 우리 땅이었으나 발해가 망한 후 여진이 차지하고 있었다. 이 지역은 조선 세종 때 회복해 4군을 설치하면서 평안도 여연군(閭延郡)에 속하였다. 폐사군 지역이라 정보가 많지 않아서인지 도로 표시가 없다. 조명간(趙明干)·건자포(乾者浦)·하무로(下無路) 같은 진보들도 폐쇄되어 고진보로 표시되었다.

상장빙애평(上長氷崖坪) – 다3
본래 평안도 여연 지역으로서 지명은 '목바위 비탈의 위쪽 긴 들에 있는 마을'이라는 의미다. 도로 표시는 없지만 창고 표기가 있다. 최신 북한 자료에는 조선 초기 세웠다는 봉수가 강변의 절벽 위에 남아 있다고 하는데, 〈대동여지도〉에는 보이지 않는다.

중강령(中江岺) – 마4
중강동구평에서 여연으로 넘어가는 고갯길이다. 지도에 도로 표시가 없는 것으로 봐서 산악 지대 백성들이 사냥을 하거나 산삼 등을 채취하기 위해 이용하던 좁은 산길이었음을 알 수 있다. 수량 많고 물살 빠른 중강천(中江川)을 거슬러 오르면 참나무·잎갈나무·자작나무 등이 울창한 고갯마루 중강령에 이른다. 김주영(金周榮)의 대하소설《야정》에는 중강령에서 하룻밤 묵을 때 호랑이 때문에 잠을 설쳤다는 대목이 나올 정도로 깊은 산중이다.

오수덕(烏首德) – 라3
금동천(金同川) 서남쪽 산악 지대는 현무암대지인 오수덕이다. 조선잣나무의 자원량이 제일 풍부하다고 알려진 중강군에서도 오수덕 잣나무림은 가장 오래된 것으로 꼽힌다. 북한에서는 오수덕 잣나무림을 천연기념물로 보호하고 있다. '오수덕'은 1910년 중강진 일대에 일어난 산불로 원시림이 까마귀 머리처럼 까맣게 변하였다 하여 붙은 지명이다.

서북쪽으로 흐르던 압록강이 이곳에 이르러 방향을 크게 틀어 서남쪽으로 흘러간다. 39

대초도 大草島 신진 新津

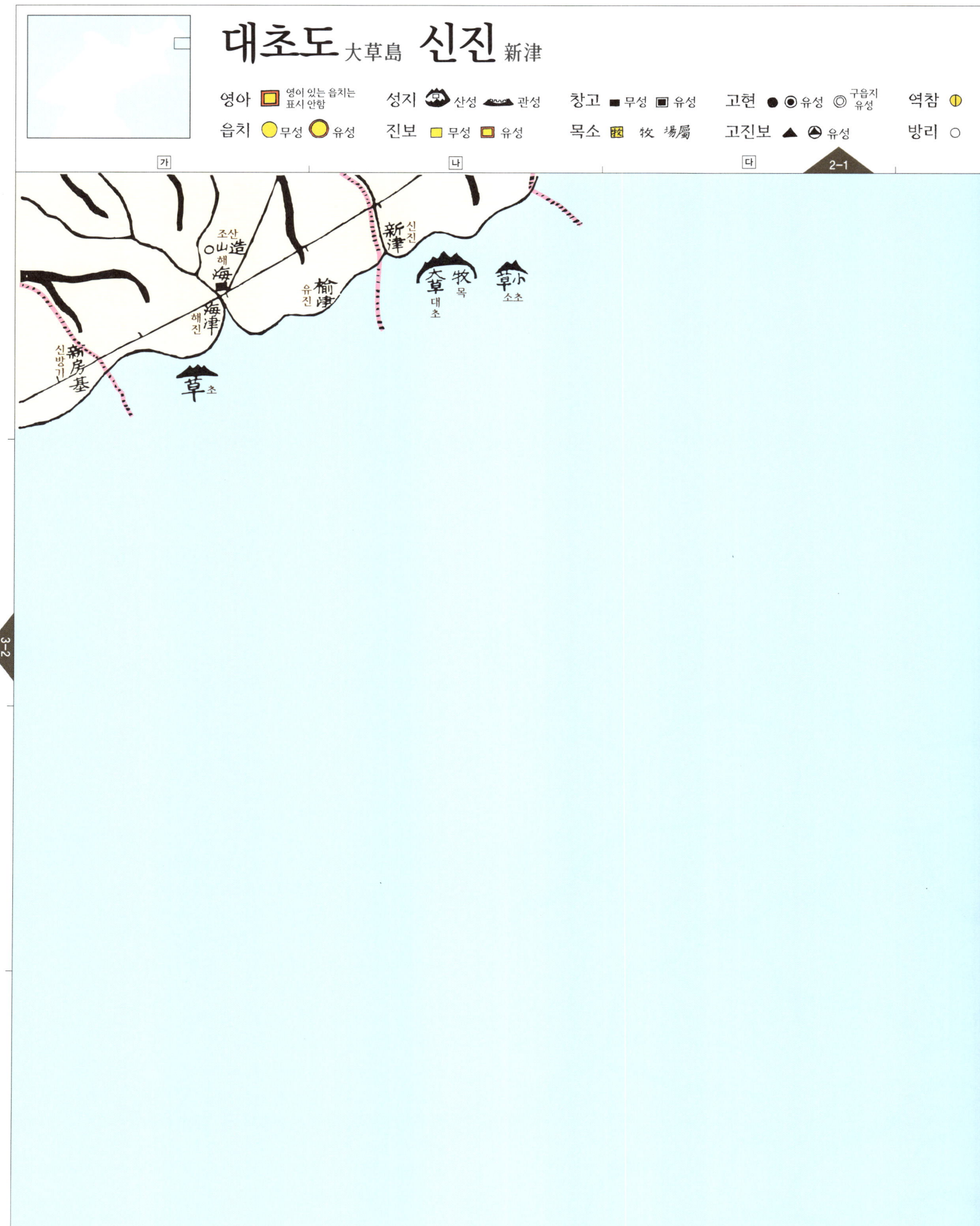

나진만 어귀에 위치한 대초도(大草島)와 소초도(小草島)는 천연의 방파제 역할을 해 나진항을 발전시켰다.

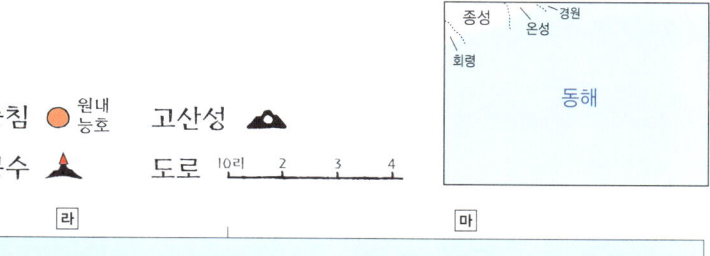

능침 ●원내 능호 　고산성 ▲

봉수 ▲ 　도로 10리 2 3 4

라 　마 　동해

종성 경원 온성 회령

조선 최고의 갑부를 탄생시킨 섬, 대초도

조선 초기 동북 6진에 포함된 지역이었다. 해안가에 부령에서 경흥을 잇는 도로가 나 있는데, 신진은 대초도와 소초도가 천혜의 방파제 역할을 하는 지금의 나진항 일대다.

대초도(大草島) – 나1

신진 앞바다에 있는 대초도는 목장이 있던 섬이다. 지도의 '목(牧)'이라는 표기는 '나라에서 행정 · 군사적으로 필요한 말들을 기르던 목장'이라는 뜻이다. 온성의 대초도 목장은 〈대동여지도〉에 표기된 목장 중 가장 북쪽에 위치한 목장이다.

대초도는 조선 최고의 갑부를 탄생시킨 섬이기도 하다. 함경도 부령 출신인 김기덕(金基德)은 일제 강점기에 청진으로 이사한 뒤 조선 · 러시아 · 만주를 잇는 국제 무역에 뛰어들어 부의 기반을 닦은 인물이다. 당시 그는 석탄 · 목재 · 해산물이 풍부하고 양항의 조건을 갖춘 이곳의 개항을 예견하고, 대초도와 소초도를 포함해 웅기 · 나진의 땅 수백만 평을 사들였다. 두 섬이 있어야 나진이 좋은 항구가 될 수 있다고 생각하였기 때문이다. 결국 나진항이 건설되었고, 그가 소유한 토지에 시가지가 조성되거나 공업지대가 들어서면서 땅값이 급등해 조선 제일의 부호가 되었다.

조산해창(造山海倉) – 가1

《신증동국여지승람》에 "해변에 있다."라고 간략히 언급한 조산해창은 동북 6진의 하나인 종성부의 바닷가에 설치한 창고로, 종성 관할의 세곡을 모아 두던 곳이다. 나라에서 설치한 조창 중에서 바다 인근에 설치한 것을 흔히 '해창(海倉)'이라고 불렀다. 현재 전국 각지의 '해창'이란 지명은 대부분 조선 시대에 이런 창고가 있던 곳이다.

신진(新津) – 나1

대초도와 소초도로 둘러싸인 신진 동쪽 만(灣)은 지금의 함경도 나진항(羅津港)이다. 일제가 조선과 만주 수탈을 위해 건설하였고, 광복 후에는 북한에서 몇 차례 확장 공사를 통해 1974년 국제무역항으로 개항하였다. 항구 앞의 대초도(大草島) · 소초도(小草島) 두 섬이 천연적인 방파제 역할을 해 양항의 조건을 잘 갖추고 있다.

4개 군현

지도에 드러난 면적은 작지만, 이곳은 무려 4개의 군현으로 나뉘어 있었다. 해안선 가장 상단 군현계만 살짝 표시된 윗부분은 경원부의 월경지인 경원해진(慶源海津)으로, '2-1 도엽' 남쪽에 '경원해진'이라는 지명이 있다. 신진(新津)은 온성부의 월경지인 온성지(穩城地), 그 아래 해진(海津)은 종성부(鐘城府), 가장 아래 신방기(新房基)는 회령부(會寧府) 땅이다.

신진(新津) 마을이 있는 곳은 행정구역상 온성 땅으로, 이렇게 다른 행정구역 내에 들어 있는 땅을 '월경지(越境地)'라고 한다. 41

부령 富寧 어유간 魚游澗

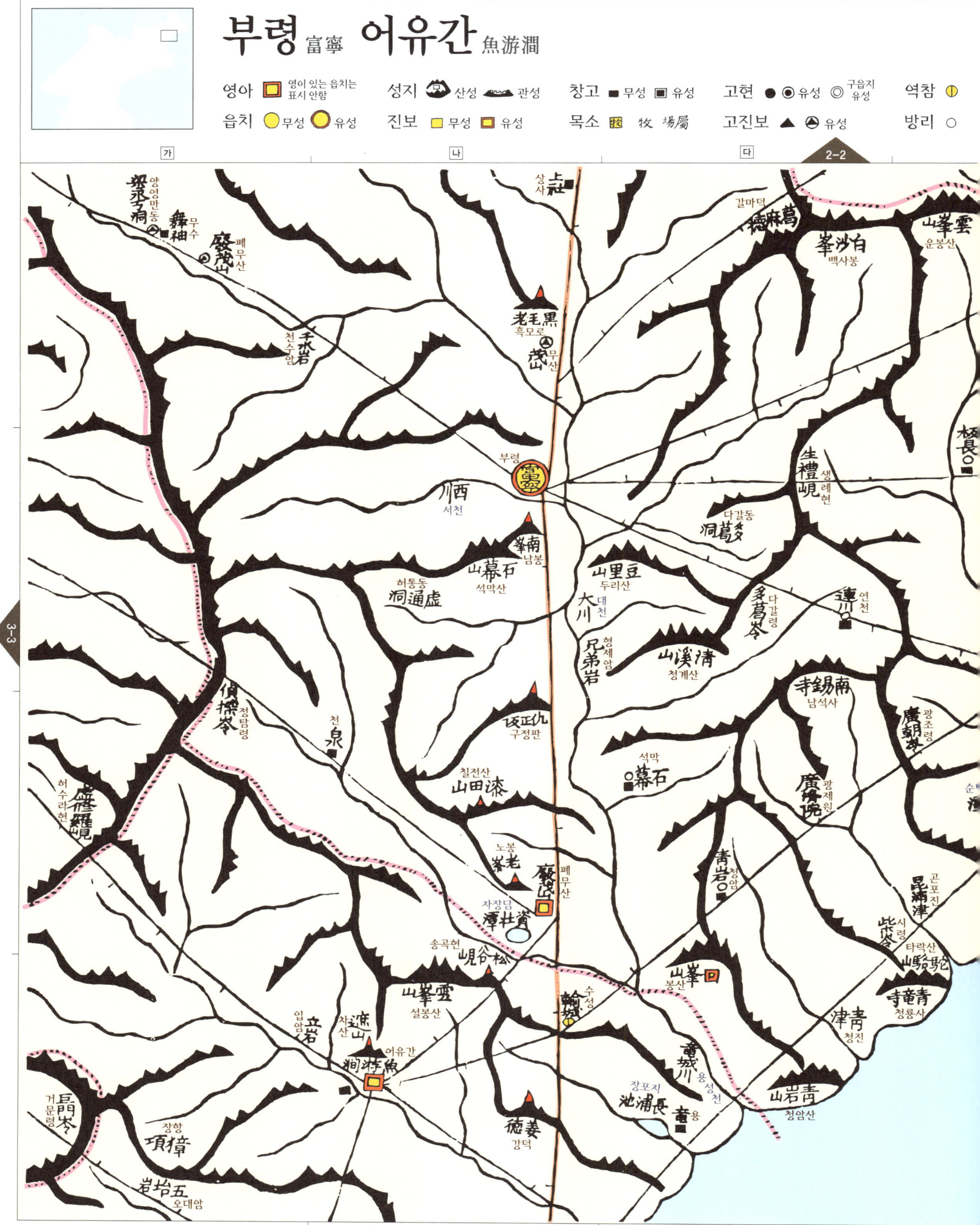

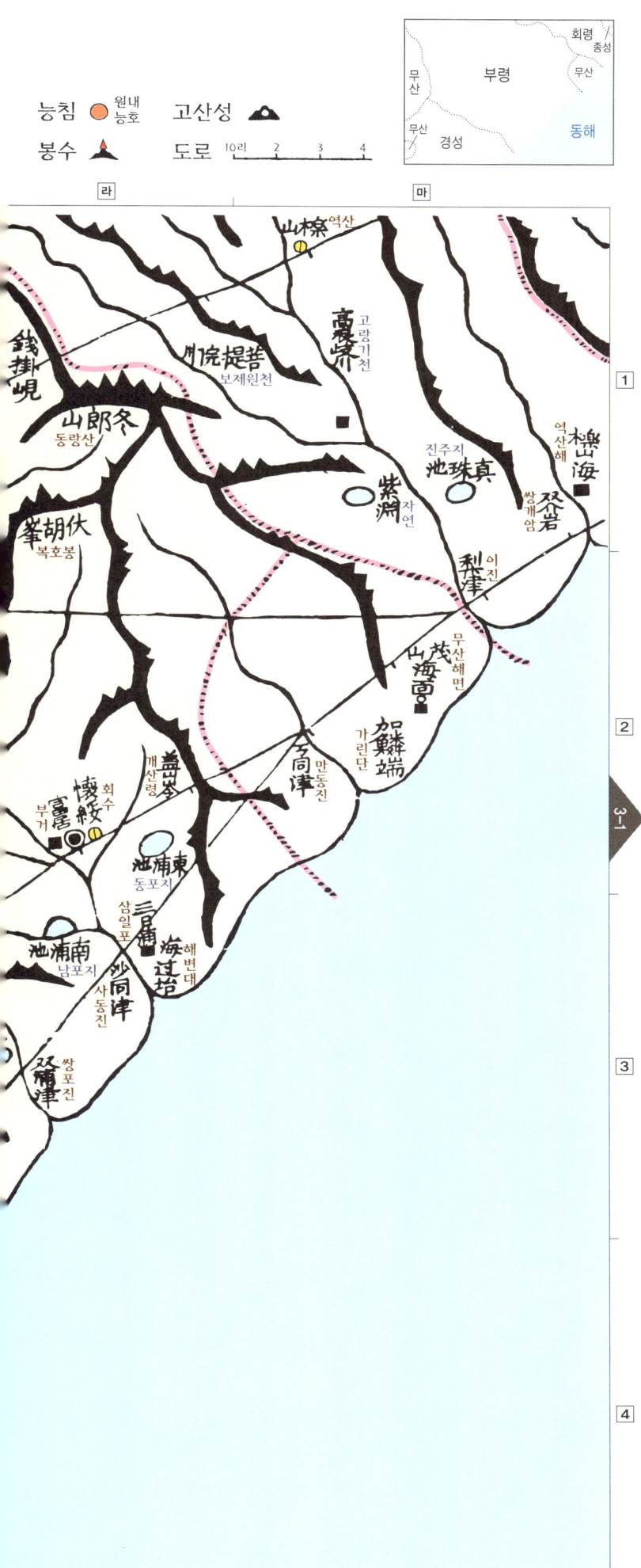

능침 ● 원내 능호   고산성 ▲

봉수 ▲   도로 10리 2 3 4

회령
종성
무산
부령
무산
무산 경성   동해

라   마

1
2
3-1
3
4

동북 6진 최후방의 지휘 본부, 부령

동북 6진 중 가장 후방에 있는 부령은 조선 초기 세종 때 김종서가 6진을 개척할 때 총 지휘 본부 역할을 하던 곳이다. 청암산과 타락산 사이의 청진은 지금의 청진항이다.

부령(富寧) – 나2

세종은 1432년(세종 14년) 이곳 석막(石幕) 지역에 영북진(寧北鎭)을 두고 적극적으로 동북 6진 개척을 시작해 1449년(세종 31년) 부령부를 설치함으로써 6진을 완성하였다. '부령'이라는 지명은 부거와 영북진 앞 글자에서 하나씩 따온 것이다. 옛 기록에 "주민들이 모두 말을 달리며 활쏘기를 업으로 삼는다."라고 할 만큼 무인 기질이 강한 고을이다.

부거(富居) – 라2

세종 때 이곳에 부거성을 쌓고 여진 방어의 전초기지로 삼았다. 그 이전에는 여진족이 살았는데, 부거성에서 서남쪽으로 약 2km 떨어진 합전(合戰) 구릉에는 여진족의 오래된 무덤이 수백 기가 남아 있다고 한다. 해안에는 동포지(東浦池), 남포지(南浦池), 순담(蓴潭) 등 크고 작은 자연 호수들이 흩어져 있다.

청진(靑津) – 다4

동해안의 타락산(駝駱山)과 청암산(靑岩山) 사이에 위치한 청진은 지금의 청진항이다. 타락산의 여맥이 동해로 뻗어 내리며 빚어 놓은 고말반도가 동북쪽을 가로막고 있는 청진항은 조선 시대에는 한적한 어촌이었다. 1904년 러일전쟁 당시에는 병력과 군수 물자의 출입항으로 쓰였고, 1908년 개항하면서 근대 도시로 바뀌었다.

폐무산진(廢茂山鎭) – 나3

조선 시대 무산은 치소(治所)를 여러 차례 옮겼다. 1438년(세종 20년) 지도의 무산고진보에 만호진(萬戶鎭)을 두었고, 1509년(중종 4년)에는 그 서쪽 폐무산고진보에 성을 쌓고 첨사진(僉使鎭)으로 승격시켰다가, 1674년(현종 15년) 이 지역을 벗어나 두만강 상류의 삼봉평(三峯坪, 2-3 도엽) 근방으로 옮겼다. 그 역사의 흔적들은 무산과 관련된 지명들로 남아 있다. 부령 서북쪽 45리의 폐무산고진보, 북쪽 18리의 무산고진보, 남쪽 50리의 폐무산진 등이 그것이다.

용성천(龍城川) – 다4

장백정간의 무산령(茂山岺), 차유령(車踰岺) 등에서 발원해 '대천(大川)'이라는 이름으로 부령을 지나 동해로 유입되는 용성천은 지금의 수성천(輸城川)이다. 동해로 유입되는 하천 중 어랑천, 길주 남대천에 버금가는 하천으로서 하류의 수성평야는 함경도에서 비옥하고 넓은 평야로 꼽는다. '수성'이라는 이름은 경성과 부령·경흥을 잇는 길에 위치한 수성역(輸城驛)에서 유래하였다.

삼산 三山 연면 延面

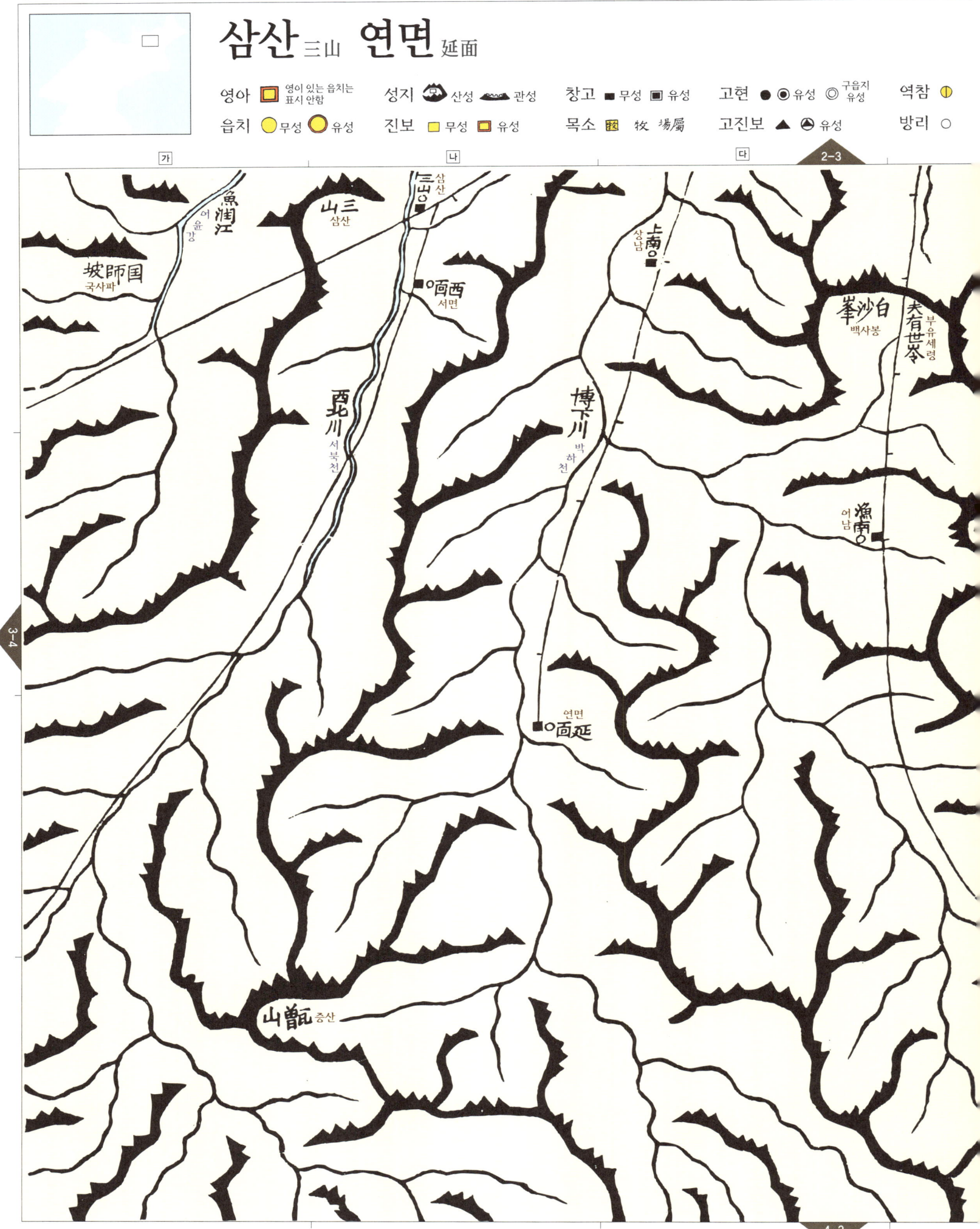

검덕산(檢德山)과 증산(甑山) 일대는 두만강 지류에 의해 침식된 산지로, 무산고원(茂山高原)을 이룬다.

백무고원의 높고 깊은 산골, 연면

지도에 나타난 지역은 함경북도 무산 지역으로 백무고원의 일부다. 두만강 지류 가운데 규모가 큰 하천들이 모두 이곳을 흘러간다. 우측 하단의 마유령은 장백정간이다.

서북천(西北川) – 나1

서북천은 장백산(長白山)의 설령(雪嶺) 부근에서 발원해 북류하며 서면(西面)과 삼산(三山)을 지나 두만강에 합류하는 하천이다. 지금은 '서두수(西頭水)'라 불리는데, 〈1872년 지방지도〉에는 '서대수(西大水)'로 표기되어 있다. 북한 자료에 따르면 하천의 길이는 173.1km로 두만강 지류 중 가장 긴 하천이다. 현재 중류에 건설된 원봉저수지는 함경북도에서 가장 큰 저수지로 꼽힌다.

박하천(博下川) – 나1

지금의 연면수(延面水)인 박하천은 장백정간의 장백산(長白山)에서 발원해 무산군을 북류하며 두만강으로 흘러드는 하천이다. 길이는 91km로 두만강 지류 중 두 번째로 길다. 지금의 하천 이름이 된 연면(延面)에는 세곡을 보관하던 창고가 있다. 그 상류는 장백산으로 이어지는 깊은 산중이라 도로마저 끊겼다. 이 일대는 1952년 연사군으로 분리되었다.

허수라천(虛修羅川) – 라1

지금의 성천수(城川水)다. 함경북도 무산군 남쪽에 있는 장백정간의 거문령(巨門嶺), 허수라현(虛水羅峴) 등에서 발원해 무산에서 두만강에 흘러드는 성천수는 길이가 76.3km로 두만강 지류 가운데 세 번째로 긴 하천이다. 현재 성천수 상류를 막아 건설한 마양저수지의 물은 장백정간 도수터널을 통해 동해 사면에 떨어지면서 부령발전소의 전력 생산에 이용된다.

어윤강(魚潤江) – 가1

어윤강은 백두대간의 허항령(虛項嶺), 보다회산(寶多會山, 지금의 북포대산) 등에서 발원해 두만강으로 합류하는 하천으로 지금의 소홍단수(小紅端水)다. 조선 시대에는 상류는 대홍단수(大紅丹水), 하류는 소홍단수로 불렸고, 이 하천이 동쪽으로 흘러 어윤강이 되었다. 이 일대는 조선 시대에는 무산 땅이었으나, 지금은 감자로 유명한 대홍단군 지역이다.

백무고원(白茂高原)

백무고원은 마천령산맥 동쪽 함경북도 북서부 일대에 펼쳐진 고원이다. 서북천(西北川, 지금의 서두수)을 기준으로 서쪽은 백두고원, 동쪽은 무산고원으로 나누기도 한다. 숲이 짙고 토양이 비옥해 생태 환경이 좋지만, 우리나라에서 가장 춥다고 알려진 중강진보다 더 추운 곳이다. 1,000m 이상 고지대의 연평균 기온은 −7.5~3.0℃이고, 최저 기온은 −40℃ 이하로 내려간다.

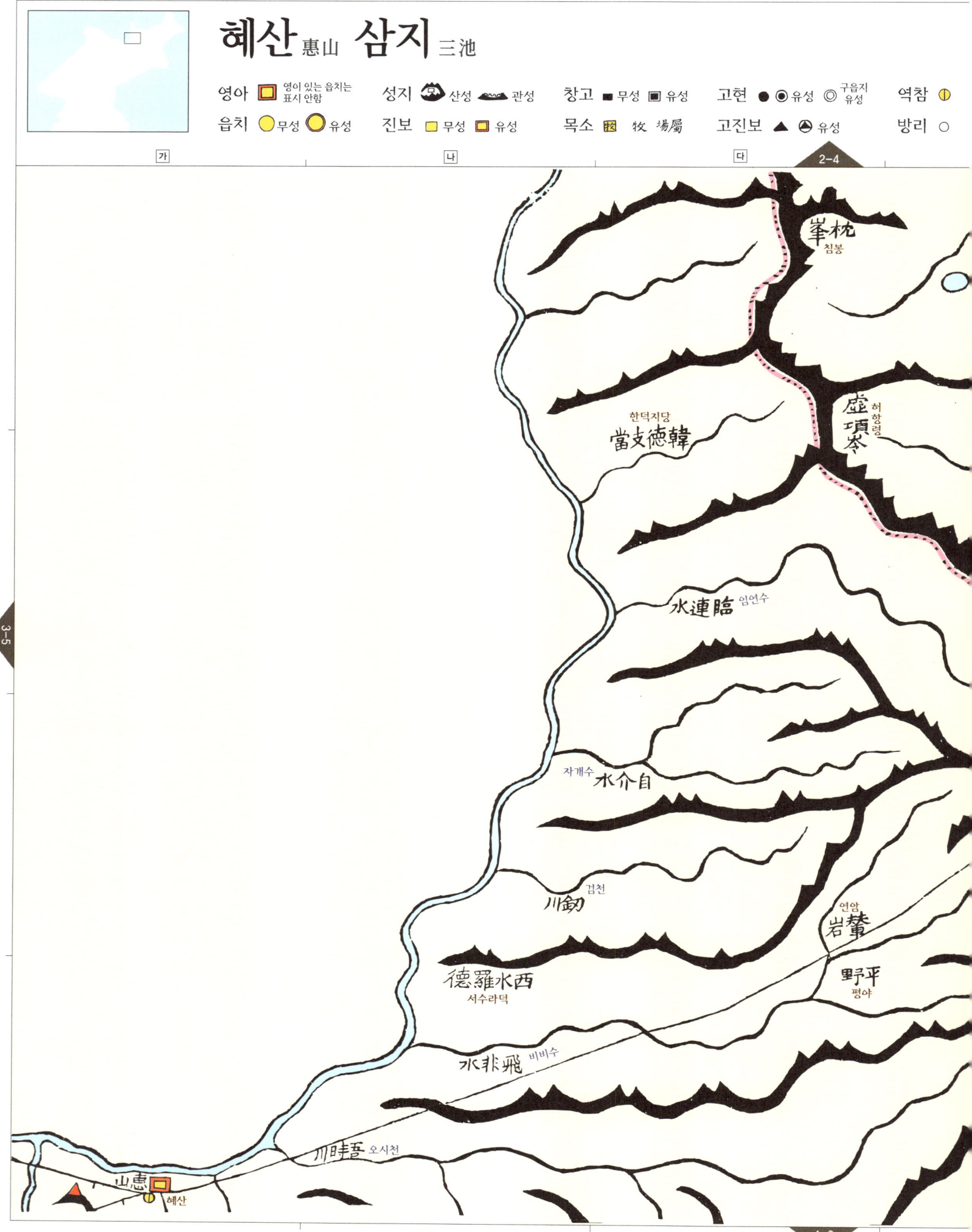

혜산 惠山 삼지 三池

영아 영이 있는 읍치는 표시 안함　성지 산성 관성　창고 무성 유성　고현 유성 구읍지 유성　역참

읍치 무성 유성　진보 무성 유성　목소 牧場屬　고진보 유성　방리

침봉 峯枕

허항령 虛項岺

한덕지당 當支德韓

임연수 水連臨

자개수 水介自

검천 川釽

연암 岩鷰

평야 野平

서수라덕 德羅水西

비비수 水非飛

오시천 川時吾

山惠 혜산

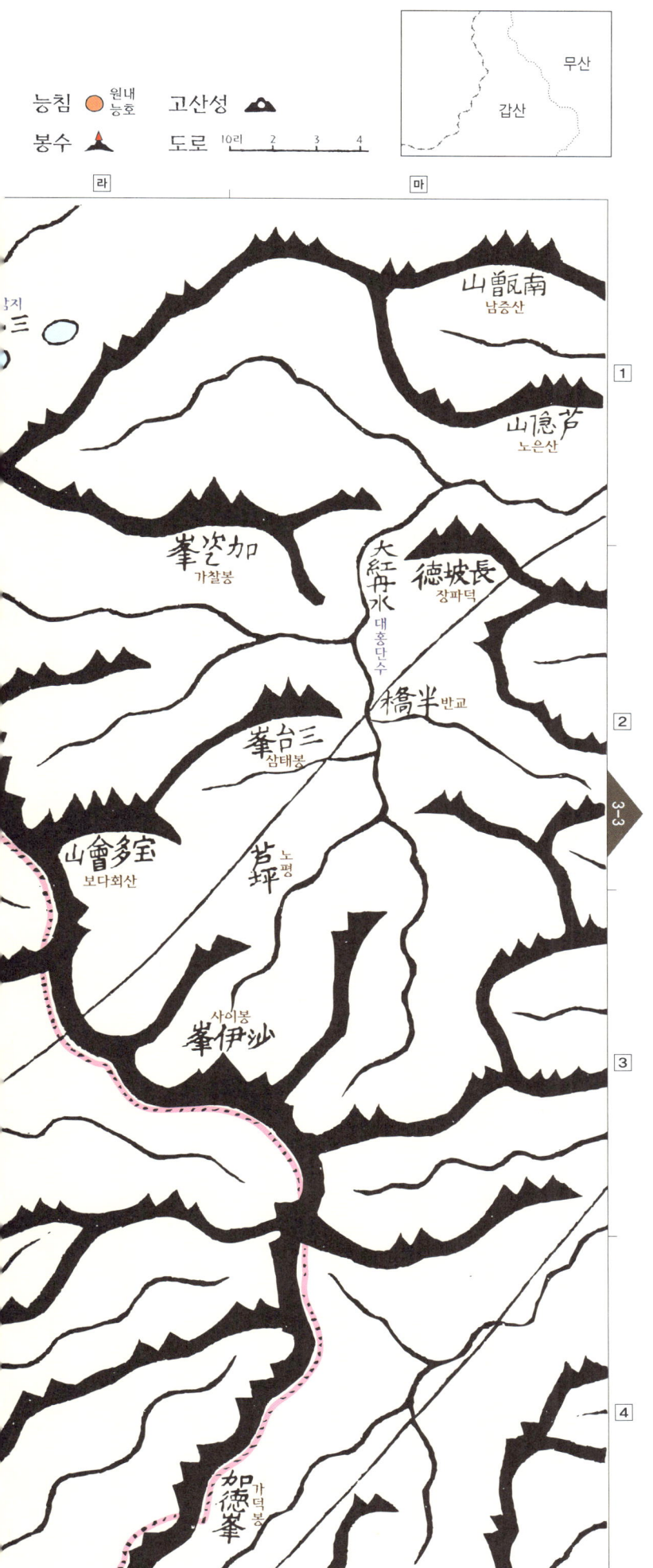

능침 ● 원내능호
봉수 ▲
고산성 ▲
도로 10리 2 3 4

라 마

무산
갑산

南甑山 남증산
老隱山 노은산
加乫峯 가찰봉
大紅丹水 대홍단수
長坡德 장파덕
半橋 반교
三台峯 삼태봉
寶多會山 보다회산
老坪 노평
沙伊峯 사이봉
加德峯 가덕봉

1

2

3

3-3

3

4

압록강 최상류 요새, 혜산

가운데 동남 방향으로 뻗은 굵은 산줄기는 백두대간이다.
그 서쪽의 쌍선 하천은 압록강 본류, 동쪽은 두만강 수계다.
서남쪽에는 압록강 최상류의 진보인 혜산진이 보인다.

삼지(三池) – 라1

삼지는 지금의 삼지연(三池淵)이다. 화산 분출물이 골짜기를 막으
면서 형성된 호수로 물이 맑다. 주변에는 잎갈나무 · 자작나무 ·
사스래나무 · 분비나무 · 가문비나무 등 고산식물이 원시림을 이
루어 태초의 신비스런 모습을 잘 간직하고 있다. 조선 시대 유산
기(遊山記)를 보면, 백두산 천지(天池)를 오르는 접근 지점이 혜산
진(惠山鎭)이든 무산(茂山)이든 대부분 삼지를 거쳐 갔다.

압록강 상류의 진보

압록강 상류의 이 지역은 조선 세종 때 여진을 몰아내고 개척한
서북 4군과 동북 6진 사이에 위치한다. 백두산 가까운 고원의 첩
첩산중이라 혜산진(惠山鎭) 외에는 진보 · 봉수 · 창고 등 정보가
거의 없고, 동북쪽의 무산 방향으로 이어진 도로는 거리 표시인
방표(傍標)도 없다. 압록강 너머의 중국 땅 역시 지명 정보가 하나
도 없는 깊은 산중이다.

혜산진(惠山鎭) – 가4

혜산은 관방시설을 둔 압록강 최상류 고을로서 병마첨절제사의
영(營)이 있었다. 인적 드문 변경이라 그런지 조선 중기까지는 역
참이 없었고, 후기에 들어 혜산역(惠山驛)을 설치하였다. 혜산은
구한말과 일제 강점기에는 강계와 더불어 무장독립운동의 중심
지였다. 홍범도(洪範圖)는 3·1 운동이 일어나자 국내진입작전을
전개해 혜산진 · 갑산 일대에서 일본군수비대를 크게 무찔렀다.

혜산진성(惠山鎭城) – 가4

조선 초에 쌓은 갑산부 산하의 진성이다. 석축으로 주위가 2,320척
에 높이가 9척이었다. 북쪽은 압록강 변의 절벽을 이용하고 남쪽
은 경사진 언덕을 이용해 성을 쌓았다. 정문인 남문은 '복융대(服
戎臺)'라 하였는데, 1631년 다시 지으면서 '괘궁정(掛弓亭)'이라는
현판을 달았다. 군사들이 누정에 활을 걸어 놓고 감시하였다는
뜻이다. 종3품 무관인 첨절제사(僉節制使)가 머물렀다.

허항령(虛項嶺) – 다1

백두대간의 소백산(小白山, 2-4 도엽)과 보다회산(寶多會山, 지금의
북포태산) 사이에 위치한 허항령은 혜산과 무산을 잇는 고갯길이
다. 조선 시대에는 약초꾼 · 사냥꾼 등 주로 현지 백성들이 이용
하던 작은 고갯길이라 지도에는 도로 표시가 없다. 허항령 고개
를 넘으면 백두산 아래의 삼지(三池, 지금의 삼지연)와 천리천평 고
원이 장엄하게 펼쳐진다.

후주 厚州 장진강 長津江

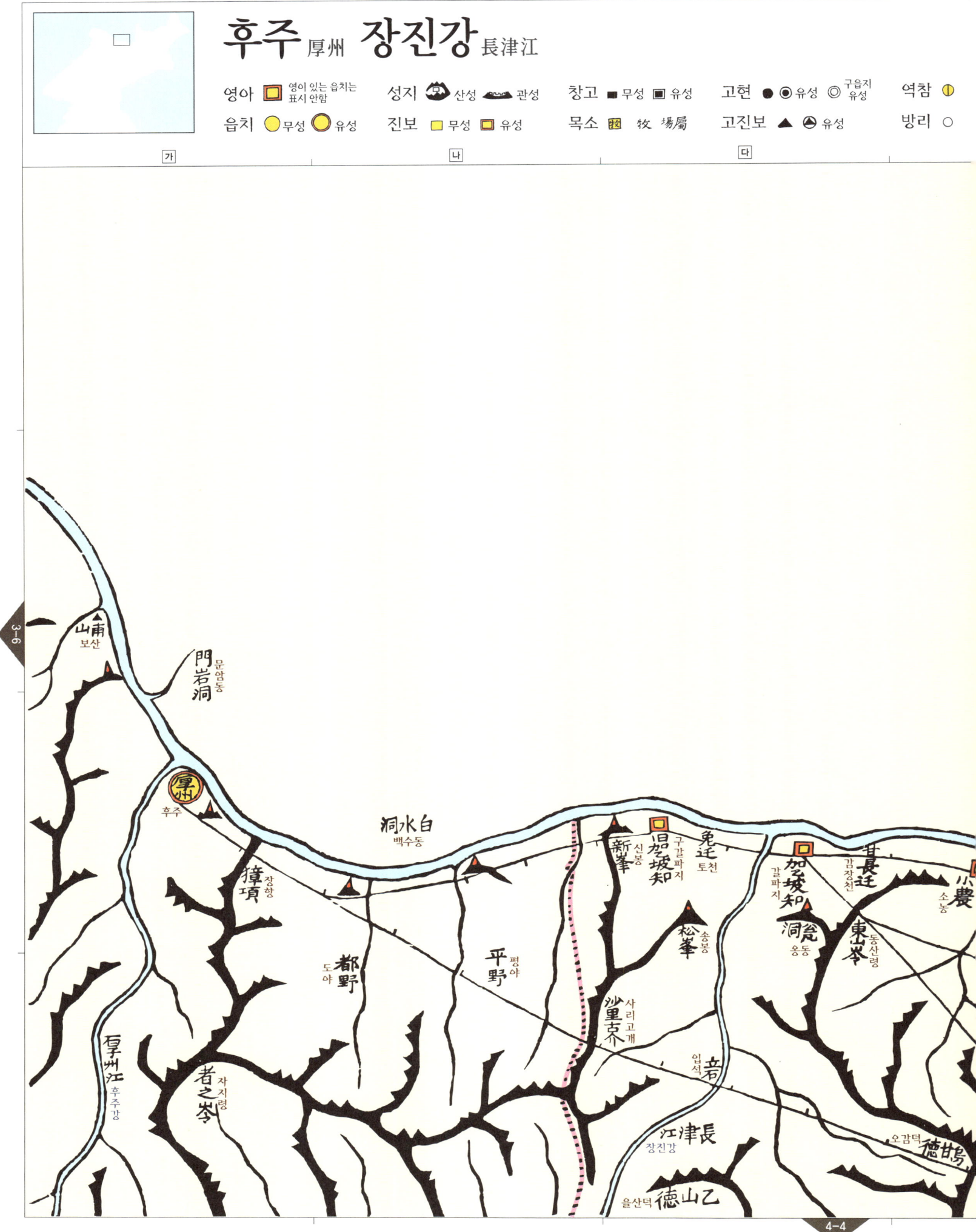

영아 ▣ 영이 있는 읍치는 표시 안함　성지 🏯 산성 ⛰ 관성　창고 ■ 무성 ▣ 유성　고현 ● ◉ 유성 ◎ 구읍지 유성　역참 ◐

읍치 🟡 무성 🟡 유성　진보 🟨 무성 🟧 유성　목소 🟨 牧場屬　고진보 ▲ ⏏ 유성　방리 ○

山甫 보산
門岩洞 문암동
厚州 후주
獐項 장항
洞水白 백수동
新峯 신봉
邑坡知 구갈파지
兔迁 토천
加坡知 갈파지
甘長迁 감장천
小農 소농
洞瓮 옹동
東岩峯 동산령
都野 도야
平野 평야
松峯 송봉
者之岑 자지령
沙里古尔 사리고개
厚州江 후주강
岩 입석리
江津長 장진강
德山乙 을산덕
德甘烏 오감덕

후주(厚州)와 삼수(三水)의 경계는 1896년 13도제(道制) 개편에 따라 평안북도와 함경남도의 도계가 되었다.

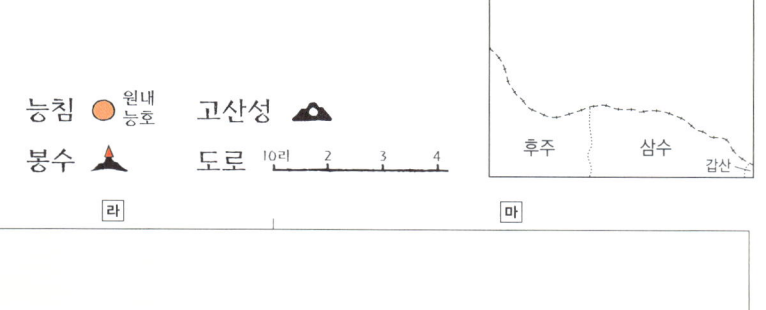

압록강 너머 중국 땅이 한눈에 들어오는 요새, 후주

압록강을 따라 여진의 침략을 방어하기 위해 설치한 진보와 봉수가 즐비하다. 함경도 후주 지역이다. 강변의 도로는 모두 삼수부로 연결된다.

후주(厚州) – 가3

후주는 조선 초기에는 동북 4군의 하나인 무창군(茂昌郡)에 속한 고을이었다. 1664년(현종 5년) 후주진(厚州鎭)이 설치되었고, 1822년(순조 22년) 부(府)로 승격되었다. 1830년(순조 30년) 쌓은 후주읍성(厚州邑城)은 압록강 너머의 중국 땅을 한눈에 감시할 수 있는 요새로서, 1870년(고종 7년) 후주를 폐하고 치소(治所)를 후창으로 옮기기 전까지 후주의 군사·행정의 중심지였다.

후주강(厚州江) – 가4

후주강(지금의 후주천)은 평안도 강계의 경계에 있는 사랑령(舍郎岺)과 함경도 장진의 경계에 있는 오만령(五萬岺)에서 발원해 후주를 지나 압록강에 합류하는 하천이다. 강기슭에는 산림자원이 풍부해 임업이 발달하였다. 이곳에서 생산된 목재는 후주강과 압록강을 따라 뗏목으로 운반되었다. 하구에는 토사의 퇴적으로 형성된 넓은 들판이 펼쳐진다.

갈파지진(乫坡知鎭) – 다3

삼수에 속하는 압록강 변의 진보다. 장진강이 압록강에 합류하는 지점의 좌측에는 '구갈파지(舊乫坡知)', 우측에는 '갈파지(乫坡知)'라는 지명이 있다. 《대동지지》에 따르면 1511년(중종 6년) 구갈파지의 진보를 갈파지로 옮겼는데, 당시 쌓은 성 둘레는 3,500척이었으며 병마첨절제사를 두었음을 알 수 있다. 갈파지는 나중에 '신갈파지(新乫坡知)'라고도 불렸다.

장진강(長津江) – 다4

백두대간에서 발원한 장진강은 중류의 강구포(江口浦, 4-4 도엽)에서 부전강을 받아들이고, 방향을 동북으로 바꿔 갈파지(乫坡知)에서 압록강에 합류하는 하천이다. 압록강 유역에서 제일 큰 지류로서 고려 말에는 '큰 강'이라는 뜻으로 '하가루'라고도 불렸다.

압록강의 국경 초소들

압록강 변에 후주읍성이 있고, 상류로 거슬러 오르며 구갈파지·갈파지(신갈파지)·소농·나난·인차외 등 많은 진보가 표시되어 있다. 또 압록강 물줄기 따라 연결된 봉수도 10개나 보이니 국경을 맞대고 있는 분위기가 물씬 풍긴다. 도로도 압록강을 따라 연결되는데, 이 도로들은 모두 이 지역 군사·행정의 중심지인 삼수부로 이어진다.

무창 茂昌

영아	▢ 영이 있는 읍치는 표시 안함	성지	⛰ 산성　〰 관성	창고 ■ 무성　◼ 유성	고현 ● ◉ 유성　◎ 구읍지 유성	역참 ◐
읍치	● 무성　◯ 유성	진보	▢ 무성　▣ 유성	목소 牧 牧場屬	고진보 ▲ ⬟ 유성	방리 ○

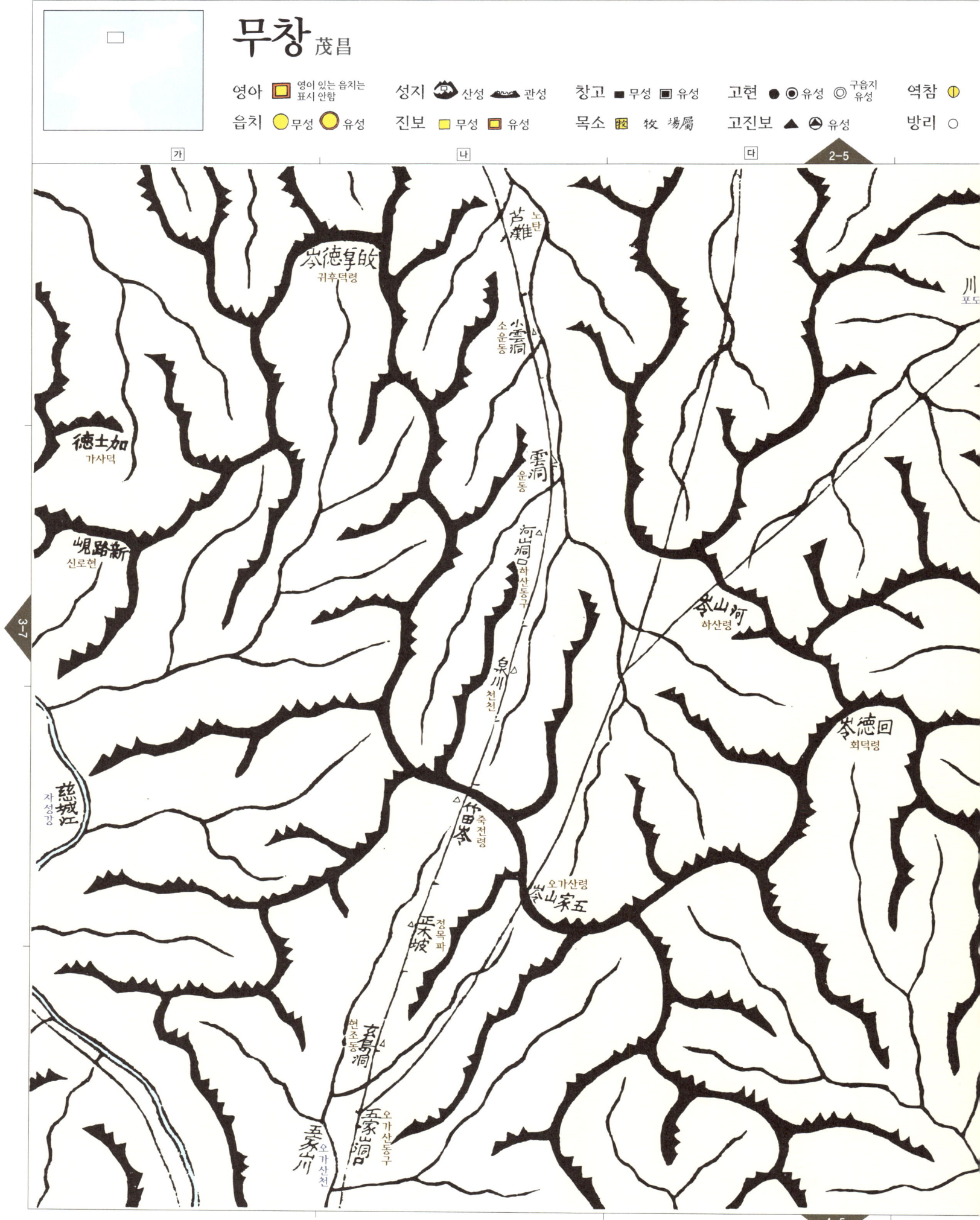

가　　　　　　　　나　　　　　　　　다　　2-5

芦灘
노탄

岵德阜眅
귀후덕령

小雲洞
소운동

德土加
가사덕

雲洞
운동

3-7

岵路新
신로현

河洞
하산동구

泉川
천천

河山岵
하산령

回德岵
회덕령

慈城江
자성강

竹田岵
죽전령

五家山岵
오가산령

正木皮
정목파

玄鳥洞
현조동

五家山洞
오가산동구

五家山川
오가산천

　죽전령(竹田岾)을 지나는 도로를 따라 점점이 위치한 7개의 작은 삼각형 기호는 임시 초소인 파수(把守)를 나타낸다.

4-5

서북 4군의 하나, 무창

세종 때 서북 지역에 개척한 서북 4군의 하나인 무창군이 있던 압록강 중상류 지역이다. 압록강을 따르는 도로가 없으나, 지금은 산림철도인 혜산~만포청년선이 압록강을 따라간다.

무창(茂昌) – 라1

고현(古縣)으로 표기된 무창은 1440년(세종 22년) 서북 지역에 개척한 4군의 하나다. 1455년(세조 1년) 무창군을 폐하고 관할을 강계부로 넘기면서 폐군이 되었다가 1869년(고종 6년) 후주(厚州)와 무창을 합칠 때 후창군에 속하였다. 자강고원 동부에 해당되어 대부분의 지역이 1,000m 이상의 고지대다. 목재 생산량이 많다.

죽전령(竹田岺) – 나3

이 지역은 조선 초기 개척한 서북 4군에 속하였으나 세조 때 폐군이 되면서 도로 정보가 많지 않다. 죽전~강계를 잇는 죽전령 도로의 소운동(小雲洞)·운동(雲洞)·하산동구(河山洞口)·천천(泉川)·죽전령·정목파(正木坡)·현조동(玄鳥洞)에 표기된 작은 삼각형 기호는 국경의 임시 초소인 '파수(把守)'를 뜻한다.

자성강(慈城江) – 가3

조선 세종 때 개척한 서북 4군의 하나인 자성(慈城)에서 이름이 유래한 자성강은 지금의 자강도 화평군 가룡령에서 발원해 자성읍에서 압록강으로 흘러드는 하천이다. 산림이 울창한 고산 지대를 심하게 감입곡류하는데, 수량이 풍부한 편이라 뗏길과 관개용수, 전력생산 등에 이용된다. 길이는 92.5㎞다.

오가산령(五家山岺) – 나3

무창과 강계를 잇는 오가산령은 조선 후기까지 도로에 10리마다 찍는 방표도 없는 작은 고갯길이었으나, 1869년(고종 6년) 후주와 무창을 합쳐 후창군으로 할 때 오가산령 가까이에 치소(治所)를 두면서 이후 넓은 도로가 났다. 북한의 자료에 따르면, 이 일대는 활엽수림의 북부한계선과 침엽수림의 남부한계선이 만나는 혼합원시림 지역으로서 동식물 생태 환경이 좋아 현재 오가산자연보호구로 지정해 보호하고 있다.

후창군(厚昌郡) – 다2

압록강 중상류 지역의 이 일대는 1869년(고종 6년) 함경도 후주(厚州)와 무창(茂昌) 두 고을을 병합해 후창군으로 하고 평안도로 이속하였다. 지명은 후주의 '후' 자와 무창의 '창' 자를 합친 것이다. 두 고을을 병합한 해는 〈대동여지도〉가 제작된 1861년보다 8년 뒤라 후창군 치소(治所)는 표기가 안 되어 있다. 당시 신설한 후창군의 치소는 오가산령(五家山岺)과 하산령(河山岺) 사이의 삼거리 부근으로 추정된다.

자성 慈城

영아 ■ 영이 있는 읍치는 표시 안함　　성지 🏔 산성 ⛰ 관성　　창고 ■ 무성 ■ 유성　　고현 ● ◉ 유성 ◎ 구읍지 유성　　역참 🌕

읍치 🟡 무성 🟠 유성　　진보 🟨 무성 🟧 유성　　목소 🔲 牧 場 屬　　고진보 ▲ ⛰ 유성　　방리 ○

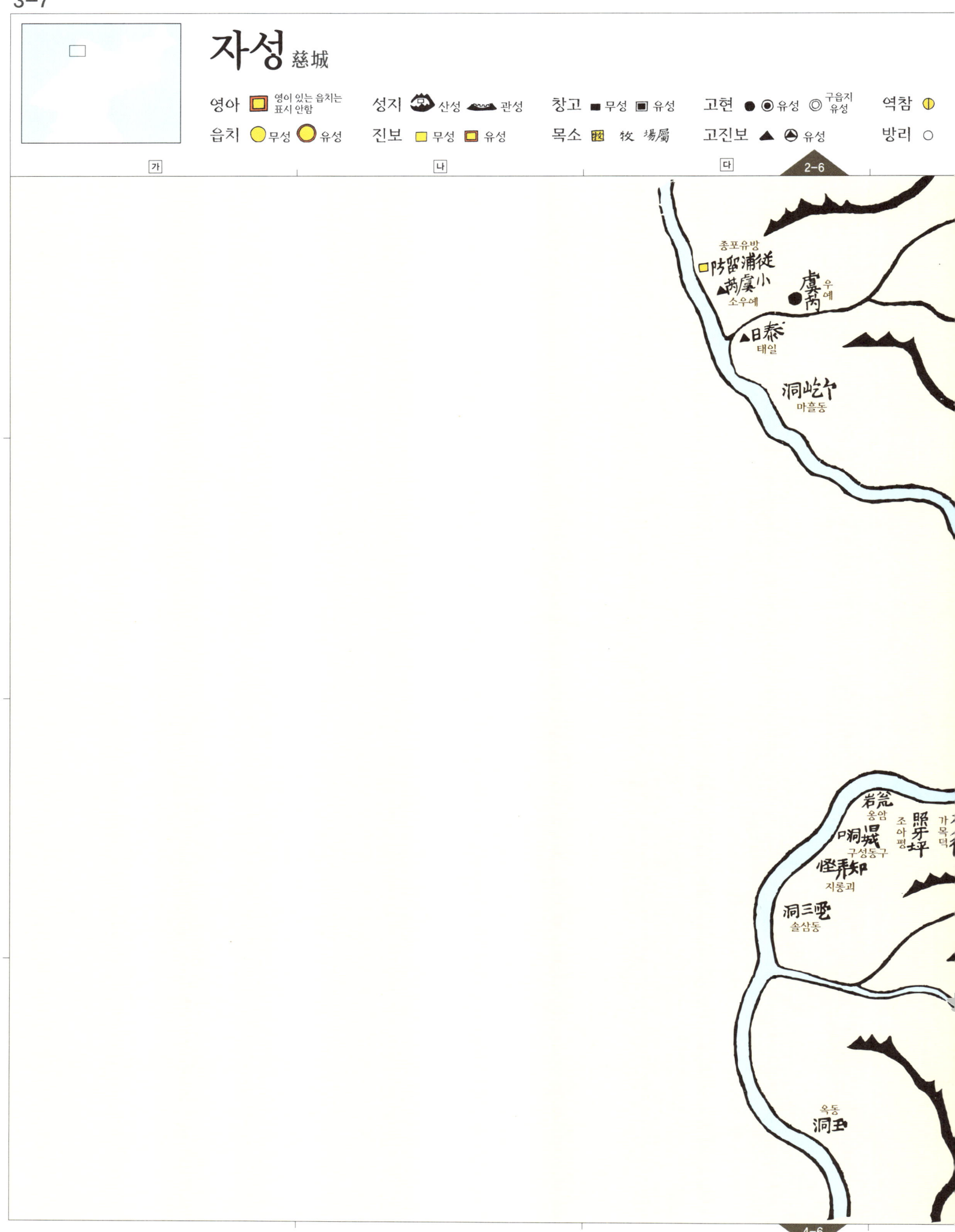

종포유방
■ 防罟浦從
▲ �廲虞小
소우예

● 虞芮 우예

▲ 日泰 태일

洞屹个 마흘동

岩荒 옹암
照牙坪
가목덕
조아평
口洞舊城 구성동구
怪耒知 지롱괴
洞三乬 솔삼동

옥동
洞玉

고현 우예(虞芮)는 4군 중 하나로, 옛 진보 소우예(小虞芮), 태일(泰日)과 더불어 압록강 연안의 방어 요새였다.

서북 4군의 최남단 고을, 자성

강폭이 넓어진 압록강이 흐르는 이 지역은 세종 때 개척한 서북 4군 중 우예군과 자성군이 있던 지역이다. 압록강 기슭에는 당시 설치하였던 고진보의 흔적들이 보인다.

자성(慈城) – 마4

세종 때 개척한 서북 4군의 하나다. 《세종실록지리지》에 따르면, 1424년(세종 6년) 압록강 기슭의 장항(獐項)에 목책(木柵)을 세우고 지켰는데, 1432년(세종 14년) 파저강(波猪江)의 야인들이 침입해 우리 백성을 살상할 때 여연(閭延)과 강계(江界)가 너무 멀어 군사들이 돕지 못하였으므로 이듬해 양읍(兩邑)의 중앙인 자작리(慈作里)에 성을 쌓고 자성군을 설치하였다. 당시 자성군의 호구는 405호, 인구는 2,576명이었다. 표범가죽과 족제비가죽 등이 특산물이었다.

우예(虞芮) – 다1

호예천(湖芮川)이 압록강에 합류하는 지점에 위치한 우예는 세종 때 설치하였던 서북 4군의 하나로서 본래 여연(閭延)의 우예보(虞芮堡)였다. 이곳 역시 여연과의 거리가 멀리 떨어져 있어 여진 방어에 어려움이 있자, 소우예(小虞芮)·태일(泰日)·유파(榆坡)·조명간(趙明干) 등을 합쳐 우예군(虞芮郡)을 설치하였다. 당시 호구는 77호, 인구는 331명이었다. 세조 때 4군을 폐지하면서 자성과 우예 주민들을 강계 고을로 이주시켰다.

상토진(上土鎭) – 라2

서북 4군의 하나인 자성군에 속한 진보다. 성이 있는 것으로 표기되어 있는데, '상토진'은 토지 개간을 맡은 진을 의미한다. 상토진 주변은 산줄기도 약하게 표현되었고, 서해평(西海坪)·조아평(照牙坪) 등 들판 관련 지명들이 보인다. 자성강이 압록강에 합류하는 널따란 분지에서 농사가 활발히 이루어졌음을 추정할 수 있다. 이 상토진 일대는 1966년 운봉댐 건설 당시 수몰되었다.

종포유방(從浦留防) – 다1

이 지역은 폐사군 지역으로서 세조 때 백성들을 다른 고을로 이주시켰으나, 군사들이 체류하는 유방(留防)을 설치해 국경을 지키게 하였다. 윗괴유방(䜣怪留防, 라2)도 같은 경비시설이다.

운봉댐 – 다3

지도의 솔삼동(乺三洞) 부근에는 1966년 중국과 공동으로 건설한 운봉댐이 위치한다. 이 댐으로 운봉호가 생기면서 상류의 지롱괴(知弄怪), 조아평(照牙坪), 이인동(李仁洞), 상토진(上土鎭) 등 강 마을이 대부분 수몰되었다. 2006년에는 수몰 지역에서 고구려 때 것으로 추정되는 고분 2천여 기와 돌로 쌓은 성터 등이 발견되었다.

경성 鏡城

지도의 사진(沙津)은 지금의 어대진(漁大津)으로, 부근 해역은 예로부터 어장이 형성되어 정어리 잡이가 번창하였다.

능침 ●원내 능호 고산성 ⛰

봉수 🔺 도로 10리 2 3 4

| 경성 | 동해 |

라 마

함흥과 쌍벽을 이루는
함경도 대표 고을, 경성

함경도의 큰 고을인 경성이다. 동쪽은 동해에 접해 있고, 서쪽은 장백정간을 끼고 있는 산악 지대다. 경성의 주을은 옛날부터 온천으로 유명한 고을이다.

경성(鏡城) – 나1

북병영이 자리하였던 경성은 함흥과 함께 함경도를 대표하는 고을이다. 북쪽의 부령 · 경원 · 경흥 등 동북 6진의 국경 지대와 남쪽의 함흥을 연결하는 중요한 길목에 위치한다. 《세종실록지리지》에 "땅이 기름지다."라고 기록된 당시 호수는 409호에 인구는 9,031명이었다. 조선 중기에 쌓은 경성읍성의 남문은 웅장하고 아름다운 2층 누각으로 유명한데, 흔히 '경성 남대문'이라 불렸다.

주을온진(朱乙溫鎭) – 가1

주을온진은 주을온(朱乙溫)에 돌로 쌓은 성으로 둘레가 1,068척이었다. 주변의 온(溫) 관련 지명에서 볼 수 있듯 주을에는 온천이 많다. 1579년(선조 12년) 학봉 김성일(金誠一)이 함경도 순무어사로 함경도 지방의 주둔 군대를 검열하고 기록한 《북정일록(北征日錄)》에는 "성 북쪽 시냇가에 온천(溫泉) 두 곳이 있었는데, 화기(火氣)가 찌는 듯하고 뜨거운 안개가 하늘에 치솟았다."라는 대목이 나온다. 조선 중기부터 유명하였던 주을온천은 알칼리가 함유된 수온 60℃의 라듐천으로서 관절염 · 신경통 · 고혈압 등에 효과가 높다고 한다. 이 온천 때문에 주을에는 1920년대 초 '유리 얀코프스키'가 백계 러시아인들을 위해 운영하였던 여름 별장촌인 노비나(Novina)도 있었다.

어랑천(漁郞川) – 나4

지도 아래 어화진(漁火津)으로 흐르는 하천은 지금의 어랑천이다. 하류에는 '어랑오호(漁郞五湖)'로 불리는 5개의 호수가 있는데, 지도에는 장자택(長者澤, 지금의 장연호), 동련당(東蓮塘, 지금의 동련호), 무계택(武溪澤, 지금의 무계호)만 보인다. 어랑은 여진어로 '호수'라는 뜻이라 한다. 하구의 어랑덕 평야에서 생산된 어랑쌀은 함경북도에서 가장 맛이 좋은 쌀로 유명하다.

장자택(長者澤) – 나4

《신증동국여지승람》에 "한 골짜기에 가득한데 길이가 15리요, 너비가 3리요, 깊이가 6백여 척이다. 동쪽으로 흘러 바다로 들어간다. 가물 때 이 못에 기우하면 효험이 있다."라고 한 장자택은 지금의 장연호(長淵湖)다. 둘레가 27.8km, 수심이 39m나 되는 장자택은 원래 경성만의 일부였으나 화산작용으로 현무암이 흘러내리고 어랑천의 모래가 쌓이면서 호수가 되었다. 마음씨 나쁜 부자가 스님을 홀대한 탓에 비옥한 농토가 못으로 변하였다는 '장자못 전설'이 전해 온다.

장백산 長白山

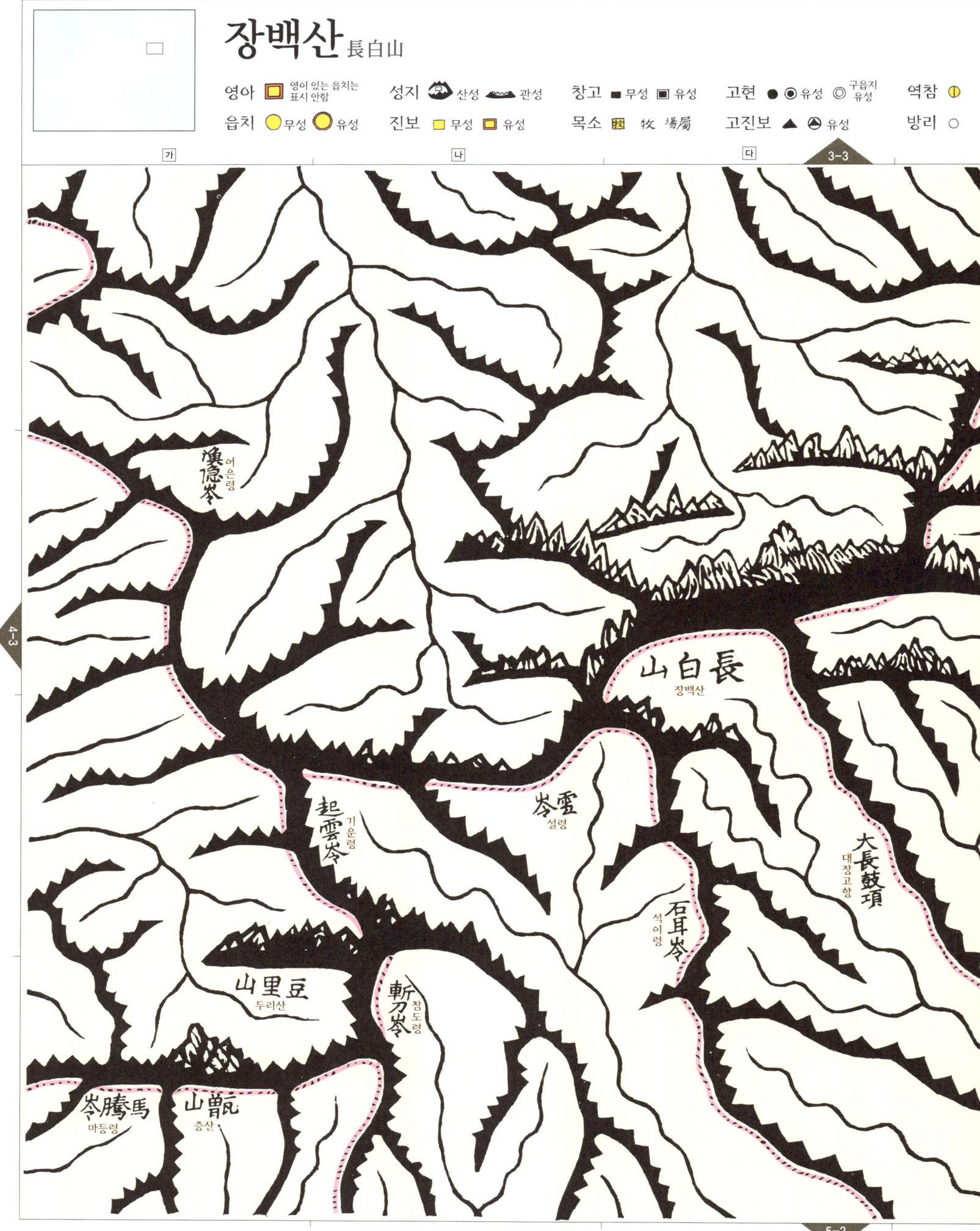

북한이 핵실험을 한 길주군 풍계리(豊溪里)는 설령(雪峑) 남쪽 계곡 아래쪽으로 추정된다.

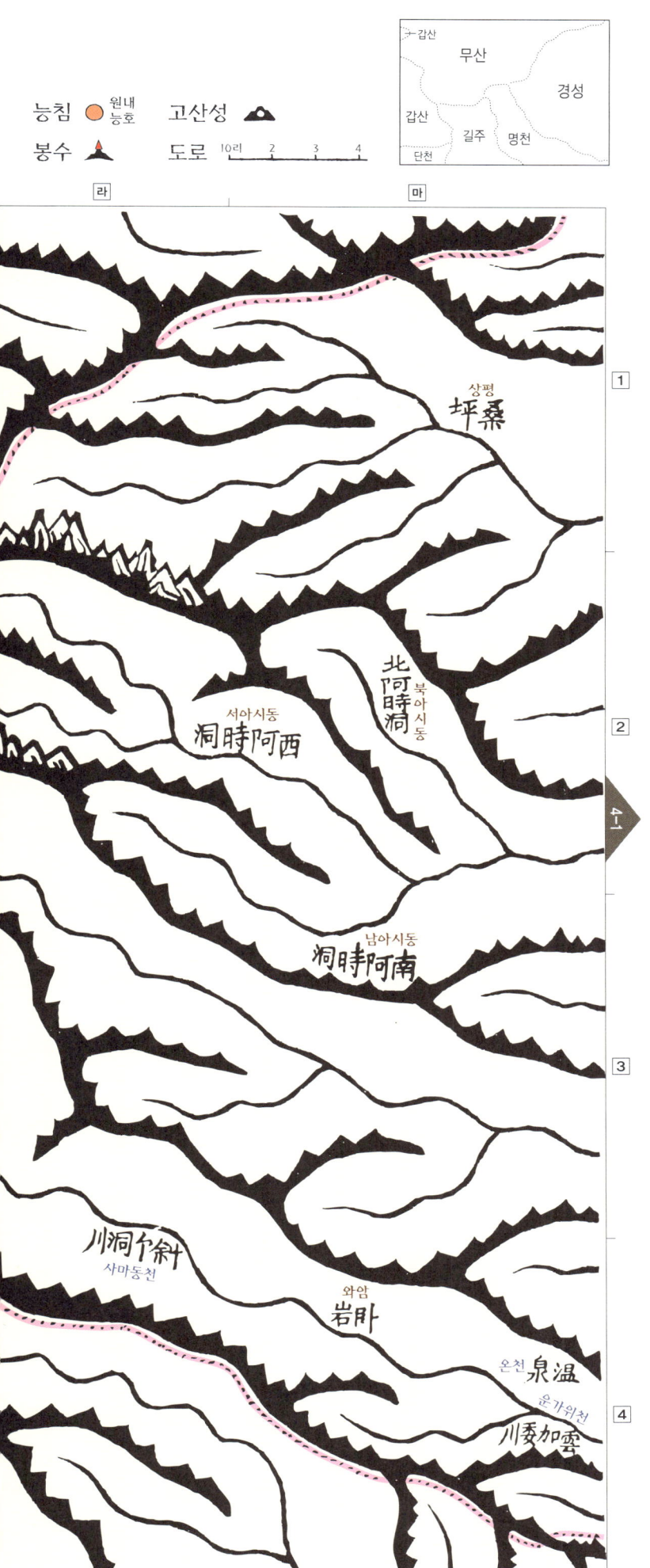

장백정간의 기둥, 장백산

어은령~기운령~참도령~증산을 잇는 산줄기는 백두대간이고, 기운령 부근에서 분기해 설령~장백산을 잇는 동북쪽 산줄기는 장백정간이다. 장백산 위치에는 현재 만탑산 등이 솟아 있는데, 깊은 산중이라 도로나 인문 정보가 거의 없다.

장백산(長白山) – 다2

"백산(白山)은 부의 서쪽 110리에 있다. 산세가 매우 험하여 5월이 되어야 눈이 녹으며, 7월이면 다시 눈이 쌓인다. 산꼭대기에는 나무의 키가 낮고 작다. 지방 사람들은 이 산도 장백산(長白山)이라고 부른다."《신증동국여지승람》(경성도호부)에 기록된 장백산에 대한 내용이다. 《대동지지》(무산부)에는 "장백산은 갑산, 경성, 명천, 길주, 단천의 경계에 있다."라며 높고 큰 산임을 비교적 자세히 설명하고 있다.

안타깝게도 현대 지도를 보면 이 일대에 '장백산'이라는 이름을 가진 산이 없어 지형을 읽는 데 많은 어려움이 있다. 〈대동여지도〉에 그려진 지형을 현대 지도와 비교해 살펴보면, 장백정간 분기점 부근에는 고두산(高頭山, 1,990m)이 있고, 설령을 지나 장백산 영역으로 들어서면 만탑산(萬塔山, 2,003m)이 위치한다. 이 때문에 장백산을 지금의 만탑산으로 보기도 한다.

장백산 영역은 넓다. 지명이 위치한 부분만이 아니라, 그 둘레의 하얀 바위산이 솟아 있는 것처럼 표현된 부분 전체가 장백산 영역이다. 현대 지도를 살펴보면 이 영역에는 만탑산 하나만 있는 게 아니다. 만탑산 동쪽 너머로는 장백정간을 따라 괘상봉(掛上峯, 2,140m), 어랑 관모봉(漁郎 冠帽峯, 2,170m), 궤상봉(櫃床峯, 2,335m), 투구봉(2,335m), 궤산봉(櫃山峯, 2,272m), 그리고 한반도에서 두 번째로 높은 관모봉(冠帽峯, 2,541m) 등이 솟아 있다. 이렇듯 〈대동여지도〉의 장백산 영역에는 2,000m가 넘는 고봉들이 줄지어 솟아 있어 그 영역이 넓게 보인다.

장백정간(長白正幹)

지도 서쪽의 어은령(漁隱峯)~기운령(起雲峯)~참도령(斬刀峯)~증산(甑山)을 잇는 산줄기는 백두대간이고, 중심부의 설령(雪峯)~장백산(長白山) 산줄기는 장백정간이다. 장백정간은 한반도의 척량(脊梁)인 백두대간의 기운령 부근에서 분기해 설령(雪峯)을 지나 동북쪽으로 뻗어 간다. 《산경표》에 따르면 장백정간은 장백산을 지나 마유산(馬踰山)~거문령(巨門峯)~계탕령(契湯峯)~차유령(車踰峯)~이현(梨峴)~무산령(茂山峯)~가응석령(加應石峯)~엄명산(嚴明山)~녹야현(鹿野峴)~갈파령(葛坡嶺)~송진산(松眞山)~백악산(白岳山)~조산(造山)을 지나고, 두만강 하류의 서수라곶산(西水羅串山)까지 이어진다. 이 산줄기는 함경북도를 크게 두만강 문화권과 동해안 문화권으로 나누는 역할을 한다. 또한 조선 초기에 김종서(金宗瑞) 장군이 개척한 동북 6진은 모두 장백정간 영역에 위치한다.

갑산 甲山

영아 ▢ 영이 있는 읍치는 표시안함

성지 ⛰ 산성 ⛰ 관성

창고 ■ 무성 ▣ 유성

고현 ● ◉ 유성 ◎ 구읍지 유성

역참 ◐

읍치 ◯ 무성 ⬤ 유성

진보 ▢ 무성 ▣ 유성

목소 🈂 牧 場 屬

고진보 ▲ 🔺 유성

방리 ◯

가

나

다

惠山岺 혜산령

塔洞 탑동

望德山 망덕산

坪甘 감평

飛鳳山 비봉산

堆者乾 건자퇴

所里德 소리덕

雲寵 운총

鳳栖寺 봉서사

峴礬綠 녹반현

雲坡舘 운파관

阿間 아간

虛獜 허린

同仁 동인

伊間 이간

回德岺 회덕령

加亇 가마

加亇川 가마천

鎭東 진동

會里 회리

天鳳山 천봉산

資福寺 자복사

甲山 갑산

虛川江 허천강

長平山 장평산

虛川 허천

二里川 이리천

南峯 남봉

二里 이리

雲盧院 운허원

개마고원의 동쪽 지역인 갑산(甲山)은 험준한 산으로 둘러싸여 조선 시대 삼수(三水)와 더불어 유배지로 꼽혔다.

조선 시대 유배지로 이름난 갑산

개마고원 동쪽 지대인 이곳에는 삼수와 함께 유배지로 유명하였던 함경도 갑산이 있다. 여진족의 잦은 침입을 막기 위해 쌓은 갑산읍성 주변에는 여러 진보가 위치한다.

갑산(甲山) – 나3

갑산은 삼수와 함께 조선 시대 유배지의 대명사였다. 삼수갑산으로 유배 왔던 벼슬아치들이 돌아가지 못하고 죽는 일이 흔하였기에 저승의 비유로 쓰이기도 하였다. 대표적 인물로는 율곡 이이(李珥)를 공격하다 유배된 허균의 형 허봉(許篈), 갑산으로 가는 도중에 사약을 받은 윤휴(尹鑴), 위리안치 중에도《북천일기》를 남긴 윤양래(尹陽來) 등이 있다. 일제 강점기 시인 김소월(金素月)은〈산〉이라는 시에서 "불귀(不歸), 불귀, 다시 불귀 / 삼수갑산에 다시 불귀." 하며 험한 고갯길을 넘는 나그네의 아픈 감정을 노래하였다.

갑산읍성(甲山邑城) – 나3

조선의 동북 방위를 위해 1448년(세종 30년)에 쌓은 갑산읍성은 조선 말기까지 중요한 역할을 하며 잘 보존되어 왔으나 일제 강점기에 시가지 확장 구실로 대부분 헐렸다. 한국전쟁 때 성의 남문인 진북루마저 불타 버렸으나 1980년에 복구하였다. 산악 지역에서 수렵으로 생계를 꾸리는 산포수로 이루어진 구한말 차도선(車道善) 의병부대는 1907년 이곳에서 일본군과 전투를 벌여 승리하였다.

허천역(虛川驛) – 나3

허천역은 갑산부 행정·군사 중심부에 위치한 역이다. 사방으로 난 큰길은 갑산과 주변 고을을 잇는 역할을 하였다. 북쪽으로는 동인보(同仁堡), 운총보(雲寵堡)를 지나 압록강 최상류의 혜산진과 연결되었고, 서북으로는 허린역(虛麟驛)을 거쳐 삼수부와 통하였다. 동북으로는 백두대간의 마산령(馬山嶺)을 넘으면 두만강의 무산에 닿을 수 있었다. 또 남쪽의 운허원(雲虛院)을 지나면 후치령(厚致嶺) 너머의 동해안 북청으로 통한다.

허천강(虛川江) – 가3

허천강은 용암대지인 개마고원의 협곡을 굽이돌며 갑산을 지나 혜산에서 압록강으로 흘러드는 하천이다. 길이는 약 216km이며, 지명은 '사람이 살지 않는 빈터를 흐르는 강'을 뜻한다.

운총보(雲寵堡) – 가1

운총보는 운총강 기슭에 축성된 석성으로, 여진족을 물리치는 데 중요한 역할을 한 곳이다.《신증동국여지승람》에 따르면 운총보는 갑산도호부의 북쪽 80리에 있다고 하였고, 석축으로 둘레가 1,467척이며 높이는 9척이다. 처음에는 종9품인 권관(權管)이 맡았으나, 세조 때에는 만호(萬戶)가 설치된 곳이다.

삼수 三水

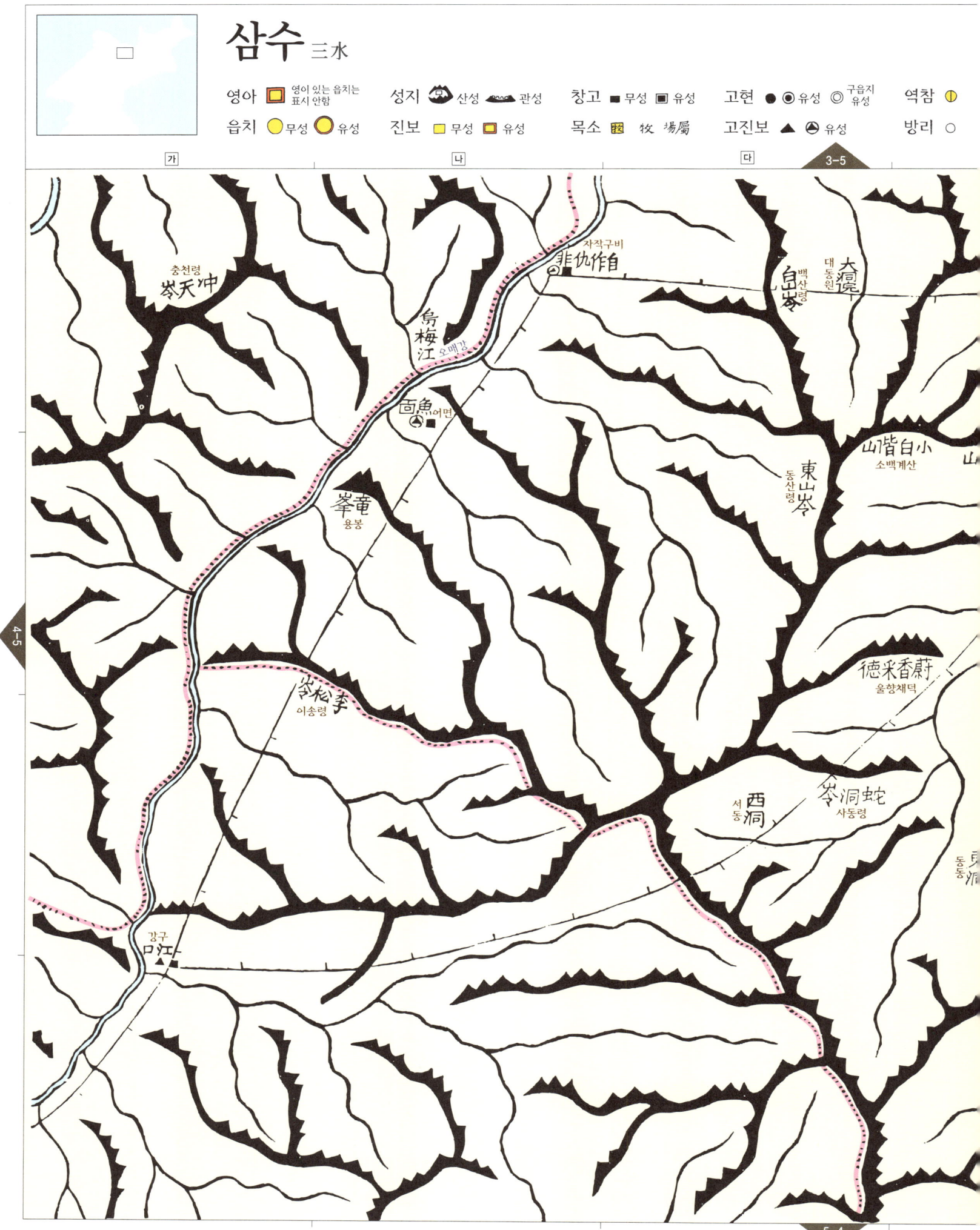

| 영아 | 영이 있는 읍치는 표시 안함 | 성지 | 산성 | 관성 | 창고 | 무성 | 유성 | 고현 | ● ◉유성 ◎구읍지 유성 | 역참 |
| 읍치 | 무성 유성 | 진보 | 무성 유성 | 목소 | 牧 場 屬 | 고진보 | ▲ ⬟유성 | 방리 | ○ |

충천령 岺天冲

非仇作自 자작구비

烏梅江 오매강

大遠 대동원
百魚 어면
白岺 백산령

山皆白小 소백계산

峯竜 용봉

東山岺 동산령

德采香蔚 울향채덕

岺松李 이송령

岺洞蛇 사동령

西洞 서동

洞 동동

강구
口江 ▲

삼수는 갑산과 이웃한 산간 오지로, 예로부터 '삼수갑산(三水甲山)에 가는 한이 있어도'라는 속담이 있다.

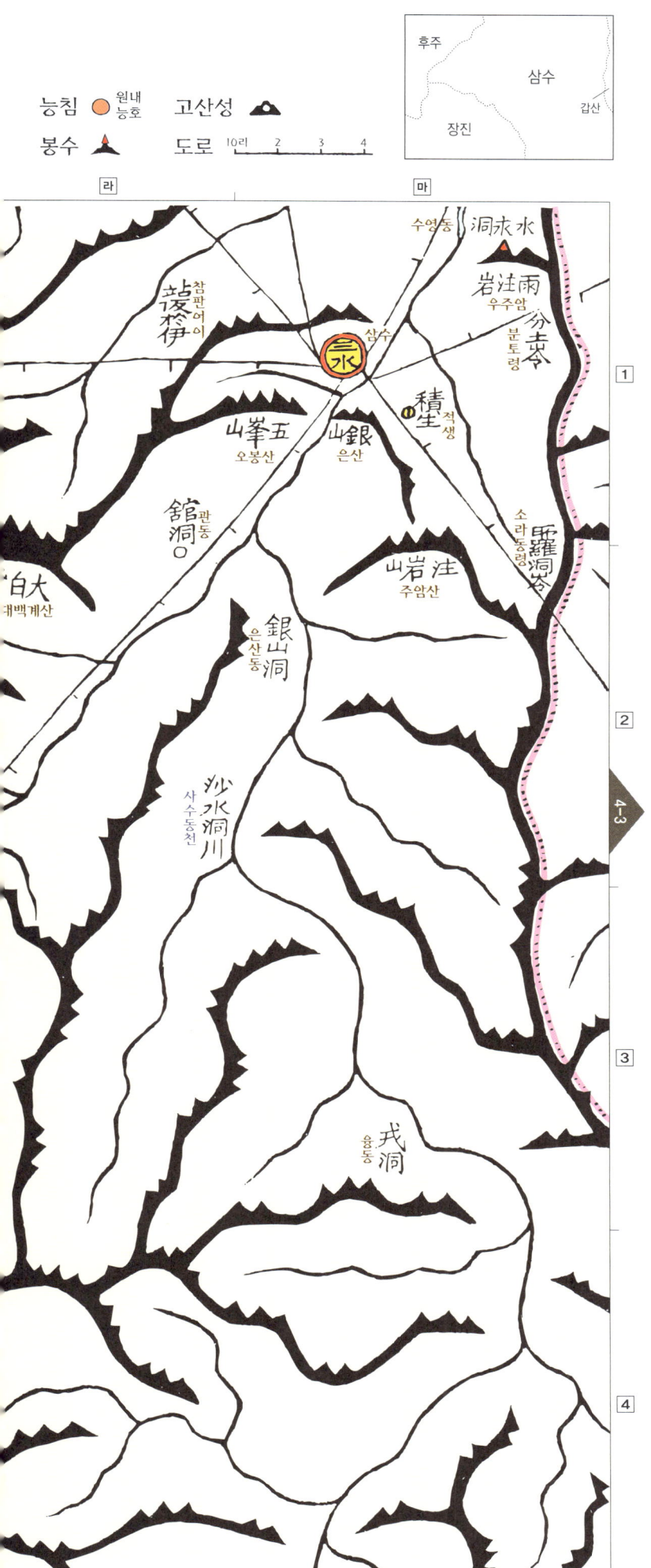

이순신 장군의 첫 근무지, 삼수

우리나라 대표적 고원인 개마고원 지역으로서 갑산과 짝을 이뤄 유배지의 대명사인 '삼수갑산'으로 불리던 삼수 고을이 위치한다. 삼수 서쪽을 흐르는 오매강은 장진강이다.

삼수(三水) – 마1

삼수는 옛 기록에 "학문이 없어 서투르고 무식하다."라고 하였는데, 이는 삼수가 개마고원에 자리 잡은 산악 지대였던 특수성 때문이다. '삼수'라는 지명은 압록강과 장진강, 허천강이 이 지역을 흐르는 데서 유래하였다. 삼수는 험한 환경으로 인해 갑산과 함께 조선의 대표적인 유배지로 악명을 날렸다. 대표적인 인물 중 한 사람은 예론 문제로 서인과 맞서다가 유배 온 윤선도(尹善道)다.

삼수읍성(三水邑城) – 마1

삼수 고을의 삼수천과 관흥천이 합수되는 언덕 위에 위치한 삼수읍성은 15세기 중엽 여진족 방어를 위해 쌓은 석성이다. 둘레는 1,150m에 이른다. 축성할 때 건립한 사대문 중 동문인 2층 누각의 조일문(朝日門)이 유명하다.

동구비보(童仇非堡) – 나1

조선 시대 함경도 삼수는 무과에 급제한 초급 장교들의 첫 근무지였다. 이순신(李舜臣) 장군도 무과에 급제한 해인 1576년(선조 9년) 12월 삼수의 동구비보 권관(종9품)으로 첫 발령을 받아 햇수로 3년을 근무하였다. 〈대동여지도〉에는 동구비보 위치 표기가 없으나, 이순신이 떠난 뒤인 1579년(선조 12년) 함경도 순무어사로 이 지역으로 순찰 온 학봉 김성일(金誠一)의 《북정일록》의 기록을 살피면, 자작구비보(自作仇非堡)에서 오매강(烏梅江, 지금의 장진강) 15리 상류 지점이다. 즉 어면진(魚面鎭)과 자작구비보 중간 지점의 강 언덕이 이순신 장군의 첫 근무지인 동구비보로 추정된다.

오매강(烏梅江) – 나1

오매강은 장진강(長津江) 중하류 유역을 일컫는 다른 명칭이다. 《대동지지》(삼수부)에는 "장진강은 오매강이라고도 한다. 장진 경계에서 북으로 흘러 어면과 자작구비를 지나 갈파지 서쪽에서 압록강으로 흘러든다."라고 기록되어 있다.

중평장(仲坪場) – 라2

조선 시대 삼수(三水)의 치소(治所)였던 삼수읍성은 전략상 중요한 요새였으나, 구한말 차도선(車道善) 의병대의 공격으로 병화를 입자 치소를 중평장(仲坪場)으로 옮겼다. 이후 중평장은 삼수 행정의 중심지가 되면서, 한때 '삼수'라 하면 중평장으로 통하기도 하였다. 〈대동여지도〉에는 중평장이 표기되어 있지 않지만, 사수동천(沙水洞川, 지금의 중평천) 지명 부근으로 추정된다.

우항령 牛項岺

영아	▧ 영이 있는 읍치는 표시 안함	성지	⛰ 산성	ᄴ 관성	창고	■ 무성	◼ 유성	고현	● ◉ 유성	◎ 구읍지 유성	역참	◖
읍치	● 무성 ● 유성	진보	▣ 무성 ▣ 유성		목소	牧 牧場屬		고진보	▲ ⬟ 유성		방리	○

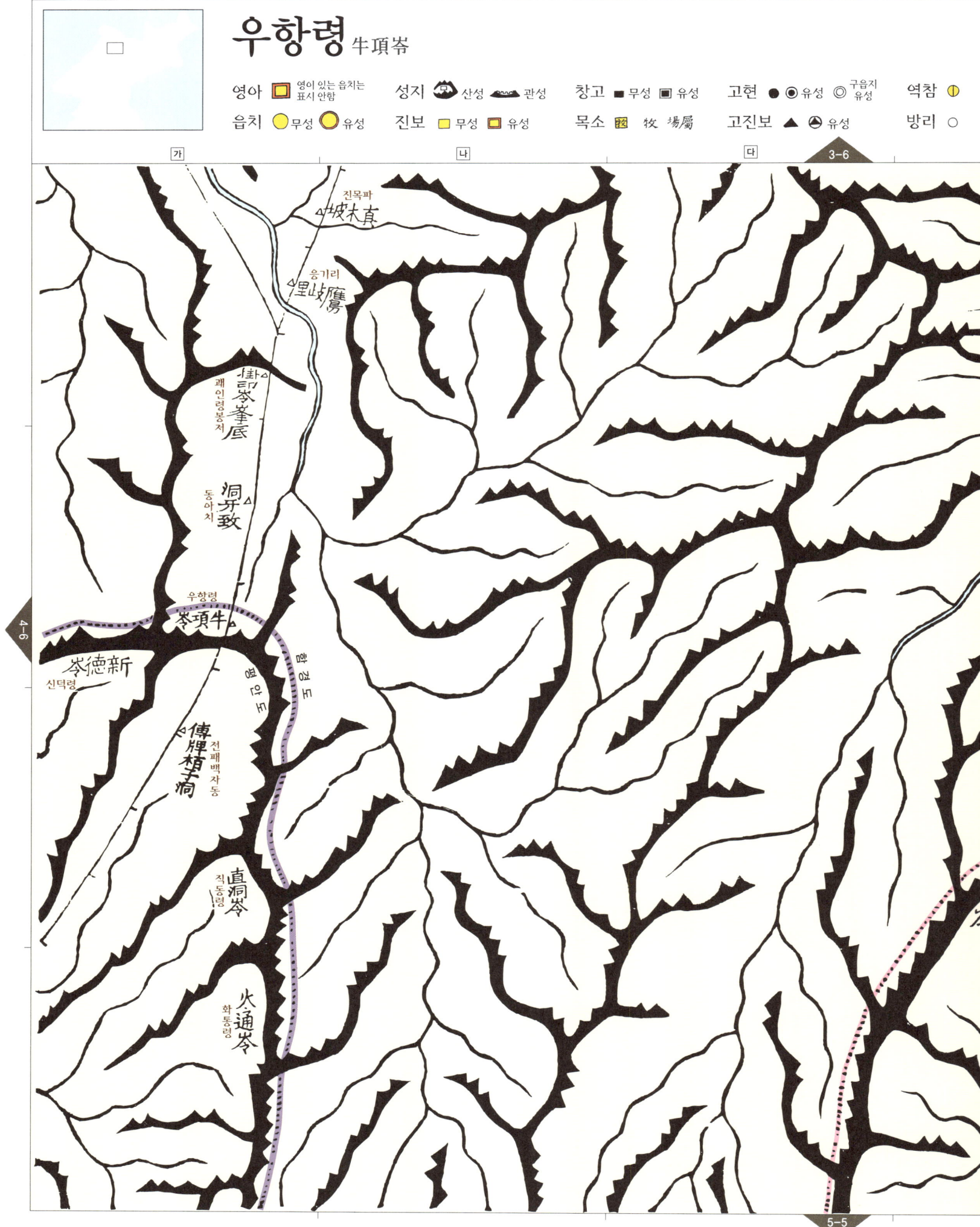

진목파
坡木真

응기리
里岐鷹

괘인령봉저
岺峯底

동아치
洞牙致

우항령
岺項牛

신덕령
岺德新

함경도

평안도

전패백자동
傳牌稚子洞

직동령
直洞岺

화통령
火通岺

우항령(牛項岺)을 지나는 굵은 산줄기는 후주(厚州)와 강계(江界)의 경계로, 함경도와 평안도의 도계를 이루기도 한다.

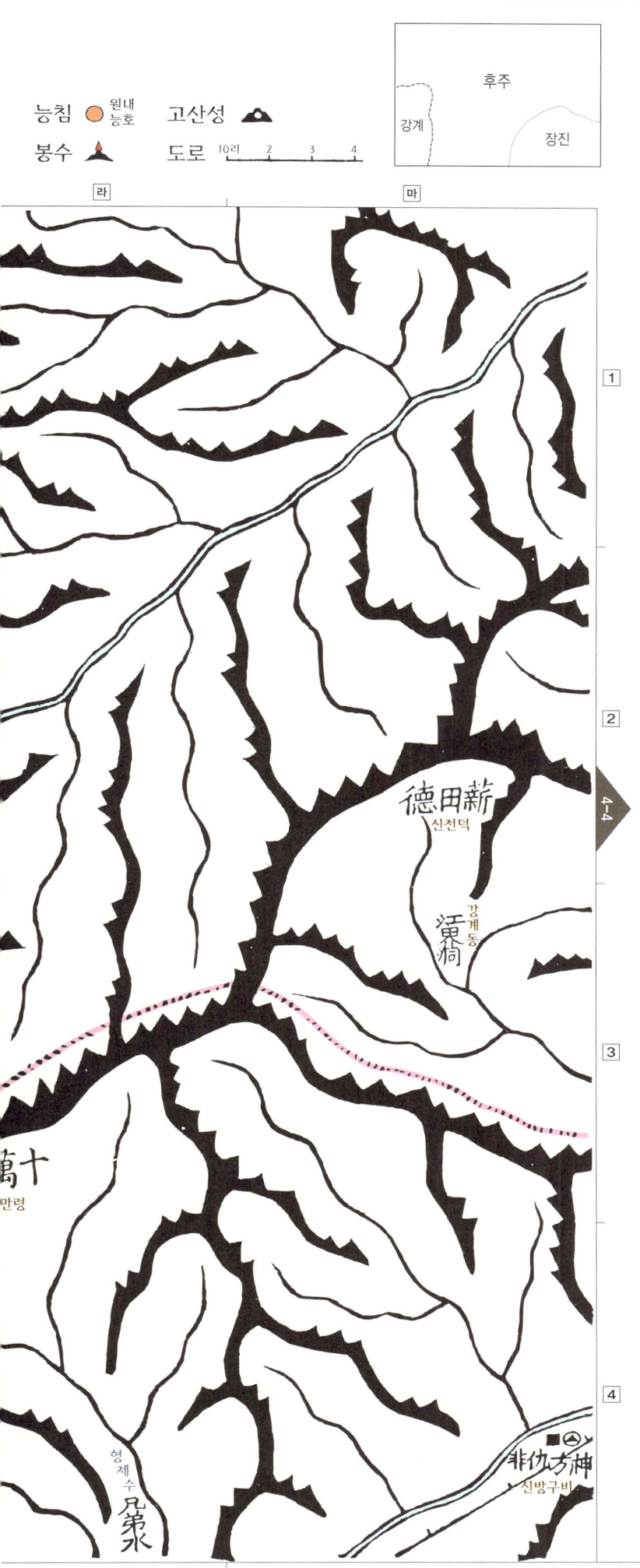

능침 ● 원내 능호
봉수 ▲
고산성 ▲▲▲
도로 10리 2 3 4

후주
강계 장진

라 마

1
2
4-4
3
4

德田薪
신전덕

江界동

十
萬
령

兄弟
수
形仇方神
신방구비

한 명이 만 명을 막을 수 있는 고갯길, 우항령

후주에 속한 개마고원 지대다. 좌측 상단의 하천은 자성강이고 우측 상단의 하천은 후주강인데, 모두 압록강의 지류다. 우항령은 북쪽으로는 자성, 남쪽으로는 강계로 이어진다.

우항령(牛項岺) – 가2

우항령은 전략적으로 서북 방어에 매우 중요한 고개였다. 이곳을 빼앗기면 서북 4군을 모두 잃는 것과 같았기 때문이다.《영조실록》을 보면 병조참의 신일청(申一淸)이 폐사군 부활을 청하는 상소에서 4군 지역을 '산천은 험준하고 토지는 비옥해 하늘에서 만든 부고(府庫)의 고장'이라며, 이를 지키는 데 필요한 우항령은 "고갯길이 험준하여 물고기를 꿰듯이 올라가므로, 실은 한 사람이 관문을 지키면 1만 명일지라도 열지 못할 험준함이 있습니다."라고 주장하는 대목이 나온다.

자성강(慈城江)·후주강(厚州江) – 가1·마1

지도 좌측의 북으로 흐르는 하천은 자성강이고, 우측의 동북으로 흐르는 하천은 후주강(지금의 후주천)이다. 두 하천은 모두 개마고원에서 발원해 압록강으로 흘러드는데, 높은 산악 지대라 인문 정보가 거의 없다. 특히 이 도엽의 후주강 일대에는 인문 정보가 전혀 눈에 띄지 않는다. 그렇지만, 상류임에도 배가 갈 수 있었는지 하천을 쌍선으로 표현하고 있다.

십만령(十萬岺) – 라3

십만령은 개마고원 산악 지대의 후주·자성과 장진을 잇는 고개다. 도로는 없고 이름만 있으니 백성들이 이용하던 비공식 고갯길이었음을 알 수 있다. 〈대동여지도〉는 판각 기법이 정교하고 내용도 정확한 편이지만, 여러 차례 수정을 거쳐 제작되었다. 현대 전문가들은 여러 목판의 지명·도로·경계 등에서 수정 흔적을 연구하였는데, 이 도판에서는 십만령 그리고 화통령(火通岺) 부근의 군현 경계가 잘못 조각된 것을 도려내고 수정한 흔적을 찾았다.

국경의 파수 루트 – 가2

조선 시대 압록강 변의 죽전에서 우항령을 지나 강계를 잇는 도로에 임시 초소인 파수(작은 삼각형 기호)가 잇달아 설치된 것으로 보아 군사적으로 매우 중요한 지역이었음을 알 수 있다. 압록강 국경으로 가는 파수는 강계에서 추파(楸坡, 4-6 도엽)를 거쳐 이 지도의 전패백자동(傳牌栢子洞), 우항령을 넘었다. 이어 동아치(洞牙致), 괘인령봉저(掛印岺峯底)를 지난 뒤 북쪽 도로를 따라 응기리(鷹岐里), 진목파(眞木坡) 등 자성강의 임시 초소들을 거쳐 후주의 죽전(竹田)으로 연결되었다. 죽전에는 군대를 배치해 국경을 지키던 추파만호유방(楸坡万戸留防)이 설치되어 있었다.

만포 滿浦

영아　□ 영이 있는 읍치는 표시 안함
읍치　● 무성　● 유성

성지　산성　관성
진보　□ 무성　□ 유성

창고　■ 무성　■ 유성
목소　牧 牧場屬

고현　● ◎유성　◎구읍지 유성
고진보　▲ ▲유성

역참　◐
방리　○

如雲浦 여운포
玉林 임토
余屯垈 여둔대
皇墓 황묘
拒柴項洞 거시항동
皇城 황성
金岩 금암
車哥垈 차가대
介也之洞 개야지동
滿浦 만포
宰臣洞 재신동
接戰嶺 전전령
八板洞 팔판동
量坡 오리파
岩怪 윗괴
仇郎哈洞 구랑합동
三岐嶺 삼기령
古道水洞 고도수동
土朱 주토
伐伐 벌등
岑他未 미타령
滿浦 만포
八板洞 팔판동
岩怪川 윗괴천
細洞 세동
土分 분토
高山里 고산리
山鉄 철산
許獜 허린
野土里 야토리
長洞 장동
馬時里 마시리
安贊嶺 안찬령
高山里 고산리
吉洞峯 길동봉
奉天垈 봉천대
吾老粱 오노랑
時時川 시시천
烽火垈 봉화대
梁老吾 오노랑
林里 임리산
秋嶺 추령
松 송
甘湯嶺 감탕령
漢雷嶺 어뢰령

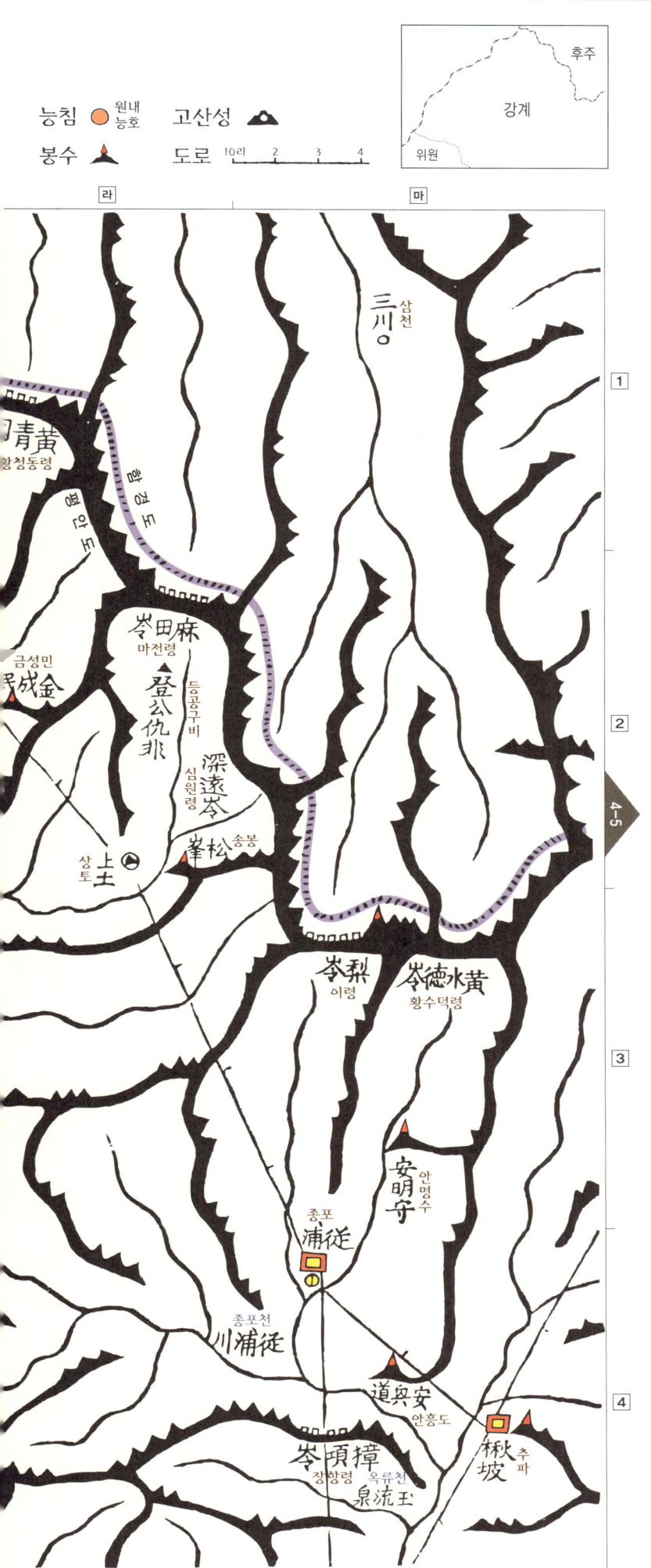

능침 ●원내 능호 고산성 ▲
봉수 ▲ 도로 10리 2 3 4

후주
강계
위원

三川 삼선

靑黃 황청동령
함경도
咸鏡道
平安道 평안도

金城民 금성민
岑田麻 마전령
登公仇耕
등공구비
深遠岑
심원령
峯松 송봉
上土 상토

岑梨 이령
岑德水黃 황수덕령

安明守 안명수

浦從 종포
종포천
川浦從

道興安 안흥도

岑項撞
장항령
泉流玉 옥류천

楸坡 추파
楸坡鎭

배들이 가득 차 있는 포구, 만포

압록강 중류 지역으로서 평안도 강계부의 일부다. 만포에서 압록강을 따라 중요한 군사도로가 이어진다. 만포에서 압록강 너머는 고구려 수도로서 광개토왕릉비가 있는 중국의 지안시 지역이다.

만포(滿浦) – 다1

압록강 연안의 비교적 넓은 충적지에 자리 잡은 국경 고을이다. 만포진(滿浦鎭)은 조선 시대 북방 경비를 위해 세운 평안도 강계부의 최전방 진보였다. 만포진성은 돌로 쌓았는데, 둘레가 3,172척이었다. '만포'라는 이름은 '배들이 가득 머물러 있는 포구'라는 뜻이다. 그만큼 만포나루에는 압록강을 오가는 선박들이 많았음을 의미한다. 지금은 북한과 중국을 잇는 만포철교가 놓여 있다.

세검정(洗劍亭) – 다1

만포진 압록강 기슭의 벼랑 위에는 병자호란 때 박남여(朴南興) 장군이 적군을 격파한 기념으로 세웠다는 세검정이 있다. 이 정자는 압록강 푸른 물결이 넘실거리는 가파른 벼랑 위에 날아갈 듯 추켜든 추녀선이 아름다워 일찍이 관서팔경의 하나로 꼽혔다. 일제 강점기에 소실된 것을 2010년 무렵 복원하였다.

황성(皇城)·황묘(皇墓) – 나1

만포에서 압록강 너머는 지금의 중국 지린성(吉林省) 지안시(集安市)로 고구려의 두 번째 수도인 국내성이다. "황성평(皇城坪)은 만포(滿浦)에서 30리의 거리가 되는 곳으로 금(金)나라가 도읍하였던 곳이다. 황제묘(皇帝墓)는 황성평(皇城坪)에 있으니, 세상에서 전해 내려온 말로는 금나라 황제묘라 하는데 돌을 갈아 만들었다." 이렇듯 《신증동국여지승람》에는 압록강 너머의 황성과 황묘를 금나라 도읍지이며, 금나라 황제묘로 전해 온다고 기록하고 있다. 그러나 이는 정보 부족으로 인한 오류였다. 고구려와 발해가 차례로 망한 뒤 이 지역을 여진의 금과 몽골의 원(元)이 차지하면서 수백 년간 잊힌 땅이 되었고, 여말선초 압록강 유역에 관심을 가질 때는 이미 '금나라 황제묘'라는 속전(俗傳)이 굳어진 상황이었다. 〈대동여지도〉의 위치로 살펴보면, 황성은 졸본성(卒本城)에 이어 고구려의 두 번째 수도인 국내성(통구성)이고, 황묘는 장수왕의 무덤으로 알려진 장군총으로 추정된다.

추파진(楸坡鎭)·종포진(從浦鎭) – 마4

《대동지지》에 "석성으로 둘레가 2,230척이다."라고 한 추파진과 "연산 6년(1500년)에 목책을 설치하였고, 숙종 17년(1691년)에 돌로 성을 쌓았다."라고 한 종포진은 강계부 북쪽을 지키던 진보들이다. 만포 등지에서 발생한 압록강 국경 상황은 추파진과 종포진을 거쳐 강계부로 전달되었다.

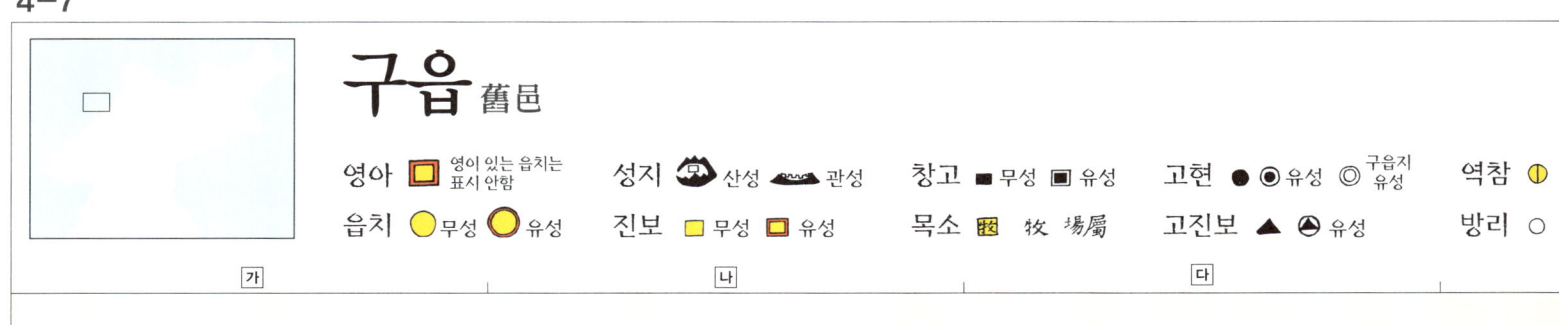

구읍 舊邑

| 영아 | ⬛ 영이 있는 읍치는 표시 안함 | 성지 | ⛰ 산성 🗻 관성 | 창고 | ■ 무성 ◼ 유성 | 고현 | ● ◉ 유성 ◎ 구읍지 유성 | 역참 | ◐ |
| 읍치 | 🟡 무성 🟠 유성 | 진보 | 🟨 무성 🟧 유성 | 목소 | 牧 牧 場屬 | 고진보 | ▲ 🔺 유성 | 방리 | ○ |

능침 ●원내 능호   고산성 ▲

봉수 ▲   도로 10리 2 3 4

라   마

위원

관방 유적 즐비한
압록강 변의 국경 고을, 구읍

우측 하단 지역은 위원군 구읍이다. 지도에 표현된 부분은 극히 일부 지역이지만, 압록강 변의 국경 지역답게 봉수, 고진보, 고현 등 관방시설이 골고루 자리하고 있다.

구읍(舊邑) – 마4

위원(渭原)의 구읍을 의미하는 이곳은 조선 초기에 이산군(理山郡)의 도을한보(都乙漢堡)를 분리해 위원군을 둘 때의 치소(治所)였다. 그런데 위수(渭水, 지금의 위원강, 5-7 도엽)에 홍수가 발생해 수해를 입자 1743년(영조 19년) 위수 상류의 송현(松峴)으로 치소를 옮겼다.

압록강(鴨綠江) – 마4

압록강 중류의 일부이다. 〈대동여지도〉에는 압록강이 지나는 위원 부근을 부드러운 호로 표현하였으나, 현대 지도나 구글 위성 사진으로 보면 사장구비를 휘감아 도는 물길은 산태극수태극(山太極水太極)을 이루며 심하게 감입곡류한다. 이곳에는 나루터도 있어 중국과의 교류가 활발하였다.

도을한보(都乙漢堡) – 마4

위원은 고려 공민왕 때 수복한 지역으로 이산군(理山郡)의 방어시설이다. 《신증동국여지승람》에 "세종 25년에 보(堡)가 사방과 멀리 격절되어 있어 갑자기 급히 응원할 일이 있으면 곤란하여 강계와 이산 땅을 나누어 위원군을 두었다."라고 밝히고 있다. 즉, 조선 초기 서북 4군 개척 당시 진보가 너무 멀어 국경 방어에 어려움이 있자 도을한보에 위원군을 신설하였다.

사장구비(舍長仇非) – 마4

위원 구읍 땅이 압록강을 향해 불쑥 튀어나온 사장구비 돌출부 정상에 봉수가 있다. 《신증동국여지승람》에 "사장구비 봉수는 군 북쪽 12리에 있다. 동쪽은 강계부 마시리(馬時里)에 응하고, 서쪽은 남파산(南波山)에 응한다."라고 하였다. 즉 사장구비 봉수는 압록강 중류 지역 상황을 중앙으로 연결해 주는 한 축을 맡고 있었음을 알 수 있다. 지금은 '연대봉'으로 불린다.

사장고분(舍長古墳) – 마4

사장구비 봉수가 있는 연대봉의 강변 쪽에는 압록강의 고구려 고분들 중 하나인 사장고분이 위치한다. 이곳에는 석총 2기와 토총 1기가 있다. 석총인 1호분은 길이 17.8m, 너비 17m, 높이 3.4m로 규모가 큰 편인데 현실(玄室)과 전실(前室)을 구비했고, 입구에는 석주(石柱) 2개가 있다.

1

2

4-6

3

4

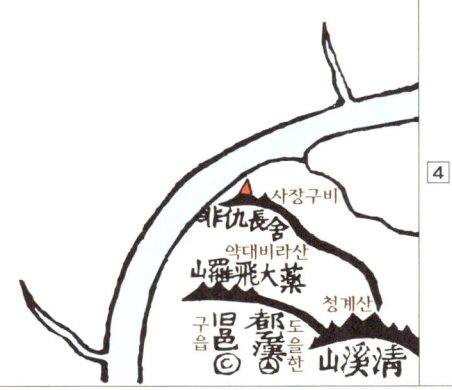

명천 明川

영아 영이 있는 읍치는 표시 안함 | 성지 산성 관성 | 창고 ■ 무성 ▣ 유성 | 고현 ● ◉ 유성 ◎ 구읍지 유성 | 역참

읍치 ● 무성 ● 유성 | 진보 ■ 무성 ▣ 유성 | 목소 牧 牧場屬 | 고진보 ▲ ◬ 유성 | 방리 ○

德玉峯 수만덕
閔門兒 귀문관
小斜个洞 소사마동
在德 재덕
北峯 북봉
音岩 입암
源明 명원
明川 명천
德 덕
汚禾川 오화천
坪 평
項浦洞 항포동
在德 재덕
岾站古 고참현
古站 고참
山平永 영평산
何間 아간
何間川 아간천
新 신
泉德 천덕
甑山川 증산천
山甑 증산
楸洞 추동
山寶七 칠보산
岺豊永 영풍령
寺心開 개심사
寺藏金 금장사
器 회곡
山里豆 두리산
寺溪双 쌍계사
李寺 대사
七宝川 칠보천
山个乙加 가을마산
山鹿白 백록산
泉温 온천
山峯五 오봉산
西 서
津梨 이진
寺岩竜 용암사
강릉산 山陵江 용암사
津花楊 양화진
津楸 추진
津黄 황진
津古上 상고진
上古 상고
下古 하고
下古 하고진

이 지역은 길주에서 명천, 경성에 이르는 지구대(地溝帶)에 의해 생긴 길주명천지괴(吉州明川地塊)이다.

능침 ● 원내 능호
봉수 ▲
고산성 ▲
도로 10리 2 3 4

경성
명천
동해
길주

'명태'라는 이름 유래한 명천

'명태'라는 이름이 유래한 고을인 함경도 명천군 지역이다. 칠보산이 보석처럼 표현되어 있고, 그 깊은 품에는 발해 때 창건된 고찰 개심사가 있다.

명천(明川) – 가2

본래 길주 땅이었으나 1467년(세조 13년) 발생한 '이시애(李施愛)의 난'으로 길주목(吉州牧)이 길성현(吉城縣)으로 강등될 때 독립한 고을이다. 동해안에서도 명태가 많이 잡히는 고을답게 '명태'라는 이름이 이 고을에서 유래했다. 조선 시대 명천에 사는 태씨(太氏) 성의 어부가 도백(관찰사)에게 어떤 고기를 잡아 바쳤다. 도백이 이를 맛있게 먹고 사람들에게 이름을 물었으나, 아무도 고기 이름을 알지 못하자 고을 이름과 어부의 성을 따서 '명태'라 하였다고 한다.

명원역(明源驛) – 가1

조선의 10대로 중 경흥로(한양~경흥)에 위치한 함경도 명천의 역참인데, 길주의 토호 이시애(李施愛)가 1467년(세조 13년) 반란을 일으켰다가 붙잡힌 곳이다. 《신증동국여지승람》에는 이시애가 토벌대에게 패하여 이 역(驛)의 북쪽에 왔다가 부하인 이주(李珠) 등에게 붙잡혀 죽임을 당하였다고 한다.

칠보산(七寶山) – 나3

《택리지》에서 "기묘한 형상은 거의 귀신의 솜씨인 듯하다."라고 찬탄한 칠보산은 예로부터 '함경도 금강산'으로 불렸던 명산으로, 화산 활동으로 생겨났다. 전설에 따르면 조물주가 요술주머니에 있는 흙의 반으로는 금강산을 빚고, 나머지로 칠보산을 빚었다 한다. 또 태초에는 일곱 개의 봉우리가 있어 '칠보산'으로 불렸는데, 여섯은 바다에 잠기고 하나만 남은 것이라는 이야기도 전한다. 해안 지역은 따로 '해칠보(海七寶)'라 부른다.

개심사(開心寺) – 나3

개심사는 발해 시대에 창건된 사찰이다. 1948년 보수 공사 때 대웅전 용마루에서 발견된 나무함의 종이 기록에 따르면, 이 절은 826년(발해 선왕 9년) 대원화상이 창건한 것으로 밝혀졌다. 이 사찰에는 주지 스님이 키운 거미 아기의 후손이 금나라 황제가 되고, 청나라의 황제가 되었다는 '주대명 탄생 설화'가 전한다.

무수암(无水岩) – 라4

칠보산 동남쪽 해안의 무수암은 지금의 무수단(舞水端)으로 추정된다. 〈1872년 지방지도〉 '함경도 명천지도'에는 비슷한 위치에 무시단(武矢端)으로 표기되어 있다. 지명은 '무쇠를 뽑던 마을의 끝'에서 유래하였는데, '거센 파도가 항상 춤을 추는 듯한 바위'라는 의미도 있다. 하지만 무수단의 정확한 위치를 현대 북한 지도와 비교해 살펴보면, 무수단은 '6-1 도엽'의 마유산(馬乳山) 동남쪽에 돌출된 해안 부근으로 옮겨 가야 한다.

길주 吉州

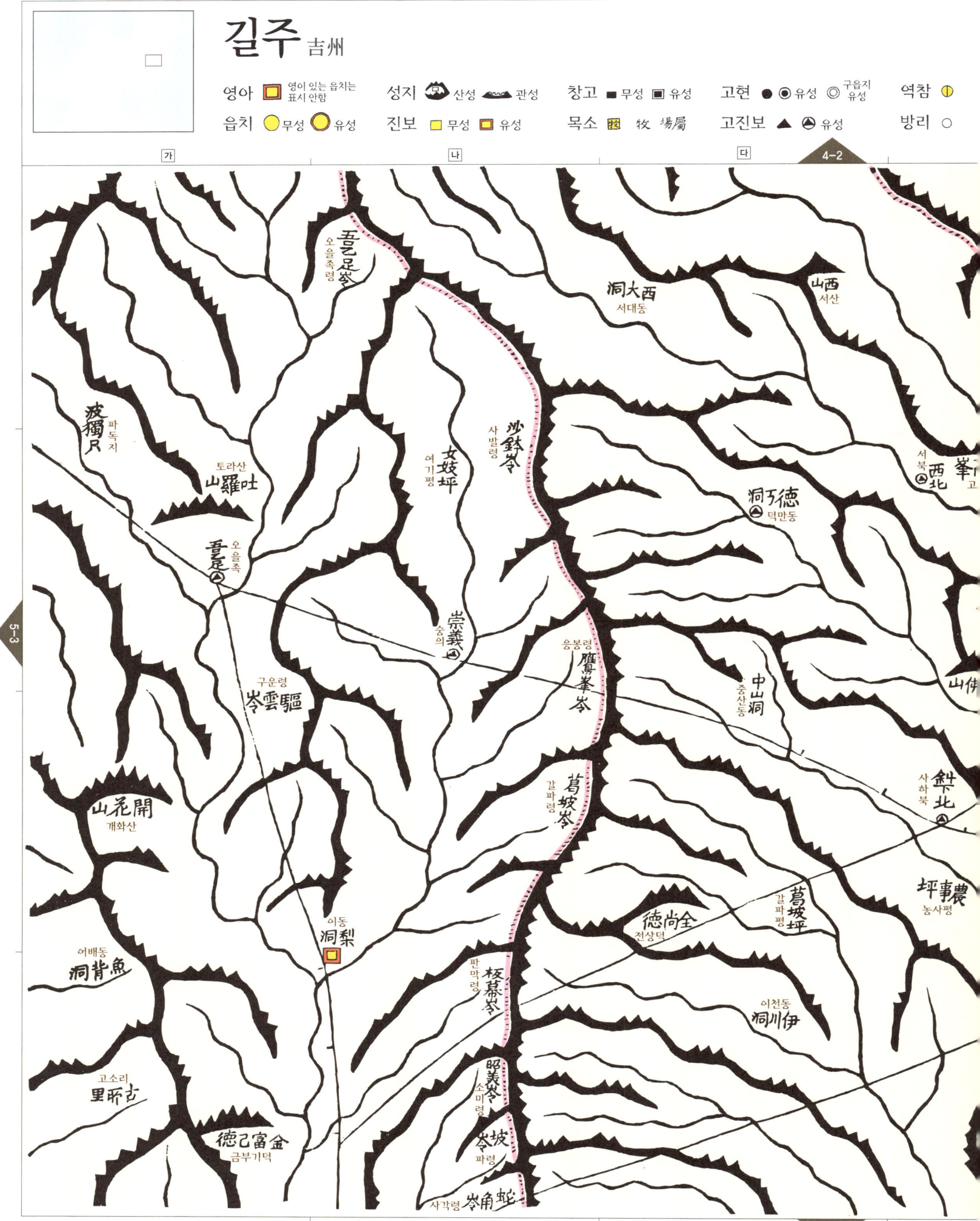

길주(吉州) 서쪽의 긴 산줄기는 단천(端川)과의 경계를 이루며, 1896년 함경남북도의 도계가 된다.

이시애가 난을 일으킨 길주

백두대간과 장백정간에서 분기한 산줄기들이 동해로 뻗어 간다. 상단 가운데에서 동남으로 흐르는 하천은 길주 남대천이고, 좌측의 남류하는 하천은 단천의 북대천이다.

길주(吉州) – 마3

길주는 함흥, 경성과 더불어 함경도 3대 고을에 꼽혔다. 발해가 망한 후 여진이 차지하였던 땅을 고려 말기에 여진을 두만강 너머로 몰아내고, 1107년(고려 예종 2년) 길주읍성(吉州邑城)을 쌓았다. 길주는 '살기 좋은 고을'이라는 의미다. 옛 시에 "천 년 동안 전쟁을 겪은 지역인데, 이제는 뽕과 삼밭이 이어진 백 리나 되는 성(城)이로다." 하고 노래하였다. 조선 시대에는 길주 호족 이시애(李施愛)가 1467년(세조 13년) 난을 일으켰다가 진압되었다. 이 때문에 1469년(예종 1년) 길주를 길성(吉城)으로 개명하고 목(牧)을 현(縣)으로 강등시켰다가, 1605년(선조 38년)에 다시 길주목(吉州牧)으로 승격하였다.

오을족보(푬乙足堡) – 가2

함경도 단천의 오을족보는 갑산과 단천·길주를 잇는 길목에 위치한 진보다. 1529년(중종 24년)에 성을 쌓고 만호(萬戶) 1명과 둔병 50명을 두었다고 한다. 당시 돌로 쌓은 성의 둘레는 1,800척이며, 높이가 9척이었다. 〈대동여지도〉 제작 전에 폐지되었으므로 고진보로 표기되어 있다. 현재 성터가 남아 있다고 한다.

응봉령(鷹峯岺) – 나2

단천과 길주를 잇는 여러 고갯길 중 하나다. 《숙종실록》 1714년(숙종 40년) 기사에 "길주 지방으로부터 단천(端川)의 경계로 넘어가는 데 무릇 9가지의 길이 있는데, 가장 동쪽의 것은 응봉령으로 지금은 막혀 버렸지만 옛날에는 관로(官路)였습니다." 하는 대목이 나온다. 즉 응봉령은 조선 초기에는 여진을 막기 위해 설치한 단천의 숭의보(崇義堡), 길주의 사하북보(斜下北堡)를 통해 서로 연결하는 중요한 고개였음을 알 수 있다.

장군파보(將軍坡堡) – 라1

고진보 표기가 있는 장군파보는 1521년(중종 16년)에 길주의 이덕보(梨德堡)를 폐지하고 이곳으로 옮겨 온 진보다. 돌로 성을 쌓았는데 둘레가 1,464척, 높이가 8척이었다. 전설에 따르면, 수십 길이나 되는 서쪽 돌벼랑에 숨어 사람을 해치던 요괴를 남이(南怡) 장군이 물리쳐 '장군파(將軍坡)'라는 이름이 유래하였다고 한다.

부서천(浮瑞川) – 마3

《신증동국여지승람》에 "근원이 두리산에서 나와 사하북(斜下北)에서 나오는 물과 합류하여, 남쪽으로 흘러 바다로 들어간다."라고 하였다. 지금의 '길주 남대천(吉州南大川)'이다.

성대산 聖代山

영아 □ 영이 있는 읍치는 표시 안함　　성지 ⛰ 산성 〰 관성　　창고 ■ 무성 ◼ 유성　　고현 ● 유성 ◎ 구읍지 유성　　역참 ◐

읍치 ● 무성 ● 유성　　진보 ■ 무성 ◼ 유성　　목소 牧 牧 場 屬　　고진보 ▲ 유성　　방리 ○

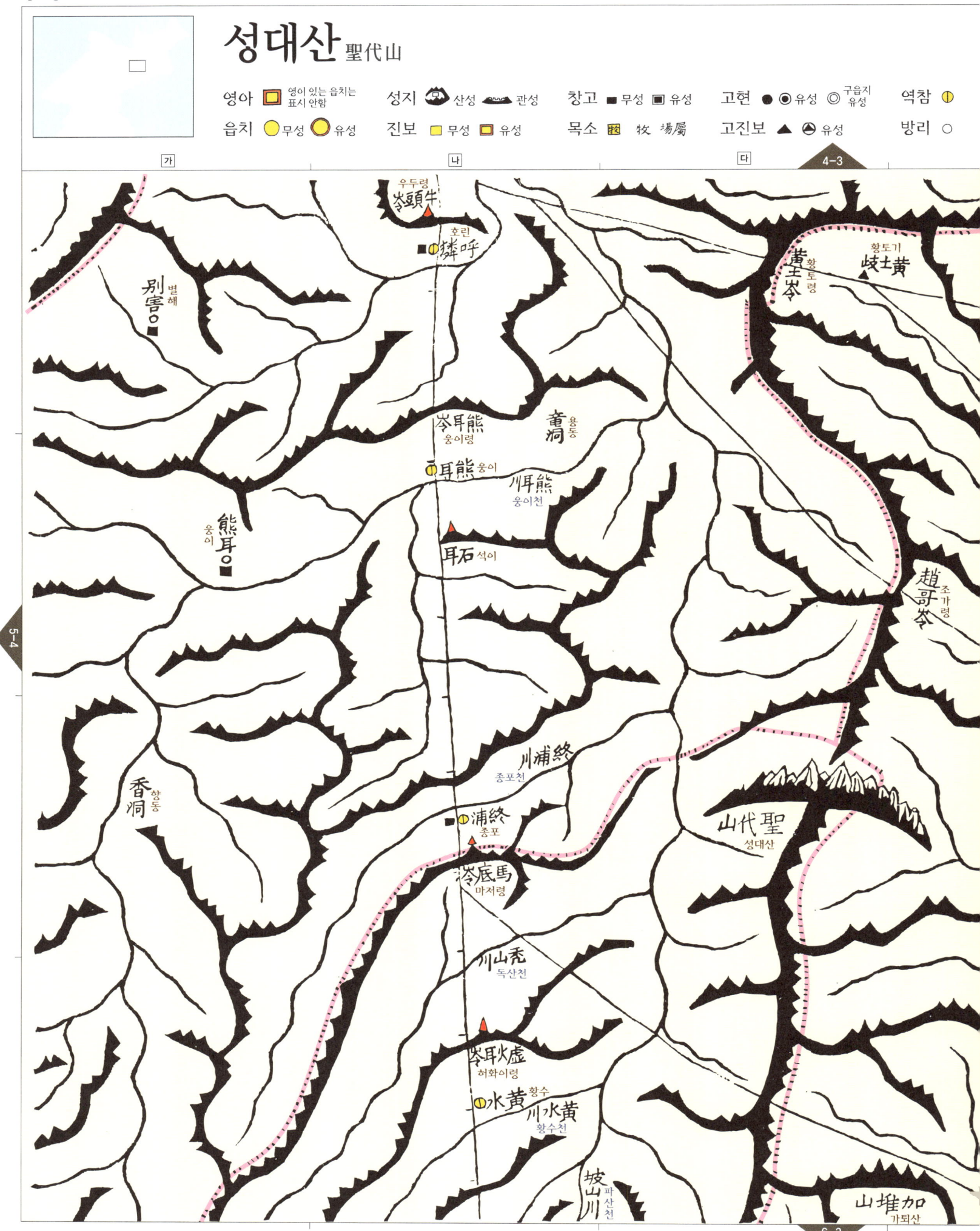

역참(驛站)이 4개나 있는 남북으로 곧게 뻗은 도로는 북청(北靑)에서 갑산을 거쳐 혜산에 이르는 주요 도로이다.

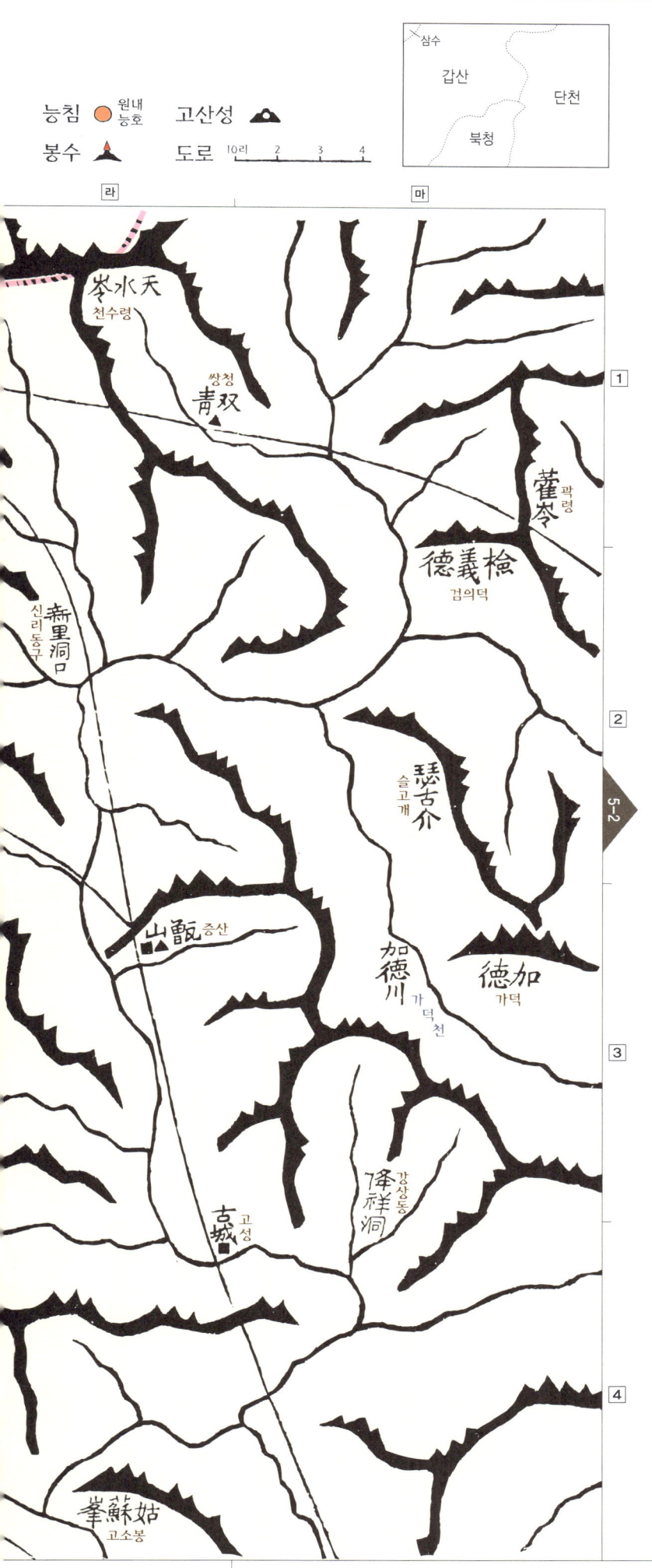

능침 ●원내 능호 고산성 ▲
봉수 ▲ 도로 10리 2 3 4

천수령 岺水天
쌍청 靑双
곽령 崔岺
덕의검 德義檢
신리동구 新里洞口
슬고개 瑟古介
증산 山甑
가덕 德加
가덕천 加德川
고성 古城
강상동 降祥洞
고소봉 峯蘇姑

라 마
삼수
갑산 단천
북청

단천과 갑산과 북청
경계에 솟은 성대산

백두대간 산줄기가 황토령·조가령·성대산을 지나 남북으로 길게 이어지며 개마고원 중심부를 이룬다. 마저령 북쪽은 조선 시대 갑산 땅이었다.

성대산(聖代山) – 다3

단천과 갑천, 북청 세 고을의 경계를 지나는 백두대간에 우뚝 솟은 성대산은 흰 바위가 제법 도드라지게 표현되어 있다. 하지만 표현 기법에 비해 지리지 등에는 특이한 기록이 보이지 않는다. 현재 지형과 비교해 보면 백두대간 조가령(趙哥岺) 남쪽의 성대산 위치에는 해발 1,760m 높이의 흐사봉(希砂峰)이 있다.

종포역(終浦驛) – 나3

마저령 북쪽의 종포역은 함경도 내륙인 갑산과 동해안의 북청을 연결하던 도로에 있던 역참(驛站) 중 하나다. 조선 시대에는 갑산 땅이었으나, 이후 풍산개의 고향으로 잘 알려진 풍산군(豊山郡)으로 독립하였다. 북한의 특산 개품종인 풍산개는 '호랑이 사냥에 쓰이는 개'라 하여 개마고원의 산악 지대에서 명성을 드날렸다.

황토령(黃土岺) – 다1

백두대간의 황토령은 내륙의 갑산과 동해안의 단천·길주를 연결하는 중요한 길목이었다. 황토령 동쪽으로는 황토기(黃土岐), 쌍청(雙青) 등의 고진보가 눈에 띈다. 조선 초기에는 갑산과 통하는 군사도로서 국경 방어의 한 축을 담당하였음을 알 수 있다. 개마고원의 고개답게 높이가 1,589m에 이르지만, 대체적으로 고위 평탄면을 이루고 있다.

조가령(趙哥岺) – 라2

조가령(1,178m)은 갑산과 단천을 잇는 고갯길이다. 조선 시대에는 북쪽에 위치한 황토령보다 400m 이상 낮으면서 평퍼짐한 조가령으로 왕래가 더 많았을 것으로 추정된다. 지금은 조가령으로 큰길이 나 있어 내륙과 해안이 연결되었다.

개마고원(蓋馬高原)

지도에 나타난 지역은 '한반도의 지붕'으로 불리는 개마고원의 일부다. 개마고원은 북부 백두대간 일대의 해발 700~2,000m, 면적 약 4만㎢에 이르는 한반도에서 제일 넓은 고원이다. 지질학적으로는 1백만 년 전까지 평탄한 평원이었으나 그 후 지각이 융기하면서 고도가 높아져 고원으로 바뀌었다. 본래의 평탄면은 개마고원 동부를 이루는 장진고원·부전고원 일대에 남아 있다. 임산자원과 수자원이 풍부하고, 방목지에 적합하다.

병풍파 屏風坡

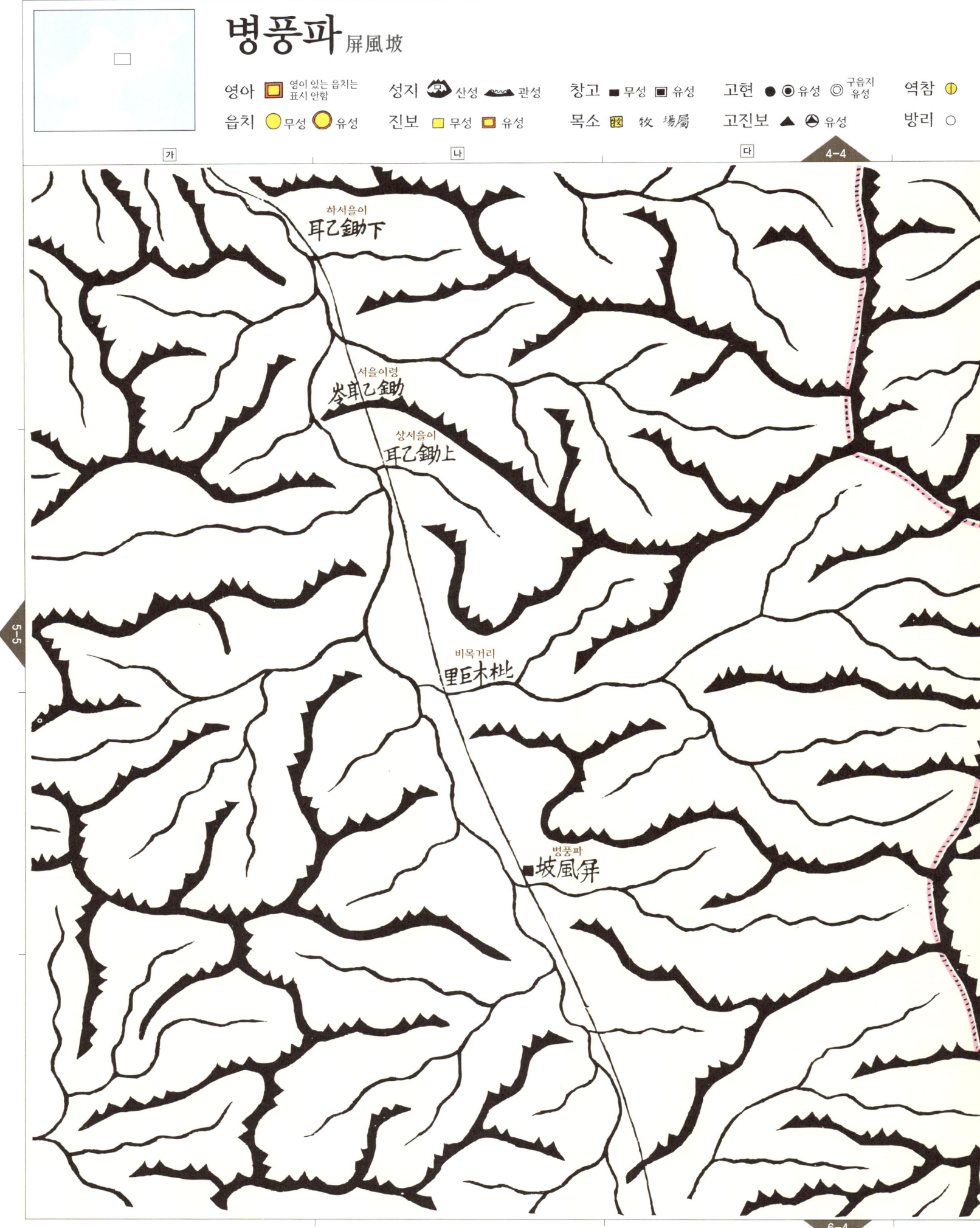

하서을이
耳乙鋤下

서을이령
岑耳乙鋤

상서을이
耳乙鋤上

비목거리
里巨木杻

병풍파
坡風屛

도로에 연해 있는 긴 하천은 장진강의 지류인 부전강으로, 지금은 부전호(赴戰湖)가 들어선 곳이다.

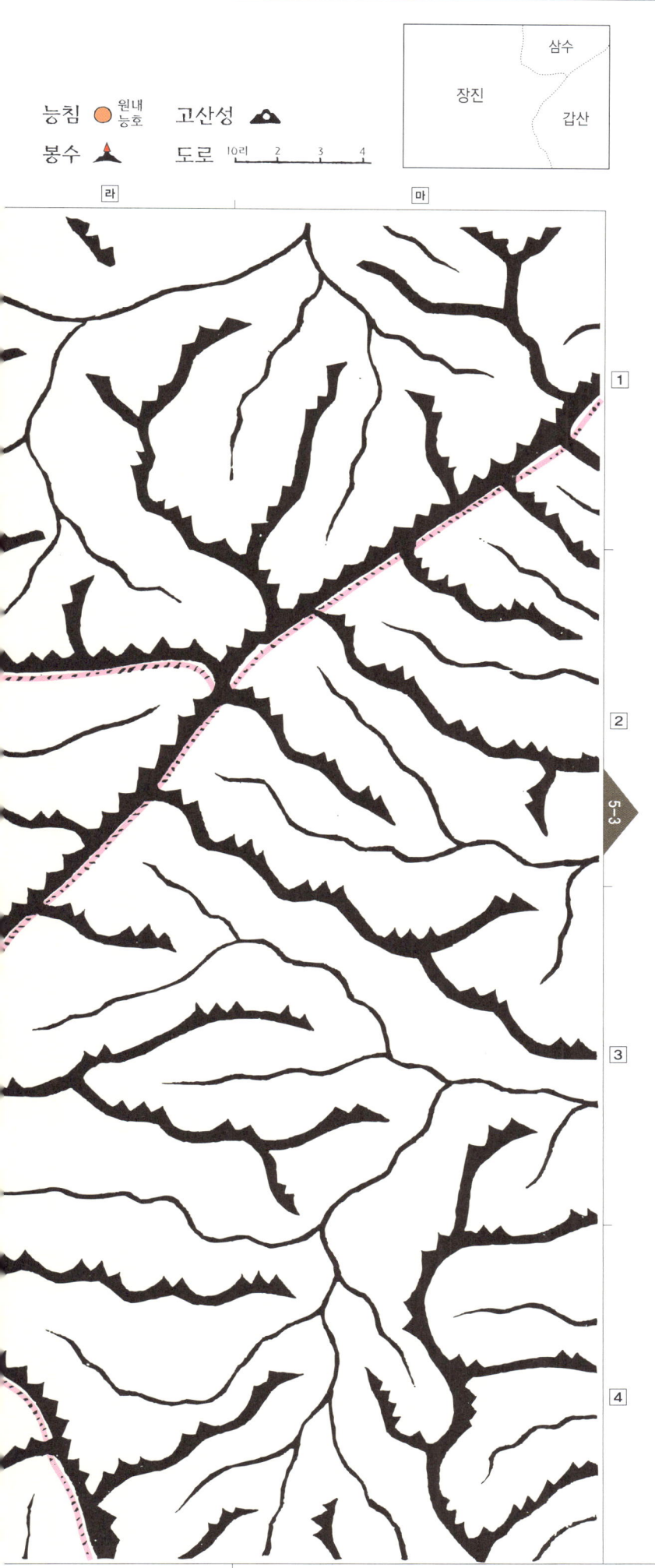

첩첩산중의 외로운 창고, 병풍파

개마고원의 높고 깊은 산악 지역이다. 부전강을 따라 거리 표시도 없이 이어진 첩첩 산간 도로에 병풍파창 하나만 외로우니 얼마나 깊은 산중인지 짐작이 가능하다. 조선 시대에는 함경도 장진군에 속하였고, 지금은 부전군 지역이다.

병풍파창(屛風坡倉) – 나3

병풍파창은 장진(長津) 산간 마을에서 거둬들인 세곡을 보관하던 창고다. 그러나 이곳은 부전고원의 깊은 산중이라 활용도가 높지 않았고, 여러 불편함이 많았던 듯하다. 조선 후기 실정을 알 수 있는 《순조실록》에는 함경감사가 이 지역을 "백성들이 흩어지고 관적(官糴)이 폐지되어 지금은 버린 땅이 되었다."라며, "함흥 소속의 병풍파창을 거리가 가까운 장진에 속하게 하면 백성들이 수월하게 이용할 수 있을 것"이라고 건의하자 임금이 이를 허락하는 기록이 나온다.

비목거리(枇木巨里) – 나2

비목거리는 부전강 상류 지역의 마을이다. '비목(枇木)'은 북부 지방에서는 '피나무'를 부르는 다른 이름이라고 한다. 우리 지명의 '거리(巨里)'는 보통 '큰 마을'을 뜻한다. 이 일대는 대부분이 해발 1,000m 이상의 높은 지대이지만, 개마고원의 서부를 이루는 부전고원 지역이라 지형은 완만하다. 광복 후 이주민들이 들어와 농경지로 개간한 후 감자 농사를 많이 짓는다.

서을이령(鋤乙耳岺) – 나1

지도의 서북류하는 하천은 부전강 상류다. 그 하천을 따라 있는 도로는 서을이령(鋤乙耳岺), 비목거리(枇木巨里), 병풍파(屛風坡)를 지나 부전령(赴戰岺, 6-4 도엽)으로 이어지는 고갯길이다. 부전령을 넘으면 함흥으로 연결되지만, 부전강 상류 부전고원 지대의 높고 깊은 산중이라 도로의 활용도가 낮은 지역인지 거리 표시인 방표(傍標)가 없다.

부전호(赴戰湖) – 나4

지도 서북쪽의 하천은 부전강인데, 병풍파창 상류 일대는 현재 부전호가 위치하는 곳으로 추정된다. 부전호는 발전소를 만들기 위해 1930년 압록강 수계에서 최초로 댐을 조성하면서 생긴 인공 호수다. 부전강발전소는 부전호에 저수된 물이 백두대간을 터널로 통과해 동해 사면의 성천강으로 떨어지며 전기를 생산하는 유역변경식 발전소로, 발전 용량은 22만 5950kW이다.
한편 현재 함흥과 부전호 사이에 부설된 협궤철도인 신흥선은 개마고원 일대의 산림 수송을 담당하고, 부전강발전소와 동해안 공업도시를 연결한다.

장진 長津

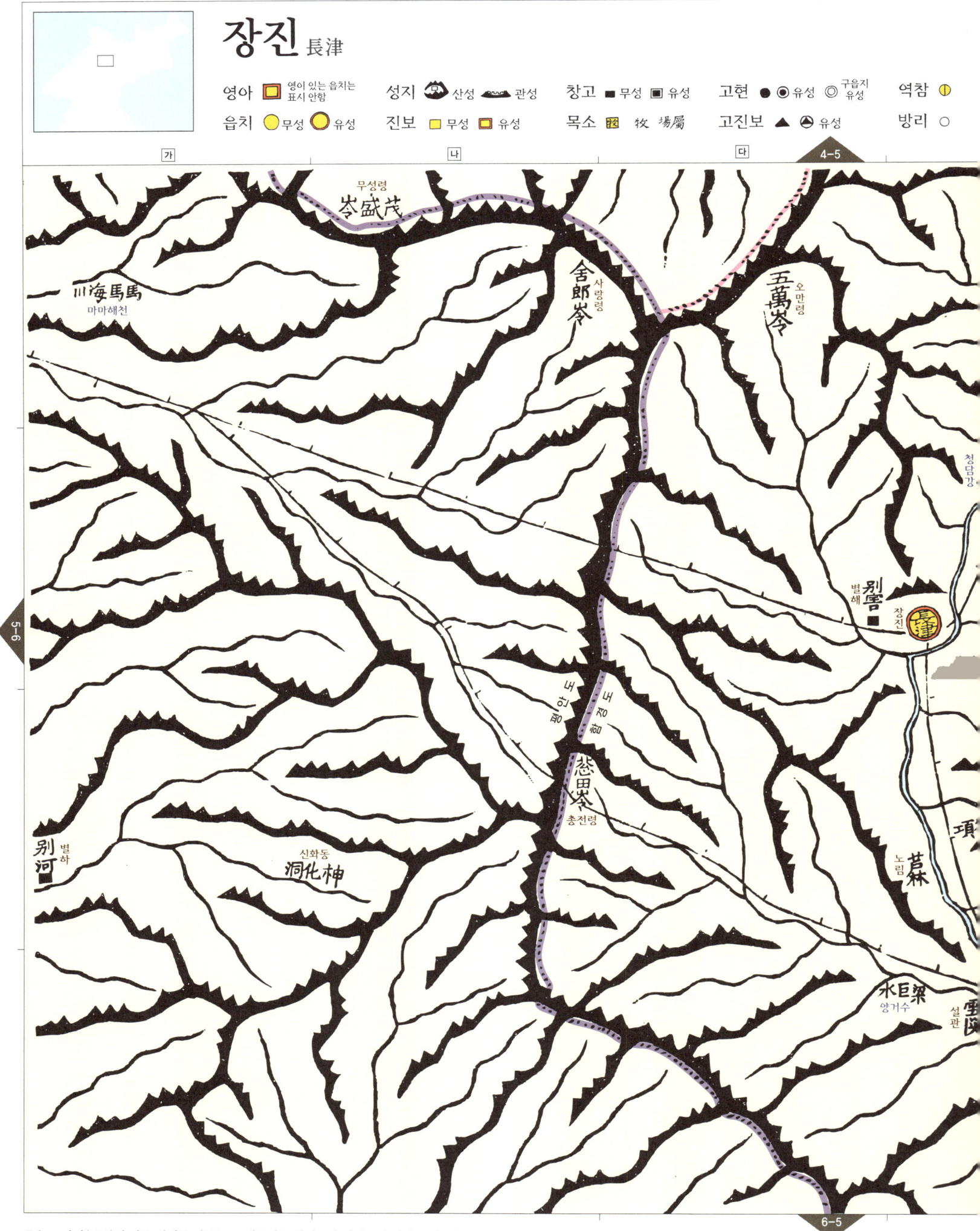

영아 영이 있는 읍치는 표시 안함
성지 산성 관성
창고 ■무성 ▣유성
고현 ●◉유성 ◎구읍지 유성
역참

읍치 무성 유성
진보 무성 유성
목소 牧 場屬
고진보 ▲유성
방리 ○

가 나 다

茂盛岾 무성령

馬海川 마마해천

舍郞岾 사랑령

五萬岾 오만령

청담강

別宮 별해

長津 장진

項

5-6

나항령

나항령

愁田岾 총전령

別河 별하

神化洞 신화동

苓 蘇 노림

水巨梁 양거수

설관

6-5

장진(長津)의 서쪽 경계를 이루는 큰 산줄기는 함경도와 평안도의 경계를 이룬다.

장진강 상류에 터 잡은 장진

장진 고을을 지나며 남에서 북으로 흐르는 하천은 장진강이다. 장진 지역에서 서쪽으로 넘어가는 두 고갯길은 모두 강계로 연결된다.

장진(長津) – 라2

예로부터 '토질이 비옥하고 초피(貂皮, 담비의 가죽)와 산삼(山蔘)의 이익이 있는 고을'로 잘 알려진 장진은 인근 강계 고을의 백성들이 부역을 피해 올 정도로 깊은 산중이었다. 그렇지만 강계 및 삼수·갑산을 잇는 지름길인 이 지역은 국방의 요지였으므로 1667년(현종 8년) 강나루에 목성(木城)을 축조하고 '장진책(長津柵)'이라 불렀다. 1815년(순조 15년)에는 별해진(別害鎭)으로 개편하였으나 조선 후기 주민들이 학정을 피해 더 깊은 산중으로 이주하면서 수가 급격하게 줄어들자 1843년(헌종 9년)에 장진군(長津郡)으로 재편하였다.

청담강(淸潭江) – 라2

장진 동쪽으로 흐르는 청담강은 백두대간 마대산·황초령 등에서 발원해 개마고원 서부를 흐르며 신갈파진에서 압록강에 합류하는 지금의 장진강이다. 현재 장진강 상류에는 댐이 여러 개 건설되어 있다. 호수의 물은 전력 생산과 관개용수로 이용된다.

사랑령(舍郞岺) – 나1

사랑령 가까운 강계·장진·후주 경계에 솟은 사랑봉(舍郞峰, 1,787m)에는 깊은 산골 선남선녀의 사랑 이야기가 전해 온다. 옛날 이 산골에는 사냥하는 총각과 산삼 가꾸는 처녀가 서로 사랑을 키우며 살았다. 그러던 어느 날 둘은 외적과의 싸움에서 다친 우리 병사들을 정성껏 치료한 후, 그들의 도움으로 집도 짓고 혼례도 치렀다고 한다. 그 후로 총각이 살던 봉우리를 '남편봉', 처녀가 살던 봉우리를 '아내봉'이라 하였고, 두 봉우리를 합쳐 '사랑봉'이라 불렀다고 한다.

총전령(葱田岺) – 나3

함경도 장진과 강계를 잇는 높은 고개다. 높이는 2,084m이다. 《연려실기술》에는 "총전령(葱田岺)의 한 줄기는 거꾸로 북쪽으로 내려가서 강계부와 폐사군의 여러 산이 된다."라고 하였다. 총전령 북쪽 30리쯤의 무명 고개는 지금의 아득령(牙得岺)으로 추정된다.

남협별로(南峽別路) – 마1

압록강 변의 삼수와 장진을 잇는 도로 가운데 이 구간을 따로 '남협별로'라 하였음을 알 수 있다. 조선의 도로는 10대로(十大路)를 비롯한 주요 도로 외에도, 장시(場市)와 국방의 필요 등으로 계속 새로운 길이 개척되었다. 이를 '별로(別路)'·'간로(間路)'·'지로(支路)' 등으로 불렀다. 〈대동여지도〉에서 '별로'라는 명칭이 붙은 곳은 여기가 유일하다.

청담강(淸潭江)은 지금의 장진강으로, 상류에는 수력발전을 위한 장진호(長津湖)가 조성되어 있다.　77

강계 江界

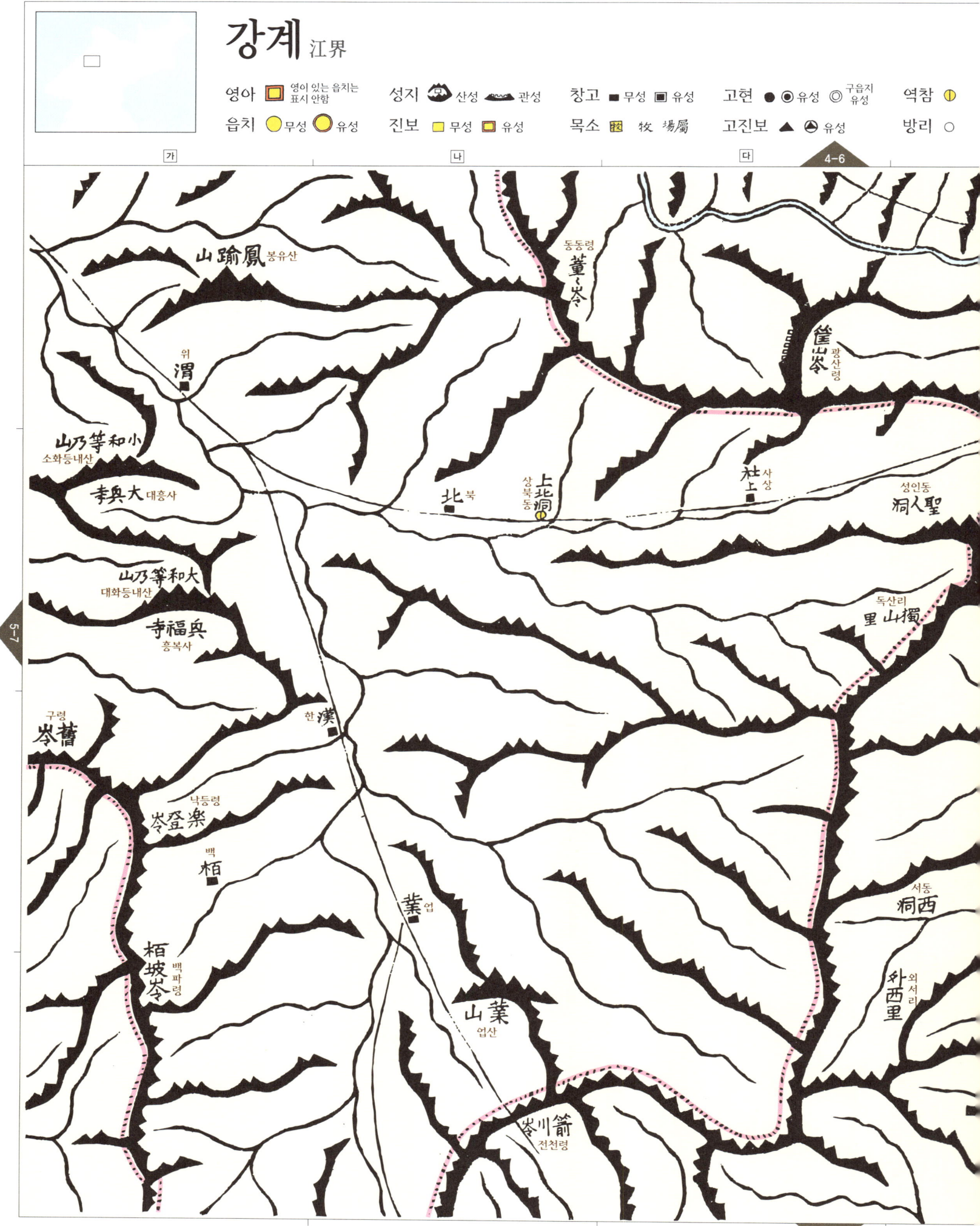

두음령(豆音岑)에서 발원하여 서쪽으로 흐르는 하천은 압록강의 지류인 위수(渭水)이다.

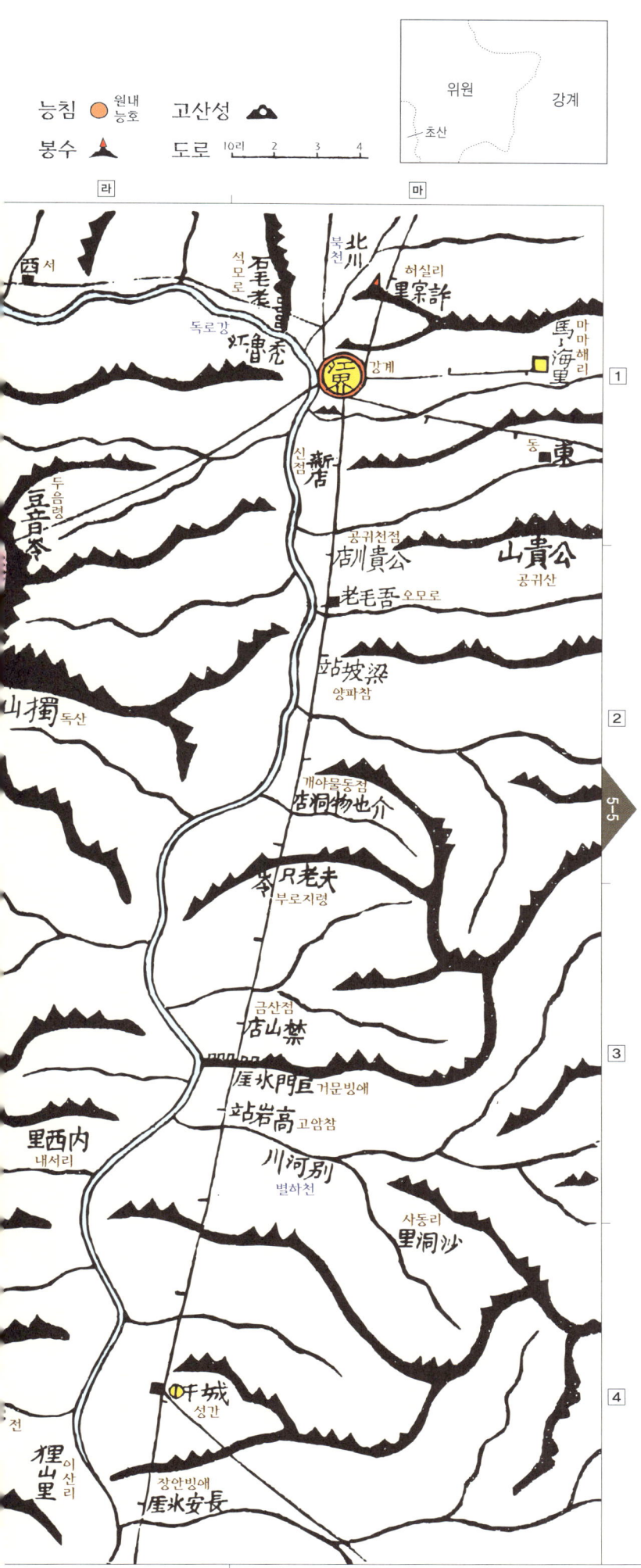

미인과 포수와 산삼의 고을, 강계

평안도 강계는 미인과 포수, 산삼의 고을로 이름 떨쳤다. 독로강 상류로 이어진 도로는 희천, 동쪽 도로는 장진 가는 길이다. 서쪽 도로는 압록강 기슭에 있는 위원으로 이어진다.

강계(江界) - 마1

평안도 강변칠읍(강계·위원·초산·벽동·창성·삭주·의주)의 하나로서 미인과 포수, 산삼으로 유명한 고을이다. 특히 강계 미인은 회령 미인, 함흥 미인과 더불어 남남북녀의 상징이기도 하였다. 강계는 유배지이기도 하였는데, 조선 중기의 정통 성리학자였던 이언적(李彦迪)은 을사사화의 여파인 양재역벽서 사건에 연루되어 이곳으로 유배되었다. 정철(鄭澈)은 광해군을 세자로 책봉하자고 하였다가 이곳으로 유배되었다.

강계읍성(江界邑城) - 마1

1436년(세종 18년)에 쌓은 석성이다. 둘레 4,425m, 높이 4.8m로서 제법 규모가 큰 편이었으나 지금은 일부만 남아 있다. 남쪽은 남산을 등지고, 북쪽으로는 북천 바위 벼랑, 서쪽은 독로강(지금의 장자강) 벼랑에 잇대어 있어 풍치가 좋다. 강가 벼랑 위에 우뚝 서 있는 인풍루(仁風樓)는 관서팔경의 하나로 꼽히는 명소다.

강계포수(江界砲手)

예로부터 '강계포수' 하면 호랑이도 물고 가던 황소를 놓고 달아난다고 할 정도로 날래고 용감한 사람을 일컫는 대명사였다. 즉 강계 지방의 포수들은 호랑이 사냥에 익숙해 다른 지역 사냥꾼들보다 용맹성을 인정받았다. 1871년(고종 8년) 신미양요 때 강화도 전투에서 활약한 강계포수들은 구한말과 일제 강점기를 거치면서 무장독립운동에도 뛰어들어 혁혁한 전과를 남겼다.

독로강(禿魯江) - 마1

독로강(지금의 장자강)은 청북정맥의 낭림산(狼林山, 6-5 도엽) 남쪽 광성령에서 발원해 압록강으로 흘러드는 하천이다. '독로'는 남쪽이나 양지를 뜻하는 '툴로'·'둘룬'이라는 말에서 유래하였다고 한다. 길이가 239km로서, 압록강 지류 중에서 세 번째로 길다. 독로강 유역에는 고구려의 특징을 보여 주는 적석총이 산재해 있어 독로강 주변이 고구려의 중요한 거점이었음을 추정케 한다.

거문빙애(巨門氷厓) - 마3

독로강 옆의 자연 지형을 이용해 관성(關城)을 쌓은 거문빙애 관문 일대는 변방의 험한 길임에도 사람의 통행량이 적지 않았는지 여행자를 위한 역참(驛站)과 점(店)이 도로를 따라 줄지어 있다. 거문빙애 남쪽에는 고암참(高岩站), 북쪽에는 금산점(禁山店)이 보인다. '역참(驛站)'은 공무상 물자의 운송 등을 위하여 설치된 교통·통신기관이고, '점(店)'은 일반 여행객들이 숙식을 해결하는 주막을 의미한다.

위원 渭原 초산 楚山

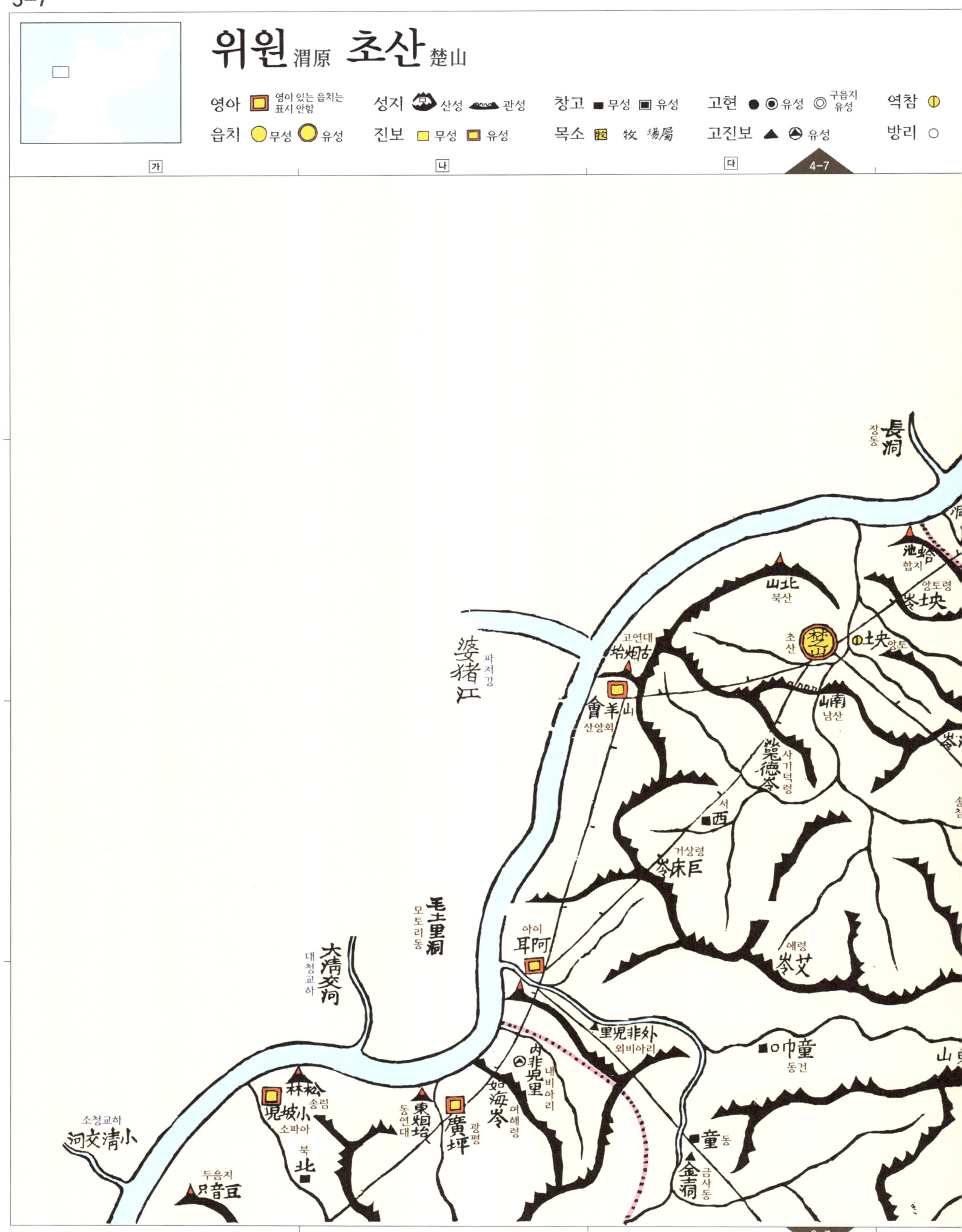

영아 영이 있는 읍치는 표시 안함　성지 산성 관성　창고 ■ 무성 ■ 유성　고현 ● ◎ 유성 ◎ 구읍지 유성　역참 ◐
읍치 무성 유성　진보 무성 유성　목소 牧 場 屬　고진보 ▲ ▲ 유성　방리 ○

가　나　다　4-7

長洞
장동

池嶺
합지

山北
북산

岺央
앙토

고연대
始烟古

초산
楚山

土央
앙토

婆猪江
파저강

山南
남산

會羊山
산양회

鷲德岺
사기덕령

西
서

岺床巨
거상령

毛土里洞
모토리동

耳阿
아이

岺艾
애령

大淸交河
대청교하

里兒非外
외비아리

童
동건

內非兒里
내비아리

松林
송림

如海岺
여해령

童
동

兒坡小
소파아

北
북

東烟坮
동연대

廣坪
광평

河交淸小
소청교하

金洞
금사동

두음지
모音豆

압록강 변의 파저강(婆猪江)이 유입되는 곳에 위치한 산양회진(山羊會鎭)은 여진족을 막기 위한 군사시설이다.

여진 방어의 최전선 요충지, 초산

압록강이 평안도 위원·초산을 지난다. 국경 지역답게 압록강 변에는 진보와 봉수 시설이 즐비하다. 이 일대는 현재 수풍호 상류 지역이다.

위원(渭原) – 마1

《여지도서》에 "학문의 풍습은 없으나 순박한 인심이 넘쳐, 서로 다투는 것을 좋아하지 않는다."라고 평한 인심 좋은 고을이다. 또 《세종실록지리지》에 "땅이 메마르고, 기후가 차며, 풍속이 사냥을 숭상한다."라고 하였다. 압록강 주변에 고구려의 토총과 석총들이 산재해 있고, 성곽과 진보 등 관방 유적도 많다. 임진왜란 때 구원군을 끌고 온 명나라 이여송(李如松)의 조부가 위원 출신이라 한다. 위원 앞을 흐르는 위수(渭水, 지금의 위원강)에서 채취한 돌로 만든 위원벼루가 유명하다.

초산(楚山) – 다2

압록강을 경계로 한 여진족 방어의 최전선 요지로서 조선 초기에는 평안도의 이산군(理山郡)이었다. 세종 때 치소(治所)를 앙토리(央土里)로 옮겼고 세조 때는 진(鎭)을 두었다. 《신증동국여지승람》에도 언급된 앙토리목책(央土里木柵)의 흔적이 지금도 남아 있다고 한다. 1712년(숙종 38년) 청나라의 목극등이 백두산정계비를 세울 때 압록강을 건너와 앙토역(央土驛)에서 묵고 떠나기도 하였다. 1724년(경종 4년) 도호부로 승격하면서 '초산'을 공식 행정 지명으로 사용하였다. '초산'은 '깊은 산골에 나무가 무성하다'는 뜻이다. 초산읍의 남산 기슭에는 18세기 말에 세운 영호정이 있다.

아이진(阿耳鎭) – 나3

압록강 변의 초산은 여진의 침략을 끊임없이 받던 곳이라 방어시설이 줄지어 있었다. 그중 하나인 아이진(阿耳鎭)은 석축으로 둘레가 5,784척이었고, 우물이 셋, 군창이 하나 있었다. 그리고 병마만호(兵馬萬戶) 1명을 두었다. 아이진봉수(阿耳鎭烽燧)는 동북쪽으로는 산양회진(山羊會鎭)의 고연대와 응하고, 서남쪽으로는 벽동군(碧潼郡) 광평진(廣坪鎭)의 동연대와 응하였다.

파저강(婆猪江) – 나2

파저강은 랴오닝성(遼寧省)에서 발원해 압록강에 합류하는 하천으로 지금의 퉁자강(佟佳江)이다. 옛 고조선과 고구려의 영토이며 발해의 땅이었다. 조선 초기에는 이 지역에 건주여진(建洲女眞)이 살았는데, 조선과 화친을 맺고 조공을 바쳤음에도 추장 이만주(李滿住)가 자주 조선의 변경을 침범하자 세종은 1433년(세종 15년)과 1437년(세종 19년) 군대를 파견해 여진을 정벌하였다. 이를 '파저강전투(婆猪江戰鬪)'라 한다. 하지만 세조 때 4군을 철폐하자 이들은 다시 압록강 일대를 침범하기 시작하였고, 세조는 1467년(세조 13년) 군대를 보내 이만주를 죽였다. 이를 '정해서정(丁亥西征)'이라 한다.

마유산 馬乳山

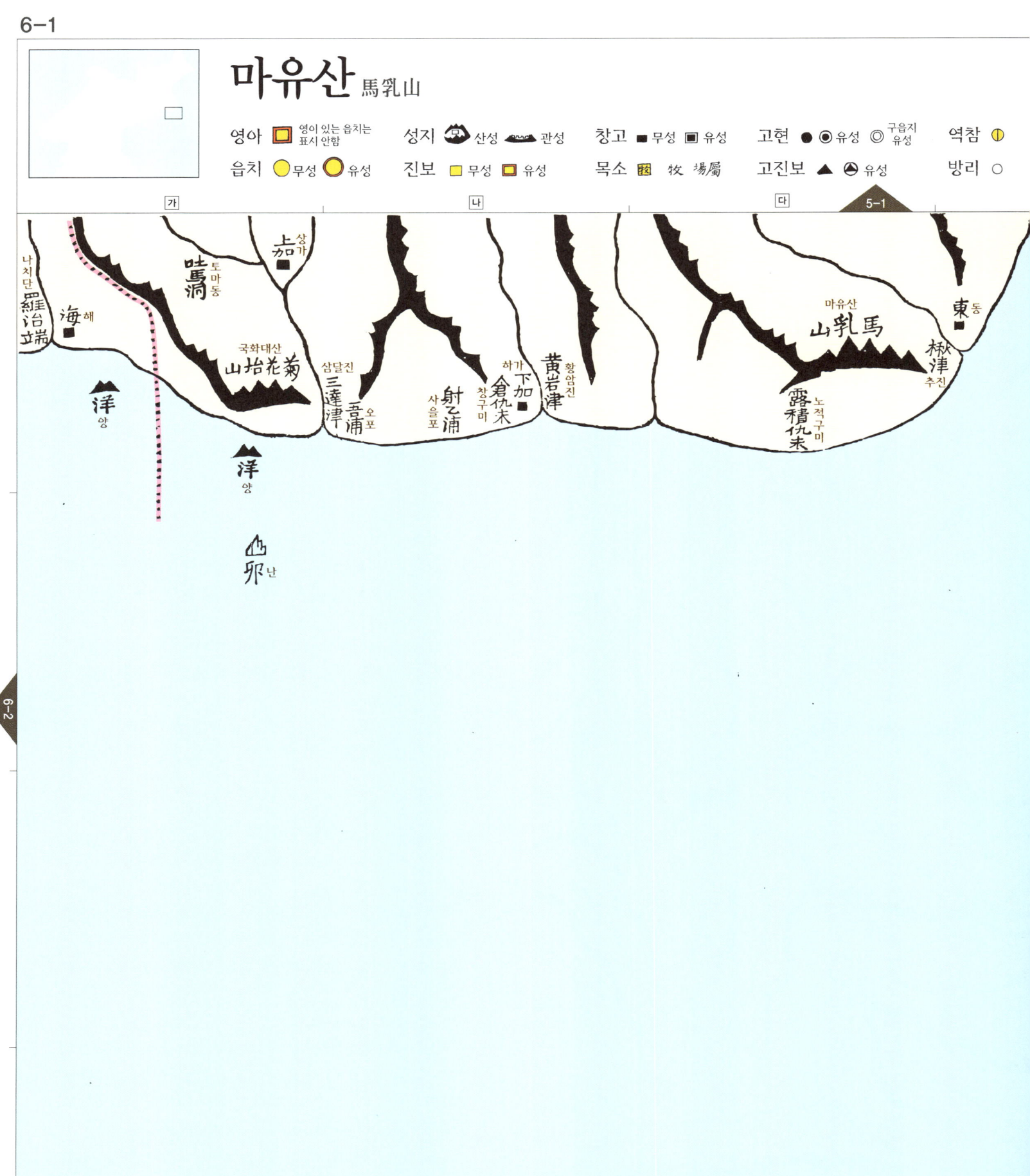

영아 영이 있는 읍치는 표시 안함　성지 산성 관성　창고 무성 유성　고현 유성 구읍지 유성　역참

읍치 무성 유성　진보 무성 유성　목소 牧 場屬　고진보 유성　방리

가　나　다

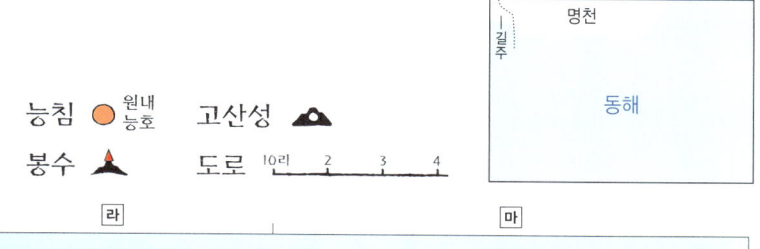

능침 ● 원내 능호　　고산성 ▲

봉수 ▲　　도로 10리 2 3 4

라　　마

명천
ㅣ길주

동해

현무암으로 덮여 있는 마유산

조선 시대 함경도 명천의 남부 지역이다. 창고 몇 개 외에는 별다른 시설이 없고 도로 표시도 없을 만큼 한적한 해안 마을로, 지금은 함경북도 화대군 지역이다.

마유산(馬乳山) – 다1

마유산은 현무암으로 덮여 있는 해발 534m의 낮은 산지다. 지명으로 봐서는 말을 먹이던 목장이 있었을 것으로 짐작되나 지도에는 목장 표기가 없다. 현재는 마유산 가까운 증봉 일대에 양을 기르는 목장이 있다. 이곳에서 기르는 '화대양'은 털의 품질이 우수하고 생산량도 많을 뿐 아니라 고기 맛도 좋다고 한다.

상가창(上加倉) – 가1

지도에 나타난 해안가는 본래 명천현(明川縣)에 속한 한적한 바닷가 마을이다. 그렇지만 앞바다에는 봄마다 청어떼가 몰려들어 청어잡이로 성황을 이뤘다. 북한에서 1952년 이 지역 상가창(上加倉) 아래에 치소(治所)를 두고 화대군(花臺郡)을 신설하였다. '화대(花臺)'는 '국화꽃이 만발한 산'이라는 '국화대산'에서 유래하였다.

아간천(阿間川) – 가1

상가창(上加倉)을 지나 삼달진(三達津)을 거쳐 동해로 흘러드는 아간천(阿間川, 5-1 도엽)은 지금의 화대천이다. 하류 연안에는 널따란 화대벌이 펼쳐져 있어 주민들의 농토로 이용된다. 화대천으로는 연어떼와 황어떼가 철마다 올라와 산란한다.

양도(洋島) · 난도(卵島) – 가1 · 가2

삼달진 앞바다는 바위섬들과 어우러져 아름다운 풍광을 보여 준다. 그중 육지에서 가깝게 보이는 큰 섬이 '양도'로 높이는 67m에 이른다. 지도에는 표현되지 않았으나 양도 근처에 '강후이도'라는 섬이 있는데, 높이가 114m나 되는 바위섬이다. 그리고 조금 먼 바다의 '난도'는 《신증동국여지승람》에서 "바윗돌이 험준하여 사람이 다닐 수 없다. 장끼가 많이 서식하여 새끼를 기른다."라고 설명하고 있다. '알섬'이라고도 한다.

명천 해안

명천 해안(지금의 화대군 해안)은 풍치가 매우 뛰어난 곳이다. 해식 작용에 의한 까마득한 절벽이 장관을 이루는데, 유명한 해칠보(海七寶)가 명천 해안에 펼쳐져 있다. 〈대동여지도〉를 보면 지금의 무수단(舞水端)으로 알려진 해칠보의 무수암(无水岩)이 '5-1 도엽'에 표기되어 있으나, 현대 지도와 비교해 보면 마유산 동남쪽 해안에 위치하는 게 옳다. 노적구미(露積仇未)는 해안에 곡식을 쌓아 둔 노적가리 형상의 지형이 있어 유래한 지명인 듯하다. 우리말 지명에서 '구미'는 '바다가 육지로 굽어 들어간 작은 만(灣)'을 의미한다.

단천 端川

영아 🟧 영이 있는 읍치는 표시 안함   성지 🏰 산성 〰️ 관성   창고 ◼️ 무성 ⬛ 유성   고현 ● ◉ 유성 ◎ 구읍지 유성   역참 🌓

읍치 🟡 무성 🟠 유성   진보 🟨 무성 🟥 유성   목소 牧 牧場屬   고진보 ▲ ⬤ 유성   방리 ○

가   나   다   5-2

현덕산 山德縣
德利汝 여리덕
防阿岑 방아령
長防岑 장방령
城津 성진
雙浦鎮 쌍포진
寺仙隱 은선사
穿 천
壓海亭 압해정
山華蓮 연화산
牛脂岑 우지령
洞里歧 기리동
德應主山 山應德 덕응주산
五峰山 오봉산
摩天岑 마천령
樟項 장항
山鳳天 천봉산
寺蔵華 화장사
麻谷 마곡
海望坮 해망대
山德道 도덕산
德羊 양덕
簧德岑 농덕령
胡打里 호타리
德螯 오덕
北大川 북대천
복대천
山生雲 운주산
단천
端川
기원 基原
射浦津 사포진
砂嶗岑 사기령
南大川 남대천
門淵 문연
� 마을내
淵龍 용연
雙城鎮 쌍성진
退羅吾 오라퇴
福貴岑 복귀령
白沙汀 백사정
游仙坮 유선대
葛染 감탕구미
交濟 교제
城津 성진
山甑 증산
山回 회산
牧 목 두언대평
坪彦豆
島昌岩 오갈암
邪 난
정석 愭石

단천(端川) 남쪽 해안에는 우뚝 선 바위인 유선대(游仙坮)와 '명사십리'라 불리는 백사장이 있다.

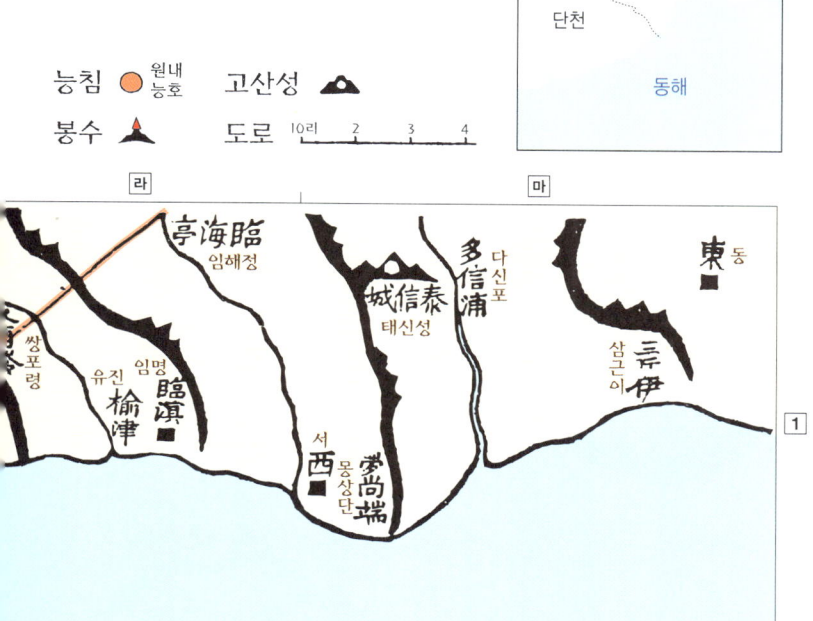

능침 ● 원내 능호　고산성 ▲
봉수 ▲　도로 10리 2 3 4

라　마

亭海臨 임해정
城信泰 태신성
多信浦 다신포
東 동
쌍포령
유진 임명 臨溟
楡津
西 서
몽상단
尚端 端
伊 三 삼골이
1
2
3
4

6-1

함경남북도의 요충지, 단천

함경도 중부 동해안의 단천 고을이다. 해안으로 뻗은 굵은 산줄기 끝 부분에는 단천과 길주를 잇는 마천령이 있다.

단천(端川) – 가2

1108년(고려 예종 3년) 윤관(尹瓘)이 별무반을 조직해 17만 명의 대군으로 여진족을 무찌르고 9성(함주·영주·웅주·길주·복주·공험진·통태진·숭녕진·진양진)을 쌓았는데, 복주가 지금의 단천이라 한다. 그 뒤 여진에 돌려주었다가 공민왕 때 수복하였고, 조선 초기인 1439년(세종 21년) 단천읍성을 쌓았다. 지리상 동쪽의 마천령(摩天嶺)과 서쪽의 마운령(摩雲嶺) 사이에 위치한 교통의 요지로서 예로부터 '남관(南關)과 북관(北關)의 요충지'라 불렸다.

남대천(南大川) – 가3

단천을 지나 동해로 유입하는 남대천은 지금도 같은 이름으로 불린다. 남대천 하구 동쪽에는 구두쇠 영감과 착한 며느리 전설이 전하는 용연(龍淵), 신선이 노닌다는 유선대(游仙坮), 고운 모래가 펼쳐진 백사정(白沙汀) 등의 명소가 보인다. 하구 서쪽의 두언태평(豆彦台坪) 들판에는 나라에서 운영하던 목장도 있었다. 둘레는 35리였으며 감목관은 단천부사가 겸하였다. 단천의 또 다른 큰 하천인 북대천과 함께 봄의 은어잡이, 가을의 연어잡이가 유명하다.

마천령(摩天嶺) – 다2

단천과 길주를 잇는 마천령(709m)은 함경도를 남도와 북도로 나누는 고갯마루다. 흔히 함경북도를 '북관(北關)', 함경남도를 '남관(南關)'이라고 하는데, 여기서 '관(關)'은 마천령을 가리킨다. 마천령은 '이판령(伊板嶺)'이라고도 하였는데, 옛날에 어떤 사람이 산 아래서 송아지를 팔았더니 그 어미 소가 송아지를 찾아 고개를 넘어 갔고, 소 주인이 뒤를 쫓아간 곳이 바로 길이 되었기 때문이다. 《신증동국여지승람》에 따르면 여진인들은 소를 '이판'이라 불렀다 한다.
마천령을 노래한 많은 작품 중 조선 후기의 문인 정두경(鄭斗卿)의 시가 대표적이다. "마천령 길 흰 구름의 사이로 나 있거니와 / 만 길이나 아득 높아 올라가기 힘들다네 / 그대 가서 천하 장관 한번 내려다보게나 / 바닷가에 바람 불면 흰 파도가 산 같으리"

성진(城津) – 다1

함경북도의 남쪽 끝에 있는 이 고을은 조선 초기 길주목의 성진진(城津鎭)이었다. 당시에는 한적한 어촌이었으나 성진만 덕에 항구로 크기 시작하였고, 1898년 성진군으로 독립하였다. 1899년 개항 이후 외국인들이 드나들면서 발전하였으나 러일전쟁 때 크게 파손되었다. 쌍포기암(雙浦奇岩)은 예로부터 알려진 경승지다.

오갈암(烏曷岩) – 가3

오갈암은 단천군 남쪽 13리 바다 가운데에 있다. 그 형상이 돛대와 같아서 물새들이 그 위에 떼로 모여들기에 '오갈암'이라 했다.

이원 利原 북청 北靑

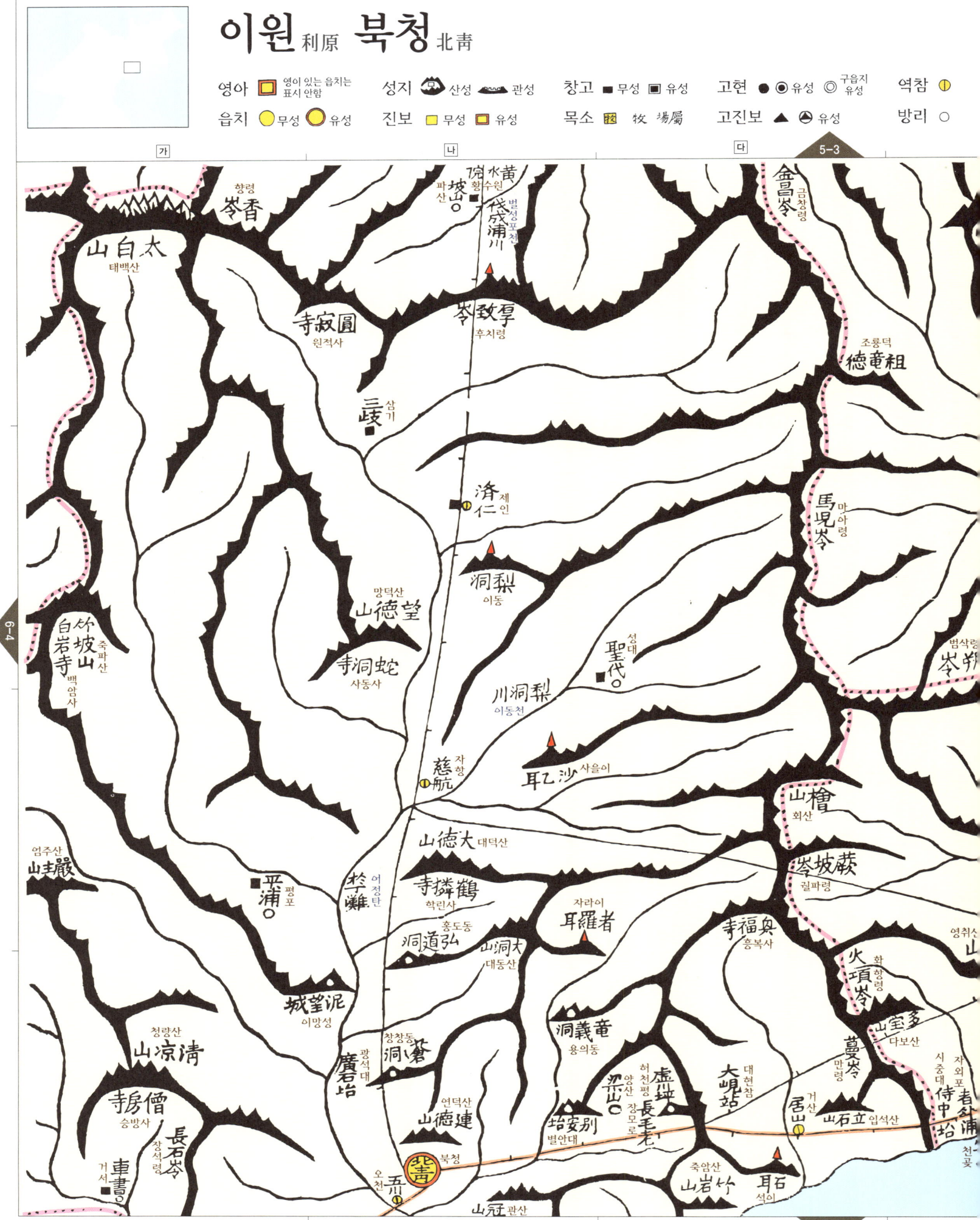

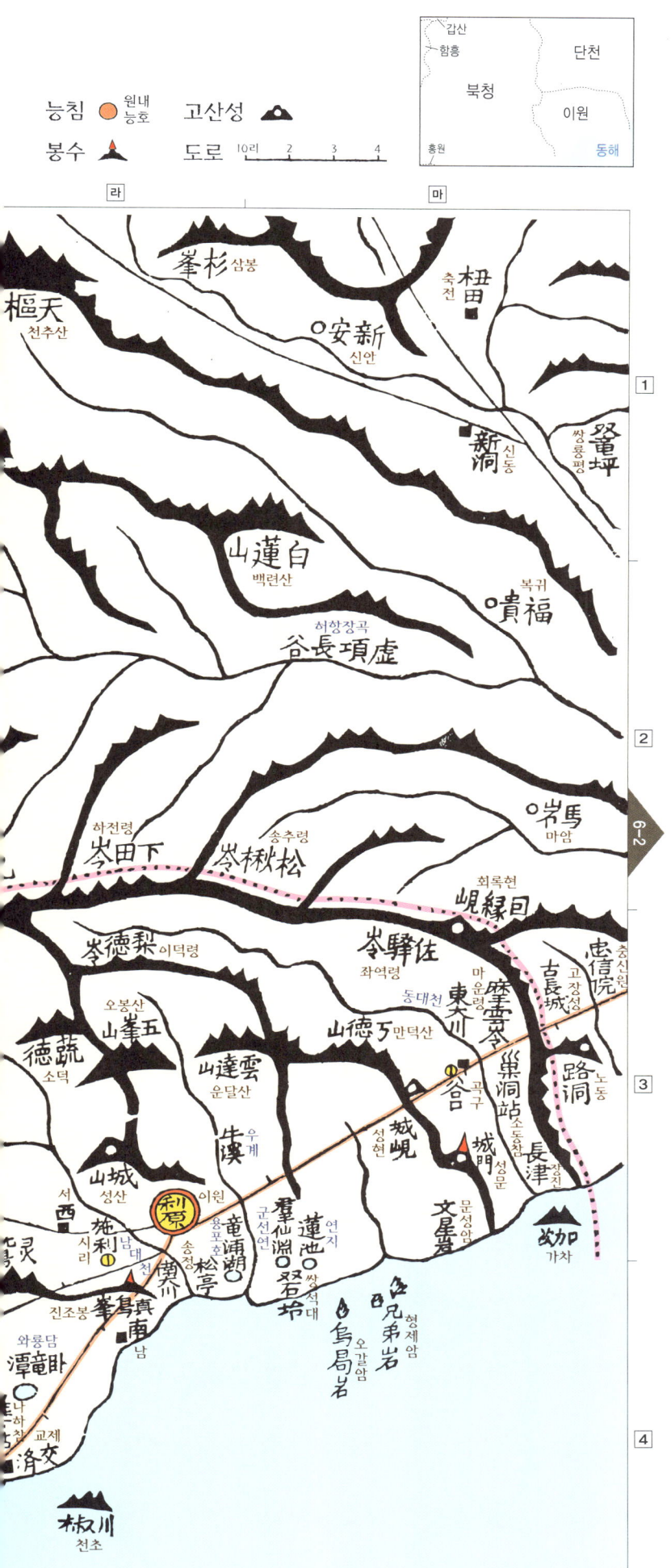

능침 ● 원내 능호　고산성 ⛰
봉수 🔺　도로 10리 2 3 4

북청사자놀음의 고을, 북청

금창령~후치령~태백산으로 뻗어 가는 산줄기는 백두대간
이다. 백두대간 남쪽에는 함경도 북청 고을이 자리한다.

이원(利原) – 라3

'시리(施利)'·'시질간(時叱間)'·'다보(多甫)'·'아사(阿沙)' 등으로 불
리던 고을이다. '시리'라는 지명은 서남쪽 4리에 위치한 시리역
(施利驛)에 남아 있다. 면적은 작아도 동해안의 여느 고을들처럼
'남대천'·'동대천'이라 부르는 하천이 있고, 아담한 석호들이 산
재한 해안에는 비교적 널따란 들판도 펼쳐진다. 해안선은 짧지만
오갈암(烏碣岩), 형제암(兄弟岩) 등 바위섬들이 있어 해안 풍광이
아름답고, 좋은 어장도 형성되어 있다.

북청(北青) – 나4

본래 고구려의 옛 땅으로 오랫동안 여진에 점령되었다가 1107년
(고려 예종 2년)에 윤관(尹瓘)이 되찾았다. '삼살(三撒)'·'청주(青
州)'·'안북(安北)'·'청해(青海)' 등으로도 불렸다. 조선 시대 유배
지로서 이항복(李恒福)은 광해군이 인목대비를 폐하는 것을 반대
하다가 이곳으로 유배 와 세상을 떠났다. 추사 김정희(金正喜)도
이곳으로 유배 온 적이 있다. 1907년 헤이그 특사 사건으로 순국
한 이준(李儁) 열사가 북청 출신이다.

마운령(摩雲岺) – 마3

이원과 단천을 잇는 마운령은 '두을외대령(豆乙外大領)'이라고도
하였다. 이 고개에는 오래된 비석이 있었는데, 568년(신라 진흥왕
29년) 세워진 진흥왕순수비임이 1929년 최남선에 의해 확인되었
다. 비문에는 진흥왕이 국경을 순찰하고 비를 세우게 된 내력과
수행한 사람들의 이름과 관직이 새겨져 있다. 현재 이 비는 황초
령진흥왕순수비와 함께 함흥역사박물관에 보존되어 있다.

후치령(厚致岺) – 나1

백두대간 후치령은 높이가 1,335m에 이르는 높은 고개다. 북청
과 갑산을 잇는 큰 고개인 후치령은 예로부터 황초령(黃草岺)·부
전령(赴戰岺)·금패령(禁牌岺)과 함께 개마고원으로 통하는 '새외
사관(塞外四關)'으로 불렸다. '후치령'이라는 이름은 '크고 깊은 산
골의 고개'라는 뜻이라고도 하고, '고개 뒤에 또 7개의 고개가 있
다는 후칠령이 후치령으로 바뀐 것'이라는 설도 있다. 1907년에
는 홍범도(洪範圖)의병대가 일본군들에게 큰 타격을 입힌 곳이기
도 하다.

군선연(群仙淵) – 마3

군선연은 이원 해변의 작은 호수들 중 하나다. 이 호수를 중심으
로 뒤로는 아름다운 산과 기암괴석, 앞으로는 넓은 백사장 너머
로 바위섬들이 떠 있어 풍치가 좋다. 예로부터 경치가 좋아 쉬어
갈 수밖에 없는 곳이라 하여 '쉬어구미(聖人九味)'라고도 불렀다.

부전령 赴戰岺

영아 🟥 영이 있는 읍치는 표시 안함   성지 🏔 산성 〰 관성   창고 ◼ 무성 ◻ 유성   고현 ● ◉유성 ◎ 구읍지 유성   역참 ◐

읍치 🟡무성 🟠유성   진보 🟨무성 🟥유성   목소 牧 牧場屬   고진보 ▲ ⬣유성   방리 ○

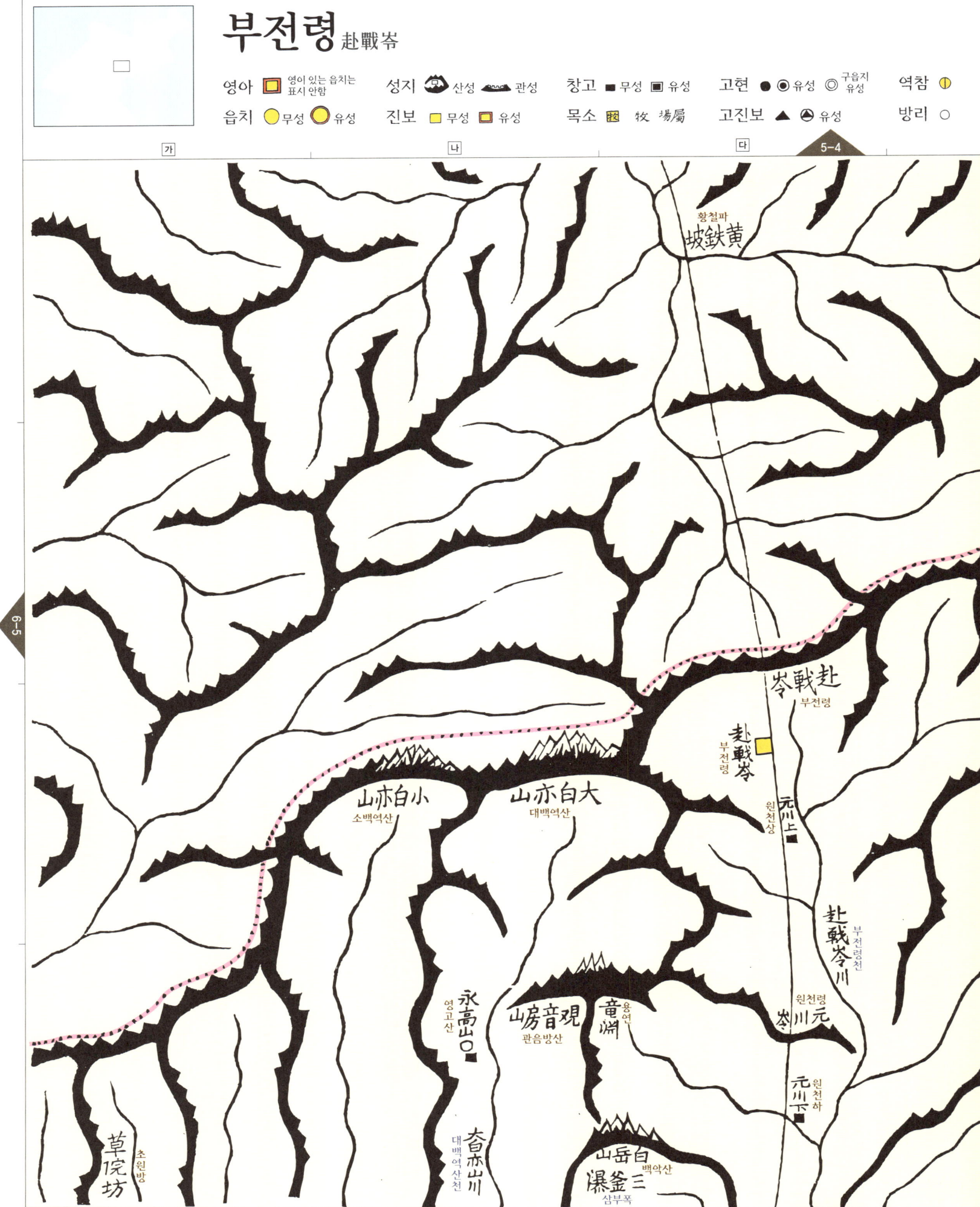

가   나   다   5-4

6-5

황철파
坡鉄黄

岺戰赴
부전령

赴戰岺
부전령

元川上
원천상

山亦白小
소백역산

山亦白大
대백역산

赴戰岺川
부전령천

元川岺
원천령

永高山
영고산

山房音覌
관음방산

竜淵
용연

元川下
원천하

草院坊
초원방

杳亦山川
대백역산천

山岳白
백악산

瀑釜三
삼부폭

부전령천(赴戰岺川)과 원천(元川)이 합류하여 성천강(城川江)을 이루며, 함흥평야를 관류하여 동해로 흘러든다.

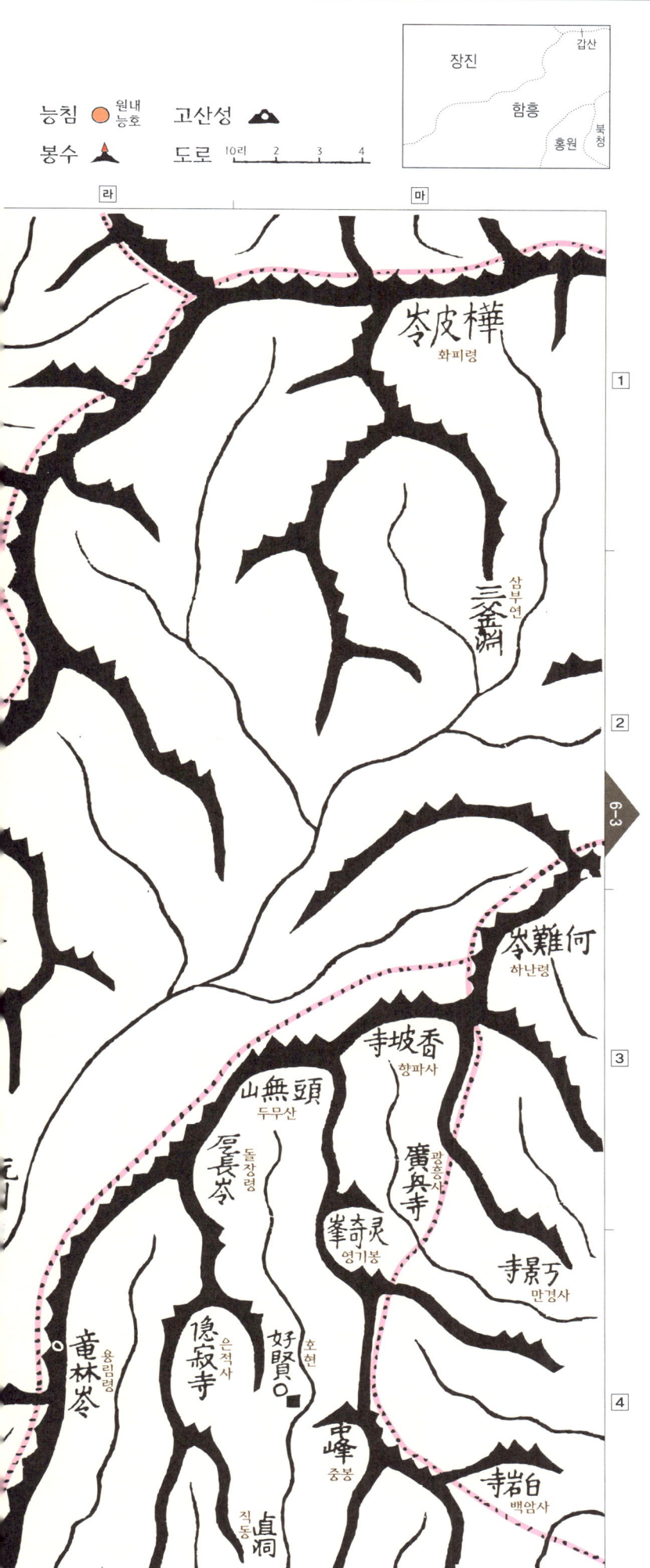

함흥과 장진을 잇는 고개, 부전령

우측 상단에서 백두대간의 화피령~부전령~대백역산 산줄기가 서남쪽으로 뻗어 간다. 부전령 북쪽으로는 부전강이 장진강으로 흘러가고, 남쪽으로는 성천강이 함흥을 거쳐 동해로 흘러간다.

부전령(赴戰岺) – 다3

《대동지지》에 "함흥부 북쪽 150리 지점에 있다."라고 하는 부전령은 함흥과 장진·삼수를 잇는 높은 고개다. 해발 1,355m로 높은 편이다. '싸움에 나선다'는 고개 이름에서 과거 여진과 대치할 때 얻은 지명이라 추정하는데, 정상 남쪽에는 부전령보(赴戰岺堡)가 설치되어 있다.

부전고원(赴戰高原) – 나4

부전령을 중심으로 한 고원 지대를 '부전고원'이라고 한다. 해발 2,000m가 넘는 높은 산들에 빙 둘러싸인 해발 1,400m 안팎의 고산 지대의 지형은 완만한 편이다. 이곳에는 다양한 습지식물과 고산식물들이 천상의 화원을 이룬다. 또한 범·곰·사향노루·수달 등 다양한 야생동물이 서식하는 등 동식물 생태 환경이 우수하다. 1930년대에는 조선팔경의 하나로 꼽히는 명소였다.

원천(元川) – 라3

원천은 함흥에서 동해에 유입되는 성천강(城川江) 상류를 이루는 하천이다. 길이는 105.3km로 동해안에서는 긴 강에 속한다. 부전령 넘어가는 길목에 있는 원천령(元川岺), 원천하창(元川下倉), 원천상창(元川上倉)의 명칭이 이 하천 이름과 관계있음을 알 수 있다.

대백역산(大白亦山)·소백역산(小白亦山) – 나3

옛 지리지에 "태백역산(太白亦山)·소백역산(小白亦山) 모두 함흥부 북쪽 153리 지점에 있는데, 두 산을 멀리서 바라보면 그 빛이 모두 희기 때문에 세상에서 백역(白亦)이라고 한다."라고 하였다. 현대 지도를 보면 부전령 서쪽의 대백역산·소백역산 위치에는 역시 빛나는 바위가 있다는 이름인 '백암산(白岩山)'이 있다. '백역산(白亦山)'이라는 이름은 그 반대쪽인 부전령 동쪽 봉우리에 보인다.

신흥군(新興郡)

백두대간의 부전령(赴戰岺)과 화피령(樺皮岺) 남쪽 일대는 고산 지대이다. 너무 깊은 곳이라 조선 말기까지 군현으로 독립되지 못하고 함흥부에 속해 있다가 일제 강점기에 신흥군으로 분리되었다. 이 일대는 부전고원을 끼고 있어 여름에도 서늘해 휴양지로 유명하다. 옛 기록에 함흥부를 설명할 때 "토질이 대부분 메마르고 기후가 일찍 추워진다."라고 평한 곳이 바로 부전령 일대와 원천 상류 지역일 것으로 짐작된다. 조선 후기 사상의학을 창시한 이제마(李濟馬)가 이곳 출신이라 한다.

낭림산 狼林山

영아 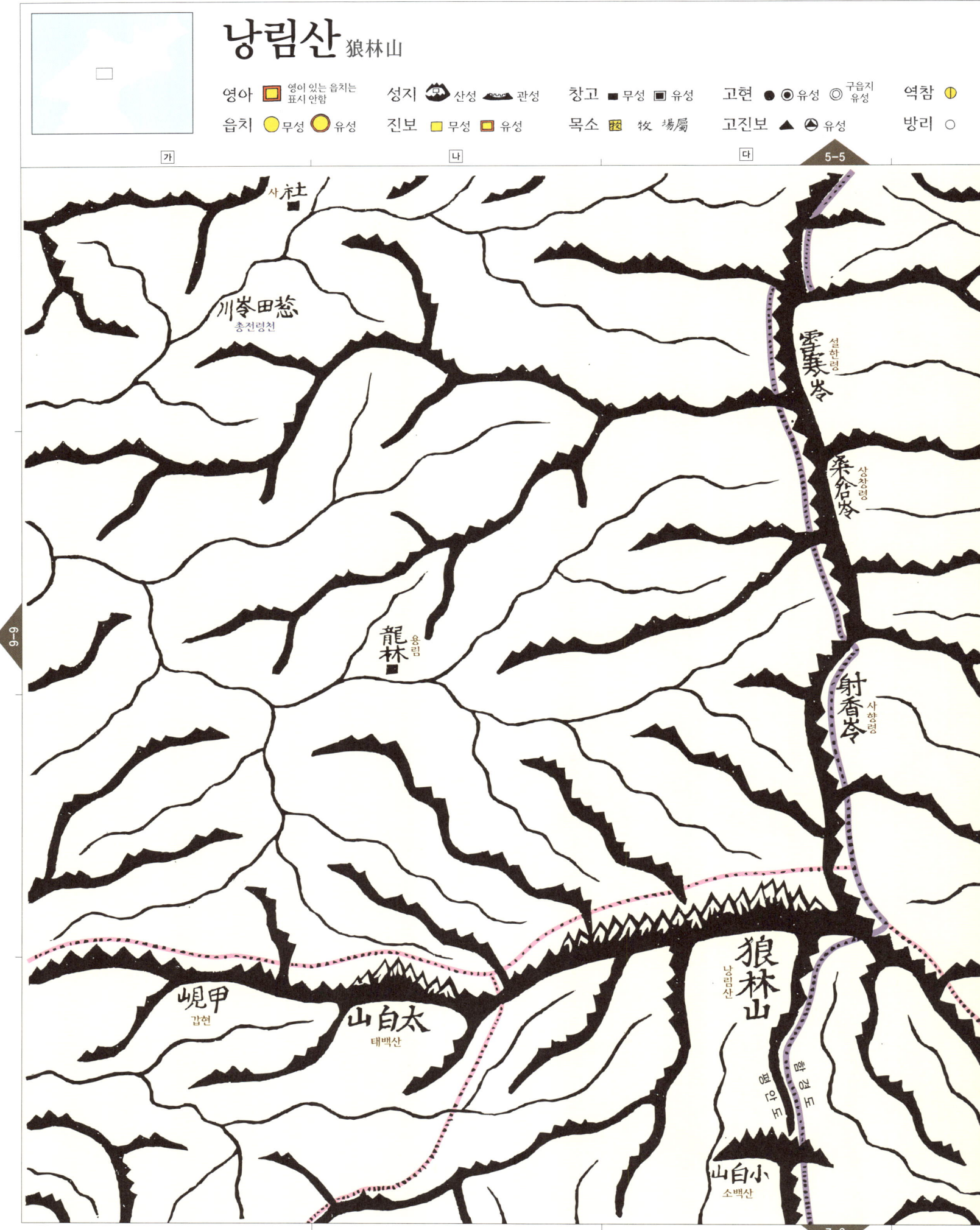 영이 있는 읍치는 표시 안함 　　성지 산성 관성 　　창고 ■무성 ◼유성 　　고현 ●◉유성 ◎구읍지 유성 　　역참 ◓

읍치 ⬤무성 🟠유성 　　진보 🟨무성 🟥유성 　　목소 牧 牧 場 屬 　　고진보 ▲⬢유성 　　방리 ○

가　　　　　　　나　　　　　　　다　　　5-5

社 사

川岺田葱 총전령천

5-5

雪寒岺 설한령

梁倉岺 상창령

龍林 용림

射香岺 사향령

6-6

岬甲 갑현

山白太 태백산

狼林山 낭림산

小白山 소백산

7-3

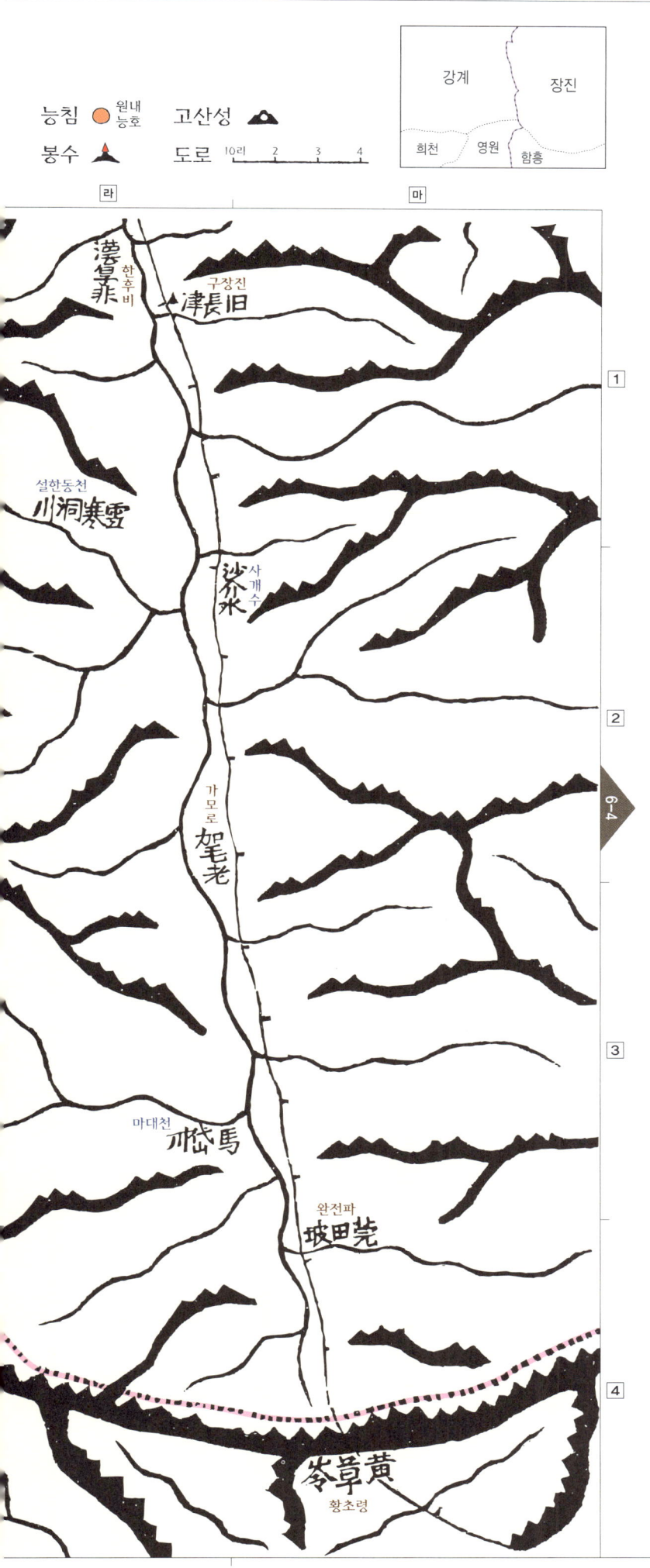

백두대간과 청북정맥의 갈림길, 낭림산

황초령을 지나와 낭림산에서 남쪽의 소백산으로 뻗은 산줄기는 백두대간이고, 서쪽의 태백산·갑현을 잇는 산줄기는 청북정맥이다. 황초령은 진흥왕순수비가 발견된 고개다.

낭림산(狼林山) – 다4

평안도 강계·영원과 함경도 장진·함흥 사이에 솟은 낭림산(2,186m)은 백두대간과 청북정맥의 분기점이다. 황초령을 지나온 백두대간은 여기서 남쪽의 소백산(小白山)으로 뻗어 가고, 청북정맥은 서쪽의 태백산(太白山)을 거쳐 갑현(甲峴)을 지나간다. 2,000m가 넘는 산이지만 산마루는 부드러운 육산(肉山)으로 이루어져 있다.

황초령(黃草岺) – 마4

함경도 함흥과 장진 경계에 있는 황초령(1,208m)은 예로부터 압록강 유역과 우리나라 동북부 동해안 지역을 연결하는 주요 통로였다. '황초(黃草)'라는 이름은 사시사철 안개가 짙고 바람도 심해 풀마저 누르끄레하다는 데서 유래하였다. 553년(신라 진흥왕 14년)에는 함흥까지 세력을 확장한 신라가 황초령에 진흥왕순수비를 세웠다. 진흥왕순수비 가운데 가장 먼저 알려진 이 순수비는 19세기 초 추사 김정희(金正喜)가 본격적인 연구를 시작하였다.

용림창(龍林倉) – 나2

낭림산 서북쪽은 독로강(禿魯江, 지금의 장자강) 상류 지역이다. "강계도호부 동남쪽으로 280리에 있다."라고 하는 용림창은 도로 표기가 없을 정도로 깊은 산중에 위치하고 있다. 용림창을 중심으로 한 이 일대는 광복 전에는 평안북도 강계군 용림면이었다가 1952년 용림군으로 독립하였다.

사개수(沙介水) – 마2

황초령에서 북으로 흐르는 물줄기는 장진강 상류 지역으로서, 사개수는 장진강 최상류의 명칭이다. 현재 이 부근의 장진강 중상류 일대에는 여러 개의 장진강댐이 조성되어 있다. 최상류에 위치한 장진강 제1댐은 구장진(舊長津)과 한후비(漢厚非) 근처인 것으로 추정된다. 이곳 장진호 일대는 1950년 11월에서 12월, 미국 해병1사단이 중공군의 포위를 뚫고 처절한 대규모 철수 작전을 펼친 장진호전투의 현장이다.

구장진(舊長津) – 라1

옛 장진으로서 고진보 표기가 되어 있다. 영원·맹산·강계 및 삼수·갑산을 잇는 지름길인 이 지역은 국방의 요충지였다. 1667년(현종 8년) 강나루를 따라 목성(木城)을 축조하고 '장진책(長津柵)'이라 불렀는데, 구장진은 바로 장진책이 위치하였던 곳으로 추정된다. 현대 북한 지도에도 장진책이 이 부근에 표기되어 있다.

적유령 狄踰岺

영아	🟥 영이 있는 읍치는 표시 안함		성지	⛰️ 산성	⛰️ 관성	창고	■ 무성 ◼ 유성	고현	● ◉ 유성 ◎ 구읍지 유성	역참	◐
읍치	🟡 무성 🟠 유성		진보	🟨 무성 🟧 유성		목소	牧 牧 場屬	고진보	▲ ◮ 유성	방리	○

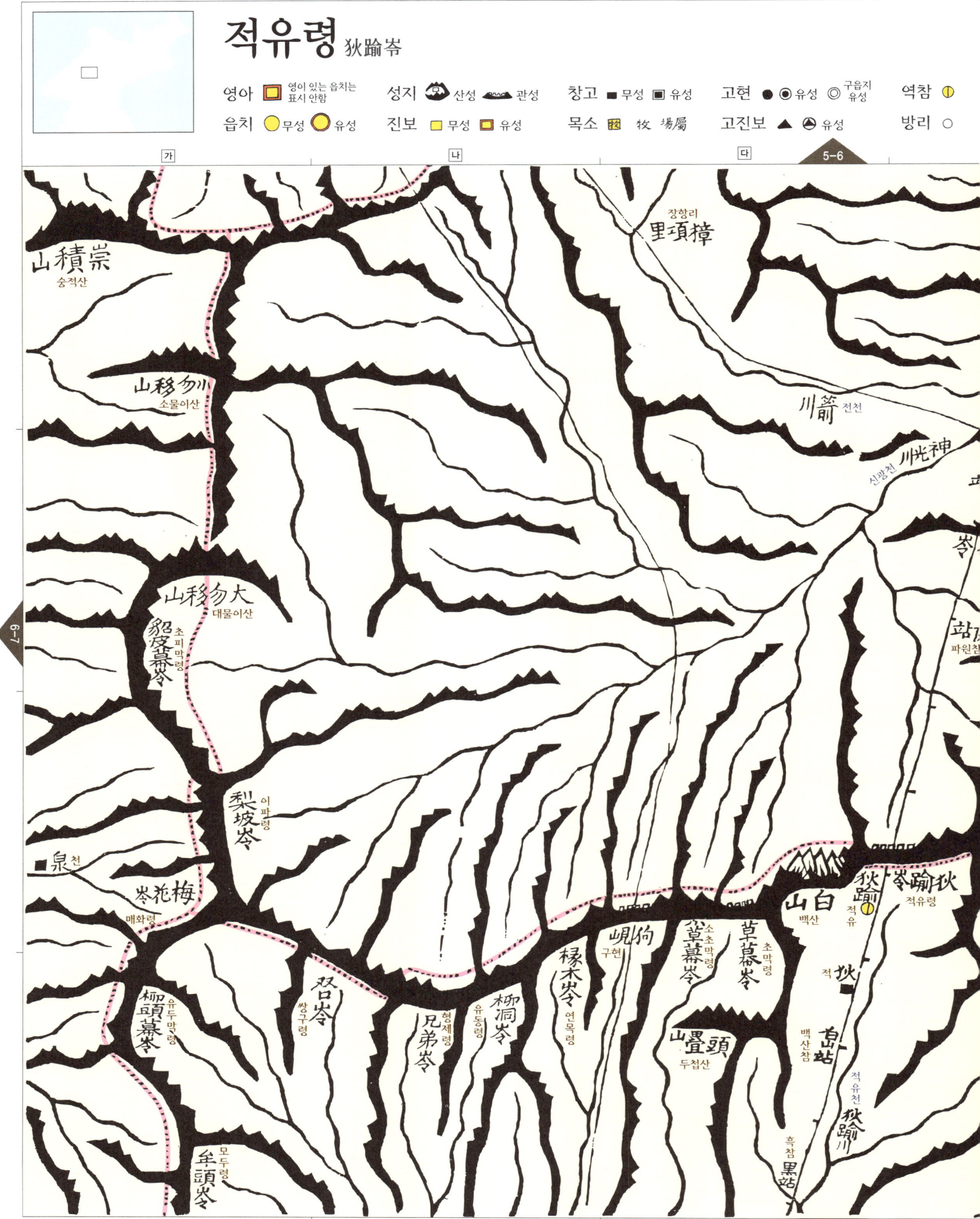

청북정맥 북쪽으로 흐르는 신광천(神光川)은 독로강(禿魯江) 상류로, 압록강으로 흘러든다.

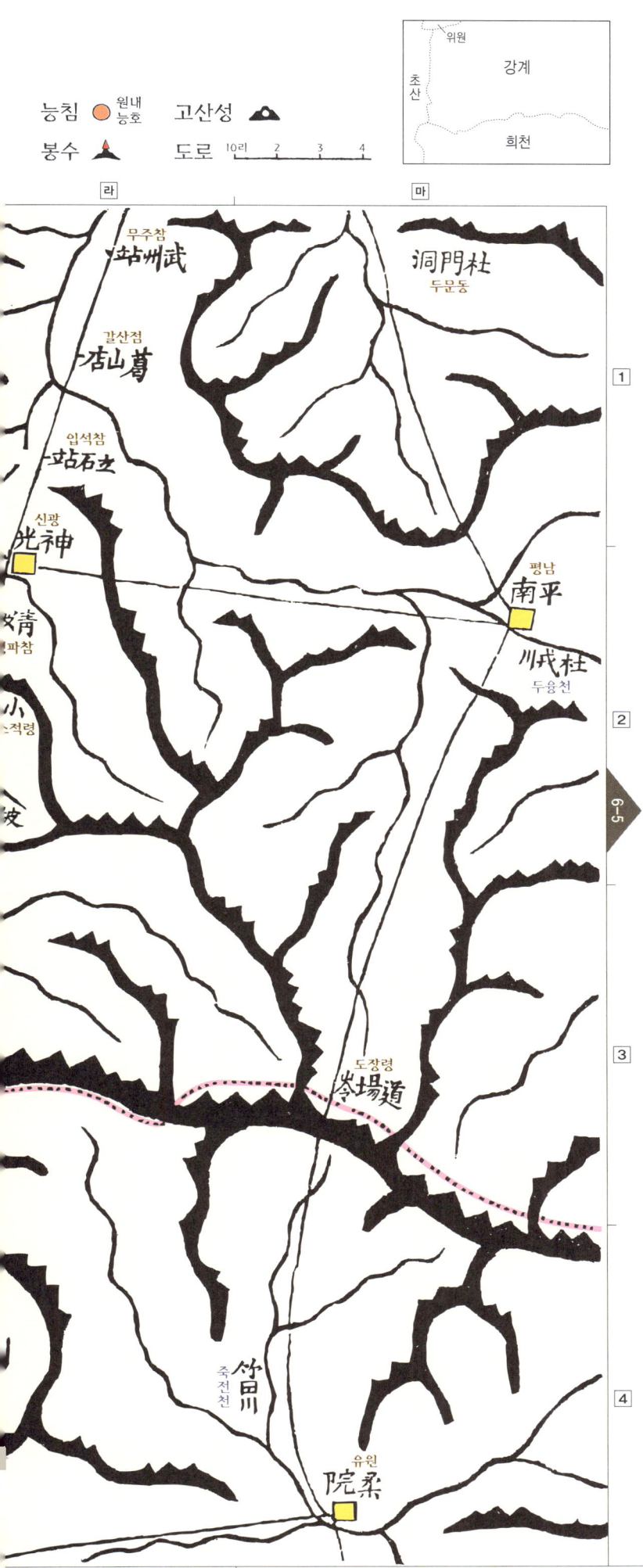

무주참
武州站

갈산점
㐱山帖

입석참
立石站

신광
神光

파참

소

洞門杜
두문동

평남
南平
두용천
川戎杜

능침 ● 원내
능호
봉수 ▲
고산성 ▲
도로 10리 2 3 4

위원
강계
초산
희천

도장령
道場峯

죽전천

유원
院柔

오랑캐들 쫓겨 넘어간 적유령

우측 하단의 도장령에서 서쪽의 적유령~매화령~모두령으로 뻗어 가는 산줄기는 청북정맥이다. 그 북쪽 일대는 압록강의 수계인 평안도 강계, 남쪽은 청천강의 수계인 평안도 희천 고을이다.

적유령(狄踰峯) – 라3

평안도 강계와 희천을 잇는 청북정맥의 적유령(963m)은 예로부터 '서북의 웅관(雄關)'으로 불리던 고개다. '오랑캐들이 쫓겨 넘어간 고개'라 하여 '되넘이령'·'되남령'이라고도 하였다. 고려 시대에는 압록강 하구의 위원진(威遠鎭)에서 동해안 도련포(都連浦)에 이르는 천리장성의 주요 관문이었고, 조선 시대에는 고갯길에 백산참(白山站), 적유역(狄踰驛), 파원참(坡院站), 청파참(靑坡站) 등 역참(驛站)이 연이어 있어 적유령의 중요성을 짐작케 한다.

전천(箭川) – 다1

전천은 '물살이 화살처럼 빠른 내'를 의미하는 지명이다. 이 전천 유역과 청북정맥 적유령(狄踰峯)~구현(狗峴) 북쪽은 본래 평안도 강계군 지역인데, 북한은 1949년 자강도를 신설하면서 이 일대를 '전천군(前川郡)'이라 하였다. '전천(箭川)'을 쉬운 한자를 쓴 '전천(前川)'으로 바꾼 것이라 한다. 신광천(神光川, 지금의 화경천)과 두융천(杜戎川, 장자강 상류) 합류 지점 부근이 전천군의 중심지다. 북한 최대의 전나무 생산지로 꼽힌다.

구현(狗峴) – 다3

청북정맥의 구현(809m)은 강계와 희천, 즉 지금의 자강도 송원군과 전천군을 잇는 고개이다. 적유령과 함께 고려 때 천리장성 국토 방어의 전진기지이면서, 중요한 교통로로 이용되어 왔다. 옛날 개가 다니던 길을 따라 고갯길이 났다 하여 '개고개'라 하였고, 지금은 송원의 명문마을에서 넘는다 하여 '명문고개'라고 부른다. 지금은 만포선 철도와 평양~만포 도로가 통과한다.

신광진(神光鎭)·평남진(平南鎭) – 라2·마2

적유령 북쪽의 이 일대는 강계에서 한양으로 가는 주요 길목이었고, 신광진과 평남진은 이를 지키는 요새였다. 《승정원일기》에 "두 진을 설치한 까닭은 적유령과 구현령이 한양으로 통하는 큰 길이므로 신광진을 설치하여 막고……"라고 기록되어 있듯이 적유령을 넘는 도로는 국방상 매우 중요한 요지였음을 알 수 있다.

도장령(道場峯) – 마3

평안도 강계와 희천을 잇는 청북정맥의 여러 고개 중 하나로서 지금의 도양령(道陽峯, 1,011m)이다. '도령령'이라고도 한다. 서쪽의 적유령 큰길보다는 중요성은 떨어졌으나 강계의 평남진(平南鎭), 희천의 유원진(柔院鎭)을 연결하는 역할을 하였을 것으로 보인다.

벽동 碧潼

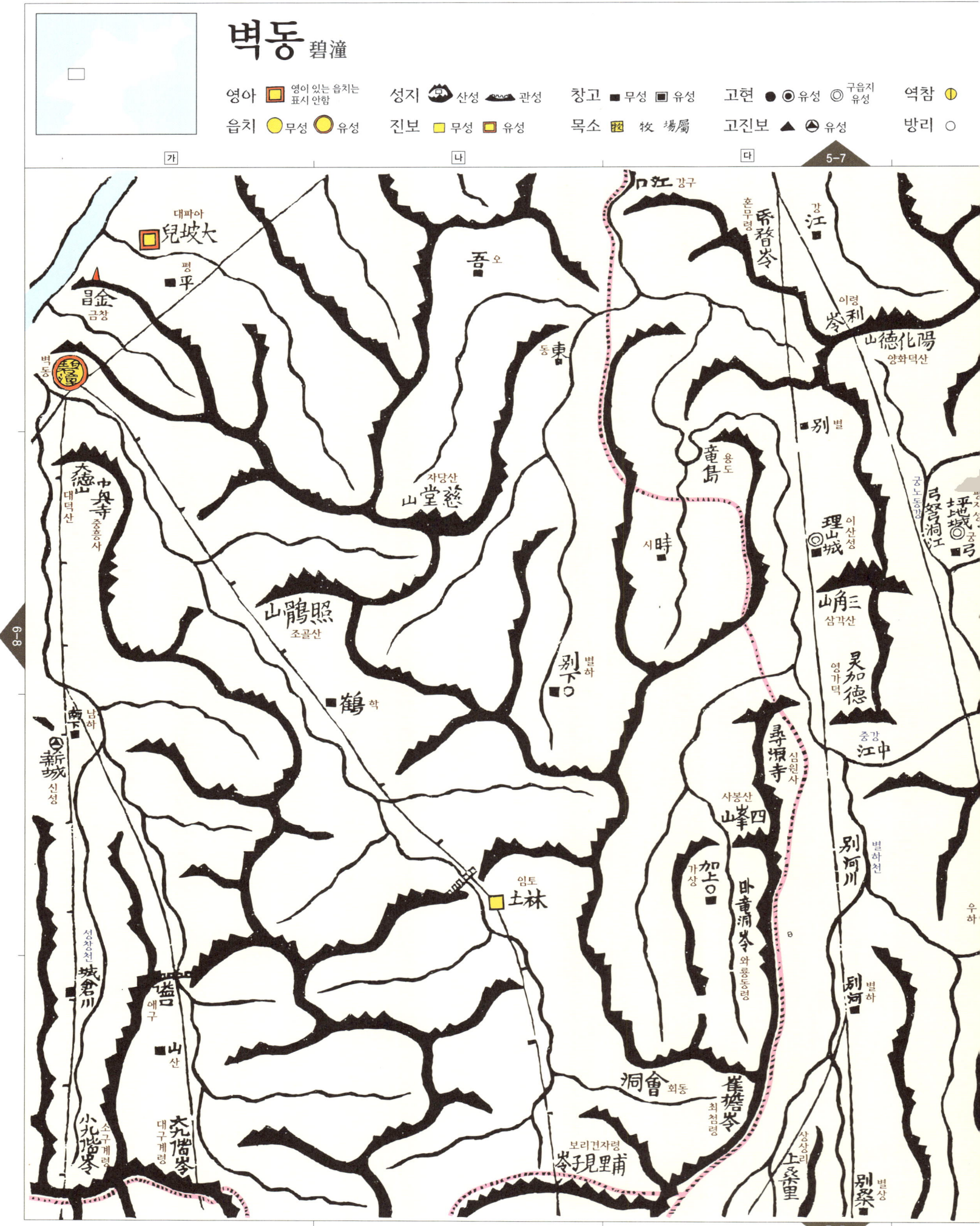

영아 영이 있는 읍치는 표시 안함 　성지 산성 관성 　창고 무성 유성 　고현 ●유성 ◎구읍지 유성 　역참
읍치 무성 유성 　진보 무성 유성 　목소 牧場屬 　고진보 ▲ 유성 　방리 ○

대파아　兒坡大
평平
金昌　금장
벽동　碧潼
大德山　대덕산
中央寺　중흥사
吾　오
東　동
자당산　山堂慈
山鵑照　조골산
鶴　학
강구　口江
호무령　吞昝岑
강江
이령岑利
山德化陽　양화덕산
別　별
용도　竜島
理山城　이산성
山角三　삼각산
靈加德　영가덕
江中　중강
별別
평地城　궁궐
弓筈洞江　궁노동령
別下口　별하
尋源寺　심원사
사봉산　山峯四
別河川　별하천
우하
남하　南下
新城　신성
성창천　城倉川
嵒　애구
山　산
별別　別河
瓦竜洞岑　와룡동령
加上口　가상
洞會　최동
崔擔岑　최첨령
上叅里　상상리
別叅　별상
小九階岑　소구계령
充階岑　대구계령
岑子見里甫　보리견자령

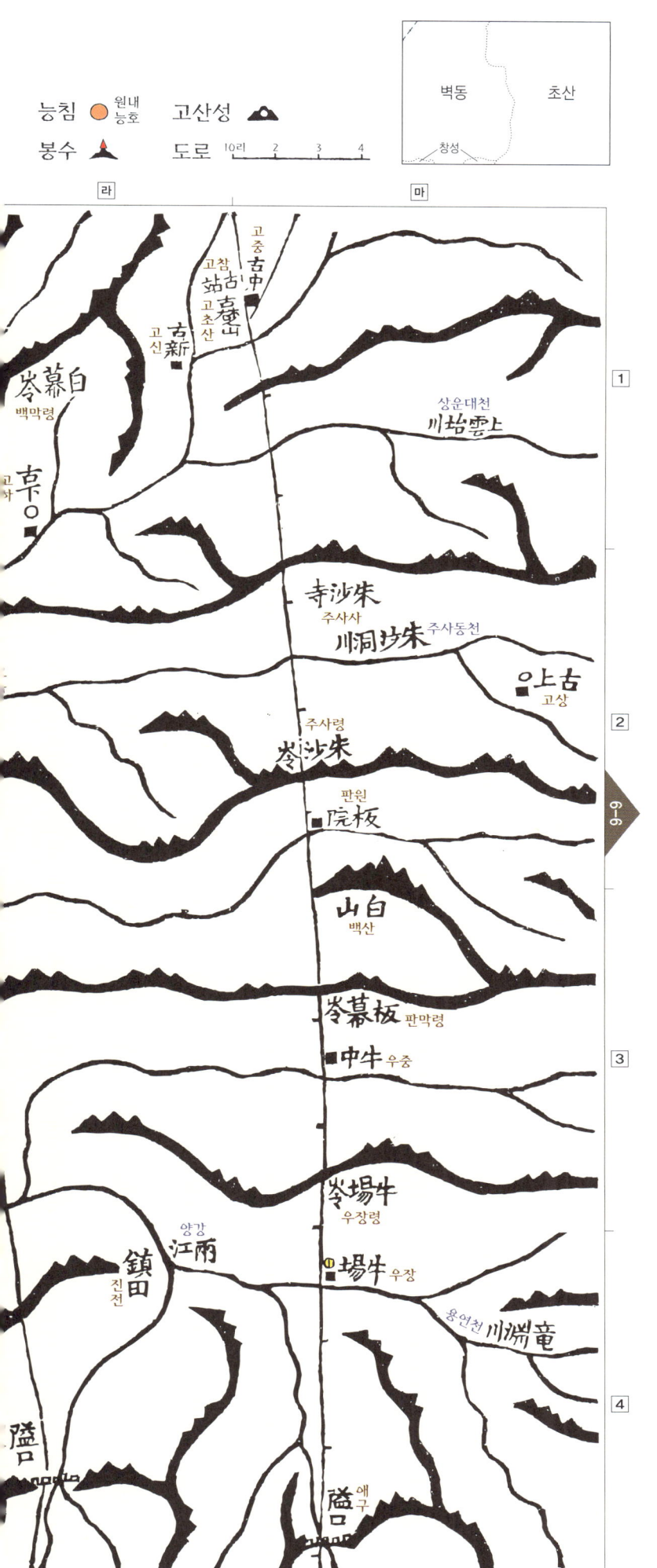

능침 ●원내 능호   고산성 ▲

봉수 ▲   도로 10리 2 3 4

벽동   초산

창성

'벽창호'라는 말이 유래한 벽동

좌측 상단에 살짝 보이는 큰 강줄기는 압록강인데, 지금은 수풍호로 바뀌었다. 지도 한복판에서 심하게 감입곡류하며 이 산성을 지나는 하천은 압록강의 지류인 지금의 충만강이다.

벽동(碧潼) – 가1

《세종실록지리지》에 "땅이 많이 메마르며, 기후가 7월에 추워지기 시작하고, 4월에 비로소 따뜻해진다."라고 한 벽동은 창성(昌城)과 함께 압록강 중류의 요충지였다.(6-8도엽, 창성·벽창호 참조) 압록강 기슭이라 만주와 쉽게 통할 수 있어 구한말과 일제 강점기에는 독립운동이 치열하게 전개되었다. 3·1 운동 때는 4천 6백 명이나 되는 주민이 시위에 나섰다가, 일본 수비대의 발포로 236명이 사망하였을 정도로 자주독립의 열망이 강한 지역이었다. 고을 앞의 압록강은 수풍댐으로 인해 지금은 호수로 변하였다.

벽동읍성(碧潼邑城) – 가1

1403년 능선을 따라 돌로 쌓은 벽동읍성은 북방 외적 방어에 중요한 임무를 담당하였다. 둘레는 약 4km, 높이는 6m에 이른다. 여러 성문 중, 대덕산에서 뜨는 달부터 구봉산으로 지는 달까지 모두 감상할 수 있는 남문의 완월루(翫月樓)는 강변 풍치가 수려하다. 가장 높은 동주봉에는 동장대가 있었다.

별하천(別河川) – 다3

지도 한복판의 남에서 북으로 흐르는 별하천은 지금의 충만강(忠滿江)이다. 상류는 좁고 깊은 골짜기, 중류는 낮은 산지, 중류 아래는 넓은 충적지를 심하게 굽이돌며 흐른다. 가항(可航) 수로가 아니라는 의미인 단선(單線)으로 하천을 표현하였으나 수량은 많은 편이다. 1943년 압록강에 수풍댐이 생기기 전에는 벌채한 목재를 내려보내는 뗏길이었다.

이산성(理山城) – 다2

지도 중심부 삼각산(三角山) 주변은 청북정맥에서 갈라져 나온 지맥들과 그 사이를 흐르는 충만강 지류들이 얽혀 지형이 꽤 복잡하다. 이 일대는 한때 여진족이 살았으나 고려 말에 회복한 땅으로서 당시 성(城)을 갖춘 치소(治所)가 있던 구읍지(舊邑址) 표기가 있다. 이산성은 석성으로서 둘레가 23,010척, 높이가 10척이었고, 성 안에 우물 4개와 군창이 있었다.

평지성(坪地城) – 라2

이산성과 마찬가지로 성(城)이 있는 구읍지(舊邑址) 표기가 되어 있다. '고읍(古邑)'이라는 표기에서 한때 치소(治所)가 있던 곳임을 알 수 있다. 돌로 쌓은 석성으로서 둘레가 3,917척, 높이가 16척이었고, 성 안에 샘이 4개가 있었다고 한다. 이 성에서 명장들이 많이 나왔다고 전한다. 북한은 1952년 평지성 일대를 분리하여 고풍군을 신설하였다.

창성 昌城

영아 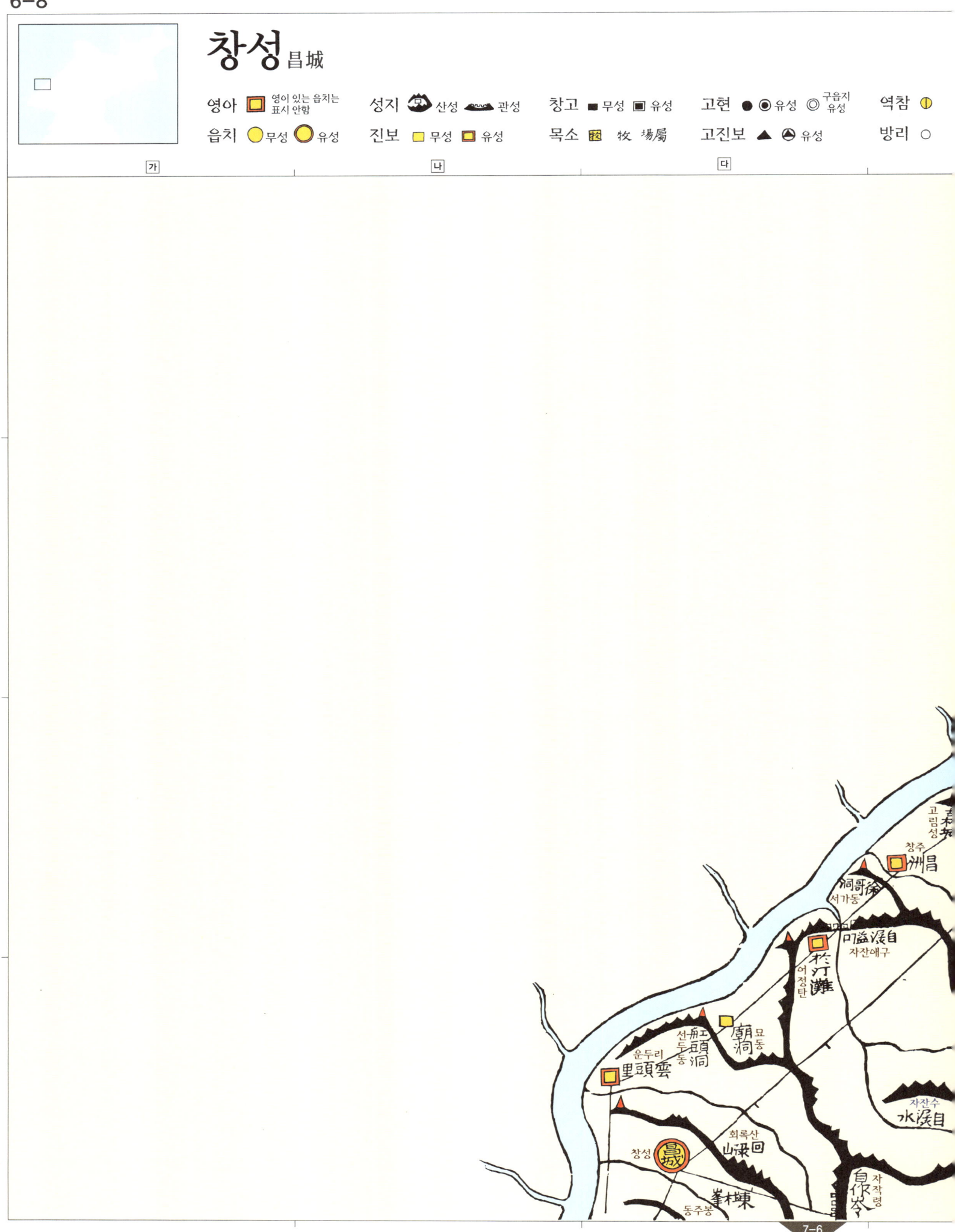 영이 있는 읍치는 표시 안함　성지 산성　관성　창고 ■무성 ▣유성　고현 ●◉유성 ◎구읍지 유성　역참 ◖

읍치 ◯무성 ◯유성　진보 ▢무성 ▣유성　목소 牧 場 屬　고진보 ▲ ⬕유성　방리 ○

가　　　　　　나　　　　　　다

창주 昌洲
고림성
杏木坪
徐哥洞
서가동
自溢浦口
자잔애구
枕汀灘
어정탄
工船頭洞
선두동
묘동 廟洞
운두리
雲頭里
회록산
回淺山
자잔수
水淺自
창성 昌城
峯木棟
동주봉
自作嶺
자작령

진보와 봉수가 줄지어 있던 창성

창성은 국경을 이루고 있는 압록강 변의 고을이다. 국경 수비를 위해 설치하였던 진보와 봉수 등 관방 유적은 수풍댐이 건설될 때 대부분 수몰되었다.

창성(昌城) - 다4

이 일대는 원래 고구려 땅이었으나 오랫동안 여진족이 거주하다가 고려 때 되찾은 지역이다. 조선 태종 때 서북면 창주와 이성을 병합해 창성도호부(昌城都護府)를 신설하였다. 《세종실록지리지》에 "땅이 많이 메마르다."라고 하였으나 군사적으로는 매우 중요한 지역이라 강변도로를 따라 국경을 지키는 진보와 봉수가 줄지어 있었다. 하지만 1943년 수풍댐이 건설되면서 이런 관방 유적들은 대부분 수몰되었고, 창성군청도 옮겨 갔다.

압록강 봉수(鴨綠江 烽燧)

압록강 중하류 지역인 벽동과 창성 일대는 군사적으로 매우 중요한 지역으로서, 이곳의 봉수들은 대규모 이민족의 침입이 잦던 압록강 변에서 국경 상황을 급하게 한양으로 알리는 역할을 하였다. 압록강 상류의 만포진(滿浦鎭)에서 시작한 봉수는 벽동(碧潼)을 지나며 추구비·호조리·소현을 연결해 창성의 고림성·서가동·어정탄·운두리 봉수를 거쳐 의주에서 한양 목멱산(지금의 남산)으로 전달되었다.

압록강 진보(鴨綠江 鎭堡)

상류의 벽동에서 하류의 창성까지는 주요 도로 외에도, 진보만 연결하는 군사도로가 강변을 따라 존재할 정도로 국방상 요충지였다. 벽동에는 소길호리진(小吉號里鎭)·벽단진(碧團鎭)·추구비진(湫仇非鎭)·광평보(廣坪堡) 등이, 창성에는 창주진(昌州鎭)·어정탄진(於丁灘鎭)·운두리진(雲頭里鎭) 등의 진보가 있다.

수풍호(水豊湖)

지도에 나타난 압록강 일대는 현재 수풍호로 바뀌었다. 1943년 수풍댐이 건설되면서 생겨난 수풍호는 담수면적 345㎢, 저수량 76억t의 거대한 인공 호수다. 대한민국의 소양강댐 담수면적 70㎢, 저수량 29억t과 비교하면 그 규모를 짐작할 수 있다. 수풍호로 인해 강변의 농토는 물론이요, 강변도로를 따라 국경을 지키는 진보와 봉수들도 대부분 수몰되었다.

벽창호

'고집이 세고 무뚝뚝한 사람'을 뜻하는 '벽창호'는 압록강 중하류 고을인 벽동(碧潼)과 창성(昌城)에서 온 말이라 한다. 예로부터 평안북도 벽동과 창성에서 나는 소는 크고 억세서 '벽창우(碧昌牛)'라 해서 값을 다른 지역 소보다 높게 쳐줬다. 세월이 흐르며 벽창우가 '벽창호'로 바뀌면서 말뜻도 '고집불통인 사람'으로 변하였다.

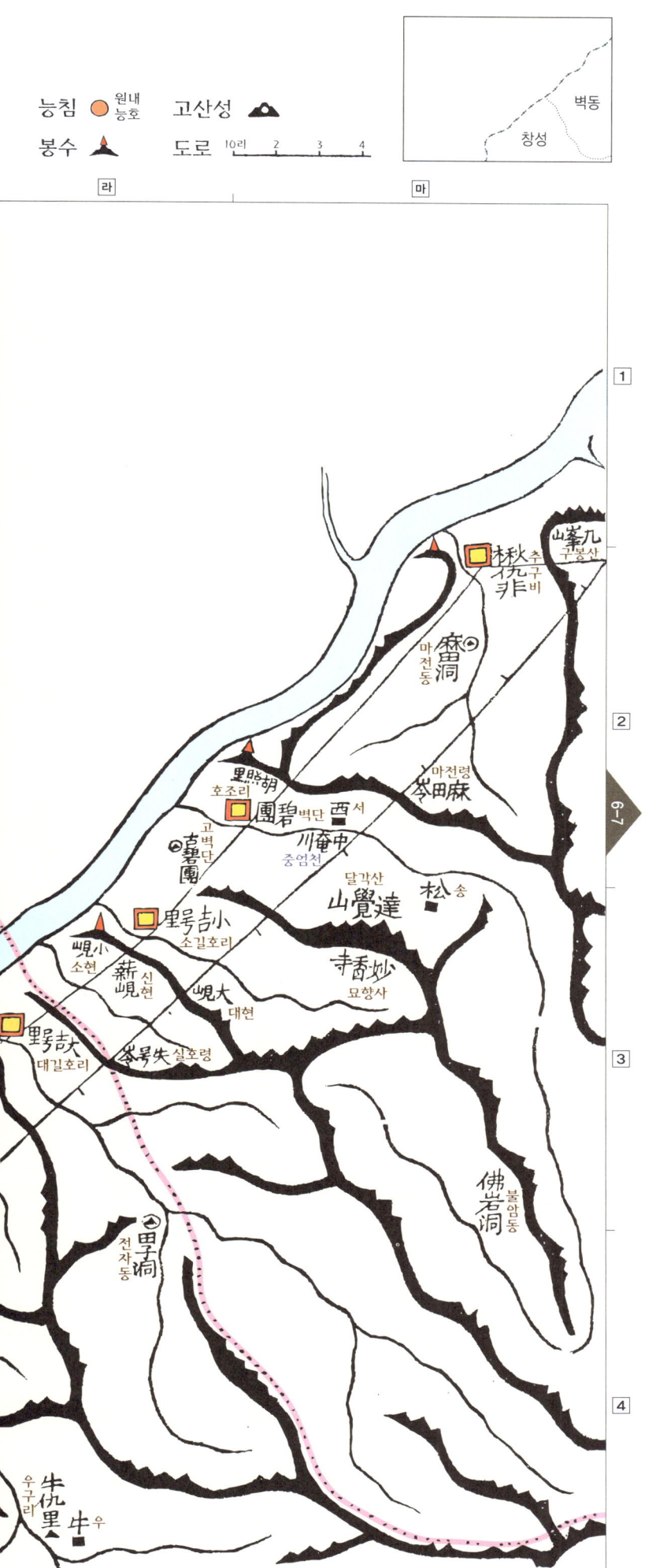

능침 ● 원내 능호   고산성 ▲
봉수 ▲   도로 10리 1 2 3 4

라   마

벽동
창성

九峯山 구봉산
秋仇非 추구비
盛洞 마전동
馬田嶺 마전령
胡明里 호조리
碧團 벽단 西 서
古碧團 고벽단
達覺山 달각산
川奄中 중엄천
松 송
小吉号里 소길호리
小峴 소현
妙香寺 묘향사
薪峴 신현
大峴 대현
失木笨 실호령
大吉号里 대길호리
佛岩洞 불암동
車洞 전차동
牛仇里 우구리

마양도 馬養島

| 영아 | □ 영이 있는 읍치는 표시 안함 | 성지 | ⛰ 산성 ⛰ 관성 | 창고 | ■ 무성 ◼ 유성 | 고현 | ● ◉ 유성 ◎ 구읍지 유성 | 역참 | ◑ |
| 읍치 | ● 무성 ● 유성 | 진보 | ■ 무성 ■ 유성 | 목소 | 牧 牧 場屬 | 고진보 | ▲ ▲ 유성 | 방리 | ○ |

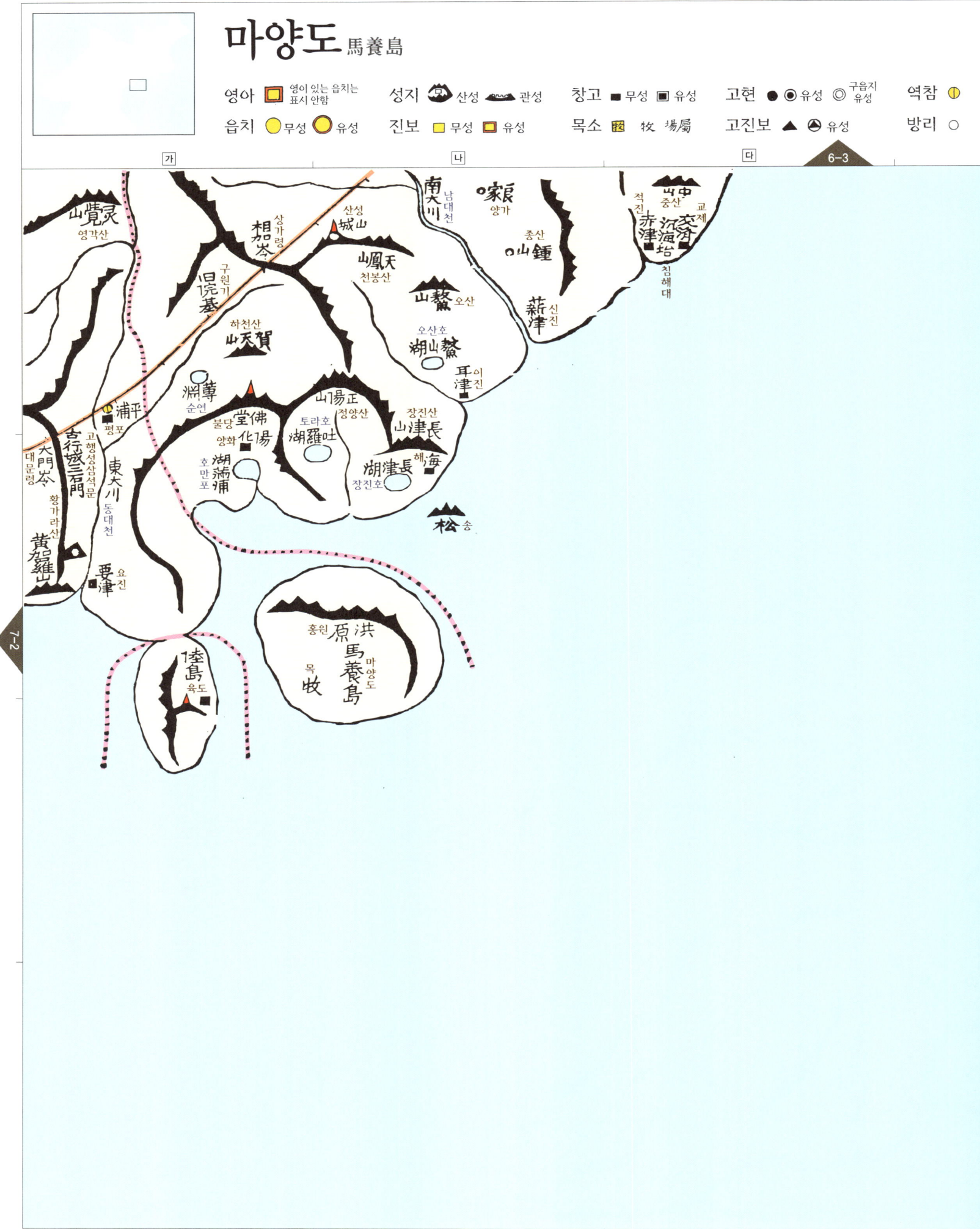

靈覺山 영각산

相峆 상가령

城山 산성산

南大川 남대천

家嶺 양가

中山 중산

交濟坮 교제

沈海坮 침해

赤津 적진

鍾山 종산

天鳳嶺 천봉산

旧院基 구원기

鼇山 오산

薪津 신진

赤海坮 침해대

賀天山 하천산

鼇山湖 오산호

耳津 이진

淵尊 순연

佛化堂 불당 양화

正陽山 정양산

長津山 장진산

海津 해

浦平 평포

吐羅湖 토라호

吐羅湖 장진호

松 송

大門岾 대문령

古行城三石門 고행성삼석문

黃가라山 황가라산

東大川 동대천

長津湖 장진포 호만포

要津 요진

陸島 육도

洪原馬養島 홍원 마양도

牧 목

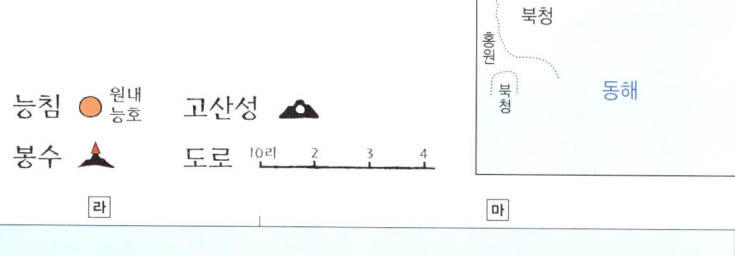

능침 ● 원내 능호   고산성 ▲

봉수 ▲   도로 10리 2 3 4

라   마

양화만을 천혜의 항구로 만든 섬, 마양도

함경도 북청 남부와 홍원 동부의 동해안 지역이다. 마양도 안쪽은 양화만인데, 현재 이곳에는 신포항이 조성되어 있다. 상단의 동해로 흘러드는 남대천은 북청 남대천이다.

마양도(馬養島) - 나2

마양도는 함경도 홍원현 소속의 섬으로서 '마양(馬養)'이라는 이름과 목장 표기에서 알 수 있듯이 조선 시대에는 말 사육지였다. 《신증동국여지승람》에 "마랑이도(馬郎耳島)는 홍원현 동쪽 58리 지점에 있으며, 목장(牧場)이 있다."라고 하였는데, 《대동지지》를 보면 "마양도는 일명 마랑이도라 한다."라고 기록되어 있다. 즉 '마랑이도'는 마양도의 옛 이름이다. 이 섬이 방파제 역할을 하는 안쪽의 양화만에는 현재 신포항이 조성되어 있다.

양화창(陽化倉) - 가2

함경도 북청부 가장 남쪽 해안에 위치한 창고인 양화창 일대는 조선 시대에는 아담한 어촌이었다. 그러나 마양도가 방파제 구실을 하는 양화만이 있고, 그 앞바다에는 명태·가자미·도루묵·멸치 등 어종이 풍부해 근대로 오면서 어항 도시로 점차 성장하였다. 1930년대에는 세계적인 명태 어장으로 꼽혔고, 지금은 명란젓·창란젓 등 수산물 가공 공업이 유명하다. 현재 신포시(新浦市)로 분리되어 있다.

양화만(陽化灣) - 나2

마양도(馬養島)와 육도(陸島)가 파도를 막아 주는 아늑한 바다는 양화만이다. 해안선 길이는 13㎞, 최대 수심은 31m에 이르는 양화만은 난류인 동한해류와 한류인 북한해류가 만을 통과한다. 따라서 부유생물이 많고 곳곳에 바위들이 있어 어류·조개류·해초류 번식에 유리해 양식장으로 이용된다.

대문령(大門岺) - 가2

북청(北靑)과 홍원(洪原)을 잇는 대문령(512m)은 고려 때 윤관(尹瓘)이 쌓았다고 전해 오는 성이 산줄기 따라 길게 이어져 있어 '대문령장성(大門岺長城)'이라고도 한다. 전체 70㎞에 이르는 산성 중에서 해안의 황가라산(黃加羅山, 지금의 황개산) 아래부터 산신령 마루까지를 '대문령성'이라고 한다. 《신증동국여지승람》에 "성에 문 3개가 있어 행로를 통하게 하였다. 서쪽 문을 대문(大門)이라 이르고, 가운데 문을 중문(中門)이라 이르고, 남쪽 문을 석문(石門)이라 이른다." 하였고, 〈대동여지도〉에는 이를 '고행성삼석문(古行城三石門)'이라 표기하고 있다. 고려 우왕 때 왜구와 격전을 벌여 패한 곳이기도 하며, 조선 세조 때 길주에서 난을 일으킨 이시애(李施愛)가 홍원에 진을 펼칠 때 넘었던 고개이기도 하다.

함흥 咸興 홍원 洪原

영아 🟧 영이 있는 읍치는 표시 안함　　성지 🏔 산성 ⛰ 관성　　창고 ■ 무성 ▢ 유성　　고현 ● ◉ 유성 ◎ 구읍지 유성　　역참 ◐

읍치 🟡 무성 🟠 유성　　진보 🟨 무성 🟧 유성　　목소 招 牧 場 屬　　고진보 ▲ ⬣ 유성　　방리 ○

능침 ●_{원내
능호} 고산성 ▲

봉수 🔺 도로 10리 2 3 4

라 마

홍원
함흥
정평 동해

'함흥차사'가 유래한 함흥

함경도 함흥은 조선을 세운 태조 이성계가 살던 곳이라 관련된 유적지와 전설이 많다. 조선 10대로의 하나인 경흥로는 함흥과 홍원을 지나 동북쪽의 북청으로 연결된다.

본궁(本宮) - 나4

함흥부 동남쪽 15리의 본궁은 이성계(李成桂)가 왕이 되기 전에 살던 곳에 지은 궁궐로서 흔히 '함흥본궁(咸興本宮)'으로 불린다. 이성계는 정종에게 왕위를 물려준 뒤 이 본궁에 머물렀는데, 이어 왕위에 오른 태종이 이성계의 환궁을 권하기 위해 보낸 사신들을 돌려보내지 않았다는 데서 '함흥차사(咸興差使)'라는 사자성어가 유래하였다. 현재 본궁의 함흥역사박물관에는 황초령진흥왕순수비, 마운령진흥왕순수비 등이 보관되어 있다.

홍원(洪原) - 마2

홍원은 '홍긍(洪肯)', '홍헌(洪獻)'으로 불리다 조선 태조 때부터 지금의 이름으로 불렸다. 《대동지지》에 "읍성(邑城) 둘레가 861보이며, 동쪽과 남쪽에 두 문이 있고 우물 둘이 있다."라고 했는데, 현재 동문과 남문의 문루, 그리고 읍창(邑倉) 터가 남아 있다고 한다. 남쪽의 문암(門岩)과 천곶(穿串)은 홍원을 지나는 나그네들이 한번쯤 들르던 해안 명승지다. 홍원의 특산물은 초서피(貂鼠皮, 노랑가슴담비 가죽)였다.

정릉(定陵) - 다3

함흥 읍치 동쪽의 정릉은 이성계의 아버지 환조 이자춘(李子春)의 묘다. 이자춘은 고려 말 쌍성총관부를 함락시켜 함주(咸州) 이북의 땅을 회복할 때 크게 공헌한 인물이다. 그 남쪽의 의릉(義陵)은 조부인 도조 이춘(李椿), 동북쪽의 순릉(純陵)은 조모 박씨의 능이다. 북쪽 50~60리 지점의 덕릉(德陵)은 고조부 목조 이안사(李安社)의 묘인데, 원래 함경도 경흥에 있던 것을 옮겨 왔다.

만세교(万歲橋) - 다4

함흥 서쪽을 흐르는 성천강(城川江)에 놓인 목교로 조선 태조 이성계(李成桂)가 조선 군주들의 장수를 기원하며 지은 이름이라 한다. 《조선왕조실록》 등을 살펴보면 길이가 5리나 되었는데, 홍수 때 떠내려가는 경우가 적지 않았다. 1928년 대홍수 때 유실되어 다시 콘크리트로 지었다.

함관령(咸關峯) - 라2

함흥과 홍원을 잇는 '함관령'은 동북쪽의 홍원에서 함흥으로 들어오는 관문이다. 함경도의 철령(鐵嶺), 마천령(磨天嶺) 등과 함께 동북 방어의 요새였다. 고려 공민왕 때 이성계는 동북면병마사로서 원나라 장수인 나하추(納哈出)와 함흥평(咸興坪) 대회전(大會戰)을 벌일 때 함관령 등지에서 대승을 거두었다.

영성 寧城

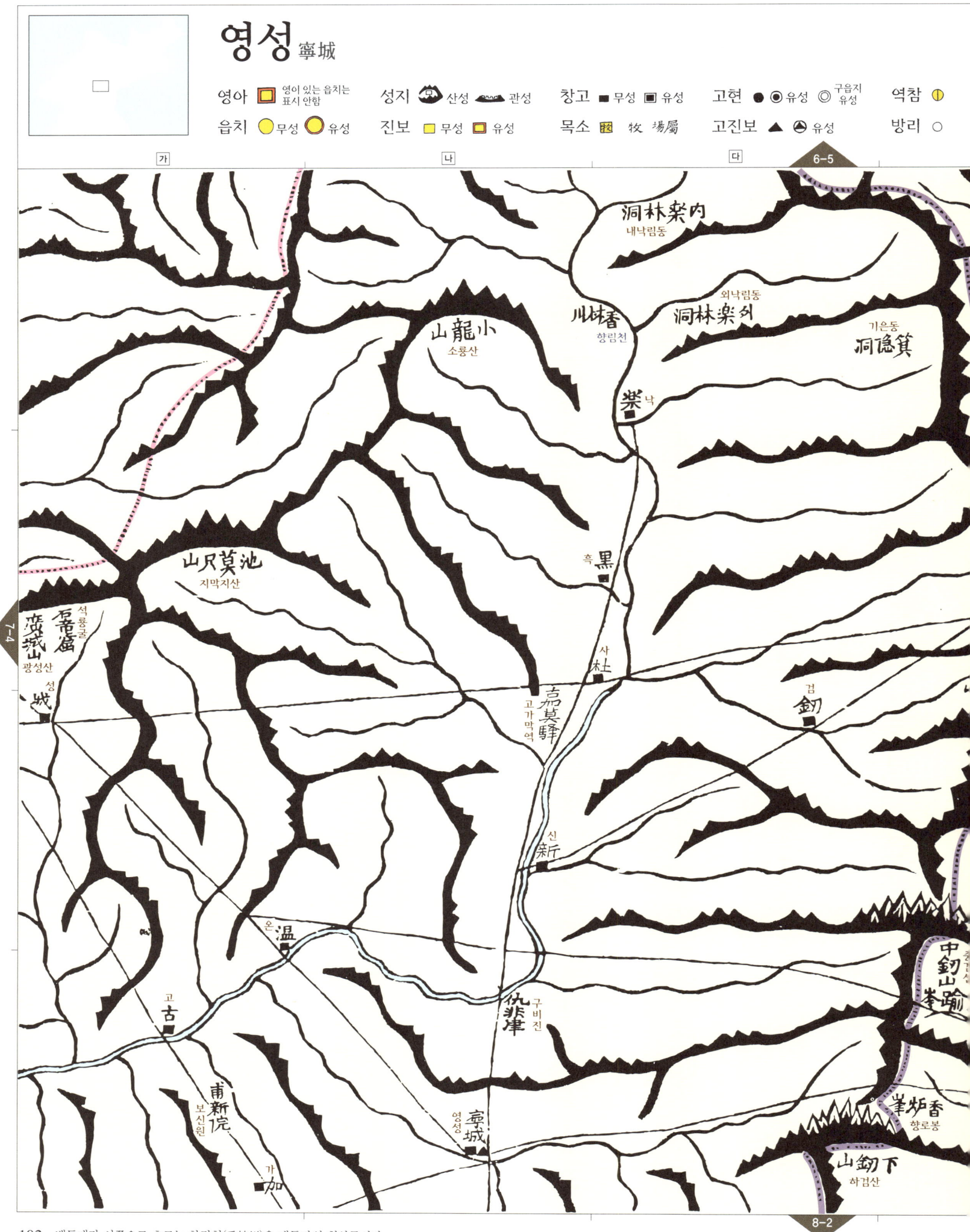

영아 ☐ 영이 있는 읍치는 표시 안함 성지 ⛰ 산성 ⛰ 관성 창고 ■ 무성 ◻ 유성 고현 ● ◉ 유성 ◎ 구읍지 유성 역참 ◖

읍치 🟡 무성 🟠 유성 진보 🟨 무성 🟧 유성 목소 牧 牧場屬 고진보 ▲ ⛊ 유성 방리 ○

가   나   다   6-5

洞林樂內
내낙림동

山龍小
소룡산

川林香
향림천

洞林樂외
외낙림동

기은동
洞隱箕

業 낙

흑 黑

山尺莫池
지막지산

7-4

石竜窟
석룡굴

蓑城山
광성산

성 城

사 杜

검 鈐

古加莫驛
고가막역

新 신

劒
검

溫 온

中鈐山嶺

仇非津
구비진

鈒香峯
향로봉

古 고

甫新院
보신원

加 가

寧城
영성

山鈐下
하검산

백두대간 서쪽으로 흐르는 향림천(香林川)은 대동강의 최상류이다.

영원 동쪽을 지키던
옛 진보, 영성

북쪽에서 내려온 백두대간 산줄기가 상검산에서 하검산을 지나 남쪽으로 뻗어 내려간다. 백두대간 서쪽은 평안도 영원 고을이고, 동북쪽은 함흥, 동남쪽은 정평 고을이다.

영성진(寧城鎭) – 나4

영원군 동쪽을 지키던 옛 진보다. 《대동지지》 등 옛 기록에 따르면 정묘호란 이후 북방의 경비를 강화하기 위해 1641년(인조 19년) 이곳에 둔(屯)을 설치하였으며, 1681년(숙종 7년) 영성진으로 승격시켰다가 폐단이 많다는 보고가 있자 진을 폐지하고 다시 둔을 설치하였다. 이후 관방(關防) 요새라 하여 독진(獨鎭)으로 삼고 첨사(僉使)에게 군무를 관장하게 하였다가 1828년(순조 28년) 폐지되면서 고진보가 되었다.

사창(社倉) – 다2

사창은 조선 시대에 세곡(稅穀)을 보관하던 창고다. 사창을 중심으로 상류의 낙창(樂倉), 하류의 신창(新倉), 온창(溫倉), 고창(古倉) 등이 보인다. 대동강 최상류인 이 지역은 조선 시대에는 평안도 영원군에 속하였으나, 광복 후 대흥군(大興郡)으로 독립하였다. 사창 근처에 대흥군 군청이 있다.

향림천(香林川) – 다1

대동강의 최상류 명칭이다. 백두대간의 낭림산(2,186m) 남쪽 기슭에서 발원해 서해로 흘러드는 대동강은 우리나라 5대 장강(압록강 · 두만강 · 낙동강 · 한강 · 대동강)의 하나에 속하는 큰 강이다. 사창(社倉)이 있는 곳까지 쌍선으로 표현한 것으로 봐서 배가 다닐 정도로 수량이 많았음을 알 수 있다.

마유령(馬踰岺) – 라4

마유령은 평안도의 대동강 상류 유역과 함경도의 함흥 · 정평 동해안 지방을 잇는 고개다. 주변에는 백두대간의 상검산(上劍山), 중검산(中劍山), 하검산(下劍山)이 솟아 있다. 마유령은 나중에 큰길을 낼 때, 3개의 검산 사이에 있다 하여 '검산령(劍山岺)'으로 바꿔 불렀다 한다.

광성산(廣城山) 석룡굴(石龍窟) – 가2

"산중에 돌굴이 있는데 굴 안에는 좌우 양쪽에 작은 못이 있다. 또 2개의 석룡(石龍)이 있는데 꿈틀꿈틀하고 위로 오르는 형상 같으므로 석룡굴(石龍窟)이라 한다." 《신증동국여지승람》에서 설명하고 있는 광성산의 석룡굴은 최근 북한 자료의 위치와는 다소 차이가 있으나, 지금의 성룡굴(成龍窟)로 추정된다. 이 석굴의 암벽에 있는 용의 형상은 오랜 옛날, 용이 스님과 재주를 겨룰 때 스님이 도술로 물을 끊자 용이 도망친 흔적이라는 전설이 전해 온다.

희천 熙川

영아 🟨 영이 있는 읍치는 표시 안함　성지 🏯 산성 ⛰ 관성　창고 ■ 무성 ◼ 유성　고현 ● ◉ 유성 ◎ 구읍지 유성　역참 🟡

읍치 🟡 무성 🟠 유성　진보 🟨 무성 🟧 유성　목소 牧 牧 場 屬　고진보 ▲ 🔺 유성　방리 ○

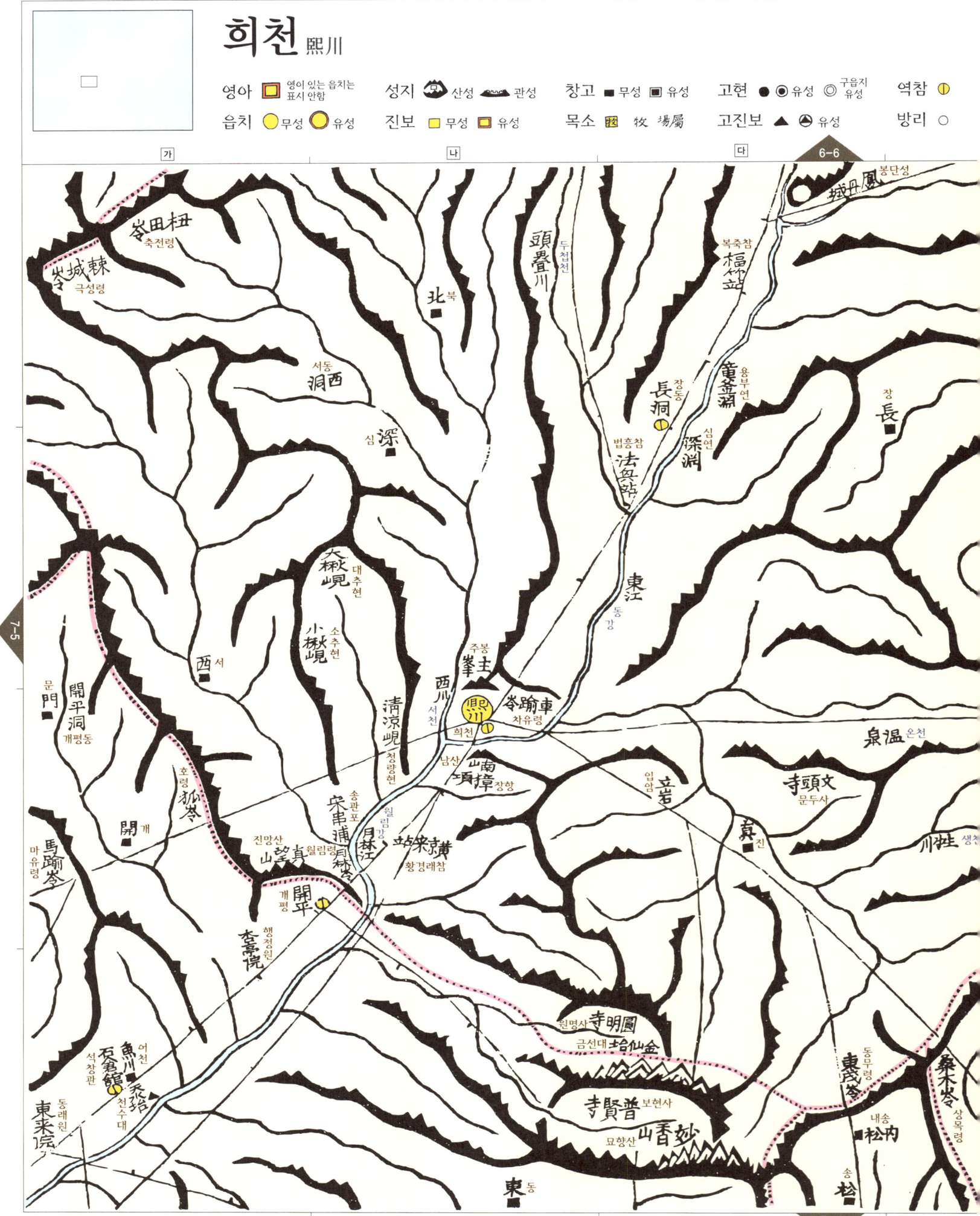

희천(熙川)을 감싸고 흐르는 월림강(月林江)은 낭림산 일대에서 발원하는 청천강의 상류를 이룬다.

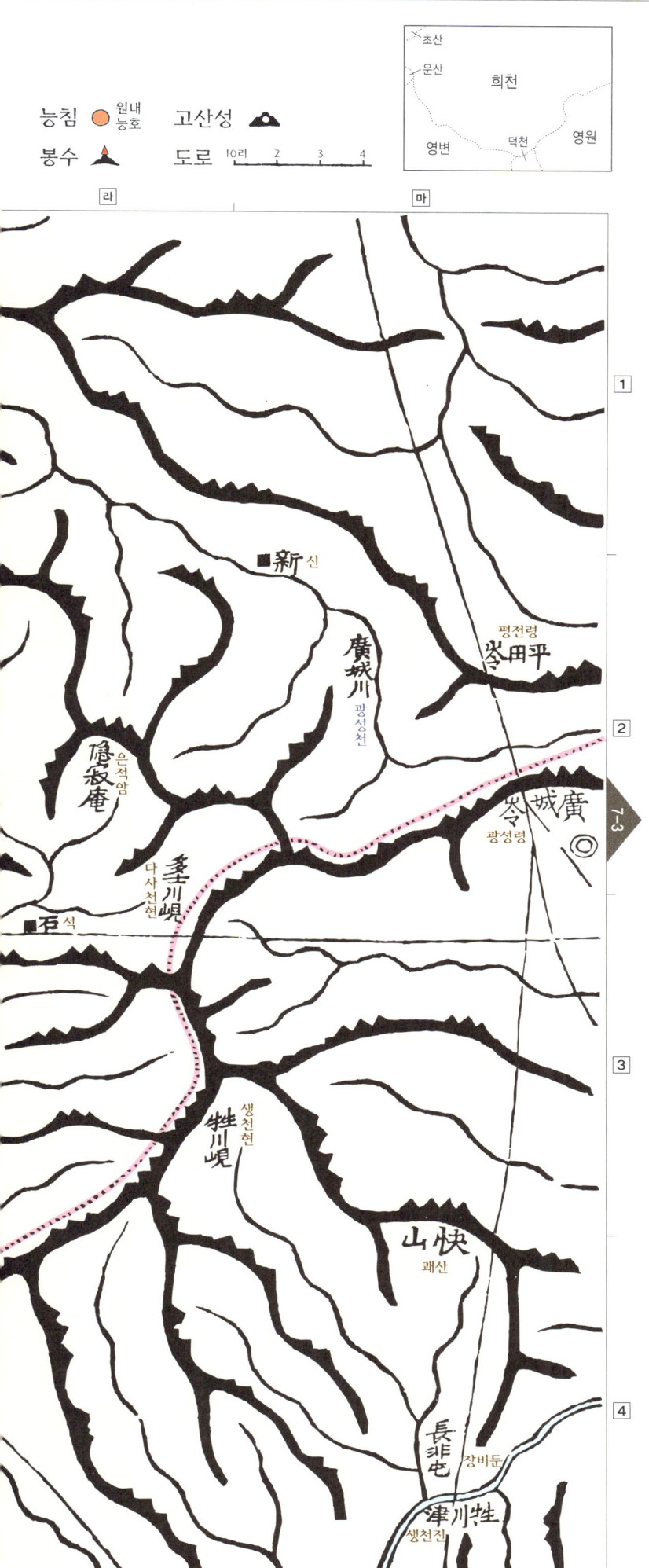

능침 ⬤ 원내 능호 고산성 ▲

봉수 ▲ 도로 10리 1 2 3 4

라 마

초산
운산 희천

영변 덕천 영원

김굉필이 유배 왔던 희천

청남정맥에 솟은 묘향산은 우리나라 4대 명산에 꼽히는 산이다. 상단 가운데에서 서남으로 흐르며 희천 고을을 지나는 하천은 청천강 상류다. 우측 하단의 하천은 대동강 줄기다.

희천(熙川) – 나3

서남부의 하천 유역을 제외하고는 대부분 높은 산지로 둘러싸인 희천분지는 토지가 비옥한 희천의 터전이다. 1217년(고려 고종 4년) 몽골에 쫓긴 거란의 금산·금시 두 왕자가 9만의 군사를 거느리고 압록강을 건너왔을 때 김취려(金就礪)가 여기서 크게 무찔렀다.

어천역(魚川驛) – 가4

《신증동국여지승람》에 "어천 북쪽 언덕에 있다. 본도에 딸린 21역을 찰방(察訪)한다."라고 한 어천역은 평안도 내륙에서 서북 지방을 거쳐 함경도로 연결되는 지선(支線)인 어천도(魚川道)의 역참들을 관리하던 찰방이다. 〈대동여지도〉에는 어천이 역참이 아니고, 어천창(魚川倉) 옆에 석창관(石倉館)이 역참으로 되어 있다. 어천역과 인연 있는 인물로는 사림파로서 도학(道學)정치 실현을 위해 애쓴 조광조(趙光祖)가 있다. 그는 17세 때 부친이 어천 찰방으로 부임할 때 따라왔다가, 당시 희천으로 유배 와 있던 김굉필(金宏弼)에게 학문을 배우면서 크게 성장하였다.

묘향산(妙香山) – 다4

예로부터 묘향산(1,909m)은 빼어나게 아름다우면서도 웅장함도 지녔다 하여 '수이장(秀而壯)'이라 하였다. 또 '동 금강, 남 지리, 서 구월, 북 묘향'이라 하여 우리나라 4대 명산의 하나로 꼽히기도 하였다. 《삼국유사》에는 "환웅이 무리 3천을 이끌고 태백산 정상의 신단수 아래로 내려왔다."라고 하였는데, 일연(一然)은 태백산을 묘향산이라 설명하고 있다.

보현사(普賢寺) – 다4

968년(고려 광종 19년) 창건된 묘향산 보현사는 서산대사로 불리던 휴정(休靜)과 인연이 깊은 사찰이다. 보현사에서 수도하던 휴정은 임진왜란 당시 선조의 요청으로 금강산의 유정(惟政)과 지리산의 처영(處英)으로 하여금 의승(義僧)을 일으키도록 독려한 고승이다. 보현사에는 휴정의 사리탑을 비롯해 관음전, 보현사 4각9층탑, 8각13층탑 등 빼어난 예술적 가치를 지닌 국보급 문화재가 많다.

봉단성(鳳丹城) – 다1

청천강 상류 유역에 위치한 봉단성은 적유령 방어선을 후방에서 지원하는 역할을 맡았던 성이다. 희천 사람이 봉단성 벼랑꼭대기에서 적장을 술에 취하게 한 다음 벼랑 아래로 굴려 죽였다는 전설이 전해 온다. 봉단성을 포함한 복죽참(福竹站), 장동역(長洞驛), 법흥참(法興站) 일대는 현재 1952년 신설한 동신군에 포함된다.

운산 雲山

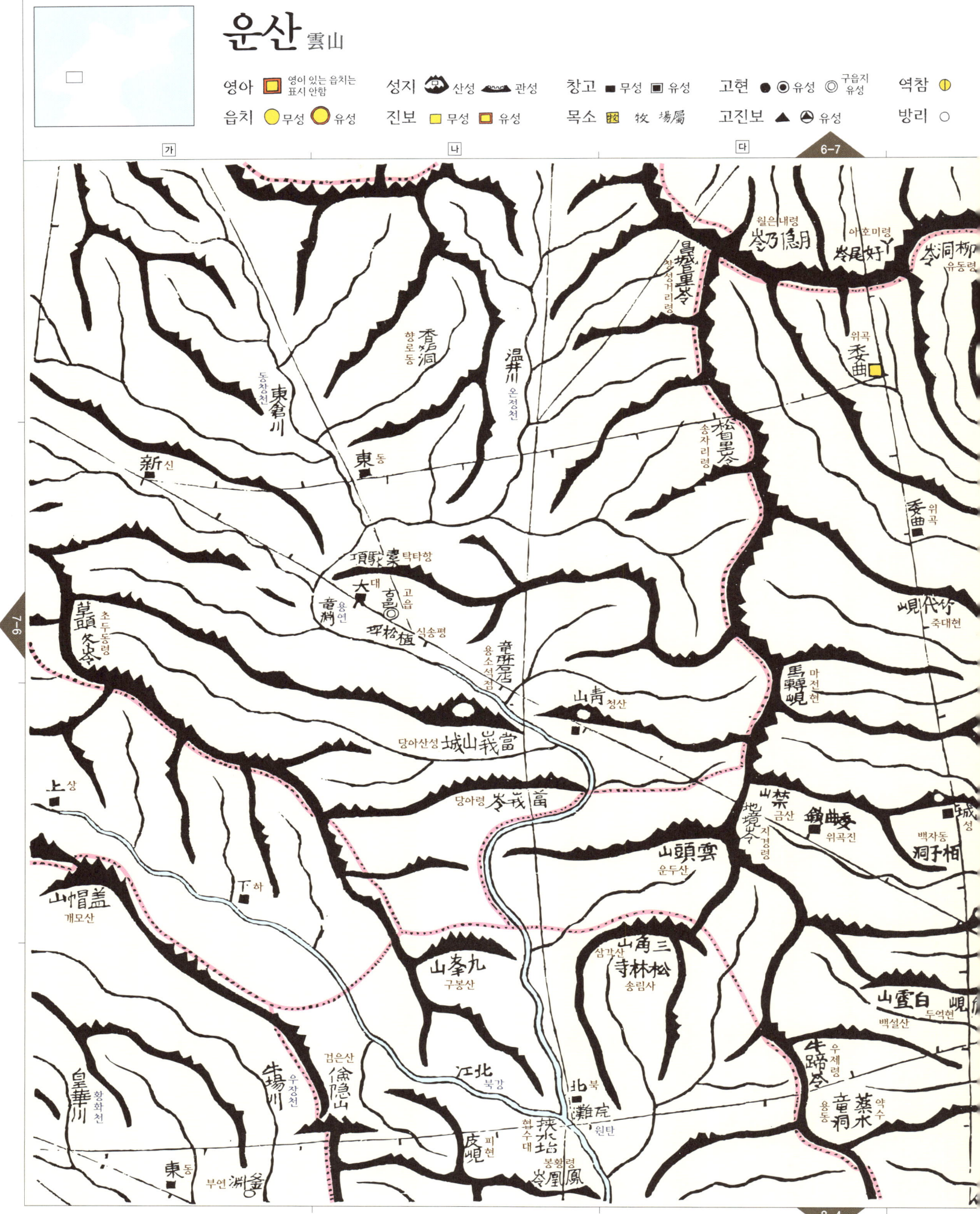

영아 영이 있는 읍치는 표시 안함　성지 🔺 산성 ⚓ 관성　창고 ■ 무성 ▣ 유성　고현 ● ◉ 유성 ◎ 구읍지　역참 ◐

읍치 🟡 무성 🔴 유성　진보 🟨 무성 🟧 유성　목소 牧 牧 場 屬　고진보 ▲ ⛰ 유성　방리 ○

가　나　다

7-6

8-4

월은내령
岑恩月
아호미령
岑尾好

岑洞柳
유동령

皇城重岑
창성거리리령

위곡
委曲

溫井川
온정천

松旬畏岑
송자리령

香爐洞
향로동

東倉川
동창천

岑代竹
죽대현

新 신

東 동

委曲
위곡

項駄橐
탁타항

馬轉峴
마전현

大흠高
고읍
대용연

坪松植
식송평

龍沼石店
용소석점

草頭冬岑
초두동령

山靑 청산

禁
地境岑
지경령

山城我當
당아산성

翁曲峴
위곡진

城
백자동
洞子栢

上 상

岑我當
당아령

山頭雲
운두산

下 하

山帽盖
개모산

山峯九
구봉산

山角三
삼각산
寺林松
송림사

山雪白
백설산
두역현

牛蹄岑
우제령

皇華川
황화천

牛場川
우장천

검은산
鯰隱山

江北
북강

北 북

灘院
원탄

蒸水
약수
竜洞
용동

東 동
부연 釜淵

皮峴
피현

挾氷坮
협수대

鳳凰岑
봉황령

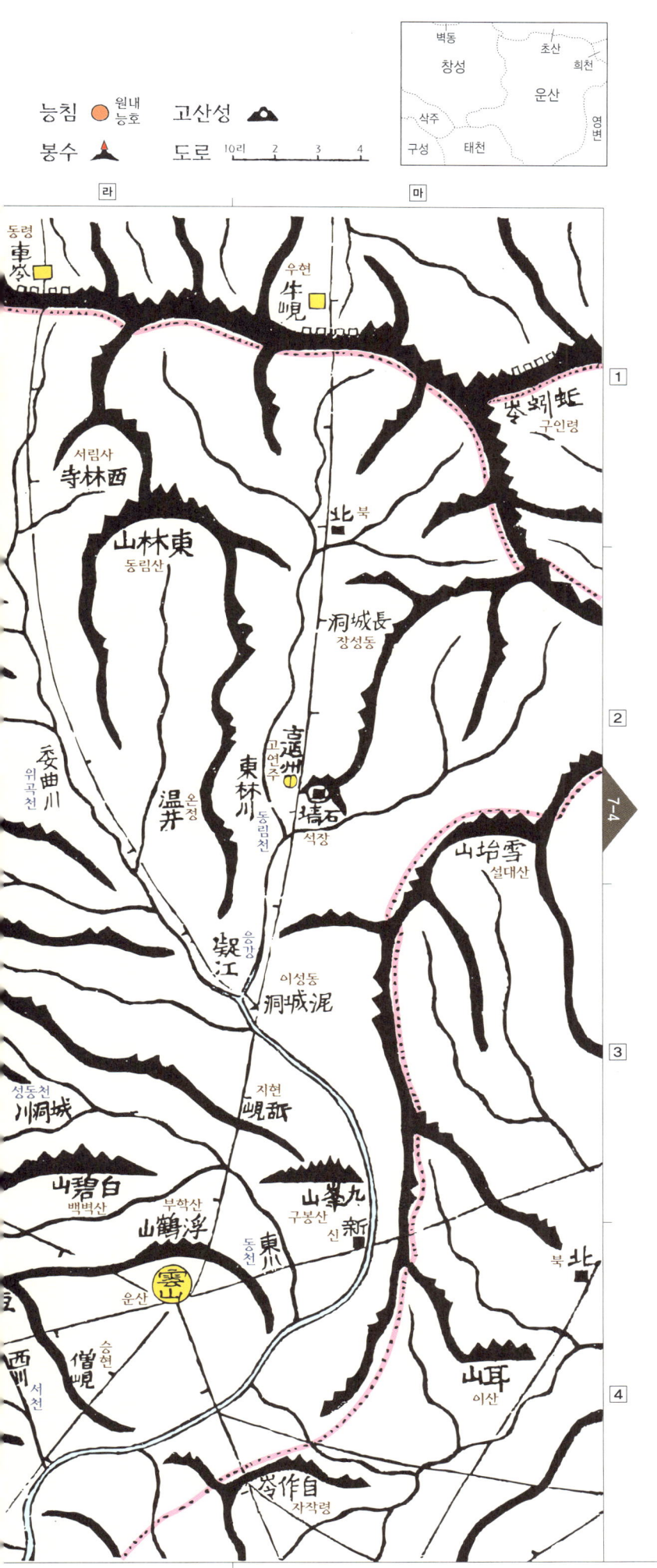

연개소문 잠들어 있는
구름의 고을, 운산

우측 상단의 구인령에서 우현~월은내령으로 뻗는 산줄기는 청북정맥으로서 천리장성 일부를 이룬다. 여기서 발원해 남류하며 운산을 지나는 하천은 지금의 구룡강이고, 서쪽의 당아산성을 지나는 하천은 대정강의 상류다.

운산(雲山) – 라4

운산은 운중(雲中)·운주(雲州)로도 불렸던 '구름의 고을'이다. 청북정맥과 청남정맥에 에워싸인 구룡강 분지라 구름에 덮이거나 물안개가 피어나는 날이 많기 때문이다. 전체적으로 노년기의 지형이라 그리 험준하지 않고, 하천 곳곳의 분지나 침식계곡은 교통로와 거주지·경작지 등으로 이용되었다.

운산고분(雲山古墳) – 마4

운산은 고분이 많은 고을이다. 운산 동북쪽의 구봉산 기슭에는 속칭 위만고분군으로 전해 오는 말무덤·황제무덤·궁녀무덤이 흩어져 있다. 《대동지지》에서는 '연왕(燕王) 풍홍묘(馮弘墓)'라 설명하고 있다. 또 운산 동쪽을 흐르는 동천 하류 유역에는 되무덤(胡塚)과 고인돌이 있다.

동림산(東林山) – 라1

동림산 주변에도 고분이 많다. 동림산 남쪽의 큰 무덤은 고구려 말기에 대막리지를 지낸 연개소문(淵蓋蘇文)의 무덤이라 전해 온다. 그 주변에는 고분 60여 기가 산재한다. 동림산 서남쪽에도 '당장(唐葬)'이라 불리는 13기의 석곽고분이 흩어져 있다.

운산광산(雲山鑛山) – 다1·라1

운산 북쪽 80리 부근의 월은내령(月隱乃峯), 아호미령(丫好尾峯), 위곡천(委曲川) 일대는 우리나라를 대표하는 금광인 운산광산이 위치한 지역이다. 대한제국 황실로부터 채굴권을 얻은 미국인 모스(Morse, J. R.)가 1896년부터 1939년까지 금을 캤고, 그 뒤에는 일본인에게로 채굴권이 넘어갔다. 40년 간 이 금광에서 생산된 순금이 무려 80여 t에 이르렀다고 한다. 인부들에게 'No Touch'라고 하였다는 데서 '노다지'라는 말이 유래하였다는 우스갯소리가 전해오는 금광이다.

당아산성(當峨山城) – 나3

조선 태종 때 당아산(當峨山)에 쌓은 산성이다. 동쪽과 북쪽은 가파른 자연절벽을 이용하고 다른 곳은 돌로 쌓았는데, 형세가 험준하면서 성 안에 폭포도 여럿이라 천험의 요새로 꼽혔다. 또한 지리적으로 압록강 기슭의 벽동(碧潼), 창성(昌城), 삭주(朔州) 세 고을의 교차점에 위치해 있어 후방 지원대 역할을 맡거나 압록강을 건너와 접근하는 적을 방어하는 데도 적합하였다.

삭주 朔州 구성 龜城

영아 🟧 영이 있는 읍치는 표시 안함	성지 ⛰️ 산성 🏔️ 관성	창고 ◼️ 무성 ◼️ 유성	고현 ● ◉ 유성 ◎ 구읍지 유성	역참 ◐
읍치 🟡 무성 🟡 유성	진보 🟨 무성 🟧 유성	목소 牧 牧場屬	고진보 ▲ 🔺 유성	방리 ○

전왕구비(田往仇非) 봉수 근처는 1943년 조선과 만주 지역의 전력 확보를 위한 수풍댐이 건설된 곳이다.

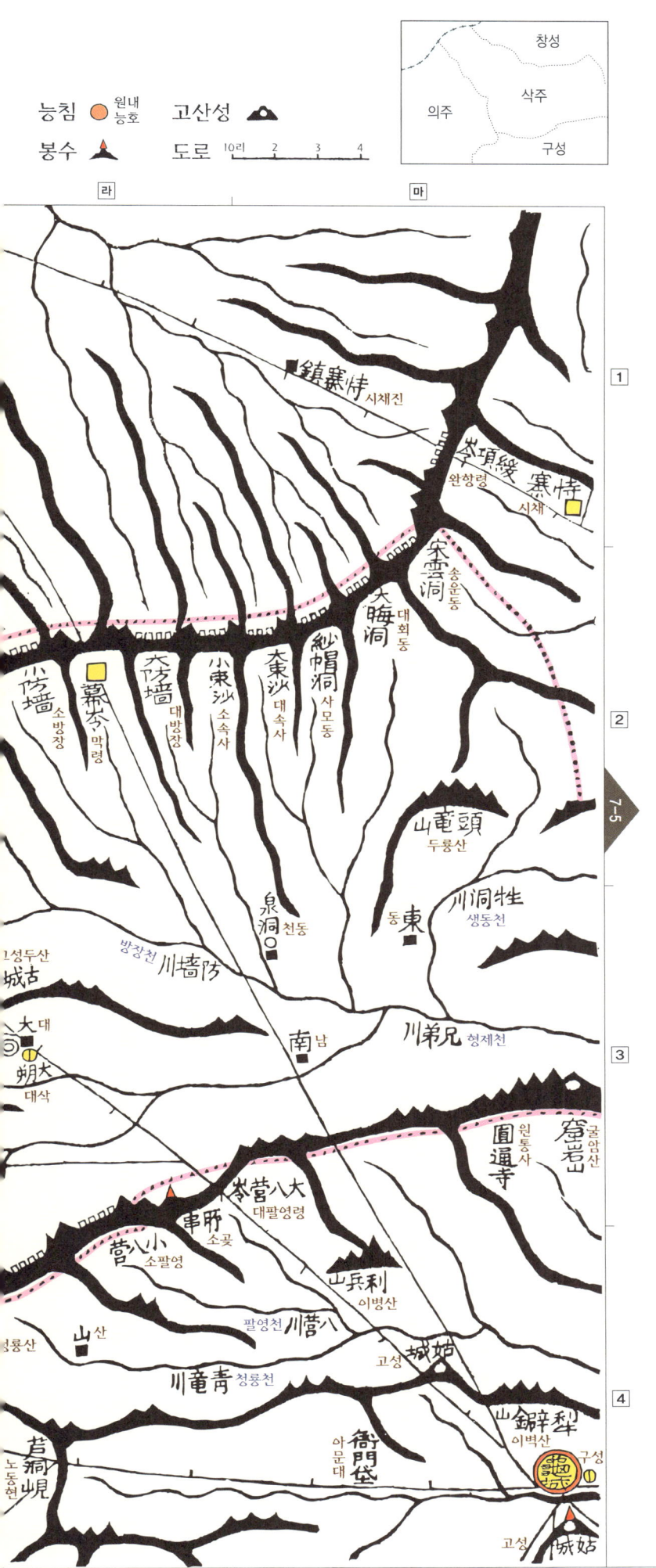

범례

능침 ● 원내 능호	고산성 ▲	
봉수 ▲	도로 10리 2 3 4	

(지도 내 지명)

鎭塞峙 시채진
李項緩 완항령
寒峙 시채
宋雲洞 송운동
大晦洞 대회동
紗帽洞 사모동
小東沙 소속사
東沙 대속사
小防墻 소방장
幕令 막령
六防墻 대방장
小東墻 소속사
山龍頭 두룡산
泉洞 천동
東 동
川洞牲 생동천
城古 고성두산
大朔 대삭
防墻川 방장천
川墻防
南 남
川弟兄 형제천
圓通寺 원통사
窟岩山 굴암산
登岩
大八營 대팔영령
串所 소곳
小營 소팔영
山兵利 이병산
八營川 팔영천
山 산
청룡산
川龍青 청룡천
고성 城姑
山錦辟 이벽산
衙門垈 아문대
노동천
龜城 구성
城姑 고성

천리장성 관성이 즐비한 삭주구성

우측 상단의 완항령에서 서남으로 뻗으며 온정령을 지나는 청북정맥 산줄기에는 천리장성 일부를 담당하던 관성이 줄 지어 있다. 좌측 상단의 폭이 넓은 강줄기는 압록강이다.

삭주(朔州) – 다2

옛 기록에 "땅이 메마르며 사냥의 이(利)가 있다."라고 한 삭주는 청천강 이북에 있다 하여 북쪽을 의미하는 '삭(朔)' 자와 고을을 의미하는 '주(州)' 자를 합친 지명이다. 만주에서 압록강을 건너 서경·개경에 이르는 길목이라 고려 때 거란, 몽골, 홍건적 등의 침입에 큰 피해를 입었다. 당시에는 천리장성 남쪽의 대삭주(大朔州)가 치소(治所)였으나, 조선 세조 때 천리장성 북쪽의 소삭주(小朔州)로 옮기고 국경 방어를 위해 진을 설치하였다.

구성(龜城) – 마4

993년(고려 성종 12년) 거란의 제1차 침입 때 서희(徐熙)가 수복한 강동 6주(흥화진·용주·철주·통주·구주·곽주)의 구주(龜州)가 지 금의 구성이다. 역사에 빛나는 기록은 1018년(고려 현종 9년) 거란 의 제3차 침입 때 강감찬(姜邯贊) 장군의 구주대첩(귀주대첩)이다. 당시 거란의 소배압(蕭排押)은 수십만의 병력을 이끌고 개경 근방 까지 진격하였다가 구주로 후퇴하였다. 이때 강감찬의 공격으로 거란군은 거의 전멸하였고 겨우 몇 천의 군사만 살아서 갔다.

삭주구성(朔州龜城) – 다2·마4

'삭주(朔州)'와 '구성(龜城)'을 합쳐 부르는 지명이다. 이 둘은 평안북 도의 깊숙한 곳에 위치해 오지의 상징으로도 쓰였다. 구성에서 태 어난 김소월(金素月)은 〈삭주 구성〉이라는 시에서 "물로 사흘 배 사흘 / 먼 삼천 리 / 더더구나 걸어 넘는 먼 삼천 리 / 삭주 구성은 산을 넘은 육천리요" 하며 임 계신 그리운 곳을 노래하였다.

천리장성(千里長城)

천리장성은 고려 때 거란과 여진의 침입을 막기 위해 1033년(고 려 덕종 2년)부터 1044년(고려 정종 10년)에 이르는 12년 동안 쌓은 성이다. 압록강 하구부터 동해까지 횡으로 의주~개천~영변~맹 산~영흥~정평~도련포를 잇는 선이다. 그중 천리장성 서부는 청북정맥 분수령이 일부를 담당하였다. 대성령(大城岾), 온정령 (溫井岾), 막령(幕岾), 완항령(緩項岾) 등 청북정맥 마루금에 연이어 설치된 관성(關城)들이 그 흔적으로 보인다.

수풍댐 – 나1

압록강 변의 구령진(仇寧鎭)은 1943년 수력발전을 위한 수풍댐이 건설된 곳이다. 수풍댐의 길이는 900m, 수풍호의 담수면적은 345㎢로 남북한을 통틀어 가장 큰 인공 호수다. 수풍발전소의 발 전 용량은 70만kW이며, 북한과 중국이 공동으로 관리하고 있다.

의주 義州

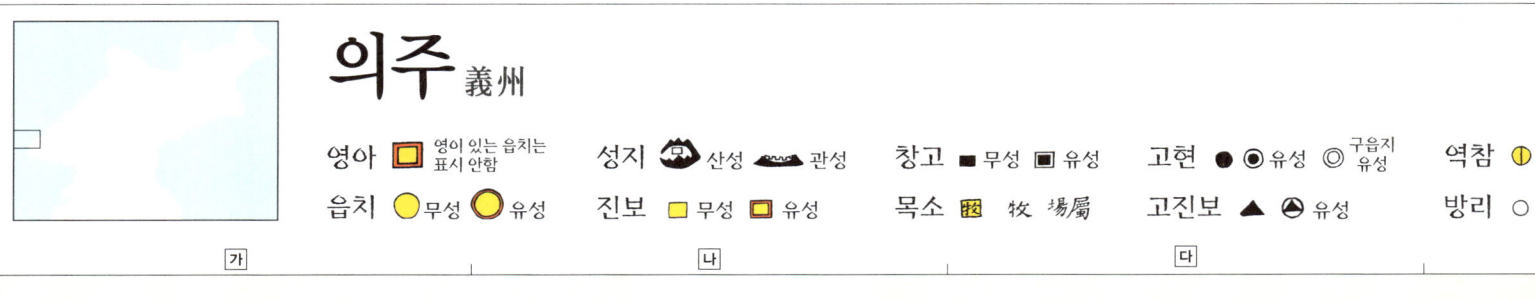

영아	🟥 영이 있는 읍치는 표시 안함	성지	🏔 산성 　 ⛰ 관성	창고	■ 무성 　 ⬛ 유성	고현	● ◉ 유성 　 ◎ 구읍지 유성	역참	◐
읍치	🟡 무성 　 🟠 유성	진보	🟨 무성 　 🟧 유성	목소	牧 牧 場屬	고진보	▲ ⬢ 유성	방리	○

가 　 나 　 다

구련성 九連城 송골 山

권토산 山土權

栗

威化 위화

麻 마

新 신

任 임 多지 智多 암림곶 暗林串

좌치 治佐 추 秋

8-6

압록강 건너의 구련성(九連城)은 평지에 쌓은 성으로, 명·청 시기에 조선으로 들어오는 통상 요지였다.

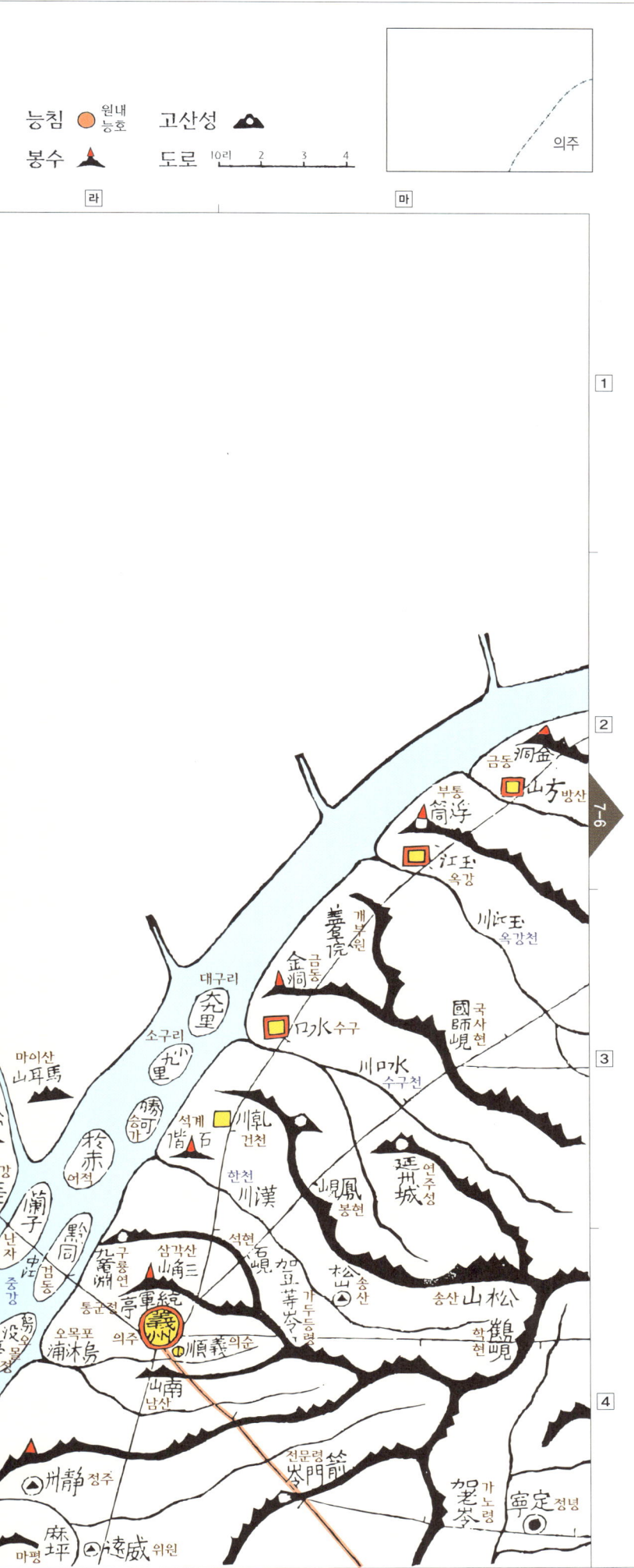

능침 ●원내능호 고산성 ▲
봉수 ▲ 도로 10리 2 3 4

라 마

의주

심양으로 통하는 해동관문, 의주

압록강 하구의 의주 고을은 중국 심양으로 통하는 관문이다. 압록강의 10여 개 하중도 중에서 가장 큰 섬인 위화도는 이성계가 회군한 섬이다.

의주(義州) - 라4

압록강 최하류의 의주는 발해가 망한 후 거란의 근거지가 되었으나 고려 말에 되찾은 땅이다. "국경의 첫 고을로서 중국 심양으로 통하는 길목이며, 고을 관아는 압록강 기슭에 있다." 《택리지》의 설명대로 조선 시대에는 중국과의 국경에 자리하여 해동관문(海東關門)으로서 변경 수비의 요새와 교역의 중심지로서 매우 중요하였다. 이곳의 의순역(義順驛)은 한양에서 의주까지 1,080리에 이르는 의주로(義州路)의 마지막 역이었다.

의주읍성(義州邑城) - 라4

의주를 둘러싸고 있는 의주읍성은 둘레가 약 8.3km에 이를 정도로 큰 규모였으나, 일제 때 많이 훼손되었다. 관서팔경의 하나인 의주읍성 통군정(統軍亭)은 압록강 하류 일대가 한눈에 들어오는 중요한 지점에 위치한 덕에 압록강과 어우러진 풍광이 아름답다. 임진왜란 때 이곳까지 피난 온 선조가 통군정에 올라 큰 소리로 울었다 해서 '통곡정(痛哭亭)'이라고도 불린다.

의주로(義州路) - 라4

압록강 변을 따라 진보와 봉수 등이 즐비한 관방시설에서 보듯 북방 수비의 중요한 요충지면서 조선 시대에는 중국으로 통하는 최대 교통로였다. 의주는 한양 서대문에서 시작한 서북대로, 즉 의주로(義州路)의 종점으로서 사신들이 오가는 길목이라 해서 '사신로'라고도 하였다. 〈대동여지도〉를 통틀어 국경 너머까지 도로를 표기한 곳은 여기가 유일하다.

위화도(威化島) - 라4

압록강 토사(土砂)의 퇴적으로 이루어진 하중도(河中島)인 위화도는 고려 말 '위화도 회군'의 현장이다. 1388년(고려 우왕 14년) 최영(崔瑩)은 요동정벌을 주장하며 이성계(李成桂)를 파견하였다. 그러나 이성계는 이곳 위화도에서 '사불가론(四不可論)'을 내세우며 군사를 돌려, 우왕과 최영을 사로잡고 조선 건국의 단초를 마련하였다. 조선의 옛 기록들은 이성계의 위화도 회군을 영웅적인 행위로 묘사하고 있다.

위원진(威遠鎭) - 라4

고려 때 북계도에 있던 12개 진(鎭)의 하나다. 《동국여지승람》에는 1029년(고려 현종 20년) 흥화진(興化鎭) 서북 40리의 옛 석성을 수축하고 위원진을 설치하였다고 한다. 이어 압록강 하구에서 동해안까지 쌓은 천리장성의 서쪽 기점이 되었다. 조선 시대에는 진이 폐지되어 고위원진(古威遠鎭)으로 표기되어 있다.

정평 定平 영흥 永興

영흥(永興)을 끼고 흐르는 용흥강 유역은 토사가 퇴적된 충적 평야인 영흥평야가 펼쳐진다.

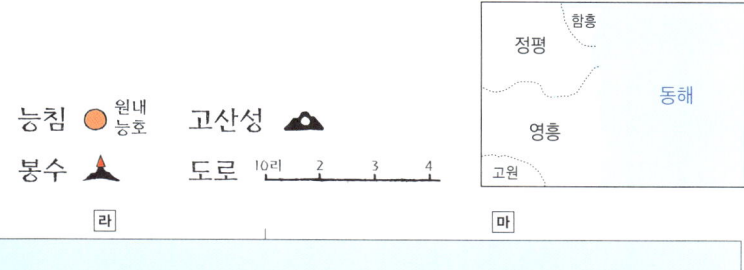

능침 ●원내능호   고산성 ▲

봉수 ▲   도로 10리 2 3 4

라   마

조선 태조 이성계의 출생지, 영흥

천리장성의 동쪽 끝 지역을 이루는 함경도 영흥은 이성계가 태어난 고을이다. 영흥·정평 해안의 평야 지대는 함경도의 식량 창고 역할을 한다.

영흥(永興) – 가3

남옥저 땅이었던 영흥은 고려 시대에 축조한 천리장성이 정평(定平)과의 경계를 따라 의주까지 이어져 있는 고을로서 영흥평야를 낀 관북 지방의 요지였다. "천제가 맑은 시냇물을 보내어 땅에서 솟아나오니, 성한 아름다운 기운이 신주를 싸고 있네. 순임금의 옛날 밭 갈고 고기 잡던 그 자취는 모두 이 용흥강과 성력산 머리에 있구나."《신증동국여지승람》에 실린 김수녕(金壽寧)의 이 시는 영흥이 이성계(李成桂)의 탄생지임을 예찬하고 있다.

본궁(本宮) – 나4

본궁은 왕궁에서 떨어져 있는 왕의 별궁(別宮)이나 왕이 임시로 머물기 위해 도성 이외의 다른 곳에 지은 궁궐을 말한다. 이곳 영흥본궁(永興本宮)은 태조 이성계(李成桂)와 신의왕후의 위판을 봉안한 곳으로서 '이성계가 별을 제사한 곳'이라고도 한다. 본궁 비각에는 영조 친필의 '태조대왕 탄생구리비(誕生舊里碑)'가 있다. 이성계는 본궁 근처에 있는 준원전(濬源殿)에서 태어났다.

용흥강(龍興江) – 나3

영흥을 지나 동해로 흐르는 하천은 용흥강이다. 옛 지리지에는 도조(度祖, 이성계의 조부)·환조(桓祖, 이성계의 부)가 거주하던 땅으로서 태조가 태어났다 해서 '용흥강(龍興江)'이라 하였다는 내력이 기록되어 있다. 그 이전 명칭인 횡천(橫川)은 상류의 이름으로 남아 있다.《대동지지》에는 "읍성 북쪽에 용흥강교(龍興江橋)가 있었고, 여름 장마에는 배를 쓴다."라고 전하고 있다.

정평(定平) – 나1

함경도 동남부에 위치한 정평은 고려 초 '파지(巴只)'라 불리던 고을이다. 고려 때 성을 축조한 뒤 '안정된 고을'이 되었다는 의미에서 '정주(定州)'라 하였는데, 평안도 정주(定州)와 구별하기 위해 '정평'으로 바꾸었다. 고려 때 이 지역에 쌓은 3개의 성(정주성·선덕성·원흥성)은 고려 말 동북방 3대 관문이라 하여 '삼관문(三關門)'이라 불렀다.

도련포(都連浦) – 다1

고려 시대 쌓은 천리장성의 동쪽 끝이다.《신증동국여지승람》에서 도련포는 옛날에는 '도린포(都麟浦)'라 불렀으며 옛 장성(長城)의 끝이 여기에 연접해 있다고 하였다. 그렇지만 대부분의 현대 자료에는 도련포 서북쪽 20리 지점의 광하(廣河, 지금의 광포, 7-2 도엽)의 옛 지명이 '도련포'라고 설명하고 있다. 〈대동여지도〉에는 덕주고현(德州古縣) 옆에 명확히 '도련포'라는 지명이 표기되어 있다.

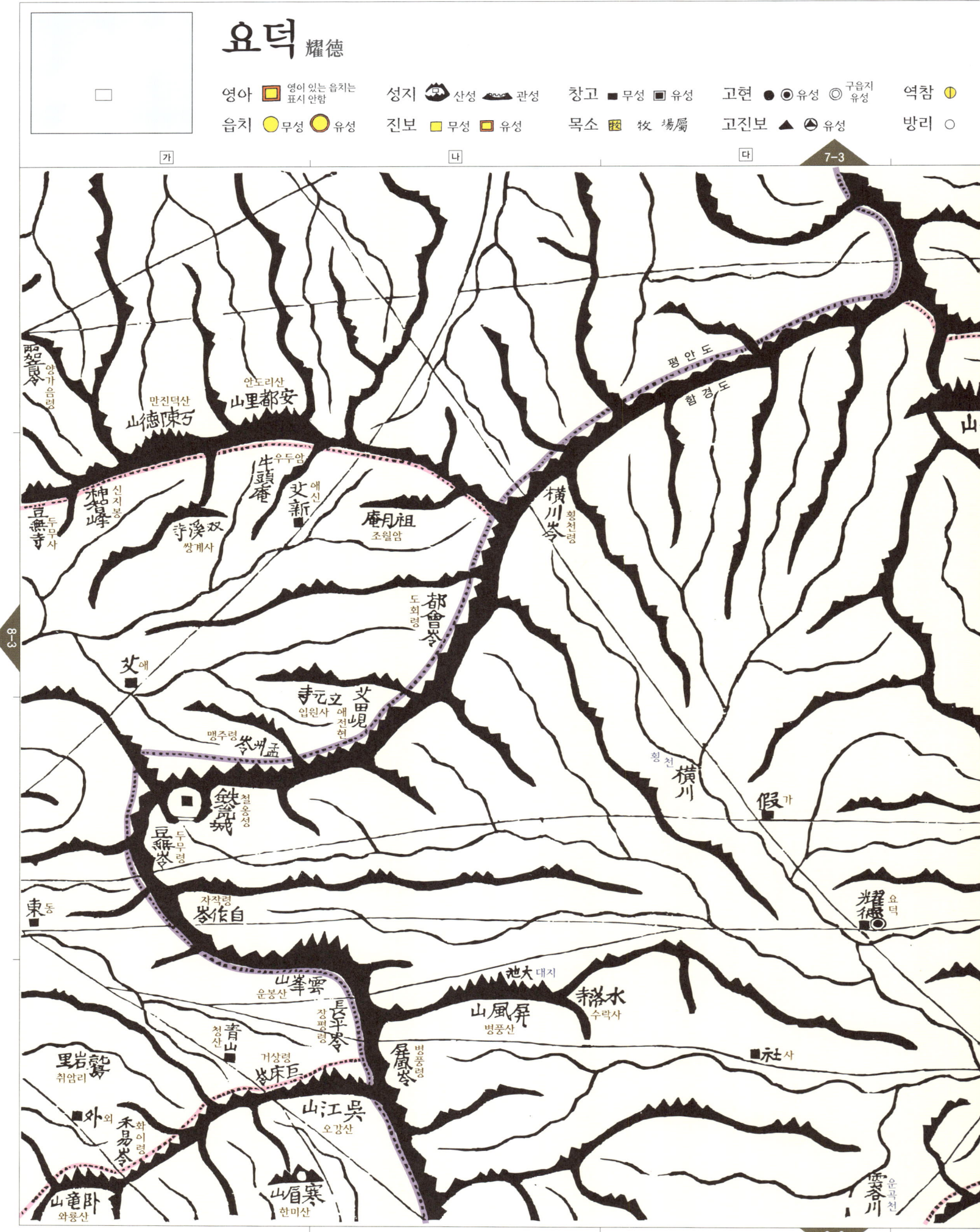

요덕 耀德

영아	영이 있는 읍치는 표시 안함	성지 ⛰️산성 🔺관성	창고 ■무성 ▣유성	고현 ●●유성 ◎구읍지 유성	역참 ◐
읍치 🟡무성 🟠유성		진보 🟨무성 🟥유성	목소 牧 牧場屬	고진보 ▲🔺유성	방리 ○

가   나   다   7-3

鴉鵒嶺
영가읍령

陳德山
만진덕산

安都里山
안도리산

평안도
함경도

牛頭庵
우두암

榆峙峰
신지봉

艾新
애신

橫川岑
횡선령

豆無寺
두무사

双溪寺
쌍계사

祖月庵
조월암

8-3

艾애

都會岑
도회령

立元寺
입원사

艾田峴
애전현

橫川
횡천

假가

孟州岑
맹주령

鐵甕城
철옹성

豆無岑
두무령

橫川
횡천

自作岑
자작령

耀德
요덕

東동

雲峯山
운봉산

長平岑
장평령

大地
대지

水落寺
수락사

靑山
청산

巨床岑
거상령

屛風山
병풍산

社사

鰲岩里
취암리

屛風岑
병풍령

와외

吳江山
오강산

禾易岑
화이령

雲谷川
운곡천

臥龍山
와룡산

寒眉山
한미산

9-2

철옹성 동쪽을 지키던 진보, 요덕

백두대간 산줄기가 횡천령~철옹성을 지난 뒤 동남으로 뻗어 간다. 백두대간 동쪽은 함경도 영흥의 큰 하천인 용흥강 상류가 되고, 서쪽은 평안도 땅으로서 모두 대동강 수계다.

철옹성(鐵甕城) – 가3

'철옹성'은 '방어가 굳건해 공략하기 힘든 난공불락(難攻不落)의 성'을 의미한다. 당당히 '철옹성'이라는 이름을 얻는 이 성은 고려의 명장 서희(徐熙)가 996년(고려 성종 15년)에 거란과 여진을 막기 위해 구축한 토성이다. 《신증동국여지승람》에는 '사면이 절벽이며 항아리 입 같기 때문에 붙인 이름'이라고 설명하고 있다. 《대동지지》에 산성창(山城倉)으로 기록된 창고가 산성 안에 표기되어 있다.

요덕고현(耀德古縣) – 다3

철옹성 동쪽에 위치한 요덕은 고려 때의 폐현이다. 조선 시대에는 영흥군에 속해 있었으나, 북한은 1952년 산악 지대인 요덕면 일대를 따로 떼어 내 요덕군을 신설하였다. 요덕군은 함경남도에서 옥수수·누에고치 생산량이 가장 많은 고을이며, 벌꿀 생산량도 많다. '요덕(耀德)'은 '해가 잘 드는 덕(평지보다 높은 곳에 평평하게 이루어진 지대)'이라는 뜻이다.

횡천(橫川) – 다3

영흥(永興)을 지나 동해로 흘러드는 용흥강(龍興江)의 상류 명칭이다. 용흥강의 원래 이름은 '횡천'이었으나, 조선 초기에 하륜(河崙)이 이성계 탄생지를 흐르는 강이라 하여 '용흥강'이라 바꿔 부른 후, 횡천은 이곳 상류의 이름으로 남은 것으로 추정된다. 백두대간의 횡천령(橫川岺), 애전현(艾田峴), 두무령(豆無岺) 등에서 흘러온 물이 진정사(鎭靜寺) 절벽 아래의 넓은 여울인 광탄(廣灘)을 지나간다.

병풍산(屛風山) – 나4

함경도 요덕의 명승지로 꼽히는 병풍산은 바위가 아름다운 산이다. 200m 높이의 입석이 병풍을 두른 듯하다 해서 이런 이름이 유래하였다. 그 위가 넓어서 사람이 살만하고 가운데에 못이 있는데, 혹 사람이 들어와 살면 항상 비가 내리는 등 재앙이 있었다 한다.

장곡고현(長谷古縣) – 마1

장곡은 본래 '장주(長州)'·'가림(椵林)'·'단곡(端谷)'이라 하였는데, 고려 현종 때 성을 쌓고 방어사(防禦使)를 두어 동계(東界)에 예속시켰던 고을이다. 뒤에 현(顯)으로 강등되었다가, 정평부 속현으로 두었고, 조선 세종 때 현을 폐하고 '장곡사(長谷社)'라 하였다. 조선 시대 사(社)는 지금의 면(面) 정도에 해당하는 행정구역으로 함경도 지방에 많았다.

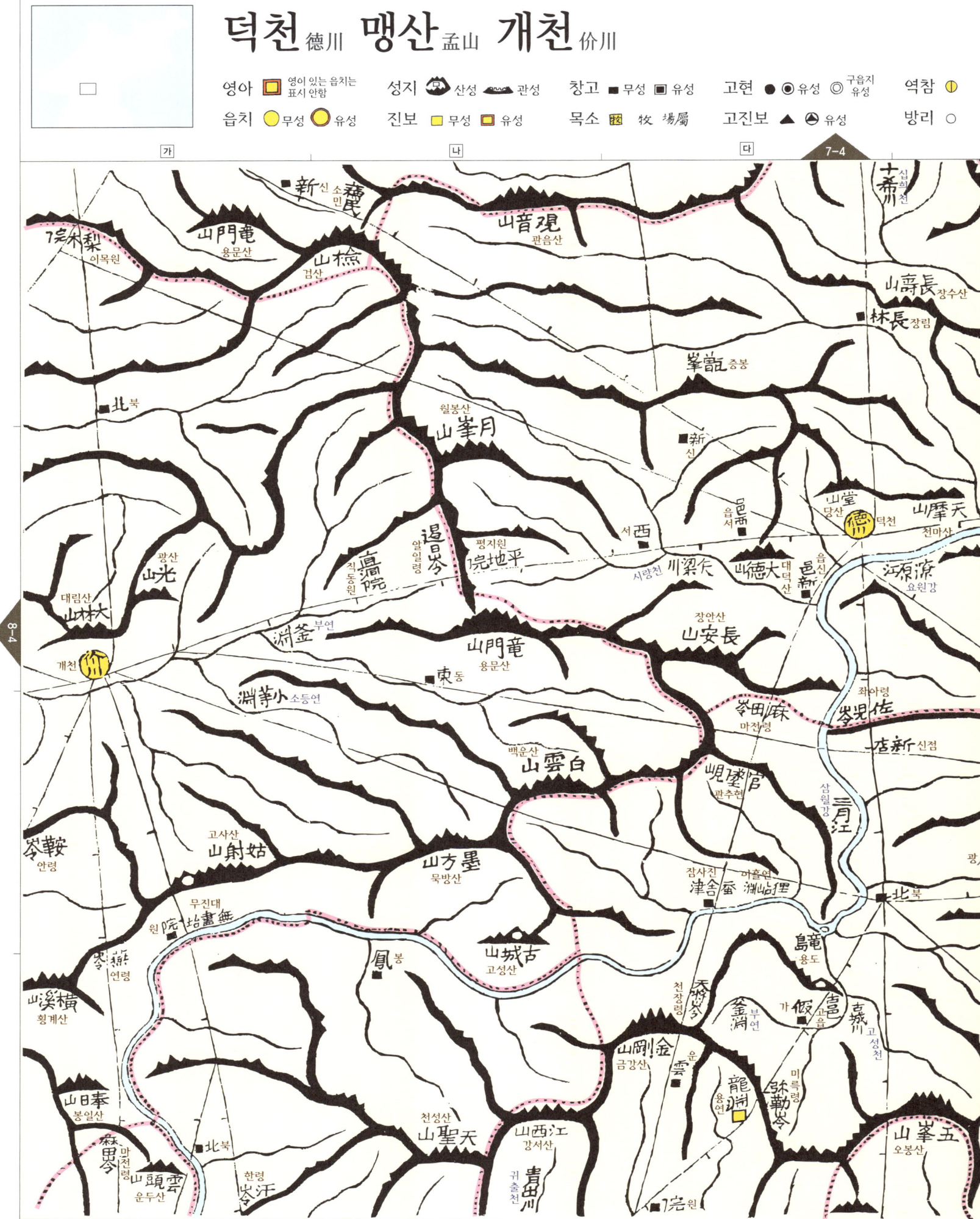

덕천德川 맹산孟山 개천价川

영아 ▣ 영이 있는 읍치는 표시 안함　성지 🏔 산성 ⛰ 관성　창고 ■무성 ▣유성　고현 ●○유성 ◎구읍지 유성　역참 ◐

읍치 🟡무성 🟠유성　진보 🟨무성 🟥유성　목소 牧 牧場屬　고진보 ▲ ⬢유성　방리 ○

강가 큰 언덕에 터 잡은 덕천

우측 상단에서 서남류하며 평안도 영원·덕천을 지나가는 하천은 대동강 상류다. 대동강 서쪽의 장안산~백운산 산줄기는 청남정맥이고, 그 서쪽의 개천 고을은 청천강 수계다.

덕천(德川) – 다2

덕천은 요원(遼原)·장덕(長德)·덕주(德州) 등으로 불리던 고을인데, 대동강을 낀 큰 '덕'에 터를 잡았다는 데서 유래한 지명이다. 조선 전기의 문신 안숭선(安崇善)은 이를 "질펀한 긴 강은 외로운 성을 끌어안고, 넓고 깊숙한 골짜기는 한결같이 평평하네." 하고 노래하였다. 특산물인 '덕천항라'는 예로부터 질이 좋고 색깔이 아름다운 것으로 유명하다.

맹산(孟山) – 마3

동쪽에 우뚝한 철옹성(鐵甕城, 8-2 도엽) 때문에 고구려와 고려 때 '철옹(鐵甕)'으로 불리던 고을이다. 예로부터 산세가 아름답고 물맛이 좋기로 유명했는데, 아름다운 여덟 경치를 꼽은 맹산팔경이 유명하다. 1717년(숙종 43년) 현아(縣衙)의 문루(門樓)로 건립한 호연루(浩然樓)가 지금도 남아 있다고 한다. 천연기념물로 보호되고 있는 만주흑송(滿洲黑松)이 잘 알려져 있다.

개천(价川) – 가2

'연주(連州)'·'조양(朝陽)'·'개주(价州)' 등으로 불리던 개천은 석회암 분지와 동굴이 발달한 고을이다. 고을에는 묵방리 남방식 고인돌을 비롯한 선사 시대 유적과 고구려 초기의 적석총 등이 산재한다. 읍치(邑治) 서쪽 30리의 조양진성(朝陽鎭城, 8-4 도엽)은 둘레가 15,436척에 달하는 큰 규모의 토성이었다고 한다.

삼탄(三灘) – 라2

대동강은 영원 일대에서는 장강(長江)·구연강(仇淵江)·삼탄이 되고, 덕천에서는 요원강(遼原江)으로 불리다 서남류하며 삼월강(三月江)이 된다. 이 구간의 삼탄 일대는 심한 감입곡류를 이루고, 강물에는 여울이 발달되어 있다. 영원과 맹산의 물이 이곳에 이르러 합류하므로 '삼탄'이라고 하였다. 여울 가에는 깊이를 알 수 없는 못이 있는 석굴이 있는데, 날씨가 가물어 기우제를 지낼 때 범의 머리를 담그면 비가 내렸다고 한다. 1982년에 금성호가 생기며 삼탄을 포함한 덕천·요원·맹산 고을 일부가 물에 잠겼다.

금성산성(金城山城) – 라2

맹산을 지나온 막탄강(瘼灘江, 지금의 마탄강)이 대동강에 합류하는 지점에 솟은 금성산(金城山)에는 조선 초기에 쌓은 금성산성이 있다. 태조 때에 쌓은 석성인데, 삼면이 낭떠러지고 둘레가 3,125척, 높이가 8척이다. 성 안에 표기된 창고는 세곡을 보관하던 금성창(金城倉)이다.

영변 寧邊 안주 安州 태천 泰川

영아 영이 있는 읍치는 표시 안함　성지 🔺 산성 🔺 관성　창고 ■ 무성 ▢ 유성　고현 ● ◉ 유성 ◎ 구읍지 유성　역참 ◖

읍치 ● 무성 🟠 유성　진보 ▣ 무성 🟥 유성　목소 牧 牧 場 屬　고진보 ▲ ⛰ 유성　방리 ○

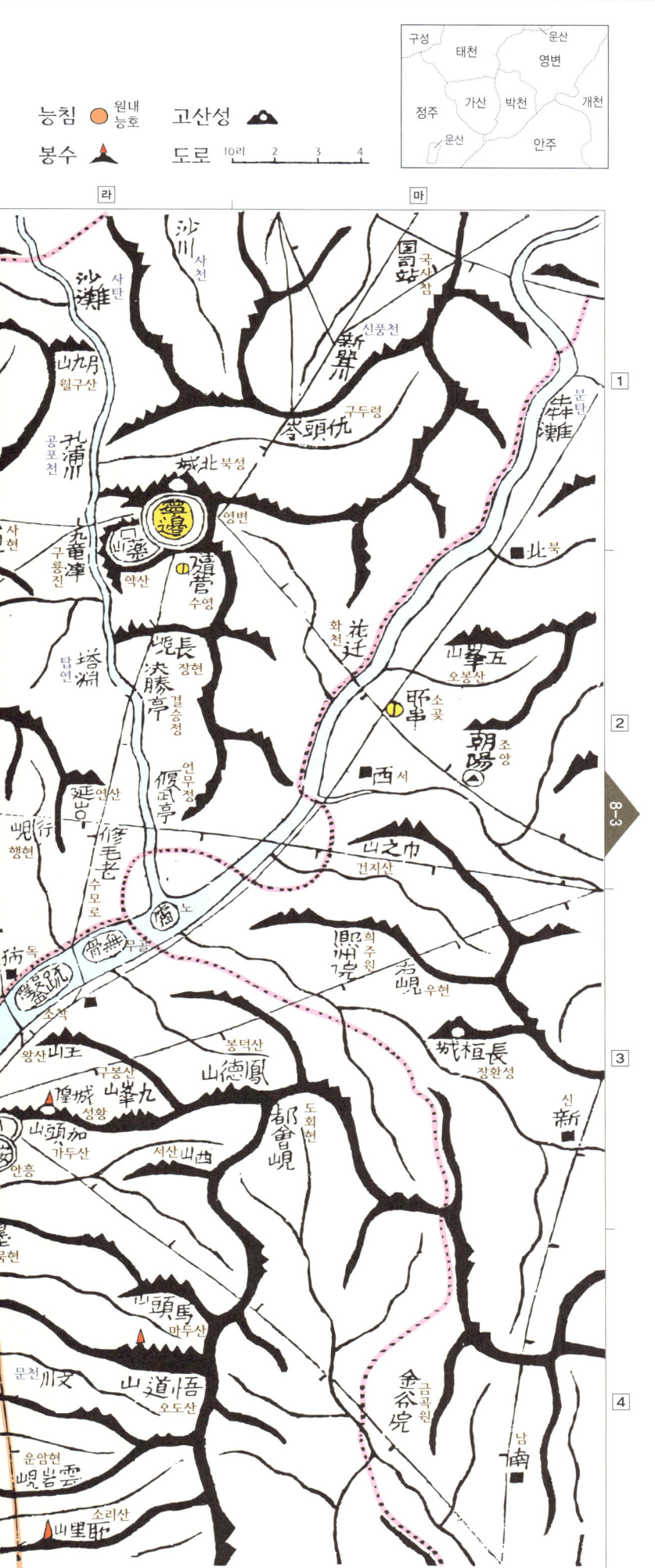

〈진달래꽃〉의 고을, 영변

우측 상단에서 서남류하는 큰 하천은 청천강이다. 영변을 지나온 공포천(지금의 구룡강)을 노도 부근에서 합류하고, 하구에 이르러 대정강(지금의 대령강)을 받아들인 후 서해로 흘러든다.

영변(寧邊) 약산(藥山) – 라1

영변과 약산은 우리에게 김소월(金素月)의 〈진달래꽃〉으로 잘 알려진 지명이다. 〈대동여지도〉를 보면 3개의 성이 겹쳐 있는데, 실제로는 약산성·본성·신성·북성 총 4개의 성으로 이루어진 전체를 '영변철옹성'이라 한다. 약산성은 약산의 자연 절벽을 성벽으로 삼았고, 본성은 약산성 동쪽 성벽 밖에 잇대어 영변읍을 싸고 돌면서 산봉우리와 능선을 연결해 읍성을 이룬다. 신성은 서남쪽에 쌓은 것이고, 북성은 본성의 서북쪽을 둘러쌓은 성이다.

안주(安州) – 라3

청천강 하류 기슭의 넓고 기름진 땅에 터 잡은 안주는 예로부터 손꼽히는 곡창 지대다. 평안도의 대표적인 평야 지대답게 지도에서는 산줄기도 약하게 표현하고 있다. 청천강을 굽어보는 높은 둔덕 위에 위치한 안주성의 백상루(百祥樓)는 백 가지의 아름다운 경치를 볼 수 있다는 누각으로서, 관서팔경 중에서도 으뜸이라 하여 '관서제일루'라고도 불린다.

가산(嘉山) – 나3

홍경래(洪景來)가 난을 일으킨 고을이다. 《홍경래전》에는 홍경래가 가산의 다복동(多福洞)으로 들어가 때를 기다렸는데, 다복동을 '가산과 박천 사이에 낀 버드나무 잎과 같은 형국이고, 울창한 산비탈로 은폐된 아늑한 골짝인데다 수륙 통행에 편리할 뿐만 아니라 적당히 깊고 옅어 숨거나 나타나는 데 모두 편한 곳'이라 묘사하고 있다. 정사인 《순조실록》에도 1811년(순조 11년) 12월 기사에 평안감사가 가산 다복동의 군병 움직임에 대해 보고하는 내용이 나온다. 지도에는 다복동이 표기되지 않았다.

청천강(淸川江) – 다4

청천강은 청남정맥과 청북정맥이 분기하는 낭림산(狼林山, 6-5 도엽) 부근에서 발원해 서해로 흘러드는 하천이다. 고구려 때 '살수(薩水)'라고 불리던 강으로서 수나라 백만 대군이 평양성 근처까지 쳐들어왔다가 퇴각할 때 을지문덕(乙支文德)이 공격해 승리한 살수대첩의 현장이다. 길이는 약 199km다.

대정강(大定江) – 다2

박천과 가산 사이를 흐르는 대정강(지금의 대령강)은 고구려의 시조 주몽(朱蒙)이 북부여로부터 도망해 남으로 가던 중 이곳에 이르렀을 때 배가 없었는데, 물고기와 자라들이 다리를 놓았다는 전설이 전하는 강이다. 이 이야기는 성천의 비류강(9-3 도엽)에도 전해 온다.

철산鐵山 선천宣川 정주定州

영아 🟧 영이 있는 읍치는 표시 안함　성지 ⛰️산성 ⛰️관성　창고 ■무성 ◼유성　고현 ●◉유성 ◎구읍지 유성　역참 ⊕

읍치 🟡무성 🟠유성　진보 🟨무성 🟧유성　목소 牧 牧場屬　고진보 ▲ ⛰️유성　방리 ○

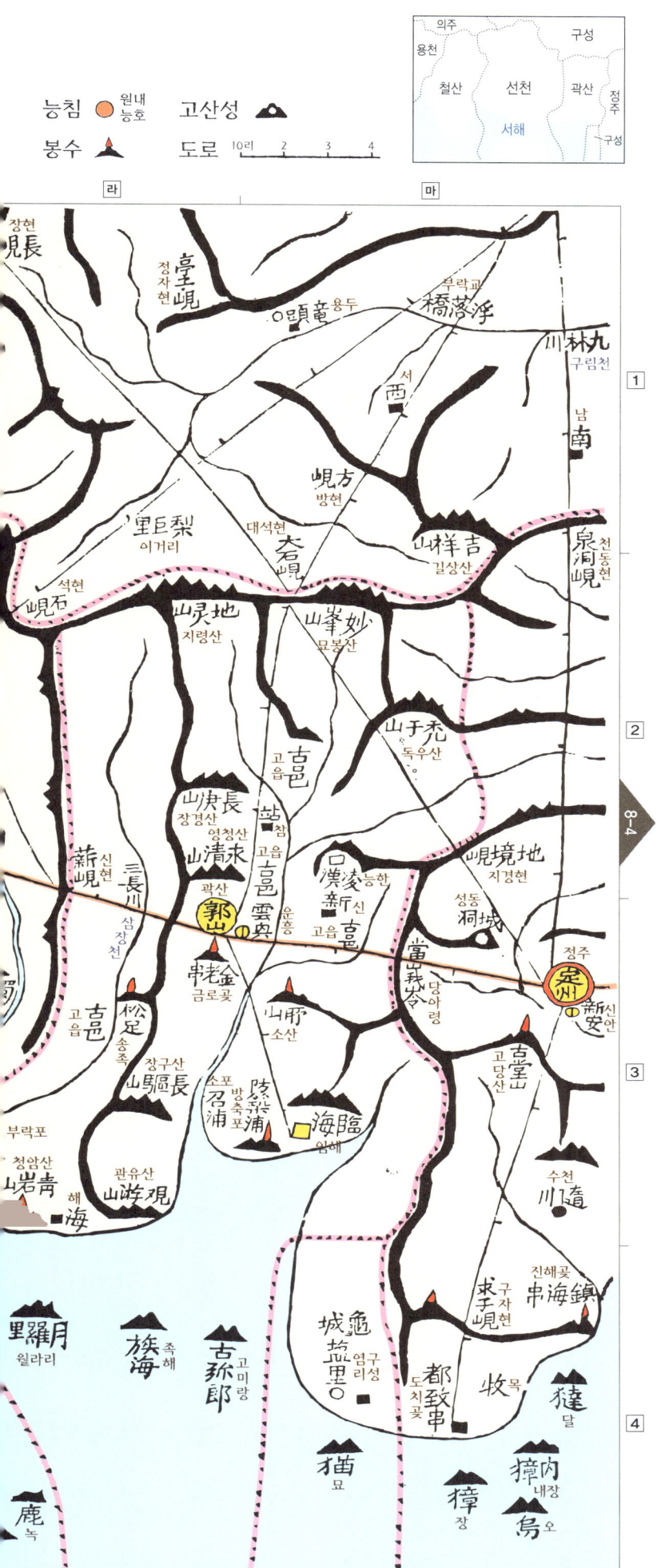

8-4

서희가 되찾은 강동 6주 지역

상단 가운데 부근의 장현에서 서남쪽의 이현~보광산~망일
산~용골산으로 뻗은 산줄기는 청북정맥이고, 하단의 바다는
서해다. 이 일대는 고려 때 회복한 강동 6주에 속한다.

철산(鐵山) – 나2

평안북도 서북쪽 끝에 있는 철산은 고구려의 옛 땅이다. 고려 초기
에 거란이 차지하고 있던 것을 서희(徐熙)의 외교력으로 강동 6주
를 수복할 때 '쇠가 많이 매장되어 있는 고을'이라는 뜻의 '철주(鐵
州)'라는 이름으로 고려에 편입되었다. 고전 소설의 하나인《장화
홍련전》의 실제 배경지로 알려져 있는데, 조선 효종 때 철산부사
로 온 전동흘(全東屹)이 '배좌수의 딸 장화와 홍련이 계모의 흉계
로 원통하게 죽은 사건'을 처리한 사실담을 소설화한 것이다.

선천(宣川) – 다2

고려 때 서희(徐熙)가 수복한 강동 6주 중 통주가 선천이다.《여지
도서》에 "학문에 재주가 있으면 고전을 읽고, 근력이 있으면 활쏘
기와 말타기를 익힌다."라며 문무를 지향하는 고을민의 성향에 대
해 적고 있다. 하지만 1811년(순조 11년) 홍경래(洪景來)의 난이 일어
났을 때 선천부사 김익순(金益淳)이 항복하여 부에서 현으로 강등
되었다. 김익순은 방랑 시인 김삿갓, 즉 김병연(金炳淵)의 조부다.

정주(定州) – 마3

과거급제자가 많아 학향(學鄕)으로 알려진 고을이다. 치소(治所)인
정주성(定州城)은 조선 초기 흙으로 쌓았다가 나중에 돌로 개축한
석성이다. 1811년(순조 11년) 평안도 가산에서 난을 일으킨 홍경래
(洪景來)는 한때 청천강 이북 고을들을 거의 장악하였으나, 박천
(博川) 송림전투에서 패하면서 불리해지자 이곳 정주성으로 도망
쳤다가 최후를 마쳤다.

곽산(郭山) – 라3

고려 때 서희(徐熙)가 수복한 청천강 이북의 강동 6주(흥화진·용
주·철주·통주·구주·곽주) 중 하나인 옛 곽주(郭州)다. 의주로(한
양~의주)의 큰 역이면서 곽산의 대표역인 운흥역(雲興驛)을 지나
던 나그네들이 많은 시를 남겼다. 조선 전기의 문신인 김식(金湜)
은 곽산 고을의 넉넉함을 노래하고 있다. "높고 낮은 비탈진 언덕
에는 층층이 보리요, 끊이고 이은 시냇가 밭에는 곳곳마다 벼로
구나. 바다 위의 어염(魚鹽)은 때마침 이로움이 있고, 성 안의 관
부(官府)에는 오래도록 일이 없네."

신미도(身彌島) – 다4

선천 남쪽 바다에 있는 큰 섬이다.《대동지지》에 따르면 신미도
목장에는 5백 필의 말이 있었다. 인조 때 명장인 임경업(林慶業)
이 이곳에서 무술을 연마하였다고 전하는데, 임경업을 기리는 사
당도 있다고 한다. 근해는 유명한 조기어장이다.

용천 龍川

영아 🟧 영이 있는 읍치는 표시 안함
성지 🏔 산성 ⛰ 관성
창고 ◼ 무성 ◻ 유성
고현 ● ◉ 유성 ◎ 구읍지 유성
역참 ◐

읍치 🟡 무성 🟠 유성
진보 🟨 무성 🟧 유성
목소 🏇 牧 場 屬
고진보 ▲ ⛁ 유성
방리 ○

가　　　　　　　　　나　　　　　　　　　다　　7-7

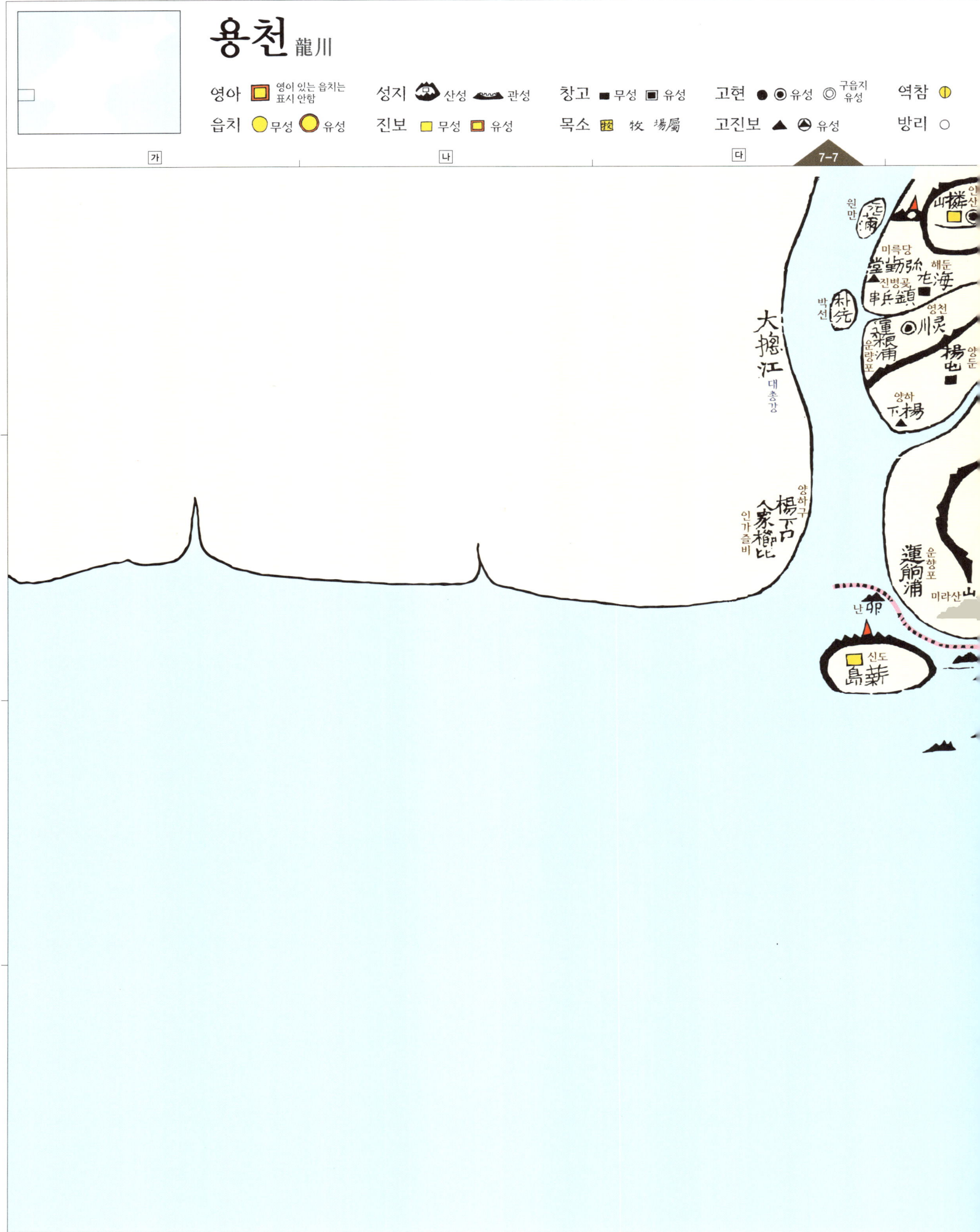

원만

紅山 (안산산)

樾山

미륵당
堂勒弥 石 진병곶 串兵鎮 해둔 海
박선 寺所

楊屯
영천 川灵 ◉

�ц薻浦

운량포
운항포

大摠江
대총강

양하구
楊下口 양하 下楊 ▲

入家檲比
인가즐비

蓮餉浦
운항포

미라산 山

난 卯

島薪 신도 🟧

신도(薪島)는 1958년 북한에서 마안도, 말도, 장도 등 일대의 간석지와 둑으로 연결해 비단섬이 되었다.

능침 ●원내 능호   고산성 ▲
봉수 ▲   도로 10리 1 2 3 4

라   마

압록강 하류의 동쪽 고을, 용천

압록강 하구로서 신의주 일대다. 하구 동쪽의 미라산은 청북정맥의 끝자락이다. 도랑강은 거란과의 귀주대첩 당시 강물을 막아 크게 승리한 하천으로서, 지금의 삼교천이다.

용천(龍川) – 마2

"농사짓고 누에치는 일에 부지런하다. 사람들의 성품이 온순하고 부드럽다. 전세(田稅)와 공물을 잘 바치며, 민간의 풍습이 순박하고 정성스럽다."《여지도서》의 묘사가 선명하게 떠오르는 평안도 용천은 993년 고려의 서희(徐熙)가 거란의 소손녕(蕭遜寧)과 담판하여 차지한 강동 6주의 하나인 용주(龍州)다. 용천평야 덕에 벼 생산량이 많다.

신의주(新義州) – 라1

도랑강(都浪江, 지금의 삼교천) 서북쪽 들판 일대와, '7-7 도엽'의 암림곶(暗林串)과 마평(麻坪) 등을 포함한 지역은 지금의 신의주 땅이다. 도랑강이 합류하는 압록강 하구에 복합삼각주가 형성되어 있어 홍수 때마다 물이 넘치는 범람원이었으나 일제 때 제방을 쌓아 시가지를 조성하였다. 1905년 용산~의주간 철도를 놓을 때 종착역인 이곳을 '신의주'라 하였다.

대총강(大總江) – 다1

백두산에서 발원해 중국과 국경을 이루면서 서해로 흘러드는 압록강 하구의 이름은 대총강이다. 《신당서》에는 "물빛이 오리의 머리색과 같아 '압록수(鴨綠水)'라 불린다."라고 하였고, 《송사(宋史)》에는 "고려가 압록강(鴨綠江)으로 한계를 삼았다. 강의 너비가 3백 보이고, 그 동쪽에는 바닷물이 맑아서 열 길 물속이 내려다보이고, 동남쪽으로는 명주와 바라보며, 물이 다 파랗다."라고 기록하고 있다. 압록강은 우리나라에서 제일 긴 강이다.

백마산성(白馬山城) – 라1

백마산성은 고구려 때 쌓은 우마성을 기초로, 고려 때 강감찬(姜邯贊), 조선 시대에 임경업(林慶業)이 덧쌓은 산성이다. 외성(外城)은 1753년(영조 29년)에 축성하였다. 서남쪽으로 지형이 매우 험할 뿐 아니라, 북으로는 압록강을 건너 요동 지방으로 통하고, 남으로는 평양에 이르는 교통의 중심지로서 사방팔방을 굽어볼 수 있는 군사상 요지다.

신도(薪島) – 다2

압록강의 하구의 신도(지금의 비단섬)는 '섶나무가 많이 자라는 섬'이다. 국경에 위치한 섬이라 군사상 중요해 진과 봉수가 설치되어 있었다. 우리 군사들은 바람이 잠잠하면 나가서 신도에서 지켰고, 바람이 세면 물러나와 미곶에서 지켰다고 한다. 신도 옆에는 우리나라의 극서단인 마안도(馬鞍島)가 있으나 지도에는 없다.

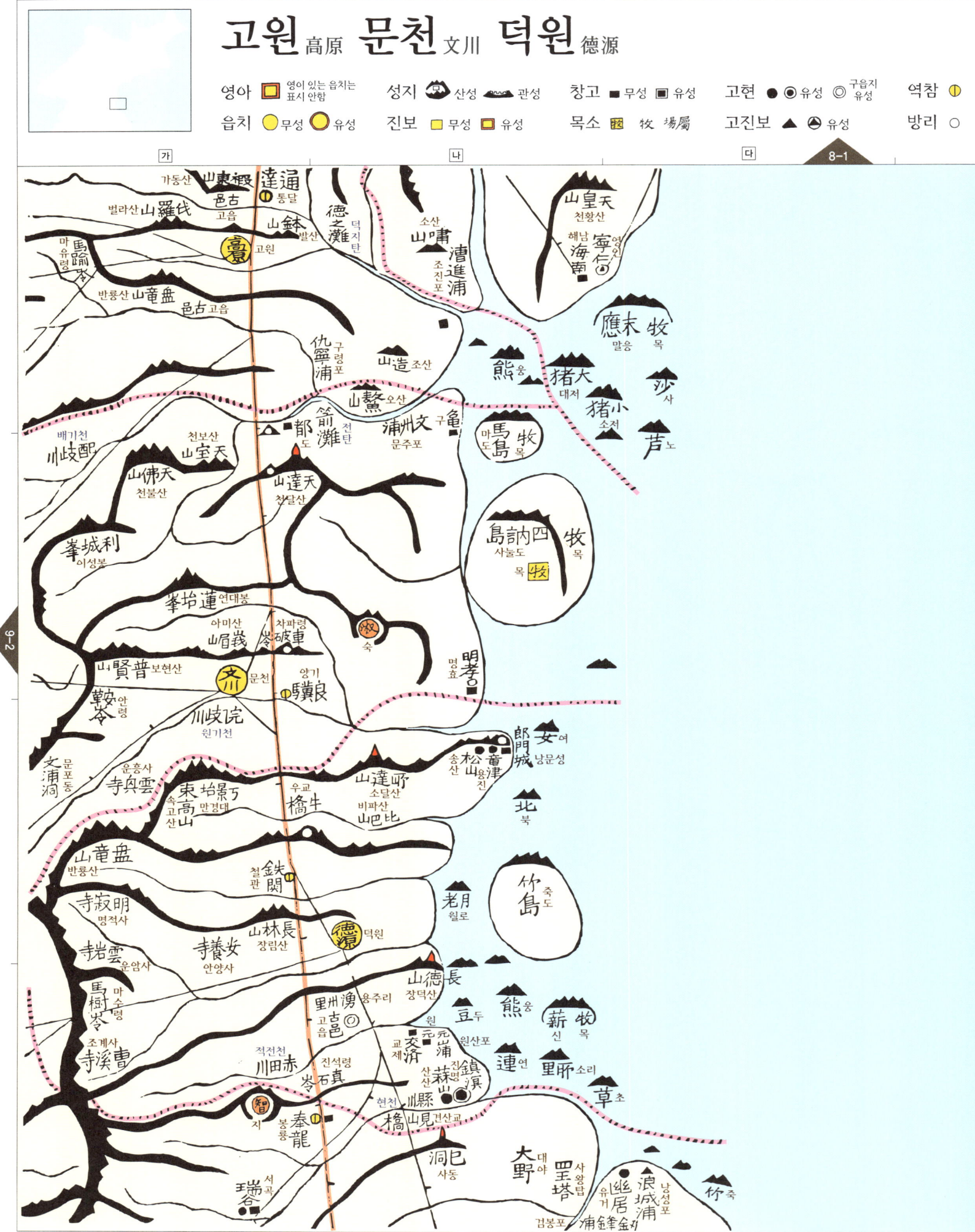

고원 高原 문천 文川 덕원 德源

덕원(德源) 동남 해안의 원산포(元山浦)는 1880년 개항하여 원산시로 발전한 곳이다.

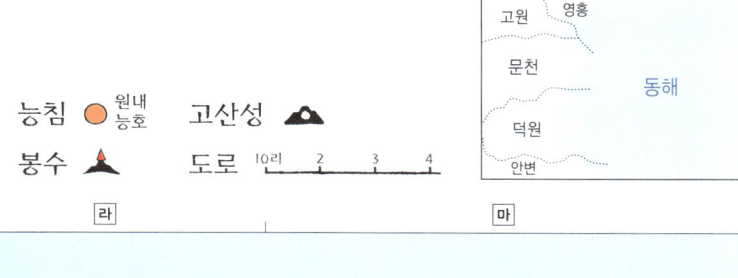

능침 ●원내능호   고산성 ▲

봉수 ▲   도로 10리 2 3 4

라   마

고구려 동천왕이 피난 왔던 문천

좌측 하단의 마수령이 표기된 굵은 산줄기는 백두대간이다. 현재는 호도반도와 송전만, 목장이 있는 사눌도, 영흥만, 원산항이 해안으로 이어져 있다.

문천(文川) – 가2

"문주성(文州城) 밖에는 풀빛도 푸르고, 늘어진 버들 그늘 속에서는 온갖 새들이 지저귀네." 정도전(鄭道傳)이 평화롭게 읊은 문주성이 바로 문천이다. 비교적 평탄한 지형으로 이루어진 고을로서 '물골'이라고 부르던 지명을 한자로 표기하면서 '문천'이 되었다. 고구려 때 동천왕이 위나라의 관구검(毌丘儉) 침공으로 피난을 왔던 고을이기도 하다.

덕원(德源) – 나3

고려 때 '용주(湧州)'라 불리던 고을이다. 이 지명은 덕원 치소(治所) 남쪽 10리 지점의 고읍(古邑) 표기가 있는 용주리(湧州里)로 남아 있다. 고려 말 이성계(李成桂)의 고조부인 목조 이안사(李安社)가 전주에서 삼척을 거쳐 이곳으로 옮겨 와 터전을 닦았기 때문에 '이성계의 어향(御鄕)'이라 하여 '덕원'이라는 이름을 얻었다.

원산포(元山浦) – 나4

원산포는 지금의 원산항이다. 조선 후기에 러시아 군함이 이 앞 바다에 정박하고 통상을 요구하다가 대원군의 거절로 돌아가기도 하였다. 1882년(고종 19년) 개항 후 도시로 바뀌었으며 명태와 콩 수출로 규모가 부산·인천·신의주에 이어 네 번째를 차지할 정도로 성장하였다.

호도반도(虎島半島) – 다1

말응도(末應島)·사도(沙島)·노도(芦島) 등의 섬이 육지와 연결된 곳이 현재의 호도반도다. 모래의 퇴적으로 여러 섬이 연륙되어 생긴 육계사주 반도로, 길이는 약 20㎞에 이른다. 해안선은 단조로우나 석호, 모래언덕, 소나무, 해당화 등이 어우러져 경치가 아름답다. 〈대동여지도〉에는 지금의 지명인 '호도(虎島)'라는 섬은 없으나, '노(芦)'로 표기한 섬이 호도인듯하다.

사눌도(四訥島) – 나2

〈대동여지도〉에는 사눌도가 섬으로 표현되어 있는데, 김정호의 다른 지도인 〈청구도〉에는 육지와 붙은 연륙도로 표현되어 있다. 현재 사눌도와 마도(馬島)는 육지와 붙어 있어 조선 후기 이후 하천의 퇴적작용으로 육지와 연결된 것으로 추정된다. 사눌도에는 목장이 2개나 있었다. 〈대동여지도〉에서 사각형 안에 목장을 뜻하는 목(牧) 자를 써넣은 표기는 감목관(監牧官, 종6품)이 직접 파견된 곳을 의미한다.

양덕 陽德

영아	▢ 영이 있는 읍치는 표시 안함	성지	🏔 산성	🏔 관성	창고	■ 무성	▣ 유성	고현	● ◉ 유성	◎ 구읍지 유성	역참	⊕
읍치	🟡 무성 🟡 유성		진보	▢ 무성 ▣ 유성	목소	招 牧 場 屬		고진보	▲ ◭ 유성		방리	○

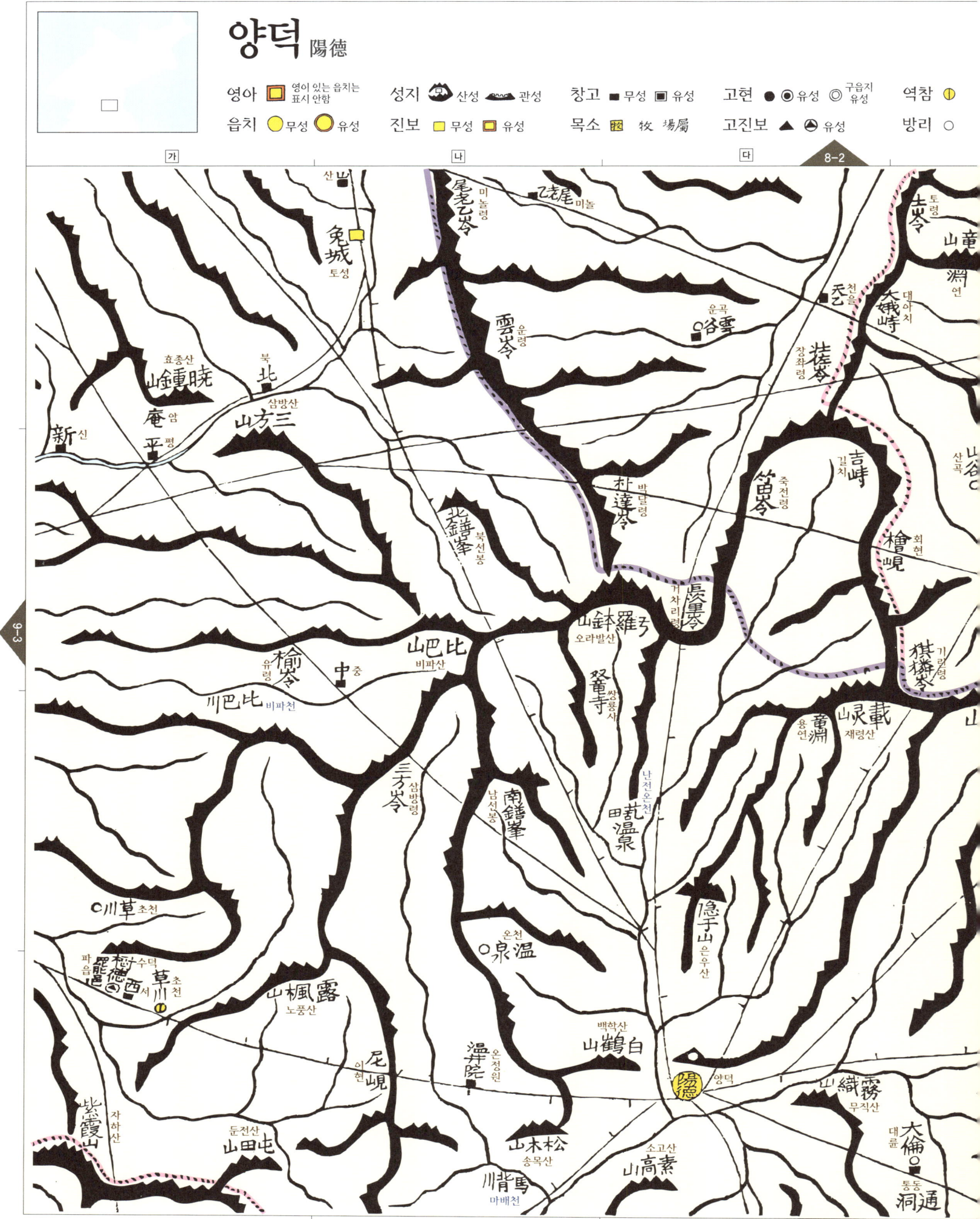

尾老乞岾

乙老尾 미놀

미놀령

土岾 토령

山童 淵 용담

兎城 토성

雲岾 운령

운곡 谷雲

天 천을

大峨峙 대아치

暁鍾山 효종산

北 山方三 삼방산

北善峰 북선봉

朴達岾 박달령

竹箭岾 죽전령

吉峙 길치

檜峴 회현

庵 암

新 신

平 평

거차리령

長黑岾

기리령

獜撨岾

羅弓 鉢山 오라발산

雙龍寺 쌍용사

載霊山 재령산

용연담

榆岾 유령

中 중

比巴山 비파산

比巴川 비파천

三方岾 삼방령

南鉢峰 남선봉

乾田溫泉 난전온천

隱于山 응우산

草川 초천

罷德 파읍

草川 초천

西 서

露楓山 노풍산

溫泉 온천

白鶴山 백학산

德 양덕

霧織山 무직산

紫霞山 자하산

尾峴 의현

溫井院 온정원

屯田山 둔전산

松木山 송목산

素高山 소고산

大倫 대륜

洞通 통동

馬背川 마배천

능침 ⬤ 원내 능호   **고산성** ▲

봉수 ▲   **도로** 10리 1 2 3 4

라   마

9-1

고려 때 여진과 거란의 침략을 막던 변방, 양덕

좌측 상단의 미놀령에서 동남의 운령~기린령~두류산으로 뻗어 가는 굵은 산줄기는 백두대간이다. 양덕을 지나는 하천은 대동강 지류인 남강이며, 좌측 상단의 쌍선 하천은 대동강 지류인 비류강이다.

양덕(陽德) – 다4

양덕현은 고려가 여진과 거란의 침략에 대비해 쌓은 양암성(陽岩城)과 수덕성(樹德城)을 합친 고을이다. 관서와 관북 지방을 연결하는 교통의 요지로서 백두대간에는 도로가 표현된 고개만 해도 거차리령(巨次里岑), 기린령(猉獜岑), 화여령(花餘岑) 등 여럿이고, 양덕현을 중심으로 뻗어 나간 도로는 무려 10개에 달한다.

동양팔경(東陽八景) – 다4

양덕현을 지나는 대동강 지류인 남강 상류는 깊은 계곡을 곡류하며 도처에 기암과 절벽의 승지를 빚는다. 조선 시대 양덕현 치소(治所) 일대(지금의 양덕군 동양면)에는 경승지가 많았다. 이들 중 '양암성·덕만대·유선대·비류대·벽하루·아사뒹이(衙舍後山)·방화정·비득바위의 어화놀이(鳩岩漁火)'를 '동양팔경'이라 한다.

수덕진(樹德鎭) – 가4

양암진(陽岩鎭)과 더불어 '양덕 2진'의 하나인 수덕진은 983년(고려 성종 2년)에 흙으로 성을 쌓았는데, 둘레가 1,824척이었다. 나중에 양덕으로 합쳐지면서 폐지되었다. 수덕진 좌측의 '파읍(罷邑)'이라는 표기가 그 흔적이다.

두류산(頭流山) – 라3

두류산에는 조선 건국의 주역인 이성계(李成桂)와 이지란(李之蘭)이 서로 왕이 되기 위해 대결하던 전설이 전한다. 고려 말 두류산에서 무술 수련을 하다 만난 두 사람은 서로가 영웅호걸임을 알아챘다. 이지란에게는 임금이 될 상징인 용수(龍鬚, 용의 수염)가 있었다. 이를 질투한 이성계는 이지란을 술에 취하게 해 그가 잠든 사이에 용수를 뽑아 버렸다. 왕의 꿈이 수포로 돌아간 이지란은 분노에 차 여러 차례 이성계를 죽이려 하였으나 모두 실패하고 결국 이성계의 부하가 되었다. 그리고 훗날 이성계를 도와 조선 개국에 큰 공을 세우게 된다.

난전온천(蘭田溫泉) – 다3

평안도 양덕은 온천의 고을이다. 지도에 온정원·난전온천·온천 등 온천 관련 지명이 있고, 《신증동국여지승람》에도 "난전온천은 현의 북쪽 20리에 있으며 모두 세 곳이 매우 뜨겁다. 초천온천(草川溫泉)은 현의 서쪽 70리에 있으며 모두 두 곳인데 약간 따뜻하다."라며 온천을 소개하고 있다.

은산 殷山 성천 成川 강동 江東

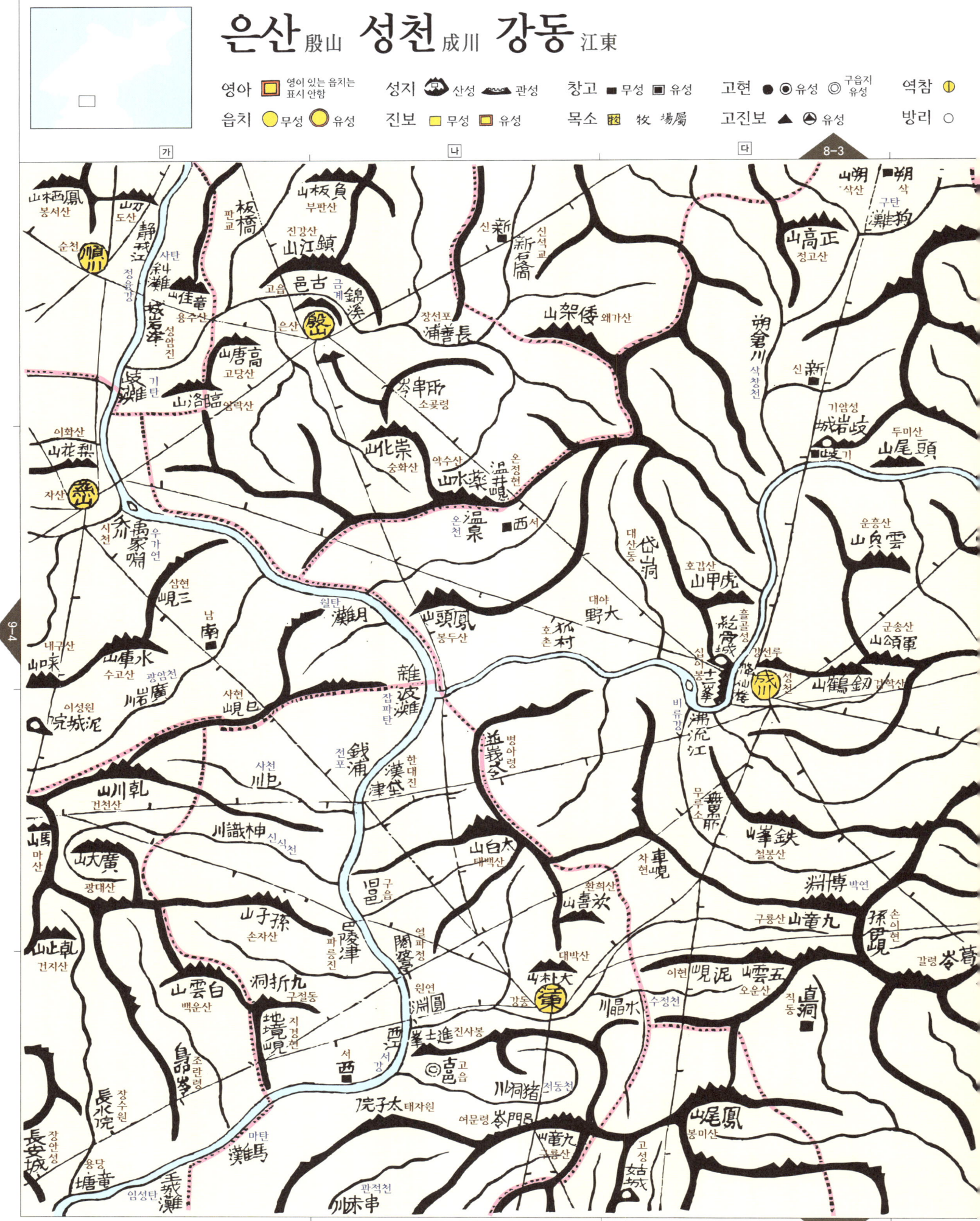

영아 영이 있는 읍치는 표시 안함 성지 산성 관성 창고 무성 유성 고현 유성 구읍지 유성 역참

읍치 무성 유성 진보 무성 유성 목소 牧 場 屬 고진보 유성 방리

지도 좌측 위 정융강 변에 위치한 순천(順川)은 '8-3 도엽'에서 서술한 월경지의 행정 소재다.

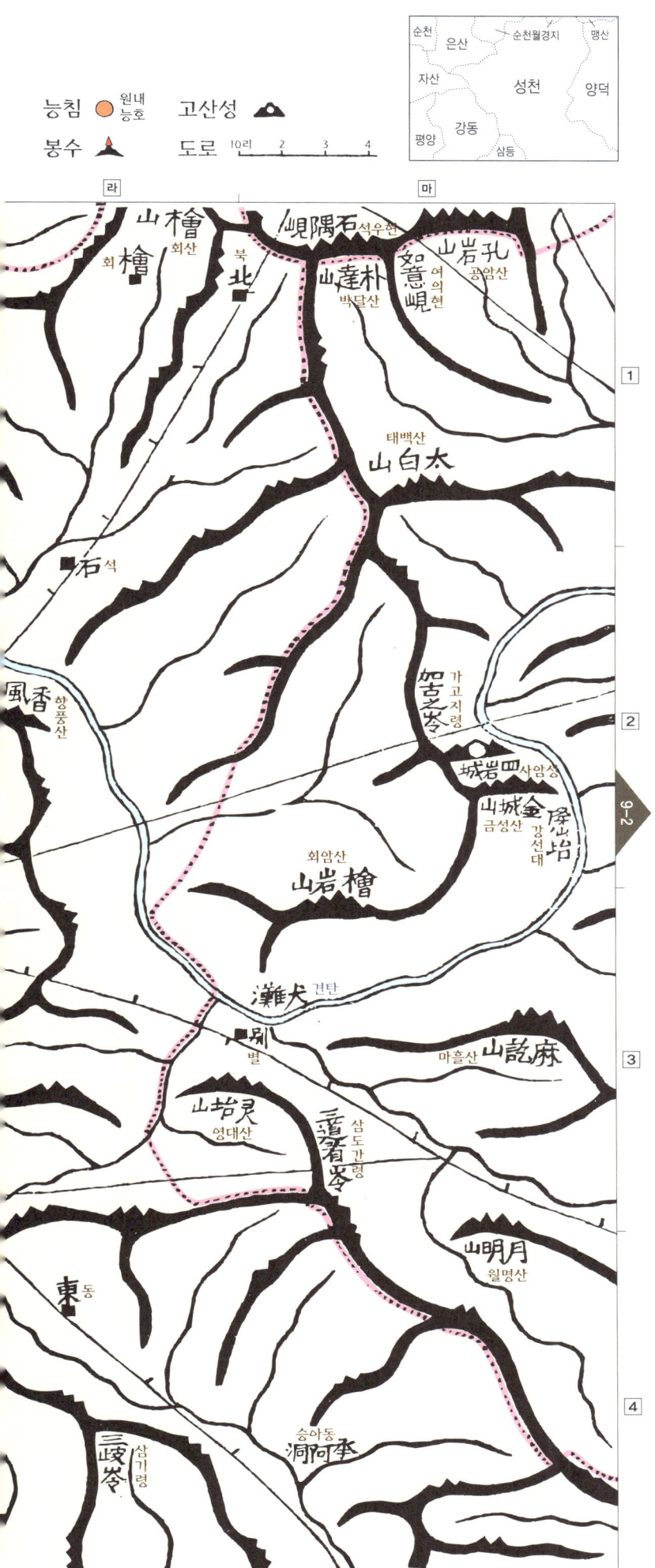

주몽의 설화가 전해 오는 성천

좌측 상단의 북에서 남으로 흐르는 하천은 대동강, 우측 가운데에서 서쪽으로 흐르며 성천을 지나 대동강에 합류하는 하천은 비류강이다.

은산(殷山) – 나1

정융강(靜戎江, 대동강 상류) 동쪽에 자리 잡은 은산은 북으로 천성산(天聖山, 8-3 도엽), 남으로 숭화산(崇化山, 지금의 숭아산) 등에 둘러싸인 산간분지다. 은산 동남쪽 성천(成川) 고을 경계의 숭화산 동북쪽 기슭에는 일찍부터 금광으로 알려진 은산광산이 있다. 예로부터 숭화산 주변 계곡에서는 콩알만 한 사금(砂金)이 많이 채취되었다고 전한다.

성천(成川) – 다2

성천은 주몽(朱蒙)이 부여국 왕자들의 질투로 탈출할 때 강을 만나 곤란에 처하였으나 물고기와 거북 등이 떠올라 다리를 만들었다는 비류강을 끼고 자리를 잡았다. 옛 기록에는 주몽이 비류국 왕이었던 송양(松讓)과 활쏘기 시합을 벌여 이기자, 송양이 나라를 바쳤다고 전하고 있다. 송양이 쌓은 것이라고 전해 오는 비류 강가의 흘골산성(紇骨山城)은 천혜의 요새로 꼽힌다. '8-4 도엽'의 대정강(大定江, 지금의 대령강)에도 주몽이 물고기의 도움으로 위기를 극복한 설화가 전해 온다.

강동(江東) – 나4

비옥한 낙랑준평원을 끼고 터 잡은 강동은 고조선을 거쳐 고구려 영토가 된 유서 깊은 고을이라 성터나 고분 등 유적이 많다. 《신증동국여지승람》 등 옛 기록은 대부분 이 고을의 단군묘(檀君墓)와 옛 황제(皇帝)의 무덤들을 언급하고 있다. 지금도 강동의 진산인 대박산(大朴山) 남쪽 기슭의 큰 고분은 '단군릉(檀君陵)'이라 전해 온다. 읍치에서 서북 35리 지점의 한대진(漢垈津) 부근에는 '한왕묘(漢王墓)', 혹은 '황제묘(皇帝墓)'로 불리는 고분이 있는데, 고구려 '동천왕릉(東川王陵)'이라고도 한다.

순천(順川) – 가1

대동강 중류 기슭에 터를 잡은 순천은 '정융(靜戎)'·'순주(順州)' 등으로 불리던 고을이다. '정융'이라는 지명은 치소(治所) 동쪽의 정융강(靜戎江)으로 남아 있다. 평양과 멀지 않은 고구려의 옛 터전이라 요동성총(遼東城塚), 천왕지신총(天王地神塚) 등 고분이 많다.

십이봉(十二峰) – 다2

비류강(沸流江)은 성천 고을을 지나며 감입곡류한다. 그 기슭의 흘골산(紇骨山) 줄기는 비류강을 향해 남북으로 병풍처럼 뻗어 간다. 여기에 열두 봉우리가 솟아 있는데, 이를 '성천십이봉(成川十二峰)' 또는 '무산십이봉(巫山十二峯)'이라 부른다. 열두 선녀가 무지개를 타고 내려와 봉우리 하나씩을 타고 춤추던 곳이라 한다.

숙천肅川 영유永柔 순안順安

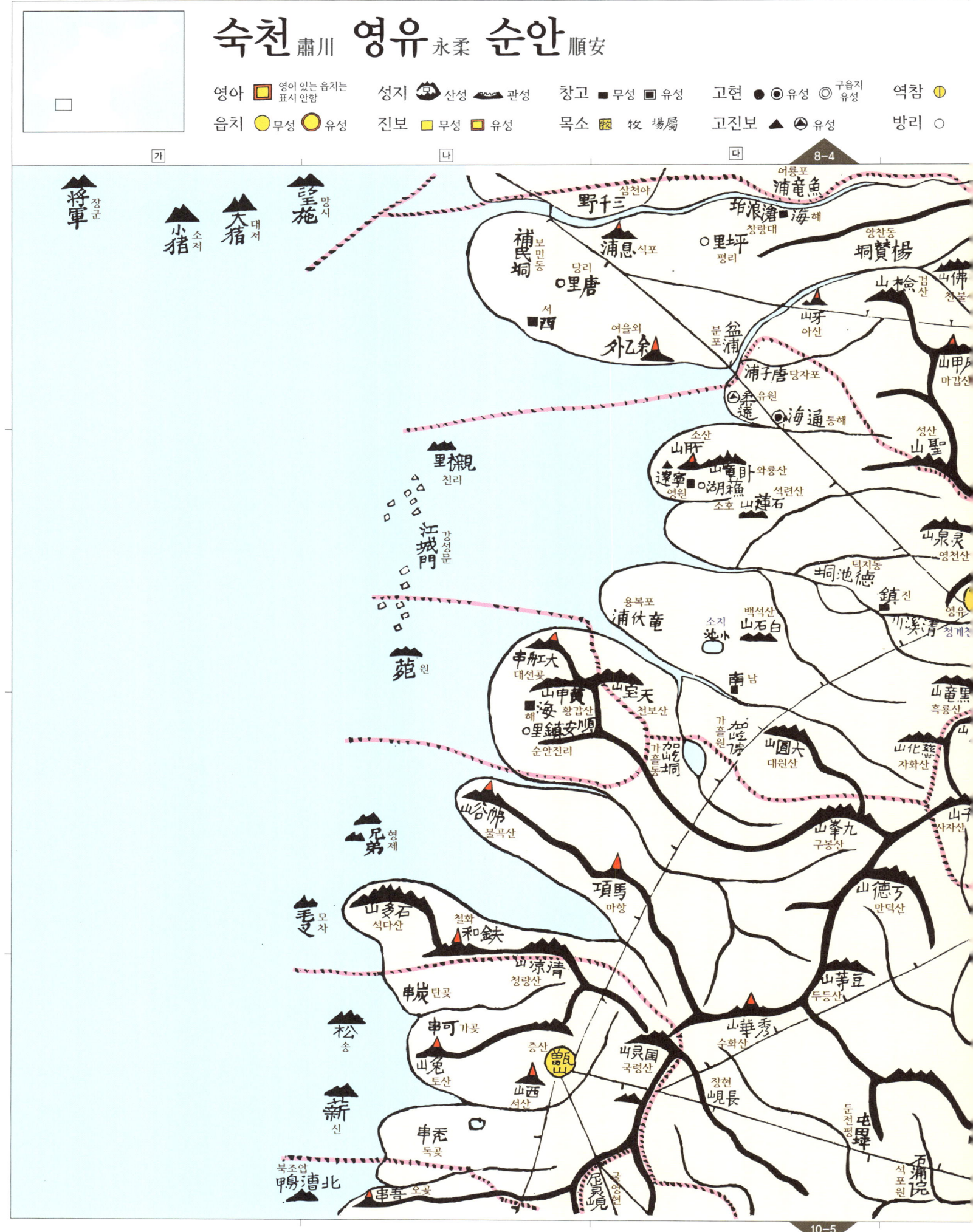

영아	⊡ 영이 있는 읍치는 표시 안함	성지	⛰ 산성 ⛰ 관성	창고	■무성 ◼유성	고현	● ◉유성 ◎구읍지 유성	역참	◐
읍치	○무성 ●유성	진보	▢무성 ▣유성	목소	牧 牧 場 屬	고진보	▲ ◬유성	방리	○

가 　 나 　 다

서쪽 바다 강성문(江城門)에 그려진 마름모꼴의 작은 기호는 지도표에는 없지만 바위섬들을 나타낸 것이다.

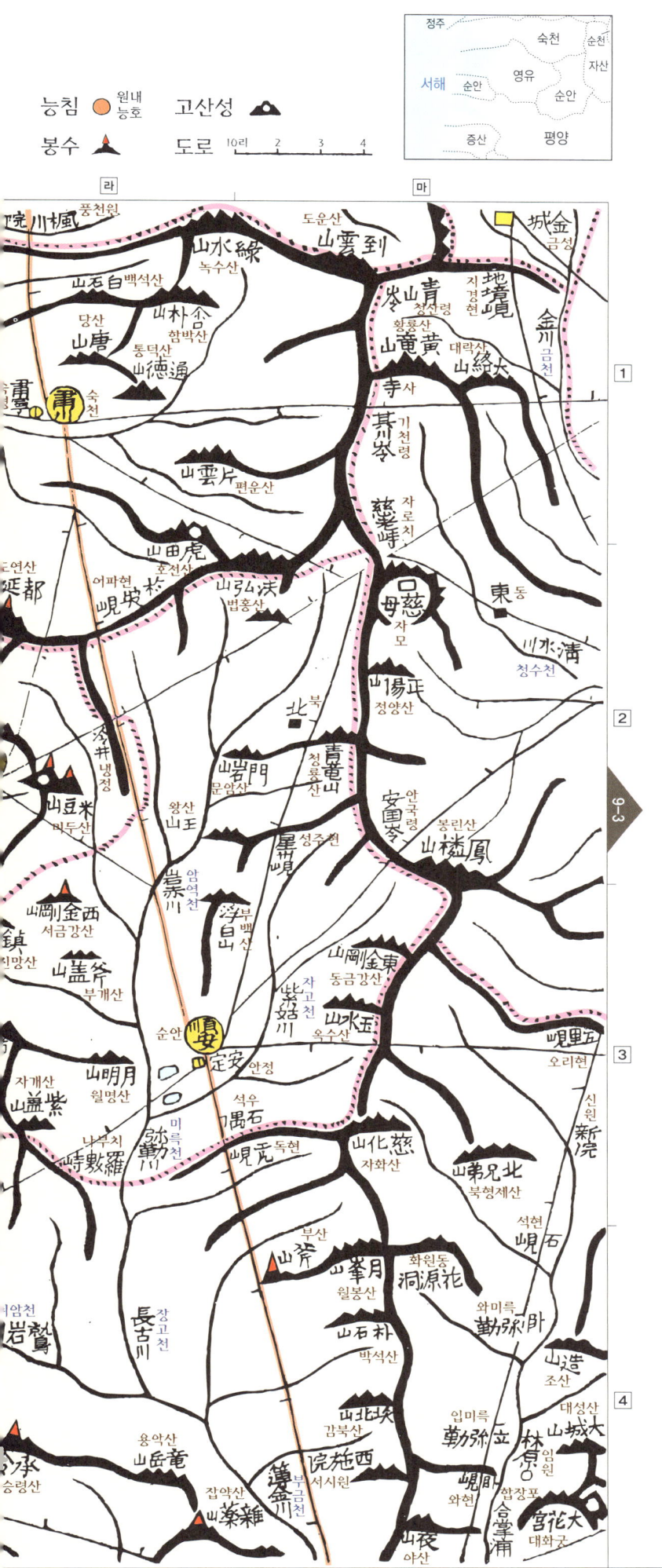

평양의 식량 창고, 순안

우측 상단에서 청남정맥이 도운산~황룡산~법홍산~미두산~두등산 등을 세우며 서남쪽으로 뻗어 간다. 남부의 미륵천 기슭에는 순안벌이 펼쳐져 있다. 평양 북부 지역이다.

순안(順安) - 라3

조선 시대에는 서북 방면의 의주~안주~평양으로 들어가는 길목에 위치한 군사·교통의 요지였다. 대동강의 지류인 미륵천(彌勒川, 지금의 보통강)의 중류 연안은 낙랑준평원의 일부인 순안평야(순안벌)다. 평안남도 평원군이었다가 1972년 평양시 순안구역이 되었는데, 지금은 평양의 위성도시 역할을 맡고 있다. 북한의 국제공항인 평양순안국제공항이 이곳에 있다.

자모산성(慈母山城) - 마2

순안 동북쪽 자산과의 경계에 있는 자모산성은 고구려 도읍인 평양성 외곽을 지키던 성들 중 하나로서 평양성의 북쪽 방위를 담당하였다. 둘레가 약 5km, 높이는 4m다. 옛 기록에 "성 안 골짜기마다 샘물이 솟아 나오는데, 세상 사람들이 말하기를 99개의 우물이라고 한다."라고 할 정도로 수량이 풍부한 요새다. 벽초 홍명희(洪命熹)의 역사소설《임꺽정》은 청석골을 떠난 임꺽정이 자모산성으로 들어가 관군과의 싸움에 대비하면서 끝을 맺는다.

대성산(大聖山) - 마4

평양 대성산성이 있는 산이다. 평양 부근에서 가장 험준한 지세로 꼽히는 대성산성은 고구려 장수왕이 국내성에서 평양으로 천도할 때 지은 안학궁(安鶴宮, 지도의 대성산과 대화궁 사이의 평지) 북쪽을 대비한 산성이다. 평시에는 안학궁에 거주하였고, 전시에는 대성산성으로 들어가 방어하였다. 대성산 기슭의 고분 중에는 갑옷을 갖춘 말이 등장하는 '무덤주인이 개마를 타는 모습(塚主着鎧馬之像)'이라는 명문(銘文)으로 유명한 개마총(鎧馬塚)이 있다.

대화궁(大花宮) - 마4

안으로는 이자겸(李資謙)의 난으로 왕권이 실추되고, 밖으로는 북송이 쇠하고 금나라가 흥하는 내우외환의 시기에 묘청은 풍수도참의 지덕쇠왕설(地德衰旺說)을 내세워 서경(지금의 평양) 천도를 주장하였다. 결국 왕의 마음을 움직여 명당 중 명당이라는 곳에 대화궁을 짓게 된다. 이어 칭제건원과 금나라 정벌을 주장하면서 천도를 서둘렀으나 개경파의 반대에 부딪치고 말았다. 위기를 느낀 묘청(妙淸)은 1135년 반란을 일으켰다가 1년 만에 진압되었다.

미두산(米豆山) - 라2

영유현(永柔縣)에 미두산 봉수와 냉정참(冷井站)을 설치하여 국경지대의 상황을 전달하게 하였다. 미두산성은 흙으로 쌓았는데 둘레가 4,380척, 높이가 9척이었다. 고려 때는 이곳에 있는 봉진사(鳳進寺)에 태조의 영정(影幀)을 봉안하고 제사를 지냈다.

문암 門岩

| 영아 | ⬜ 영이 있는 읍치는 표시 안함 | 성지 | ⛰ 산성　🏔 관성 | 창고 | ◼ 무성　◾ 유성 | 고현 | ● ◉유성　◎구읍지 유성 | 역참 | ◐ |
| 읍치 | 🟡 무성　🟠 유성 | 진보 | 🟨 무성　🟧 유성 | 목소 | 牧 牧 場屬 | 고진보 | ▲ ◬유성 | 방리 | ○ |

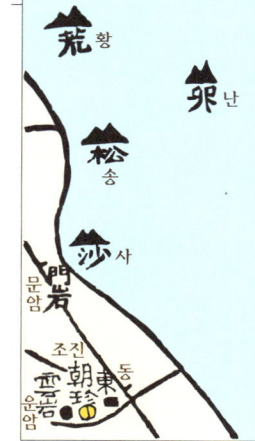

荒 황

卵 난

松 송

沙 사
門岩 문암

조진 朝東 동
雲岩 珍
운암

능침 ● 원내능호   고산성 ⛰

봉수 ▲   도로 |0리 2 3 4

동해

통천

라   마

1

2

3

4

겸재 정선이 화폭에 담은 바위, 문암

지도에 드러난 부분은 강원도 통천의 동남부 해안이다. 조진역은 통천과 고성을 잇는 해안길에 위치한 역이다. 동해에는 황도, 송도, 사도 등의 섬들이 떠 있다.

문암(門巖) – 가4

통천과 고성 사이에 위치한 문암은 바닷가의 바위 2개가 문처럼 솟아 있고, 그 사이로 길이 뚫려 있는 해안 바위다. 조선 중기의 문신 김창협(金昌協)은 〈동유기〉에서 문암을 보고 "색이 하얗고 그 모습이 자못 기이하였는데, 화초가 그 위에 알록달록하게 덮여 있는 모습이 마치 수를 놓은 것 같았다."라고 묘사하고 있다. 겸재 정선(鄭歚)은 금강산을 유람할 때 강릉을 지나 북으로 오르며 통천 초입에 있는 옹천을 그리고, 여기에 와서 문암을 화폭에 담았다. 이때 그린 〈통천문암도(通川門巖圖)〉는 수직의 날카로운 바위 사이를 지나는 나그네들을 금방이라도 덮칠 듯한 거대한 파도를 부드럽고 장쾌하게 표현한 명작이다.

운암폐현(雲巖廢縣) – 가4

"고을 남쪽 50리에 있다. 원래 고구려의 평진현(平珍縣)이며, 천현(遷縣)이라고도 하였다. 신라 때에 편험(偏險)으로 고쳐서 고성군(高城郡)에 속하게 하였다. 고려조에 지금 이름으로 고쳐서 내속시켰다."《신증동국여지승람》에 내력이 자세히 기록된 운암폐현은 고려 때 왜구 침입을 방어하는 중요한 군사기지였던 것으로 추정된다. 고려 전기의 문신인 고조기(高兆基)는 운암현(雲巖縣)을 지나며 "바람이 호산(湖山)에 드니 일만 구멍에 바람 부는데, 자던 구름 다 돌아가니 변방 하늘이 높았구나." 하고 노래하였다.

조진역(朝珍驛) – 가4

《신증동국여지승람》에 "운암현(雲巖縣)에 있다."라고 한 조진역은 통천과 고성의 중간 지점에 위치한 역참이다. 나그네들은 백두대간 서쪽 너머의 내금강 회양 고을로 들어설 때, 통천을 거치지 않고 조진역에서 곧장 백두대간의 판막령(板幕岺)이나 추지령(楸池岺)을 넘어 회양으로 빠르게 갈 수 있었다. 조선 시대 유람기에는 이 부근을 운암역으로 기록한 것도 많다. 조진역이 운암폐현에 있는 역이라 명칭을 혼용한 것이 아닌가 추정된다.

통천해안(通川海岸) – 가4

이 도엽은 강원도의 동쪽에 자리 잡고 있는 통천의 일부 해안으로서 지금의 강원도 통천군 임남면 운암리·장용포리·두백리 지역이다. 역사 학자들이 예국(濊國)이나 동예(東濊)의 일부였을 것으로 추정하는 통천은《신증동국여지승람》에 "어염(漁鹽)에서 나는 이익으로 무역하여 먹는다."라고 하였으니 바다의 혜택을 많이 받고 있음을 알 수 있다. 이 지도는 통천 바닷가의 극히 일부를 이루고 있을 뿐이지만, 관동 지방을 여행하는 조선의 나그네들은 반드시 이 길을 거쳐 가야만 하였다.

안변 安邊 회양 淮陽 통천 通川

영아 영이 있는 읍치는 표시 안함   성지 산성 관성   창고 무성 유성   고현 ● 유성 ◎ 구읍지 유성   역참

읍치 무성 유성   진보 무성 유성   목소 牧場屬   고진보 ▲ 유성   방리 ○

동해
안변
흡곡
회양
통천

능침 ● 원내능호   고산성 ▲
봉수 ▲   도로 10리 2 3 4

라   마

1

2

10-1

3

4

〈신고산타령〉의 배경지, 안변

좌측 상단에 백두대간이 살짝 모습을 드러냈다가 좌측 하단에 다시 나타나 회양 고을을 품고 크게 호를 그리며 남쪽으로 뻗어 간다. 동해안에는 안변, 흡곡, 통천 고을이 보인다.

안변(安邊) – 나1

옛 기록에 "활쏘기와 말타기는 북쪽 고을보다 못하지만 예의 바른 풍속은 남쪽과 견줄 만하다."라고 평한 안변은 안변평야 덕분에 함경도의 주요 쌀 생산지로 꼽혀 왔다. 안변은 개화기 민요인 〈신고산타령〉의 배경지다. 조선 시대 역이었던 철령 북쪽의 고산역(高山驛)은 근대에 경원선 철도가 놓이면서 '구고산'이 되고, 새로 생긴 철도역은 노래의 소재인 '신고산역'이 되면서 "신고산이 우르르 화물차 떠나는 소리에……" 하는 노래의 배경이 된 것이다.

회양(淮陽) – 나4

백두대간의 철령 남쪽에 터를 잡은 회양은 세조 때 진을 설치하고 북방 방어의 요지로 삼았던 고을이다. 강을 의미하는 '회(淮)', 높은 산들이 많아 햇빛이 먼저 비껴드는 고을이라는 '양(陽)' 자를 합친 지명이다. 백두대간 깊은 고을이지만, 관북의 요지인 철령과 접하고 있어 교통은 좋은 편이다.

흡곡(歙谷) – 마2

'습비곡'·'습계'·'학림' 등으로 불리던 흡곡의 대표 경승지는 물이 맑고 송림이 우거진 아름다운 석호인 시중호(侍中湖)다. '시중(侍中)'은 고려 때 으뜸가는 벼슬인데, 조선 시대 한명회(韓明澮)가 이 호수에서 유람할 때 우의정으로 임명된다는 소식이 와서 '시중호'라 하였다고 한다. 관동팔경을 꼽을 때 평해(平海) 월송정(越松亭) 대신 흡곡 시중대(侍中臺)를 넣기도 한다.

철령(鐵岭) – 나3

백두대간의 철령은 예로부터 우리나라 남북의 관문이요, 중앙과 관북 지방을 연결하는 교통·군사상 중요한 고개였다. 고려 말기의 학자 이곡(李穀)은 "우리나라 동쪽에 있는 요해지(要害地)로 이른바 한 사람이 관문에서 막으면 1만 사람이 덤벼도 열지 못한다."라고 평하였다. 철령관(鐵岭關)을 중심으로 관북은 함경도, 관서는 평안도, 관동은 강원도 동해안 지방을 뜻한다.

총석정(叢石亭) – 마3

통천의 총석정은 관동팔경의 명소다. 〈대동여지도〉에는 '총석(叢石)', 김정호가 제작한 다른 지도 〈청구도〉, 〈동여도〉에는 '총석정'이라 표기되어 있다. 신라 때 술랑(述郎)·남랑(南郎)·영랑(永郎)·안상(安祥)의 네 화랑이 이곳에서 놀았기 때문에 '사선봉(四仙峯)'이라고도 한다. 총석정을 중심으로 금란굴을 포함한 경관을 따로 '통천 금강'이라 부른다.

문성 文城 방장치 防墻峙

영아 [영이 있는 읍치는 표시 안함]　성지 [산성] [관성]　창고 [무성] [유성]　고현 ● ◉유성 ◎구읍지 유성　역참 [표시]

읍치 [무성] [유성]　진보 [무성] [유성]　목소 牧場屬　고진보 ▲ ▲유성　방리 ○

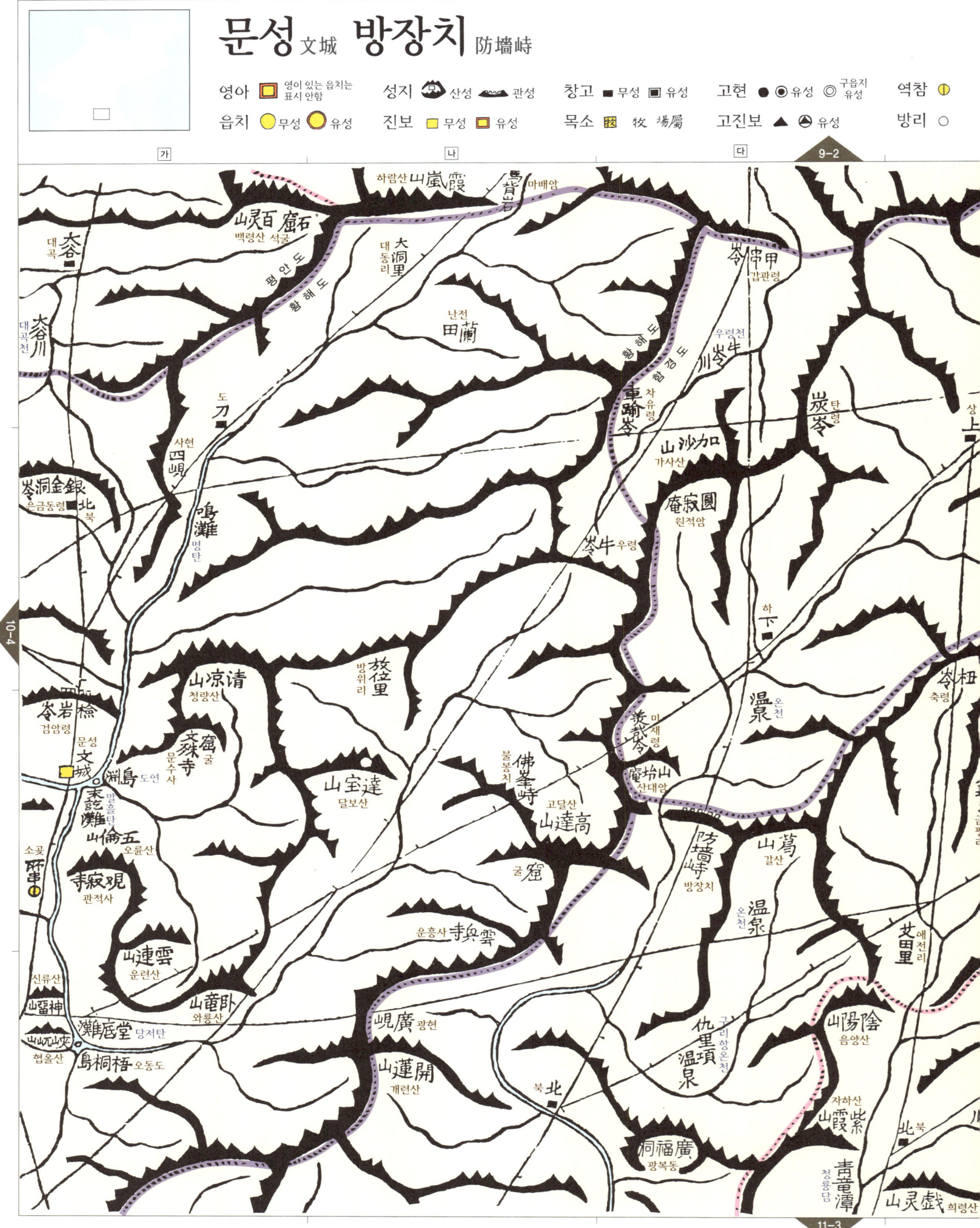

방장치(防墻峙) 옆을 흐르는 하천은 임진강 상류인 노탄천(蘆灘川)으로, 주변에는 온천이 산재해 있다.

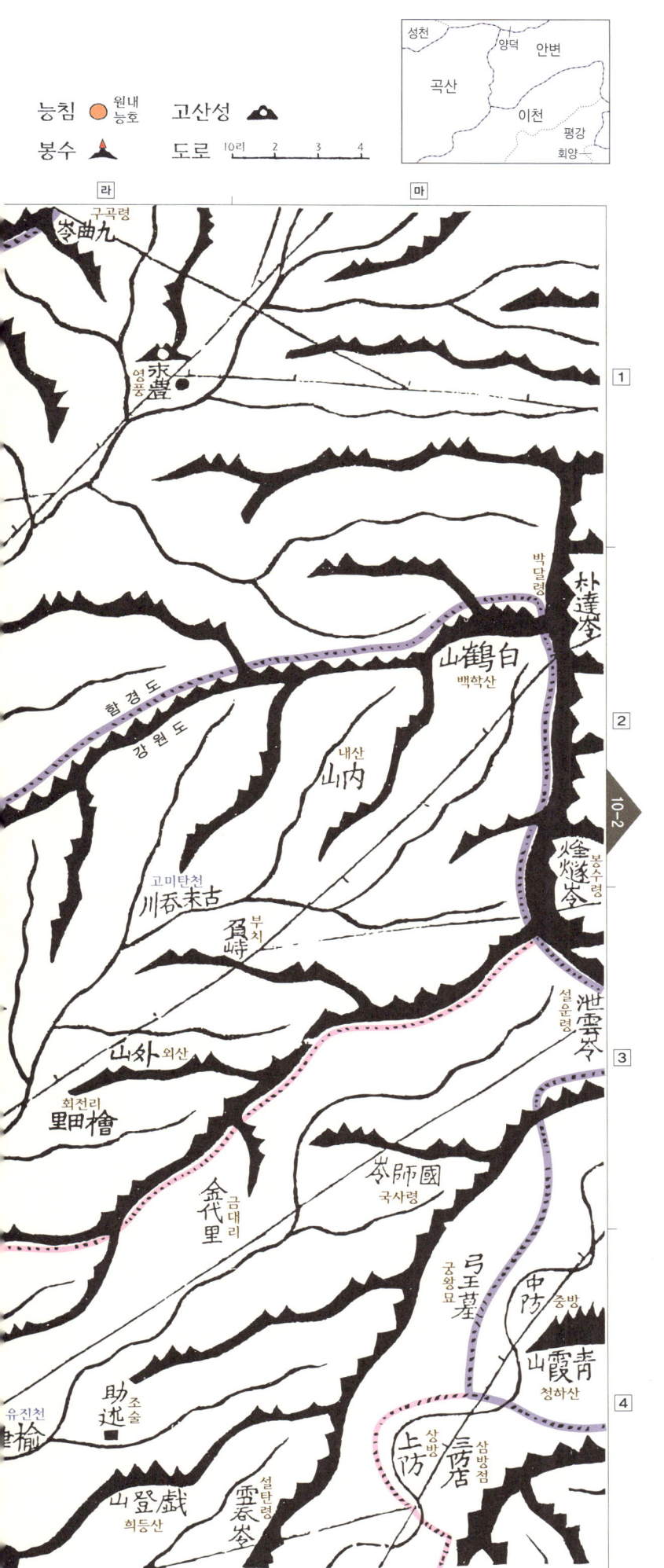

길이 험한 완벽한 요새, 문성

우측의 박달령~설운령~설탄령을 잇는 산줄기는 백두대간이다. 좌측의 쌍선으로 표현한 하천은 대동강 지류인 남강, 가운데 서남으로 흐르는 하천은 임진강이다.

문성진(文城鎭) - 가3

황해도 곡산 고을에 속하는 문성진은 신라와 백제가 싸울 때 요충지였다. 신라 경덕왕 때 성을 쌓고 관(關)을 설치하였는데, 길이 험하면서 방어시설도 완벽한 군사 요지였다. 임진왜란 때도 왜군을 여기서 잘 막았다고 한다. 중종 때 만호를, 숙종 때 첨사를 두었다.

방장치(防墻峙) - 다3

함경도 안변(安邊)과 강원도 이천(伊川)을 잇는 방장치는 함경도와 강원도를 연결하던 고개 중 하나다. 임진강 지형을 이용해 쌓은 관성이 있는 고개 주위로 온천(溫泉)이 많은데, 동남쪽은 갈산온천(葛山溫泉), 북쪽은 역사가 5백 년이 넘었다는 노탄온천(蘆灘溫泉)으로 추정된다. 북한은 1952년 방장치 남쪽에는 황해도 판교군, 북쪽에는 함경남도 법동군을 신설하였다.

하람산(霞嵐山) - 나1

하람산(霞嵐山)은 황해도 곡산(谷山)과 함경도 양덕(陽德) 사이에 솟은 산이다. 정상의 치마대(馳馬臺)는 이성계(李成桂)가 말을 타고 무술을 익혔다는 곳인데, 1799년(정조 23년) 정조의 친필로 새긴 '치마구기비(馳馬舊基碑)'가 있다. 하람산 남쪽의 곡산 고을은 조선 태조의 둘째 비인 신덕왕후 강씨(康氏)의 고향이다. 호랑이 사냥을 온 이성계가 우물에서 물을 찾자 강씨가 버들잎을 띄워 건넨 인연으로 혼인하였다고 전한다.

궁왕묘(弓王墓) - 마4

백두대간 협곡에 안긴 상방(上防), 중방(中防), 하방(下防)을 합쳐 흔히 '삼방협(三防峽)'이라 부른다. 궁예(弓裔)의 마지막 항전지로도 알려진 이 협곡에는 태봉궁지와 궁예묘가 남아 있다. 중방 왼쪽에 표기된 궁왕묘가 바로 궁예의 묘를 일컫는다. 《대동지지》에 "석축이 수십 길이나 되고, 높다란 형대(炯臺)가 있는데, 지금은 절반이나 허물어졌다."라고 하였는데, 1924년 최남선(崔南善)이 쓴 《풍악기유》에도 흔적이 자세히 묘사되고 있는 것으로 봐서 현재도 터가 남아 있을 것으로 추정된다.

광복동(廣福洞) - 다4

이천 광복동은 대표적인 피장처(避藏處)였다. 높은 산지로 둘러싸인 넓은 취락지면서 입구는 좁고 길으니 피장처의 요건을 잘 갖춘 마을이라 할 것이다. 《신증동국여지승람》에는 "산이 높고 험하다. 또 바위와 돌이 성(城)처럼 되어 있어서 둘레가 15리나 되는데, 안에는 민가(民家)가 있다."라고 하였다.

삼등 三登 상원 祥原 수안 遂安

영아 □ 영이 있는 읍치는 표시 안함　성지 산성 관성　창고 ■무성 ▣유성　고현 ●◉유성 ◎구읍지유성　역참 ◐

읍치 ●무성 ●유성　진보 □무성 ▣유성　목소 牧 牧場屬　고진보 ▲ ◭유성　방리 ○

평안도의 삼등(三登)은 1908년 강동군에 편입되고, 상원(祥原)은 1914년 중화군에 편입되었다가 현재 황해북도 관할이다.

한반도에서 가장 오래된 구석기 유적이 발견된 상원

우측 가운데에서 서북으로 흐르며 삼등을 지나는 하천은 대동강 지류인 남강이다. 그 남쪽으로는 대각산~언진산~천자산~양파령을 잇는 해서정맥이 수안 고을을 감싸고 뻗어 간다.

흑우(黑隅) – 나2

상원(祥原)은 석회암 동굴이 산재하는 고을이다. 흑우(黑隅, 검은모루)는 1966년 석회암을 캐다가 우연히 발견된 '상원 검은모루 동굴 유적'이 위치한 곳으로 추정된다. 주먹도끼·제형석기·반달형석기 등이 발굴된 이곳은 약 40~60만 년 전의 전기 구석기 시대 유적으로서, 우리나라에서 가장 오래된 구석기 유적으로 꼽힌다.

삼등(三登) – 다1

대동강 지류인 능성강(지금의 남강) 기슭에 터를 잡은 삼등은 강물이 심하게 감입곡류하며 굽이마다 절경을 펼쳐 놓은 아름다운 고을이다. 그중에서도 8km에 걸쳐 석회암 기암절벽이 병풍처럼 서 있는 삼등 황학루(黃鶴樓) 일대는 36개의 절경이 별유천지를 이루고 있다 해서 '삼십육동천'이라 불린다.

방원령(防垣岺) – 다3

"성의 좌우에 높은 산이 마주 솟아 있다. 인조 2년에 이괄의 군대가 이곳에 도착하였지만 감히 범하지 못했다."《대동지지》의 기록대로 방원령은 수안의 최고 요충지였다. 이런 험준함에 의지해 중종 때 방원진(防垣鎭)을 설치하였다. 1680년(숙종 6년)에는 방원령 남쪽 2리 지점의 문산으로 진(鎭)을 옮겨서 방원령·명월령(明月岺)·만령(蔓岺)·이령(泥岺)·납로리령(納老里岺)을 지키게 하였다.

곡산(谷山) – 마4

고구려 때 십곡성(十谷城)이었고, 고려 때 곡주(谷州)였다. 조선이 건국된 후 조선 태조의 둘째 비인 신덕왕후 강씨(康氏)의 출생지라 해서 곡산으로 고치고 부(府)로 승격하였으나 정치적 갈등 관계였던 태종이 등극하자 군(郡)으로 강등되었다. 이후에도 정치적 상황에 따라 강등과 승격을 거듭하였다.

수안광산(遂安鑛山) – 라3

수안광산은 오래전부터 우리나라에서 손꼽히던 금광인데, 지도에서 그 위치는 만령(蔓岺) 서쪽 골짜기로 추정된다. 정조 때인 1794년 금점(金店)을 설치해 본격적으로 금을 채굴하였다고 전한다. 1905년 영국인이 근대식 광산으로 재개발해 해마다 약 3t의 금을 생산하였고, 일제 강점기에는 종업원 수만 4만 7천 명에 달할 정도로 규모가 컸다.

평양 平壤　강서 江西　황주 黃州

영아 ⬜ 영이 있는 읍치는 표시 안함　　성지 🏯 산성 🏔 관성　　창고 ■ 무성 ⬛ 유성　　고현 ● ◉ 유성 ◎ 구읍지 유성　　역참 ⊖

읍치 🟡 무성 🟠 유성　　진보 🟨 무성 🟧 유성　　목소 牧 牧場屬　　고진보 ▲ ⛰ 유성　　방리 ○

대동강(大同江) 하류가 잘 나타나 있고, 퇴적으로 형성된 하중도(河中島)가 곳곳에 발달되어 있다.

고구려의 마지막 도읍지, 평양

대동강이 평양을 지나 월당강(지금의 재령강)을 합류한 뒤 서해로 흘러든다. 평양은 고구려의 마지막 도읍지로서 고분과 성터 등 수많은 유적이 산재한다.

평양성(平壤城) – 마1

고려 말기의 학자인 이색(李穡)이 "나라의 근본이 되어서 서북쪽을 제어한다."라고 설명한 평양은 고구려 시대 마지막 도읍이었고, 고려와 조선을 거치면서 관서 지방의 정치·경제·문화의 중심지로 존재하였던 큰 고을이다. 《택리지》에서는 평양 외성(外城)이 전국 팔도의 강가 고을 중에는 첫째로 꼽히는 거주지라고 예찬하였다. 평양성은 고구려인들이 창안한 평산성(平山城)이다. '평산성'이란 산성의 장점과 평지성의 장점을 모두 살려 쌓은 성을 말한다.

대동강(大同江) – 마1

백두대간 낭림산에서 발원해 평안남도 덕천·순천 등과 평양의 중심부를 지나 서해로 흐르는 대동강은 길이가 439km로 우리나라에서 5번째로 긴 강이다. '대동(大同)'은 '여러 강물이 한데 모여서 이루어졌다'는 뜻이다. 시인묵객들의 작품이 많은데, 고려 최고의 문인으로 꼽히는 정지상(鄭知常)의 〈송인(送人)〉이 대표적이다. "대동강은 어느 때나 마를고, 이별의 눈물이 해마다 물결을 더하네."라는 구절이 돋보이는 이 노래는 지금도 사랑받고 있다.

강서(江西) – 다2

고구려 시대부터 평양과 관계 깊은 고을이다. 사신도(四神圖)로 유명한 삼묘리대묘(우현리대묘) 및 연화문으로 유명한 태성리연화총 등이 이 고을에 있다. 대동강 하류의 하중도에 위치한 보산진(保山鎭)은 평양 외곽 수비를 위해 군사를 배치하였던 곳이다. 이곳의 보산항(保山港)은 대명 해상 교역 항구로 크게 번성하였다.

황주(黃州) – 마3

어초천(於草川, 지금의 황주천) 기슭의 비옥한 평야 지대에 터 잡은 황주는 황해도의 대표 곡창이다. 지명도 '누런 흙으로 된 넓은 평야가 있는 고을'을 의미한다. 대동강과 월당강(지금의 재령강) 하류를 끼고 있어 수운도 편리하였는데, 특히 두 강이 합류하는 지점의 하중도인 철도(鐵島)는 오래전부터 교통·국방의 요지였다.

용강(龍岡) – 나2

대동강 하류 북쪽에 위치한 용강은 금마 땅에서 마한을 이루고 있던 기자의 52대손인 선우양(鮮于諒)이 백제의 침공으로 옮겨 와 세운 황룡국(黃龍國)이 있었다는 고을이다. 이곳은 고구려 도읍인 평양과 멀지 않아 고구려 고분들이 산재한다. 그중에서 용강현 치소(治所) 동쪽 10여 리 부근에 있는 쌍영총(雙楹塚)과 용강대총(龍岡大塚)이 잘 알려져 있다.

광량 廣梁

영아	 영이 있는 읍치는 표시 안함	성지	산성 관성	창고	무성 유성	고현	유성 구읍지 유성	역참
읍치	무성 유성	진보	무성 유성	목소	牧 場 屬	고진보	유성	방리

가　　　　　　　　나　　　　　　　　다

광량진(廣梁鎭)이 위치한 곳은 북한의 대규모 간척공사로 인해 지형이 바뀌고, 연안의 섬들도 육지화되었다.

11-6

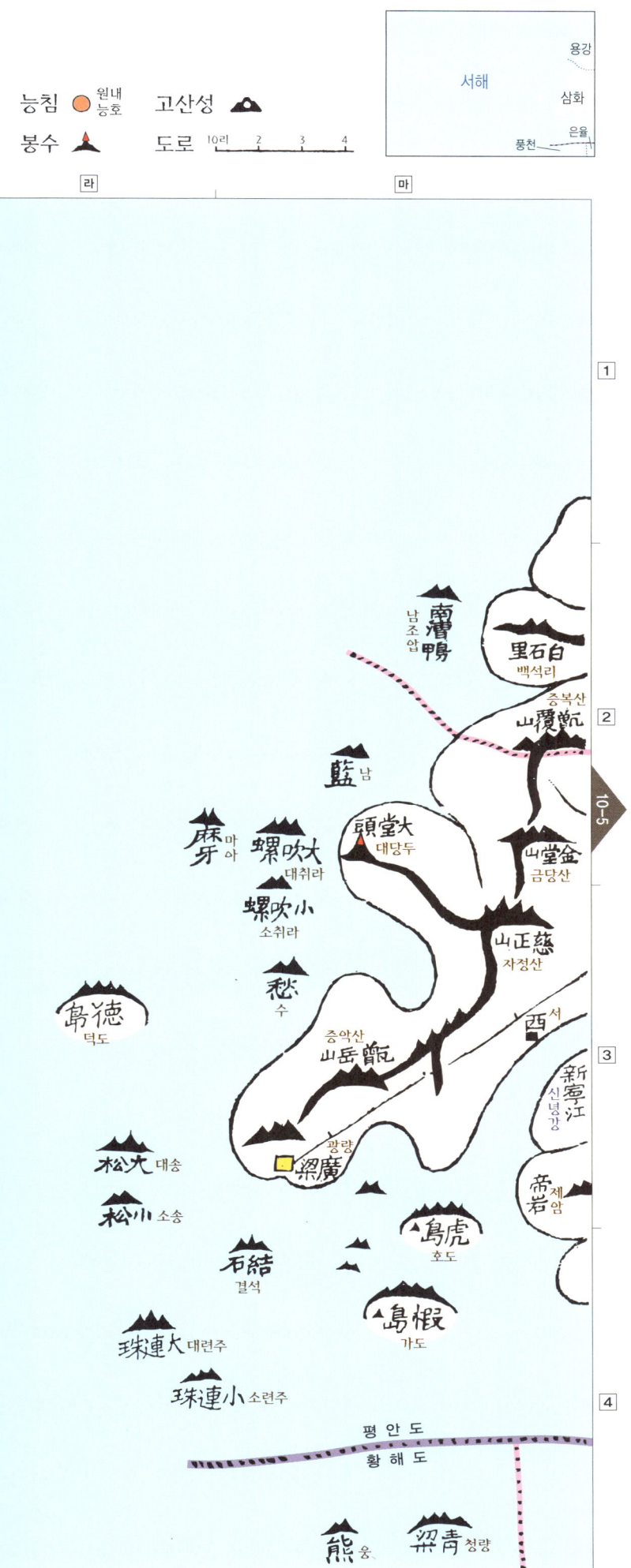

능침 ●원내 능호　고산성 ▲

봉수 ▲　도로 10리　2　3　4

라　마

서해

용강

삼화

풍천

은율

南灊鴨
남조압

里石白
백석리

증복산
山灊甑

藍
남

麋
마아

螺吹大
대취라

頭堂大
대당두

山堂金
금당산

螺吹小
소취라

山正慈
자정산

愁
수

島德
덕도

증악산
山岳甑

西
서

新寧江
신녕강

松大
대송

광량
灊廣

松小
소송

島虎
호도

石結
결석

帝岩
제암

島椴
가도

珠連大 대련주

珠連小 소련주

평안도
황해도

熊
웅

梁青
청량

대동강 하구의 방어 진지, 광량

대동강 하구인 광량만 지역이다. 우측 가운데의 증복산~자정산~증악산~광량진은 청남정맥이다. 광량진 동쪽은 광량만이고, 그 안쪽 하구에 1986년 건설한 서해갑문이 있다.

광량진(廣梁鎮) – 마3

대동강 하구에 위치한 광량진은 평안도와 황해도를 방어하는 군사적 요지였다. 원래 호도(虎島)에 있던 수군첨절제사영을 광량으로 옮겨 온 광량진은 조선 시대 27진의 하나로 꼽혔다. 광량만 안쪽의 서창(西倉)은 당시 군수 물자와 군량을 보관하던 창고다. 진보와 창고가 함께 있어 발전한 광량진 포구는 요즘은 수산물의 집산지로 알려져 있다.

광량만(廣梁灣) – 마3

신녕강(新寧江) 하구의 호도(虎島) 북쪽 일대는 지금의 광량만이다. 광량만은 어귀는 좁으나 안쪽은 깊고 더 넓어진다. 광량만은 선박이 정박하는 데 유리한 조건을 갖추고 있어 대동강 하구의 연안 어업 기지 역할을 해 왔다. 또한 갯벌이 넓게 펼쳐져 있고 일조량과 증발량이 많아 일찍부터 염전이 개발되었고, 현재는 광량만제염소가 있다. 1986년 광량만 입구인 제암(帝岩) 부근에서 대동강 하구를 가로질러 서해갑문이 건설되었다.

가도(椵島) – 마4

가도는 고려 말 역사의 한가운데에 있었던 섬이다. 고진보 표시에서 보듯, 고려 때 이곳에는 서북 방면을 지키던 영(營)이 있었다. 고려 후기 서북면병마사영의 아전인 최탄(崔坦)은, 1269년(고려 원종 10년)에 임연(林衍)이 왕을 폐하고 창(淐)을 왕으로 세우자 임연을 벤다는 명목으로 난을 일으켰다. 그는 이곳 가도영(椵島營)에 들어가 관리들을 죽인 뒤 서경을 비롯한 북계 54성과 자비령(절령) 이북의 황해도 6성을 탈취해 몽골에 투항하였다. 원나라는 이 영토를 통치하기 위해 서경(평양)에 동녕부(東寧府)를 설치하였다가 1290년(고려 충렬왕 16년) 고려에 반납하였다.

수도(愁島) – 마3

《대동지지》에 "현의 서쪽 45리에 있는데 조수가 물러나면 육지와 연결된다."라고 한 수도는 썰물 때 육지와 연결되던 섬이었음을 알 수 있다. 현대 지도에서 수도가 어느 섬인지 정확히 알기 어려우나 이 일대는 현재 염전으로 개발되었다.

덕도(德島) – 라3

《신증동국여지승람》에 "수도와의 거리가 20리인데 둘레가 30리"라고 한 덕도는 삼화(三和) 치소(治所)에서 가장 멀리 떨어져 있는 섬이다. 섬에는 관목이 무성하고 바위가 많아, 저어새를 비롯하여 바다오리·흰눈썹바다오리 등 많은 새가 번식하고 있어 북한에서는 천연기념물로 지정하였다.

고성 高城

영아 ▢ 영이 있는 읍치는 표시 안함	성지 ⛰ 산성 〰 관성	창고 ■ 무성 ▣ 유성	고현 ● ◉ 유성 ◎ 구읍지 유성	역참 ◖
읍치 ○ 무성 ◉ 유성	진보 ▢ 무성 ▣ 유성	목소 牧 牧 場 屬	고진보 ▲ ⛊ 유성	방리 ○

가　　　　　나　　　　　다

10-1

11-2

12-1

명파역(明波驛)이 위치한 곳은 현재 대한민국의 최북단 명파마을이고, 사천(蛇川)을 건너 언덕에는 고성 통일전망대가 있다.

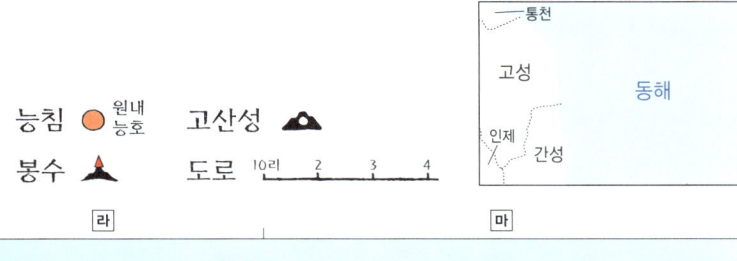

금강산과 해금강을 품은 고성

좌측 하단의 회전령~탄령~삽운령으로 이어지는 굵은 산줄기는 금강산에서 뻗어 내려온 백두대간이다. 지도의 고성은 현재 북한의 고성군 지역이다.

고성(高城) – 나2

고성은 서쪽에는 금강산이 솟아 있고, 동쪽에는 해금강이 있는 아름다운 고을이다. 그렇지만 행정구역에 사연이 많다. 조선 시대에는 고성과 간성으로 나뉘어 있었으나 일제 강점기에 고성군으로 합쳤고, 1945년 광복이 되면서 북한의 관할이었다가 한국전쟁 이후 간성·거진·현내면 전역과 수동면·고성읍 남부를 대한민국이 수복하여 고성군을 구성하였다. 북한은 원래의 고성군 북부와 통천군 남부를 합쳐서 고성군을 구성하였다.

해금강(海金剛) – 나2

"만 2천 봉 새긴 모양 기이하기도 한데, 화공이 기교 자랑하다 여유 부렸나. 바다 속에 다시 한바탕 놀이 벌려, 금부용 서너 줄기 뽑아 올렸네." 조선 후기 학자인 남한조(南漢朝)의 해금강 예찬이다. 조선 영조 이후 '해금강'이라 하면 '삼일포와 칠성봉 사이의 바다 경치'를 말하였는데, 근래에는 '북쪽 통천 총석정부터 남쪽 포진호(泡津湖, 지금의 화진포호)까지'를 일컫는다.

삼일포(三日浦) – 나2

관동팔경의 하나인 삼일포는 예로부터 우리나라 호수 중에서 가장 아름다운 호수로 꼽혀 왔다. 풍치가 좋은 36개 봉우리로 둘러싸인 호수 안에 4개의 섬이 있고, 그곳에는 사선(四仙)이 놀고 갔다는 사선정과 '영랑도 남석행(永朗徒南石行)'이라는 글씨가 남아 있다고 한다. 이중환(李重煥)은 《택리지》에서 "지극히 맑고 묘하면서도 화려하고 그윽하며 고요한 중에 명랑하다."라고 찬탄하였다.

포진호(泡津湖) – 나4

지금의 화진포호(花津浦湖)다. 대한민국 최북단에 있는 호수로, 가장 넓은 석호이기도 하다. 옛 기록은 "옛날 큰물이 나서 열산 골짜기를 휩쓰니 새 고을을 옮겨 산기슭에 설치하였으며 전의 고을은 물속에 잠겨 있는데, 갠 날 파도가 조용하면 담장과 집 모습을 볼 수 있다 한다."라는 사연을 들려주고 있다. 호수 북쪽에 열산(烈山) 고현이 표기되어 있다.

건봉사(乾鳳寺) – 가4

건봉사는 758년 창건한 사찰이다. 임진왜란 때 왜군이 가져간 통도사의 부처님 치아사리를 사명대사(泗溟大師)가 다시 찾아와 이곳에 봉안하였다. 융성기에는 설악산 신흥사와 백담사, 양양의 낙산사 등 현재의 유명 사찰들을 말사로 거느렸던 우리나라 4대 사찰 중 하나였다. 하지만 1878년 산불에 대부분 불탔고, 한국전쟁 때 폐허가 되면서 사세가 약해졌다.

금강산 金剛山 금성 金城

영아	□ 영이 있는 읍치는 표시 안함	성지	⛰ 산성	⛰ 관성	창고	■ 무성	▣ 유성	고현	● ◉ 유성	◎ 구읍지 유성	역참	◖
읍치	◯ 무성 ⬤ 유성	진보	◻ 무성 ▢ 유성		목소	牧 牧 場 屬		고진보	▲ ⬟ 유성		방리	◯

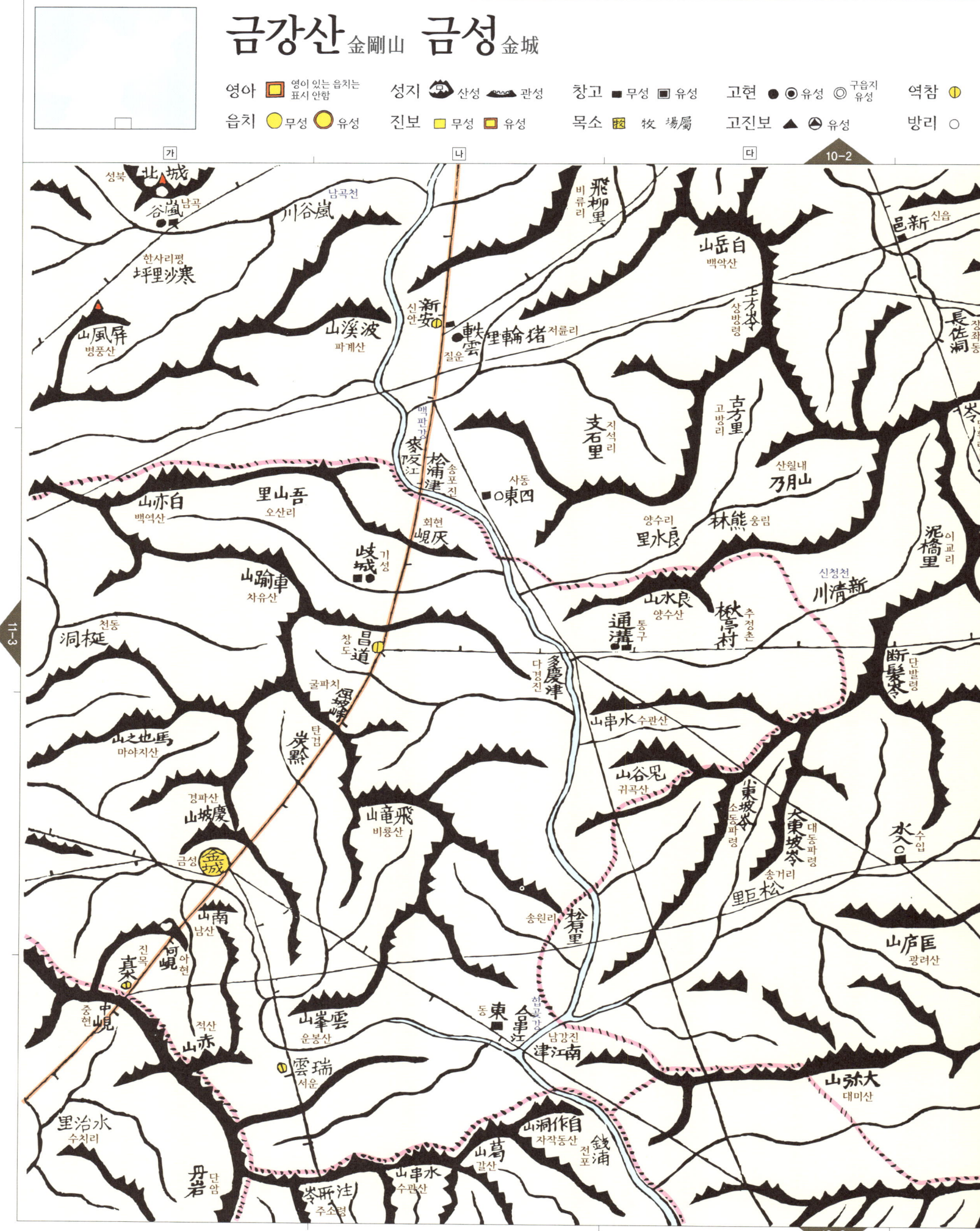

능침 ● 원내 능호   고산성 ▲

봉수 ▲   도로 10리 _2_ _3_ _4_

세계적인 명산, 금강산

우측의 백두대간에 금강산이 솟아 있는데, 석화성 같은 기
암괴석들로 이루어진 1만 2천 봉을 모두 표현하려는 듯 매
우 화려하다. 좌측의 북에서 남으로 흐르는 맥판강은 북한
강 최상류다.

금강산(金剛山) – 마1

"순전히 돌로 된 봉우리와 돌로 된 구렁, 돌로 된 내, 바위로 된
폭포다."《택리지》의 표현이 아니더라도 옛 기록들은 금강산을
명실공히 우리나라 최고의 명산으로 꼽았다. 일찍이 송나라 시인
소동파(蘇東坡)는 '원컨대 고려국에 태어나 한 번만이라도 금강산
을 보았으면(願生高麗國 親見金剛山)'이라고 읊었다고 전한다. 〈대
동여지도〉에서는 1만 2천 봉을 모두 표현하려는 듯 수많은 암봉
을 매우 화려하게 그려 놓았다. 최고봉은 비로봉이지만, 절경의
중심은 만폭동(萬瀑洞)이다. 1백 군데에서 흘러나오는 샘물이 골
짜기 속으로 쏟아져 만 개의 폭포를 빚었다는 이 절경은 겸재 정
선(鄭歚)의 〈만폭동〉에 잘 표현되어 있다.

금강산 사찰들 – 마2

금강산에는 '8만 9암자'라는 말이 있을 정도로 많은 사암(寺庵)이
있었다. 《신증동국여지승람》에는 산 안팎에 모두 108개의 사찰이
있다고 하였고, 북한 자료에는 최대 180여 개가 있었다고 한다.
금강산의 대표적인 사찰은 내금강 입구에 자리 잡고 왕실의 특별
한 비호를 받은 장안사(長安寺), 내금강 절경인 만폭동 입구의 표
훈사(表訓寺), 내금강의 전망 좋은 곳에 위치한 정양사(正陽寺), 규
모가 가장 컸던 외금강의 유점사(榆岾寺), 경관 좋은 신계천을 끼
고 있는 외금강의 신계사(新溪寺)를 꼽는다. 이 중 지금까지 잘 남
아 있는 사찰은 표훈사다. 암자로는 만폭동 분설담의 천길 벼랑
에 세워진 보덕암(普德庵)이 명물이다.

단발령(斷髮岺) – 라2

"속인이 이 고개에 올라 금강산을 본 자는 머리를 깎고 중이 되고
자 한다."라는 데서 이름이 유래하였다. 전설에 따르면 신라 마의
태자가 여기서 머리를 깎고 속세를 떠났고, 세조가 금강산의 절
경에 넋을 잃고 머리를 깎다가 신하들의 만류로 멈췄다고 한다.
겸재 정선(鄭歚)의 〈단발령에서 금강을 바라보다(斷髮岺望金剛)〉는
단발령과 금강산의 아름다움을 여백의 미로 표현한 명작이다.

금성(金城) – 가3

고려 때 '금이 나는 고을'이라 해서 '금성군'이라 하였다는데, 지도
에는 금점(金店)과 관련된 지명은 보이지 않는다. 내금강으로 들
어가는 길목에 위치한 고을이라 관동 지방에서 접근하지 않는 한
금성을 지나야 내금강으로 들어설 수 있었다. 조선의 나그네들은
금성 북쪽의 창도역(昌道驛) 삼거리에서 동쪽 길을 따라 금강산으
로 들어갔다. 장안사까지 보통 이틀거리였다.

이천 伊川 평강 平康 철원 鐵原

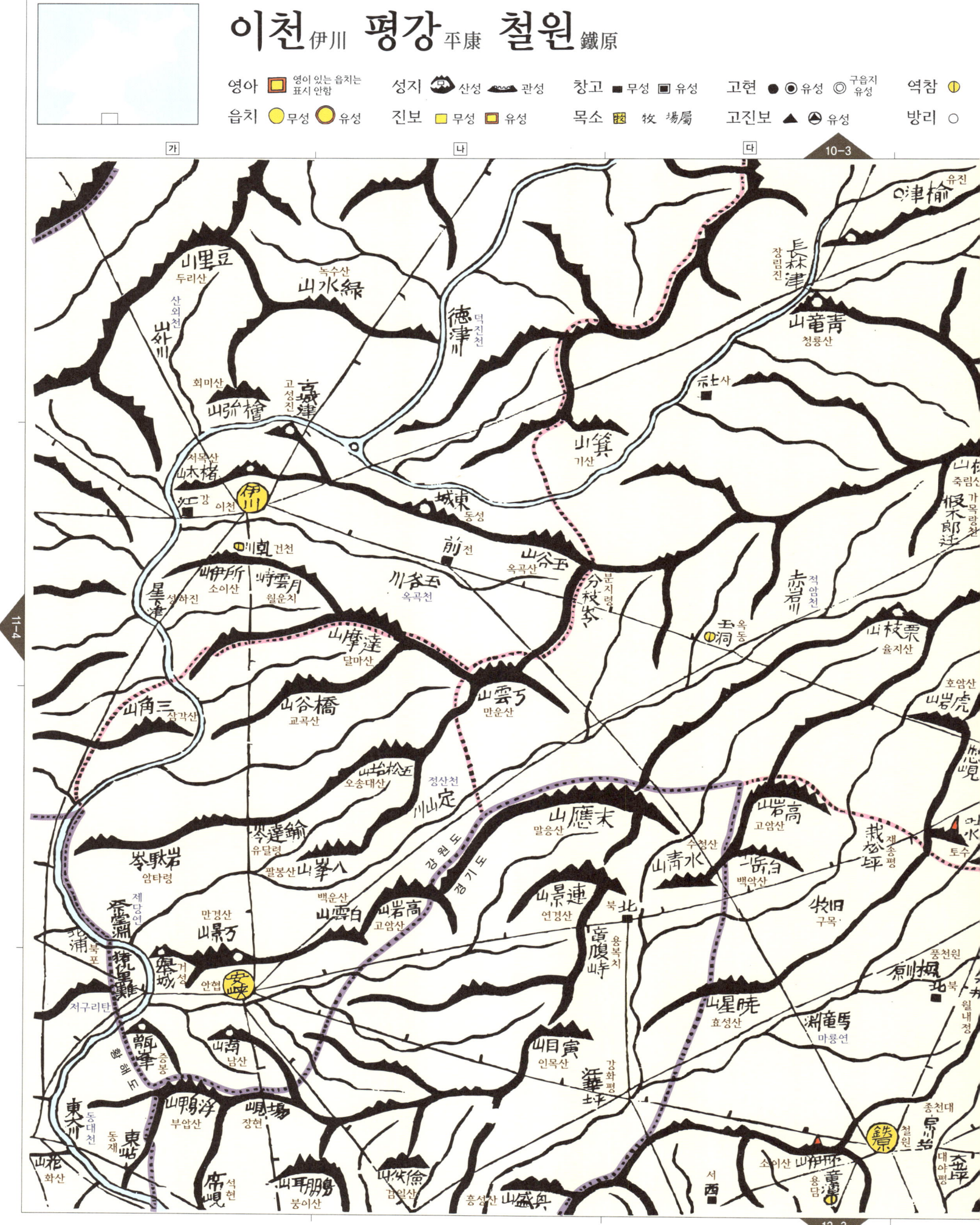

궁예가 삼한 통일의 꿈을 키운 철원

우측 상단으로는 백두대간 산줄기가 내려와 분수령을 지나 동북쪽으로 빠져나간다. 분수령 동쪽에서 분기해 남쪽의 쌍령~장현~오신산으로 뻗은 산줄기는 한북정맥이다. 좌측의 이천·안협을 지나는 하천은 임진강이다.

철원(鐵原) – 다4

조선 시대 치소(治所)인 본래의 철원은 현재 비무장 지대 안쪽 지역에 있다. 이곳에는 금강산전철의 시발점이던 철원역사가 남아 있고, 얼음 창고, 농산물 검사소 등 당시의 건물들 잔해도 잡초에 묻혀 있다. 철원읍 관전리에는 철원노동당사가 폐허가 된 채 허허벌판을 지키고 있다. 한국전쟁으로 군사분계선이 설정되면서 철원군 지역이 남북으로 분단되어 현재 남한의 철원군청은 갈말읍 신철원리에 있고, 북한의 철원군청은 안협에 있다.

풍천원(楓川原) – 라4

철원 치소(治所) 북쪽에 있는 풍천원은 후삼국 시대에 궁예가 세운 태봉의 옛 도읍지다. 도읍 흔적은 일제 강점기까지도 남아 있었으나 한국전쟁을 거치면서 거의 폐허가 되었다. 남북한은 이곳을 서로 차지하기 위해 포탄을 퍼부으며 파괴를 거듭하였다. 결국 휴전선이 도성을 남북으로 반반씩 가르면서 지금은 비무장 지대 잡초에 묻혀 있다. 조선 전기의 문신인 김양경(金良鏡)의 "철원(鐵原)은 기름지고 아름다운 좋은 땅인데, 옥루(玉樓)와 금전(金殿)이 다 가시밭이 되었구나." 하는 시는 지금도 가슴을 아프게 한다.

평강(平康) – 라3

고구려 때 '부양(斧壤)'으로 불리던 평강은 철원과 이웃한 고을이라 역사적으로 궁예와 관련된 지명이 많다. 평강 북쪽의 검불랑(檢佛郎, 지금의 세포면 세포리)은 궁예가 군사훈련장으로 사용하던 곳이고, 문과원(文科原, 지금의 평강읍 동변리)은 태봉에서 과거를 보던 시험장이며, 평강 서쪽의 하천은 궁예가 쫓기면서 갑옷을 벗어 버린 '갑천(甲川)'이라 한다. 《삼국사기》 등에는 918년 정변이 일어나자 궁예는 평복 차림으로 도망하였다가 결국은 이곳 평강 백성들에게 죽임을 당한 것으로 기록되어 있다.

안협(安峽) – 가4

고구려 때 '아진압(阿珍押)'이라고 불리던 안협은 '산속의 편안한 고을'이다. 지도를 보면 지명이 의미하는 대로 만경산, 남산 등 산성을 갖춘 4개의 산에 빙 둘러싸여 있다. 대부분의 옛 기록들은 이 고을 주민들의 순박한 민심을 칭찬하고 있다. 깊은 산중이지만, 조선 시대에 임진강의 작은 배는 안협까지 거슬러 올라갈 수 있었다.

신계新溪 서흥瑞興 평산平山

영아 ▨ 영이 있는 읍치는 표시 안함　성지 ⛰ 산성 ⛰ 관성　창고 ■무성 ▣유성　고현 ●◉유성 ◎구읍지유성　역참 ◐

읍치 ●무성 ◉유성　진보 ■무성 ▨유성　목소 牧 牧 場 屬　고진보 ▲ ▲유성　방리 ○

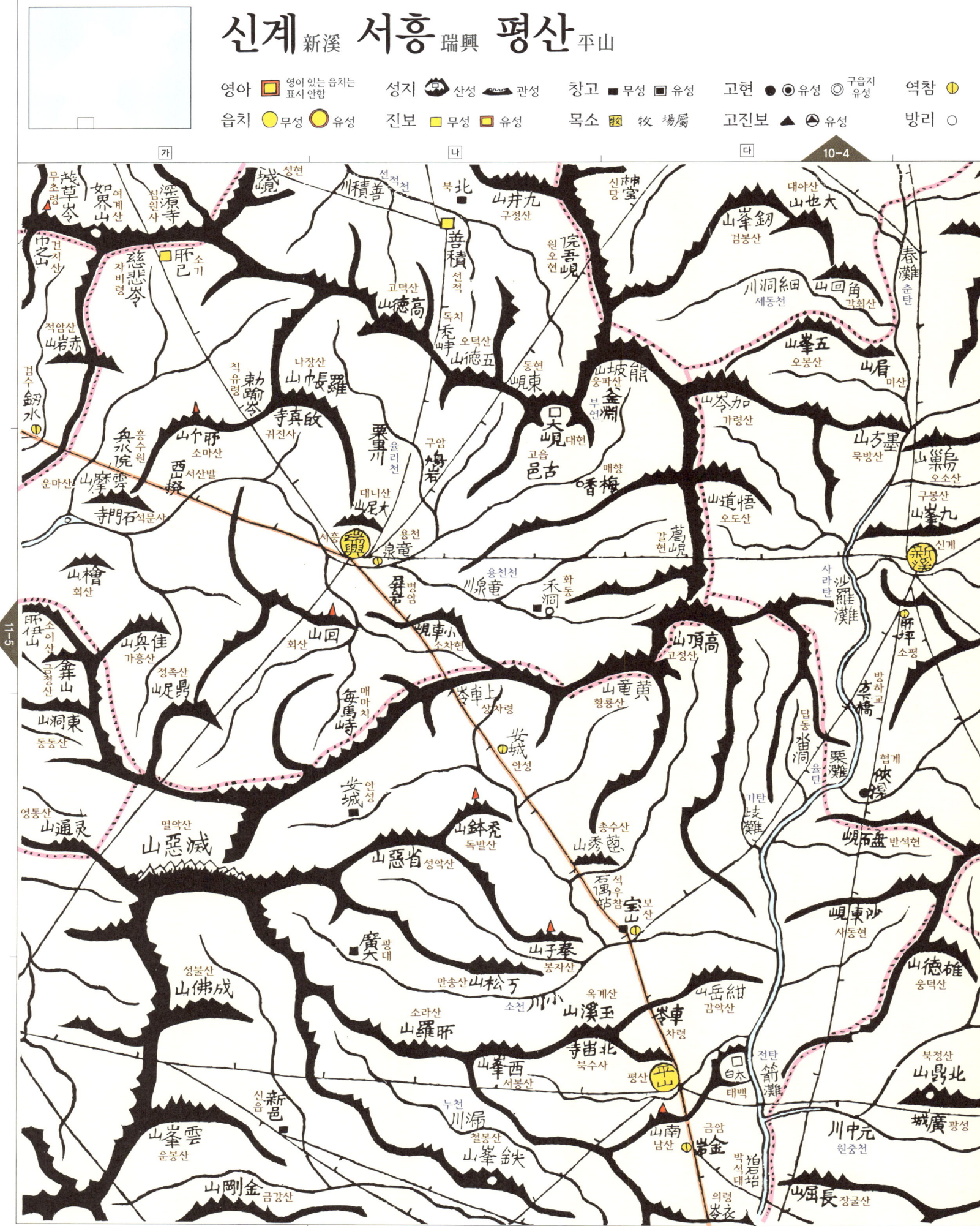

서흥(瑞興), 평산(平山)을 잇는 도로는 조선 10대로 중 제1대로에 속하는 도로이다.

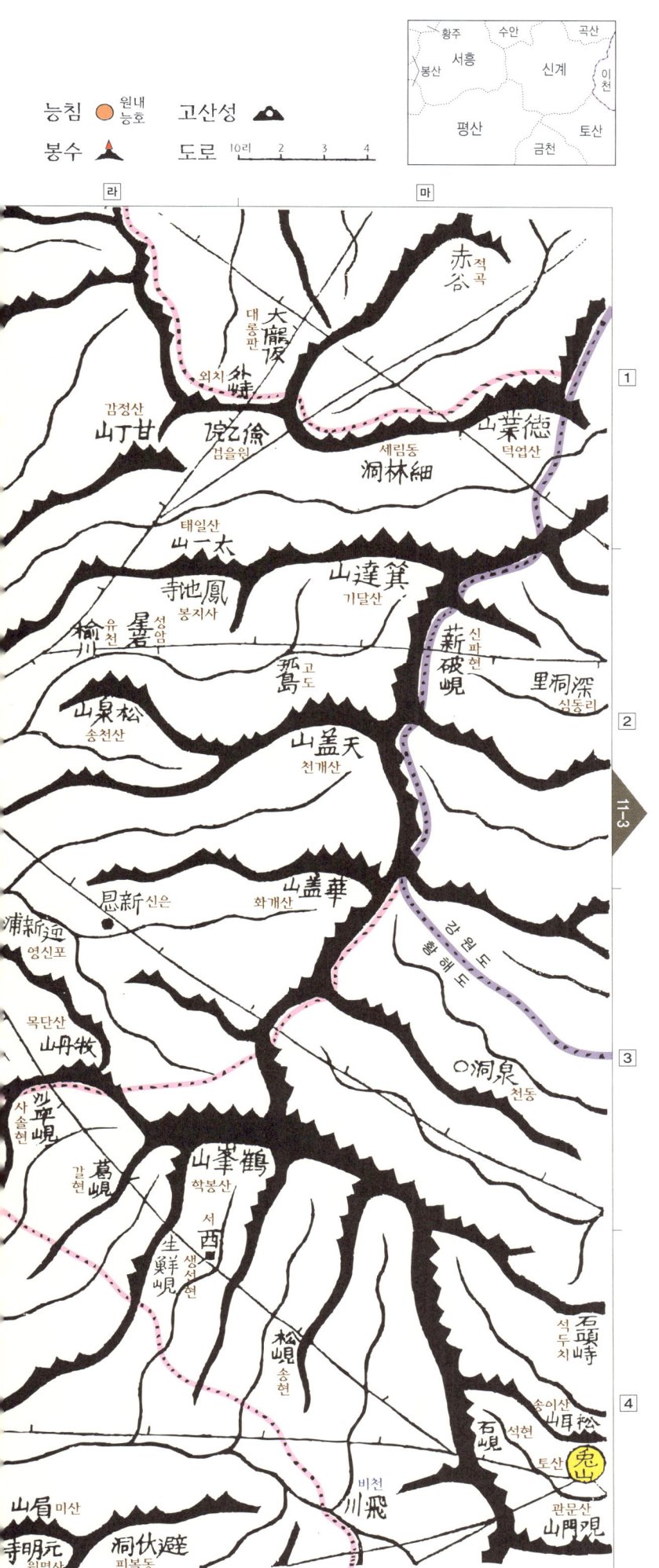

능침 ● 원내 능호   고산성 ▲
봉수 ▲   도로 10리 2 3 4

황주 수안 곡산
봉산 서흥 신계 이천
평산 토산
금천

천혜의 요새
자비령을 거느린 서흥

우측의 기달산~화개산~학봉산~석현을 잇는 산줄기는 임진북예성남정맥, 좌측의 웅파산~황룡산~멸악산~운봉산을 잇는 산줄기는 해서정맥이다. 두 산줄기 사이의 신계와 평산을 지나는 하천은 예성강이다.

자비령(慈悲岺) - 가1

'절령(岊岺)'이라고도 하는 자비령은 예로부터 "열여덟 굽이를 한 칼로 가로막으면 1만 창도 어찌하지 못한다."라고 할 정도의 요새였다. 고려 때에는 굵직한 역사적 사건이 이 고개를 두고 여러 차례 벌어졌다. 993년(고려 성종 12년) 거란의 1차 침입 당시 소손녕(蕭遜寧)이 자비령 이북 땅을 넘길 것을 요구하였으나 서희(徐熙)가 거절하였고, 1135년(고려 인종 13년) 난을 일으킨 묘청(妙淸)도 이 고개를 막고 이북의 넓은 지역을 장악하였다. 또 1269년(고려 원종 10년)에는 최탄(崔坦)이 반역을 일으켜 북계의 54성과 자비령 이북 황해도 지방의 6성을 들고 몽골에 투항한 것을 1290년(고려 충렬왕 16년)에 반환받은 일도 있었다. 여말에는 홍건적(紅巾賊)이 쳐들어왔을 때 이방실(李芳實)이 여기서 큰 전투를 벌였다. 조선 세조 때에는 호랑이에 의한 피해가 잦고, 극성(棘城) 길을 많이 이용하게 되면서 묻히고 말았다.

평산(平山) - 다4

평산은 '평평한 덕지대의 고을'이다. 15세기 중엽 황해도에서 해주에 버금가는 큰 고을이었던 평산의 대표적인 인물은 고려 개국공신인 신숭겸(申崇謙)이다. 태조 왕건은 휘하 장군들과 이곳으로 사냥을 왔다가 자신이 지정한 세 번째 기러기를 신숭겸이 활로 명중시키자 이곳 땅 3백 결과 평산을 본관으로 하사하였다고 한다. 전통적으로 유림의 조직이 강한 고을로서 배일사상도 강해, 구한말에는 많은 주민이 평산의병으로 활동하였다.

기달산(箕達山) - 마2

신계 동북쪽 40리에 위치한 기달산은 좌소 백악산(白岳山), 우소 백마산(白馬山)과 함께 고려 3영지(三靈地)의 하나인 북소(北蘇)로 전해지는 곳이다. 고려 말 우왕이 도선(道詵)의 비기를 믿고 천도하려 기달산에 북소궁(北蘇宮)을 지었으나, 신하들이 배를 이용한 교통이 불편하다는 이유로 반대하여 좌절된 사연이 있다.

토산(兎山) - 마4

황해도 토산은 〈청구도〉, 〈동여도〉, 〈대동여지도〉를 제작하고, 《대동지지》를 편찬한 고산자(古山子) 김정호(金正浩)의 고향(봉산이라는 설도 있음)으로 알려진 고을이다. 김정호는 조선 지도를 집대성한 업적에도 불구하고 본관은 청도(淸道) 혹은 월성(月城)이며, 나중에 숭례문 밖 약현(藥峴)에 살았다는 정도만 알려져 있을 뿐이다.

봉산鳳山 안악安岳 재령載寧

10-5

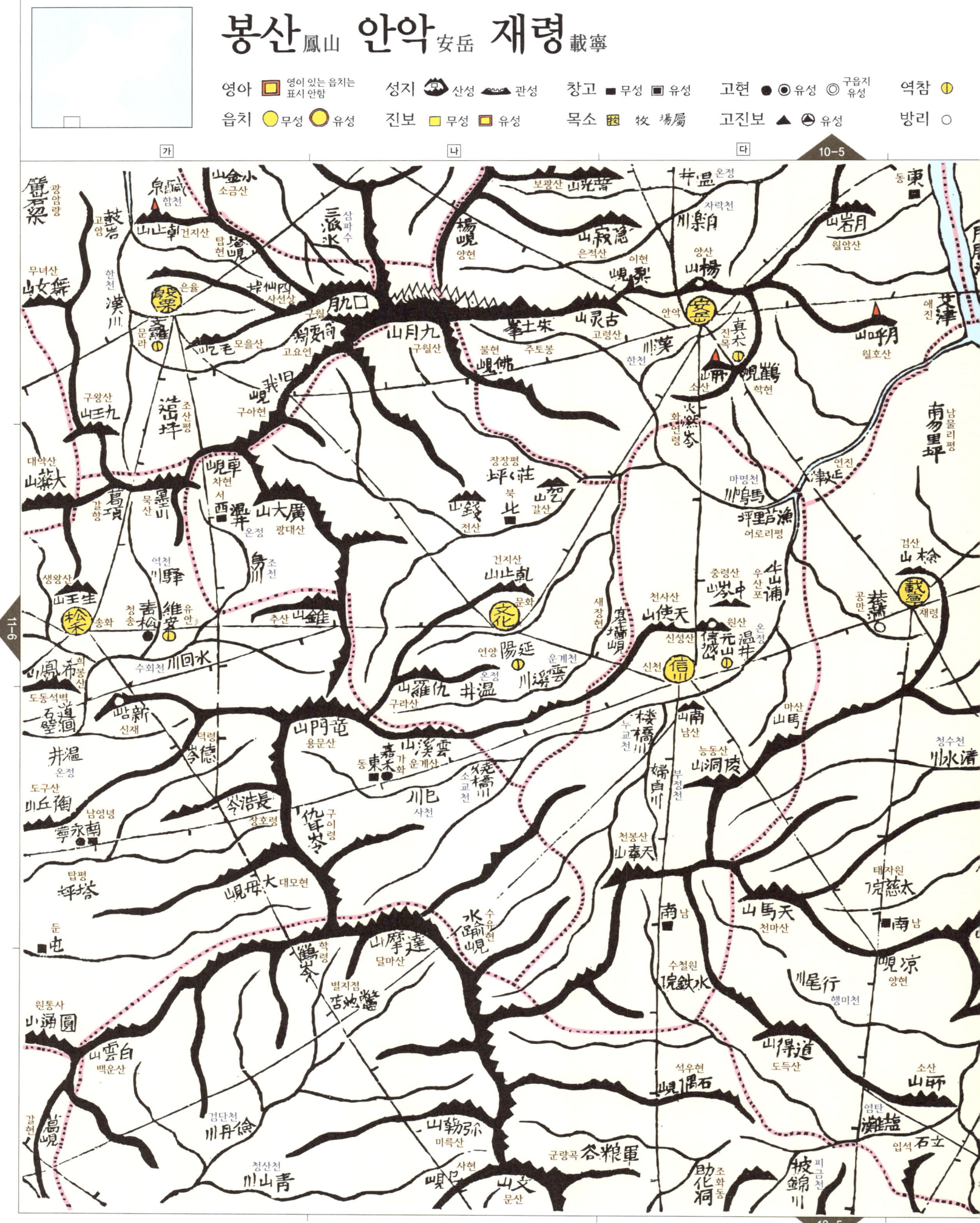

구월산 남쪽의 문화현(文化縣)은 단군의 네 아들이 도읍을 정하였다는 곳으로, 1909년 신천군에 통합되었다.

범례:
능침 ● 원내 능호   고산성 ▲
봉수 ▲   도로 10리 2 3 4

봉산탈춤의 본고장, 봉산

대동강 지류인 재령강 하류에는 재령평야가 널찍하다. 그 서쪽은 황해도 명산인 구월산이 석화성으로 표현되어 있다. 동쪽의 봉산은 봉산탈춤으로 잘 알려진 고을이다.

봉산(鳳山) - 마1

예로부터 해서 지방 고을들 장터에서는 탈춤놀이가 벌어졌는데, 그중에서도 봉산이 가장 성행하였다. 한양과 의주를 잇는 의주로(義州路) 큰길에 있는 봉산은 사신을 영접하는 행사가 잦았고, 다른 지방의 농산물이 모여드는 중심지였기 때문이다. 〈대동여지도〉를 펴낸 김정호(金正浩)가 이곳 봉산 출신이라는 설과 토산(兎山) 출신이라는 설이 있다.

사리원천(沙里院川) - 라1

봉산 서쪽 25리쯤에 '사리원천'이라는 지명이 있다. 이 일대가 지금의 황해북도 사리원(沙里院)이다. 본래 봉산에 속한 벌판인데, 《신증동국여지승람》에는 이곳에 역원(驛院)이 위치한 것으로 나온다. 조선 초기까지 자비령(慈悲岺, 절령이라고도 함) 고갯길이 뚫려 있을 때는 봉산은 큰길에서 벗어나 있었으나, 조선 세조 이후 극성(棘城) 길을 많이 이용하면서 사리원은 교통의 요지로 급격히 발전하였다. 지금은 황해북도 도청 소재지다.

재령(載寧) - 라2

'황해도의 곡창'으로 알려진 고을이다. 고을 동쪽을 북류하는 월당강(月唐江, 지금의 재령강)이 당성천(唐城川, 지금의 서흥강), 마명천(馬鳴川, 지금의 서강)과 차례로 합류하는 기슭에 펼쳐진 남물리평(南勿里坪, 지금의 나무리벌)은 땅이 매우 기름진 평야 지대다.

한편, 재령은 철광으로도 유명한 고을이다. 《신증동국여지승람》에는 재령의 토산품이 석철(石鐵)이며 고읍(古邑) 동쪽 5리의 대조모로산(大棗毛老山)에서 생산된다고 하였다. 또한 《대동지지》에는 철현진(鐵峴鎭)은 연철(鍊鐵)을 본영에 납부하는데, 진군(鎭軍) 250명은 각각 철 50근씩을 본영에 내야 한다고 하였다. 재령현 북쪽에는 '마타리광산'이라 불리는 재령철산이 있는데, 고려 중기부터 철을 생산하였다고 한다. 재령철산은 조선 후기에 폐광되었다가 일제 강점기에는 일본의 미쓰비시(三菱) 제철이 채광하였다.

구월산(九月山) - 나1

선사 시대 문화유산이 많은 은율(殷栗)은 길이 9m가 넘는 거대한 탁상식 고인돌로 유명한 고을이다. 은율 동쪽의 구월산은 단군이 왕위에서 물러난 뒤 승천해 신이 되었다는 '아사달산'이다. 산기슭에는 환인·환웅·단군을 모시는 삼성사와 단군대·어천석·사왕봉 등 단군과 관련된 유적이 남아 있다. 사면이 모두 험준한 절벽이고, 잔도(棧道)를 통해 겨우 오갈 수 있는 요새인 구월산성은 임꺽정의 마지막 항전지로 알려져 있다.

풍천 豊川 장연 長淵

영아 □ 영이 있는 읍치는 표시 안함　성지 ⛰ 산성 관성　창고 ■ 무성 ■ 유성　고현 ● ◉ 유성 ◎ 구읍지 유성　역참 ◐

읍치 🟡 무성 🟡 유성　진보 □ 무성 □ 유성　목소 牧 牧 場 屬　고진보 ▲ ⬟ 유성　방리 ○

가　나　다　

10-6

串兀 올곶

浦令東 동령포

浦岩快 쾌암포

毒松 송독

縣

汪濟屯 왕제둔

海安 해안

北

連池峯 연지봉

阿郞浦 아랑포

金沙寺 금사사

白沙 백사

昇仙峯 승선봉

毗盧峯 비로봉

弥羅山 미라산

助泥浦 조니포

金夢 몽금

串山長 장산곶

孤山 고산

碣峴 갈현

青石山 청석산

12-6

〈몽금포타령〉 울려 퍼지는 장연

우측 하단의 해서정맥이 불타산을 지나 서쪽의 장산곶으로 뻗어 간다. 장산곶 앞바다는 심청이 뛰어든 인당수다. 해안에는 국방을 위한 진보와 봉수가 많고, 세곡을 보관하던 창고도 많다.

풍천(豊川) – 마2

황해도 풍천은 서해안의 중요한 군사 요충지였다. 《대동지지》에는 "옛날 중국의 사신이 바다를 건너 왕래하던 고을"이라고 하였는데, 풍천 서남쪽에 있는 당관포(唐館浦)가 그 흔적이라 한다. 또한 조선 후기에 중국 어선들이 근처 바다에 자주 침범하자 추포무사(追捕武士) 제도를 실시하였다. 당관포, 초도(椒島), 허사포(許沙浦) 세 곳은 추포무사가 머물던 추포방소(追捕防所)였다.

초도(椒島) – 라2

"바다 위의 높은 봉우리 푸른 잠(簪)이 솟았는데, 한가로운 구름 막막하여 엷은 그늘 희롱하네. 봄철 되면 때맞추어 오는 비가 되니, 무심한 듯하지만 역시 유심하다네." 풍천 앞바다에 떠 있는 초도는 서거정(徐居正)이 〈풍천팔영〉의 첫째로 초도춘운(椒島春雲)을 꼽았을 정도로 아름다운 섬이다. 목장도 있었다.

장연(長淵) – 라3

"어부들 노래는 가을 섬 달 아래요, 군사들 피리 소리는 늦은 강 연기 속이네." 여말선초의 문신인 안성(安省)이 노래한 이 고을은 고구려 때부터 장연인데, 이름난 큰 소(용정소·모정소·잠두소·검우소)들이 길게 놓여 있기 때문에 얻은 지명이다. 장연 고을의 장산곶과 몽금포는 오래전부터 조운이나 중국과 해상을 통한 교역이 활발하였다.

장산곶(長山串) – 다4

"장산곶 마루에 북소리 나더니 금일도 상봉에 임 만나 보겠네." 해서정맥의 서쪽 끝 장산곶은 황해도 민요 〈몽금포타령〉의 배경지다. 그 앞바다는 심청이 뛰어들었다는 인당수(印塘水)다. 장산곶 앞바다는 수로가 매우 험해 세선(稅船)이 전복당하는 일이 잦았기 때문에 물길을 잘 아는 이를 찾아 안내를 맡기곤 하였다.

몽금도(夢金島) – 나4

몽금도 앞 조니포(助泥浦)가 있는 곳이 바로 〈몽금포타령〉의 배경지인 몽금포다. 황해도의 대표적인 명승지인 몽금포 해변은 마치 은가루를 뿌려 놓은 듯해 '백사정(白沙汀)'이라 하고, 햇빛을 받으면 금빛을 낸다고 하여 '금사십리(金沙十里)'라고도 불린다. 해당화와 소나무들이 어울린 백사장 둘레의 기암절벽과 앞바다에 떠 있는 고기잡이 어선들의 풍경은 한 폭의 그림이라 한다.

간성 杆城 양양 襄陽

영아 🔲 영이 있는 읍치는 표시 안함　성지 ⛰️ 산성 ⛰️ 관성　창고 ■ 무성 ⬛ 유성　고현 ● ◉ 유성 ◎ 구읍지 유성　역참 ◐

읍치 🟡 무성 🟠 유성　진보 🟨 무성 🟧 유성　목소 🉐 牧 場 屬　고진보 ▲ 🔺 유성　방리 ○

川北 북천

杆城 간성

川南 남천

山南 남산

仙遊潭 선유담

鳴沙 명사

山音五 오음산

花潭 화담

松池浦 송지포

竹 죽

黃浦 황포

掛 괘

山東國 국동산

川城土 토성천

淸澗 청간정

路無 무로

湖廣 광호

山堂師國 국사당산

山元 원산

秘仙台 비선대

흘리령

屹里岑

地理室 지리실

華嚴寺 화엄사

원암 元岩

湖朗永 영랑호

湖草靑 청초호

청초호

山蔚 울산

德山 덕산

강선 降仙

용두 竜頭

蟠里 가력리

窟岩 창암

連水波嶺 연수파령

山呪天 천후산

大瀑 대폭

山逑城

성황산

校嵐 남교

山岳雪 설악산

新興寺 신흥사

신흥사

계조굴

繼祖窟

觀音窟 관음굴

路仙

낙산사

鳳頂庵 봉정암

寺潭百 백담사

大瀑 대폭

山溪寒 한계산

峙良所 소량치

連倉 연창

양양 襄陽

江南 남강

大浦 대포

雙湖 쌍호

山水 수산

里谷豊 풍곡리

洞積德 덕적동

오색령

呂谷

우한치

峙寒雨

필로령

孤岾谷

神雲 상운

초봉

山里加 가리산

금강산에 비해 설악산(雪岳山)이 단순하게 표현된 것은, 산세가 험해 조선 시대에는 접근이 어려웠기 때문이다.

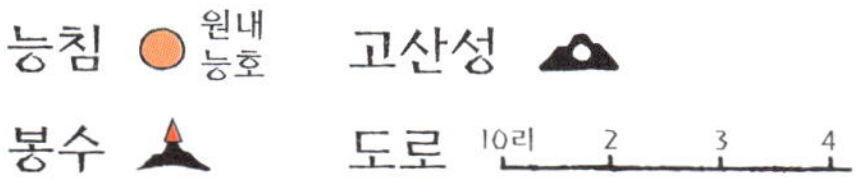

능침 원내 능호
고산성
봉수
도로 10리 2 3 4

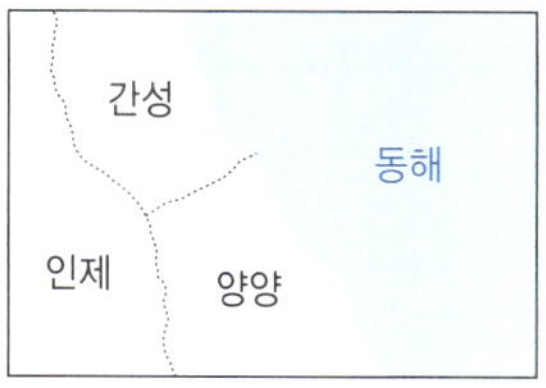

간성
동해
인제
양양

라
마
1
2
3
4
초진산

강릉에 버금가던 관동의 큰 고을, 양양

남북으로 뻗은 굵은 산줄기는 백두대간이다. 금강산에 버금가는 아름다움을 지닌 설악산에는 고산성과 폭포들이 표현되어 있다.

양양(襄陽) – 다3

서북으로는 설악산이 솟아 있고, 북으로는 청초호, 남으로는 지금의 현남면에 이르는 너른 동해를 품고 있는 양양은 조선 시대에는 관동 지방에서 강릉에 버금가는 큰 고을이었다. 관동팔경 중 유일한 사찰인 낙산사(洛山寺)는 의상(義湘)이 기도 후 관음보살을 친견하였다는 전설의 관음굴과 의상대 일출로 유명하다.

청간정(淸澗亭) – 나2

조선 초기 간성의 명소는 만경루(萬景樓)였다. 옛 기록에는 '바람이 불면 놀란 물결이 어지럽게 돌 위를 쳐서 눈인 양 날아 흩어지는 광경이 장관'이라고 할 정도로 풍광이 빼어났다. 청간정은 원래 역참인 청간역(淸澗驛)의 정자로 지은 것인데, 만경루가 허물어지자 그 곁으로 옮긴 것이라 한다. 이후 청간정은 관동팔경의 하나로 시인묵객들의 사랑을 받아 왔다.

설악산(雪岳山) – 나3

〈대동여지도〉는 설악산을 평범하게 표현하고 있지만, 금강산에 버금갈 정도로 화려하게 그렸어도 지나치지 않은 석화성(石火星)이다. 설악산을 이렇게 간략히 표현한 까닭은 당시만 해도 접근이 쉽지 않은 험산이기 때문으로 추정된다. 천후산(天吼山)은 지금의 울산바위요, 설악산은 지금의 외설악에 해당한다. 이곳의 대폭(大瀑)은 토왕성폭포, 설악산고산성은 권금성이다. 설악산 서남쪽의 한계산(寒溪山)은 지금의 안산 · 귀때기청 부근이고, 또 하나의 대폭(大瀑)은 대승폭포, 한계산고산성은 몽골군의 침략 당시 쌓은 한계산성이다.

속초(束草) – 다2

지도에 '속초'라는 지명은 나오지 않지만, 영랑호와 청초호 일대가 지금의 속초시다. 이 일대는 조선 시대에 청초호에 수군만호영을 두면서 역사에 모습을 드러냈다. 근대로 오면서 점차 규모가 커지다가 한국전쟁 당시 피난민이 청초호 주변에 정착하면서 인구가 급증하였고, 이후 대한민국 최고의 관광 도시로 거듭났다.

영랑호(永郎湖) · 청초호(靑草湖) – 다2

이중환(李重煥)은 《택리지》에서 영랑호를 '구슬을 감춘 것 같다'고 표현하였는데, 고즈넉한 풍경은 순박한 어촌 소녀를 닮았다. 설악의 풍광이 비치는 또 하나의 호수인 청초호는 현재 속초항의 내항으로 이용되고 있다.

조선 시대에 속초(束草)는 양양 땅으로, 1914년에 '속초리'라는 지명이 처음 생겼고, 1937년에는 면으로, 1963년에는 시로 승격되었다.

양구 楊口 인제 麟蹄 춘천 春川

영아 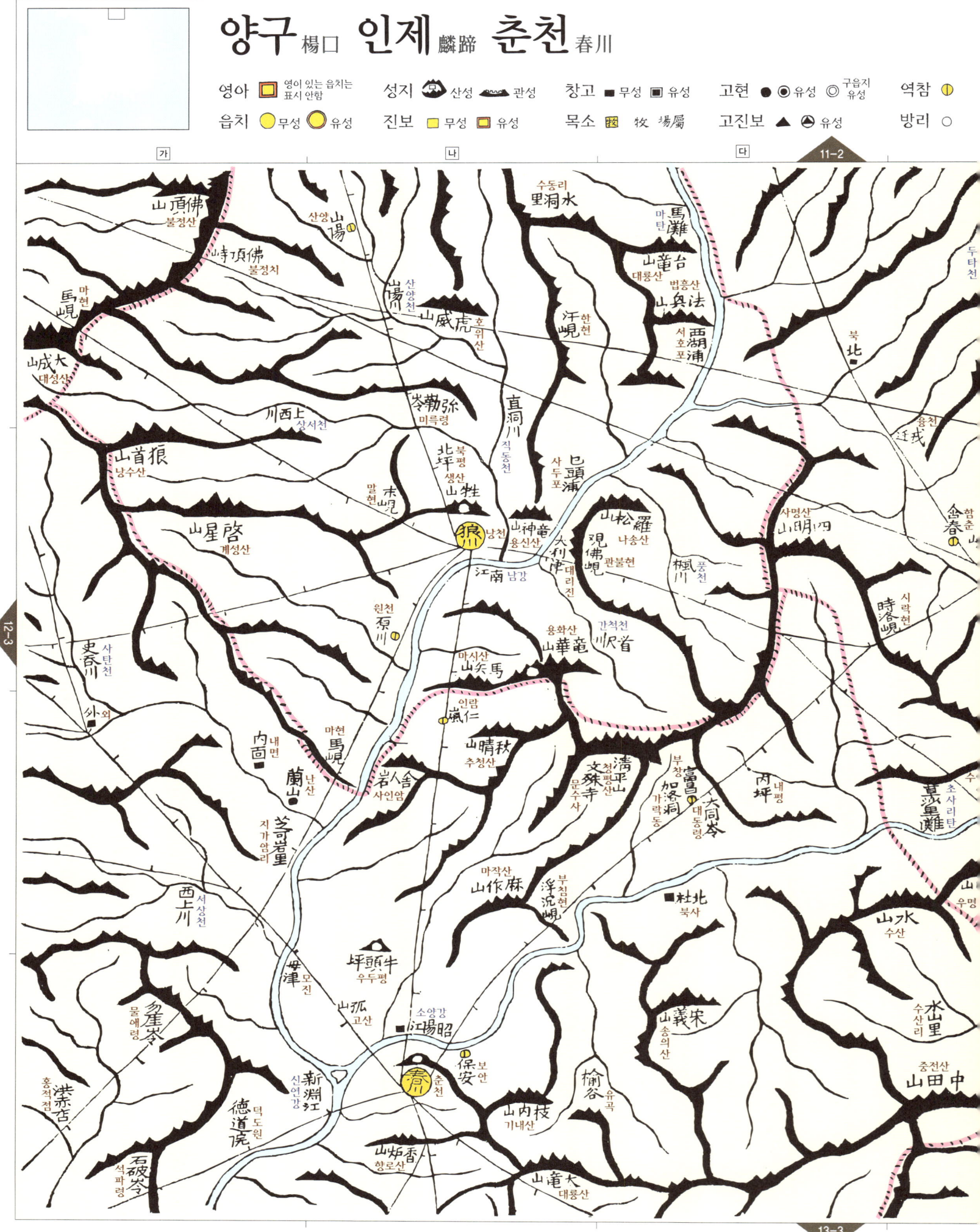 영이 있는 읍치는 표시 안함　성지 山城 산성　관성　창고 무성 유성　고현 ● 유성 ◎ 구읍지 유성　역참

읍치 무성 유성　진보 무성 유성　목소 牧場屬　고진보 ▲ 유성　방리 ○

佛頂山 불정산
佛頂寺 불정치
馬峴 마현
大城山 대성산
狼首山 낭수산
啓星山 계성산
史呑川 사탄천
外 외
內面 내면
蘭山 난산
芝歧巖里 지가암리
西上川 서상천
多崖岾 물애령
德道院 덕도원
石破岾 석파령
紅迹店
山場 산양
湯川 산양천
虎威山 호위산
上西川 상서천
弥勒岺 미륵령
末峴 말현
北坪生山 북평생산
牲
狼川 낭천
狼州
竜神山 용신산
泉川 원천천
馬矢山 마시산
仁嵐 인람
馬峴 마현
岩人舍 사인암
牛頭坪 우두평
孤山 고산
新淵江 신연강
安津 모진
里洞水 수동리
馬灘 마탄
竜台大龍山 대룡산
法竒山 법흥산
西湖浦 서호포
汗峴 한현
直洞川 직동천
巴頭浦 사두포
羅松山 나송산
觀佛峴 관불현
大利津 대리진
風川 풍천
竜華山 용화산
首川 간적천
秋晴山 추청산
文殊寺 문수사
清平山 청평산
富昌 대동령
加洛洞 가락동
麻作山 마작산
浮沉峴 부침천
北寺 북사
昭陽江 소양강
保安 보안
技內山 기내산
香炉山 향로산
大竜山 대룡산
北
迁戎 용천
春 함춘
時洛峴 시락천
四明山 사명산
大同岺
內坪 내평
莫臬灘 초사리탄
內坪 내평
水山 수산
宋義山 송송의산
榆谷 유곡
中田山 중전산
水山里 수산리
狼州
春川 춘천

낭천을 끼고 흐르는 남강(南江)에는 화천댐이, 춘천 북쪽을 흐르는 소양강에는 소양댐이 건설되었다.

맥국의 도읍, 춘천

회양·금성을 지나온 북한강이 낭천(지금의 화천)을 지나고 춘천에서 소양강을 받아들인다. 좌측 상단의 불정산~대성산은 한북정맥 산줄기다.

춘천(春川) – 나4

춘천은 맥국(貊國)의 도읍지였던 유서 깊은 고을이다. "이곳의 좋은 경치 그림으론 못 그리겠네. 사면(四面)의 산들이 병풍처럼 옹립하여 두 시내에 임해 있네." 《동문선》에 실린 이변(李弁)의 시 〈소양행(昭陽行)〉에서 두 시내란 북한강과 소양강을 말한다. 춘천 북쪽 5리의 소양강창(昭陽江倉)은 춘천을 비롯해 홍천·인제·양구·화천(낭천) 등의 세곡(稅穀)을 모아 두던 창고다.

합강정(合江亭) – 마4

"여러 산들이 깊고 멀어 수레와 말 탄 손님 오는 일 없는데, 한 가닥 길이 돌개천을 곁하여 높기도 낮기도 하구나." 조선 초기의 문신인 하연(河演)의 노래대로 인제는 산림 울창한 깊은 산골이다. 이 고을의 명소는 《대동지지》에 '동쪽으로 5리인데, 서화(瑞和)·기린(基獜) 두 냇물이 합류하는 곳'에 있다고 한 합강정(合江亭)이다. 두 강이 내려다보이는 언덕 정자 옆에는 강물에서 건져 올렸다고 전하는 미륵상이 세워져 있다.

대암산(坮岩山) – 마3

인제와 양구 경계에 솟은 대암산은 정상 안부에 형성된 용늪으로 잘 알려진 산이다. '승천하던 용이 쉬어 간 하늘 연못'이라는 전설이 전하는 용늪은 산 아래 주민들이 가뭄이 심하면 기우제를 지내던 곳이다. 산 이름에 대(臺)나 대(坮, 臺의 옛 글자)가 들어가는 경우는 대부분 전망이 좋은 경우가 많은데, 이 산 역시 암괴로 이루어진 정상에 오르면 금강산을 비롯한 사방으로의 조망이 빼어나다. 지금은 큰 대(大)를 쓴 대암산(大岩山)으로 바뀌었다.

낭천(狼川) – 나2

"구름이 가까우니 옷이 젖고, 바람이 부니 여름 대자리가 맑구나." 여말선초의 문신이자 유학자인 이지직(李之直)이 낭만적으로 노래한 낭천은 강원도 화천의 옛 이름이다. 1896년부터 '화천'이라 불렸는데, 고을의 진산인 용화산(龍華山)의 '화(華)'와 북한강의 '천(川)'을 합친 것이다. 북한강을 막아서 생긴 춘천호 물이 화천군청 소재지 바로 하류까지 차올라 와 있으며, 그 상류는 다시 화천댐의 파로호(破虜湖)로 잠겨 있다.

청평산(淸平山) 문수사(文殊寺) – 다3·나3

청평산은 지금의 오봉산(五峯山)이고, 문수사는 지금의 청평사(淸平寺)다. 옛날 보현원(普賢院)이던 문수원(文殊院)은 1550년(명종 5년) 보우(普雨)가 중창해 청평사로 개칭하였다고 하는데, 〈대동여지도〉에는 문수사로 표기되어 있다.

연천漣川 영평永平 포천抱川

영아 ☐ 영이 있는 읍치는 표시 안함　　성지 🏯 산성 ⛰ 관성　　창고 ■ 무성 ⬛ 유성　　고현 ● ◉ 유성 ◎ 구읍지 유성　　역참 ◐

읍치 🟡 무성 🟡 유성　　진보 🟨 무성 🟧 유성　　목소 牧 牧場屬　　고진보 ▲ ⬥ 유성　　방리 ○

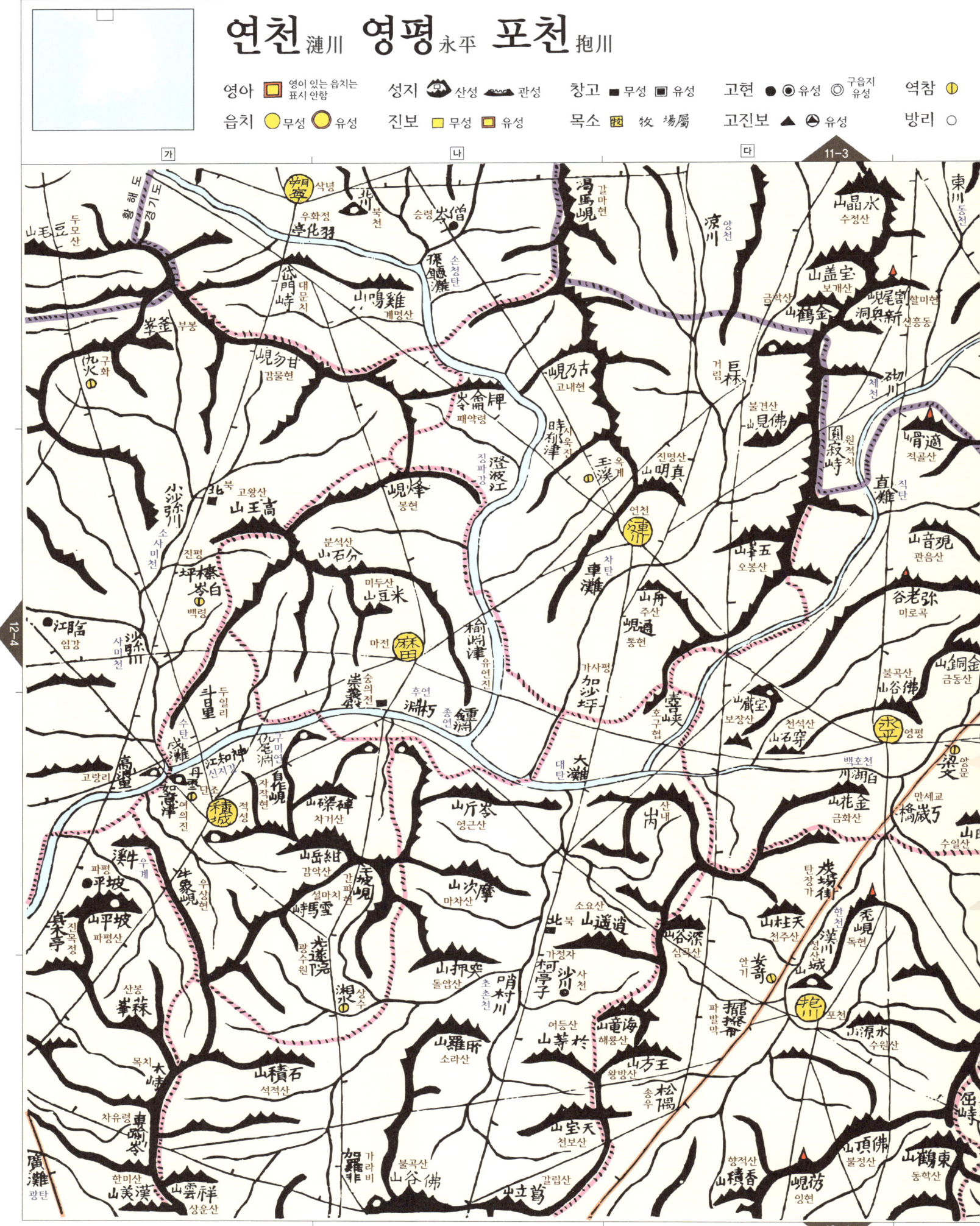

신지강(神知江)은 지금의 임진강이고, 마전(麻田)은 조선 문종 때 군이 되었으나, 1914년 연천군에 통합되었다.

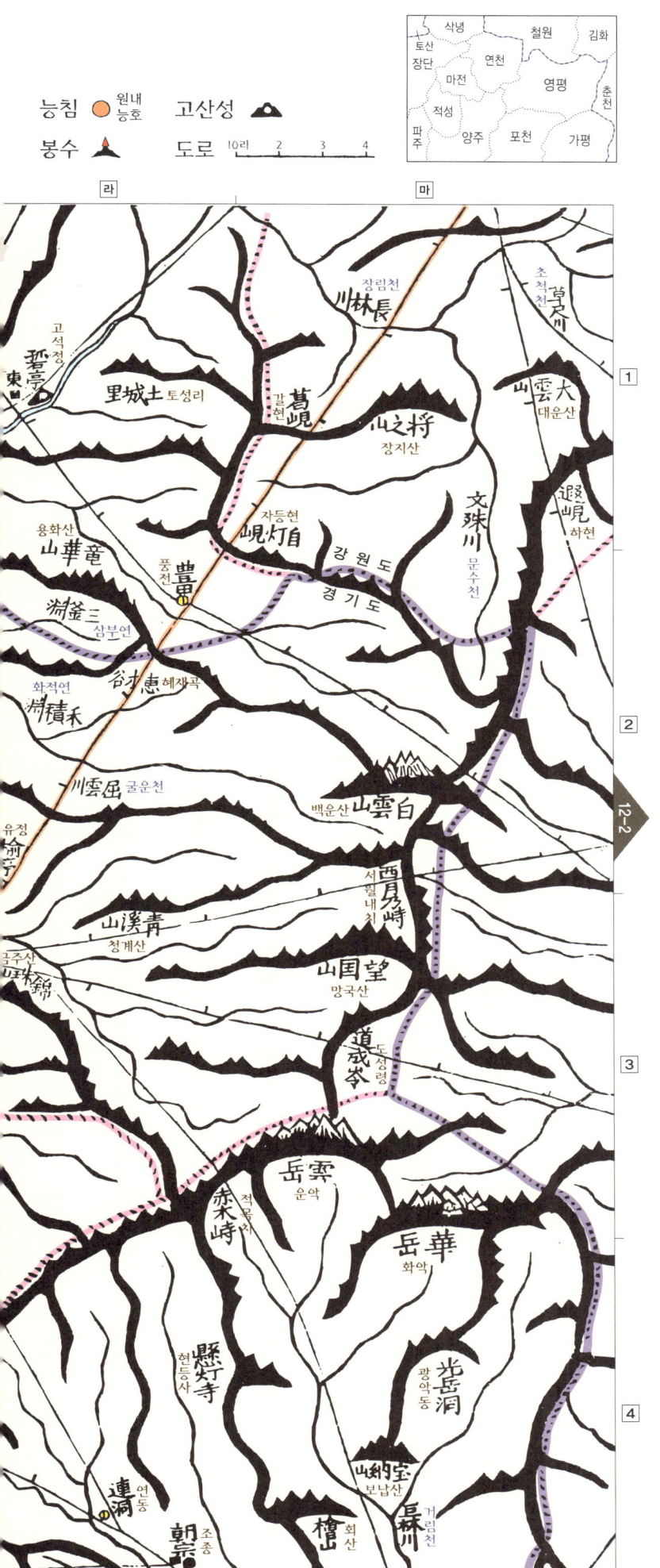

임진강과 한탄강 사이에 터 잡은 연천

연천을 지나온 임진강, 철원을 지나온 한탄강이 마전 근처에서 합류해 파주를 향해 흐른다. 우측의 백운산~망국산~운악을 세우며 서남쪽으로 뻗는 산줄기는 한북정맥이다.

연천(漣川) – 다2

연천 동쪽의 체천(砌川)은 지금의 한탄강, 서쪽의 징파강(澄波江)은 임진강이다. 두 강을 끼고 터를 잡은 연천은 수십만 년 전에는 구석기 인류에게 삶의 터전을 제공하던 곳이었다. 차탄천이 한탄강에 합류하는 대탄(大灘) 부근은 '아슐리안(Acheulean) 주먹도끼'가 동아시아에서는 처음 발견되어 세계 고고학계의 주목을 받은 전곡리 선사 유적지로 추정된다.

영평(永平) – 다3

본래 고구려의 양골(梁骨)로서 포천과 병합과 독립을 반복하다가 1914년 포천군에 병합되어 지금에 이르렀다. 이 고을의 대표적인 경치를 '영평팔경(금수정·낙귀정지·백로주·선유담·와룡암·창옥병·청학동·화적연)'이라 하는 데서 짐작하듯 백호천(白湖川, 지금의 영평천)과 한탄강을 낀 영평은 곳곳이 경승지다. 영평현 치소(治所) 동북쪽 20리의 유정(榆亭)과 청계산(靑溪山) 사이가 이동막걸리와 이동갈비로 유명한 이동면 지역으로 추정된다.

포천(抱川) – 다4

포천은 '물의 고을'이다. 고려 때 '포주(抱州)', 조선 시대의 '포천(抱川)'이라는 지명은 '다른 고을의 물을 받지 않는다'는 뜻이다. 고구려 때 지명인 '마홀(馬忽)'도 물과 관련된 것이니, 포천은 그만큼 물과는 떼려야 뗄 수 없는 고을이다. 평생을 대처럼 꼿꼿이 살았던 선비 이항복(李恒福)이 이곳 출신이다.

고석정(孤石亭) – 라1

경관 좋기로도 이름난 한탄강(漢灘江)의 최고 명소는 고석정이다. 고산성 옆 강가에는 10m 높이의 거대한 고석암(孤石巖)이 홀로 우뚝하다. 신라 진평왕이 풍치를 즐기기 위해 이곳에 정자를 짓고 '고석정'이라 부른 후부터 지명으로 굳었다. 조선 명종 때는 임꺽정이 고석정을 은신처 삼아 활동하였다고 전한다.

숭의전(崇義殿) – 나3

고려 태조 이하 혜종·정종·광종·경종·성종·목종·현종의 위패를 모신 사당이다. 전설에 따르면 이성계(李成桂)가 고려 왕조의 종묘사직을 없애려고 고려 왕들의 위패를 돌배에 실어 임진강 강물에 띄웠으나 돌배가 이 근처에서 멈추자 살아남은 고려 왕족이 몰래 위패를 거두어 모셨다고 전한다. 현재 숭의전 부근에는 개성 왕씨들이 씨족마을을 이뤄 살고 있다.

개성 開城 장단 長湍 배천 白川

고려 5백 년 도읍지, 개성

우측으로는 임진북예성남정맥이 수룡산~천마산을 거쳐 개성을 향해 힘차게 뻗어 간다. 가운데의 남류하는 하천은 예성강이고, 우측 하단은 임진강이 서남류하며 파주를 지나 한강으로 합류한다.

개성(開城) - 라3

"문(門)이 천이요, 호(戶)가 만인데 비늘처럼 엇물리고 빗처럼 나란하며, 둘러싼 형세는 용이 일어나고 봉이 춤추는 것 같다." 고려 말에 이규보(李奎報)가 웅장하게 표현한 개성은 5백 년 가까이 고려의 도읍지였던 고을이다. 국제무역항이던 예성강 입구의 벽란도(碧瀾渡)를 통해 외국 사신의 왕래, 무역 등으로 번창해 일찍부터 상업도시로 발달하였다. '송도상인'으로도 불리는 개성상인은 우리나라 대표적인 상인집단으로서 정직과 근면의 상징으로 여겨진다. 개성의 옛 이름은 송도인데, 흔히 '송도삼절'이라 하면 '서경덕(徐敬德)·황진이(黃眞伊)·박연폭포'를 일컫는다.

배천(白川) - 나3

예성강 하류 서쪽에 위치한 이 고을은 한자로는 '白川'이라고 쓰고, '배천'으로 읽는다. 《신증동국여지승람》에 "풍속이 배를 저어 다니며 장사하기를 좋아한다."라고 했는데, 이는 고려 때 국제무역항이던 예성강 하구의 벽란도(碧瀾渡)가 가깝다는 지리적 영향 때문임을 알 수 있다. 〈대동여지도〉에는 표기되지 않았지만, 《대동지지》에 "고을 남쪽 5리에 있다."라고 한 대교온정(大橋溫井)은 지금의 배천온천이다. 라듐 온천인 배천온천은 일제 강점기에도 유명한 휴양지였다. 소설가 이상(李箱)이 1933년 객혈로 요양 차 찾았던 이 온천에서 만난 여인이 금홍이었고, 이후 1935년까지 2년간 금홍을 마담으로 두고 제비다방을 운영하며 얻어진 작품이 바로 1936년에 발표한 〈날개〉다.

임진강(臨津江) - 마3

임진강은 북한의 강원도 법동군 용포리 두류산에서 시작해 연천과 파주를 지나 한강에 합류하는 하천이다. 강 이름은 파주 치소(治所) 북쪽의 임진보(臨津堡)에서 유래하였다. 임진강이 한강에 합류하는 지점에 솟은 오두산에는 백제 초기에 쌓은 오두성(烏頭城)이 있다. 봉수도 있던 오두산에 세워진 통일전망대에 서면 멀리 개성의 진산인 송악산이 보인다.

판문점(板門店) - 라3

지도의 판적천(板積川) 지명이 있는 지점에 〈해동지도〉에는 '판적교(板積橋)'라는 다리 이름이 있고, 〈1872년 지방지도〉에는 '판문교(板門橋)'라는 다리 이름이 나타난다. 여기가 지금의 판문점이다. 이곳은 한국전쟁 중 휴전회담 장소가 되면서 세계적인 관심을 불러일으키기 전에는 개성과 장단을 잇는 길목의 '널문리'라고 불리던 시골이었다.

제릉(齊陵)은 조선 태조의 정비인 신의왕후(神懿王后)의 능이고, 후릉(厚陵)은 정종(定宗)과 정종의 비 정안왕후(定安王后)의 쌍릉이다. 163

해주 海州 강령 康翎 옹진 瓮津

영아  영이 있는 읍치는 표시 안함　성지 🏔 산성 ⛰ 관성　창고 ■ 무성 □ 유성　고현 ● ◉ 유성 ◎ 구읍지 유성　역참 ⊕

읍치 🟡 무성 🟠 유성　진보 🟨 무성 🟧 유성　목소 牧 牧場屬　고진보 ▲ ⚠ 유성　방리 ○

강령(康翎)은 조선 세종 때 백령을 통합해 현이 된 곳이나, 1909년 옹진군에 통합되었다.

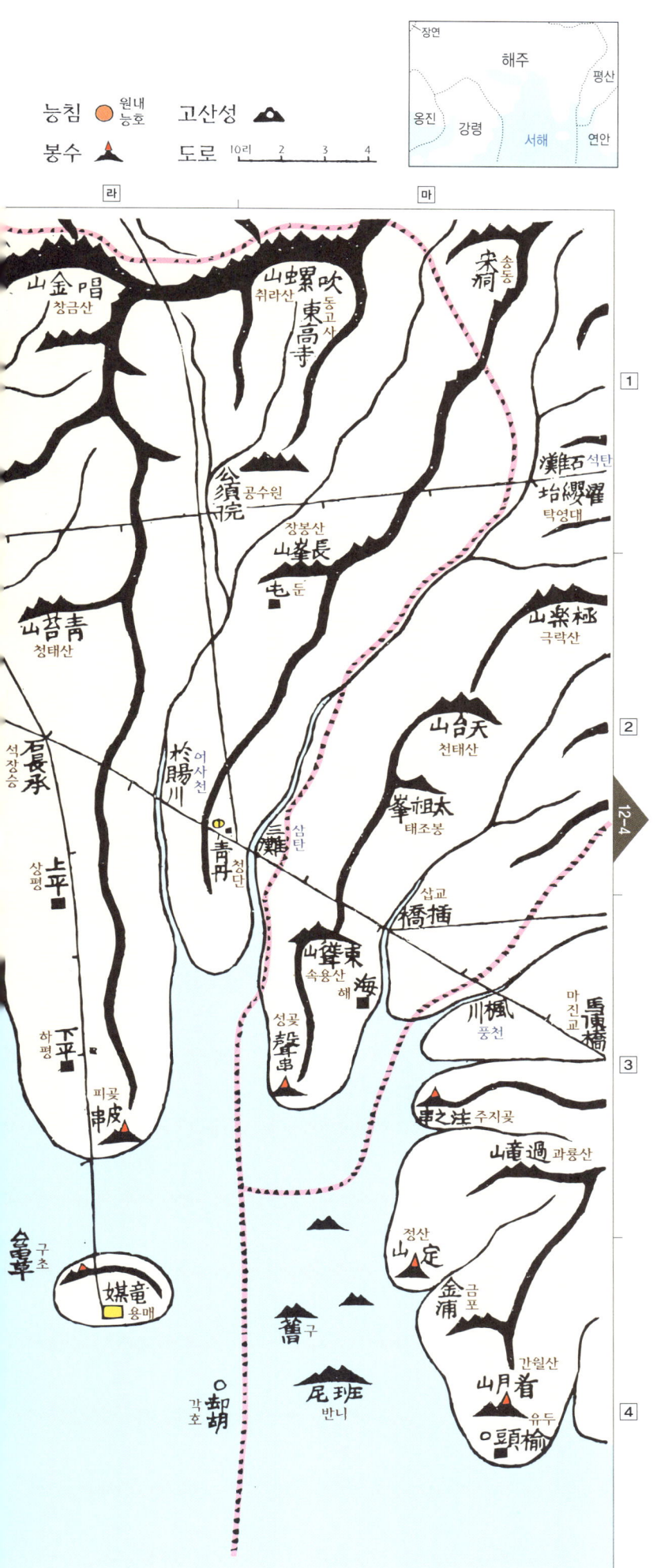

관서의 큰 고을, 해주

우측 상단의 취라산~미록산~불족산으로 이어지는 산줄기는 해서정맥이다. 해주 남쪽으로는 해주만이 펼쳐져 있고, 해주만 서쪽에는 강령반도가 서해를 향해 돌출해 있다.

해주(海州) – 다2

조선 초기의 학자 서거정(徐居正)이 "지역이 넓고 백성이 많으며, 관서(關西)의 큰 주이다."라고 한 해주는 황주(黃州)와 더불어 황해도를 대표하는 고을이다. 해주 일대의 평야는 지대가 높고 바다에 인접해 폭우에 의한 피해를 거의 입지 않아 오래전부터 황해도의 곡창 역할을 해 왔다. 우리나라 무장독립운동의 큰 기둥이었던 임시정부 김구(金九) 주석과 하얼빈에서 조선총독 이토 히로부미를 사살한 안중근(安重根) 의사가 이곳 출신이다.

강령(康翎) – 나3

1428년 영강현과 백령진을 통합할 때 각각 가운데 글자를 하나씩 따서 강령 고을이 되었다. 강령 앞바다에는 순위도(巡威島) 등 90여 개의 섬이 흩어져 있어 수산물 생산량도 많다. 이런 경제력을 바탕으로 조선 후기 강령에서는 토반과 향리 중심으로 행해지는 단오절 탈춤판이 큰 인기를 끌었다. 강령탈춤은 봉산탈춤과 함께 해서탈춤의 쌍벽을 이룬다.

옹진(甕津) – 가3

주민들이 고기잡이와 소금 굽는 일로 살아가던 바닷가 고을이다. 고려 말에는 베트남의 이씨 왕조가 망한 뒤, 왕족인 이용상(李龍祥)이 정착해 '화산 이씨'의 시조가 되었다. 단오절에 행해지는 강령탈춤과 봄마다 풍어를 위해 임경업 사당에서 펼쳐지는 대동굿이 유명하다. 광대산(廣大山) 정상에는 수군의 본영으로 축성한 본영읍성지가 있다. 성 안에는 제승당 등 여러 채의 건물이 있었으나 1894년 동학농민운동 당시 모두 불타 버렸다.

연평도(延平島) – 다4

《대동지지》에는 이곳에 목장이 있었다고 하나, 〈대동여지도〉에는 표기되어 있지 않다. 임경업(林慶業)이 군사들을 거느리고 명나라로 가던 중 연평도를 지날 때 군사들이 굶주리고 지쳐서 더 이상 나갈 수가 없게 되자, 가시나무를 그물처럼 엮어 조기를 잡아 먹었다는 전설은 연평도가 한국의 대표적인 조기 어장임을 말해 준다.

청단역(靑丹驛) – 라2

해주와 연안 중간에 위치한 청단역은 개성~배천~연안~해주~장연~송화, 그리고 해주~옹진으로 이어지는 역로인 청단도(靑丹道)의 중심 역이었다. 이곳 찰방은 금곡·심동·망정·금강·문라·금동·신행·유안·남산 9개 역을 관할하였다. 해주 땅이었으나 1952년 청단역을 중심으로 청단군이 신설되었다.

해주 남쪽 용당(龍堂)에서 강령으로 이어진 선은 예로부터 해주와 강령을 오가던 나룻배 길이다. 165

백령白翎 행영行營

영아 □ 영이 있는 읍치는 표시 안함   성지 ⛰ 산성 ⌒ 관성   창고 ◼ 무성 ▣ 유성   고현 ● ◉ 유성 ◎ 구읍지 유성   역참 ◐

읍치 🟡 무성 🟠 유성   진보 🟨 무성 🟧 유성   목소 招 牧場屬   고진보 ▲ ⍙ 유성   방리 ○

가   나   다   11-6

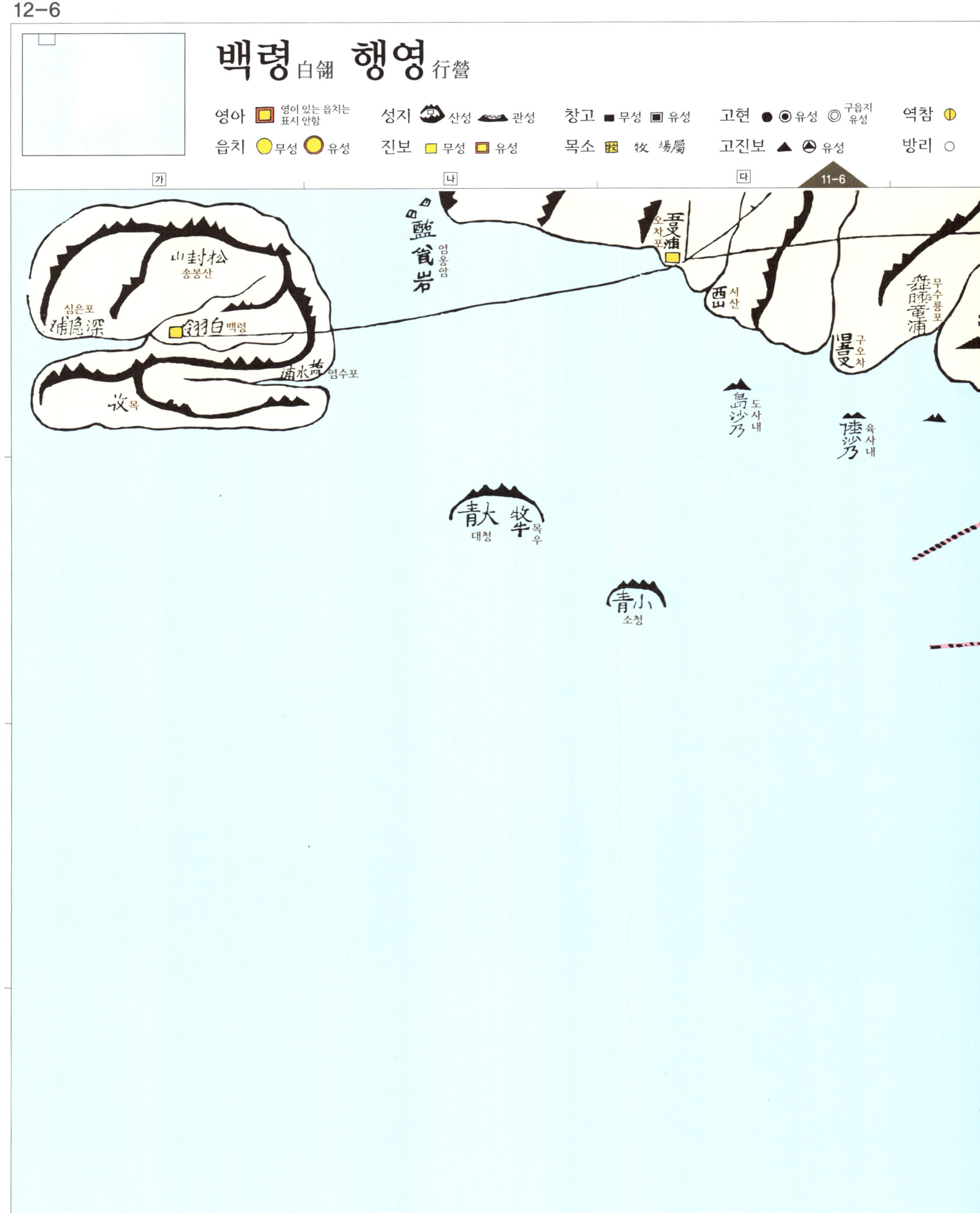

松封山
송봉산

深隱浦
심은포

翎白
백령

鹽水浦
염수포

伐木
벌목

鹽甕岩
염옹암

吾叉浦
오차포

西山
서산

九叉
구오차

大青
대청

牧牛
목우

小青
소청

島沙
도사내

陸沙
육사내

茂水龍浦
무수룡포

조선 시대 백령도는 황해도 장연군에 속하였으나, 1953년 정전협정에 따라 대한민국 땅이 되었다.

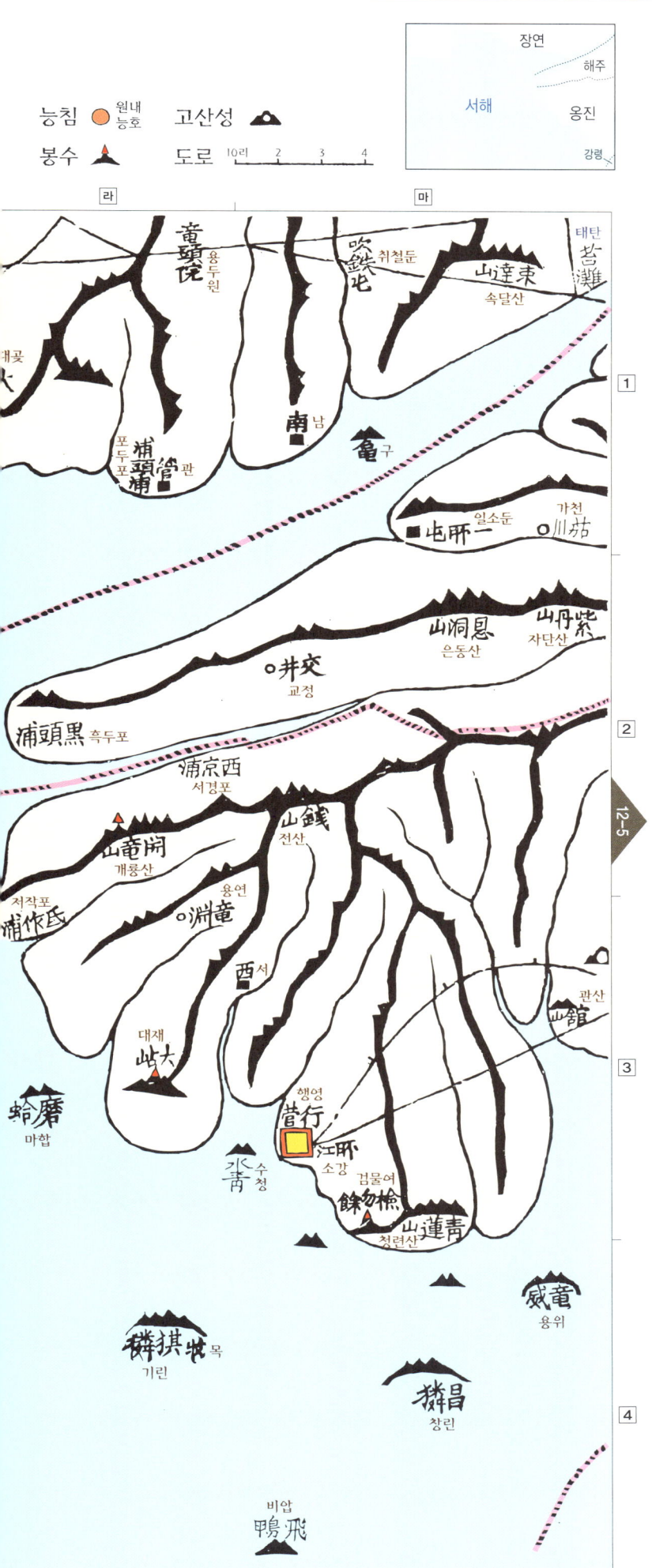

범례:
능침 ● 원내 능호 고산성 ▲
봉수 ▲ 도로 10리 2 3 4

라 마

(삽입 지도: 장연, 해주, 서해, 옹진, 강령)

대한민국 서해 최북단 섬, 백령

상단은 용연반도의 남부 지역, 우측 가운데는 옹진반도의 서부 지역이다. 용연반도와 옹진반도 사이에 있는 만은 대동만이다. 좌측 상단의 큰 섬은 백령도다. 옹진반도와 백령도 사이에 대청도와 소청도가 떠 있다.

백령도(白翎島) - 가1

백령도는 본래 '곡도(鵠島)'로 불리던 섬이다. 고려 태조 때 '백령(白翎)'으로 고쳤는데, 따오기가 흰 날개를 펼치고 하늘을 나는 모습을 닮았다는 데서 유래한 이름이다. 《대동지지》에 따르면 백령진(白翎鎭)은 조선 광해군 때 설치했고, 이곳 수군첨절제사(水軍僉節制使)가 백령목장의 감목관(監牧官)도 겸하였다. 또 지금의 해안 경비 초소에 해당하는 추포방소(追捕防所)와 요망(瞭望)이 한 곳씩 있었다고 하는데, 지도에는 표기되지 않았다. 전선(戰船)도 7척이 배치되어 해상 감시 임무를 맡았다.

행영(行營) - 마3

이곳은 수군절도사가 계절에 따라 본영과 번갈아 가면서 주둔하던 소강진 행영(所江鎭 行營)이다. 조선 시대에 옹진 앞바다에는 중국 배들이 빈번하게 나타나 노략질을 하였다. 그래서 조정에서는 오차포(吾叉浦)·백령진(白翎鎭) 등에 추포무사(追捕武士)나 요망장졸(瞭望將卒)을 두었다. 조선 후기의 실록을 보면 해마다 4~5월이면 옹진 앞바다에 중국 배들이 수십 척씩 나타나 약탈을 일삼았음을 알 수 있다.

대청도(大靑島) - 나2

멀리서 바라보면 울창한 것이 마치 눈썹을 그리는 검푸른 먹과 같다는 섬이다. '포을도(包乙島)'라고도 하였는데, 이는 '푸른 섬'의 우리 음을 한자로 기록한 것이라 한다. 대청도에 표기된 '목우(牧牛)'는 말 목장이 아니라 '소를 기르는 목장'을 뜻한다. 대청도는 고려 시대 원나라 고관들의 단골 귀양지였다. 《신증동국여지승람》에는 "충숙왕 때 원나라에서 위왕 아목가(阿木哥), 발라태자(孛剌太子), 도우첩목아(陶于帖木兒)를 여기에 귀양 보냈다. 대청도 내동에는 아직도 그들이 거처하던 집터가 남아 있으며, 깨진 기왓장이 발견되기도 한다."라고 자세히 설명하고 있다. 대청도는 국내 최북단 동백나무 자생지로 알려져 있다.

소청도(小靑島) - 다2

《신증동국여지승람》에 "대청도 동쪽에 있다."라고 한 소청도(小靑島)는 기암이 해안을 돌아가며 병풍처럼 둘러싸고 있는 섬이다. 〈동여도〉에는 대청도 둘레를 40리, 소청도 둘레를 20리로 기록하고 있다. 섬 동남쪽에는 분바위(粉岩)가 있는데, 마을 지명 유래에 따르면 원나라 순제가 이 섬에 유배되었을 때 주악(奏樂)을 즐겼던 곳이라 한다.

우계 羽溪

| 영아 | ⬜ 영이 있는 읍치는 표시 안함 | 성지 | 🏔 산성 | ⛰ 관성 | 창고 | ■ 무성 | ■ 유성 | 고현 | ● ◉ 유성 | ◎ 구읍지 유성 | 역참 | ◐ |
| 읍치 | 🟡 무성 🟠 유성 | 진보 | 🟨 무성 🟧 유성 | | 목소 | 牧 牧 場屬 | | 고진보 | ▲ ⬤ 유성 | | 방리 | ○ |

가　　　　　　　　　나　　　　　　　　　다

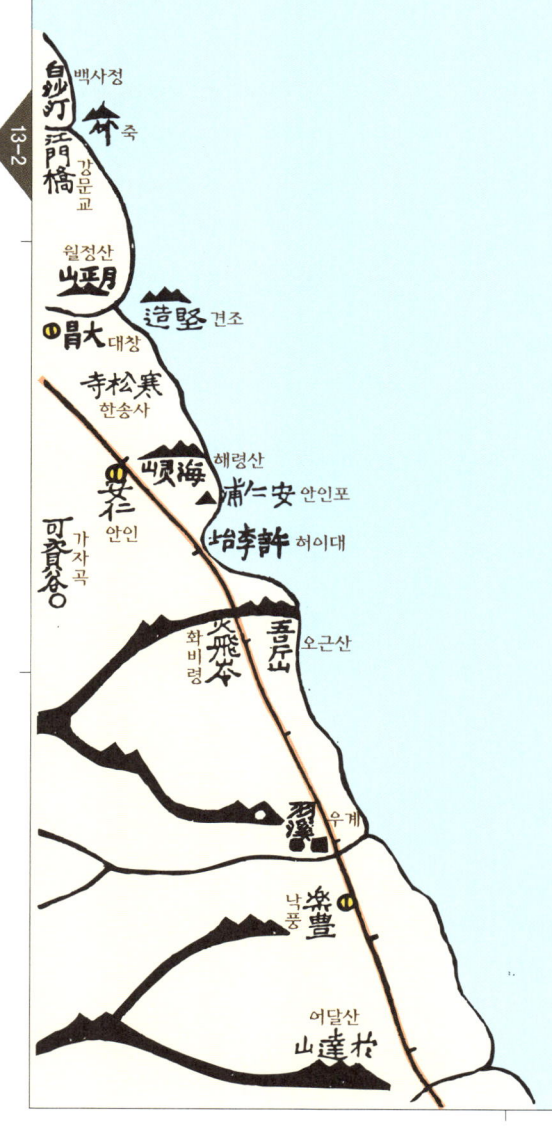

우계고현(羽溪古縣) 북쪽 해안은 요즘 해돋이 명소로 유명한 정동진(正東津)이다.

강릉의 속현이었던 우계

영동 지방의 큰 고을 강릉 앞바다다. 가장 북쪽의 백사정은 경포해변이고, 견조도 안쪽은 안목해변, 안인포는 안인진이다. 그 남쪽의 정동진, 옥계, 망상해변 등은 표기되지 않았다.

백사정(白沙汀) – 가2
백사정은 지금의 경포해변을 말하고, 강문교(江門橋)는 조선 시대 경포호에서 동해로 흘러드는 하천에 놓인 다리였는데, 지금도 다리 이름은 같다. 《신증동국여지승람》에 "포 동쪽 입구에 판교(板橋)가 있는데 '강문교'라 한다. 다리 밖은 죽도(竹島)이며, 섬 북쪽에는 5리나 되는 백사장이 있다. 백사장 밖은 창해 만 리인데, 해돋이를 바로 바라볼 수 있어 가장 기이한 경치다."라고 하였다.

견조도(堅造島) – 가3
고려 명종 때 문장가 김극기(金克己)가 "훌륭한 경계는 신선과 가깝고, 남은 자취는 부로에게 전해 온다."라고 노래한 견조도(堅造島)는 조선 후기까지는 섬이었으나 현재는 모래가 퇴적해 육계도가 되었다. 월정산과 대창역 사이를 지나 동해로 흘러드는 하천은 강릉 남대천이고, 그 부근이 현재의 안목해변과 강릉항(안목항)이다.

안인포(安仁浦) – 가3
'나랏말'·'날개' 등으로 불리던 안인포에 진이 있던 곳이라 해서 '안인진(安仁鎭)'으로 불린다. 조선 성종 때까지 안인진에 수군만호영을 두었다가 양양 대포(襄陽大浦)로 옮긴 흔적은 고진보 기호로 남아 있다. 안인진 남쪽에 접한 허이대(許李臺)는 조선 세조 때 허종(許從)과 이육(李陸)이 야인의 난을 평정하고 배를 타고 지나가가 군사를 주둔시키고 국사를 논하였다는 곳이다. '許李臺(허이대)'라는 글씨가 새겨진 너럭바위는 해안도로를 넓히면서 사라졌다.

정동진(正東津) – 가4
정동진의 위치는 오근산(吾斤山)과 우계(羽溪) 고현 사이의 해변이다. '정동진'이라는 지명은 '한양의 경복궁 정(正) 동쪽에 있는 바닷가'라는 뜻에서 유래하였다지만, 〈대동여지도〉에는 정동진이 표기되어 있지 않다. 《신증동국여지승람》 등 옛 기록에서도 정동진을 찾기 어렵다.

망상해변(望祥海邊) – 가4
지도에 표기는 없지만, 낙풍역(樂豊驛)과 어달산(於達山) 사이의 동쪽 해변이 망상해변이다. 망상해변은 모래가 곱고 넓어 강릉의 경포해변과 어깨를 나란히 할 정도로 유명하다. 옛 이름은 '마상(馬上)'·'마평(馬枰)'인데, 지금의 '망상(望祥)'이라 불리게 된 데는 〈관동별곡〉으로 유명한 정철(鄭澈)의 연애담에 얽힌 일화가 전한다. '마상'이라는 지명은 '마상천(馬上川)'이라는 이름으로 남았는데, 지도의 어달산 동쪽에 살짝 보이는 하천이 마상천이다.

능침 ● 원내 능호 　고산성 ▲
봉수 ▲ 　도로 10리 2 3 4

라　마

동해
강릉

강릉江陵 평창平昌

영아 ■ 영이 있는 읍치는 표시 안함	성지 ⛰ 산성 🏯 관성
읍치 ● 무성 🟡 유성	진보 ■ 무성 ■ 유성
창고 ■ 무성 □ 유성	목소 招 牧場屬
고현 ● ◉ 유성 ◎ 구읍지 유성	고진보 ▲ ⛰ 유성
역참 ◑	방리 ○

가　나　다

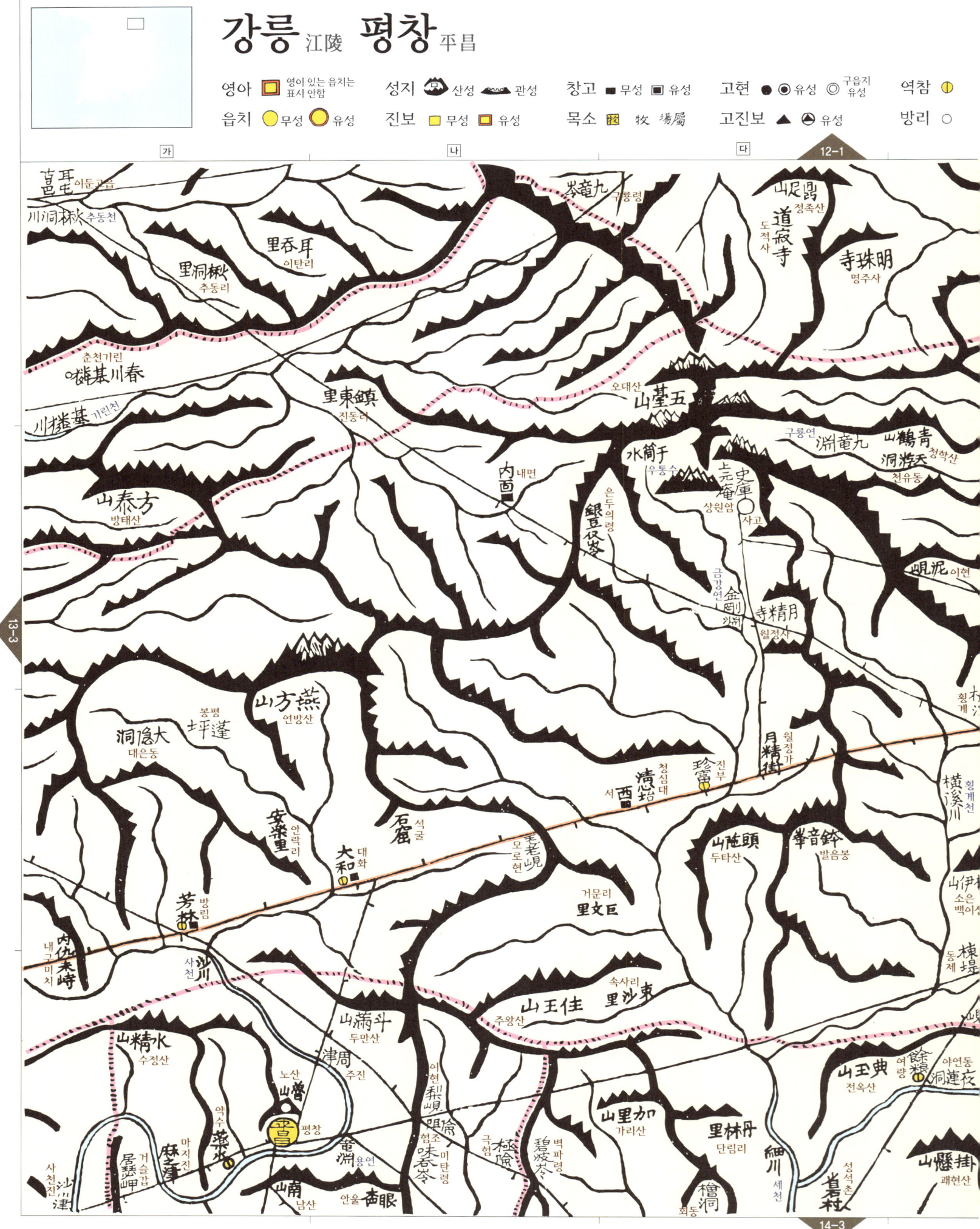

옛날 대관령(大關嶺)은 넘기 힘든 큰 고개로, 강릉 사람들은 '평생 대관령을 넘지 않고 사는 것이 행복하다'고 하였다.

능침 ●원내능호 고산성 ▲
봉수 ▲ 도로 10리 2 3 4

인제 · 춘천 · 양양 · 동해
강릉
원주 · 평창 · 정선

관란정
관람정
觀瀾山洞 동산
竹 죽
野楊 양야산
橋 인구
湖麻 마호
湖香 향호
里新 신리
眞雲峰 촉운봉
山文注 주문산
津文注 주문진
嵒道 도암
冬德 동덕
連谷 연곡
山火沙 사화산
城山 성산
嘉南 가남 / 嘉南 가남
鏡浦坮 경포대
賢普山 보현산
海松亭 해송정
岑關大 대관령
濟民院 제민원
丘山 구산
里日發 애일리
陵 강릉
楠 남천
德方 덕방
淡定山 담정산
銕峴 삽현
高端 고단
岳耕 구경
木溪 목계
兪 유현
臨溪 임계
界 □계
素來洞川 소래동천
揷雲峙 삽운령
里境地 지경리

관동의 으뜸 고을, 강릉

상단 가운데에서 동남으로 뻗어 내리는 굵은 산줄기는 백두
대간이다. 조선 시대에는 대관령 동서쪽 대부분이 강릉 소
속이었으나, 지금은 대관령 서쪽의 횡계·봉평·오대산 일
대는 평창 땅이다.

강릉(江陵) - 마3

영동 지방의 가장 큰 고을인 강릉은 예국(濊國)의 도읍지였다. "학
문을 숭상하면서도 놀이를 좋아한다."라는 옛 기록대로 강릉은
우리나라의 대표적인 문향(文鄕)이면서, 우리나라에서 가장 규모
가 크고 생동감 넘치는 놀이인 강릉단오제로 유명하다. 신사임당
(申師任堂), 허균(許筠), 허난설헌(許蘭雪軒) 등이 강릉을 대표하는
인물이다. 율곡 이이(李珥)도 외가인 강릉 오죽헌에서 태어났다.

경포대(鏡浦坮) - 마2

경포대가 있는 경포호(鏡浦湖)는 동해에서 장엄하게 떠오르는 태
양, 붉게 타오르는 석양, 달밤의 호수 풍광, 짙푸른 바다를 배경
으로 한 백사장 등으로 이름 높은 호수다. 과거에는 호수 둘레가
20리에 달하였다고 하는데, 오늘날에는 토사가 흘러들면서 10리
에 지나지 않는다. 전성기에 호수 둘레에는 12개의 정자가 있었다
고 한다. 현재는 경포대, 금란정, 방해정, 해운정만이 남아 있다.

대관령(大關岺) - 라3

영동과 영서를 잇는 가장 큰 고개다. 조선 시대 대관령 고갯길은
동쪽의 구산역(丘山驛)에서 반정(半程)을 거쳐 대관령 서쪽의 횡계
역(橫溪驛)까지였다. 길손들에게 숙박 등의 편의를 제공하던 제민
원(濟民院)이 있던 지금의 대관령박물관에서부터 고갯마루 근처
의 반정까지는 옛길이 잘 남아 있다.

오대산(五臺山) - 다1

《신증동국여지승람》에 "동쪽이 만월(滿月), 남쪽이 기린(麒麟), 서
쪽이 장령(長岺), 북쪽이 상왕(象王), 복판이 지로(智爐)"라고 한 오
대산의 다섯 대(臺)를 〈대동여지도〉는 잘 표현하고 있다. 우통수
(于筒水)는 조선 시대에 '한강의 발원지'로 알려졌던 샘이고, 사고
(史庫)는 《조선왕조실록》을 보관하던 오대산사고(五臺山史庫)다.
자장율사가 창건한 월정사(月精寺)는 조선 시대에는 오대산사고
를 지키는 수호사찰이었다. 상원암(上元庵)은 세조가 친견하였다
는 문수동자상으로 유명한 암자다.

봉평(蓬坪) - 가3

조선 시대 강릉부 땅이었던 봉평은 지금은 평창 땅이다. 우리나
라 단편소설의 백미로 꼽히는 이효석(李孝石)의 〈메밀꽃 필 무렵〉
의 무대인 이 고을은 조선 10대로의 하나인 평해로(관동대로)에서
벗어나 있는 오지였다. 봉평을 흐르는 하천은 〈메밀꽃 필 무렵〉
의 주인공 허생원이 물에 빠졌던 홍정천이다.

《세종실록지리지》에 오대산 우통수(于筒水)를 '한강의 발원지'라 하였으나, 근래 정밀 조사 결과 태백 금대봉 검룡소로 밝혀졌다. 171

홍천 洪川 횡성 橫城

지도상 횡성(橫城)의 청일(晴日)과 갑천(甲川)이 동떨어져 있으나, 지금은 청일과 갑천이 이웃한다.

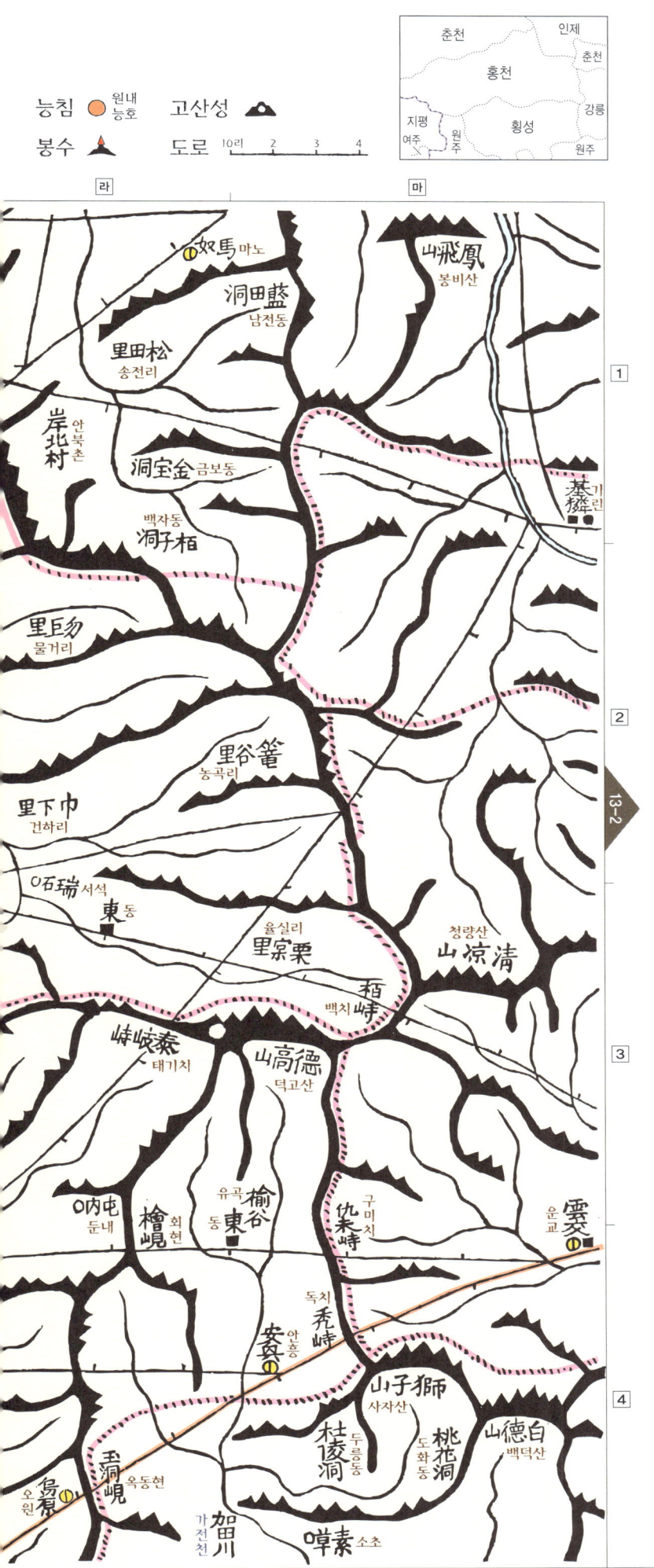

능침 ●원내능호　고산성 ▲
봉수 ▲　도로 10리 2 3 4

라　마

춘천　인제
홍천
지평 여주 원주 횡성 원주 강릉

如馬 마노
山飛鳳 봉비산
洞田藍 남전동
里田松 송전리
岸北村 안북촌
洞宝金 금보동
基擽 기린리
백자동 洞子栢
里巨勿 물거리
里谷箸 농곡리
里下巾 건하리
碯瑞 서석 東 동
율실리 里宗栗
山凉清 청량산
栢峙 백치
素峴峙 태기치
山高德 덕고산
이內屯 둔내
檜峴 회현
유곡동 東
仇米峙 구미치
雲交 운교
독치
禿峙
安 안흥
山子獅 사자산
두릉동 杜陵洞
山德白 백덕산
도화동 桃花洞
玉峴 옥동현
烏院 오원
가전천 加田川
素 소초

홍천강 기슭에 터 잡은 홍천

우측 상단에 살짝 보이는 물줄기는 북한강 지류인 내린천, 좌측 상단은 북한강이다. 가운데에는 홍천강이 홍천 고을을 지나 북한강으로 흘러간다. 횡성을 지나는 하천은 섬강이다.

홍천(洪川) – 나2

"백성의 풍속이 순박하다." "읍의 인가들이 그윽하고 깨끗하며, 산과 물은 맑고 기이하다." 조선 전기의 문신인 서거정(徐居正)이 평한 대로 홍천은 산과 물이 맑은 고을이다. 홍천은 조선 시대에도 면적이 동서로 너른 편이었는데, 현재 서쪽으로는 북한강에 닿아 양평과 경계를 이루고, 동쪽으로는 백치(栢峙, 지금의 뱃재) 너머의 내면(內面, 13-2 도엽)도 홍천 땅이다. 그래서 근래에는 흔히 '홍천의 동서는 3백 리'라 한다.

홍천강(洪川江) – 나2

홍천의 젖줄은 백치(栢峙) 근처 미약골에서 발원한 홍천강이다. 《신증동국여지승람》 등에는 홍천강을 남천(南川)으로 설명하였고, 1831년경 관내 군현의 읍지를 모아 편찬한 《관동지》에는 '화양강(華陽江)'이라 하였다. 〈대동여지도〉와 《대동지지》에는 '홍천강'으로 표기되어 있다.

공작산(孔雀山) – 다2

홍천의 공작산은 꼬리를 활짝 편 공작의 형상이다. 정상 일대 능선의 암부와 바위 주변에 밀생한 짙은 수림 덕분이다. 공작산에 깃든 수타사(壽陀寺)는 임진왜란 때 불탄 것을 1636년 중건해 지금에 이르렀다. 수타사 사천왕상 뱃속에서 나온 《월인석보(月印釋譜)》 두 권은 보물로 지정되어 있다.

횡성(橫城) – 다4

고구려 때 지명은 횡천(橫川)인데, 섬강이 남북으로 흐르지 않고 동서로 가로질러 흐르기 때문에 '횡(橫)'이라 하였다 한다. 이웃한 홍천과 발음이 비슷해 조선 태종 때 '횡성(橫城)'으로 고쳤다. 횡성의 자랑인 태기산(지도에는 태기치)은 진한의 마지막 왕인 태기왕이 신라에 쫓겨 들어온 곳이라 전한다. '태기산성지'라고 하는 성터의 흔적이 남아 있다. 갑천(甲川)은 태기왕이 군사훈련을 하면서 갑옷을 냇물에 씻었다는 전설이 전하는 곳이다.

안흥(安興) – 마4

《대동지지》에 "횡성현의 동쪽 60리에 있다."라고 한 안흥역(安興驛)은 조선 시대 10대로의 하나인 평해로(관동대로)의 역이었다. 이 일대는 원래 '실미면(實美面)'·'정곡면(井谷面)' 등으로 불리다가 1937년에 안흥역의 이름을 따서 '안흥면'이라 하였다. 산줄기에 둘러싸인 고을이라 주천강·상안천 유역에만 좁은 평지가 펼쳐진다.

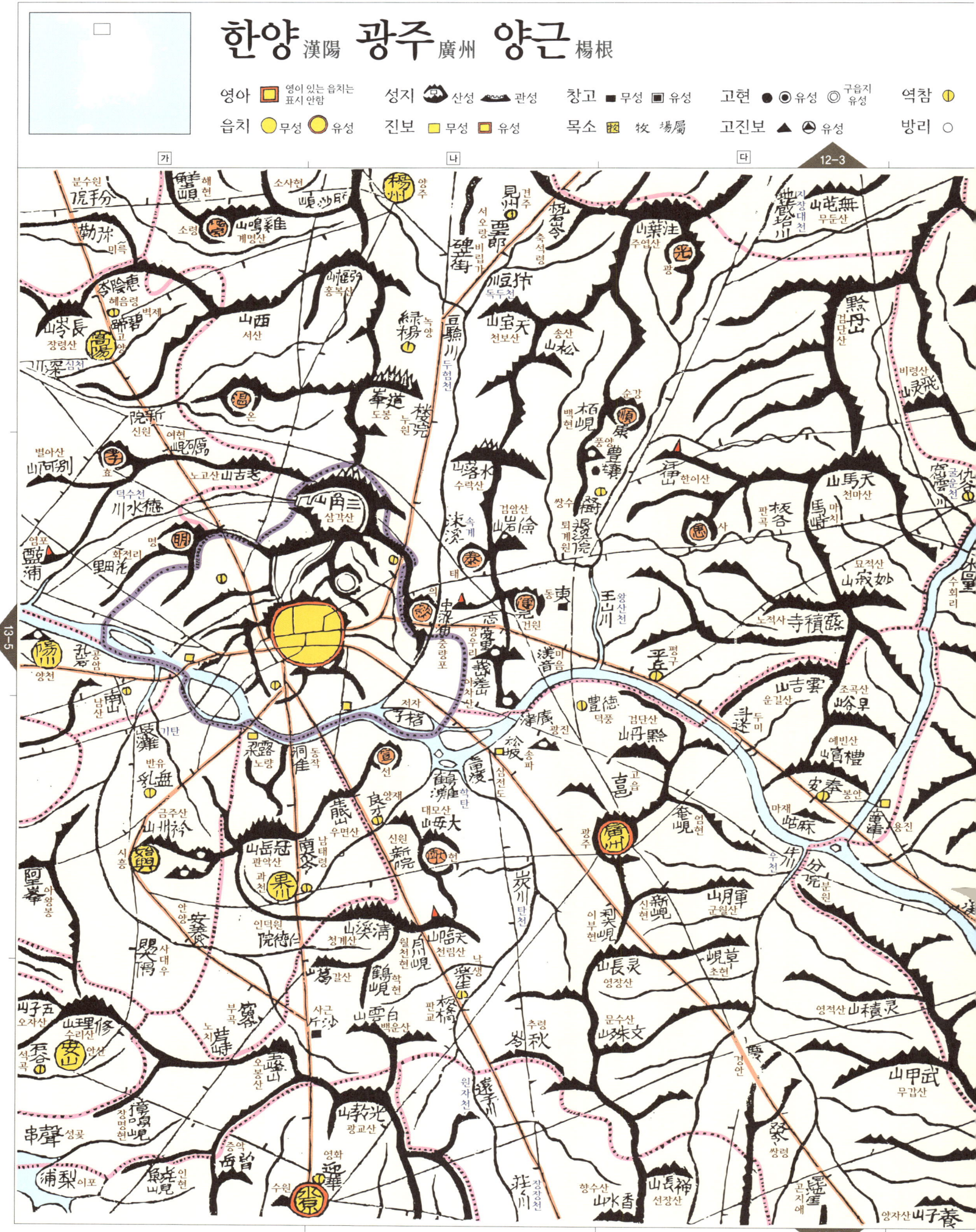

한양 漢陽 광주 廣州 양근 楊根

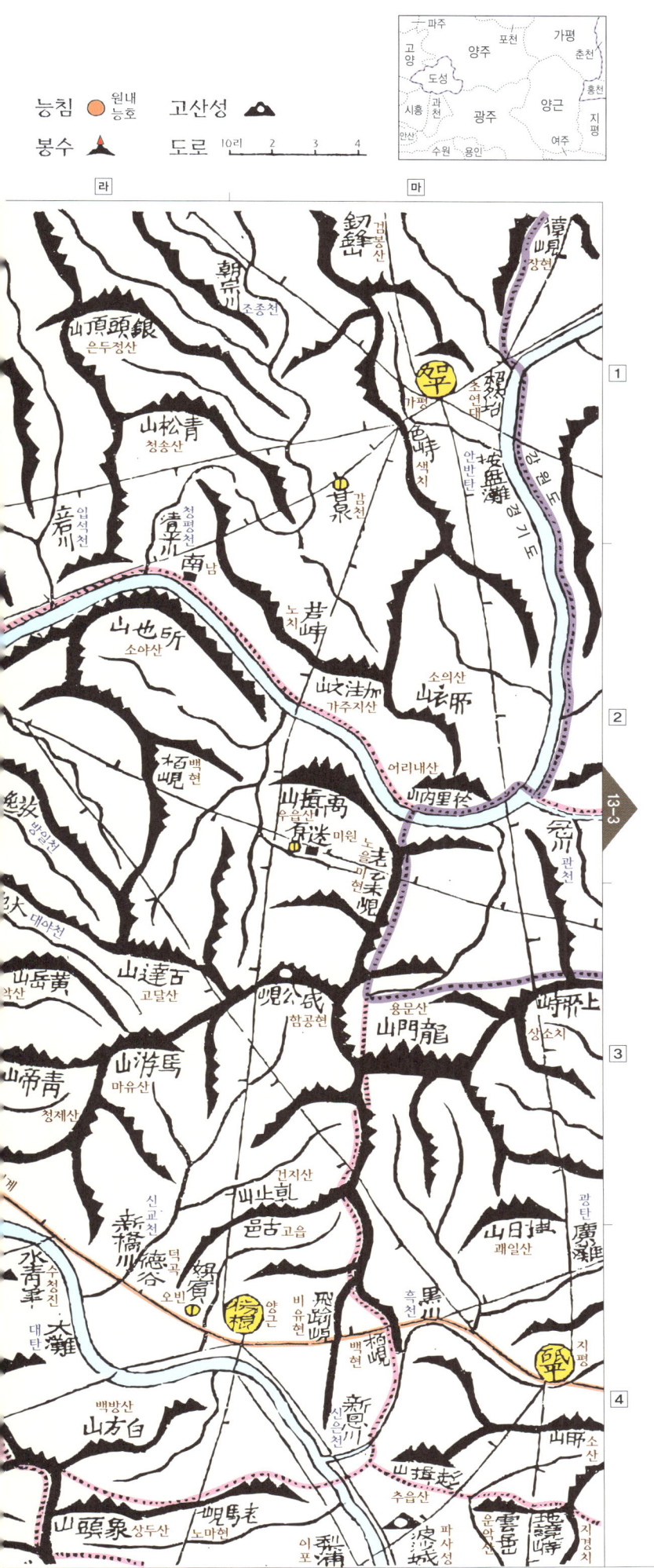

범례
- 능침 ●원내 원호
- 고산성 ▲
- 봉수 🔺
- 도로 10리 2 3 4

조선 왕조 6백 년 도읍지, 한양

한양 북쪽의 도봉산·삼각산은 한북정맥이고, 좌측 하단의 광교산·수리산은 한남정맥이다. 북한강과 남한강 두 물줄기가 양근 땅 서쪽 끝에서 하나로 만나 한양을 지나 서해로 흘러간다.

수원성(水原城) – 가4

수원의 치소(治所)인 수원성은 지금의 수원 화성(水原 華城)이다. 원래 수원의 치소는 지도보다 20리 남쪽인 화산(花山, 14-5 도엽) 부근에 있었으나, 정조가 그의 아버지 사도세자의 무덤을 화산으로 옮길 때 팔달산 아래에 성을 쌓고 치소도 옮겼다. 성 안에는 행궁도 건립되었는데, 거주 기능의 읍성과 방어 기능의 산성을 합하여 쌓은 수원 화성은 '조선 성곽의 꽃'으로 불린다.

남한산성(南漢山城) – 다3

광주 치소(治所)는 지금의 남한산성이다. 인조 때 후금의 위협과 이괄(李适)의 난을 겪은 뒤 1624년(인조 2년)부터 본격 축성을 시작해 1626년(인조 4년)에 완공하고 광주 치소도 성 안으로 옮겼다. 성 안에는 여러 군사시설을 비롯해 관아(官衙)와 창고, 임금이 거처할 행궁(行宮) 등을 갖추고 대규모 군사 훈련도 펼쳤다. 그러나 1636년(인조 14년) 병자호란이 일어났을 때 남한산성으로 피신한 인조는 청에 항전하였지만 결국 45일 만에 항복하고 말았다.

삼각산(三角山) – 나2

한양의 조산(祖山)으로서 북한산의 옛 이름이다. 최고봉 백운대를 중심으로 북쪽의 인수봉, 남쪽의 만경대가 삼각뿔을 이룬다는 삼각산은 백두산·금강산·지리산·묘향산과 함께 우리나라 오악(五嶽)으로 꼽혔던 명산이다. 《고려사》 '서희전'에 '삼각산'이라는 지명이 등장하였고, 조선 시대 들어와서는 《세종실록지리지》 등 웬만한 기록에서 대부분 '삼각산'이라는 이름을 썼다.

건원릉(建元陵) – 나2

건원릉은 조선 태조 이성계(李成桂)의 무덤이다. 봉분에는 억새 무성한데, 이는 고향인 함경도 영흥을 그리워하였던 태조가 그곳의 흙과 억새로 봉분을 덮어 달라고 유언하였기 때문이라 한다. 건원릉을 비롯해 모두 9기의 능이 있다 하여 흔히 '동구릉(東九陵)'이라 불린다. 서남쪽의 망우리(忘憂里)는 자신의 묘터를 살펴 보고 가던 이성계가 근심을 잊었다는 데서 유래한 지명이다.

분원(分院) – 다3

조선 시대 왕실에서 쓰이던 자기를 굽던 곳으로, 궁중의 음식을 관장하는 사옹원(司饔院)의 분원이라는 데서 유래한 지명이다. 조선 시대 광주의 조선 백자 도요지는 285개소나 되는데, 1752년(영조 28년) 교통이 편리한 한강 변 소내섬 근처 나루에 분원이 정착하였다. 달항아리 백자 등 왕실은 물론 문인사대부의 아취(雅趣)와 문기(文氣)를 잘 표현한 문방구(文房具)가 많이 제작되었다.

강화 江華 김포 金浦 인천 仁川

영아 ▣ 영이 있는 읍치는 표시 안함　　성지 🏯 산성 ⟝⟞ 관성　　창고 ■ 무성 ▣ 유성　　고현 ● 유성 ◉ 유성 ◎ 구읍지 유성　　역참 ◐

읍치 🟡 무성 🟠 유성　　진보 🟨 무성 🟥 유성　　목소 牧 牧 場 屬　　고진보 ▲ ⛰ 유성　　방리 ○

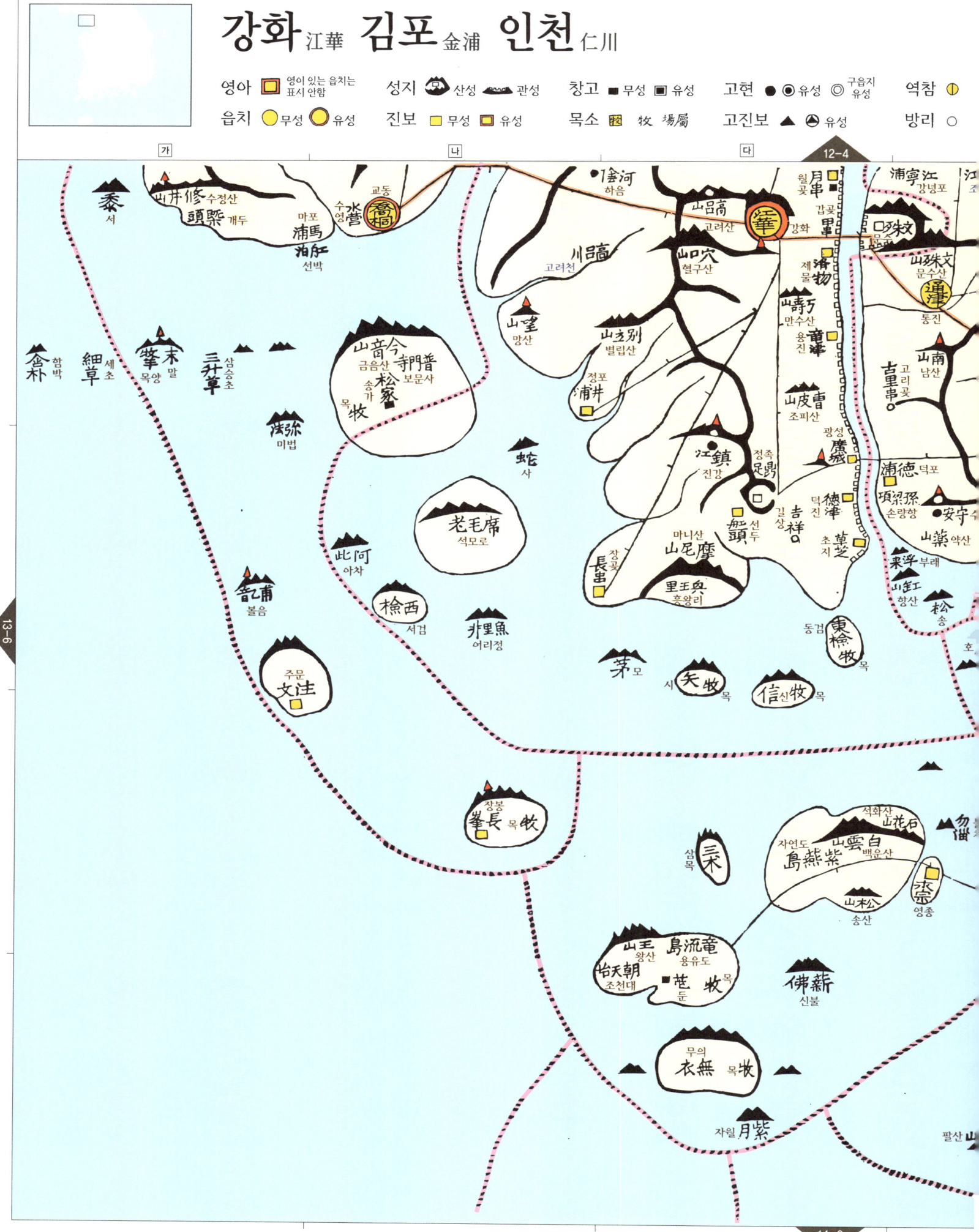

泰
서

山井修 수정산
頭紫 개두

細草 세초

峯末 목양

三升草 삼승초

浦馬 마포
泊舡 선박

水營 수영

喬桐 교동

彌沭 미법

此阿 아차

音乙浦 볼음

文注 주문

山音今 금음산
朝門普 보문사
松家 송가
牧 목

檜西 서겹

峯長 牧 장봉 목

山王 왕산
冶天朝 조천대
苣 둔

島流竜 용유도
牧

河乙 하음

川吕高 고려천

山吕高 고려산

山口穴 혈구산

山望 망산

山乧別 별립산

井浦 정포

蛇 사

老毛席 석모로

非里魚 어리정

茅 모

龍津 용진

壽乭山 만수산 용진

山皮曺 조피산

江鎭 진강

足踢 정족

山尾摩 마니산

里王奀 흥왕리

長串 장곶

矢 牧 시 목

信 牧 신 목

月串 월곶

華 강화

甲串 갑곶

山殊文 문수산
通津 통진

濟物 제물

古里串 고리곶

德津 덕진
초지

廣城 광성
頭 초지

浦德 덕포

頂㝵孫 손량항

浦江寧 강녕포

牧 文
牧 교동 갑곶

山南 남산

東檜 牧 동겹 목

三 목

山花石 석화산

島燕紫 자연도 백운산
山雲白

崇 영종

山木公 송산

勿滋

佛薪 신불

無衣 牧 무의 목

紫月 자월

山 팔산

현재 인천국제공항이 들어선 영종도(永宗島)는 옛날에 제비가 많다 하여 '자연도(紫燕島)'라 불렸다.

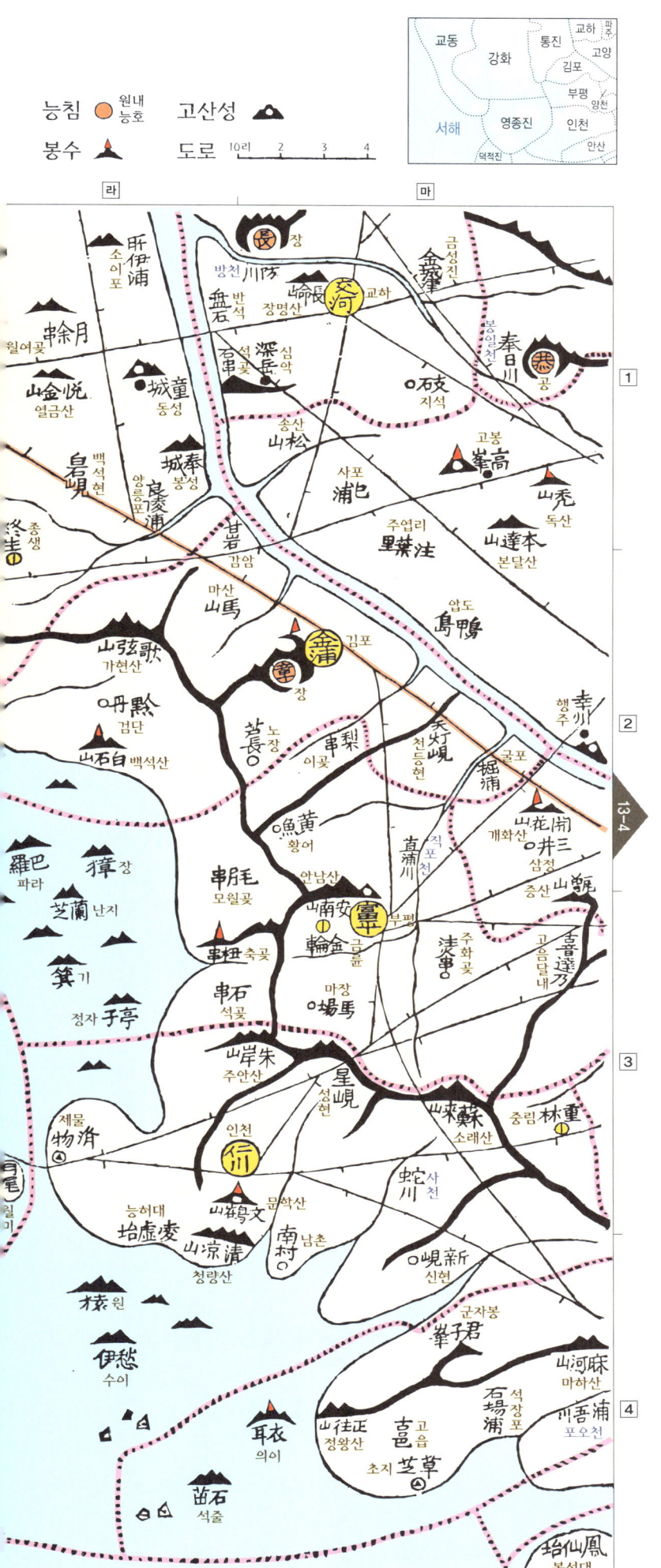

한양을 지켜 온 큰 섬, 강화

우측에서 서북류하며 김포를 지나는 하천은 한강이다. 한강 동북쪽의 본달산·고봉·장명산은 한북정맥이고, 서남쪽의 소래산~주안산~문수산은 한남정맥이다.

강화도(江華島) – 다1

강화도는 '역사의 섬'이다. 선사 시대의 유적으로는 하점면의 고인돌을 비롯한 120여 기의 고인돌이 흩어져 있고, 마니산(摩尼山)에는 단군에게 제사 지내던 참성단(塹星壇)이 남아 있다. 단군의 세 아들이 쌓았다고 전하는 삼랑산성(정족산성), 몽골에 항전하기 위해 쌓은 강화산성, 조선 왕실의 도서관이었던 외규장각 등도 있다. 국방의 요새였던 흔적은 갑곶돈대 등 5진(鎭)·7보(堡)·53돈대(墩臺)의 방어시설로 상징된다.

제물포(濟物浦) – 라3

백제 시조 온조왕의 형인 비류(沸流)는 한반도 중부 서해를 끼고 자리한 널따란 평야 지대에 도읍을 정하고 '미추홀(彌鄒忽)'이라고 하였다. 이것이 인천의 최초 지명이다. 조선 시대 제물포에 진(鎭)이 설치되어 수군만호가 주둔하였다가 효종 때 강화도로 옮겼고, 그 흔적이 지도에 고진보로 표기되어 있다. 제물포는 1882년(고종 19년) 임오군란으로 발생한 일본의 피해 보상을 위해 맺은 제물포조약의 현장이다.

영종진(永宗鎭) – 라3

영종진은 원래 경기도 남양(南陽, 지금의 화성시 남양동)에 있던 것을 병자호란을 겪은 뒤인 1653년(효종 4년) 인천 앞바다의 자연도(紫燕島) 옆의 '태평암(太平巖)'이라는 작은 섬으로 옮겨 온 진보(鎭堡)다. 북벌 정책을 펴던 효종 당시에는 유사시 강화도로 피하는 뱃길을 확보하기 위한 의도였으나, 이후 한양으로 통하는 수로를 지키는 외곽기지로서의 중요성이 더욱 커지면서 조선 후기에는 독진(獨鎭)으로 성장하였다.

부평(富平) – 마3

부평은 고구려 때 '주부토(主夫吐)'라 하였고, 고려 때부터 지금의 이름으로 불렸다. 조선 시대 부평도호부는 진산(鎭山)인 안남산(安南山, 지금의 계양산) 둘레의 마을들을 관할하였다. 이 고을은 해발 20m 이하인 김포평야의 일부를 이루는 곡창 지대다.

굴포(掘浦) – 마2

직포천(直浦川, 지금의 굴포천) 하류를 옛날에는 나무다리로 건너다녔다. 그러나 매년 홍수 때마다 떠내려가는 바람에 설치 비용이 많이 들었는데, 김포 사람 양성지(梁誠之)가 공조판서가 되었을 때 굴포에 도선(渡船)을 설치하였다. 지금 직포천은 아라뱃길로 바뀌었고, 굴포에는 김포아라대교가 놓여 있다.

산연평 山延平

| 영아 | ▣ 영이 있는 읍치는 표시 안함 | 성지 | 🏔 산성 ⛰ 관성 | 창고 | ■무성 ◼유성 | 고현 | ●◉유성 ◎구읍지유성 | 역참 | ◑ |
| 읍치 | ●무성 ●유성 | 진보 | ▢무성 ▣유성 | 목소 | 牧 牧 場屬 | 고진보 | ▲ ⏷유성 | 방리 | ○ |

가　　　　　　　　　나　　　　　　　　　다　　12-5

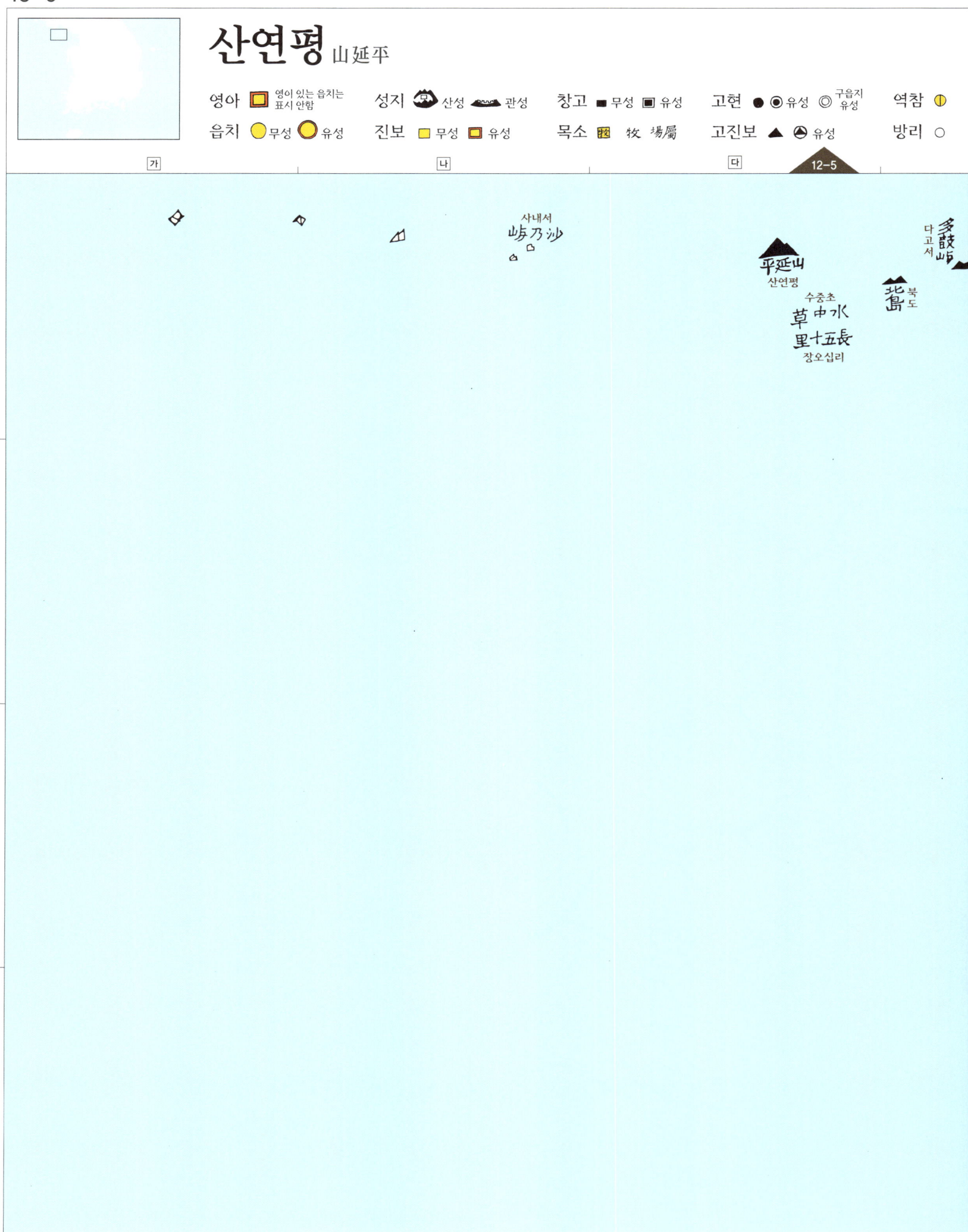

峙乃沙
사내서

平延山
산연평

草中水
수중초

里十五長
장오십리

多鼓峙
다고서

北島
북도

바다에 초(草)가 붙은 지명은 모래로 된 섬이며, 서(嶼)가 붙은 지명은 작은 섬을 말한다.

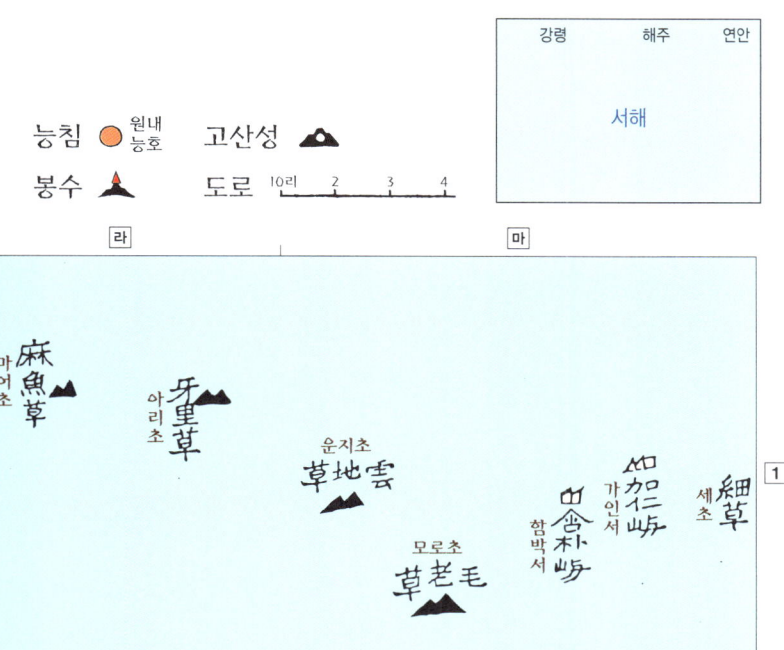

강령 해주 연안

서해

능침 ●원내능호 고산성 ▲

봉수 ▲ 도로 10리 2 3 4

라 마

麻魚草
마어초

牙里草
아리초

운지초
草地雲

모로초
草老毛

세초
細草

가인서
함박서

조기와 꽃게잡이 어장으로 유명한 산연평

인천 면 바다 지역이다. 서해 5도에 속하는 우도가 여기에 있다. 연평도 일대 바다는 과거에는 조기로 유명하였고, 지금은 꽃게잡이 어장으로 잘 알려져 있다.

산연평도(山延坪島) – 다1

산연평도는 지금의 인천광역시 옹진군의 연평면에 속하는 소연평도(小延坪島)다. '소연평'이라는 이름은 '연평도(대연평도) 남쪽에 있는 작은 섬'이라는 뜻이다. 억새가 많다고 해서 '새연평도'라고도 한다. 갈매기섬, 얼굴바위 등의 볼거리가 있는 작고 조용한 섬이다. 오랫동안 조기잡이 어부들의 나침반 역할을 해 온 섬으로 지금은 등대가 설치되어 있다.

모로초(毛老草) – 마1

모로초는 지금의 인천 강화군 서도면 말도리의 '우도(隅島)'다. '모로도(毛老島)'라고도 하는데, '모로(毛老)'는 이 섬에 귀양을 오면 머리털이 희도록 빠져나가지 못한다는 데서 붙은 이름이라 한다. 대부분 지역이 절벽과 암벽으로 이뤄진 척박한 섬이다. 현재 서해 5도(백령도 · 대청도 · 소청도 · 연평도 · 우도) 중 유일하게 민간인이 살지 않고 군인들만 초소를 지키고 있는데, 민물이 없기 때문에 바닷물을 담수화해서 사용하고 있다.

서해 5도(西海五島)

서해 5도는 백령도 · 대청도 · 소청도 · 연평도 · 우도의 5개 섬을 일컫는 말이다. 이 도엽에서는 모로초(毛老草)로 불리던 우도만 서해 5도에 포함된다. 남북 분단 상황에서 생긴 용어인데, 5개 섬 중에서 민간인의 출입이 통제된 우도 대신 유인도인 소연평도를 넣기도 한다. 혹은 소연평도까지 포함해 모두 '서해 6도'라고 부르기도 한다. 지금의 행정구역으로 보면 백령도 · 대청도 · 소청도 · 연평도는 인천광역시 옹진군에 속하고, 나머지 우도는 인천광역시 강화군에 속한다.

서해 북방한계선(NLL)

산연평(山延平)과 모로초(毛老草) 북쪽 바다는 우리 겨레가 남북으로 갈라져 있는 현재 북방한계선(Northern Limit Line)이 그어져 있는 상황이다. 이 선은 1953년 국제연합군(UN군) 사령부와 조선민주주의인민공화국 및 중공인민지원군 간에 정전협정 체결 직후 서해 5도인 백령도~대청도~소청도~연평도~우도의 북쪽 해상을 따라 그은 사실상의 남북 해상 군사분계선이다. 그러나 1973년 이후 북한은 황해도와 경기도의 도계 연장선 이북 수역이 자신들의 해역이라고 주장하고 있다.

울릉도 鬱陵島 우산도 于山島

영아	🟨 영이 있는 읍치는 표시 안함	성지	🏔 산성 ⛰ 관성	창고	■ 무성 ⬛ 유성	고현	● ◉ 유성 ◎ 구읍지 유성	역참	🌓
읍치	🟡 무성 🟡 유성	진보	🟨 무성 🟧 유성	목소	牧 牧 場 屬	고진보	▲ ⬤ 유성	방리	○

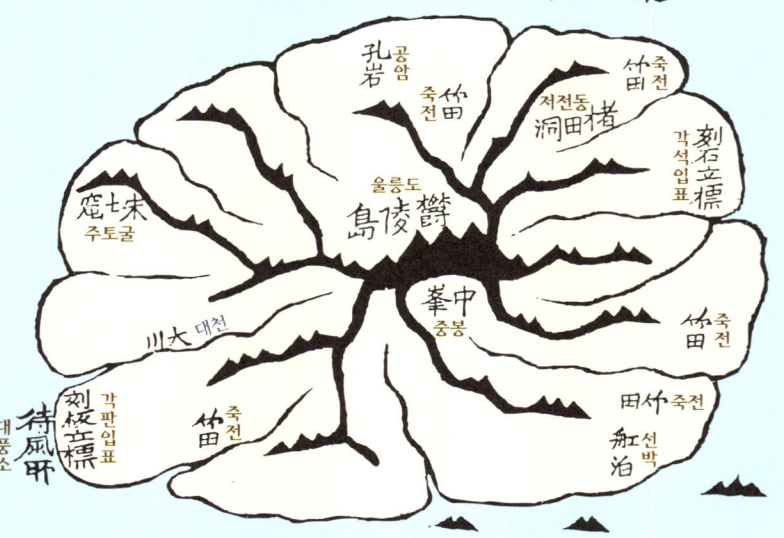

동서육십여리 남북사십여리 주이백여리
東六十餘里南北四十餘里周二百餘里

孔岩 공암
竹田 죽전
竹田 죽전
楮田洞 저전동
刻石立標 각석입표
窟七朱 주토굴
島陵鬱 울릉도
中峯 중봉
竹田 죽전
川大 대천
刻板立標 각판입표
田竹 죽전
待風所 대풍소
田竹 죽전
缸泊 선박

이도상거불원 풍일청명 즉가망견
二島相去不遠風日淸明則可望見

《세종실록지리지》에 "우산(于山)과 무릉(武陵) 두 섬이 현의 정동쪽 바다 가운데 있고, 맑은 날에는 볼 수 있다."라고 기록되었다.

범례

능침 ●원내 능호		고산성 ⛰	
봉수 🔺		도로 10리 2 3 4	

동해

울진

라 마

1

2

3

4

우산
山于

우리 국토 동쪽 끝을 지키는 화산섬 형제, 울릉도·독도

울릉도와 더불어 대한민국 동쪽을 지키는 수문장인 독도는 동해의 거센 파도와 바닷바람이 빚은 화산섬이다. 울릉도 동쪽의 우산도는 지금의 독도다.

울릉도(鬱陵島) – 나4

울릉도는 강원도 삼척도호부 울진현에 속한 섬이었다. 청동기 시대부터 사람들이 살았던 것으로 추정하고 있으나, 사서의 기록으로는 512년 강릉의 군주 이사부(異斯夫)가 이 섬을 정복하면서 우리 땅이 되었다. 지명을 살펴보면, '중봉(中峯)'은 울릉도의 최고봉인 지금의 성인봉이다. '울릉도'라는 지명이 있는 지역은 울릉도의 유일한 평지인 나리분지다. 죽전(竹田)은 울릉도에 산재한 대나무밭으로 지도에 5곳이나 표기되어 있을 정도로 울릉도에는 대나무가 많았다. 동북쪽의 저전동(楮田洞)은 닥나무가 많음을 나타내는 지명이다. 주토굴(朱土窟, 지금의 황토굴)은 질 좋은 황토가 있는 해안 석굴로서, 울릉도 수토사(搜討使)들이 돌아갈 때 진상품으로 채취하였다고 한다. 공암(孔岩)은 코끼리바위다. 선박(船泊)은 '배를 대기 좋은 곳'이라는 의미인데, 지금의 저동 지역으로 추정된다. 배를 기다리던 대풍소(待風所)와 각판입표(刻板立標)가 있는 곳은 지금의 태하요, 대천(大川)은 지금의 태하천이다. 동북쪽의 각석입표(刻石立標)와 서남쪽의 각판입표는 돌이나 나무를 깎아 글을 새기고 표를 세웠다는 뜻으로 울릉도를 순찰한 수토사들이 다녀갈 때 남긴 것이다.

대풍소(待風所) – 가4

대풍소는 배를 띄울 바람을 기다리던 태하의 항구다. 조선 시대에 울릉도 행정의 중심은 태하였다. 이 마을에는 '성하신당(聖霞神堂)'이라는 해신당이 있는데, 조선 태종 때 울릉도 거주민을 육지로 이주시킬 당시 배를 띄우기 위해 희생시킨 동남동녀(童男童女)에 관한 슬픈 전설이 전해 온다. 주민들은 매년 음력 3월 1일에 정기적으로 풍어와 풍년을 기원하는 제사를 지낸다.

우산도(于山島) – 라4

독도의 옛 명칭은 우산도다. 1454년(단종 2년)에 편찬된 《세종실록지리지》 '강원도 삼척도호부 울진현' 조에는 "우산(于山)과 무릉(武陵) 두 섬이 현의 정동(正東) 해중(海中)에 있다. 두 섬이 서로 거리가 멀지 아니하여, 날씨가 맑으면 가히 바라볼 수 있다.(于山武陵二島在縣正東海中 二島相去不遠 風日淸明 則可望見)"라고 기록되어 있다. 또한 1900년에 반포한 '대한제국 칙령 41호'에는 관할 구역을 '울릉 전도(全島)와 죽도·석도(石島)'라고 하였다. '죽도'는 울릉도 동북쪽 가까이에 붙어 있는 죽도이고, '석도'는 우산도로서 순우리말로 '독섬'·'돌섬' 등으로 부르던 독도를 한자로 표기한 것이다. 이 책에는 〈대동여지도〉에 누락된 우산도를 그려 넣고 《세종실록지리지》에 실린 내용도 부기(附記)하였다.

삼척 三陟

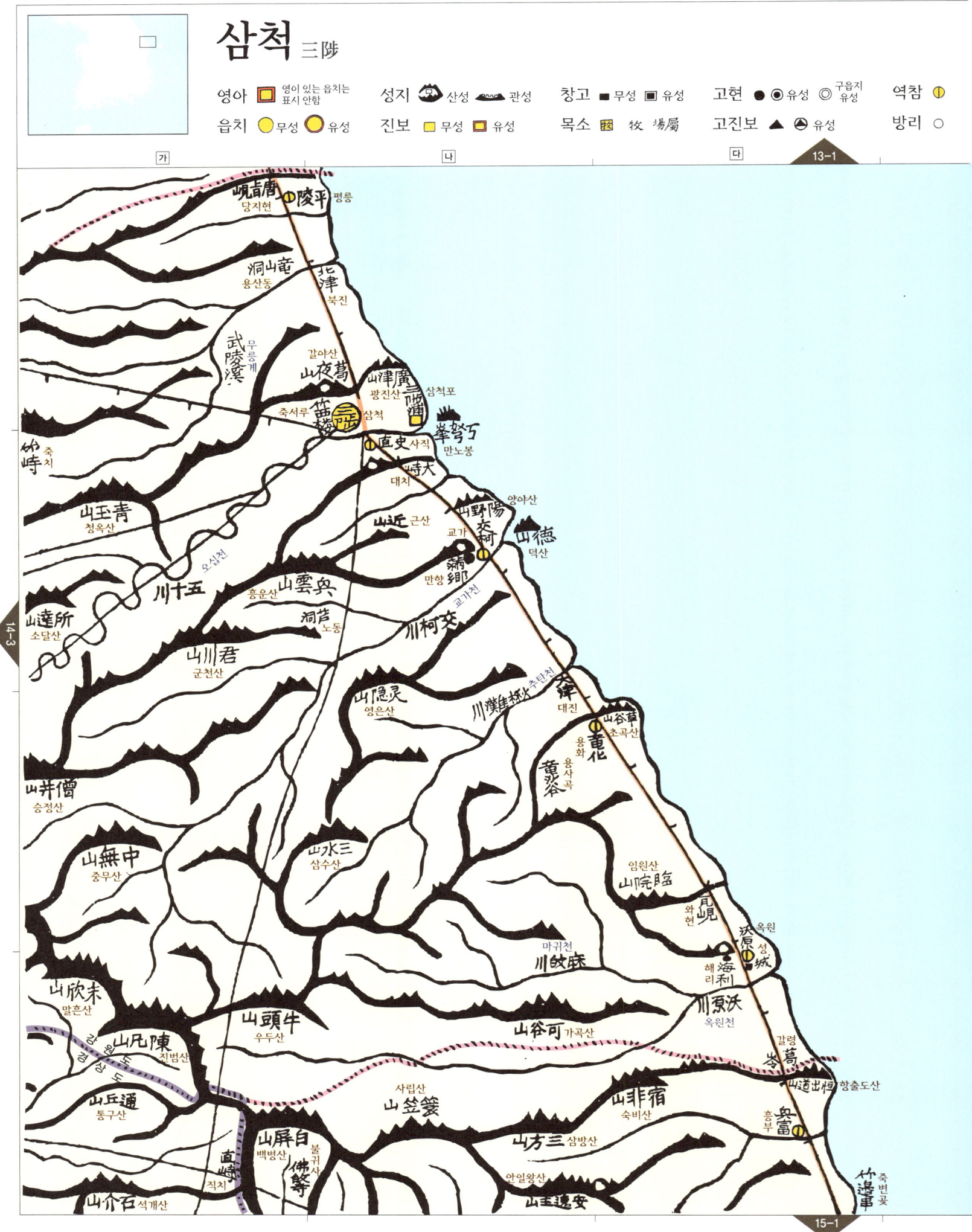

영아　■ 영이 있는 읍치는 표시 안함

읍치　● 무성　● 유성

성지　🏯 산성　⛰ 관성

진보　■ 무성　■ 유성

창고　■ 무성　■ 유성

목소　牧 牧 場 屬

고현　● ◉ 유성　◎ 구읍지 유성

고진보　▲ ⛰ 유성

역참　◐

방리　○

가　나　다

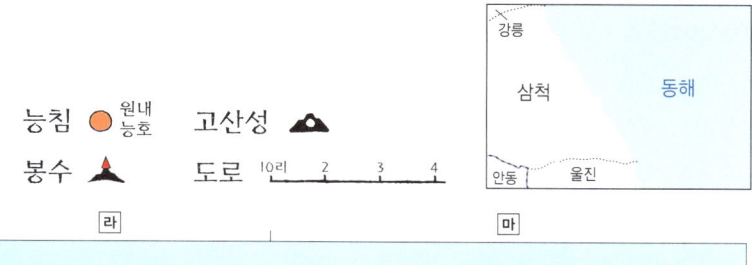

능침 ●원내능호   고산성 ▲

봉수 ▲   도로 |0리 2 3 4

강릉
삼척   동해
안동   울진

라
마

14-1

1
2
3
4

공양왕이 유폐되었던 삼척

좌측 하단의 말흔산에서 백병산~직치로 뻗어 가는 산줄기는 낙동정맥이다. 삼척의 젖줄인 오십천이 심한 곡류천으로 표현되어 있다.

삼척(三陟) – 나1

삼척은 삼국 시대 초기의 소국인 실직국(悉直國)이 있던 유서 깊은 고을이다. 고려 말에는 공양왕이 유폐된 곳인데, 지도의 교가역(交柯驛)에서 동남으로 5리쯤 떨어진 곳에는 고려의 마지막 임금인 공양왕과 두 왕자가 살해되었다는 '살해치'라는 고개가 있다. 그곳에서 15리쯤 남쪽의 대진(大津) 부근은 지금의 궁촌마을인데, 이 마을 바닷가 언덕에는 '공양왕릉'이라고 전해 오는 고분이 있다.

죽서루(竹西樓) – 나1

관동팔경 중 유일하게 바다를 접하지 않고 강가에 세워진 죽서루는 고려 시대부터 명소로 꼽혀 시인묵객들의 사랑을 받아 왔던 누각이다. 시인묵객들은 죽서루의 대표 경치인 팔영을 다투어 노래하였다. 대숲에 감춰진 옛 절(竹藏古寺), 바위가 끌어당긴 맑은 못(岩控淸潭), 산에 기댄 촌집(依山村舍), 물에 누운 나무다리(臥水木橋), 소 등에 탄 목동(牛背牧童), 밭두둑으로 들밥 내는 부인(壟頭餉婦), 물가에 임해 고기를 세다(臨流數魚), 담장 너머로 중을 부르다(隔墻呼僧)가 죽서루 팔영이다.

무릉계(武陵溪) – 가1

지금의 무릉계곡으로서 맑은 계류를 따라 펼쳐진 널따란 반석과 기이한 모양으로 서 있는 바위들 덕에 일찍이 경승지로 알려졌다. 무릉계곡의 백미로 손꼽히는 무릉반석에는 조선의 명필 양사언(楊士彦)이 썼다는 '武陵仙源(무릉선원), 中臺泉石(중대천석), 頭陀洞天(두타동천)'의 글씨가 초서로 새겨져 있다. '신선이 놀던 무릉도원, 너른 암반 샘솟는 바위, 번뇌조차 사라진 골짝'이라는 뜻이다.

오십천(五十川) – 가2

"물 근원이 우보현(牛甫峴)에서 나오며, 죽서루(竹西樓) 밑에 와서는 휘돌면서 못이 되었다. 또 동쪽으로 흘러 삼척포(三陟浦)로 되어, 바다에 들어간다. 삼척부에서 물 근원까지 47번을 건너야 하므로 대충 헤아려서 오십천이라 일컫는다."《신증동국여지승람》의 설명과 비슷하게 지도에도 구불구불 25굽이를 표현하고 있다. 이 물줄기를 따르는 도로는 황지(黃池)로 이어진다.

평릉역(平陵驛) – 가1

강릉을 중심으로 서쪽으로는 대관령 방면, 남쪽으로는 삼척~울진~평해(平海), 북쪽으로 양양(襄陽)에 이어지는 역로(驛路)인 평릉도(平陵道)의 중심역으로서 평릉역에는 찰방이 있었다. 평릉도는 지금의 7번 국도의 일부인 셈이다. 평릉역 일대는 지금의 동해시 평릉동이다.

정선 旌善 영월 寧越 영춘 永春

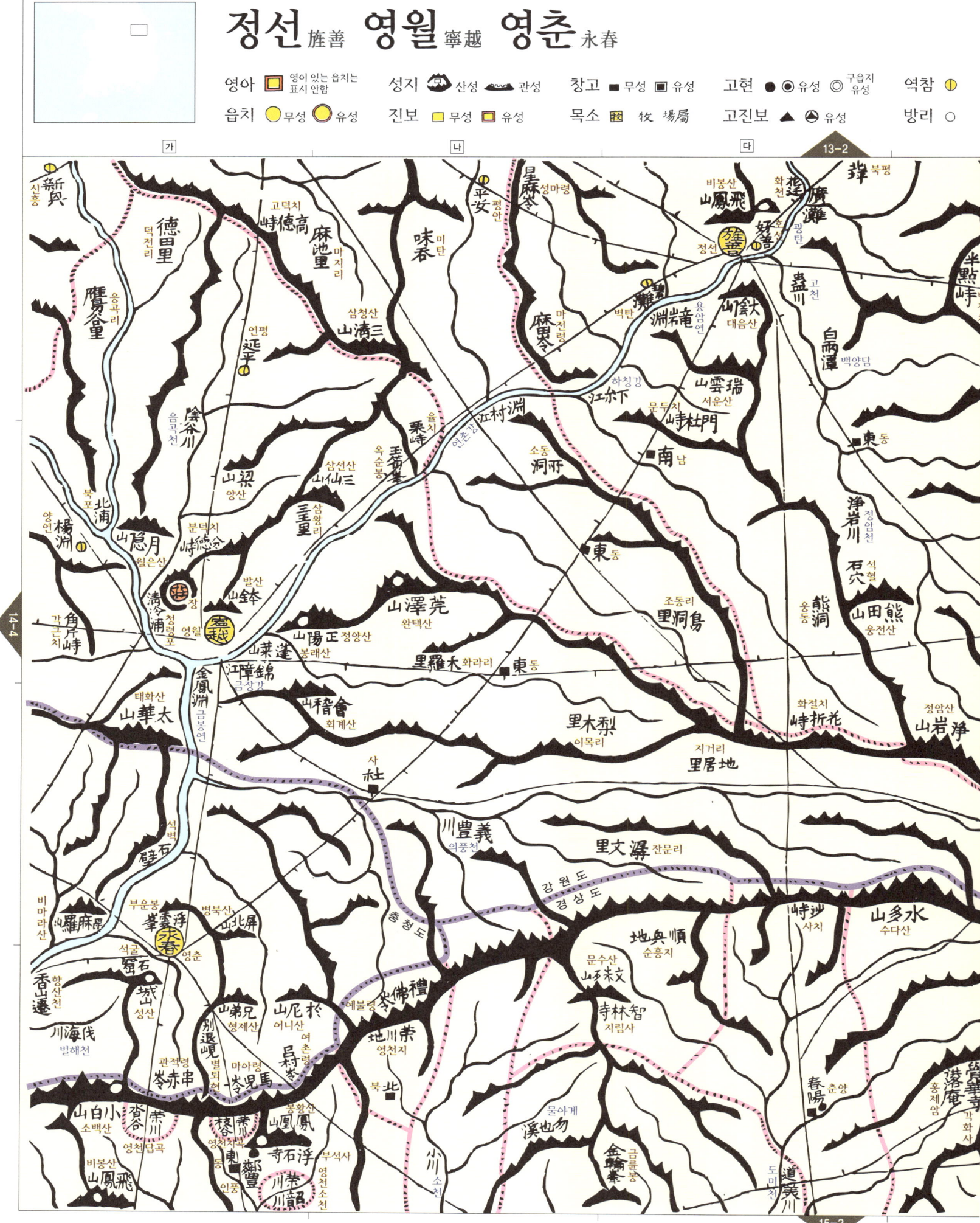

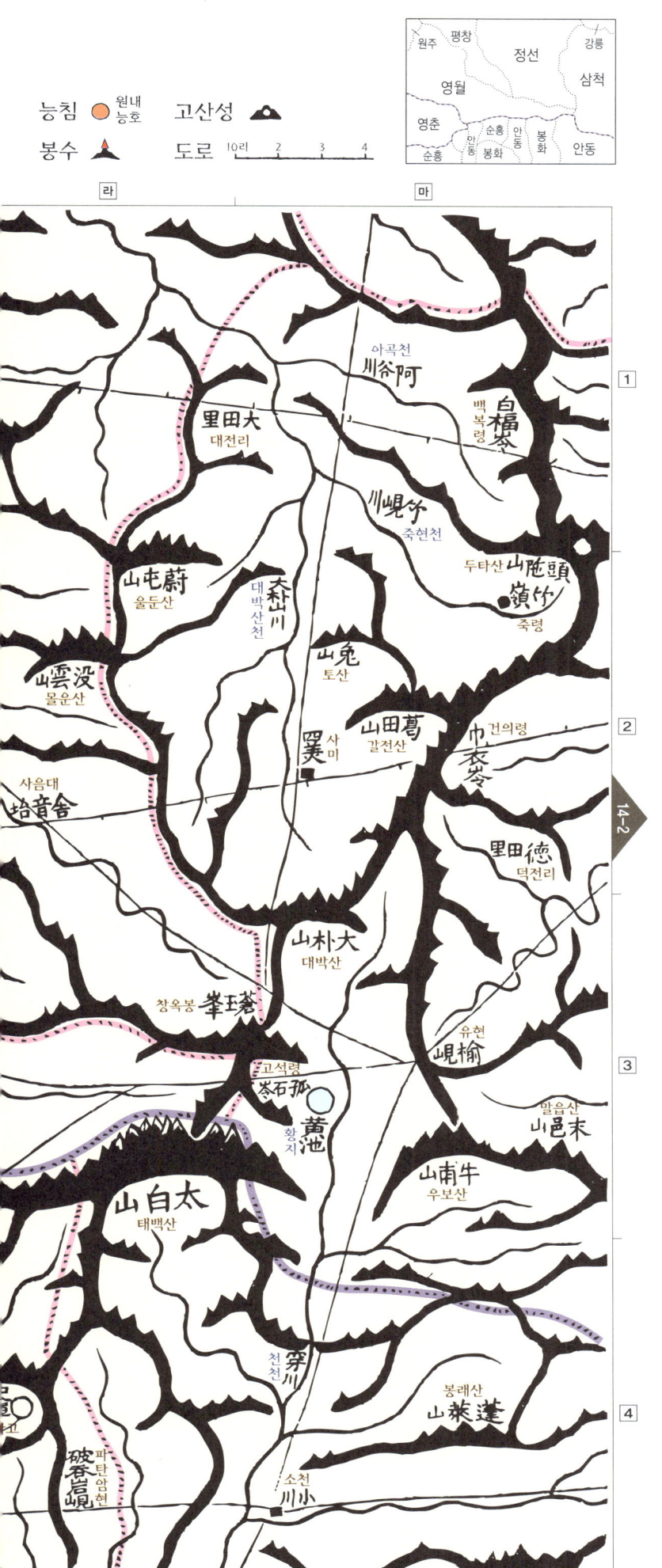

능침 ● 원내
봉수 ▲ 능호
고산성 ▲
도로 10리 2 3 4

⟨정선아리랑⟩의 고을, 정선

우측 상단에서 서남으로 뻗는 굵은 산줄기는 백두대간이다. 백두대간의 대박산과 건의령 사이에서는 낙동정맥이 분기해 우보산·말읍산을 세우며 동남으로 뻗어 간다. 정선을 지나 온 동강은 영월에서 서강을 만나 남한강이 된다.

정선(旌善) – 다1

옛 기록에 "풍속이 순박하다."라고 한 정선은 우리나라 3대 아리랑의 하나로 꼽히는 ⟨정선아리랑⟩의 고을이다. 뗏목에 애환을 싣고 흐르던 동강 물길에는 뗏사공들의 아리랑이 울려 퍼졌고, 이들을 상대하는 주막도 강을 따라 줄을 이었다. 치소(治所) 동쪽 1리에 위치한 호선역(好善驛)은 공무로 정선을 찾은 여행객을 위한 곳이었다.

청령포(淸冷浦) – 가2

영월(寧越)은 한줄기 바람과 돌멩이 하나에도 단종의 넋이 깃들어 있는 고을이다. 서강 옆에 위치한 청령포는 단종이 유배 왔던 현장이다. 단종이 목숨을 잃은 뒤 영월 호장 엄흥도(嚴興道)는 청령포 강변에 버려진 단종의 시신을 몰래 거두어 동을지산 중턱에 묻었고, 세월이 흘러 단종은 복위되었다. 그 무덤이 장릉(莊陵)이다.

춘양(春陽) – 다4

태백산 서남쪽 춘양고현(春陽古縣)과 춘양창(春陽倉)이 표기된 지역은 지금의 봉화군 춘양면이다. 춘양은 조선 시대에는 봉화 소속이 아니라 안동에서 북쪽으로 120리나 떨어져 있었지만 안동 땅이었다. 춘양은 중앙과 영남을 연결하는 큰길에서도 비껴나 있고, 깊은 산중임에도 넉넉한 들판 덕에 난을 피할 수 있는 고을로 알려져 있었다.

태백산사고(太白山史庫) – 라4

태백산(북악)은 신라 때 토함산(동악), 계룡산(서악), 지리산(남악), 팔공산(중악)과 함께 '신라오악(五岳)'에 속하였던 명산이다. 이 산 서남쪽에 표기된 사고(史庫)는 《조선왕조실록》을 보관하던 태백산사고를 뜻한다. 1606년(선조 39년)부터 1913년까지 3백여 년간 이곳에 보관되었던 《조선왕조실록》은 현재 국가기록원 부산기록 정보센터에 보존되어 있다. 그 옆의 각화사(覺華寺)는 태백산사고를 지키는 승군이 머물던 수호사찰이다.

황지(黃池) – 마3

"부 서쪽 1백 10리에 있다. 그 물이 남쪽으로 30여 리를 흘러, 작은 산을 뚫고 남쪽으로 나가는데 천천(穿川)이라 한다. 곧 낙동강(洛東江)의 원류이다."《신증동국여지승람》을 비롯한 대부분의 옛 기록에는 황지를 낙동강 발원지라고 인식하였다. 근래에 정밀 답사로 밝혀진 발원지는 황지보다 상류에 있는 은대봉의 너덜샘이다.

원주原州 제천堤川 충주忠州

영아	영이 있는 읍치는 표시 안함	성지	산성	관성	창고	무성	유성	고현	유성	구읍지 유성	역참
읍치	무성	유성	진보	무성	유성	목소	牧 場屬	고진보	유성		방리

남한강, 섬강 합수 지점에 있는 흥원창(興原倉)은 조선 전기의 조창으로, 영서 지방의 세곡을 운송하던 곳이다.

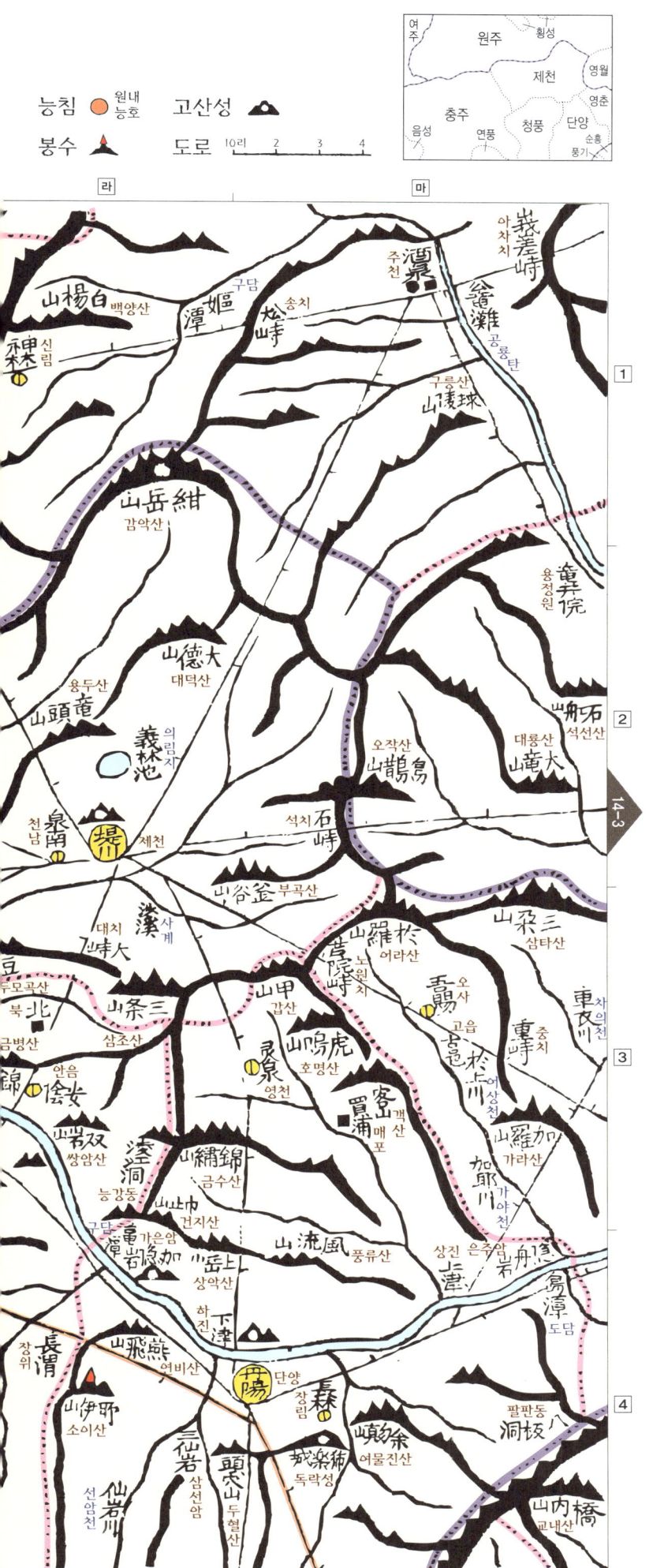

남한강 수운과 영남대로가 만나는 길의 고을, 충주

영월을 지나온 남한강이 단양·충주를 지난 뒤 서북쪽의 여주를 향해 흘러간다. 좌측 하단에서는 달천이 남한강에 합류하고, 상단에서는 원주를 지나온 섬강이 흘러든다.

원주(原州) – 다1

원주는 관동대로와 영남대로의 혜택을 받은 사통팔달의 고을이다. 《택리지》에서는 동해로 수송하는 생선·소금·삼, 관곽이나 궁전을 짓는 데 쓰이는 재목 따위가 모여들어 도회지를 이룬 곳이라 하였다. 또한 깊은 산골이 가까워 난리가 나면 피하기 쉽고, 또 한양과 가까워 태평한 시절에는 벼슬길에 나갈 수 있기 때문에 한양의 사대부들이 살기 좋은 고을로 평하였다.

흥원창(興原倉) – 가2

남한강과 섬강이 만나는 지점에 있는 흥원창은 인근 고을의 세곡(稅穀)을 보관하였다가 이듬해 봄에 남한강 수로를 이용하여 경창(京倉)으로 운송하던 창고다. 고려와 조선 초기에는 원주와 평창·영월·정선·횡성 등 강원도 남부의 세곡을 보관하였으나, 조선 후기에는 원주의 세곡만 보관하였다. 흥원창에는 200석을 실을 수 있는 평저선(平底船) 21척이 있었다.

단양(丹陽) – 마4

고구려 때 '적성(赤城)'이라고 불리던 단양은 단양팔경으로 널리 알려진 고을이다. 맑고 푸른 남한강 가운데 떠 있는 도담삼봉, 동양 최대의 자연 무지개돌문이라는 석문, 거북 닮은 구담봉, 비 온 후의 죽순 같다는 옥순봉, 단양천 기슭의 하선암·중선암·상선암, 맑은 계류와 깎아지른 바위가 조화를 이룬 사인암이 그것이다.

충주(忠州) – 나3

고구려의 국원성(國原城)인 충주는 통일 신라 때는 나라의 중심에 있다 해서 '중원(中原)'이라고 불렸다. 조선 시대 가장 크고 중요한 수로(남한강)와 육로(영남대로)가 만나는 지점에 위치한 이 고을을 두고 정인지(鄭麟趾)는 '남쪽 방면의 요해처에 자리 잡고 있는 땅'이라고 하였다. 목계(木溪)나루는 갈수기에도 배가 드나들 수 있는 남한강 수운 물류 교역의 중심지였다.

청풍(淸風) – 라3

청풍은 남한강 언덕에 자리한 한벽루(寒碧樓)로 유명한 유서 깊은 고을이었다. 정인지(鄭麟趾)가 "복사꽃 촌길은 신선의 지경이요, 단풍잎 시내와 산은 금수(錦繡)의 병풍"이라고 노래한 풍경이 철마다 펼쳐졌다. 하지만 1985년 충주댐이 생기면서 호수에 잠겼고, 이때 수몰 지역의 문화재와 유물을 옮겨 와 옛 고을을 재현한 곳이 청풍문화유산단지다.

이천利川 여주驪州 안성安城

영아 ▢ 영이 있는 읍치는 표시 안함　　성지 🏔 산성 ⛰ 관성　　창고 ■ 무성 ▣ 유성　　고현 ● ◉유성 ◎구읍지 유성　　역참 ◐

읍치 🟡무성 🟡유성　　진보 🟨무성 🟥유성　　목소 牧 牧場屬　　고진보 ▲ 🔺유성　　방리 ○

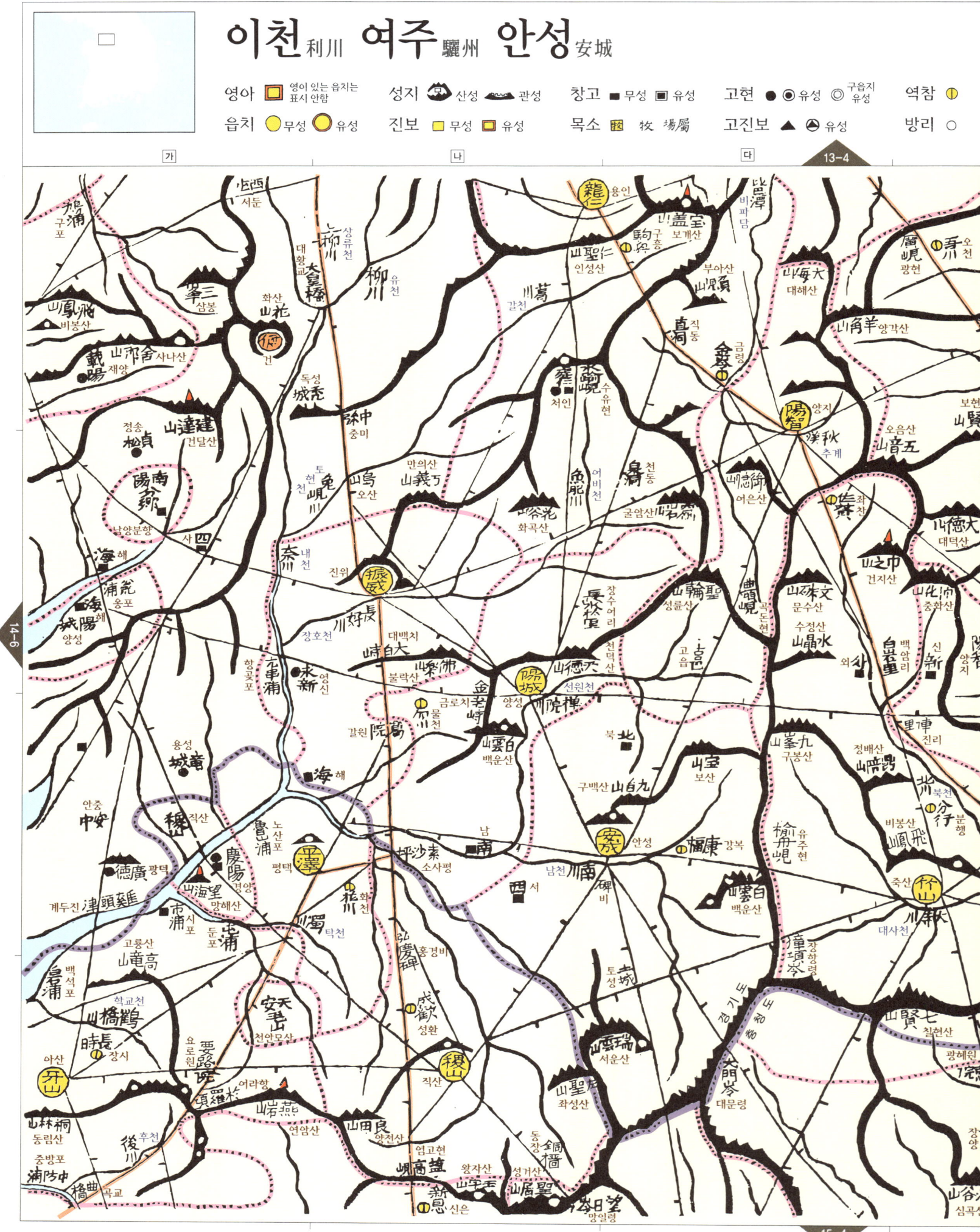

아산 동쪽에 위치한 어라항(於羅項) 산기슭에는 충무공 이순신(李舜臣) 장군의 묘소가 있다.

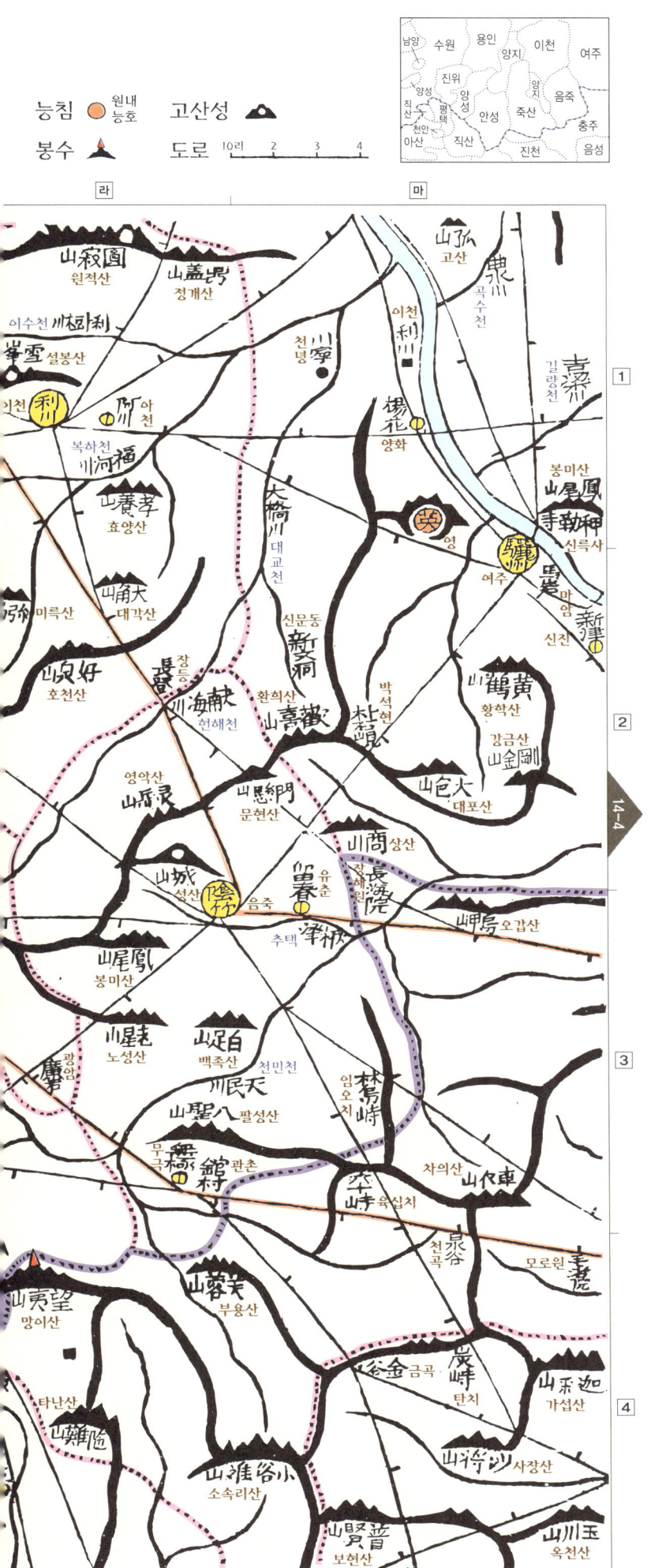

세종대왕이 잠들어 계신 여주

우측 하단의 보현산~칠현산은 한남금북정맥 산줄기다. 이어 칠현산을 지나 북쪽으로 뻗은 산줄기는 한남정맥, 서남쪽으로 뻗은 산줄기는 금북정맥이다. 우측 상단의 여주를 지나는 하천은 남한강, 좌측 하단은 안성천이다.

신륵사(神勒寺) - 마1

남한강 변의 큰 고을 여주목(驪州牧)의 명소인 신륵사는 고려 때 나옹선사가 열반한 사찰이다. 세종의 영릉(英陵)을 여주로 이장할 때 왕실의 원찰이 되면서 사세를 크게 확장하였다. 일주문 앞 강둑은 조포나루가 있던 자리인데, 여주대교가 놓이기 전에는 이곳으로 배가 드나들었다. 강변의 정자가 아름답다.

영릉(英陵) - 마1

영릉은 조선 시대 최고의 성군으로 꼽히는 세종대왕과 부인 소헌왕후 심씨(沈氏)의 묘다. 지금 자리는 명당 중 명당으로 꼽히는데, 후세의 풍수가들은 '영릉 덕에 조선 왕조의 역사가 1백 년 더 연장되었을 정도'라는 뜻으로 '영릉가백년(英陵加百年)'이라고 감탄하였다. 영릉 동북쪽에는 효종의 녕릉(寧陵)이 가까이 붙어 있는데, 〈대동여지도〉에는 표기되지 않았다.

건릉(健陵) - 가1

조선 후기 탕평정책을 통해 통합을 추진하였던 정조의 능이다. 정조는 1789년(정조 13년) 부친 사도세자의 묘를 이곳 화산(花山) 기슭으로 옮기고 '현륭원(顯隆園)'이라 하였다. 그때 이곳에 있던 수원 치소(治所)를 팔달산(八達山) 동쪽으로 옮기면서 새로 성을 쌓았으니, 지금의 수원 화성이다. 사도세자의 부인으로 《한중록》을 지은 혜경궁 홍씨(洪氏)도 잠들어 있는 현륭원은 1899년 융릉(隆陵)으로 개칭하였는데, 둘을 합쳐 '융건릉(隆健陵)'이라 부른다.

용인(龍仁) - 나1

'살기는 진천이 좋고, 음택은 용인에 많다'는 의미의 '생거진천 사거용인(生居鎭川 死居龍仁)'으로 잘 알려진 용인은 조선 태종 때 용구현(龍駒縣)과 처인현(處仁縣)을 합친 고을이다. 처인현의 치소(治所)였던 처인성(處仁城)은 고려 때인 1232년(고려 고종 19년) 몽골의 제2차 침입 때 승장 김윤후(金允侯)가 몽골 장수 살리타(撒禮塔)를 화살로 쏘아 죽여 승전한 곳이다.

평택(平澤) - 가3

직산·성환과 함께 마한의 목지국(目支國)에 속하였던 평택은 조선 시대에 충청도와 경기도로 병합과 분리가 반복된 고을이다. 《신증동국여지승람》에 "본현에는 사방에 산이 없고, 오직 이 언덕이 약간 높아서 조망할 만하다."고 언급한 언덕이 43.6m 높이의 부용산이니 지세를 짐작할 수 있다. 부용산은 평택 치소(治所) 북쪽 1리에 있는 언덕인데, 〈대동여지도〉에는 표기되지 않았다.

남양南陽 당진唐津 면천沔川

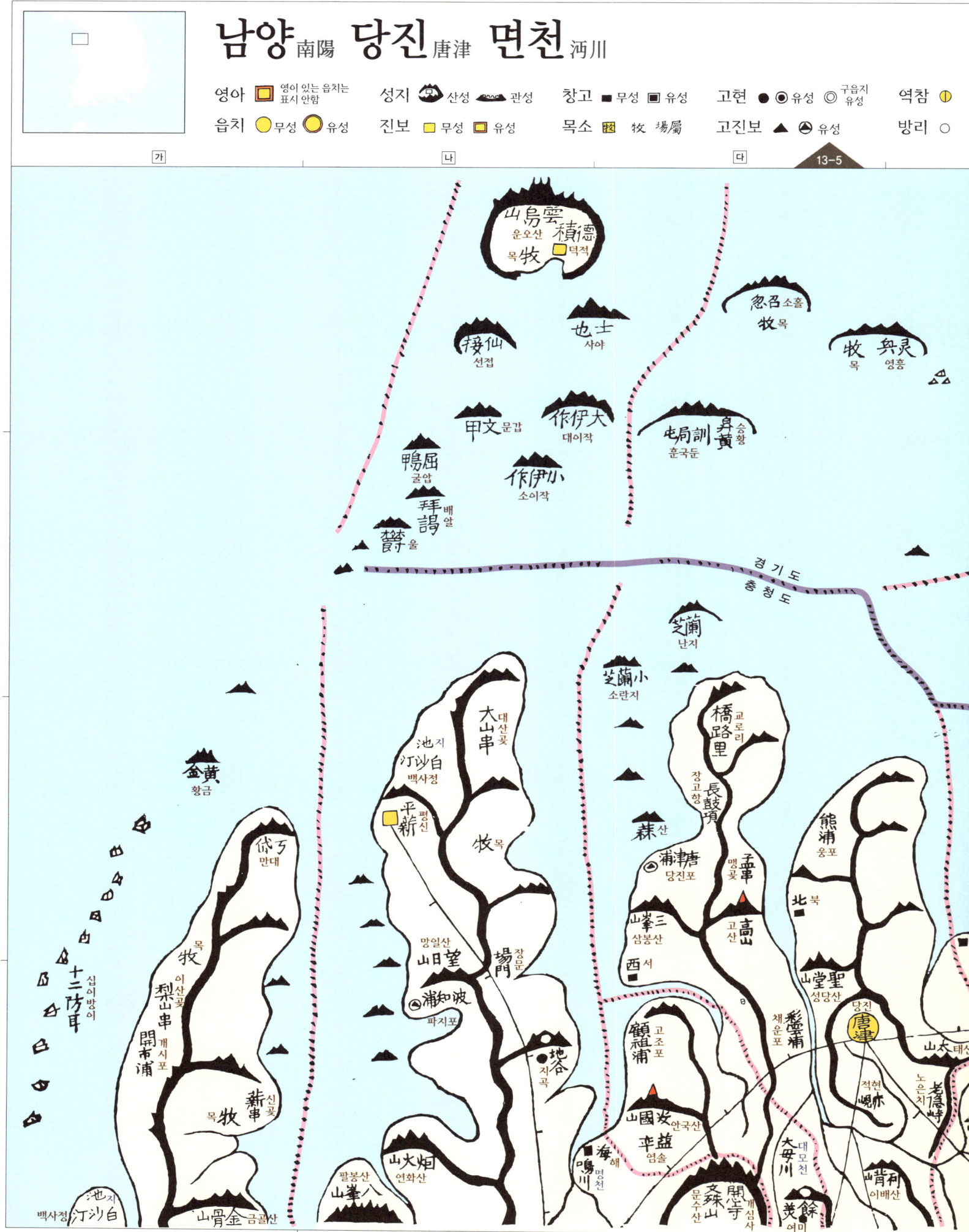

영아 🟨 영이 있는 읍치는 표시 안함   성지 🏔 산성 관성   창고 ■ 무성 ▣ 유성   고현 ● ◉유성 ◎구읍지 유성   역참 🟡

읍치 🟡 무성 🟡 유성   진보 🟨 무성 🟧 유성   목소 牧 牧 場 屬   고진보 ▲ ⛰유성   방리 ○

운오산
山島雲積德
牧
덕적

忽召 소홀
牧 목

接仙 선접
也士 사야
牧 목 與灵 영흥

甲文 문갑
作伊大 대이작
身黃 승황
屯局訓 훈국둔

鴨屈 굴압
作伊小 소이작

拜謁 배알

餐 울

芝蘭 난지

芝蘭小 소란지

경기도
충청도

金黃 황금

大山串 대산곶

池지
汀沙白 백사정

橋路里 교로리

장고항
長鼓項

平薪 평신

蒜 산
浦津唐 당진포
子串 맹곶

熊浦 웅포

北 북

代亐 만대

牧
梨山串 이산곶
開市浦 개시포

망일산
山日望

場門 장문

三峯山 삼봉산
西 서
高山 고산

山堂聖 성당산

채운포
彩雲浦

당진
唐津

山太泰산

적현
峴亦
노은치
老隱峙

十二方耳 십이방이

池지
汀沙白 백사정

八峯山 팔봉산

浦知波 파지포

塔谷 지곡

願祖浦 고조포

安國山 안국산

鹽率 염솔

海鳴川 명천천

文殊山 문수산

開寺 개심사

黃餘 여미

大毌川 대모천

背利 이배산

薪串 신곶
牧 목

山火烟 연화산

金骨山 금골산

수원부의 풍도(楓島)는 청일전쟁 시발점이 된 해전이 벌어진 곳으로, 지금은 풍도(豊島)로 표기하며 안산시 관할이다.

당나라와 교역하던 포구, 당진

충청도와 경기도 서해안 지역이다. 동남쪽은 아산만이고, 남쪽은 태안반도 북부인 충청도 내포 지방이다.

당진포영(唐津浦營) - 다3

"당진현 서쪽 34리에 있다."는 당진포영은 수군만호를 두고 태안반도 북쪽 바다를 지키던 방어시설이다. 1514년(중종 9년)에 돌로 성을 쌓았는데, 둘레는 1,340척이며, 높이는 9척이었다. 조선 후기에는 폐지된 상태라 고진보로 표기되어 있다. '당진(唐津)'이라는 지명은 '당나라와 교역한 포구'라는 뜻의 '당나루'에서 유래하였다.

아산만(牙山灣) - 마3

지도의 괴태곶(槐台串)과 창택산(倉宅山) 사이의 안쪽 바다가 아산만이다. 아산만 정중앙의 영옹암(翁翁岩)은 왜구가 침입할 때 마치 수군을 지휘하는 장군의 모습으로 보이고, 주변의 작은 바위들도 군졸로 보이게 한다 해서 '영웅바위'라고도 불린다. 현재 만 동쪽에는 아산만방조제, 남쪽의 만에는 삽교호방조제가 건설되어 있다.

조창(漕倉) - 마4

아산현의 공진(貢津)에 있는 조창은 공세곶창(貢稅串倉)이다. 석성을 갖췄던 이 창고는 내포 지방은 물론이요, 천안·청주·옥천 등 충청도 40여 고을의 세곡을 보관하였다가 조운(漕運)하여 한양으로 가져갔다. 1523년(중종 18년) 80칸짜리 공세창(貢稅倉)을 짓고, 1631년(인조 9년)에 창고 주변에 380척의 성을 쌓았다. 1895년(고종 32년) 이 공세창이 폐지되면서 공세리 성당이 자리 잡았다.

행담도(行擔島) - 마4

아산만 깊숙한 곳에 위치한 이 섬은 현재 '행담도(行淡島)'라 한다. '행(行)'은 간만의 차가 가장 심한 백중사리 썰물 때 섬까지 걸어갈 수 있다는 의미이고, '담(淡)'은 평소에는 바다에 잠겨 있다는 뜻이라 한다. 한양으로 과거 보러 가던 선비가 풍랑에 표류하였으나 이 섬의 물을 마시고 정신을 차려 과거에 응시해 장원 급제를 하였다는 전설이 전한다. 2000년에 완공된 서해대교가 이 섬을 관통한다.

덕적진(德積鎮) - 나1

덕적도(德積島)는 조선 초기에는 남양(南陽)에 속하다가, 1486년(성종 17년) 인천(仁川)에 이속된 섬이다. 1708년(숙종 34년) 진(鎮)을 설치하고 수군첨절제사(水軍僉節制使)를 파견하였다. 나라에서 운영하던 말 목장도 하나 있었다. 《삼국사기》에 660년(신라 태종 무열왕 7년) 당나라 소정방(蘇定方)이 대군을 이끌고 백제를 공격할 때 머물렀다는 덕물도(德物島)가 덕적도이다. 우리말 지명은 '큰물이'라고 하는데, 이는 '깊고 큰 바다에 위치한 섬'이라는 의미다.

아산만의 행담도(行擔島)는 현재 서해대교가 지나는 곳이고, 영옹암(翁翁岩)은 높이가 1백 척이나 되었다 한다. 191

울진蔚珍 평해平海 영해寧海

영아 🟥 영이 있는 읍치는 표시 안함　　**성지** ⛰ 산성 ▰▰▰ 관성　　**창고** ■ 무성 ◻ 유성　　**고현** ● ◉유성 ◎구읍지유성　　**역참** 🌓

읍치 🟡 무성 🟠 유성　　**진보** 🟨 무성 🟧 유성　　**목소** 牧場屬　　**고진보** ▲ ⬟유성　　**방리** ○

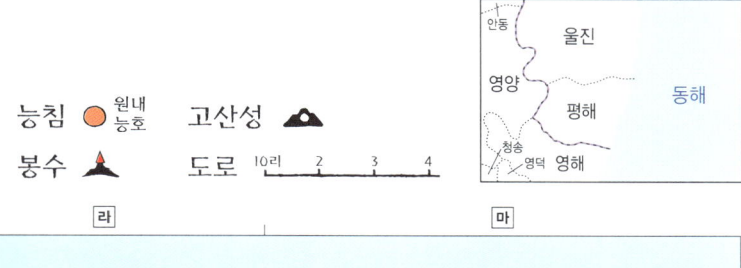

능침 ● 원내 능호 고산성 ▲

봉수 ▲ 도로 10리 2 3 4

안동 ─ 울진
영양 ─ 평해
청송 영덕 영해 ─ 동해

금강송의 고을, 울진

좌측 상단에서 낙동정맥이 남으로 뻗어 있다. 낙동정맥 서쪽으로 흐르는 하천은 모두 낙동강 수계다. 낙동정맥에서 동쪽으로 발원한 하천들은 동해로 흘러든다.

울진(蔚珍) – 다1

고구려 때 지명은 우진야현(于珍也縣)인데, 통일 신라 때 '울진'이라 하였다. 전하는 말에는 김유신(金庾信)이 울창한 산림과 진귀한 해산물에 반해 지은 지명이라고 한다. '황장목(黃腸木)'이라고도 불리는 금강송은 우리나라 토종 소나무 중 울진의 것이 으뜸의 품질을 자랑한다. 해산물은 왕실에도 진상하였다는 고포미역과 울진대게가 유명하다. 조선 시대에는 강원도 땅이었고, 1963년 경상북도에 편입되었다.

왕피천(王避川) – 나2 · 다1

낙동정맥의 광비령(廣庇峯) 근처에서 발원해 '금계천(錦溪川)' · '비천(飛川)'이라는 이름을 얻어 성류굴을 지나 동해로 흘러드는 하천은 지금의 왕피천이다. 삼한 시대에 동해 쪽에 자리 잡았던 나라의 왕이 세력 싸움에 밀려서 이곳에 숨어들었다고 한다. 또 신라가 망할 때 마의태자와 모후 송씨(宋氏)가 이곳에 있다가 태자는 금강산으로 가고, 모후는 이곳서 생을 마쳤다는 전설도 전한다.

월송포영(越松浦營) – 다3

《신증동국여지승람》에 "고을 동쪽 7리에 있다. 수군만호(水軍萬戶) 1명이 있다."고 한 월송포영은 울릉도 수토관 임무를 수행하였던 수군이 주둔하였던 진이다. "푸른 소나무가 만 그루이고, 흰 모래는 눈 같다."고 한 해변의 월송정(越松亭)은 신라 때 화랑인 술랑(述郞) 등이 놀고 쉬었다는 정자로, 관동팔경의 하나로 꼽힌다.

망양정(望洋亭) – 다2

망양정은 관동팔경의 그림을 본 조선 숙종이 망양정이 가장 낫다고 하여 '관동제일루(關東第一樓)'라는 현판을 하사하였을 정도로 경관이 빼어나다. 본래 망양정의 위치는 〈대동여지도〉 표기대로 임의대(臨漪坮) 언덕인데, 1858년(철종 9년) 울진 치소(治所) 동남쪽의 죽진산(竹津山)으로 옮겼다. 〈대동여지도〉 제작 시기인 1861년(철종 12년)보다 3년 전의 일이지만, 지도에는 그 상황이 반영되지 않았다.

관어대(觀魚坮) – 다4

영해 명소인 관어대가 있는 동해산(東海山, 지금의 상대산) 정상에 서면 적천(赤川, 지금의 송천)이 빚어 놓은 영해평야와 동해의 백사(白沙, 지금의 고래불해변)가 한눈에 들어온다. 영해의 괴시리 외갓집에서 태어난 이색(李穡)은 유년시절 이곳에 올라 〈관어대부(觀魚坮賦)〉를 읊었다. "큰고래가 떼 지어 장난하면 하늘이 흔들리고, 사나운 새가 외로이 날면 그림자가 떨어져 노을 닿네."

영천榮川 예안禮安 안동安東

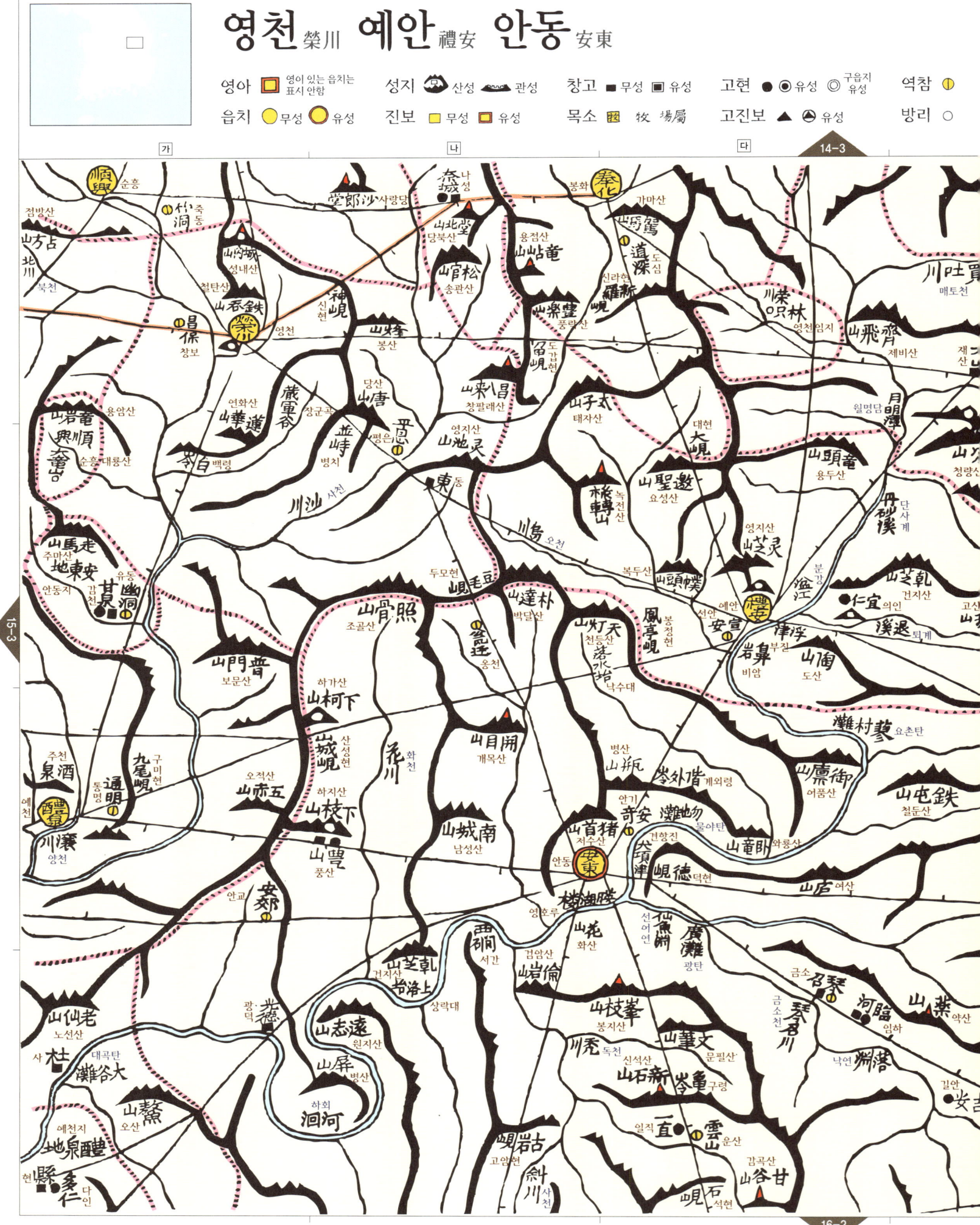

안동 동쪽 합류점에 있는 견항진(犬項津)은 옛 하항 교통의 중심지로, 지역 사람들은 '개목나루'라고 불렀다.

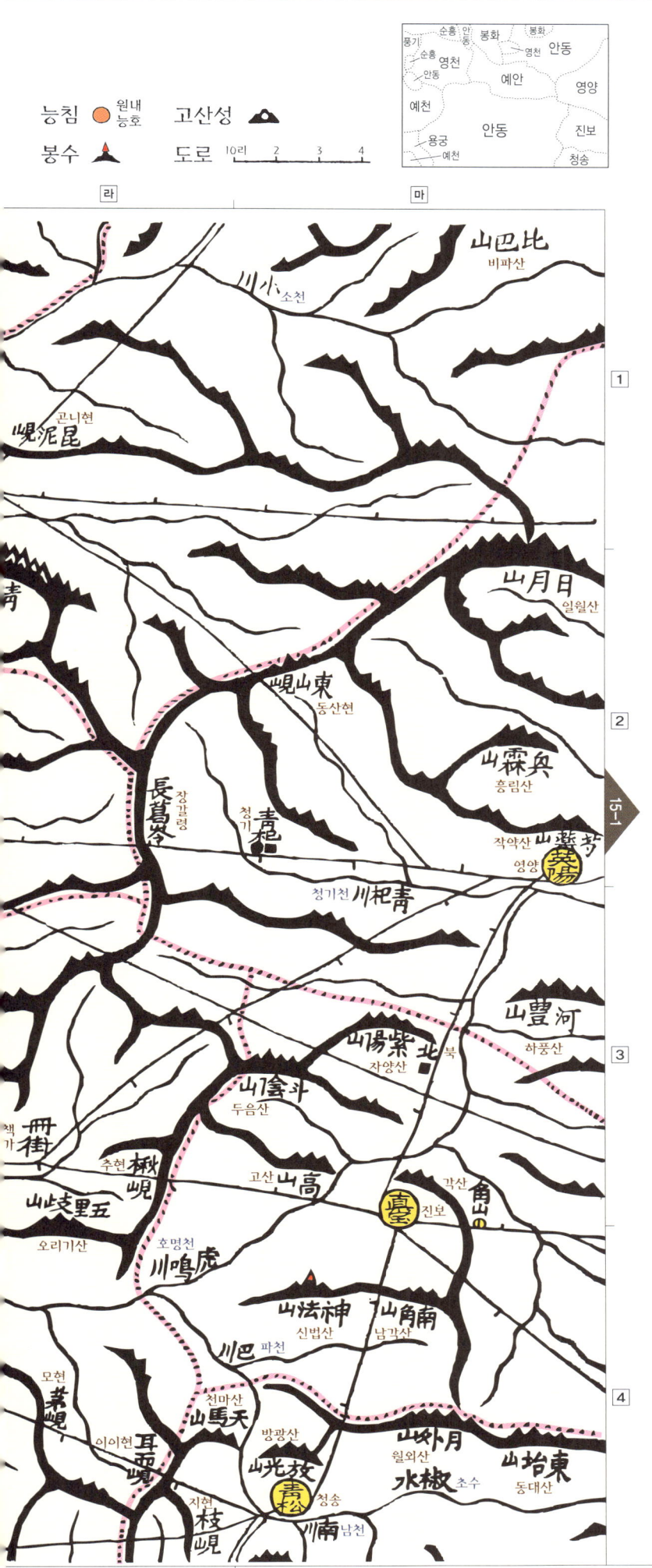

영남 유학의 본고장, 안동

지도 가운데에 예안과 안동을 가로지르며 흐르는 하천은 낙동강이고, 좌측 영천(지금의 영주)과 예천을 흐르는 하천은 낙동강의 지류인 내성천이다.

영호루(暎湖樓) – 나3

고려 때 공민왕은 홍건적(紅巾賊)의 난을 피해 1361년 12월부터 1362년 2월까지 안동에 머물렀다. 그때 소요하였다는 영호루가 낙동강 기슭에 표기되어 있다. 공민왕 때 문신인 백문보(白文寶)는 영호루에서 본 안동 풍경을 "큰 강은 띠처럼 둘러 있고, 물은 돌아서 호수를 만들고 있다."고 묘사하였다. 조선 시대 안동 낙동강 기슭에는 강정(江亭)이 무려 12개나 있었다고 하는데, 지금은 영호루를 비롯해 귀래정, 반구정 등만 남아 있다.

하회(河回) – 나4

낙동강이 굽이지는 곳에 자리한 하회마을은 풍산 류씨들이 모여 사는 전통 마을이다. 중요민속자료로 지정된 하회탈 및 병산탈, 서애 류성룡(柳成龍)의 《징비록》, 하회별신굿탈놀이 등 유·무형 유산이 많다. 흔히 '산태극수태극(山太極水太極)'이라 하는 마을 형국이 지도에도 잘 표현되어 있다.

예안(禮安) – 다2

예안은 1976년 안동댐이 생기면서 대부분 물에 잠긴 옛 고을이다. 예안 고을의 중심 건물이었던 선성현객사, 안동의 특산물인 낙동강의 은어를 저장하였다가 진상하였던 석빙고 등은 안동민속박물관으로 옮겨 갔다. 예안의 분강(汾江) 마을은 농암 이현보(李賢輔)가 〈어부가〉를 지은 강 마을이고, 바로 상류에는 퇴계 이황(李滉)을 모신 도산서원이 위치하는데, 지도에는 없다.

청송(靑松) – 마4

"소헌왕후의 본향이므로 일찍이 현(縣)을 올려서 군(郡)으로 하였으나, 땅이 구석지고 으슥하여 사신이 오는 일이 드물다."《신증동국여지승람》의 기록대로 청송은 오지이지만, 소헌왕후 덕에 군이 되었고, 세조 때는 도호부(都護府)로도 승격하였다. 방광산(放光山)은 청송의 진산(鎭山)이고, 어화현(於火峴)과 유현(柳峴)에서 발원해 청송을 지나는 남천(南川)은 지금의 용전천(龍纏川)이다.

봉화(奉化) – 다1

봉화는 경상도 양반문화권에 속하는 전통 고을로서, 조선 중종 때 문신인 권벌(權橃)이 터를 잡은 닭실마을이 잘 알려졌다. 봉화 남쪽 8리의 도심역(道深驛)은 원래 현 북쪽 30리 지점에 있었는데, 태백산제(太白山祭)를 폐한 뒤 이곳에 옮겨 왔다. 그 남쪽의 신라현(新羅峴, 지금의 신라재)은 신라 태자가 내령군(奈靈郡, 지금의 영주)에서 놀다가 군리(郡吏)의 딸을 사랑하게 되자, 이를 부끄러워하며 머물렀다고 해서 지어진 지명이라 전한다.

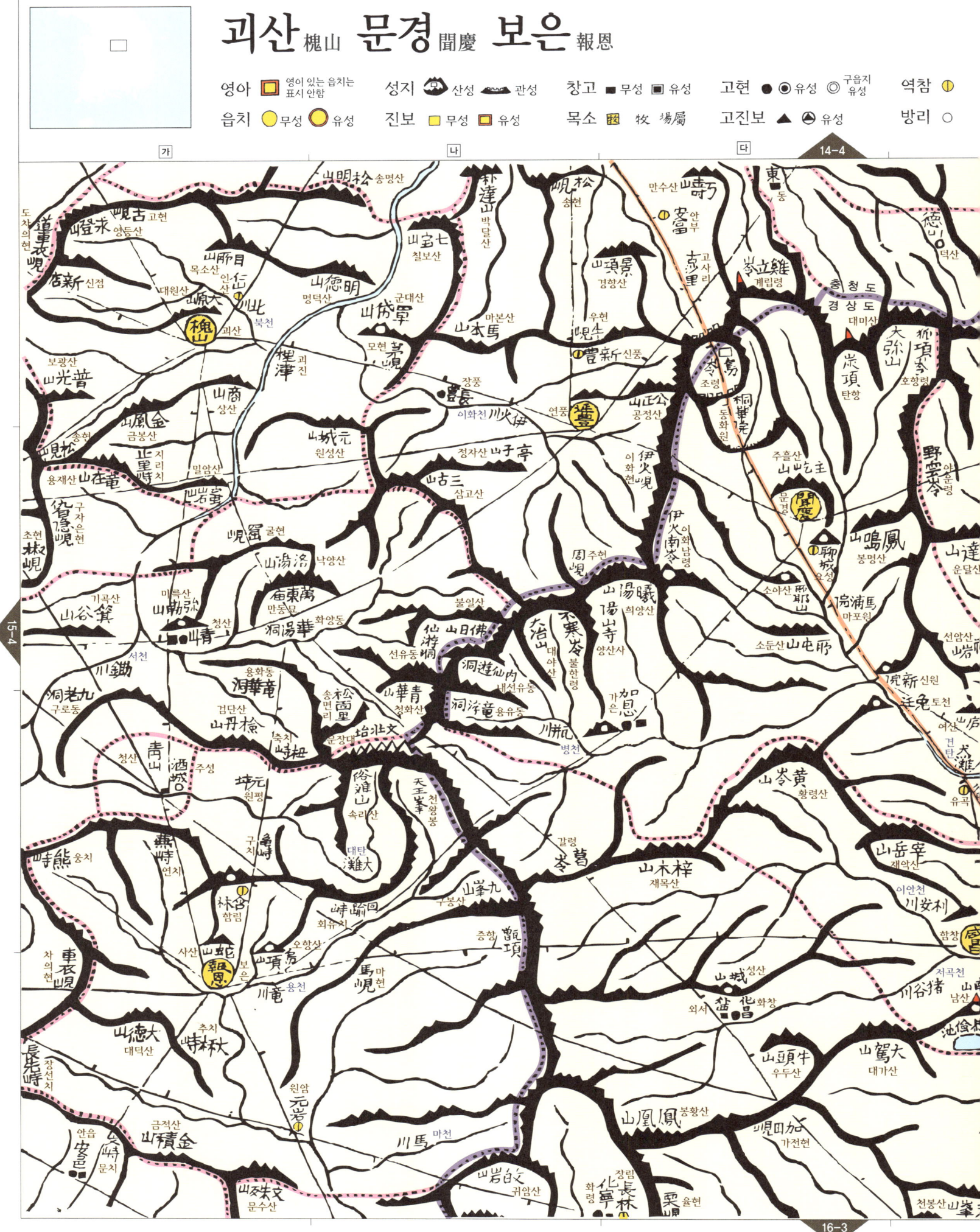

괴산 槐山 문경 聞慶 보은 報恩

용궁(龍宮) 남쪽의 삼탄(三灘)은 낙동강의 합류 지점으로, 그 아래 있던 용담소(龍潭沼)가 용궁현의 유래가 되었다고 한다.

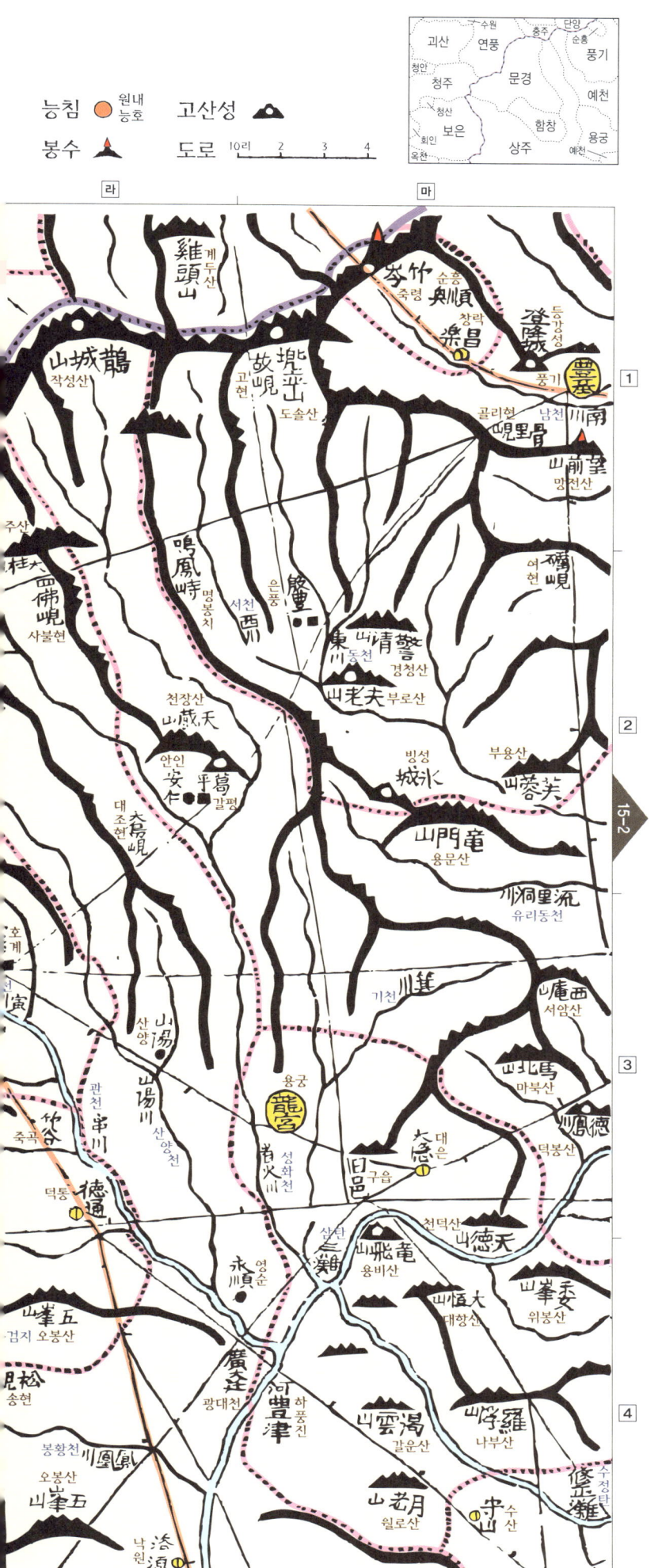

문경새재로 이름난 문경

굵은 선으로 진하게 표현된 산줄기는 백두대간이다. 속리산 천왕봉에서는 한남금북정맥이 회유치~웅치로 뻗어 나간다.

조령(鳥嶺) - 다1

경상도 문경(聞慶)과 충청도 연풍(延豊)을 잇는 조령(새재)은 영남 대로 가운데 가장 통행량이 많은 고개였다. 영남에서 거둬들인 세곡(稅穀)이나 궁궐에 바칠 진상품은 물론, 청운의 뜻을 품고 과거를 보러 나선 영남의 유생들도 대부분 이 고개를 넘었다. 국방의 요새이기도 하였으나, 임진왜란 때 신립(申砬)이 조령 대신 충주 탄금대에서 배수진을 치고 싸우다 패한 사연이 전한다. 지금의 관문(주흘관·조곡관·조령관)은 임진왜란 후에 설치한 것이다.

공검지(恭儉池) - 라4

함창(咸昌)은 삼한 시대에 조성한 공검지로 잘 알려져 있는 고을이다. 전설에 따르면 못을 축조할 때 공갈이라는 아이를 묻고 둑을 쌓았기 때문에 '공갈못'이라고도 부른다고 한다. 영남 지방에서는 공갈못을 못 보고 죽으면 저승에서도 쫓겨난다는 이야기가 전할 정도로 명성이 대단하였다. "상주함창 공갈못에 연밥 따는 저 처자야."로 시작하는 채련요(採蓮謠)인 〈상주 연밥 따는 노래〉가 유명하다.

삼탄(三灘) - 마4

낙동강, 내성천, 성화천(省火川, 지금의 금천)이 합류하는 삼탄은 지금의 삼강나루가 위치하는 나루터다. 삼강나루는 문경새재와 연결된 영남대로와 가까워 나그네들의 발길이 잦았다. 수십 년 전까지만 해도 부산에서부터 낙동강을 따라 이곳까지 소금배가 올라왔다고 한다. 강나루의 오래된 회화나무 아래에는 조선 시대부터 이어온 삼강주막이 아직도 남아 있다.

괴산(槐山) - 가1

괴산은 조선 시대에는 아담한 고을이었으나, 지금은 옛 청주 땅이었던 속리산 문장대 북쪽 지역과 연풍 고을을 모두 포함하는 큰 고을이 되었다. 고을의 동쪽을 흐르는 달천(達川) 기슭에는 고산구곡(孤山九曲)으로 불리는 명소들이 산재한다. 역사소설 《임꺽정》으로 널리 알려진 벽초 홍명희(洪命熹)가 괴산 출신이다.

화양동(華陽洞) - 가2

《택리지》에 "금강산 남쪽에서는 으뜸가는 산수"라고 극찬한 화양동은 서인을 대표하는 학자인 우암 송시열(宋時烈)이 은거한 곳이다. 화양구곡(華陽九曲)이 유명한데, 제4곡 금사담(金沙潭)의 암서재(岩棲齋)는 송시열이 제자들을 가르치고 학문에 열중하던 곳이다. 임진왜란 때 원군을 보낸 명나라의 신종 그리고 마지막 황제인 의종의 위패를 보관한 만동묘(萬東廟)가 표기되어 있다.

진천 鎭川 청주 淸州 공주 公州

영아 영이 있는 읍치는 표시 안함　성지 산성 관성　창고 무성 유성　고현 유성 구읍지 유성　역참

읍치 무성 유성　진보 무성 유성　목소 牧 場屬　고진보 유성　방리

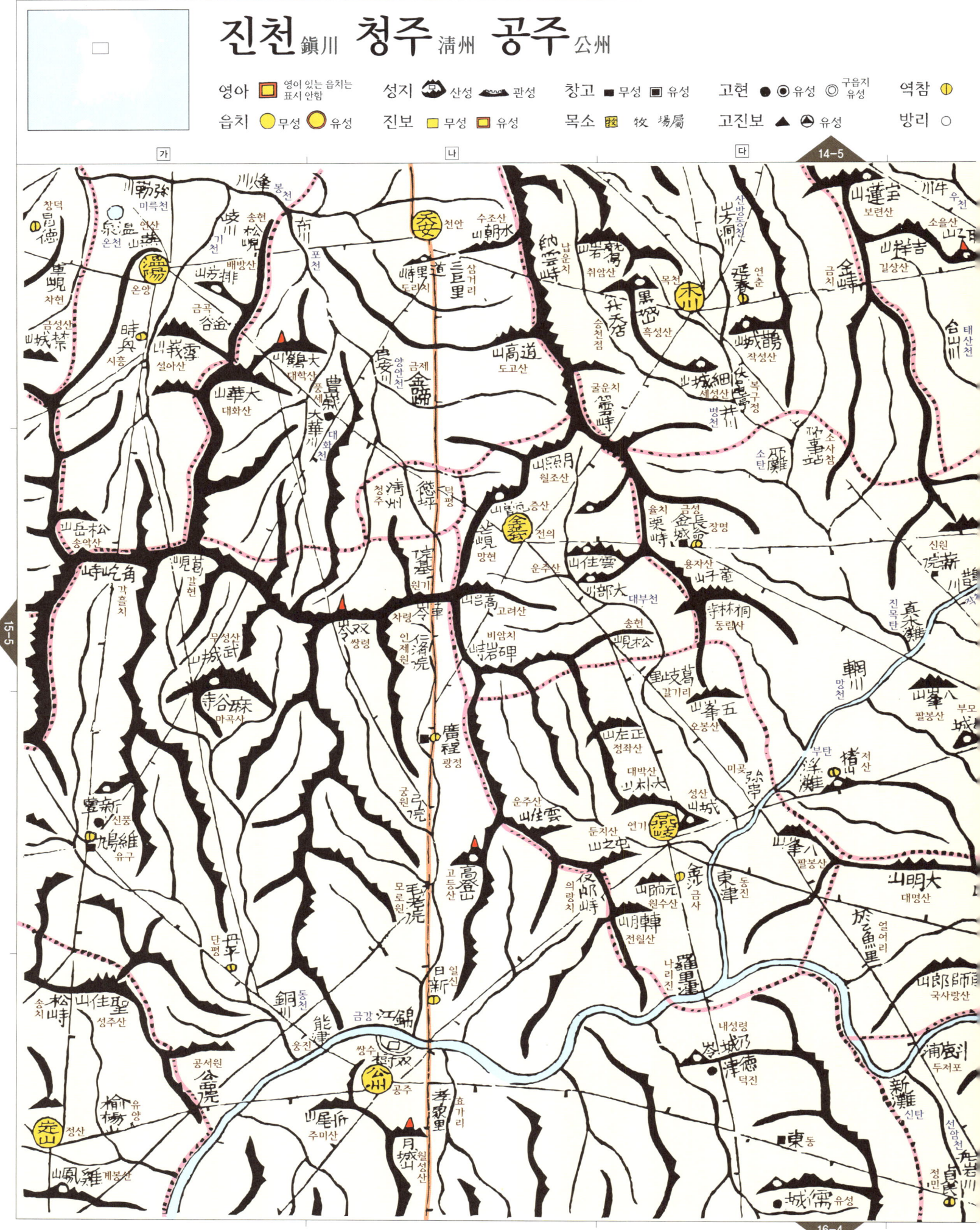

천안과 공주 사이의 고개인 '차령(車峴)'은 '수레가 지나갈 정도의 넓은 고개'라는 뜻을 지니고 있다.

능침 ⬤ 원내 능호
봉수 🔺 도로
고산성 ⛰

백제의 두 번째 도읍지, 공주

우측 가운데의 선도산~거대산~좌구산~증산~마곡산으로 이어지는 산줄기는 한남금북정맥, 상단 가운데의 납운치~월조산~차령~각흘치로 이어지는 산줄기는 금북정맥이다. 문의·공주를 지나는 하천은 금강이다.

청주(淸州) - 라3

고려 태조가 "땅이 기름지고, 사람 중에 호걸이 많다."고 평한 청주는 충청도를 대표하는 고을이다. 세계에서 가장 오래된 금속활자본인 〈직지〉는 1377년에 청주의 사찰인 흥덕사(興德寺址)에서 인쇄되었다. 청주 치소(治所) 옆의 대교천(大橋川, 지금의 무심천) 지명 주변이 흥덕사 터다. 임진왜란 당시 왜군이 동래성을 공격할 때 최후까지 싸운 동래부사 송상현(宋象賢), 민족대표 33명의 대표로 3·1 운동을 주도한 손병희(孫秉熙)가 이곳 사람이다.

상당성(上黨城) - 라2

청주는 본래 백제의 상당현(上黨縣)이었다. 《신증동국여지승람》에는 "고상당성(古上堂城)은 율봉역(栗峯驛) 북쪽 산에 있다."며 둘레가 7,773척인 석성이라 하였다. 상당성 서쪽은 미호평야 일대가 한눈에 보이고, 동쪽은 한남금북정맥 산줄기에 막혀 있어 산성 입지에 좋은 조건을 갖추고 있다. 지금은 '상당산성'이라 부른다.

공산성(公山城) - 나4

"계룡산은 진산(鎭山)이요, 웅진(熊津)은 금대(襟帶)를 이루었네."하고 서거정(徐居正)이 노래한 공주는 백제의 옛 도읍지다. 금강이 휘감아 흐르는 곳에 위치한 공산성(公山城)은 공주를 지키는 산성이다. 조선 시대에는 인조가 이괄(李适)의 난 때 피신하기도 하였는데, 쌍수정(雙樹亭) 앞 두 그루의 아름드리나무에 기대어 한양을 걱정하던 인조가 난이 평정되었다는 소식을 듣고 이 나무들에 통훈대부(通訓大夫) 벼슬을 내렸다 한다.

천안(天安) - 나1

충청도 관문이면서 동시에 호남 지방으로 통하는 길목 역할을 해온 고을이다. 고려 태조는 "다섯 용이 구슬을 다투는 형세로서 성을 쌓고 군사를 조련하면 백제가 항복하게 될 것"이라는 말을 듣고 왕자산성(王字山城, 14-5 도엽)을 쌓은 뒤 '하늘 아래 가장 평안한 땅'이라는 의미로 '천안'이라는 이름을 내렸다.

회덕(懷德) - 라4

회덕의 읍치는 현재 대전광역시 대덕구 읍내동으로, 그 남쪽 지역은 조선 시대까지만 해도 충청도의 공주목에 속한 한적한 벌판이었다. 1905년 개통된 경부선이 이 지방을 지나고, 이후 여러 관청이 들어서면서 빠르게 발전하였다. 1997년에는 정부 대전 청사를 건립하고 여러 개의 중앙 행정 기관이 옮겨 왔다.

서산 瑞山 홍주 洪州 보령 保寧

영아	🟨 영이 있는 읍치는 표시 안함	성지	🏔 산성 ⛰ 관성	창고	■ 무성 ◼ 유성	고현	● ◉ 유성 ◎ 구읍지 유성	역참 🌓

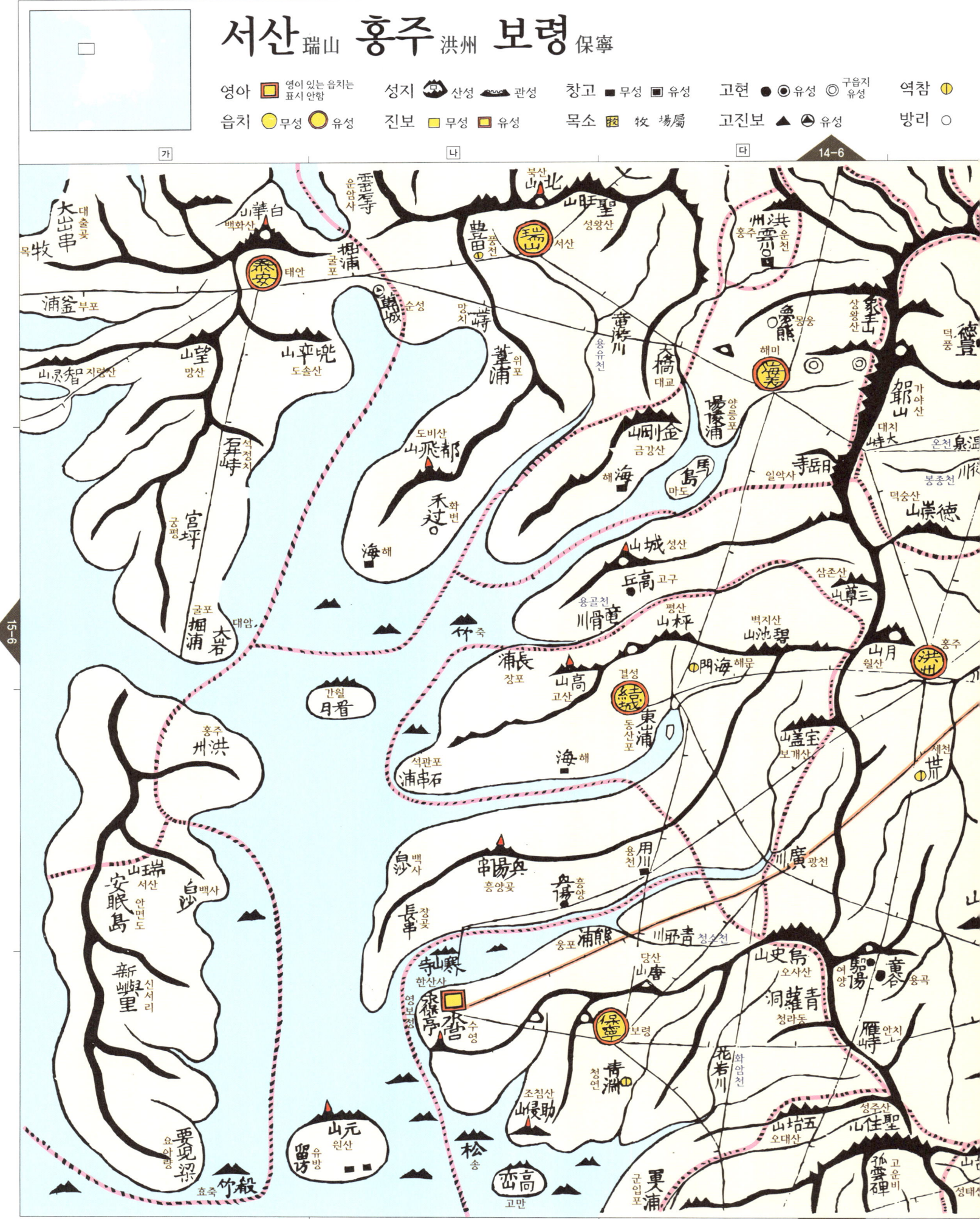

능침 ● 원내 능호　고산성 ▲
봉수 ▲　도로 10리 1 2 3 4
라　마

충청도 내포 지방의
큰 고을, 홍주

우측 가운데의 차유령에서 백월산~성태산~오사산(오서산)~
가야산~성왕산~백화산~지령산으로 이어지는 산줄기는 금
북정맥이다. 가야산 둘레 고을들은 충청도 내포 지방이다.

홍주(洪州) - 라2

홍주는 지금의 홍성(洪城)으로 충청도에서 충주, 청주에 버금가던
큰 고을이다. 《대동지지》에는 "읍성(邑城)은 옛 주류성(周留城)인데
둘레가 5,850척이고 샘이 3개, 문이 4개, 곡성(曲城)이 8개다."라
고 하였다. 구한말 민종식(閔宗植)을 중심으로 구성된 홍주의병은
이 읍성에서 일본 군경과 큰 전투를 벌여 여러 차례 승전하였으
나, 결국 포병과 기병을 투입한 일본 군경에 밀려 패하고 말았다.

봉수산(鳳首山) - 라2

충청도 대흥현(大興縣) 봉수산에 표기된 고산성은 백제 때 수도인
부여의 외곽기지 역할을 한 임존성(任存城)이다. 백제가 망한 뒤
흑치상지(黑齒常之)는 임존성에서 복신(福信), 도침(道琛)과 함께
나당연합군을 몰아내기 위해 항전하였다. 이후 임존성은 주류성
과 함께 백제부흥운동의 거점 역할을 하게 된다. 그러나 내분이
일어나자 백제부흥군은 와해되고 말았다.

수영(水營) - 나4

보령(保寧)의 충청수영(忠淸水營)은 홍주·태안·서천·한산 등
내포 지방과 금강 하구의 13개 고을을 속읍으로 두었다. 1510년
(중종 5년) 해안 언덕의 조망 좋은 곳에 쌓은 성 안에는 지도에도
표기된 영보정(永保亭)을 비롯해 여러 누정과 옹성 등이 있었다.
현재는 서쪽 망화문 터의 석문만이 남아 있다.

굴포(掘浦) - 나1

태안과 서산 사이의 굴포는 고려에서 조선으로 이어지며 5백여
년간 끈질기게 운하 공사가 이루어졌던 곳이지만 지하 암반 때문
에 실패한 사연이 있는 곳이다. 세조 때 굴포 운하 공사 임무를
맡았던 신숙주(申叔舟)의 시가 전한다. "포(浦)를 판 지 몇 해에 공
을 이루지 못했던고, 산에서 온 한 줄기 끊겼다가 다시 연했구나.
뉘 능히 나에게 조운(漕運) 통하는 계책을 말해 주려나."

안면도(安眠島) - 가3

원래는 섬이 아닌 태안반도의 남부를 이루는 육지였다. 그런데 안
흥량의 거센 물결로 세곡선이 자주 난파되자 피해를 줄이기 위해
1638년(인조 16년) 안면도 북쪽에 운하를 만들면서 섬이 되었다.
'굴포(掘浦)'라는 지명이 그 흔적이다. 중부 서해안에서 가장 좋은
품종인 안면송(安眠松)은 고려 시대부터 궁궐과 선박을 만드는 재
료로 쓰였다. 홍주, 서산, 태안이 나눠서 관할하였음을 알 수 있다.

안흥 安興

영아	▢ 영이 있는 읍치는 표시 안함	성지	◭ 산성 ⬟ 관성	창고	▪ 무성 ▫ 유성	고현	● ◉ 유성 ◎ 구읍지 유성	역참	◐
읍치	● 무성 ● 유성	진보	▢ 무성 ▢ 유성	목소	牧 場 屬	고진보	▲ ⬒ 유성	방리	○

횡간도(橫看島)는 어청도 인근의 횡견도(橫見島)로 추정된다.

능침 ●원내능호   고산성 ▲
봉수 ▲   도로 |0리 1 2 3 4

태안
서해
홍주

라   마

1
2
15-5
3
4

충청도 서해를 지키던 안흥

태안반도의 서쪽 끝이다. 금북정맥이 끝나는 안흥진은 중국과의 무역 통로였다. 이 앞바다는 '안흥량'이라 하여 세곡선이 한양으로 통하는 물길 중 최고 어려운 구간으로 꼽혔다.

안흥진(安興鎭) – 마1

금북정맥이 바다로 잦아드는 해안에 위치한 안흥항(安興港)은 일찍이 중국 무역선의 기항지였다. 불교 등 대륙문화가 서해를 통해 안흥항으로 들어와 내륙으로 전파되었다. 수군첨절제사를 두었던 안흥진은 그 앞바다인 안흥량(安興梁)을 지키는 임무를 맡았고, 뱃길로 조선을 찾은 중국 선박을 관리하던 곳이기도 하였다. 1655년(효종 6년)에는 안흥진성(安興鎭城)을 쌓았는데, 1894년(고종 31년) 동학농민운동이 일어났을 때 성 안의 건물이 대부분 불타 버리는 바람에 지금은 성벽과 성문만 남아 있다.

안흥량(安興梁) – 마1

〈대동여지도〉에 파도지(波濤只)는 섬으로 표현되어 있으나 실제 지형은 육지와 붙어 있는 작은 반도이고, 파도지 뒤쪽 바다가 물살이 가장 센 안흥량이다. 안흥량은 조선 시대 조세로 징수한 미곡·면포 등을 해상으로 운송하는 해로에서 가장 험난한 곳이었다. 조운선(漕運船)이 이 해역의 거센 물살에 파선되는 경우가 많았다. 그래서 '난행량(難行梁)'이라 부르다가 이 이름이 불길하다 하여 '안흥량'으로 고쳤다고 한다. 지금의 충청남도 태안군 근흥면 정죽리에 있는 해협이다.

파도지(波濤只) – 마1

태안에는 아름다운 지명을 가진 해안이 많지만 파도리 해안만큼 바다의 정취와 잘 어울리는 곳도 없다. 섬으로 표현된 파도지는 지금의 태안 파도리로 추정되는데, 파도리는 섬이 아니라 육지가 남쪽으로 뛰어나온 작은 반도다. 파도지가 실제 지형과 가까우려면 소근포 남쪽으로 연결되어서 소근포진이 깊은 만에 안겨 있어야 한다. 김정호(金正浩)가 〈대동여지도〉를 판각하기 전에 제작한 선행 지도로 알려진 〈동여도〉에는 '파도지도(波濤只島)'라는 섬으로 표현되어 있으나, 〈1872년 지방지도〉 태안 지도에는 파도지가 섬이 아닌 육지와 연결되어 있는 것으로 표현되어 있다.

소근포진(所斤浦鎭) – 마1

소근포진은 지금의 태안군 소원면 소근리의 소근진성이다. 1404년(태종 4년) 만호를 두어 다스리게 하였고, 1514년(중종 9년)에 성을 쌓았으나 지금은 흔적이 거의 남지 않았다. 〈대동여지도〉에는 소근포진과 파도지 사이에 바다가 있는 것으로 표현되어 있으나, 실제로는 파도지가 육지로 연결되어 소근포진을 감싸고 있다.

영덕 盈德 청하 淸河 흥해 興海

영아 🟥 영이 있는 읍치는 표시 안함 　성지 ⛰ 산성 🔺 관성 　창고 ◼ 무성 ◻ 유성 　고현 ● ◉유성 ◎ 구읍지 유성 　역참 ⬤

읍치 🟡 무성 🟠 유성 　진보 🟨 무성 🟧 유성 　목소 招 牧 場 屬 　고진보 ▲ ▲ 유성 　방리 ○

청하(淸河)는 조선 시대까지는 군이었으나 1914년 폐지되었고, 1995년 포항시에 편입되었다.

능침 ●원내 능호　고산성 ▲

봉수 ▲　도로 10리 2 3 4

[라]　[마]

청송　영덕　영해

동해

경주　청하

신녕　흥해　영일　장기

대계로 유명한 영덕

좌측 상단에서 남으로 뻗어 내린 산줄기는 낙동정맥이다. 그 동쪽에는 영덕, 청하, 흥해 고을이 있다. 우측 하단에 동해로 튀어나온 땅은 구룡반도의 끝인 호미곶이다.

오십천(五十川) – 나1

영덕의 가장 큰 하천인 오십천은 조선 시대 경상도의 대표적인 진상품인 영덕 은어로 유명하다. 오십천 하구는 현재 영덕 대게로 유명한 강구항이다. 별반산은 강구항 뒷산인 지금의 봉화산이고, 오포진은 영덕어촌민속전시관 등이 있는 삼사해상공원이다.

내영산(內迎山) – 나3

신라 진평왕이 견훤(甄萱)을 피해 숨었다는 청하 내영산은 지금의 내연산(內延山)이다. 20리 긴 골에 걸려 있는 내연산의 12폭포는 기암절벽과 어우러져 절경을 이룬다. 그중에서 연산폭, 관음폭, 무풍폭 일대를 '삼룡추(三龍湫)'라 부른다. 겸재 정선(鄭敾)은 청하 현감 재임 동안 〈내연삼룡추도(內延三龍湫圖)〉, 〈내연산폭포도(內延山瀑布圖)〉, 〈고사의송관란도(高士倚松觀瀾圖)〉 등 내연산의 폭포들을 소재로 그림을 그렸다.

흥해(興海) – 나4

영일만을 끼고 있는 흥해는 곡강(曲江) 유역의 평야 덕에 예로부터 "땅이 기름지고, 바다에선 물고기와 소금의 이로움이 있다."는 고을이다. 고려 때에는 왜구의 침입이 잦아 황폐화되기도 하였으나 성을 쌓고 병선을 배치하면서 평화를 되찾았다. "밭은 살찌고 땅은 이로운데 어염(魚鹽)까지 겸했으니……." 이곡(李穀)의 시를 비롯해 대부분의 옛 기록은 흥해의 풍요와 주민들의 고운 심성을 평하고 있다.

동을배곶(冬乙背串) – 라4

동을배곶은 지금의 호미곶(虎尾串)이다. 조선 말에 그려진 〈근역강산맹호기상도(槿域江山猛虎氣象圖)〉를 보면 한반도는 만주 땅을 향해 앞발을 치켜들고 울부짖는 용맹한 호랑이 모습인데, 호랑이의 꼬리뼈에 해당하는 포항의 구룡반도 동쪽 끝을 '호미곶'이라 부른다. 동을배곶 목장은 1천여 필의 말을 기른 큰 규모의 국영목장이었다. 원래 목장의 둘레는 120리인데, 현재는 일부만 남아 있다. 목장을 두른 성이 있어 '석병성(石屛城)'이라고도 하였다.

주방산(周房山) – 가1

주방산은 이중환(李重煥)이 《택리지》에서 "골이 모두 돌이어서 마음과 눈을 놀라게 한다. 샘과 폭포도 뛰어나게 기이하다."고 예찬한 청송의 주왕산(周王山)이다. 산 곳곳에는 주왕(周王)과 얽힌 전설이 전해 오는데, 높지는 않지만 눈길을 끄는 기암괴석 덕분에 조선팔경으로도 꼽혔다. 산기슭에는 임진왜란 때 사명대사 유정(惟政)이 승군을 훈련시켰던 대전사(大典寺)가 있다.

동해의 축산도(丑山島)는 조선 시대 귀양지였고 왜구의 침입이 잦았던 곳이나, 지금은 육지와 연결되었다.

의성義城 군위軍威 의흥義興

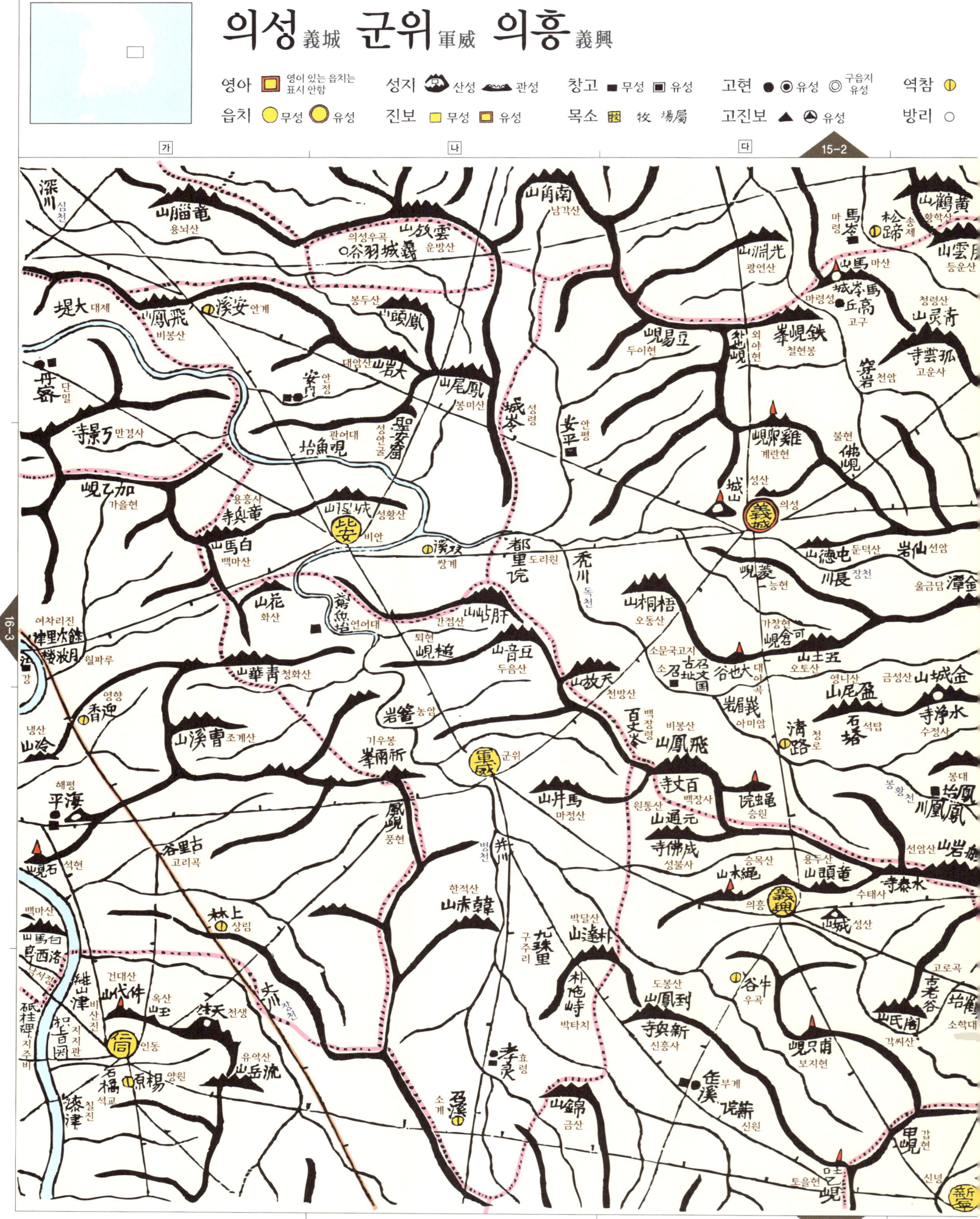

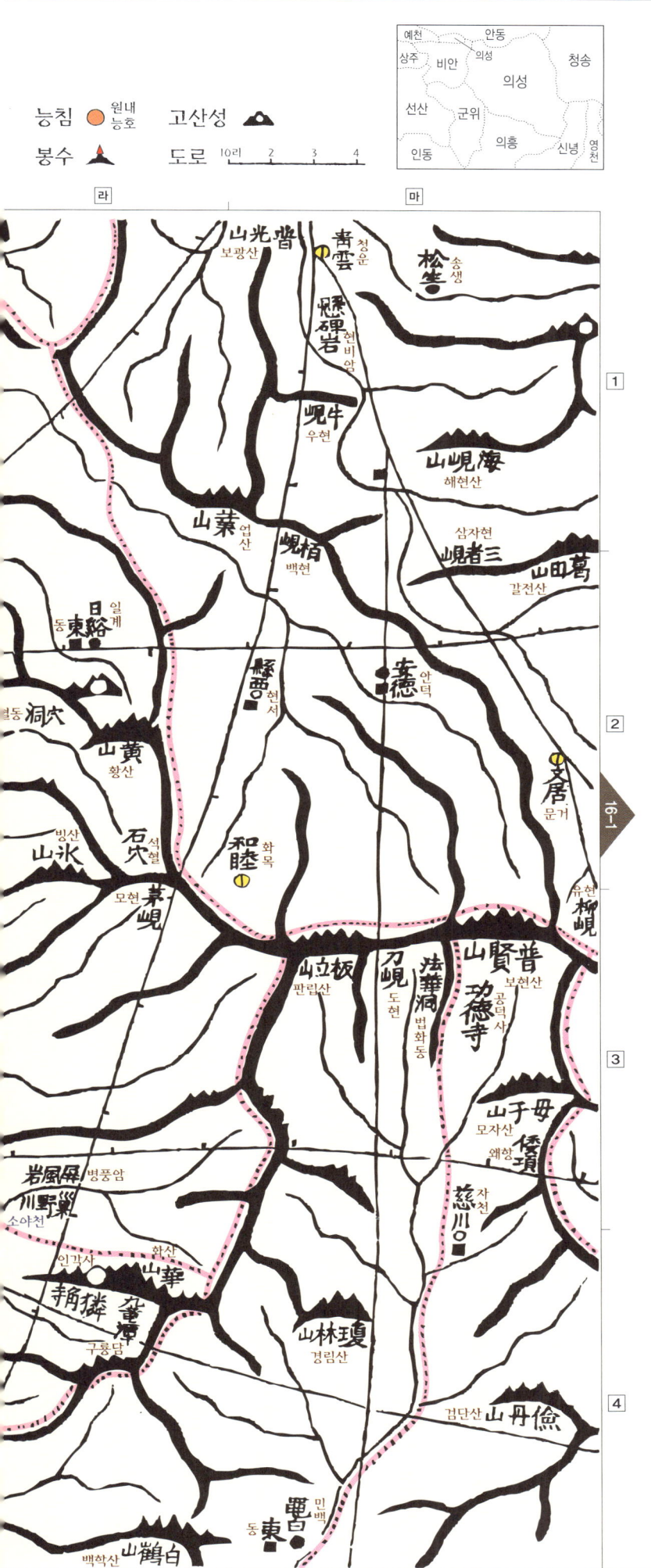

능침 ●원내 능호 고산성 ▲
봉수 ▲ 도로 10리 2 3 4

예천 안동
상주 비안 의성 청송
선산 의성
군위
인동 의흥 신녕 영천

라 마

《삼국유사》가 탄생한 군위

좌측 하단의 인동을 지나는 굵은 물줄기는 낙동강이다. 의성·군위 등의 물길이 모인 위수(지금의 위천)는 비안을 지나 낙동강으로 합류한다.

소문국고지(召文國古址) - 다2

소문국(召文國, 조문국이라고도 함)은 북쪽으로 영토를 확장하는 신라에 185년 병합된 삼한 시대 부족국가다. 소문국 위치를 《대동지지》에는 의성 읍치에서 남쪽으로 25리 떨어진 지점이라고 밝히고 있고, 〈대동여지도〉에는 그 지점을 '소문국고지'로 표기하고 있다. 즉 지금의 금성면 일대가 소문국의 중심지였던 것이다. 현재 이곳에는 약 2백여 기의 소문국 고분이 남아 있다.

인각사(麟角寺) - 라4

의흥(義興)의 인각사는 고려 후기 주지로 임명된 보각국사 일연(一然)이 입적할 때까지 5년간 《삼국유사》를 완성한 사찰이다. 문화재로는 1289년 입적한 일연의 사리탑과 그의 행적을 기록한 보각국사탑과 비가 있다. 조선 전기의 문장가 유호인(俞好仁)은 인각사에서 일연을 떠올리며 시를 지었다. "예전에 노승이 살던 곳, 연기와 석실(石室)이 안개에 잠겨 있네. 시내와 산은 참다운 면목이요, 꽃과 버들은 그대로가 풍광(風光)일세."

천생고산성(天生古山城) - 가4

《신증동국여지승람》에 "사면에는 깎아 세운 듯한 석벽(石壁)이 하늘 높이 서 있고, 성 안에는 4개의 못이 있다."고 한 천생산성은 박혁거세(朴赫居世)가 처음 쌓았다는 이야기가 전한다. 임진왜란 때 의병장 곽재우(郭再祐)가 다시 쌓고 왜군을 크게 무찔렀다. 당시 왜군이 성을 포위하고 물길을 끊자, 곽재우는 성벽 끝에 흑마를 세우고 엉덩이에 쌀알을 붙여 말 씻는 시늉을 하였다고 한다.

비안(比安) - 나2

비안은 신라 때 아화옥(阿火屋)으로서 조선 세종 때 '비안'이라 하였고, 1914년 의성에 병합된 고을이다. 위수(渭水, 지금의 위천)와 독천(禿川, 지금의 쌍계천)을 젖줄로 삼은 비안은 두 하천이 빚은 안계평야 주변에 관어대, 부흥대가 솟아 있고, 그 맞은편으로는 모래톱이 형성되어 수려한 경관이 펼쳐진다.

보현산(普賢山) - 마3

《세종실록지리지》에는 영천 고을의 진산을 '모자산(母子山)'이라고 기록하고 있다. 《신증동국여지승람》에는 '보현산'으로 기록되어 있는데, 산세가 거대한 코끼리를 닮았다 하여 불리는 이름이라 한다. 보현(普賢)은 불교에서 코끼리를 상징하는 보살이다. 보현산 남쪽의 공덕사(功德寺)는 고려 때 창건된 사찰로 알려져 있는데 어느 때인가 폐사되었고, 사찰이 있던 마을로 추정되는 영천 공덕동 절터에는 현재 삼층석탑만 남아 있다.

상주 尙州 선산 善山 영동 永同

영아 □ 영이 있는 읍치는 표시 안함　성지 🏔 산성 ⛰ 관성　창고 ■ 무성 ■ 유성　고현 ● ◉ 유성 ◎ 구읍지 유성　역참 ☉

읍치 🟡 무성 🟡 유성　진보 🟨 무성 🟧 유성　목소 牧 牧場屬　고진보 ▲ ⚫ 유성　방리 ○

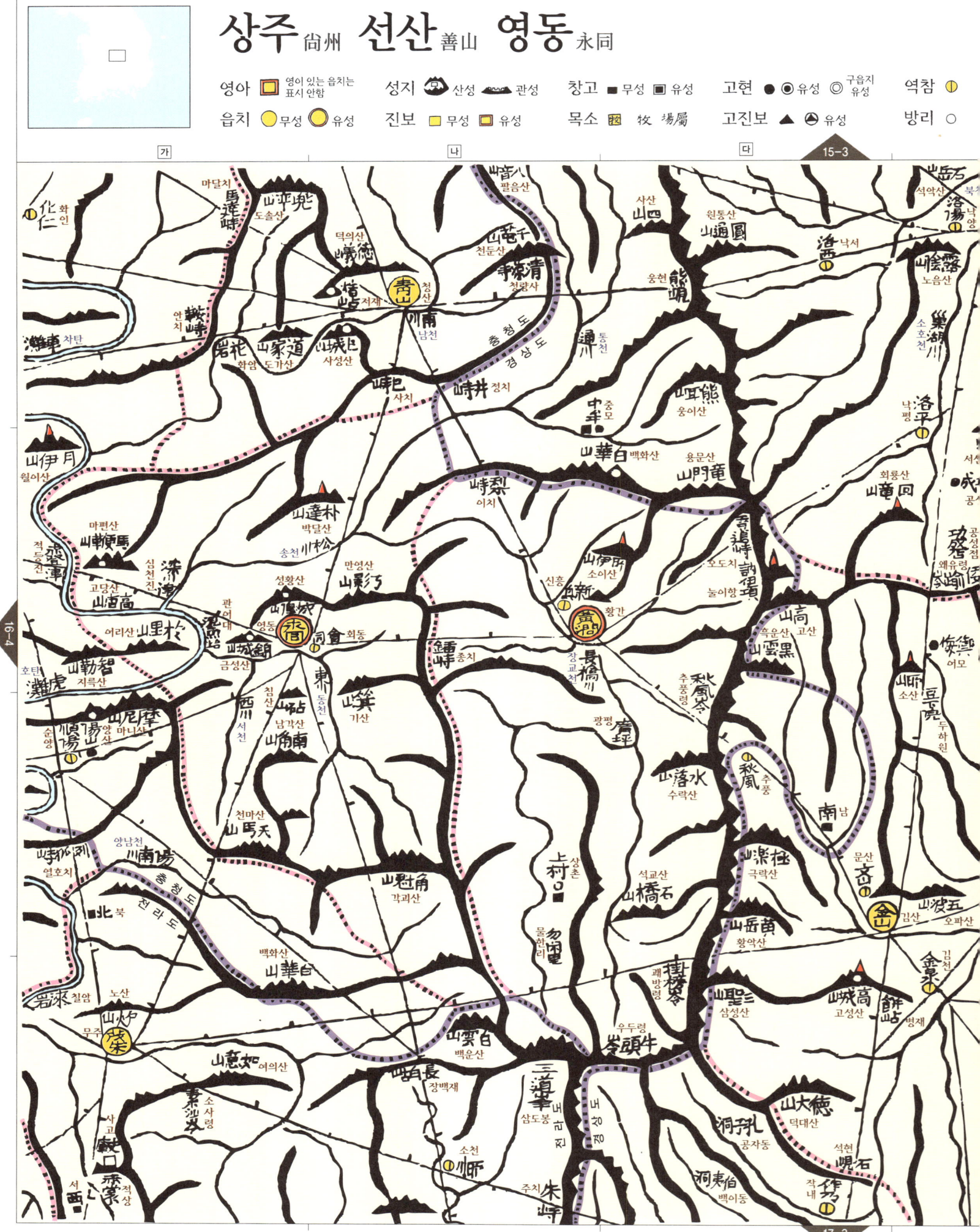

황악산 동쪽의 김산(金山)은 김천(金泉)의 옛 이름으로, 1914년 개령(開寧), 지례(知禮)를 합쳐 김천군이 되었다.

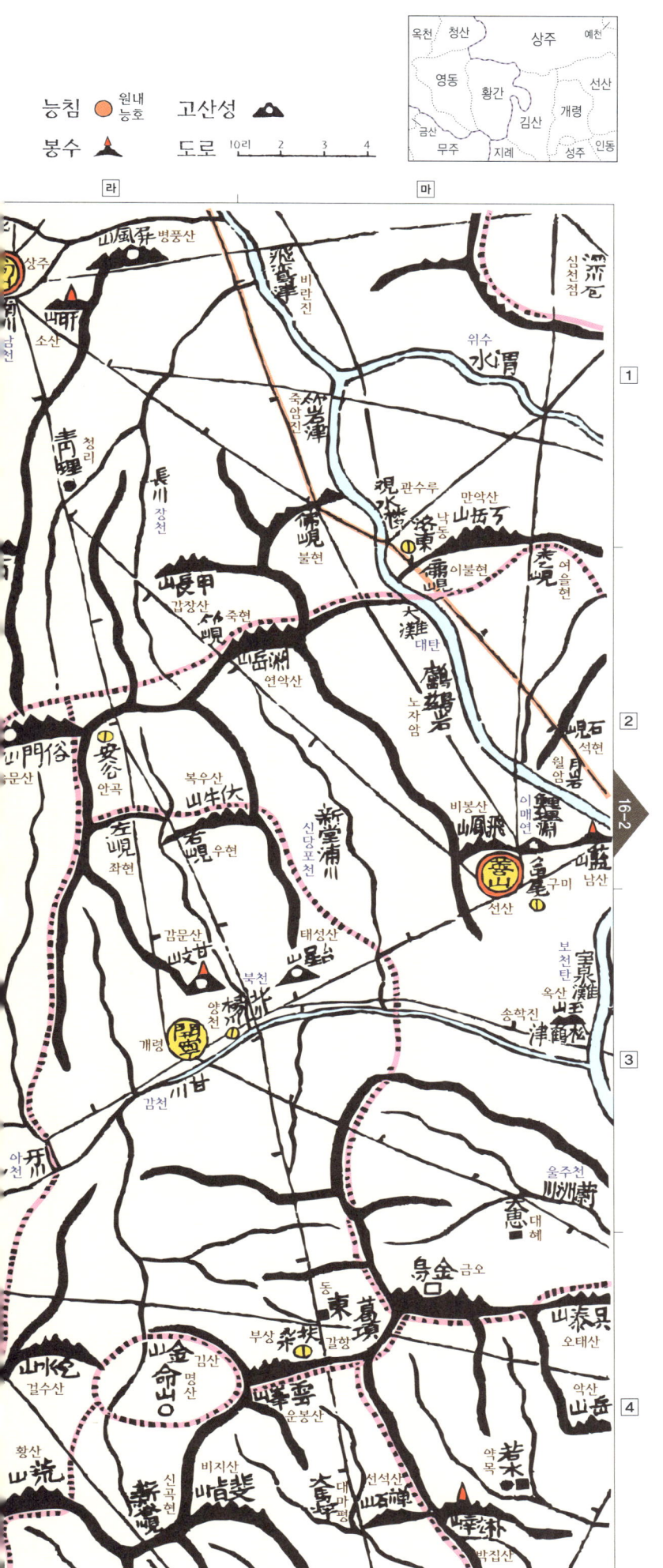

'낙동강' 이름 유래한 상주

웅현~추풍령~삼도봉으로 이어지는 가운데의 굵은 산줄기는 백두대간이다. 우측의 상주와 선산을 지나는 하천은 낙동강이고, 좌측의 무주와 영동을 지나는 하천은 금강이다.

상주(尙州) – 라1

경상도의 큰 고을이었던 상주는 낙동강이 빚은 비옥한 토지를 기반으로 삼한 시대에는 부족국가인 사벌국(沙伐國)이 번성하였다. 사벌국의 도읍은 낙양(洛陽)이었고, 낙동강은 '낙양의 동쪽을 흐르는 강물'이라는 뜻에서 붙은 이름이다. 〈대동여지도〉의 상주 동남쪽 강가의 낙동역(洛東驛)도 같은 유래를 지닌 역참이다. '낙양'이라는 명칭은 읍치 서쪽의 낙양역(洛陽驛)에 남아 있다.

선산(善山) – 마2

여말선초 정몽주(鄭夢周)의 정통 성리학은 선산 출신의 길재(吉再)~김숙자(金叔滋)~김종직(金宗直)~김굉필(金宏弼)로 이어졌고, 이후 선산은 15세기 영남사림의 중심지가 되었다. "조선 인재 반은 영남, 영남 인재 반은 선산"이라는 말은 선산이 인재향(人材鄉)임을 잘 드러낸다. 1969년 공업단지가 들어선 후 급격히 발전하면서 선산 대신 구미가 행정 지명이 되었다. '구미'라는 지명은 선산 읍치 동남쪽 3리에 있는 구미역(龜尾驛)에서 유래한 것으로 본다.

추풍령(秋風嶺) – 다3

추풍령은 한반도 중앙과 영남을 잇는 큰 고개다. 조선 시대에는 영남의 유생들이 과거 보러 한양으로 갈 때 추풍령을 넘으면 추풍낙엽처럼 낙방한다는 속설 때문에 마음 약한 유생들은 추풍령 대신 괘방령을 넘었다 전한다. 일제 때 추풍령으로 경부선 철도가 지나고, 이후 경부고속도로와 고속철도 등이 지나면서 우리나라에서 가장 크고 번잡한 고개로 바뀌었다.

적상산성(赤裳山城) – 가4

무주읍 남쪽의 적상산에는 사방이 벼랑으로 이루어진 천혜의 요새인 적상산성과 우리나라 5대 사고(史庫) 중 하나인 적상산사고가 있다. 적상산사고에 보관되어 있던 실록은 1910년 이후 일제에 의해 왕실 규장각으로 옮겨졌다가 한국전쟁 때 북한으로 반출되었는데, 현재 김일성종합대학 도서관에 있다고 한다.

삼도봉(三道峯) – 나4

충청도 황간, 경상도 지례, 전라도 무주의 경계에 있는 삼도봉은 충청 · 경상 · 전라의 삼도가 만나는 지점에 있다 해서 지어진 이름이다. 옛날에는 삼도봉 정상에 삼도 사람들이 자기 고을의 안녕을 위해 쌓은 3개의 돌무더기가 있었다고 하는데, 어느 때인가 허물어졌고 지금은 근래에 세운 '삼도 화합탑'이 있다.

옥천沃川 연산連山 익산益山

영아 ⬜ 영이 있는 읍치는 표시 안함　　성지 🏔 산성 ⛰ 관성　　창고 ◼ 무성 ◻ 유성　　고현 ● ◉ 유성 ◎ 구읍지 유성　　역참 ◖

읍치 🟡 무성 🟠 유성　　진보 🟨 무성 🟥 유성　　목소 🈯 牧 場屬　　고진보 ▲ ⛰ 유성　　방리 ○

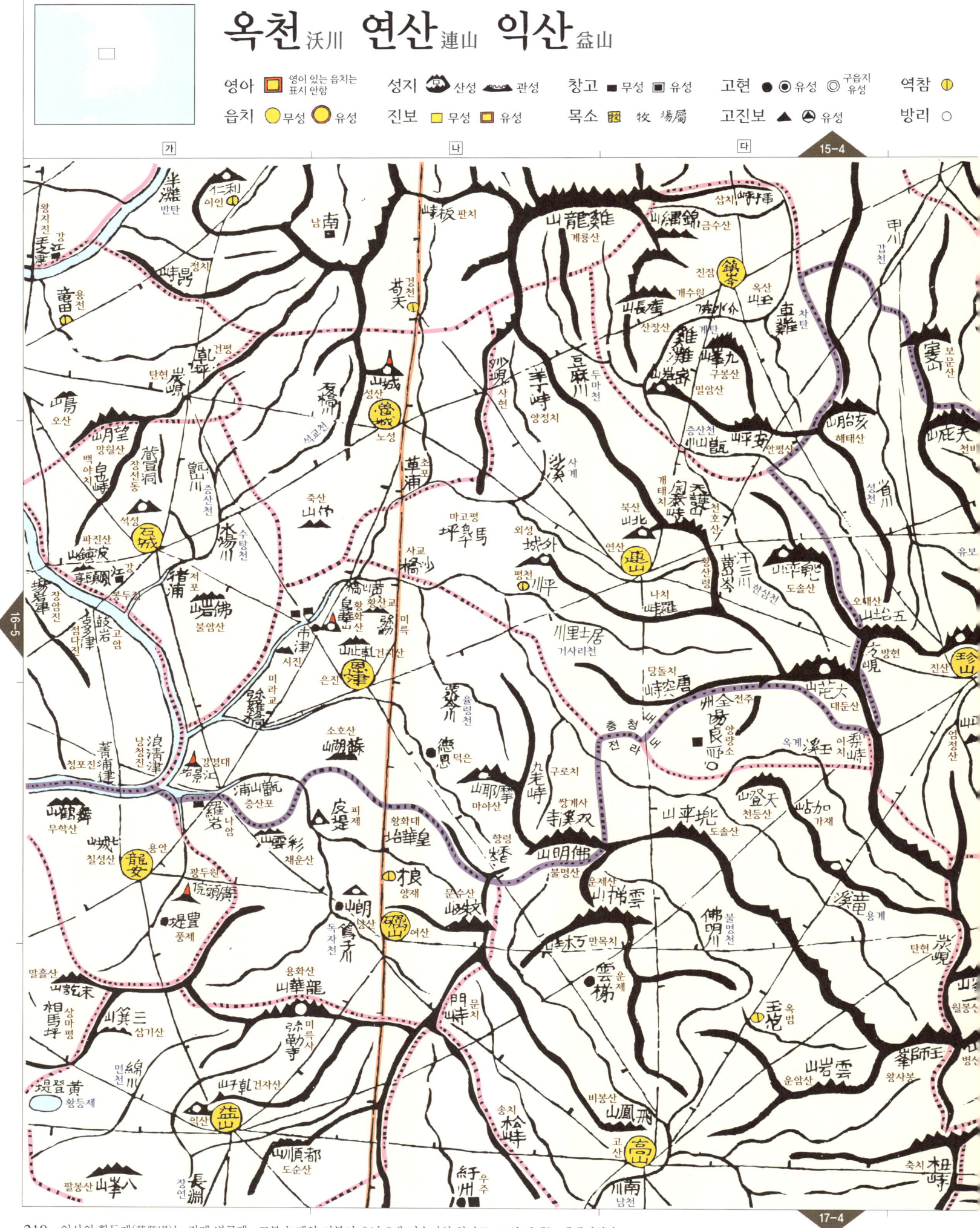

익산의 황등제(黃登堤)는 김제 벽골제·고부 눌제와 더불어 호남 3대 저수지의 하나로, 조선 말에는 폐제되었다.

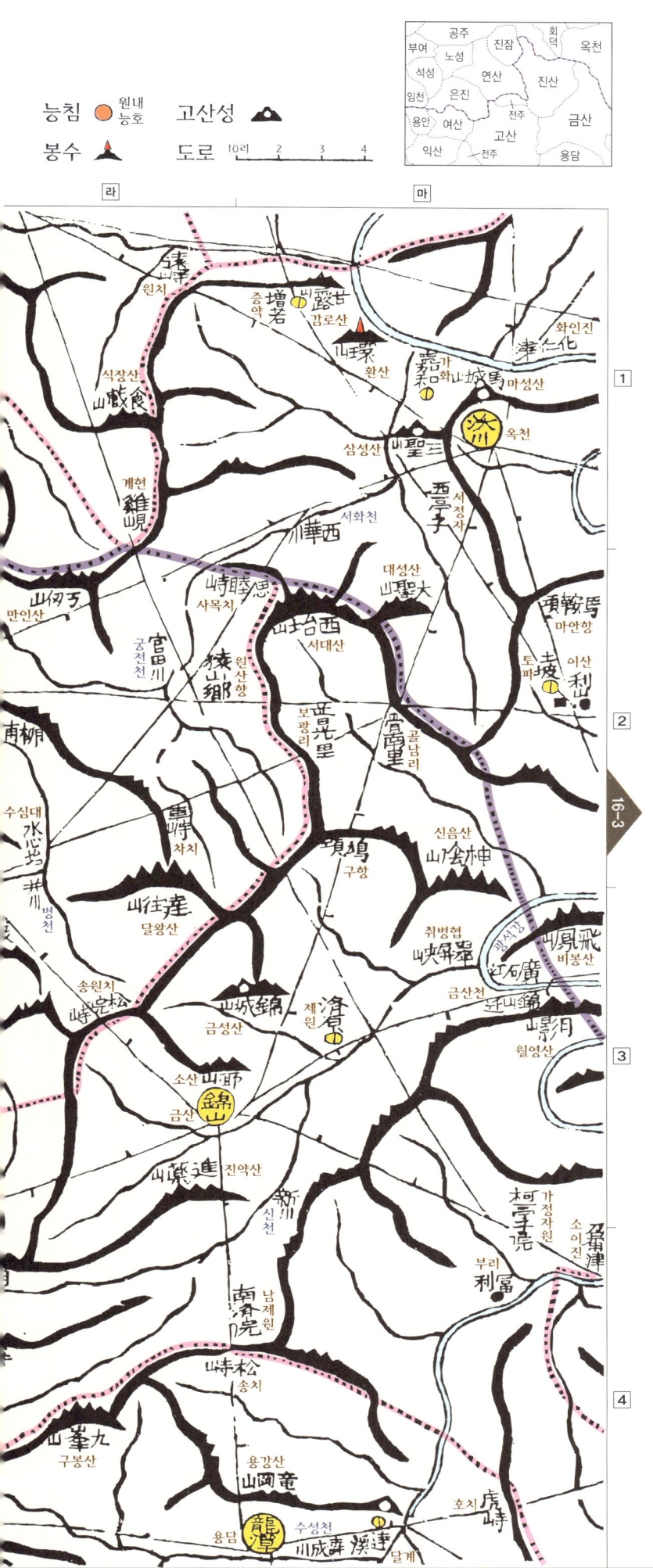

능침 원내능호
봉수
고산성
도로 10리 2 3 4

공주		회덕	
부여	노성 진잠	옥천
석성	연산	진산
임천	은진 진산
용안 여산	전주	금산
	고산
익산 전주	용담

미륵사지석탑 서 있는 익산

가운데 하단에서 금남정맥 산줄기가 북으로 뻗으며 왕사봉 ~대둔산~계룡산~망월산 등을 빚고 부여 부소산으로 간다. 지도 좌우로 보이는 쌍선의 하천은 모두 금강 본류다.

삼성산고산성(三聖山古山城) – 마1

옥천은 삼국 시대에 백제와 신라가 쟁패를 겨루던 요충지였다. 백제 성왕은 관산성(管山城) 전투에서 신라군에 붙잡혀 목숨을 잃었는데, 현대의 학자들은 읍치 서쪽 5리의 삼성산고산성 일대가 관산성이라 추정한다. 지금의 군서면 월전리 일대다.

황산령(黃山岺) – 다2

금남정맥의 황산령은 백제의 아픈 사연이 전하는 곳이다. 삼국 시대에는 백제의 계백(階伯)이 신라의 김유신(金庾信)을 맞아 최후의 항전을 벌인 황산벌 전투의 현장이다. 또 후삼국 시대에는 견훤(甄萱)의 아들 신검(神劍)이 일리천(지금의 경북 선산) 전투에서 패주해 결국 이곳 황산에서 항복하고 말았다. 이에 왕건(王建)은 황산의 이름을 '하늘의 가호를 내려준 산'이라는 뜻을 지닌 '천호산(天護山)'이라 바꾸고, 개태사(開泰寺)를 지었다.

이치(梨峙) – 다3

금남정맥의 이치(지금의 배티재)는 진산과 고산(지금의 완주군 고산면)을 잇는 고개다. 임진왜란 당시 왜군은 금산을 점령한 뒤, 진안의 웅치(熊峙)와 대둔산의 이치를 동시에 넘어 전주로 진출하려 하였으나 이치전투에서 광주목사 권율(權慄)이 이끄는 관군에 패해 왜군은 막대한 희생을 치르고 후퇴하였다.

은진미륵(恩津彌勒) – 나2

은진은 충청도 미륵신앙의 중심지로서, 흔히 '은진미륵'으로 알려져 있는 관촉사 석조미륵보살입상이 유명한 고을이다. 은진미륵은 높이가 18m로서 우리나라에서 가장 큰 석불이다. 이는 충청도 지방에서 유행하던 고려 시대의 지방화된 불상 양식을 대표한다. 은진 치소(治所) 북쪽 10리쯤에 '미륵(彌勒)'이라는 표기가 은진미륵을 지칭하는 것으로 보인다.

미륵사(彌勒寺) – 가4

우리나라 석탑 중 가장 크고 오래된 미륵사지석탑으로 유명한 사찰이다. 미륵사는 7세기 초에 창건되었고, 임진왜란 전후에 폐사된 것으로 추정되는데, 〈대동여지도〉에는 용화산(龍華山, 지금의 미륵산) 남쪽에 '미륵사(彌勒寺)'라는 사찰명이 선명히 새겨져 있다. 《삼국유사》에 따르면 미륵사지석탑은 무왕이 왕비인 신라 출신 선화공주의 부탁을 받고 미륵사를 지으면서 세운 것이라 한다. 그렇지만, 2009년 발굴 작업 중 《삼국유사》의 내용과 달리 639년(백제 무왕 40년) 백제 출신 왕비(좌평인 사택적덕의 딸)의 발원으로 건립된 사실이 확인되어 논란이 되고 있다.

부여 扶餘 서천 舒川 옥구 沃溝

영아 ■ 영이 있는 읍치는 표시 안함　성지 🏔 산성 ⛰ 관성　창고 ■ 무성 ▣ 유성　고현 ● ◉ 유성 ◎ 구읍자유성　역참 ◐

읍치 🟡 무성 🟠 유성　진보 🟨 무성 🟧 유성　목소 牧 牧場屬　고진보 ▲ ⬢ 유성　방리 ○

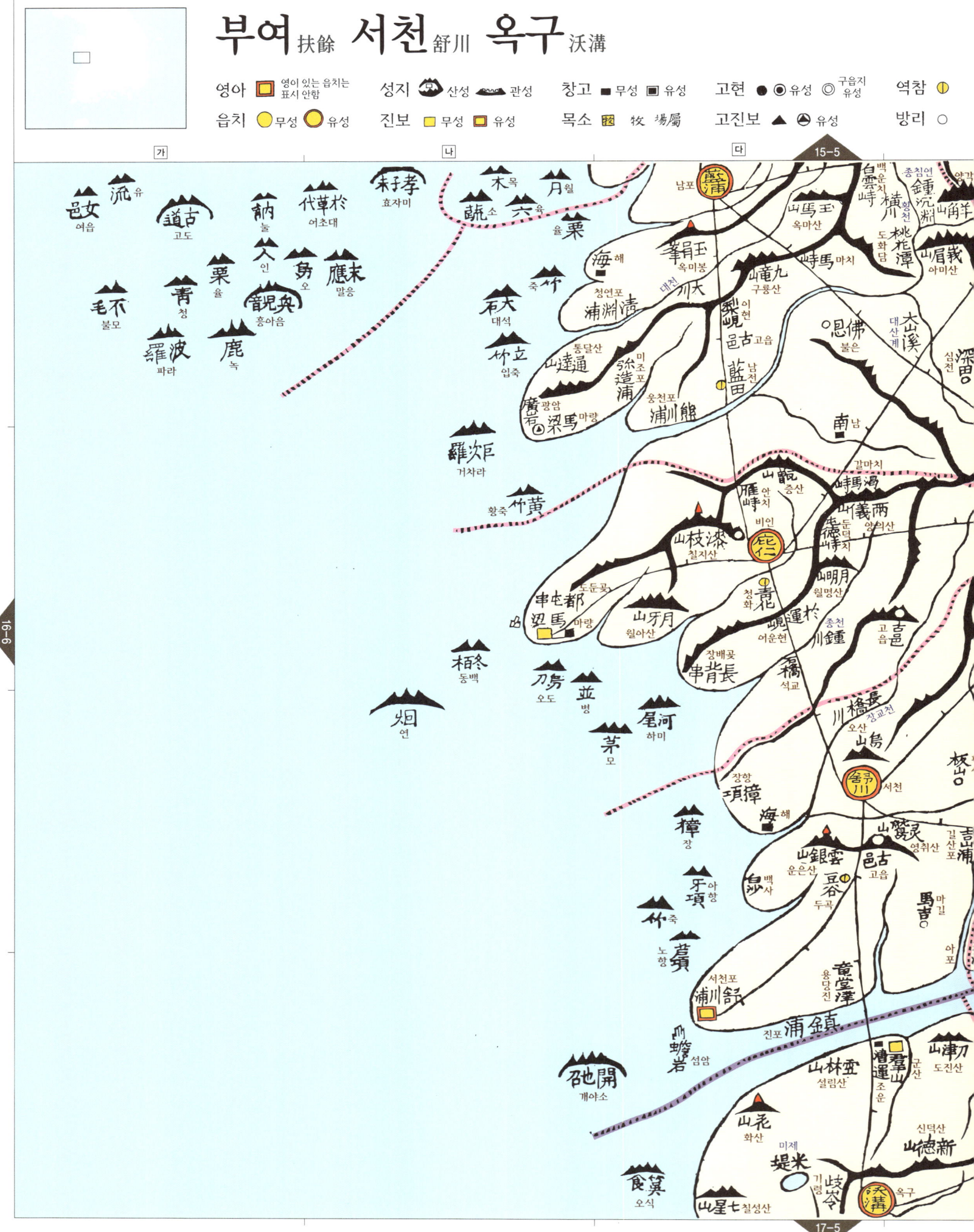

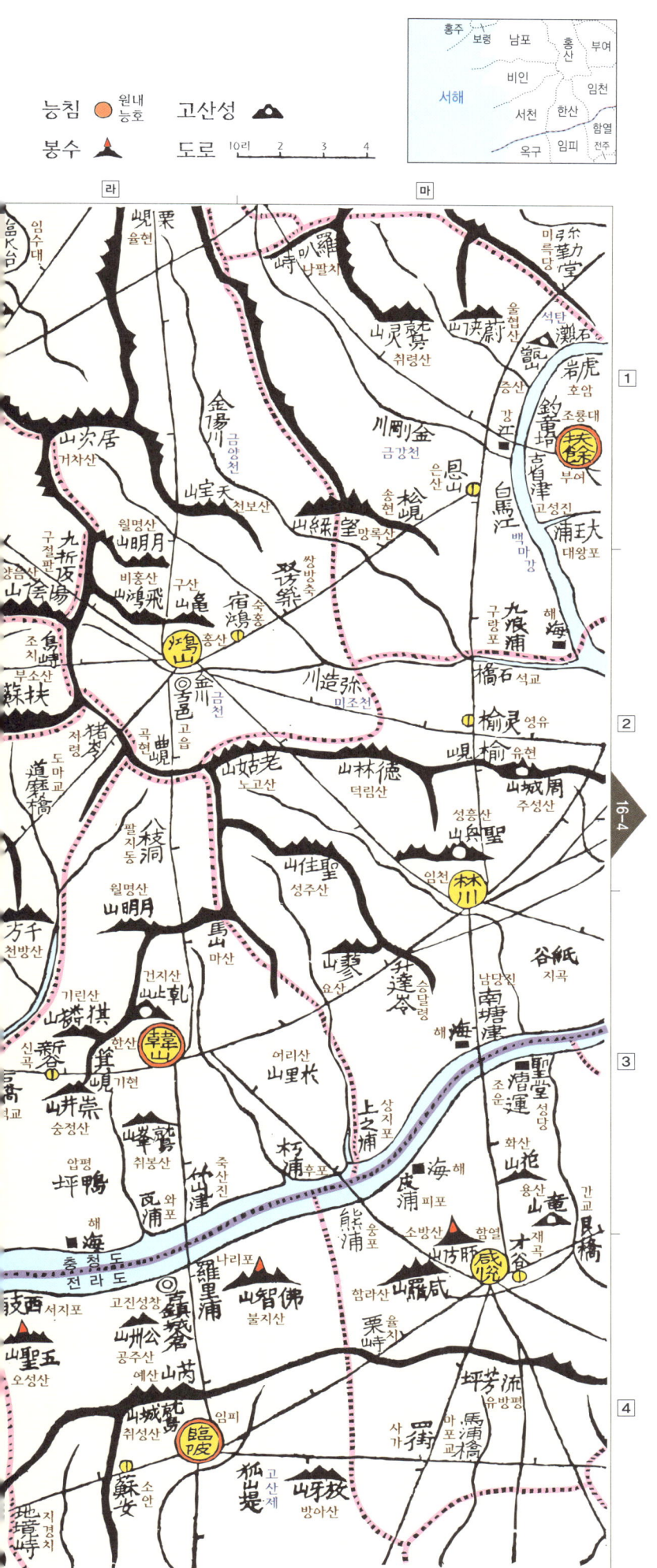

백제의 마지막 도읍지, 부여

'백마강'이라는 이름으로 부여를 지난 금강은 함열·한산 등을 지나 서천과 옥구 사이에서 서해로 빠져든다. 현재 금강 하구에는 금강대교와 금강하굿둑이 건설되어 있다.

부여(扶餘) – 마1

조선 시대에 부여는 비록 현(縣)이었지만, 삼국 시대에는 120여 년 동안 백제의 도읍지였다. 백제 최후의 보루였던 부소산성은 백제의 마지막을 살필 수 있는 성이다. 성충(成忠)·흥수(興首)·계백(階伯) 장군의 넋을 기려 지은 삼충사, 새까맣게 타 버린 곡식이 지금도 발견되는 곡식 창고, 삼천궁녀가 백마강으로 몸을 던졌다는 전설이 전하는 낙화암 등이 있다.

백마강(白馬江) – 마1

백제의 옛 땅을 지나는 금강은 이름이 여럿인데, 부여에 와서는 '백마강'이라 불린다. 조룡대(釣龍坮)는 당나라 소정방(蘇定方)이 흰 말로 미끼를 만들어 용을 낚았다는 곳인데, 이 때문에 '백마강'이라 불렸다 한다. 그러나 우리말 어원으로 보면 '백제에서 가장 큰 강'이라는 의미. 대왕포(大王浦)는 무왕이 거문고를 뜯으면서 스스로 노래하던 곳이다. 삼천궁녀가 뛰어내렸다는 낙화암(落花岩)은 표기하지 않았다.

서천포진(舒川浦鎭) – 다4

금강 하구에 자리 잡은 서천은 너른 평야가 펼쳐진 바닷가 고을이다. 읍치 서남쪽 금강 하구의 서천포에는 금강 하구를 지키던 서천포진이 있었다. 나루 기능이 용당진(龍堂津)으로 옮겨 가면서 쇠퇴하였으나, 일제 때 장항선이 개통되고, 장항제련소가 건설되면서 규모가 커졌다.

군산(群山) – 라4

조선 세종 때 고군산군도에 있던 수군 진영인 군산진(群山鎭)을 금강 하구의 이곳으로 옮겼다. 당시는 옥구의 군산진이었으나 나루와 창고, 군사적 기능까지 더해지면서 규모가 점점 커졌다. 군산 서북쪽의 금강 물줄기에 '진포(鎭浦)'라는 지명이 있는데, 진포는 1380년 최무선(崔茂宣)이 발명한 화포(火砲)를 이용해 1백 척에 불과한 전선으로 5백여 척에 달하는 왜구를 섬멸한 진포대첩의 현장이다.

한산(韓山) – 라3

금강 하구에 위치한 한산은 천 년이 넘는 세월 동안 '여름옷의 왕자'로 유명세를 떨친 모시의 주산지다. 특히 '한산 세모시'는 오랫동안 조선 팔도에 명성이 자자했다. 또한 한산은 모시가 생산되는 충청도의 8개 고을(부여·임천·한산·홍산·서천·비인·남포·정산)을 일컫는 저산팔읍(苧山八邑)의 중심지로서 오랜 전통의 '저산팔읍 길쌈놀이'가 전해 온다.

어청 於青

| 영아 | 🟧 영이 있는 읍치는 표시 안함 | 성지 | ⛰️ 산성 〰️ 관성 | 창고 | ◼️ 무성 ◾ 유성 | 고현 | ● ◉ 유성 ◎ 구읍지 유성 | 역참 | ◐ |
| 읍치 | 🟡 무성 🟠 유성 | 진보 | 🟨 무성 🟧 유성 | 목소 | 牧 牧 場屬 | 고진보 | ▲ 🔺 유성 | 방리 | ○ |

가　　　　　　　나　　　　　　　다　🔻15-6

조선 시대 어청도(於青島)는 충청도 홍주(洪州)에 속하였으나, 1914년 전라북도 옥구군에 편입되었다.

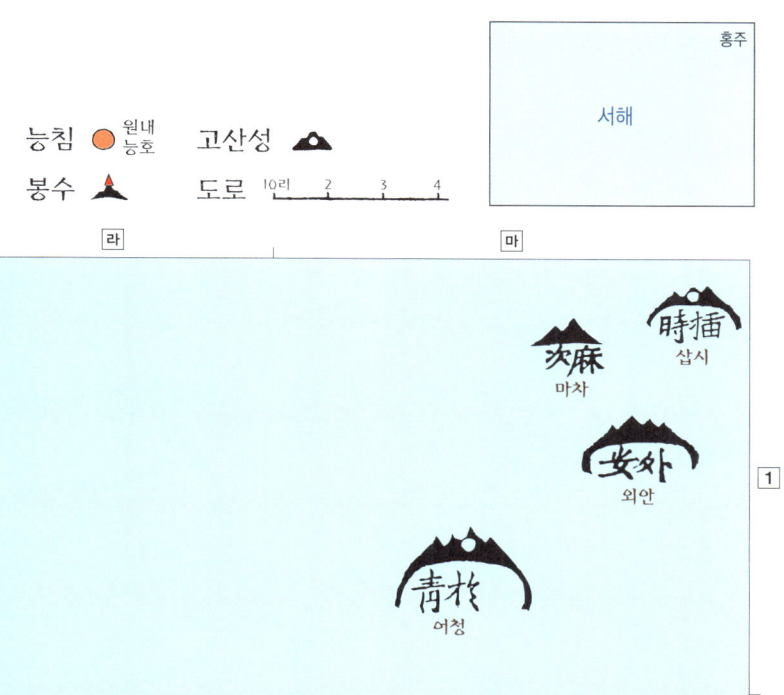

능침 ●원내능호　고산성 ▲
봉수 ▲　도로 10리 2 3 4

홍주
서해

라　마

時插
삽시

次麻
마차

安外
외안

靑杼
어청

1
2
3
4

16-5

바닷물이 거울처럼 맑은 어청도

서해 바닷가다. 조선 시대에는 모두 충청도 홍주 소속이었으나 지금은 충청도와 전라도로 나뉘어 있다. 어청도는 전라북도 군산시에 속하고, 외안도(지금의 외연도)와 삽시도는 충청남도 보령시 오천면에 속한다.

어청도(於靑島) – 마1

'잉분도(芿盆島)'라고도 불리던 어청도는 조선 시대에는 충청도 홍주목에 속하였고, 1914년 전라북도 옥구였다가 1995년 전라북도 군산에 편입된 섬이다. 이 섬에는 전횡(田橫)을 모시고 있는 '치동묘(淄東廟)'라는 사당이 있는데, 주민들은 지금도 이곳에서 마을의 안위와 풍어를 비는 제사를 지낸다. 전횡은 중국 제나라 출신의 무장으로서 유방(劉邦)이 황제가 되자 군사 5백 명을 거느리고 섬에 피해 살다가 자결한 인물이다. 어청도에 내려오는 전설은 전횡이 그때 죽지 않고 피신한 섬이 '어청도'라고 한다. 이 섬은 예로부터 충청·전라 서해 어장의 어업 전진기지 역할을 해 왔다. 1960~70년대에는 산란을 위해 이동해 오는 고래를 잡기 위해 포경선이 몰려들기도 하였다.

외안도(外安島) – 마1

외안도는 지금의 외연열도(外煙列島) 가운데에 위치한 외연도(外煙島)다. 서해 멀리 떨어져서 연기 같은 해무에 까마득히 보인다 하여 이런 이름을 얻었다. 외연도 주민들 역시 중국 제나라 출신의 무장인 전횡(田橫)이 나라가 망하자 군사 5백 명을 이끌고 이 섬에 정착하였다고 믿고 있다. 전횡을 모신 사당이 위치한 당산(堂山)은 동백나무와 후박나무 수백 그루가 우거진 짙은 상록수림이 일품이다. 조선 시대에는 충청도 홍주 땅이었고, 지금은 충청남도 보령시에 속한다.

삽시도(揷時島) – 마1

삽시도는 충청도에서 세 번째로 큰 섬이다. 〈대동여지도〉를 비롯한 대부분의 고지도에는 '때 시(時)'를 쓴 '揷時島'라 표기하고 있는데, 일제 강점기부터 '화살 시(矢)'의 '揷矢島'로 표기하고 있다. 섬의 생김새가 화살을 꽂은 활의 형국이라는 데서 유래한 지명이라 한다. 기암괴석과 울창한 상록수림으로 덮여 있는 삽시도는 피서지로도 잘 알려져 있다. 충청남도 보령시 오천면에 속한다.

권설봉수(權設烽燧) – 마1

《대동지지》(홍주) '봉수' 조에는 "원산도, 외안도(외연도), 어청도 세 곳에 권설봉수(權設烽燧)를 두었다."는 기록이 있다. '권설봉수'란 '방어의 필요에 따라 임시로 운영하는 봉수'를 일컫는다. 즉 조선 시대 충청수영(15-5 도엽)에서 서해의 원산도~녹도~외연도~어청도를 연결하는 방어선에 봉수를 설치해 외적의 침입에 대비한 것이다. 세 봉수 모두 원형이 잘 보존되어 있다.

영일 迎日 장기 長鬐 경주 慶州

영아 ■ 영이 있는 읍치는 표시 안함 성지 ⛰ 산성 ⛰ 관성 창고 ■ 무성 ■ 유성 고현 ● ◉ 유성 ◎ 구읍지 유성 역참 ◐

읍치 ● 무성 ● 유성 진보 ■ 무성 ■ 유성 목소 牧 牧場屬 고진보 ▲ ⛰ 유성 방리 ○

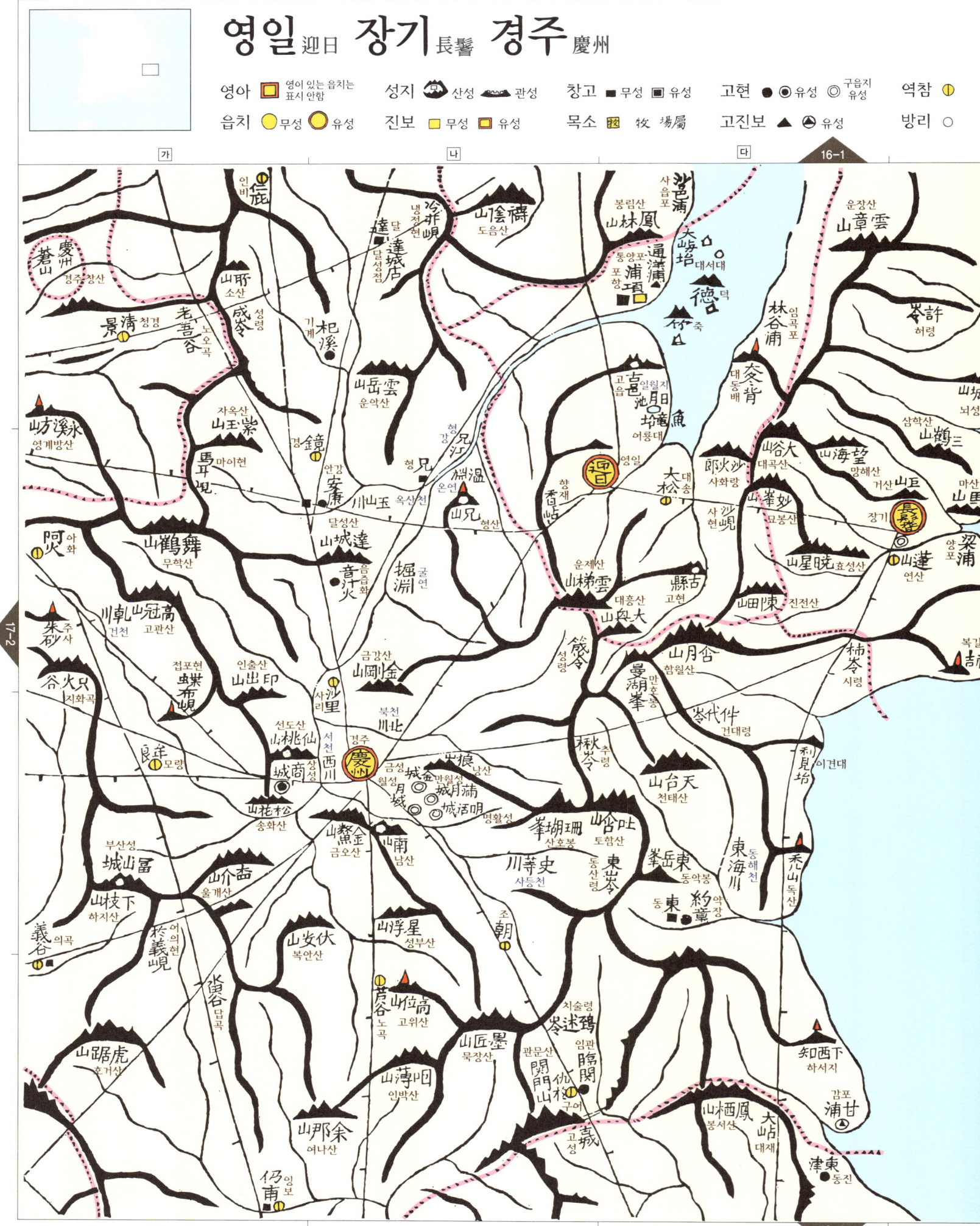

216 경주 동쪽 해안의 이견대(利見坮)와 그 남쪽의 감포(甘浦)는 위치가 틀리게 표시되어 있다.

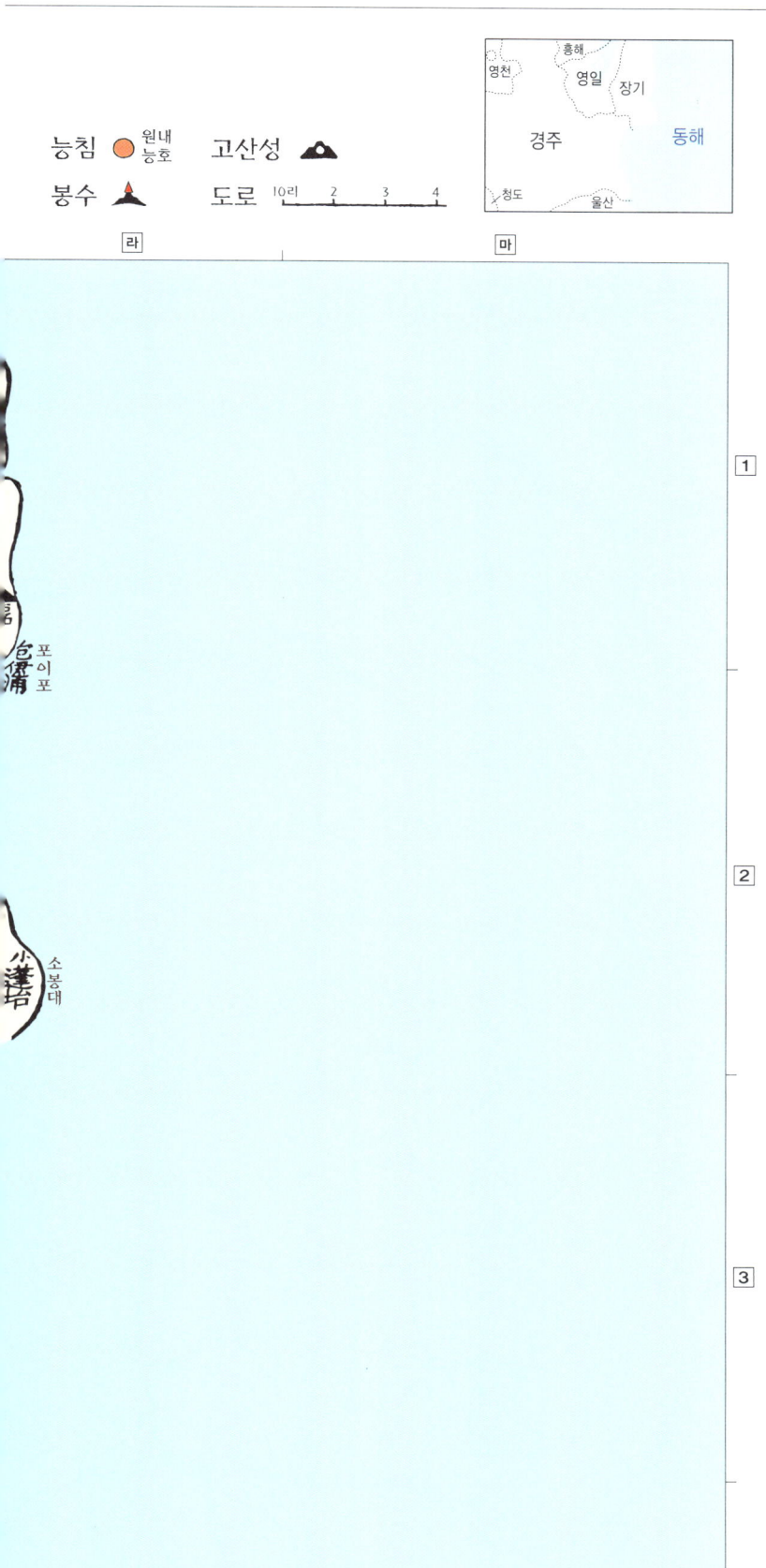

능침 ● 원내 능호   고산성 ▲

봉수 ▲   도로 10리 1 2 3 4

라   마

영천   흥해   영일   장기

경주   동해

청도   울산

1

2

3

4

신라 천 년의 도읍지, 경주

영일만으로 인해 구룡반도가 돌출되었다. 좌측 상단에서 낙동 정맥이 남쪽으로 뻗어 가며 신라 천 년의 고도인 경주를 품었다.

경주(慶州) – 나3

1천 년 가까이 신라의 도읍이었던 경주 주변은 성(城)으로 둘러싸였다. 박혁거세 때는 금성(金城), 파사왕 때는 금성 동남쪽에 월성(月城)을 쌓았다. 또 월성 북쪽에 만월성(滿月城)이 있는데, 현재 금성과 만월성의 위치는 불확실하다. 한편 신라는 경주 외곽에 나성(羅城, 성 밖으로 겹으로 쌓은 성) 대신, 경주 동서남북 사방에 명활성(明活城), 선도산성(仙桃山城, 이칭 서형산성), 남산성(南山城), 형산성(兄山城, 지금의 북형산성)을 쌓아 그 기능을 대신하였다.

남산(南山) – 나3

서라벌의 남쪽에 있다 해서 붙은 이름이다. 비록 해발 500m가 채 안 되지만, 골짜기마다 유적이 많다. 산기슭에는 박혁거세의 탄생 신화가 깃든 나정(蘿井), 신라 6촌(村)의 시조를 모신 양산재(楊山齋), 신라 말기에 경애왕이 견훤(甄萱)에게 죽임을 당한 포석정 등이 있다. 또한 신라 고분, 왕릉, 사지, 불상, 탑 등 모두 수백 점의 유적과 유물이 산재해 있는 '신라의 노천 박물관'이다.

포항(浦項) – 다1

조선 시대 영일현(迎日縣)에 속하였다. 형산강이 바다로 흘러드는 하구이면서 영일만의 안쪽에 작은 섬들이 파도를 막아 주는 천혜의 포구다. 1732년(영조 8년) 함경도에 기근이 들었을 때 이를 구제하기 위해 경주 · 영일 · 장기 · 흥해 · 청하의 환곡을 모아 두는 포항창(浦項倉)을 설치하면서 진영과 창고를 모두 갖춘 영일만 대표 포구로 번성하였다.

장기(長鬐) – 라2

《신증동국여지승람》에 "거산(巨山)은 봉산현(峯山縣)의 치소(治所)로서 옛 성에서 이 산의 마루에 옮겼다."고 하였는데, 봉산은 장기의 옛 이름이다. 장기읍성 남쪽 바로 옆에는 성을 갖춘 구읍(舊邑) 표기가 보인다. 봉산현 구읍성은 고려 때 쌓은 토성이고, 장기읍성은 조선 초기에 왜구에 대비하기 위해 진산(鎭山)인 거산에 석성을 쌓고 치소도 옮긴 것이다. 산성답게 조망이 빼어나다.

구룡포(九龍浦) – 라1

장기현 북쪽의 허령(許岺) 동쪽 하구는 지금의 구룡포(九龍浦)로 추정된다. 구룡포라는 지명은 신라 진흥왕 시기에 고을 수령이 용주리를 지날 때 갑자기 하늘에서 천둥이 치며 바다에서 9마리의 용이 승천하였다고 해서 유래하였다. 앞바다는 동해안의 대표적인 황금어장으로서 1920년대는 일본인들과 전국 각지에서 사람들이 몰려들어 성황을 이뤘다. 1980년대 중반까지 울산 장생포와 더불어 우리나라의 대표적인 고래잡이 전진기지였다.

영천 永川 대구 大邱 청도 淸道

영아 🔲 영이 있는 읍치는 표시 안함   성지 🏔 산성 ⛰ 관성   창고 ■ 무성 ▣ 유성   고현 ● ◉유성 ◎구읍지유성   역참 🌕

읍치 🟡 무성 🟠 유성   진보 🟨 무성 🟧 유성   목소 牧 牧場屬   고진보 ▲ ⛰유성   방리 ○

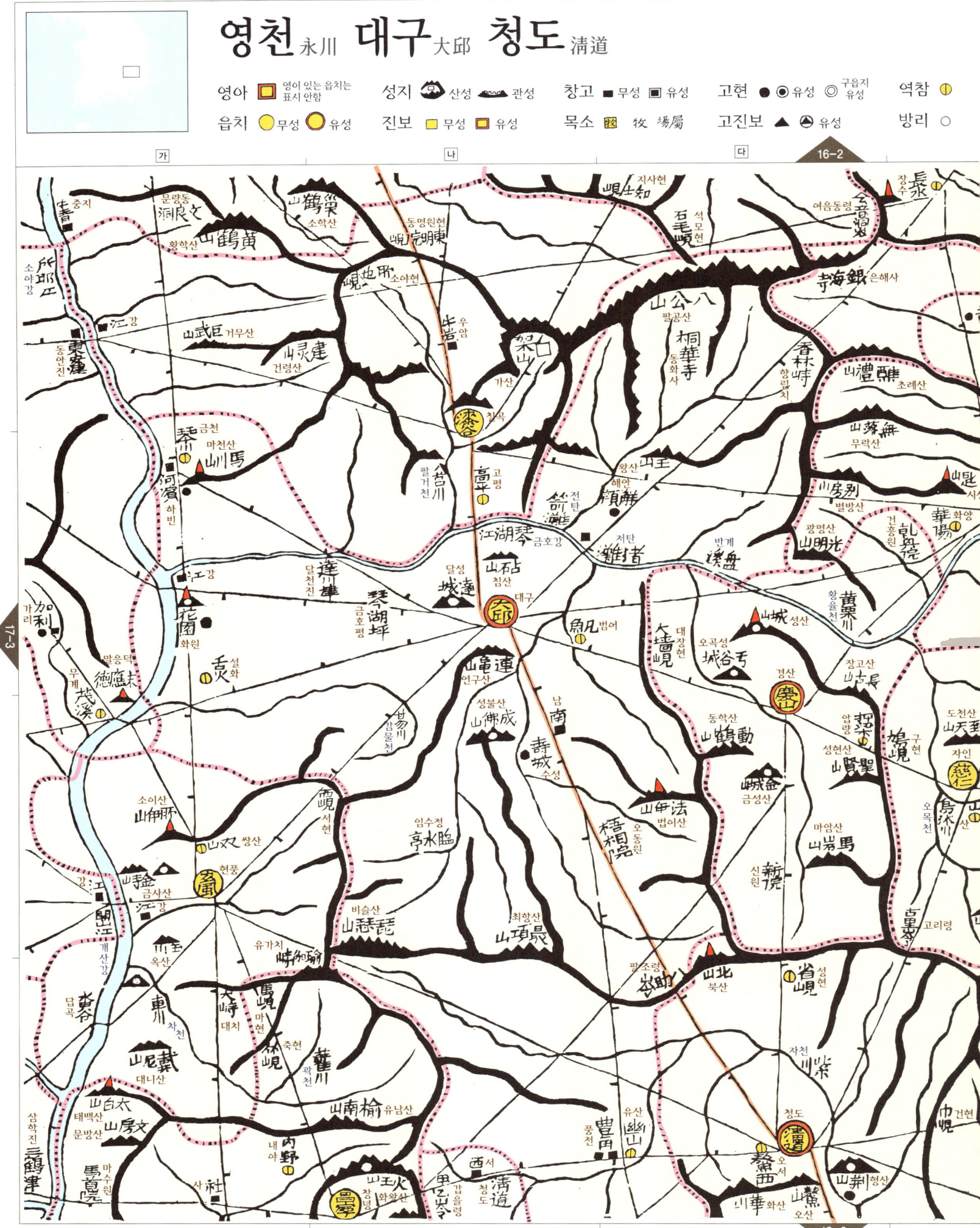

경상도의 중심 고을, 대구

좌측의 남쪽으로 흐르는 하천은 낙동강이다. 영천·하양·경산·대구를 지나는 금호강은 서쪽으로 흘러 낙동강과 합류한다.

대구(大邱) - 나2

대구의 옛 이름인 '달구벌'은 '넓은 벌판'이라는 뜻이다. 신라가 삼국을 통일한 후 대구로 도읍을 옮기려 했을 정도로 중요한 고을이었다. 조선 시대에는 임진왜란이 끝난 뒤 상주에 있던 경상 감영을 1601년(선조 34년) 대구로 옮겨 오면서 경상도의 중심 고을이 되었다. 서쪽의 달성(達城)은 삼국 시대에 쌓은 옛 산성이다.

팔공산(八公山) - 다1

"신라 때에 부악(父岳)이라고 일컫고, 중사(中祀)를 지냈다."는 팔공산은 대구의 상징이다. 927년(고려 태조 10년) 견훤(甄萱)이 신라를 공격하자 신라는 왕건(王建)에게 도움을 청하였다. 경주로 향하던 왕건은 견훤과 벌인 공산전투에서 크게 패하고, 부하들의 희생으로 겨우 몸을 피할 수 있었다. 이때 신숭겸(申崇謙) 등 8명의 장군이 죽었기에 '팔공산'이라 하였다. 한 번의 소원은 반드시 들어준다는 팔공산갓바위가 유명하다.

영천(永川) - 마1

서거정(徐居正)이 "흰 구름과 누런 학은 어느 때 돌아왔나. 이수(二水)와 삼산(三山)이 차례로 열려 있네." 하고 노래한 영천은 조선 시대의 풍수가 격암 남사고(南師古)가 영남의 3대 길지로 꼽았던 고을이다. 고려 말 화약으로 왜적을 무찌른 최무선(崔茂宣)이 이곳 출신이다.

가산산성(架山山城) - 나1

1640년(인조 18년) 가산산성을 축조하면서 팔거현(八莒縣)은 칠곡도호부로 승격되었고, 가산산성은 1819년(순조 19년)까지 읍치 역할을 충실히 하였다. 이중환(李重煥)은 "도내에 성을 쌓아 지킬 만한 곳이 없지만, 칠곡은 관아가 있는 성이 만 길이나 되는 산 위에 있고 남북으로 통하는 큰길가에 있어 요충지다."라고 찬탄하였다. 현재도 성벽과 사대문지, 수구문, 건물지 등의 시설이 남아 있다.

창녕(昌寧) - 나4

예로부터 낙동강 중류의 곡창 지대요, 경상도 서남부의 교통·군사 요충지였던 창녕은 비사벌(비화가야)의 고을이다. 현재 읍내에는 가야 시대의 무덤인 교동고분군과 송현동고분군이 남아 있다. 신라 진흥왕은 창녕 일대를 신라의 땅으로 복속시킨 뒤 이를 기념하기 위해 화왕산(火王山) 기슭에 진흥왕척경비를 세우기도 하였다. 이 비석은 읍내 만옥정공원에 보존되어 있다. 창녕의 진산(鎭山)인 화왕산은 곽재우(郭再祐) 장군이 정유재란 때 왜군을 맞아 싸운 사연이 있다.

성주星州 거창居昌 합천陜川

영아 ■ 영이 있는 읍치는 표시 안함   성지 ⛰ 산성 🏔 관성   창고 ■ 무성 ◼ 유성   고현 ● ◉ 유성 ◎ 구읍지 유성   역참 ◔

읍치 ● 무성 ● 유성   진보 ■ 무성 ■ 유성   목소 牧 牧 場 屬   고진보 ▲ ⛰ 유성   방리 ○

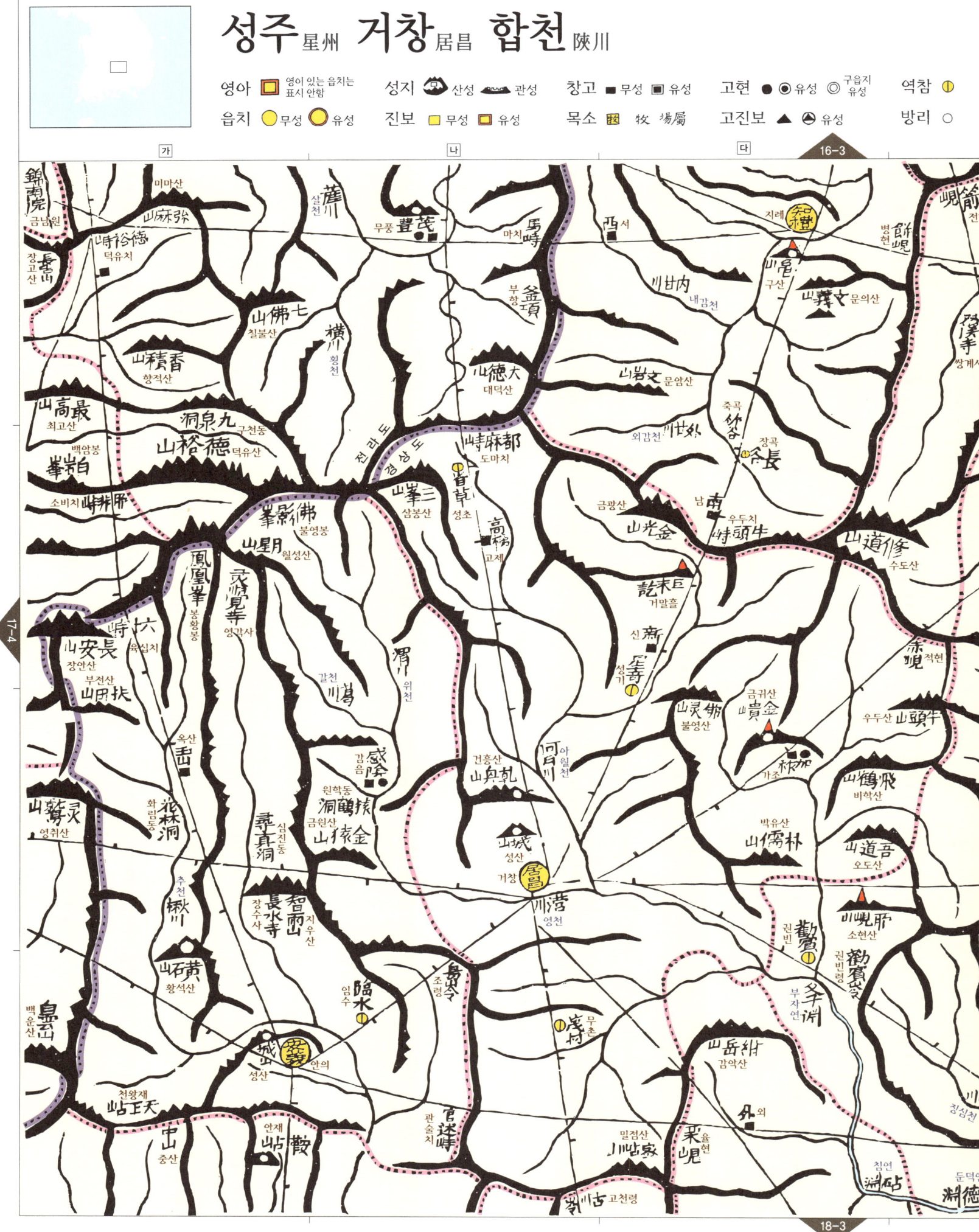

옛 안음(安陰)이 1728년(영조 4년) 안의(安義)로 바뀌어 고지도의 제작 연대를 가늠하는 기준이 된다.

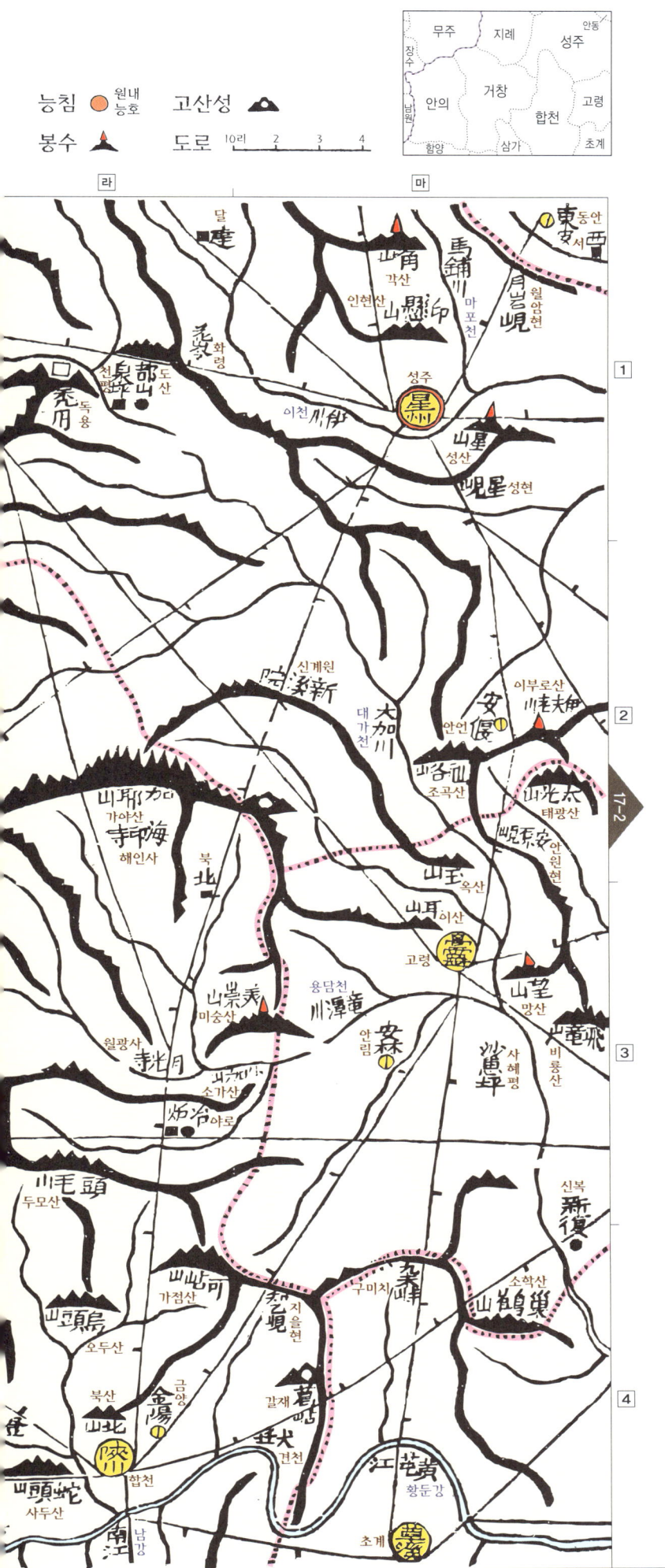

팔만대장경의 고을, 합천

백두대간 줄기가 상단 가운데 부분의 마치에서 덕유산~장안산~영취산을 지나 남쪽으로 뻗어 간다. 덕유산에서 발원해 거창 · 합천을 지나는 하천은 황강이고, 봉황봉에서 발원해 안의를 지나는 하천은 남강이다.

성주(星州) – 마1

서남쪽에는 가야산, 동쪽에는 낙동강을 끼고 있는 성주는 인물이 많은 고을로 알려졌다. 이중환(李重煥)은 《택리지》에서 "성주는 산천이 밝고 수려해 고려 때부터 문명이 뛰어난 사람들과 이름 높은 선비가 많았다. 조선 시대에도 동강 김우옹(金宇顒)과 한강 정구(鄭逑)가 이 고을 사람"이라고 하였다. 이들은 흔히 '성주 이강(二岡)'이라 불렸다.

거창(居昌) – 나3

거창의 옛 지명인 '거열(居烈)' · '거타(居陀)'는 모두 '크고 밝은 벌판'을 뜻한다. 거창 또한 '넓게 펼쳐진 들에서 창성하라'는 의미를 담고 있다. 거창의 최고 명승지는 영남 선비들에게 사랑받던 원학동(猿鶴洞)의 수승대(搜勝坮)다. 영남 선비의 정신세계를 살필 수 있는 요수정, 거북바위, 구연서원, 관수루 등의 명소가 있다.

해인사(海印寺) – 라2

합천은 가야산과 해인사로 유명한 고을이다. 신라 말기 최치원(崔致遠)은 "계림(鷄林)의 누런 잎사귀, 곡령(鵠岺)의 푸른 솔이다."라는 글을 올렸다가 왕의 미움을 받고 해인사에 은거하다 어느 날, 갓과 신을 숲속에 버려두고 신선이 되어 사라졌다고 한다. 현재 가야산 해인사에는 고려 때 판각된 팔만대장경판이 보관되어 있다. 팔만대장경 목판을 보관 중인 장경판전은 목판이 썩지 않도록 과학적으로 지은 건물로서 세계문화유산으로 지정되었다.

고령(高靈) – 마3

고령은 대가야의 도읍지다. 금관가야가 망하고 가야의 중심이 되었으나 562년 신라에 정복됨으로서 가야 역사는 막을 내리게 된다. 고령의 진산으로서 가야 시대 산성이 있는 이산(耳山, 지금의 주산) 기슭에는 대가야 최대의 고분군인 고령지산동고분군이 있다. 2백여 기의 고분들이 모여 있는 이곳에서 대가야 시대의 토기와 철기, 말갖춤, 금관, 금귀고리 등 장신구가 출토되었고, 순장풍습이 확인되었다.

화림동(花林洞) – 가3

백두대간 봉황봉(鳳凰峯, 지금의 남덕유산)에서 발원한 남강 상류의 화림동(花林洞)은 '우리나라 정자 문화의 보고'라 불리는 명승지다. 계곡의 넓은 암반 위에는 거연정 · 군자정 · 동호정 · 농월정 등 수많은 정자가 기암괴석들과 어우러져 있다. 이런 풍광으로 인해 화림동은 '팔담팔정(八潭八亭)'의 명소로 인기를 끌고 있다.

진안鎭安 전주全州 임실任實

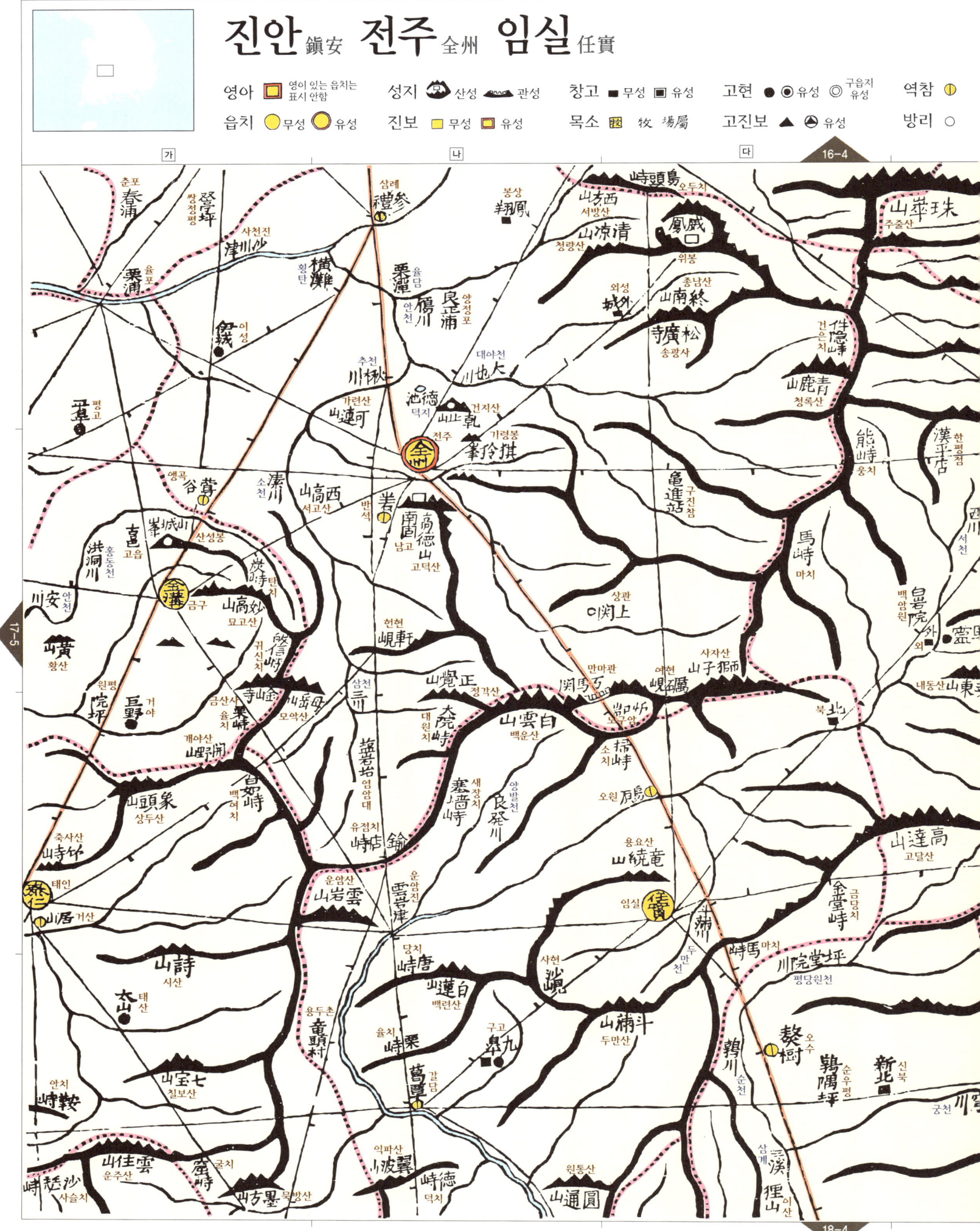

조선 시대 금구(金溝)는 전주(全州)의 속현이었으나, 1914년 김제군에 통합되었고, 지금은 김제시 금구면이 되었다.

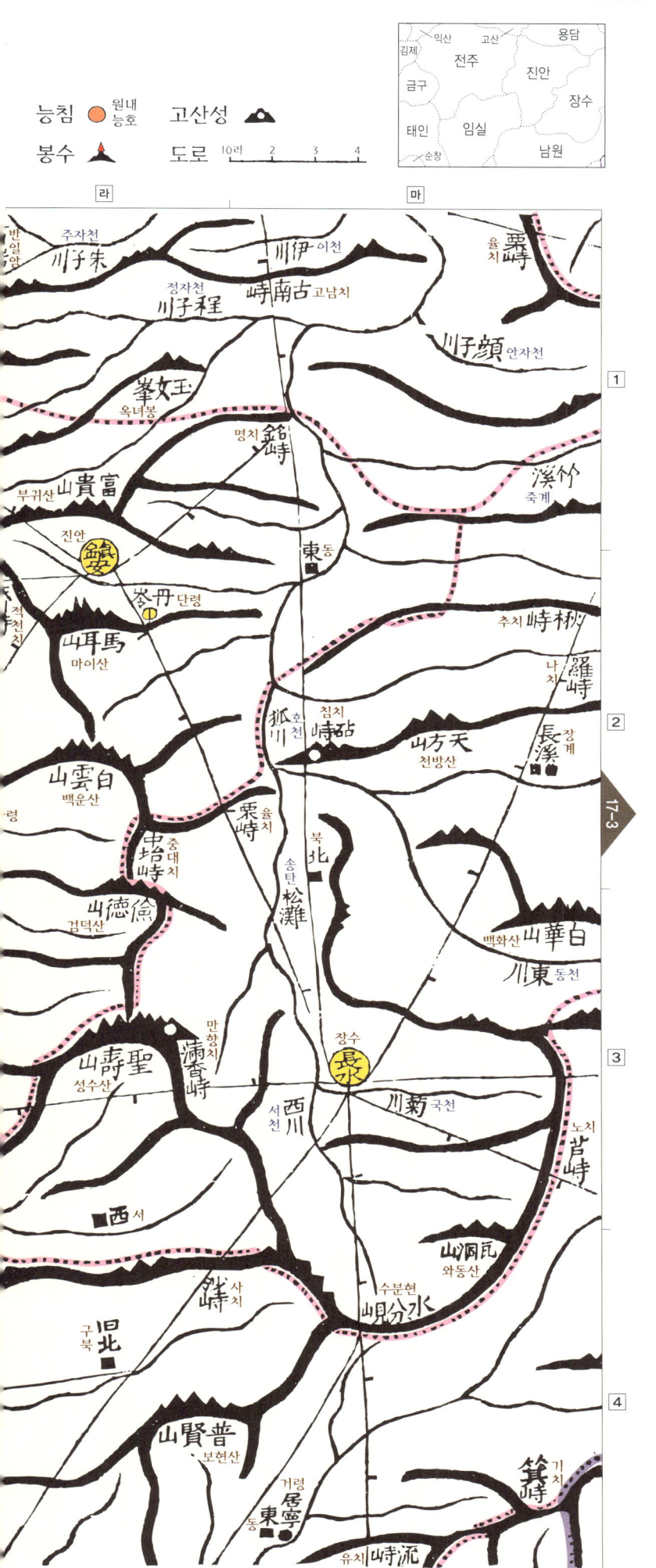

남국의 인재가 몰려 있는 전주

우측 하단은 금남호남정맥이 수분현~성수산~마이산으로 뻗어 나간다. 청록산과 웅치 사이에서 북으로는 금남정맥, 남으로는 호남정맥이 분기한다. 임실을 지나는 하천은 섬진강, 장수를 지나 북으로 흐르는 하천은 금강이다.

전주(全州) – 나2

서거정(徐居正)이 "남국(南國)의 인재가 몰려 있는 곳"이라고 한 전주는 견훤(甄萱)이 후백제의 도읍으로 삼았고, 조선 시대에는 전라도 감영을 두었던 큰 고을이다. 전주 이씨의 관향으로서, 조선 왕조를 세운 태조 이성계(李成桂)의 초상화를 보관하기 위해 1410년(태종 10년)에 세운 경기전(慶基殿)이 한옥마을 입구에 있다. 고려 말 이성계는 운봉의 황산에서 왜군을 무찌르고 돌아가다 전주 오목대(梧木坮)에서 승전 잔치를 베풀었다 한다.

마이산(馬耳山) – 라2

진안의 상징은 금남호남정맥 분수령에 솟은 마이산이다. 〈대동여지도〉에서는 산의 생김새를 일반적인 산으로 표현하고 있으나, 실제로 말의 귀를 닮았다는 암마이봉과 숫마이봉은 멀리서도 확연히 알 수 있을 정도다. 이성계(李成桂)가 산신께 기도를 올리고 왕권의 상징인 금척(金尺)을 받은 산으로 알려져 있다. 봉우리 2개가 높이 솟아 있기 때문에 '용출봉(湧出峯)'이라고도 불렸다.

수분현(水分峴) – 마4

장수의 수분현은 섬진강과 금강의 분수계가 된다. 《대동지지》에는 한 줄기는 남원으로 향하고 한 줄기는 장수로 흐르기 때문에 붙인 이름이라고 기록되어 있다. 금강의 발원지는 수분현 근처에 있는 장수읍 신무산 중턱의 '뜬봉샘'이다. 이 샘에는 이성계(李成桂)가 백일기도를 하다 조선 건국의 계시를 받은 곳이라는 전설이 전해 온다.

금구(金溝) – 가2

지금의 김제시에 속하는 금구는 신라 때부터 사금이 나던 고을이다. 김제 사금은 한때 국내 생산량의 30%를 차지할 정도로 호황을 누렸고, 원평장터(지금의 금산면)는 일확천금의 꿈을 좇던 노다지꾼들이 술잔을 기울이던 곳이다. 일제는 1930년대 이후 금구의 금광을 개발해 금강 하구의 장항제련소에서 정제하였다.

금산사(金山寺) – 가3

모악산(母岳山)은 '김만평야(김제·만경평야)의 어머니'로 숭상 받는 산이다. 금구현(金溝縣) 쪽에 위치한 모악산 금산사는 호남 미륵신앙의 성지로 꼽히는 고찰이다. 금산사 미륵전은 후백제 견훤이 맏아들 신검(神劍)에 의해 갇혔다가 탈출해 고려에 투항한 사연을 간직하고 있는 전각이다.

만경萬頃 부안扶安 고부古阜

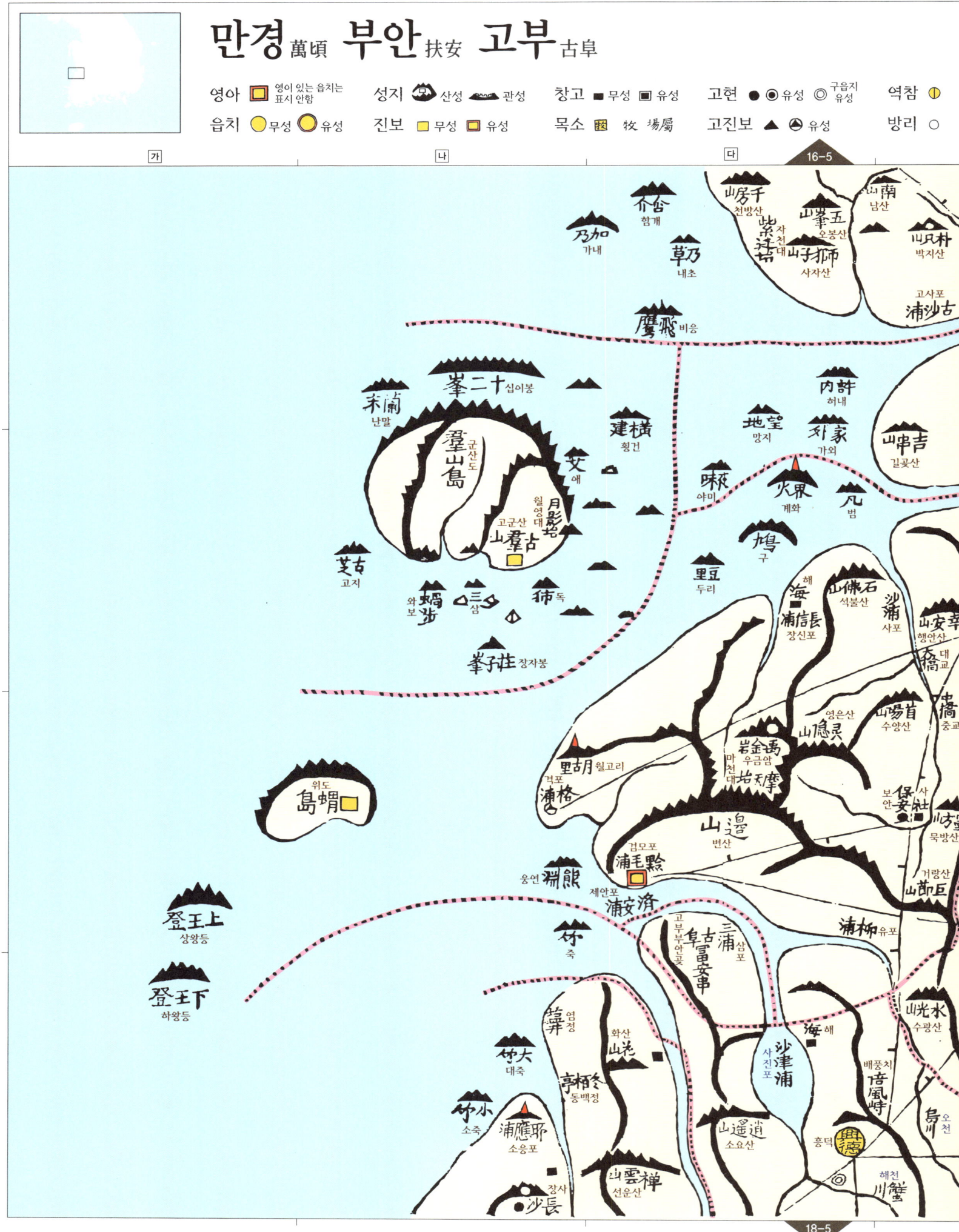

224 군산도(群山島)는 만경(萬頃)에 속한 수군 기지였으나, 세종 때 기지가 육지로 이전하면서 고군산(古群山)이 되었다.

동학농민운동의 불씨가 타오른 고부

김제와 만경 일대는 우리나라 최대의 평야 지대라 산줄기를 그리지 않았다. 우측 상단에는 전주를 지나온 만경강이, 그 남쪽에는 정읍과 고부를 지나온 동진강이 서해로 흘러든다.

벽골제(碧骨堤) - 마2

우리나라 최대 곡창 지대인 호남평야에서도 김제·만경의 들판, 즉 김만평야는 노른자 중의 노른자로 꼽힌다. 김만평야의 젖줄인 벽골제는 우리나라에서 처음으로 축조된 최고(最古), 최대의 수리 시설이다. 그러나 일제 강점기에 수로를 만들면서 훼손되었다. 이 곳은 조정래(趙廷來)의 대하소설 《아리랑》의 배경지다. 우리나라 에서 유일하게 지평선을 볼 수 있는 평야 지대다. 〈대동여지도〉에 서는 산줄기는 생략하고 중요한 산봉우리만 독립적으로 그렸다.

고부(古阜) - 라3

고부는 동학농민운동의 불씨가 타오른 고을이다. 고부 군수 조병 갑(趙秉甲)은 기존의 예동보(禮洞洑)가 멀쩡한데도 농민들을 강제 로 동원해 만석보(萬石洑)를 쌓은 뒤 세곡을 강제로 징수하였다. 이에 농민들은 1894년 봉기를 일으켜 만석보를 허물어 버렸는 데, 조정의 처리가 미흡하자 전봉준(全琫準)의 주도로 백산(白山) 에서 다시 봉기하게 된다. 고부 읍치 동쪽 5리쯤이 황토현인데, 동학농민군이 전라 감영군과 처음으로 싸워 승전한 곳이다.

변산(邊山) - 다3

예로부터 '천부(天府)'로 불리던 부안 고을 대부분을 이루고 있는 변산반도는 산과 바다가 모두 아름다운 산해절승(山海絕勝)의 고을 이다. 그 핵심은 변산반도 서쪽 끝 고진보가 있던 격포(格浦)다. 지 도에는 표기되지 않았지만, 격포 옆의 채석강(採石江)은 수만 권의 고서적을 쌓아 놓은 듯한 바위벼랑이 장관인 명소다.

군산도(群山島) - 나2

조선 태조 때 선유도에 군산진(群山鎭)을 설치하였으나, 세종 때 진영을 금강 하구의 진포(鎭浦)로 옮기면서 이곳을 '고군산(古群山)' 이라 불렀다. 지도에는 군산도가 하나의 커다란 섬으로 표현되어 있으나 실제로는 선유도, 신시도, 무녀도를 하나의 섬으로 표현한 것이다. 다른 고지도에는 '선유봉(仙遊峯)'이라는 지명이 있다. 월 영대(月影坮)는 신시도 월영산의 옛 이름이다.

선운산(禪雲山) - 다4

선운산은 동백꽃으로 유명한 선운사를 품은 산이다. 북쪽의 동백 정(冬栢亭)은 《신증동국여지승람》에 "산기슭이 바다 안으로 쑥 들 어갔고 삼면이 모두 물인데, 그 위에는 동백나무가 푸르게 우거 져 몇 리나 뻗어 있다."고 설명한 동백 군락지로 추정된다.

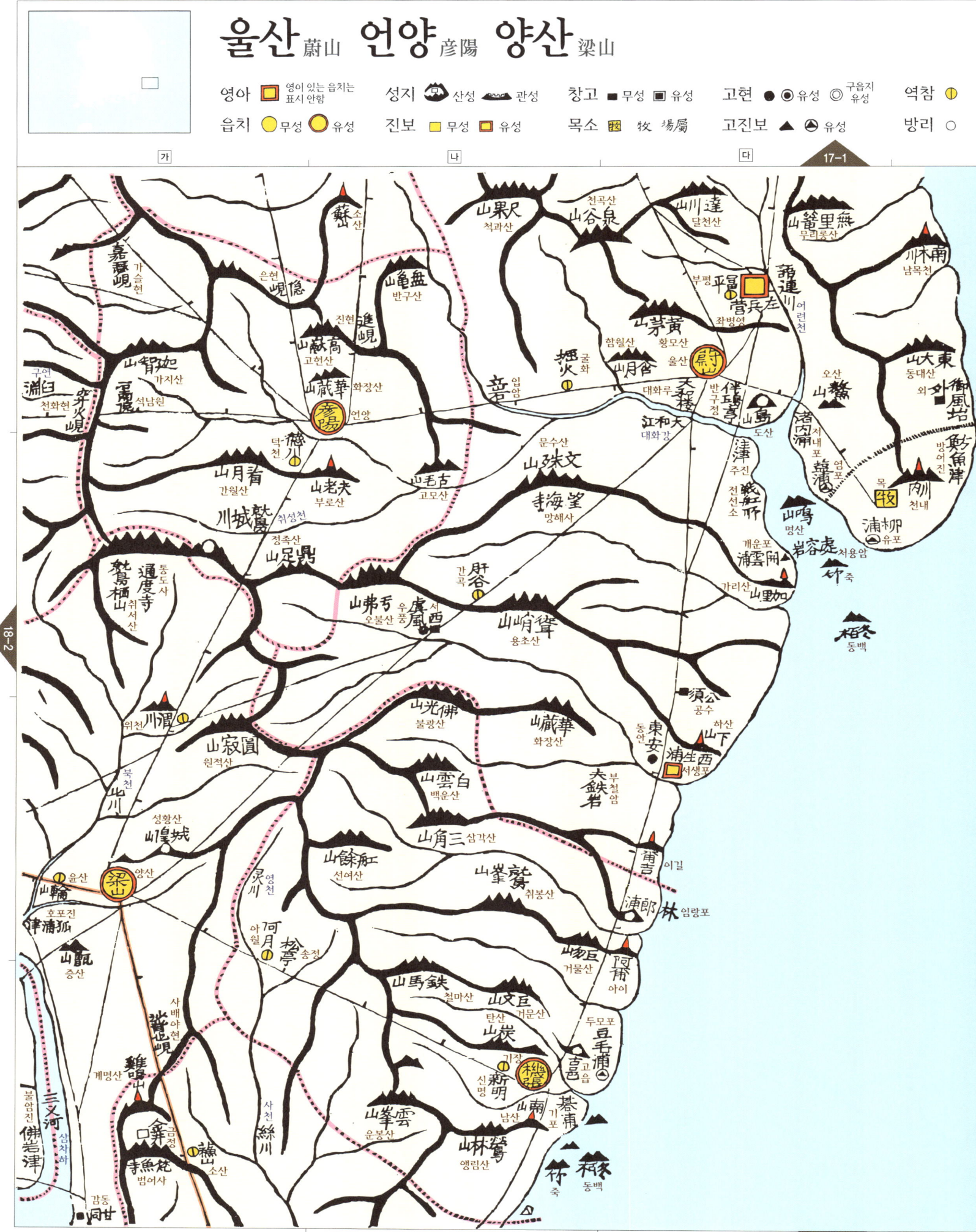

울산 蔚山 언양 彦陽 양산 梁山

영아 영이 있는 읍치는 표시 안함　성지 산성　관성　창고 무성 유성　고현 유성 구읍지 유성　역참

읍치 무성 유성　진보 무성 유성　목소 牧場屬　고진보 유성　방리

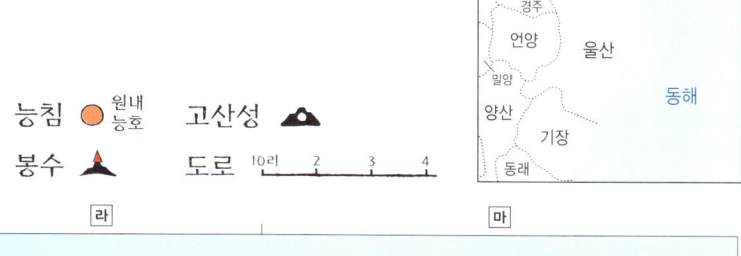

능침 ● 원내능호   고산성 ▲

봉수 ▲   도로 10리 2 3 4

라   마

1

2

3

4

경상좌도 방어사령부가 주둔하던 울산

좌측 상단의 고헌산~가지산~취서산은 낙동정맥 산줄기다. 양산 서남쪽에는 낙동강이 살짝 모습을 드러낸다. 언양에서 울산을 지나 동해로 흐르는 하천은 대화강(지금의 태화강)이다.

울산(蔚山) 좌병영(左兵營) – 다1

대화강(大和江, 지금의 태화강) 기슭에 자리 잡은 울산은 조선 동남부를 지키던 국방의 고을로 조선 시대에는 좌병영에 병마절도사가 주둔하였다. 울산팔경 중 성루화각(城樓畵角)은 병영성의 규모와 튼튼함을 찬미한 것이고, 전함홍기(戰艦紅旗)는 개운포·염포·서생포에 정박한 전함의 깃발이 나부끼는 위용을 표현한 것이다.

반구산(盤龜山) – 나1

반구산 옆의 하천가는 지금의 반구대(盤龜坮)로 추정된다. 그 벼랑에 반구대암각화가 있는데, 바위 면에는 고래·호랑이·사슴·물고기·사람 등의 형상과 고래잡이 모습, 배와 어부의 모습, 사냥하는 광경 등이 새겨져 있다. 반구대 상류에는 울주 천전리 각석이 있고, 각석 주변에는 공룡발자국 화석이 흩어져 있다.

개운포(開雲浦) 처용암(處容岩) – 다2

신라 헌덕왕이 바다에 나왔다가 구름과 안개로 길을 잃었을 때 해신에게 빌어 구름이 걷혔다 하여 '개운(開雲)'이라는 이름을 얻은 개운포는 신라의 국제 무역항이다. 처용(處容)이 울산 개운포에서 모습을 드러냈다고 해서 개운포 앞바다의 바위섬을 '처용암'으로 부른다. 한편, 수군만호가 주둔하던 이곳의 개운포진(開雲浦鎭)은 1592년(선조 25년) 동래의 부산포(釜山浦)로 옮겨 갔다.

금정산성(金井山城) – 가4

숙종 때 축조된 금정산성은 우리나라 최대의 산성이었다. 길이만도 약 17km에 달하였으나 지금은 약 4km의 성벽만이 남아 있다. 근래에 동서남북 4대문과 4개 망루를 복원해 놓았다. 이 산의 '금정(金井)'이라는 이름은 금색 물고기가 오색 구름을 타고 하늘에서 내려와 그 샘에서 놀았다는 전설에서 유래하였다.

기장(機張) – 나4

'기장'이라는 지명은 '바다와 접하고 있으면서 변경의 군사 요충지'라는 뜻을 지닌 '고우기장주(苦虞機張註)'에서 온 것이라 한다. 기장읍성의 둘레는 3,197척, 높이는 12척이었다. 기장 동쪽의 두모포영(豆毛浦營)은 왜구를 막기 위해 토성으로 쌓았다가 석성으로 개축한 방어시설이었다.

밀양密陽 김해金海 창원昌原

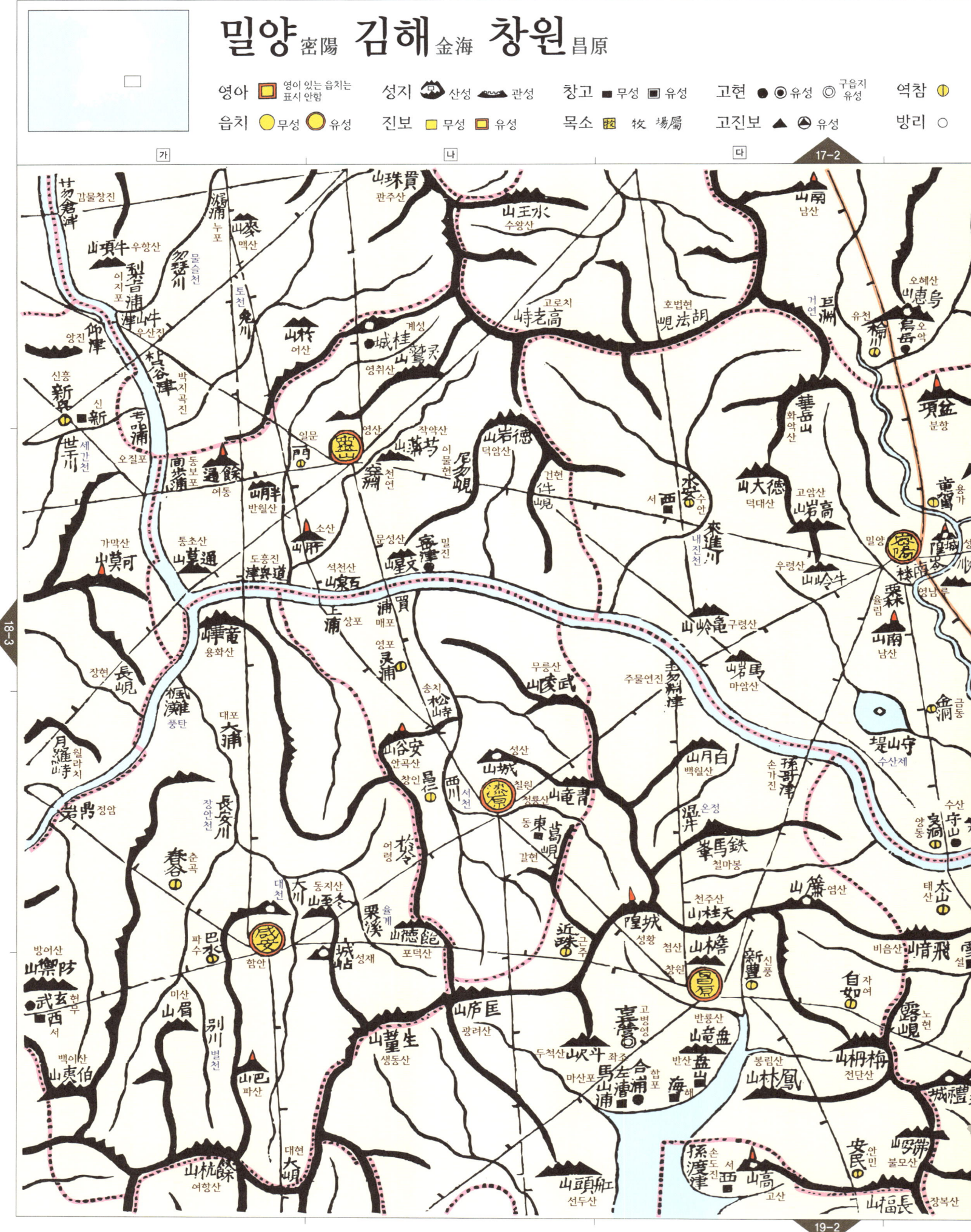

덕암산(德岩山) 남쪽 낙동강 변에는 1972년에 개발된 부곡온천이 있다.

뛰어난 철기문명 간직한 가야 왕국의 터전, 김해

좌측 상단에서 동남쪽으로 흐르는 하천은 낙동강이고, 용화산 근처에서 진주 남강이 합류한다. 낙동강 남쪽의 여항산~광려산~천주산~분산을 잇는 산줄기는 낙남정맥이다.

밀양(密陽) - 라2

낙동강과 밀양강을 끼고 있는 밀양은 〈밀양아리랑〉으로 잘 알려진 고을이다. 밀양강 물가에는 우리나라 3대 명루로 꼽히는 누각인 영남루(嶺南樓)가 보인다. 남쪽 20여 리의 수산제(守山堤)는 김제의 벽골제, 제천의 의림지와 함께 삼한 시대 3대 저수지로 꼽히는 수리시설이다. 현재 이 저수지는 논으로 바뀌었다.

김해(金海) - 마4

낙동강 하구 서쪽에 위치한 김해는 가야연맹의 맹주로서 뛰어난 철기문명을 지녔던 금관가야(金官加耶)의 도읍이다. 방포(防浦)와 읍성 사이에 있는 나지막한 언덕인 구지봉(龜旨峰)은 금관가야의 시조인 수로왕(首露王)을 가야 촌장들이 〈구지가(龜旨歌)〉를 부르며 맞이한 곳이다. 《신증동국여지승람》에 따르면 조선 시대까지 수로왕궁터가 읍성 안에 있었다고 한다. '납릉(納陵)'이라고도 부르는 수로왕릉과 '허왕후묘'라고도 하는 수로왕비 허씨릉이 읍성 근처에 있다.

마산포(馬山浦) - 다4

진해만 안쪽에 위치한 마산만은 양항의 조건을 갖춰 일찍이 군사 기지로 이용되었다. 마산만 안쪽의 마산포는 대동법이 시행되면서 낙동강 하류의 13개 고을의 세곡을 모아 두는 창고가 설치된 후 번성하면서 오늘날 마산의 기반이 되었다. 조선 말기에는 러시아가 남진 기지로 활용하기 위해 조차지로 지정한 적도 있다.

함안(咸安) - 가3

함안은 6가야 중 하나인 아라가야의 옛 도읍지를 품고 있는 고을이다. 《신증동국여지승람》에 "북쪽 백사리(白沙里)에 옛날 국가(古國)의 유적이 있다."고 하였는데, 장안천(長安川, 지금의 함안천) 지명 주변이 가야 도읍이던 백사리로 추정된다.

누포(漏浦) - 가1

세계적으로 유명한 창녕의 우포늪은 〈대동여지도〉에 나오지 않는다. 《신증동국여지승람》에 "물슬천(勿瑟川)은 현의 서쪽 15리에 있다. 두 근원이 있으니 하나는 화왕산(火王山)에서 나오고, 하나는 유남산(榆南山)에서 나와서 합류하여 이지포(梨旨浦)로 들어간다."고 하였다. 아쉽게도 누포에 대해 자세한 설명은 없으나, 이 설명을 토대로 지금의 지형과 비교해 보면 물슬천은 지금의 토평천이고, 누포 일대는 지금의 우포늪으로 추정된다.

낙동강 변의 삼랑포(三浪浦)는 지금의 삼랑진으로, 조창(漕倉)이 설치된 수운의 요충지로 번창하였던 포구이다. 229

함양 咸陽 의령 宜寧 진주 晉州

영아 🟧 영이 있는 읍치는 표시 안함　성지 🔺 산성　관성　창고 ■ 무성 ◼ 유성　고현 ● 유성 ◎ 구읍지 유성　역참 ⬤

읍치 🟡 무성 🟠 유성　진보 🟨 무성 🟥 유성　목소 牧 牧場屬　고진보 ▲ 유성　방리 ○

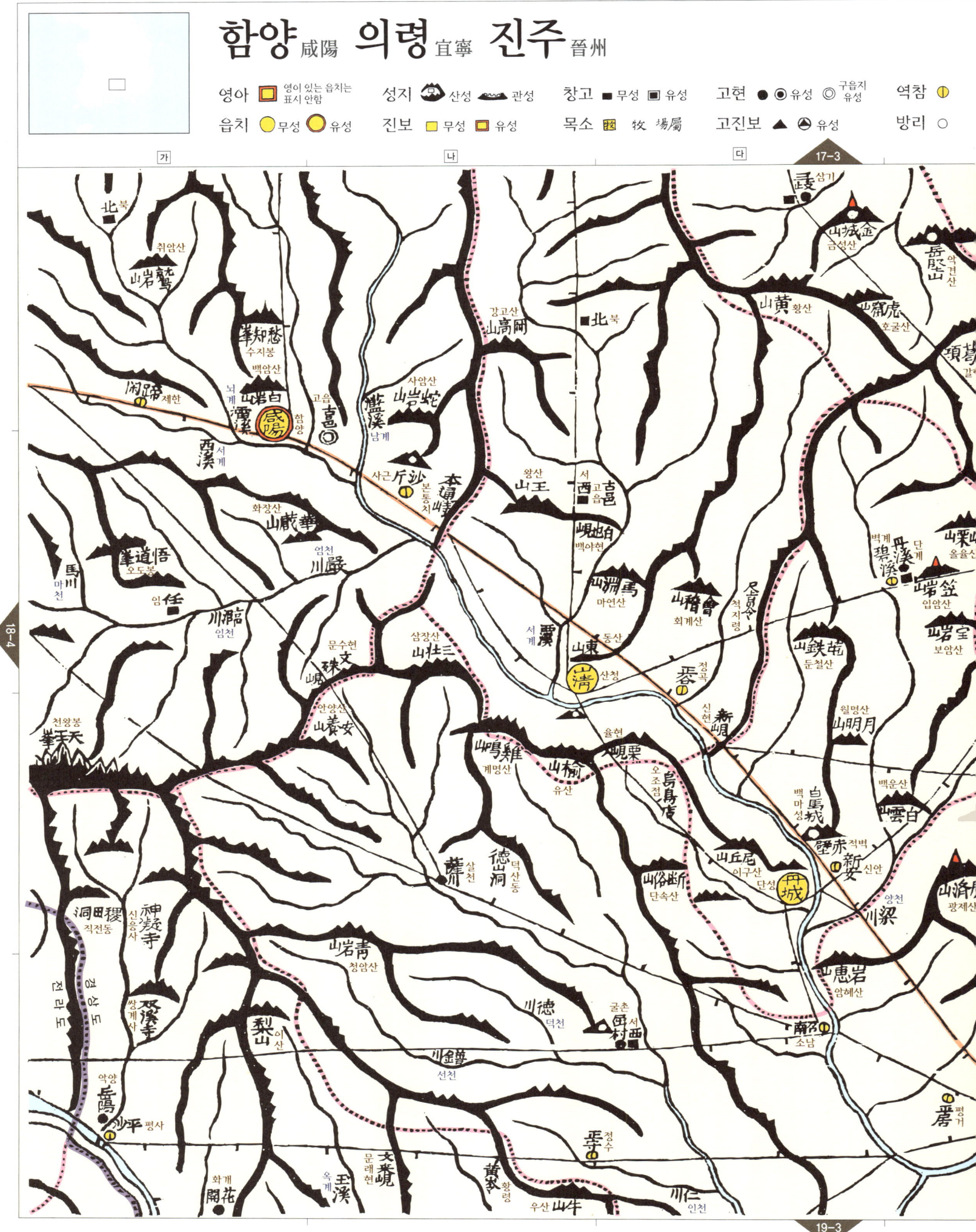

단성 북쪽의 백마성(白馬城)은 삼면이 절벽으로 둘러싸인 천혜의 요새로, 경호강 쪽 단애를 '적벽(赤壁)'이라 한다.

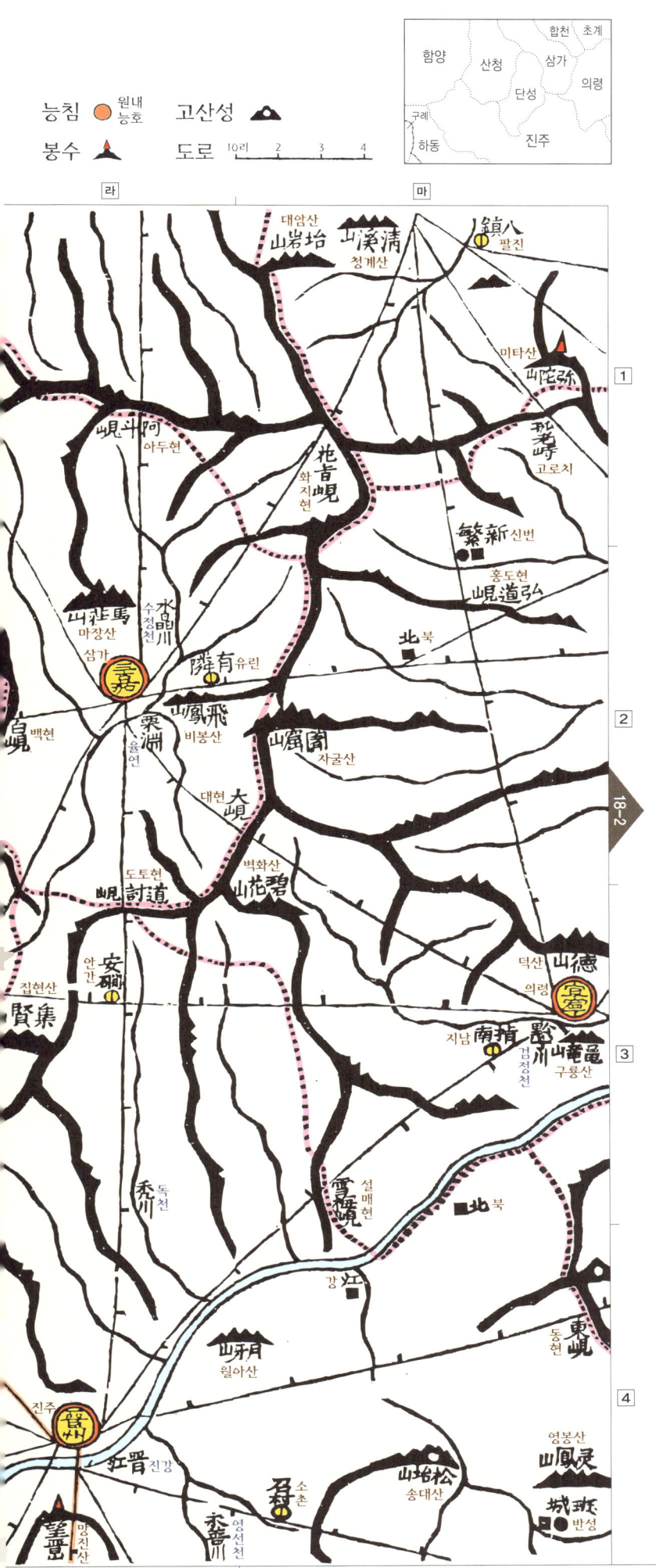

논개의 충절 전하는 진주

지리산 천왕봉이 좌측 가운데에 보인다. 좌측 하단 귀퉁이에 살짝 보이는 물줄기는 섬진강이다. 좌측 상단의 함양을 지나는 남강은 산청·단성·진주를 지나 낙동강에 합류한다.

진주(晉州) - 라4

진주성(晉州城)은 임진왜란 때 왜군과 큰 전투를 2번이나 벌인 역사의 현장이다. 진주 목사 김시민(金時敏) 장군이 지휘한 조선군은 1592년 첫 전투에서는 대승하였으나, 1593년 제2차 전투에서는 패하고 말았다. 이때 수많은 군관민이 희생을 당하였는데, 왜군의 승리 자축연 때 기생으로 변장한 논개(論介)가 왜장을 끌어안고 진강(晉江, 지금의 남강)에 투신하였다.

함양(咸陽) - 가1

함양은 안동에 뒤지지 않을 정도로 성리학이 성한 고을이다. 그 중심에는 김굉필(金宏弼)·조광조(趙光祖)·이언적(李彦迪)·이황(李滉)과 함께 '동방오현'에 꼽히는 일두 정여창(鄭汝昌)이 우뚝하다. 그는 실천적 도학사상으로 왕도정치를 구현하고자 하였으나, 김종직(金宗直)과 함께 1498년 무오사화에 연루되어 함경도 종성 유배지에서 세상을 떠났다.

천왕봉(天王峯) - 가3

《대동지지》에 "크고 장대하게 서리어 전라도와 경상도의 두 도, 여덟 고을의 경계에 걸쳐 400여 리에 이어져 있다."고 한 지리산(智異山)은 금강산, 한라산과 더불어 삼신산(三神山)의 하나로 꼽히는 명산이다. 최고봉인 천왕봉의 높이는 1,915m로 남한에서는 한라산(1,950m) 다음으로 높다. 조선 시대에도 인기가 좋아 유학자들이 천왕봉을 유람하고 남긴 유산기와 시문(詩文)이 수백 편이 넘는다.

왕산(王山) - 나2

산청의 왕산 기슭에는 금관가야의 마지막 왕인 구형왕이 묻힌 것으로 전해 오는 전구형왕릉(傳仇衡王陵)이 있다. 532년 구형왕이 신라에 항복하면서 492년간 지속되었던 금관가야는 역사의 무대에서 사라진다. 그러나 신라 진골로 편입된 그 후손들은 전투에서 큰 공을 세우게 되는데, 삼국통일의 주역인 김유신(金庾信)이 구형왕의 증손자다. 〈대동여지도〉에서 왕산 위치는 산청 북쪽이 아니라, 서쪽의 문수현(文殊峴)과 삼장산(三壯山) 사이에 표기되어야 옳다.

살천고현(薩川古縣) - 나3

지리산 천왕봉과 가장 가까운 고을인 살천고현 일대는 지금의 산청군 시천면(矢川面)이다. 살천과 시천 둘 다 '물살이 화살처럼 빠르다'는 뜻으로 해석하는데, 하천 이름이 마을 이름이 된 경우다. 덕산동(德山洞)은 퇴계 이황(李滉)과 함께 당시 영남유학의 쌍벽을 이루었던 남명 조식(曺植)이 학문에 열중하던 산골이다.

남원南原 구례求禮 담양潭陽

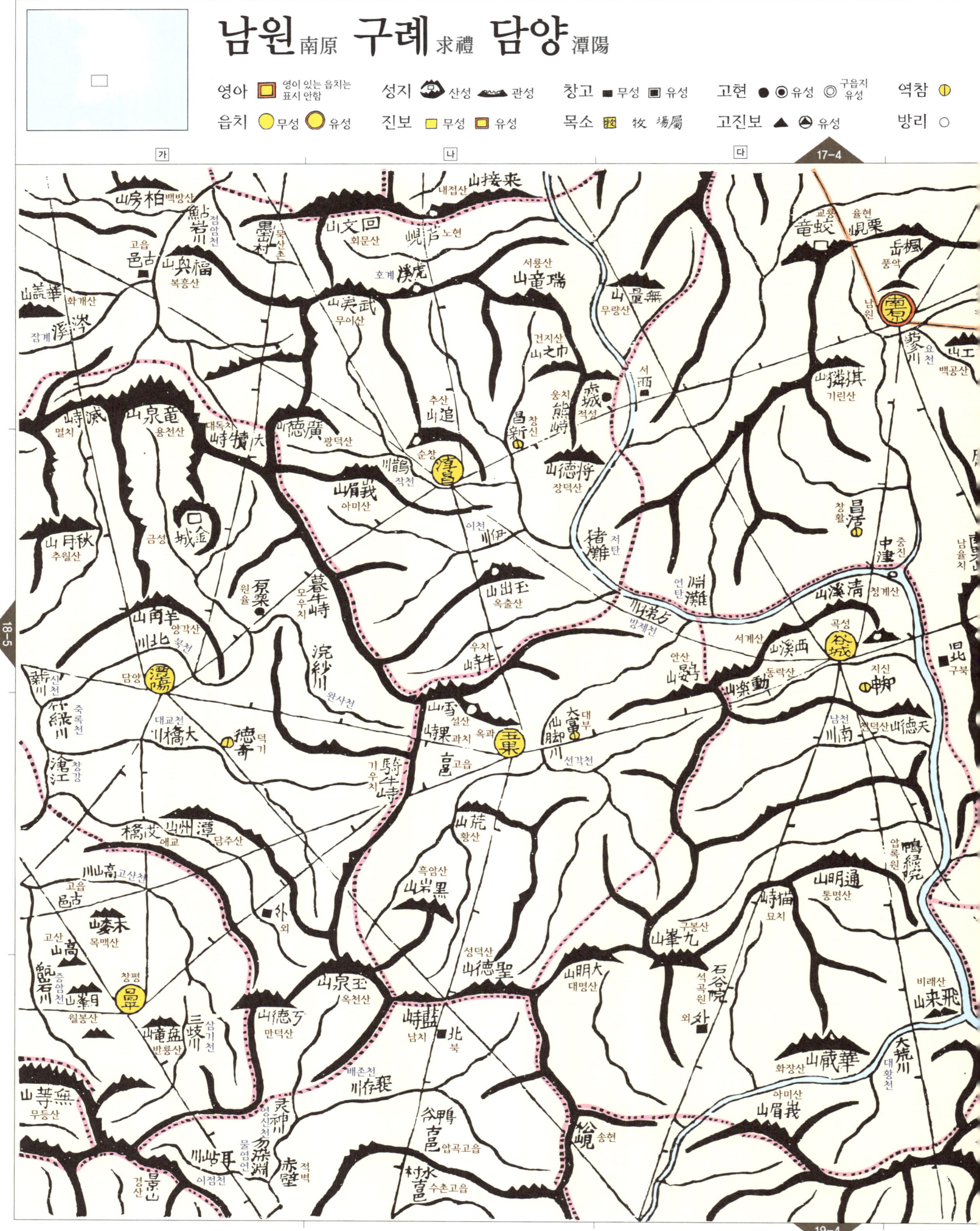

영아 ☐ 영이 있는 읍치는 표시 안함　성지 🏔산성 🏔관성　창고 ■무성 ▣유성　고현 ●⊙유성 ◎구읍지유성　역참 ◐

읍치 ●무성 ●유성　진보 ■무성 ▣유성　목소 牧牧場屬　고진보 ▲ ⛰유성　방리 ○

　담양 북쪽의 금성산성(金城山城)은 삼한 시대까지 올라가는 오래된 산성으로, 현재 산성 밑에는 담양호가 들어섰다.

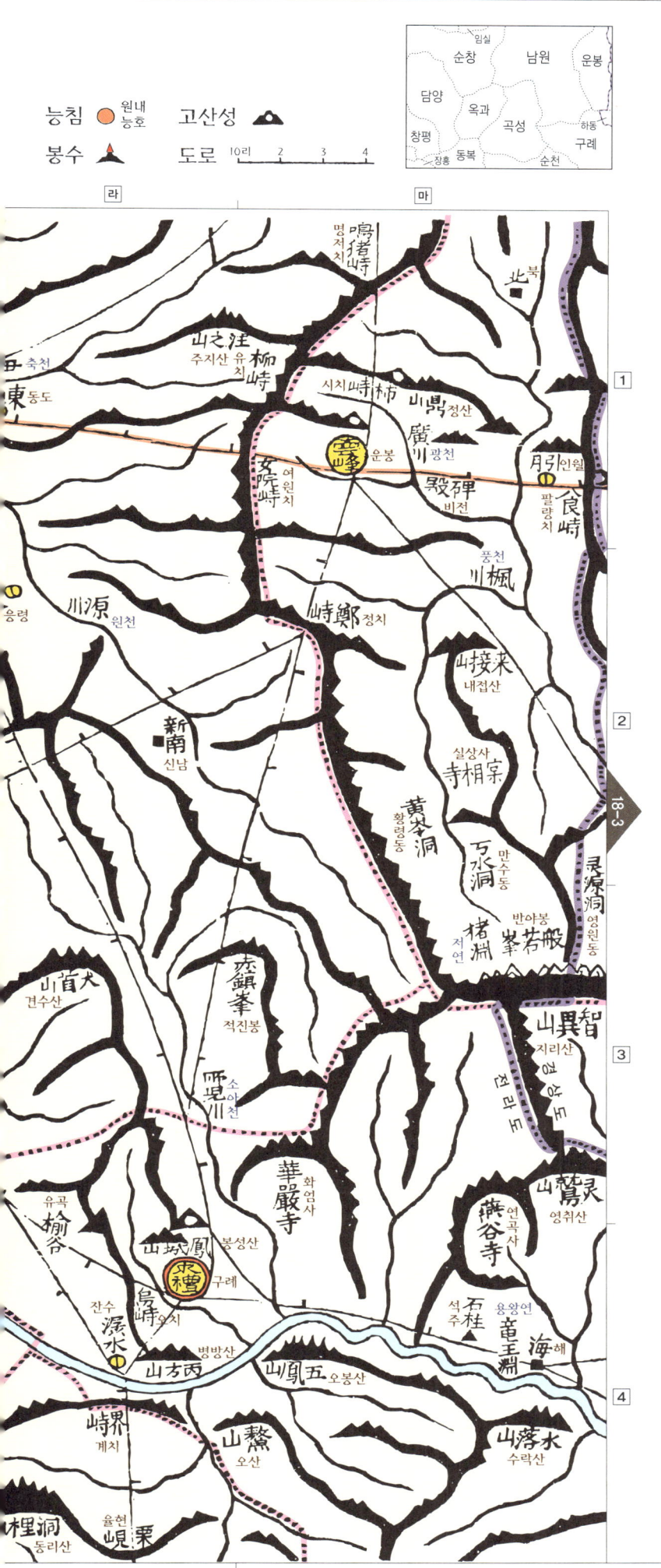

능침 ● 원내능호
봉수 ▲
고산성 ▲
도로 10리 2 3 4

지리산과 섬진강 덕으로 살아가는 구례

지도 한복판에서 동남쪽으로 흐르는 강물은 섬진강이다. 이 하천은 비래산 부근에서 보성강을 받아들인다. 운봉 서쪽에서 지리산으로 뻗어 가는 굵은 산줄기는 백두대간이다.

인월역(引月驛) - 마1

운봉의 인월역은 고려 말 이성계(李成桂)가 왜군을 크게 무찌른 황산대첩 현장이다. 이성계는 당시 함양과 남원을 도륙하고 인월역에 진을 치고 있던 왜군을 공격해 크게 승리하였다. 지도에는 황산(荒山)이 표기되지 않았는데, '광천(廣川)'이라는 지명 동쪽의 외따로 떨어진 산으로 추정된다. 그 남쪽의 비전(碑殿)은 당시의 전투 기록을 세세히 적었던 황산대첩비를 지칭한다. 일제 때 일본인들이 폭파하고 비문을 쪼아 글까지 없앴는데, 현재 상처 입은 채로 비전마을에 보관되어 있다.

곡성(谷城) - 다2

곡성은 백제 시대에 '욕내군(欲乃郡)'·'욕천군(浴川郡)'으로 불렸는데, 이는 '골짜기'라는 우리말을 한자로 빌려 표현한 것이다. 그 이름대로 곡성은 섬진강과 대황천(大荒川, 지금의 보성강)에 안긴 아름다운 고을이다. 특히 압록원(鴨綠院) 주변은 풍광이 빼어나게 아름답다. 고려의 개국공신 신숭겸(申崇謙)이 곡성 출신이다.

화엄사(華嚴寺) - 마3

구례의 진산인 지리산(智異山)에 안긴 화엄사는 544년(신라 진흥왕 5년)에 연기조사(緣起祖師)가 창건한 이후 의상(義湘)·도선(道詵) 등 수많은 고승이 머무르면서 화엄사상 구현을 위해 힘써 온 우리나라 화엄종의 중심사찰이다. 우리나라에 남아 있는 목조건물 중 가장 크다는 각황전을 비롯해 석등, 사사자삼층석탑(四獅子三層石塔) 등이 유명하다.

담양(潭陽)·창평(昌平) - 가2·가4

대나무와 함께 담양을 특징짓는 다른 하나는 마을마다 세워져 있는 누정(樓亭)이다. 지금의 담양군 남쪽을 이루는 창평(昌平)은 누정이 특히 많은 고을이다. 대교천(大橋川, 지금의 오례천 추정)의 면앙정, 증암천(甑岩川, 지금의 창계천) 기슭의 송강정·식영정·환벽당·소쇄원 같은 누정과 원림은 조선 시대 가사문학이 크게 발전해 꽃을 피운 현장이다.

금성산성(金城山城) - 가2

금성산(金城山)에 축조된 금성산성은 호남의 3대 산성 중 하나로 꼽히는 산성이다. 동서남북에 각각 4개의 성문터가 있는데, 사방이 30m가 넘는 절벽으로 둘러싸인 성 안은 분지를 이루는 천혜의 요새다. 임진왜란 때는 의병의 거점이 되기도 하였다.

고창 高敞 영광 靈光 광주 光州

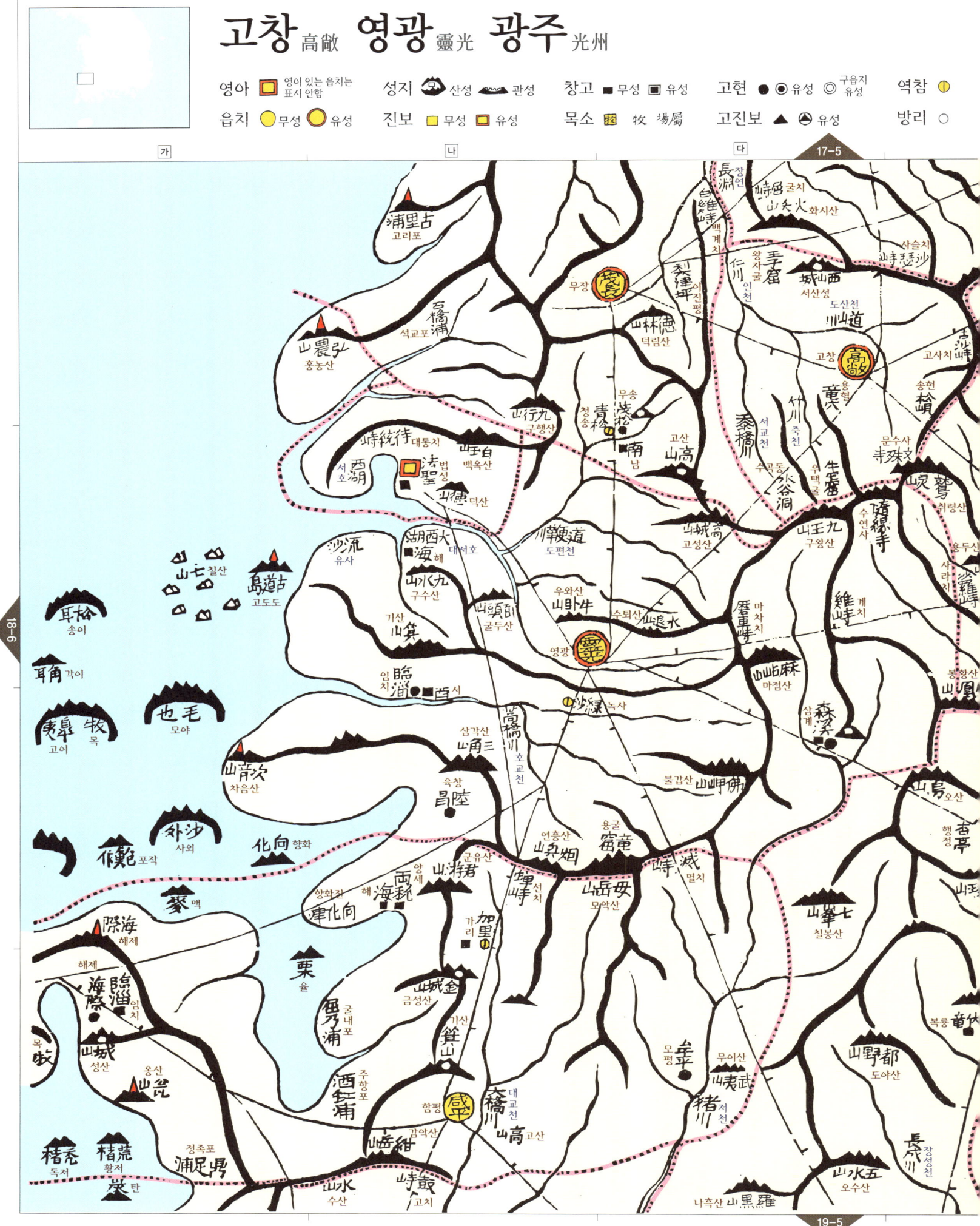

서해안에 바위섬으로 이루어진 칠산도(七山島)는 7개의 무인도로, 칠산 앞바다는 조기잡이의 주 어장이었다.

호남 지방의 중심, 광주

우측 상단에서는 호남정맥이 갈치에서 내장산을 지나 백암산에서 동남으로 빠져나간다. 그 남쪽은 광주를 지난 영산강이 장성의 황룡강을 받아들여 나주를 향해 흐른다.

광주(光州) - 마4

조선 전기 문신인 성임(成任)이 "산천은 도 안에서 제일이요, 민재(民財)와 어진 사람 많다고 일컬어 왔네."라고 노래한 광주는 본래 백제의 무진주(武珍州)다. 신라 말기 견훤(甄萱)은 광주를 차지하고 세력을 키워 후백제를 세웠다. 북쪽 15리의 견훤대(甄萱堆)는 당시 견훤이 군사 훈련을 시켰던 곳이라고 한다. 조선 시대에는 "영남에 퇴계가 있다면, 호남에는 고봉이 있다."고 평을 듣던 고봉(高峯) 기대승(奇大升)을 모신 월봉서원이 유명하다.

고창(高敞) - 다1

고창현 치소(治所)가 있던 고창읍성은 조선 초기에 전라도 백성들이 왜구를 막기 위해 쌓은 석성으로 '모양성(牟陽城)'이라고도 한다. 성벽을 따라 도는 성밟기 전통이 있다. 성문 앞에는 조선 후기 판소리 발전에 공을 세운 신재효(申在孝)가 살던 고택이 있다.

함평(咸平) - 나4

조선 태종 때 함풍(咸豊)과 모평(牟平) 두 현을 합친 함평은 시골 정취가 물씬 풍기는 고을이다. 함평은 '두루 화평하고 부족함이 없는 땅'이라서 호남의 쟁쟁한 고을 중 판소리 〈호남가〉의 처음을 장식하였다. 대교천(大橋川, 지금의 함평천) 일대는 봄이 되면 수십만 평의 유채 꽃과 자운영 꽃 물결이 장관을 이룬다. 북쪽의 모악산(母岳山)은 초가을의 꽃무릇으로 유명한 산이다.

법성포진(法聖浦鎭) - 나2

법성포는 인도 승려 마라난타(摩羅難陀)가 384년(백제 침류왕 1년) 불경을 가지고 중국 동진에서 건너와 백제 땅에 첫발을 내디딘 항구다. 이곳의 법성창(法聖倉)은 조선 시대 영광·광주·고창 등의 세곡을 거둬 두던 창고다. 영광은 예로부터 굴비로 유명했는데, 고려 때 영광으로 유배된 이자겸(李資謙)은 건조한 참조기를 인종에게 진상하면서 '굴비(掘非)'라고 이름을 붙였다고 한다. '귀양살이를 하고 있지만 비굴하게 꺾이지는 않겠다'는 뜻이다.

칠산도(七山島) - 가2

영광 앞바다에 있는 7개의 바위섬이다. 흔히 '칠산바다'로 불리는 인근 바다는 우리나라 최대의 조기 어장으로 명성이 높았다. 옛 기록은 매년 봄 온 나라의 상선이 사방에서 모여들어 그물을 던져 고기를 잡아 판매하는데, 한양 저자와 같이 떠드는 소리가 가득하였다고 전한다. '칠산바다'는 좁게는 칠산도 근처의 법성포(法聖浦)와 송이도(松耳島) 사이, 넓게는 낙월도(落月島, 18-6 도엽)와 고군산군도(古群山群島, 17-5 도엽) 사이를 일컫는다.

지도智島 임자도荏子島

영아	▢ 영이 있는 읍치는 표시 안함	성지	⛰산성 ⛰관성	창고	◼무성 ◼유성	고현	●◉유성 ◎구읍지 유성	역참	◐
읍치	◯무성 ◯유성	진보	▢무성 ▢유성	목소	牧 牧 場屬	고진보	▲ ⛰유성	방리	◯

恩
자은

疏新 신소

임자도(荏子島)는 우수영과 고군산을 연결하는 해로의 요해처로, 조선 숙종 때 지도(智島)와 함께 수군진을 설치하였다.

능침 ●원내 능호
봉수 ▲
고산성 ▲
도로 10리 2 3 4

서해
영광 나 함평
나주 나

라 마

1

2

18-5

3

4

나라에서 말을 기르는 목장이 있던 섬, 지도

전체가 섬 지역으로 보이지만, 우측 하단의 임치진은 전라도 무안의 육지와 연결된 해제반도의 끝자락이다. 섬이었던 지도는 근래에 방조제로 연결되면서 육지가 되었다. 전증도(지금의 증도)는 염전으로 유명한 섬이다.

임치진(臨淄鎭) - 마4

〈대동여지도〉 '18-5 도엽'의 함평현 남쪽에 있는 감악산에서 해제반도(海際半島)를 따라 이어지는 산줄기가 해제 봉수를 지나 진하산(珍下山)까지 뻗어 온다. 그 아래 임치진이 위치한다. 전라우수영에 속하였던 해제반도 서쪽 끝의 임치진은 서남 해안을 방어하던 중요한 요새로서 임진왜란 때 이순신(李舜臣) 장군이 방문해 임치첨사와 함께 해전 대책을 논의하였던 곳이다.

지도(智島) - 마4

1682년(숙종 8년) 설치한 지도진(智島鎭)과 말 목장인 지도장(智島場)이 있었다. '나주지(羅州地)'라는 지명은 지도가 나주목(羅州牧)에 속하였던 월경지임을 밝혀 주고 있다. 1975년 해제반도와의 사이에 방조제가 건설되면서 연륙되었다.

임자도(荏子島) - 라4

'들깨가 많이 나는 섬'이라는 뜻을 지닌 임자도에 설치한 임자도진(荏子島鎭)은 중국과의 무역항로를 감시하는 역할을 맡았다. 조선 후기 유배 온 문인화가 조희룡(趙熙龍)의 유적지가 있다. 임자도 서북쪽의 대광해변은 우리나라에서 가장 길고 넓은 백사장으로 꼽힌다. 한편, 임자도와 증도(甑島) 사이의 해저에서는 중국 송·원 시대의 보물이 다량 인양되었다.

전증도(前甑島) - 라4

전증도는 지금의 증도(甑島)다. 〈대동여지도〉에서 알 수 있듯 증도는 원래 전증도와 후증도(後甑島, 19-6 도엽)로 나뉘어 있었으며, 두 섬에는 각각 목장이 있었다. 1953년 두 섬 사이의 갯벌에 제방을 쌓고 염전을 조성하면서 지금처럼 하나의 섬이 되었다. 《한국지명유래집》에 따르면 원래 물이 적은 섬이라 하여 순우리말로 '시리섬'이라고 불렸는데, 한자로 표현하면서 '증도(甑島)'가 되었다고 한다. 2010년 증도대교가 건설되면서 연륙되었다.

암타도(岩墮島) - 라3

암타도는 지금의 암태도(岩泰島)다. 원래는 3개의 섬으로 분리되어 있었으나 토사의 퇴적으로 하나의 섬이 되었다고 한다. 고려 때 이자겸(李資謙)이 이곳으로 유배되었다가 영광으로 옮기기도 하였다. 자은도와 이웃하고 있는데, 지도에는 암태도가 자은도 북쪽에 있지만, 실제는 두 섬의 위치가 바뀌어야 한다.

동래 東萊

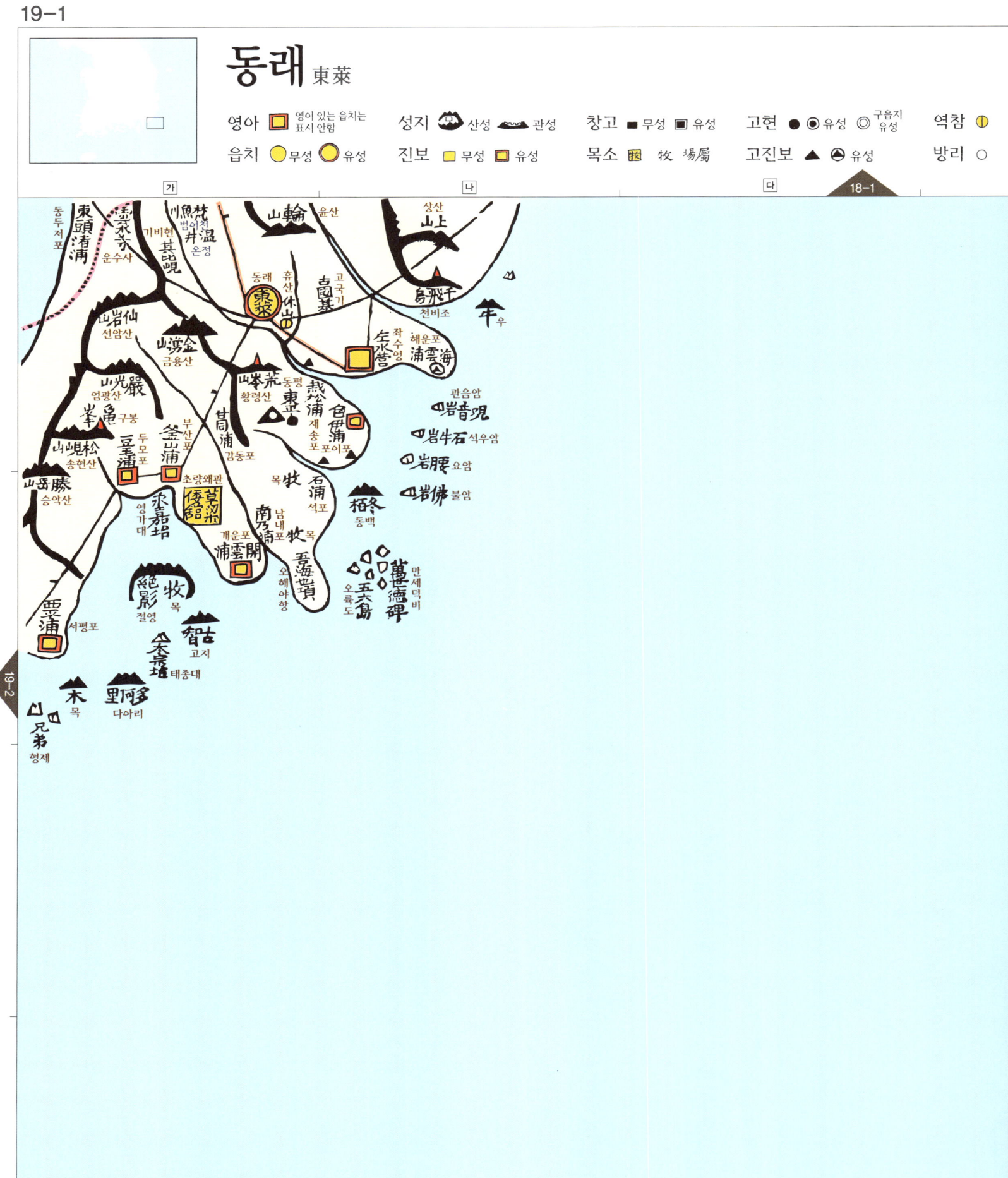

영아 　영이 있는 읍치는 표시 안함　성지 　산성　관성　창고 　무성　유성　고현 ●　유성　◎ 구읍지 유성　역참 ◐

읍치 　무성　유성　진보 　무성　유성　목소 　牧 場屬　고진보 ▲　유성　방리 ○

범례

능침 ●원내능호 고산성 ⛰
봉수 🔺 도로 10리 2 3 4

라 마

양산
동래 동해

조선의 동남 해안을 지켜 온 동래

지금의 부산 지역이다. 낙동정맥이 선암산~엄광산~승악산을 지나 몰운대로 이어진다. 경상도 좌수영, 해안가의 진보, 왜인들이 거주하는 초량왜관 등이 보인다.

동래(東萊) – 가1
대마도(對馬島)와 가까운 동래는 임진왜란 때 왜군이 가장 먼저 침입한 고을이다. 1592년 음력 4월 13일 부산포에 상륙한 왜군은 14일 부산진을 함락하고, 저녁에 동래읍성 앞에 도착하였다. '싸우고 싶거든 싸우고, 싸우고 싶지 않거든 길을 비켜라.(戰則戰矣 不戰則假道)' 왜군의 도발에 동래부사 송상현(宋象賢)은 전력이 열세임에도 '싸워서 죽기는 쉬워도 길을 빌리기는 어렵다.(戰死易 假道難)'고 응대하였다. 결국 치열한 전투가 시작되었고 15일 동래읍성은 함락되고 말았다.

부산포(釜山浦) – 가1
현재 부산은 '대한민국 해양 수도'임을 내세우는 제2의 도시지만, 조선 시대에는 동래현(東萊縣)에 속한 포구였다. 이곳 부산포진(釜山浦鎭)에는 경상좌도의 수군첨절제사 진영이 있었다. 부산포는 1876년(고종 13년) 강화도조약에 의해 인천항·원산항과 함께 국제 무역항으로 개항을 하였다. 초량왜관(草梁倭館)은 왜인들에게 교역을 허가하였던 상관(商館)이다.

해운포(海雲浦) – 나1
해운포는 부산을 대표하는 해변인 해운대다. "이른 봄철이면 동백꽃 잎이 땅에 쌓여 말굽에 차이고 밟히는 것이 3~4치나 되었다."는 해운대 동백섬은 예전에는 독립된 섬이었으나 오랜 세월 퇴적 작용으로 현재는 해운대 백사장과 연결되어 육지화되었다. 이곳 해벽에는 최치원(崔致遠)이 썼다고 전하는 '海雲臺(해운대)'라는 글자가 새겨져 있다. '해운(海雲)'은 최치원의 자(字)이다.

좌수영(左水營) – 나1
경상좌수영은 원래 동래현 부산포에 있다가 울산 개운포, 동래 남촌(부산 수영구 수영동), 감만이포(감만 1동) 등으로 옮겨 다니다 1652년에 수영동으로 옮겨 와 1895년까지 유지되었다. 좌수영성(左水營城)은 규모가 큰 성이었으나 일제 강점기에 대부분 훼손되었다. 독도에서 일본인을 몰아낸 안용복(安龍福)은 경상좌수영의 능노군(能櫓軍, 노 젓는 병사)이었다.

절영도(絕影島) – 가2
부산의 영도(影島)는 예로부터 말 사육장으로 유명해 '목도(牧島)'라고도 불렸는데, 이곳에서 사육된 말은 그림자도 볼 수 없을 정도로 빨리 달린다 하여 '절영도'라는 이름을 얻었다. 섬 남쪽의 태종대는 태종무열왕이 잠시 쉬고 간 곳이다. 지도에는 영도와 떨어져 있는 것으로 그려져 있으나 실제 영도와 태종대는 붙어 있다.

웅천熊川 진해鎭海 고성固城

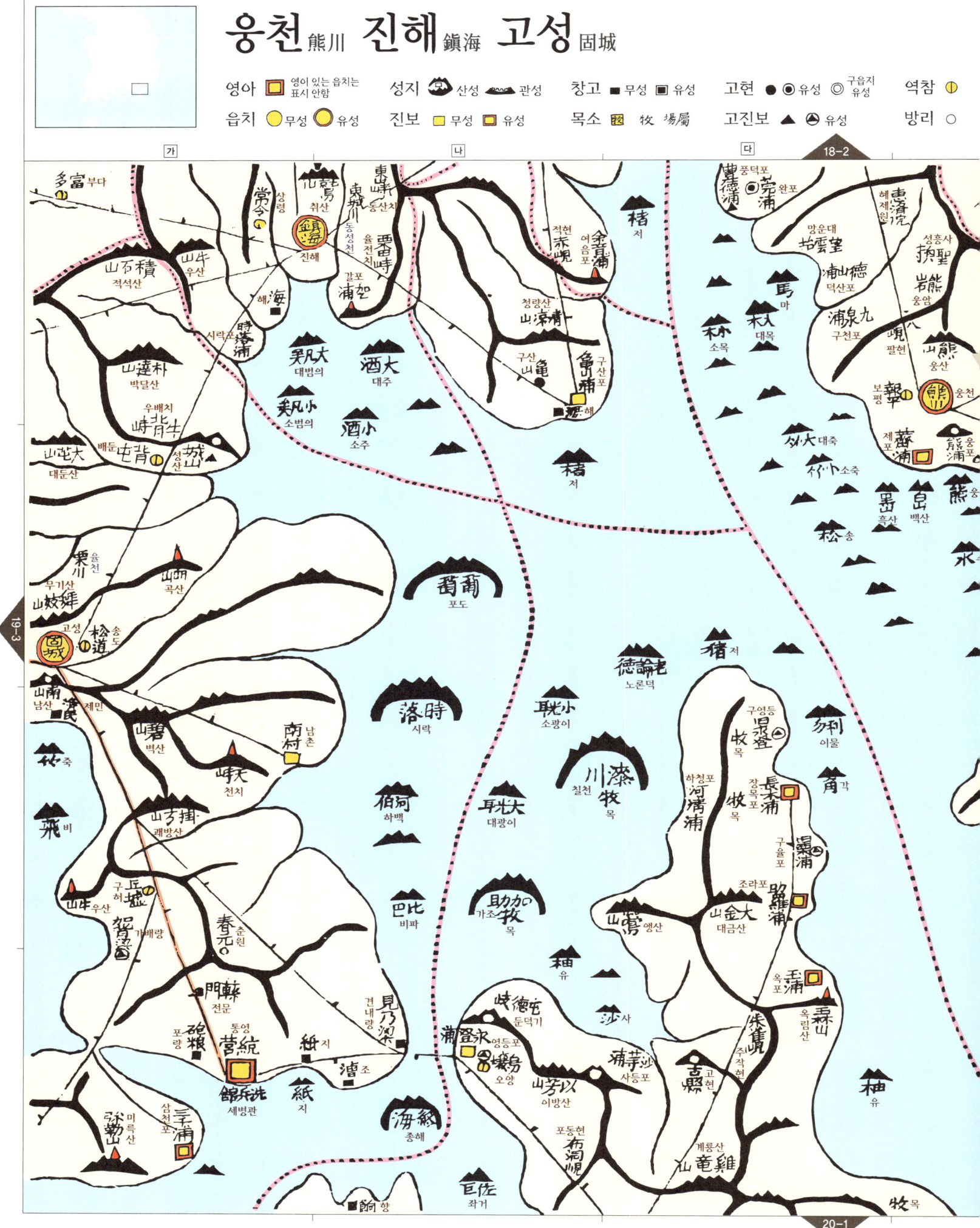

영아 □ 영이 있는 읍치는 표시 안함　성지 산성 관성　창고 ■ 무성 ■ 유성　고현 ● ◉ 유성 ◎ 구읍지 유성　역참 ☾

읍치 ● 무성 ● 유성　진보 ■ 무성 ■ 유성　목소 牧 牧 場屬　고진보 ▲ ▲ 유성　방리 ○

多富 부다
常令 상령
鵂岩 취산 상령
鎭海 진해
東城 동성치
東城川 동성천
番時 번시 율전진치
葛浦 갈포
山石積 적석산
山牛 우산
海 해
時落浦 시락포
山達朴 박달산
大凡美 대범의
大酒 대주
峙背牛 우배치
屯背 배둔
城山 성산
大凡美 소범의
小酒 소주
山花大 대둔산
栗川 율천
山笈舞 무기산
固城 고성
松道 송도 고성
小凡美 소범의
靑凉山 청량산
龜山 구산
魚乃浦 구산포
海 해
馬 마
秋木 대목
木小 소목
竹大 대죽
竹小 소죽
黑山 흑산
島白 백산
松 송
熊 웅
德山浦 덕산포
九泉浦 구전포
八峴 팔현
山熊 웅산
보평 熊川 웅천
제포 웅포
薺浦 제포
蔚德浦 울덕포
完浦 완포
始雲望 시운망 망운대
抱聖岩熊 포성암웅
惠濟院 혜제원
楮 저
赤峴 적현 여전포
靑浦 청포
椿 춘
蒲萄 포도
山南 남산
濟民 제민
山碧 벽산
竹 죽
山飛 비
德論老 노론덕
小光 소광이
川漆牧 칠천 목
牧 목
泉登 천등 구영등
河淸浦 하청포
長木浦 장목포
勿利 이물
角 각
時落 시락
河佰 하백
大光 대광이
比巴 비파
助加牧 가조 목
山鶯 앵산
山金大 대금산
牧 목
구율포
조라포
鼠浦 서포
구영등
柚 유
沙 사
南村 남촌
峙天 천치
山方掛 괘방산
山牛 우산
丘城 구허
智異 가배량
春元 춘원
韓門 전문
碉糧 포량
營統 통영
新兵洗 새병관
紙 지
淵 조
見乃梁 견내량
浦登永 영등포
城烏 오양
岐德屯 둔덕기
山方以 이방산
布洞峴 포동현
山竜雞 계룡산 계룡산
주작현
古縣 고현
柚 유
錦勒 미륵산
룻浦
海終 종해
巨佐 좌거
餉 항
牧 목
18-2
19-3
20-1

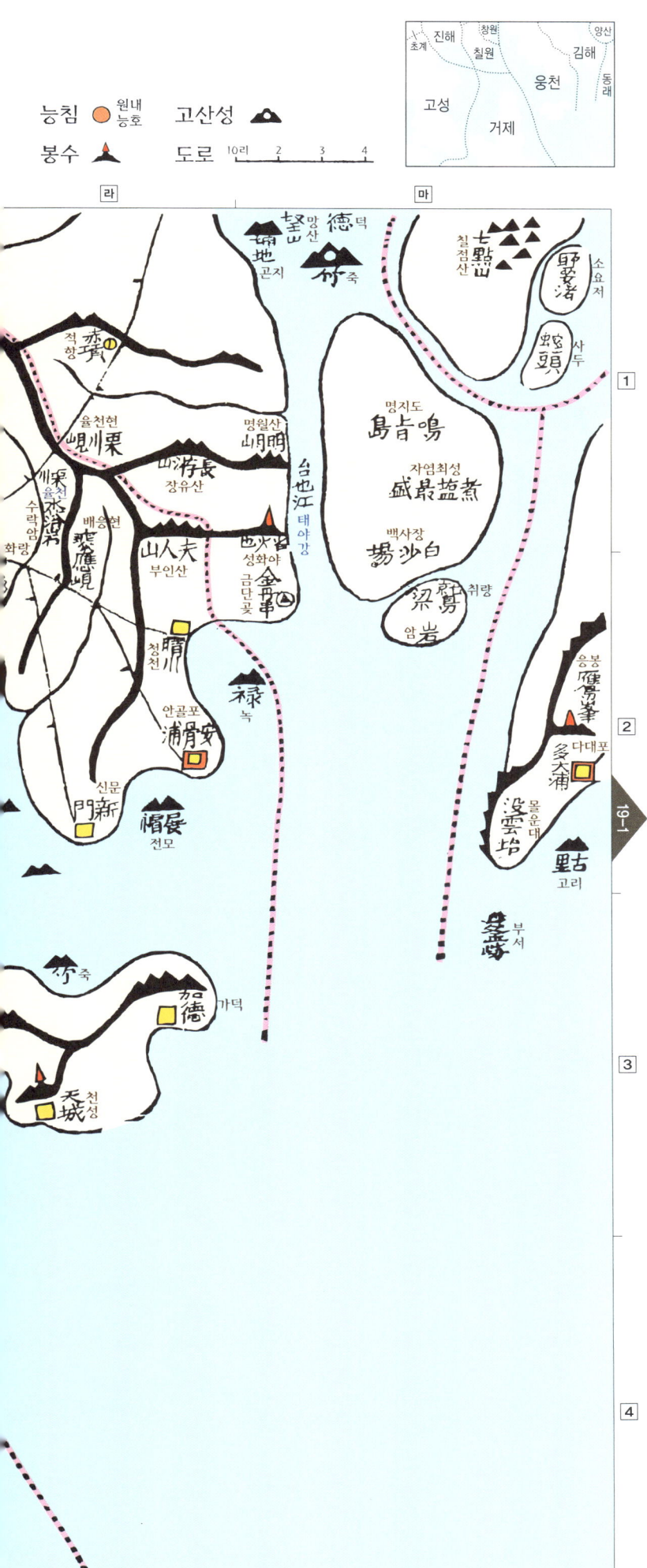

능침 ● 원내 능호　고산성 ▲
봉수 ▲　도로 10리 2 3 4

진해 초계 창원 칠원 창원 진해 양산 김해 동래
고성 웅천 거제

삼도수군통제영이 터 잡은 고성

우측 상단은 낙동강 하구이고, 상단 가운데의 움푹 들어간 바다는 마산만이다. 벚꽃으로 유명한 진해(창원시 진해구)는 지도에서 웅천 북쪽의 망운대 근처다.

진해(鎭海) - 가1

지도의 진해현은 지금의 경상남도 창원시 마산합포구 진동면 진동리 지역이고, 지금의 창원시 진해구는 지도에서 웅천현의 망운대(望雲坮)와 덕산포(德山浦) 주변이다. 조선 후기 우리나라는 열강의 각축장이 되었는데, 러시아가 마산포를 조차(租借)해서 극동함대 기지를 건설하려 하자 일본은 이에 대항해 군항지를 진해현에서 웅천현으로 옮기면서 지명도 함께 가지고 갔다.

고성(固城) - 가2

고성은 6가야 중 소가야의 도읍이었다. 고성 북쪽 2리의 나지막한 구릉에는 소가야 시대의 무덤인 가야고분군이 남아 있다. 지도의 고성 동북쪽으로 흐르는 율천 하류 성산 앞바다는 임진왜란 당시 충무공 이순신이 두 차례에 걸쳐 왜군을 격파한 당항포해전의 현장이다. 임진왜란 당시 왜군 함대가 퇴로가 없는 당항포로 간 까닭은, 전쟁 전 지도를 그리러 침투하였던 왜군 첩자를 고성의 기생 월이(月伊)가 술 취하게 한 후 고성반도를 섬으로 고쳐 그렸기 때문이라는 이야기가 전해 온다.

통영(統營) - 가4

'삼도수군통제영'의 준말이다. 1593년(선조 26년) 한산도(통영 동남쪽 향창이 설치된 섬)에 충청·전라·경상의 삼도수군통제영을 설치하였고, 이후 여러 곳으로 옮겨 다니다 1604년(선조 37년) 두룡포(지도의 통영)에 터를 잡고 1895년(고종 32년)까지 통제영 시대를 유지하였다. 세병관(洗兵館)은 충청·전라·경상 삼도수군을 총 지휘하였던 삼도수군통제영의 중심 건물이다.

고현고산성(古縣古山城) - 다4

거제도 북부의 고현고산성은 임진왜란 때까지 거제현 치소(治所)가 있던 곳이다. 한국전쟁 중 포로가 되었던 적군을 수용하던 전쟁포로수용소 터가 여기에 있고, 현재 거제 시청이 위치한다. 동북쪽의 옥포만은 임진왜란 때 이순신 장군이 첫 승리를 한 옥포대첩의 현장이다. 그 북쪽의 구율포(舊栗浦, 지금의 장목면 율천리)는 율포해전의 현장이다.

명지도(鳴旨島) - 마1

명지도는 낙동강 하구에서 가장 큰 섬으로 그려진 하중도다. 이곳의 명지염전은 국내 최대의 소금 생산지였다. 지도에는 '바닷물을 끓여 소금을 만드는 일이 번창하였음'을 의미하는 '자염최성(煮鹽最盛)'이라고 표기하고 있다. 해수(海水)를 끓여서 만드는 자염(煮鹽)은 우리나라의 전통적인 소금 제조법이었다.

사천 泗川 곤양 昆陽 남해 南海

영아 🟥 영이 있는 읍치는 표시 안함　　성지 🏔 산성 ⛰ 관성　　창고 ■무성 ◼ 유성　　고현 ●◉유성 ◎구읍지 유성　　역참 🟡

읍치 🟡 무성 🟠 유성　　진보 🟨 무성 🟧 유성　　목소 牧 牧場屬　　고진보 ▲ ⬢유성　　방리 ○

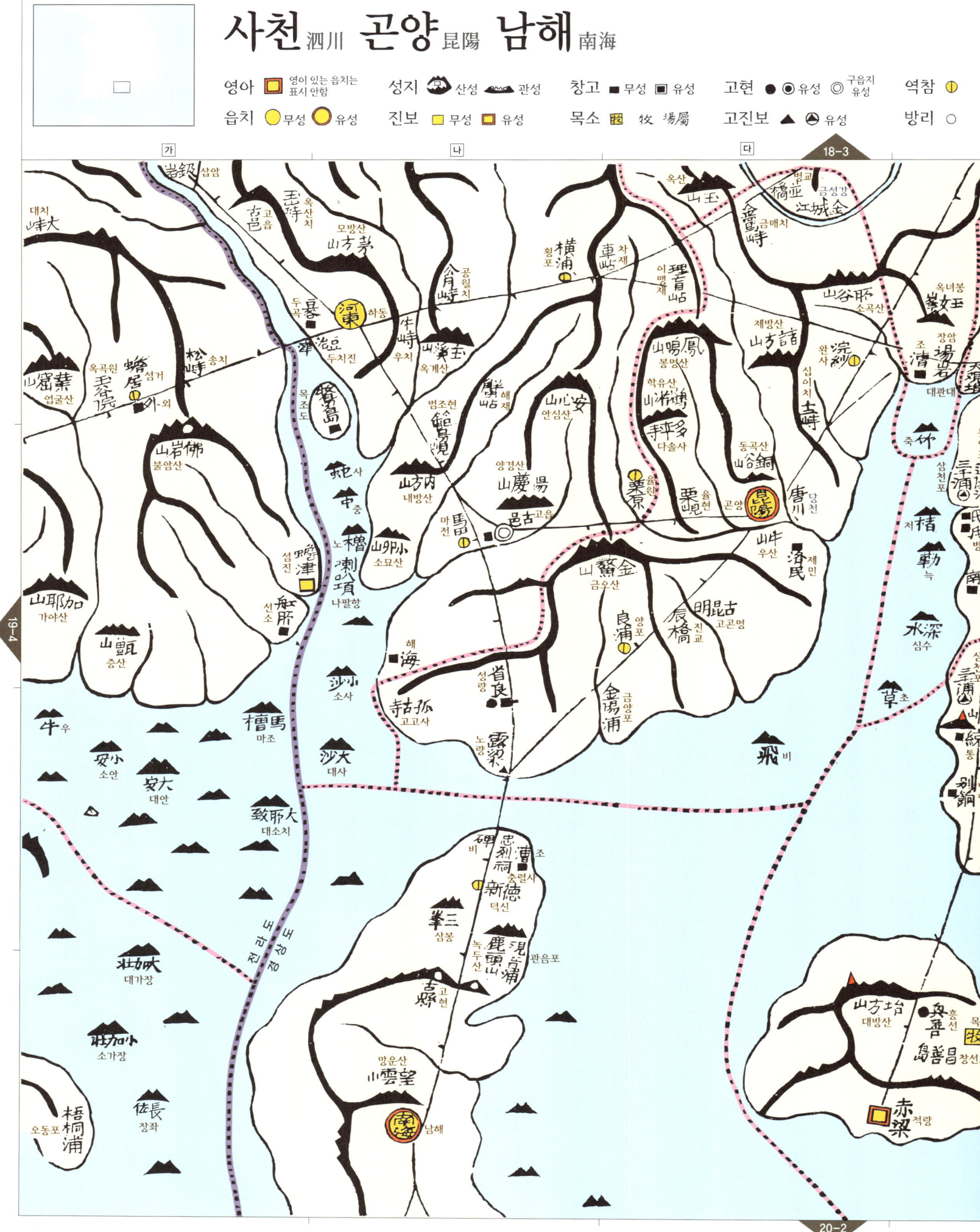

조선 시대 창선도(昌善島)는 진주의 월경지고, 적량진(赤梁鎭)은 왜구에 대비한 전략적 요충지다.

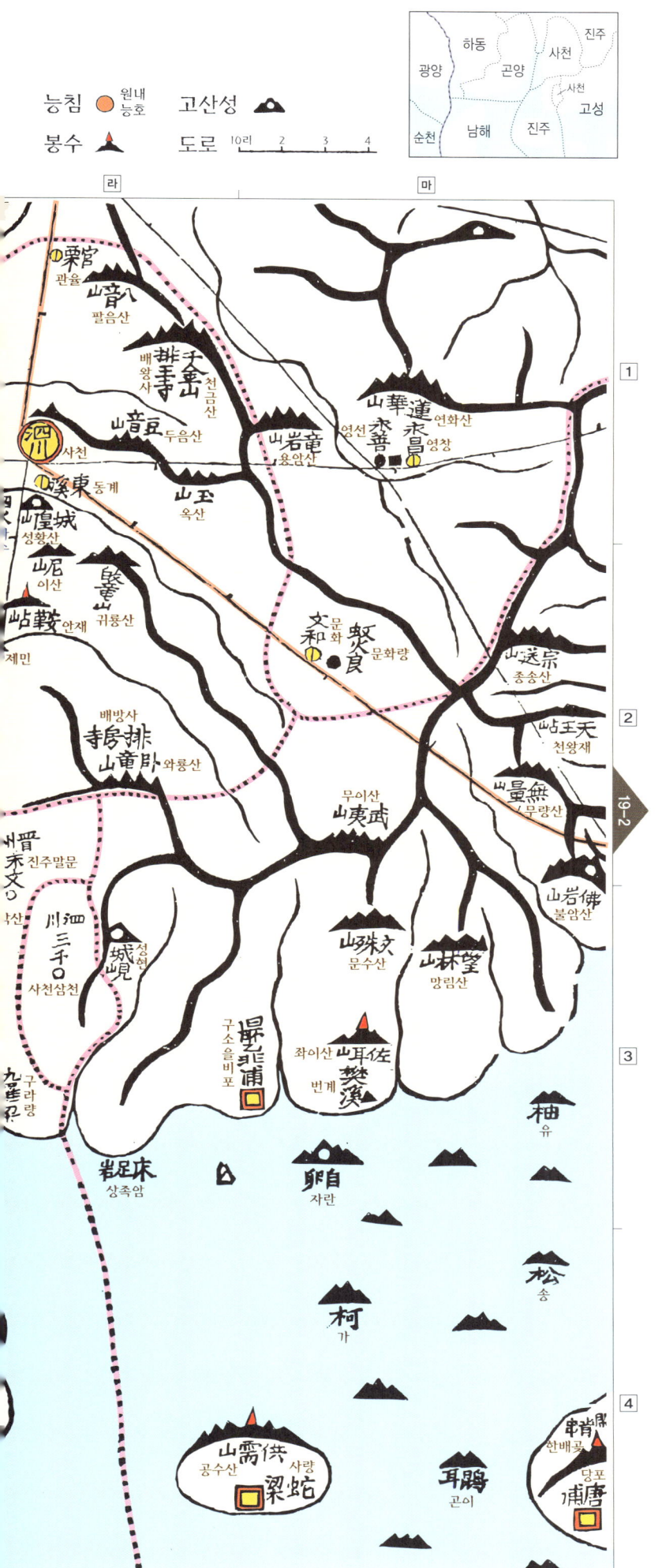

능침 ●원내 능호
봉수 ▲
고산성 ▲
도로 10리 2 3 4

노량해전의 현장, 남해

좌측의 남류하는 하천은 섬진강이다. 곤양 땅과 남해도 사이의 노량은 이순신 장군의 마지막 바다다. 지리산에서 분기한 낙남정맥은 상단 가운데의 옥산을 거쳐 동남쪽으로 뻗으며 소곡산, 팔음산, 천금산 등을 세우고 마산으로 향한다.

노량(露梁) – 나3

임진왜란 당시 23전 23승 무패로 조선을 구한 이순신(李舜臣) 장군의 마지막 바다다. 1598년(선조 31년) 노량해전에서 전사한 장군의 유해는 관음포(觀音浦) 해안에 임시로 안치되었다가 고향인 충남 아산으로 옮겨졌다. 지도의 충렬사(忠烈祠)는 당시 장군의 유해가 머물던 자리에 세운 사당이다. 그 앞의 '비(碑)'라는 지명은 장군의 8대손으로 삼도수군통제사가 된 이항권(李恒權)이 1832년(순조 32년) 세운 제단과 비를 의미한다. 흔히 '이락사(李落祠)'라 불린다.

섬진진(蟾津鎭) – 가2

예로부터 모래가 곱기로 이름난 섬진강(蟾津江)은 '다사강(多沙江)'·'사천(沙川)' 등으로 불리던 하천이다. 섬진강을 거슬러 내륙으로 들어가는 이곳은 요충지라, 임진왜란 당시 이순신 장군이 수군을 주둔시켰다고 한다. 1705년(숙종 31년) 정식으로 진(鎭)을 설치하였다. 지금의 광양시 다압면 도사리 섬진마을 나루터다.

삼천포보(三千浦堡) – 라2·라3

〈대동여지도〉에는 모두 3개의 삼천포(三千浦)가 있다. 《신증동국여지승람》과 《대동지지》의 진주목, 사천현, 고성현 조에 실린 기록들을 살펴보면, 삼천포보는 조선 초기에는 진주목 관할의 통창(統倉, 라3) 북쪽에 있다가, 1488년(성종 19년) 사천현의 통양포(通陽浦, 라2)로 옮겼고, 이어 1619년(광해군 11년) 다시 통영 서남쪽의 미륵도(19-2 도엽의 가4)로 옮겨 간 것을 알 수 있다. 조선 시대에는 진보 등을 옮길 때 이름도 같이 가져가는 게 관례였기 때문에 '삼천포'라는 이름이 셋이나 되는 것이다.

창선도(昌善島) – 라4

조선 시대 창선도는 진주목 월경지였으나 지금은 경상남도 남해군에 속해 있다. 실제 창선도와 남해도는 가까이 붙어 있으나, 지도에는 멀리 떨어져 있다. 적량진(赤梁鎭) 남쪽의 지족해협에는 전통 어로시설인 죽방렴(竹防簾)이 설치되어 있다.

사량도(蛇梁島) – 마4

통영의 사량도는 상도(上島)와 하도(下島)로 이루어진 섬인데, 〈대동여지도〉에는 하나의 섬으로 표현되어 있다. 봉수가 표기된 공수산(供需山)은 하도의 칠현봉이다. 하도 덕동마을의 옛 지명은 공수리다. 호남과 영남 해역을 잇는 중요 거점에 위치하였던 사량진은 상도의 '진리'라는 지명으로 남아 있다. 사량진 남쪽에 표기된 상박도와 하박도(20-2 도엽)가 사량도라는 의견도 있다.

순천順天 낙안樂安 보성寶城

동복(同福) 동쪽의 곧게 뻗은 긴 하천은 보성강으로, 1992년 주암댐 건설로 주암호가 조성되었다.

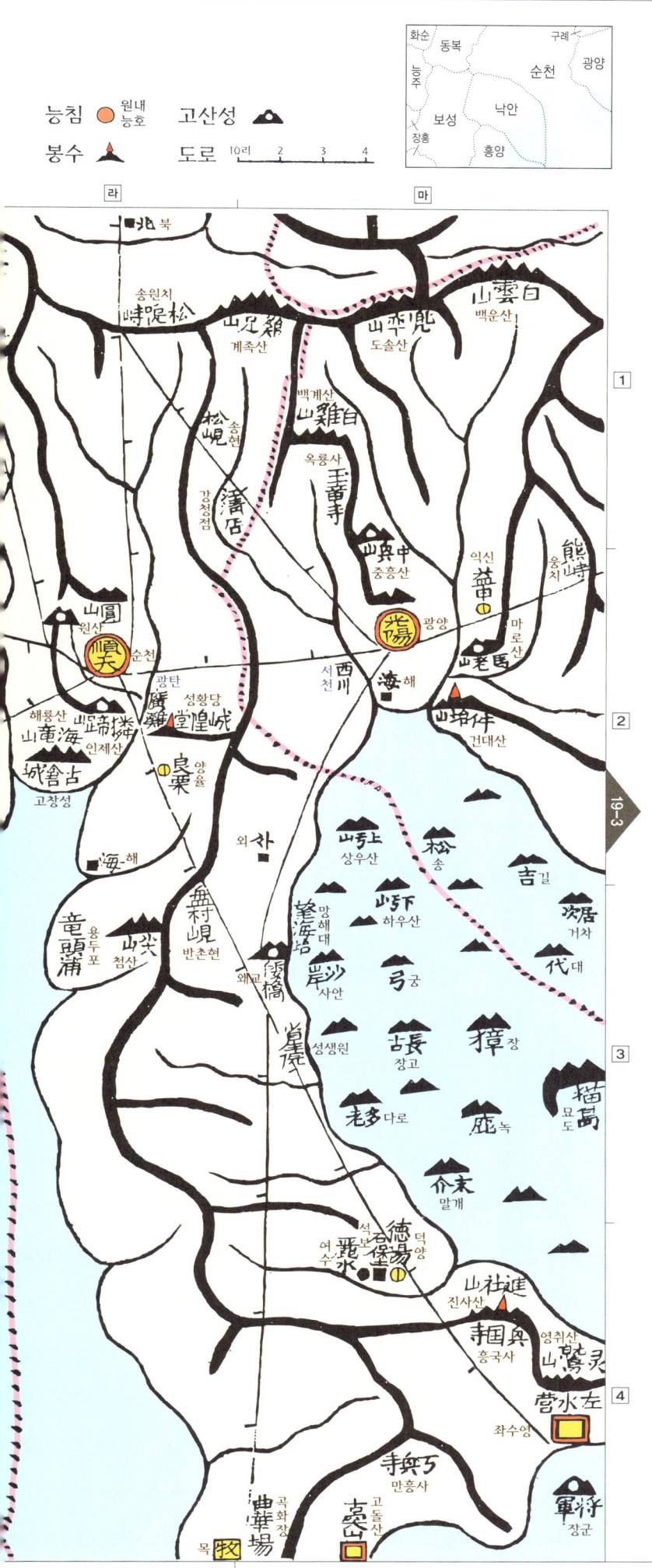

능침 ● 원내 능호
봉수 ▲
고산성 ▲
도로 10리 2 3 4

남해안 방어의 요충지, 순천

좌측에서는 보성강이 섬진강에 합류하기 위해 동북으로 흘러간다. 우측 하단에는 여수반도가 길게 동남으로 뻗어 있다. 그 좌측은 순천만이고, 우측은 광양만이다.

순천(順天) – 라2

《신증동국여지승람》에 "산과 물이 기이하고 고와 세상에서 소강남(小江南, 아름다운 고을을 비유)이라고 일컫는다."고 한 순천은 조선 시대에는 지금의 여수반도까지 다스리던 도호부(都護府)였다. 당시 치소(治所)였던 순천읍성은 둘레가 3,383척, 높이가 15척으로서 제법 위용을 자랑했으나 지금은 대부분 허물어졌다. 이곳의 팔마비(八馬碑)는 고려 말 백성들이 바친 8필의 말을 되돌려 보냈다는 최석(崔碩)의 송덕을 기리는 비석이다.

여수고현(麗水古縣) – 마4

여수(麗水)는 조선 시대에 독립된 군현이 아니었다. 순천부 동남쪽 60리의 여수고현은 본래 백제 원촌현(猿村縣)이었고, 고려 때 여수로 고치고 현령을 두었으나 조선 태종 때 순천에 속하면서 폐현이 되었다. 《대동지지》에 따르면, 여수고현에는 여수석보(麗水石堡)가 있었으나 1522년(중종 17년) 돌산보(突山堡)로 옮겨 갔고, 이곳에는 세곡을 모아 두던 석보창(石堡倉)을 두었다. 현재 여수시청의 위치는 만흥사(万興寺) 지명 남쪽 해안이다.

좌수영(左水營) – 마4

1479년(성종 10년) 순천부에서 동남쪽으로 80리 지점의 내례포에 설치된 전라좌수영은 4백여 년 동안 남해안 방어에 중추적 역할을 하였다. 1591년(선조 24년) 전라좌수사로 부임한 이순신(李舜臣) 장군은 임진왜란이 일어나자 전라좌수영 본영 및 관하 5관(순천·낙안·보성·광양·흥양) 5포(방답·사도·여도·본포·녹도)의 수령 장졸 및 전선을 전라좌수영에 집결시켜 전라좌수영 함대를 편성하였다.

광양(光陽) – 마2

광양현 치소(治所)는 현재의 광양읍이고, 현재의 광양시청은 동남쪽 끝 쪽의 해안가에 위치한다. 광양 수군은 임진왜란 때 전라좌수영 수군의 주력으로 편성되어 전투를 승리로 이끌고 제해권을 장악하는 데 중요한 역할을 수행하였다. 또한 당시 광양 의병은 섬진강 하류의 길목을 차단해 왜군의 전라도 진입을 막아 냈다.

벌교(伐橋) – 다3

개곡천(開谷川, 지금의 벌교천)에 표기된 '벌교'라는 지명은 '뗏목을 잇달아 놓은 다리'를 말한다. 1729년(영조 5년) 조계산 선암사의 초안선사(楚安禪師)는 주민들을 위해 뗏목다리 자리에 홍교(虹橋)를 세웠다. 조정래(趙廷來)의 대하소설 《태백산맥》에서 염상진과 하대치 등이 지주들에게서 빼앗은 쌀을 소작인들에게 나눠 주려고 쌓아 놓았던 그 다리다.

여수(麗水)는 고려 때 지명으로 조선 시대에는 '좌수영(左水營)'로 불렸고, 1897년에 여수군이 신설되었다. 245

나주羅州 영암靈岩 장흥長興

영아 ☐ 영이 있는 읍치는 표시 안함　　성지 ⛰ 산성 ⛰ 관성　　창고 ■ 무성 ◩ 유성　　고현 ● ◉ 유성 ◎ 구읍지　　역참 ◐

읍치 ● 무성 ● 유성　　진보 ■ 무성 ◩ 유성　　목소 牧 牧 場 屬　　고진보 ▲ ⛰ 유성　　방리 ○

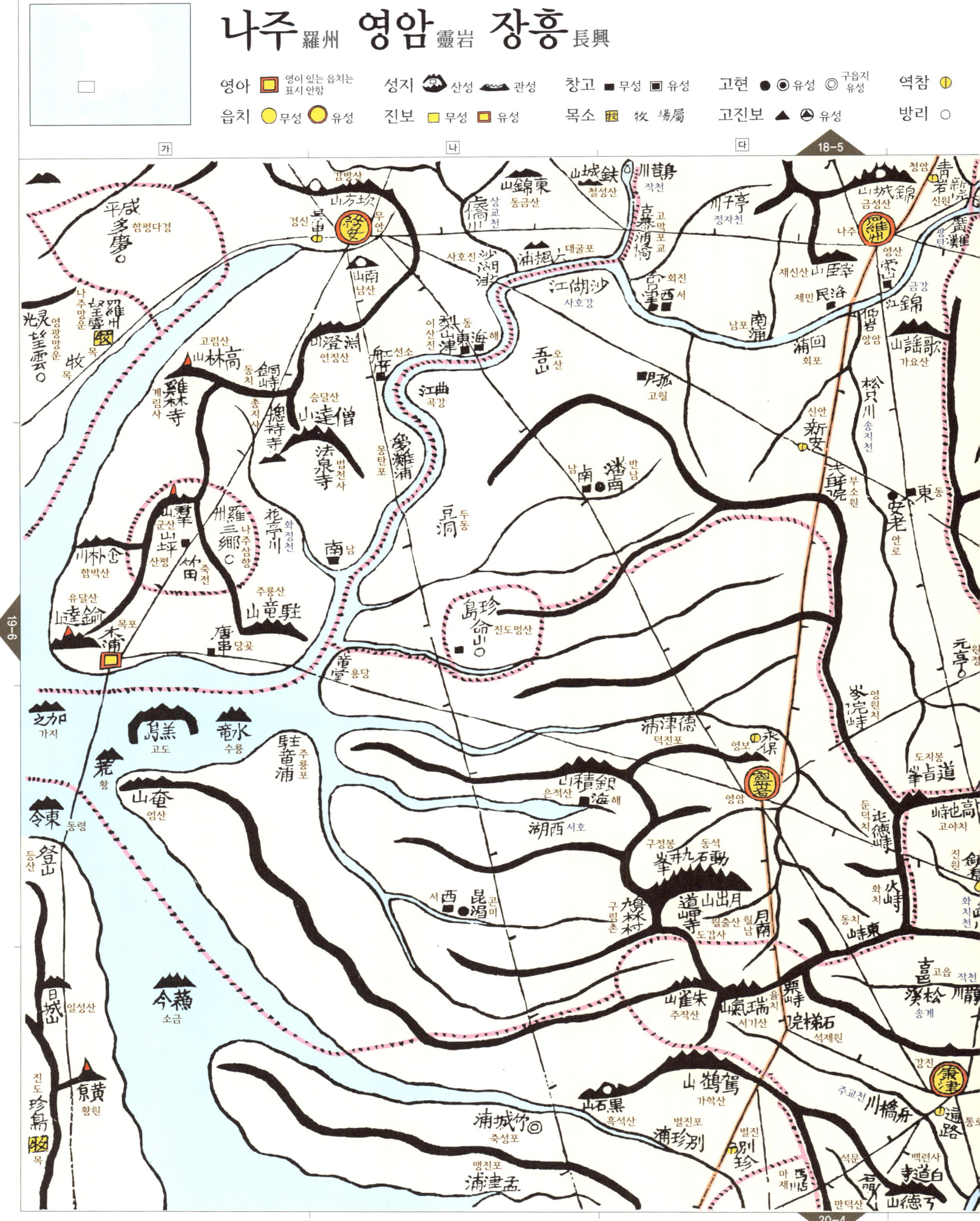

목포(木浦)는 조선 시대 무안에 속한 진이었으나, 1897년에 개항된 뒤 1949년 목포시로 승격되었다.

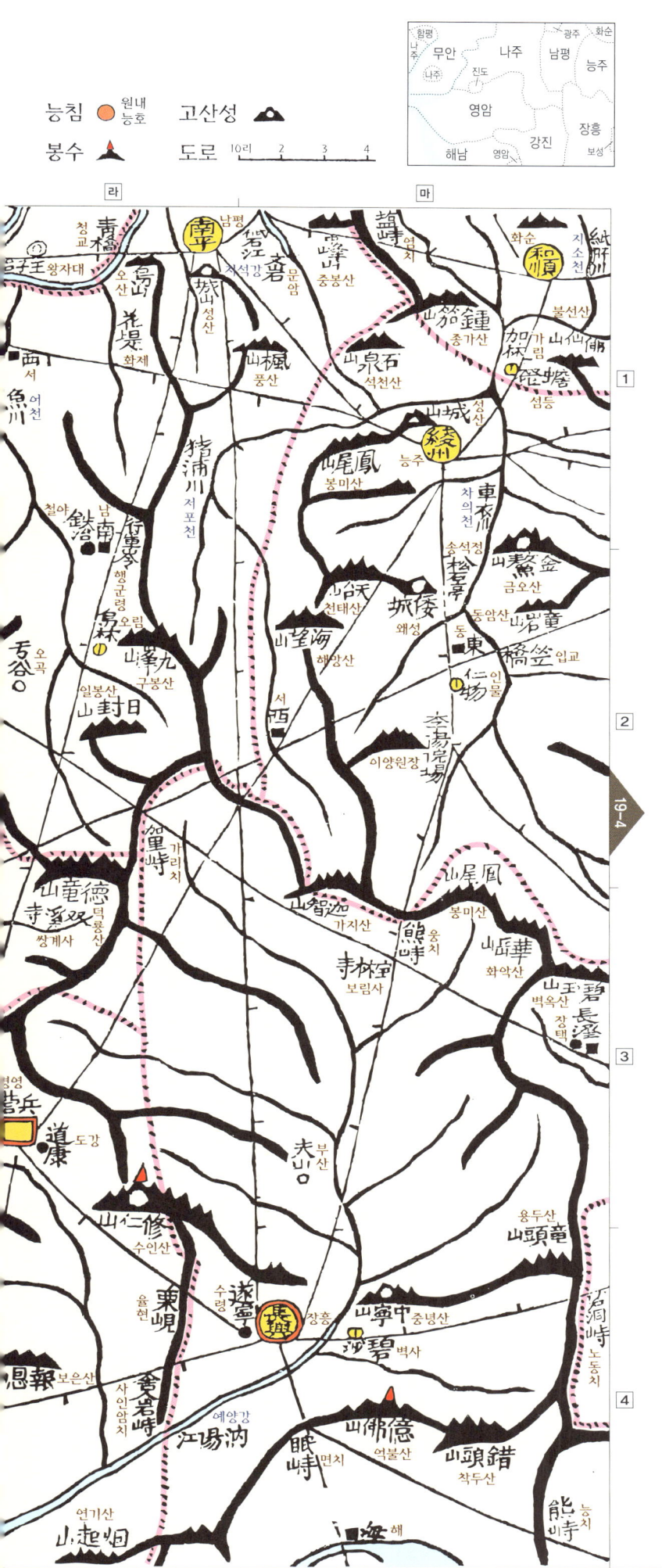

영산강이 흐르는 고을, 나주

우측 상단에서 서남으로 흐르며 나주를 지나 목포로 흘러드는 하천은 영산강이다. 우측 하단으로는 탐진강이 장흥·강진을 지나 바다로 흘러간다. 그 동쪽의 벽옥산~용두산은 호남정맥이다.

영산창(榮山倉) - 라1

나주 영산창은 나주 및 순천·보성 등 17개 고을의 세곡을 거뒀다가 한양으로 운반하던 곳이다. '영산강'이라는 이름은 여기서 유래하였는데, 영산강을 따라 홍어와 젓갈이 모여들던 영산포(지도의 남포)는 호남 최대의 포구였다. 그렇지만 1914년 호남선이 개통되고, 이후 자동차 교통이 발달하면서 점차 쇠퇴하다가, 1981년 영산강 하굿둑이 생기면서 뱃길은 완전히 끊기고 말았다.

목포(木浦) - 가2

목포는 예로부터 호남의 내륙과 해상을 연결하는 요충지라 수군의 진(鎭)이 있었다. '목포'라는 지명은 지형이 바다로 들어가는 외나무다리처럼 길고 홀쭉하다고 해서 유래하였다. 후삼국 시대에는 견훤(甄萱)의 대함대가 목포 앞바다에서 왕건(王建)의 함대에게 대패하기도 하였다. 봉수가 있는 유달산(鍮達山)은 목포의 상징으로 사랑받고 있다.

강진(康津) - 라4

조선 태종 때 도강(道康)과 탐진(耽津)을 합쳐 이루어진 강진은 예양강(汭陽江, 지금의 탐진강)을 젖줄로 삼은 '남도답사 1번지'의 고을이다. 규석과 고령토를 기반으로 도자기 생산이 활발해 고려청자의 유명한 산지였다. 강진 치소(治所)에서 서남쪽으로 20리 떨어진 만덕산 백련사(白蓮寺)는 차와 동백으로 유명하다. 이곳에는 다산 정약용(丁若鏞)이 귀양살이하던 다산초당이 있다.

병영(兵營) - 라3

조선의 전라도 육군 전체를 호령하던 병마도절제사영(兵馬都節制使營)이다. 원래 광주(光州)에 있었는데, 1417년(태종 17년) 도강고현(道康古縣)으로 옮겨 온 것이다. 전라도는 물론 제주의 군대를 총괄하는 본부였기에 소속 군인들과 몰려든 상인들로 제법 큰 고을을 이루었다. 17세기 중반, 제주도에 표류한 네덜란드인 헨드릭 하멜(Hendrik Hamel) 일행이 이곳에 8년 동안 억류되기도 하였다.

월출산(月出山) - 다3

고려 때 문장가 김극기(金克己)가 "푸른 낭떠러지와 자색의 골짜기에는 만 떨기가 솟고, 첩첩한 산봉우리는 하늘을 뚫어 웅장하고 기이함을 자랑하누나." 하고 노래한 영암의 월출산은 남도의 명산이다. 최고봉은 천황봉이지만, 9개의 우물이 있었다는 구정봉(九井峯)이 표기되어 있다. 월출산 서쪽의 구림촌(鳩林村)은 백제의 왕인(王仁) 박사, 신라 말기 도선(道詵)이 태어난 마을이다.

다경포 多慶浦 흑산도 黑山島

| 영아 | ■ 영이 있는 읍치는 표시 안함 | 성지 | ⛰ 산성 | 🏔 관성 | 창고 | ■ 무성 | ▣ 유성 | 고현 | ● ◉ 유성 | ◎ 구읍지 유성 | 역참 | ◖ |
| 읍치 | ● 무성 ● 유성 | 진보 | ▢ 무성 ▨ 유성 | | 목소 | 🔲 牧 場 屬 | | 고진보 | ▲ ⛰ 유성 | | 방리 | ○ |

18-6

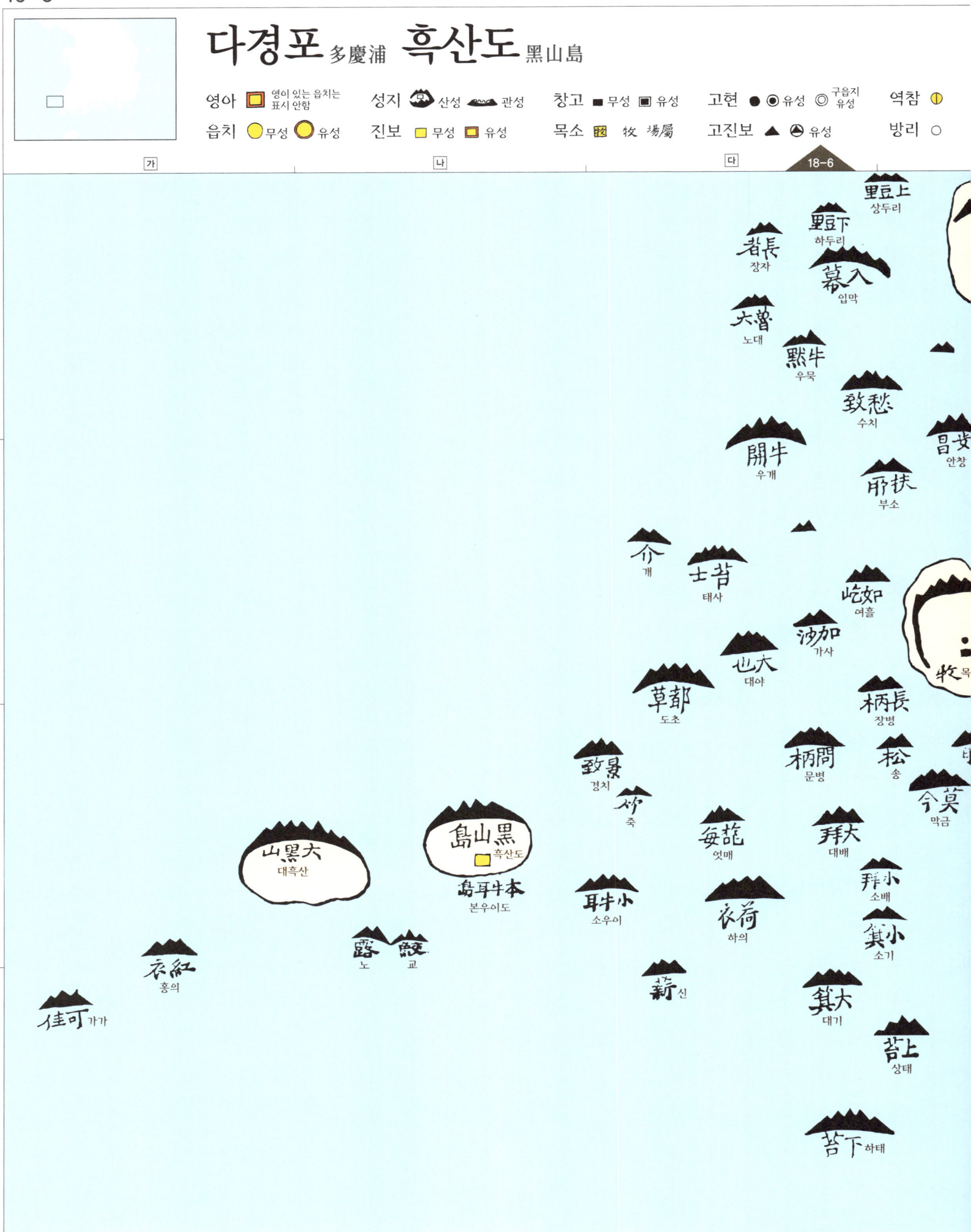

里豆上 상두리
里豆下 하두리
者長 장자
幕入 입막
大簪 노대
黙牛 우묵
致愁 수치
昌安 안창
開牛 우개
所扶 부소
介 개
士苔 태사
屹如 여흘
沙加 가사
也大 대야
草都 도초
柄長 장병
柄問 문병
松 송
致景 경치
竹 죽
今莫 막금
每苊 엇매
拜大 대배
小牛 소우이
島山黑 흑산도
島耳牛本 본우이도
山黑大 대흑산
衣荷 하의
拜小 소배
箕小 소기
露 노
鮫 교
衣紅 홍의
薪 신
箕大 대기
佳可 가가
苔上 상태
苔下 하태

20-5

능침 ⬤ 원내 능호　고산성 ▲

봉수 ▲　도로 10리 2 3 4

서해 / 영광 / 나주 / 해남 / 진도

飛禽 비금
蘭草 초란
土道 도사　大廣 광대
甑後牧 후증 목
風屛 병풍　岾蟬 선재
甬八 팔이　花梅 매화　之陸 주지
致沙 치사　歷 역
耵牧 고이 목
帽笠 입모
海 해
多慶浦 다경포 진
佐其 기좌
押海 압해
竹 죽
驛 역 驛
言沙 허사
置牛 우첩
長 장산
只朴 박지
瑟球 구슬
出竜 용출
牧 목
牛 우
白花嶼 백화서
雲望 망운
達內 내달
下高 고하
邑沙 사읍
半月 반월
達外 외달
蕑加 가란
耳達 달이
羅者 자라
訥 눌
獐 장
岳牛 우악
竹 죽

한반도 서남 해안의 요충지, 다경포

우리나라 서남 해안의 다도해 지역이다. 지도의 대흑산은 지금의 흑산도, 지도의 흑산도는 지금의 우이도, 지도의 가가도는 지금의 가거도(소흑산도)다. 다도해 섬들은 위치와 크기, 거리 등이 실제와 많이 다르게 표현되어 있다.

다경포진(多慶浦鎭) – 마2

우리나라 서남 해안을 방어하던 관방시설이다. 성은 1515년(중종 10년)에 돌로 쌓았는데, 둘레가 980척, 높이가 12척이었다. 조선 시대에는 영광군(靈光郡) 땅이었으나 지금은 무안군의 운남면 성내리다. 마을에는 아직 성벽이 남아 있고, 선박수리장소, 선착장, 성돌 채석장 등도 발굴되었다. 조선 후기에 최익현(崔益鉉)이 흑산도로 유배 갈 때 이곳에서 출발하였다.

대흑산(大黑山) – 가3

지금의 대흑산도, 즉 흑산도다. 이 섬은 유배지로 악명을 날렸는데, 정약용(丁若鏞)의 형 정약전(丁若銓)은 1801년(순조 1년) 신유박해 때 유배 왔다가 《자산어보》를 남겼고, 조선 후기의 애국지사 최익현(崔益鉉)은 일본과의 강화도조약을 반대하다 1876년(고종 13년) 유배 와 3년을 지냈다.

흑산도(黑山島) – 나3

고지도 및 지리지에 '흑산도'라고 기록된 섬은 대부분 지금의 우이도(牛耳島)다. 《대동지지》에 "흑산도진(黑山島鎭)은 우이도 안에 있는데, 처음에는 별장(別將)을 두었다."고 하였다. 〈대동여지도〉에도 흑산도 밑에 "본래 우이도다.(本牛耳島)"라고 부기되어 있어, 흑산도는 모래 언덕으로 유명한 우이도임을 알 수 있다. 정약전(丁若銓)은 신유박해 때 흑산도진 관할이던 대흑산도와 우이도를 오가며 유배생활을 하였다. 또한 정약전은 당시 우이도 홍어 장수 문순득(文淳得)이 표류하였다가 귀향한 이야기를 《표해시말(漂海始末)》이라는 책으로 남겼다.

가가도(可佳島) – 가4

가가도는 우리나라 서남단인 지금의 소흑산도(小黑山島), 즉 '가거도(可居島)'다. 대부분의 옛 기록에 '가가도'로 표기되어 있는데, 주민들은 대대로 '가히 사람이 살만한 섬'이라 해서 '가거도'라 하였다. '소흑산도'는 일제 강점기 무렵 붙여진 명칭이다.

비금도(飛禽島) – 라1

전라남도 신안군의 중앙부에 위치한 비금도는 천일염의 섬이다. 1946년 갯벌을 막아 우리나라 최초의 천일염전인 구림염전을 만들었다. 1948년에는 '대동염전조합'을 결성하고 150ha가 넘는 광활한 염전을 조성하였다. 〈대동여지도〉에는 비금도의 위치가 맨 상단에 있지만, 현대 지도와 비교하면 도초도(다2)와 맞붙어 있어야 한다.

거제 巨濟

영아 🟧 영이 있는 읍치는 표시 안함   성지 🔺산성 🔺관성   창고 ◼무성 ◻유성   고현 ●◉유성 ◎구읍지 유성   역참 🌓

읍치 🟡무성 🟠유성   진보 🟨무성 🟧유성   목소 🈸牧場屬   고진보 🔺 🔺유성   방리 ○

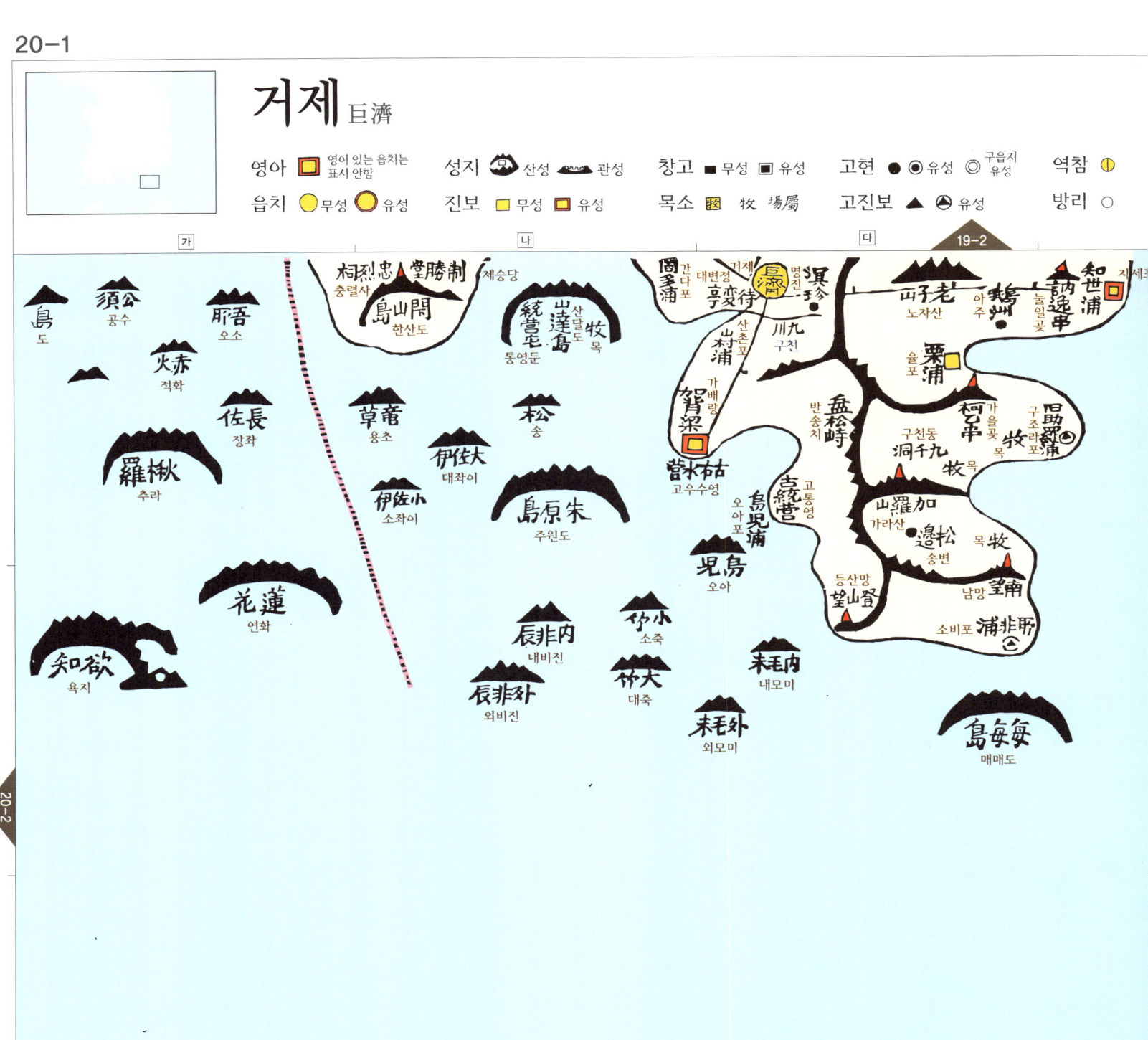

須公
공수

島
도

晤吾
오소

火赤
적화

佐長
장좌

羅楸
추라

知欲
욕지

花蓮
연화

桐烈忠堂勝制
충렬사
島山閒
한산도

제승당

統營屯
통영둔

山達島
산달도

牧

草竜
용초

松
송

伊佐大
대좌이

伊佐小
소좌이

島原朱
주원도

辰非內
내비진

長非外
외비진

小竹
소죽

大竹
대죽

未毛內
내모미

未毛外
외모미

閑多浦
간다포

待変亭
대변정

巨濟
명어진성
거제

其珍
명사진
산촌포

川九
구천

山村浦

賀梁
가배량

營水古
고우수영

島兒浦
오아포

兒島
오아

古統營
고통영

山子老
노자산

盂松崎
반송치

구천동

洞千九

羅加
가라산

山

浦非邪
소비포

望山登
등산망

邊松
송변

牧

望南
남망

知世浦
지세포

獨州

栗浦
율포

柯串
가곡
구조라포

牧

思助羅
조라포

牧

島每每
매매도

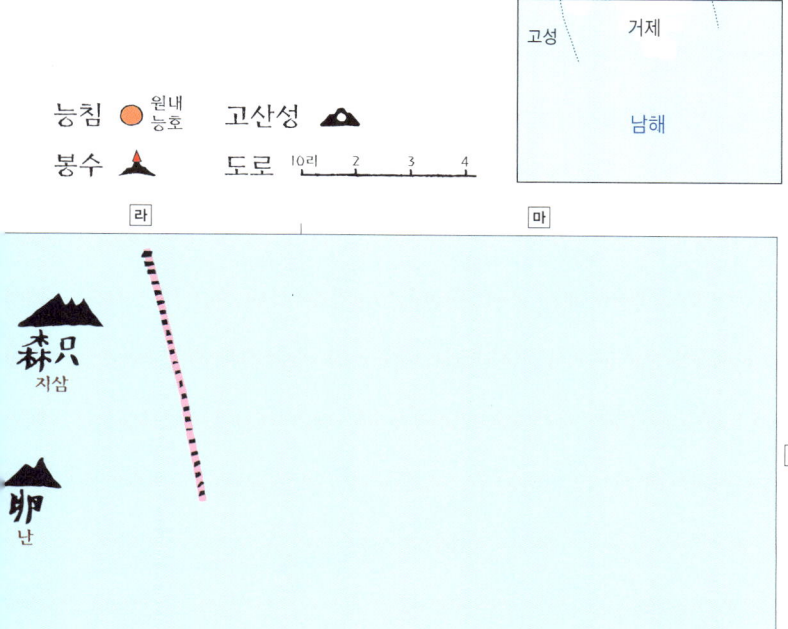

능침 ● 원내 능호   고산성 ▲
봉수 ▲   도로 |10리 2 3 4

고성   거제
남해

라   마

森只
지삼

卵
난

1
2
3
4

임진왜란 후 거제도 행정 중심지

가운데에 불쑥 나온 땅은 거제도 남부 지역이다. 남쪽 바다 건너의 매매도는 지금의 매물도인데, 실제 거리보다 가깝게 표현되어 있다. 지금의 한려해상국립공원 일대다.

거제(巨濟) – 다1

거제는 임진왜란 이후 거제도 행정의 중심지였다. 원래 조선 초기 거제현 치소(治所)는 '19-2 도엽'의 고현성(古縣城)이었는데, 임진 왜란 때 불에 타버리자 1663년(현종 4년) 명진고현(溟珍古縣) 근처 (지금의 거제면 동상·서상리)로 옮겨 온 것이다. 현재 이곳에는 거제 관아의 중심 건물이었던 기성관, 유배 온 송시열(宋時烈)이 제자를 가르치던 반곡서원, 그리고 지방 교육기관인 향교 등이 남아 있다.

가배량진(加背梁鎭) – 나1

가배량진은 임진왜란이 일어난 해 경상우수사 원균(元均)의 본영 이었다. 1593년 삼도수군통제사가 된 이순신(李舜臣)은 통제영(統 制營)을 이곳에 두었다가 한산도(閑山島)로 옮겨 갔다. 1597년 3월 이순신이 백의종군 하자 통제사가 된 원균은 다시 이곳에 통제영 을 두었지만, 7월 칠천량해전에서 전사하자 재임된 이순신은 통 제영을 다시 한산도로 이전하였다. 고통영(古統營), 고우수영(古右 水營) 등은 절박하였던 당시 상황을 잘 보여 주는 지명이다.

한산도(閑山島) – 나1

이순신(李舜臣) 장군은 1593년(선조 26년) 한산도로 삼도수군통제 영을 옮긴 후 1597년(선조 30년) 한양으로 압송되기 전까지 이 섬 에 머물렀다. 장군은 《난중일기》 총 1,491일 분량 중 1,029일의 일기를 여기서 썼다. 봉수 표기가 있는 산은 한산도 최고봉인 망 산(望山)인데, 《난중일기》에 "한산도 뒷산 마루에서 다섯 섬과 대 마도를 볼 수 있다고 하기에 혼자 말을 타고 올라가서 보니 과연 다섯 섬과 대마도가 보였다."고 기록한 그 산이다.

매매도(每每島) – 다2

〈대동여지도〉에는 매매도로 표기하고 하나의 섬으로 그렸지만, 〈해동지도〉 등에는 내매매도와 외매매도를 구분해서 그렸다. 실 제로 매물도는 대매물도·소매물도·등대도 이렇게 3개의 섬으 로 이루어져 있다. 소매물도는 거센 파도와 바닷바람이 빚은 수 직의 암벽들로 둘러싸인 풍광이 빼어나다 하여 '남해의 진주'라고 불린다.

욕지도(欲知島) – 가2

욕지도는 연화도·상노대도·하노대도·두미도·초도 등 한려수 도의 끝자락에 흩어진 39개의 섬을 아우르는 연화열도(蓮花列島)에 서 가장 큰 섬이다. 천왕봉 정상 바위의 '이세선 통제사 친행 암각 문'은 1689년(숙종 15년) 65대 이세선(李世選) 통제사가 욕지도에 진영을 설치하기 위해 형세를 살핀 일을 기념해서 새긴 것이다.

금산 錦山 돌산도 突山島

영아 ■ 영이 있는 읍치는 표시 안함 　　성지 ⛰ 산성 🔺 관성 　　창고 ■ 무성 ▣ 유성 　　고현 ● ◉ 유성 ◎ 구읍지 유성 　　역참 ◐

읍치 🟡 무성 🟠 유성 　　진보 🟨 무성 🟧 유성 　　목소 牧 牧場屬 　　고진보 ▲ ▲ 유성 　　방리 ○

지도에 평산포(平山浦)와 상주포(尙州浦) 사이의 해안이 밋밋하나, 실제로는 앵강만이 형성된 곳이다.

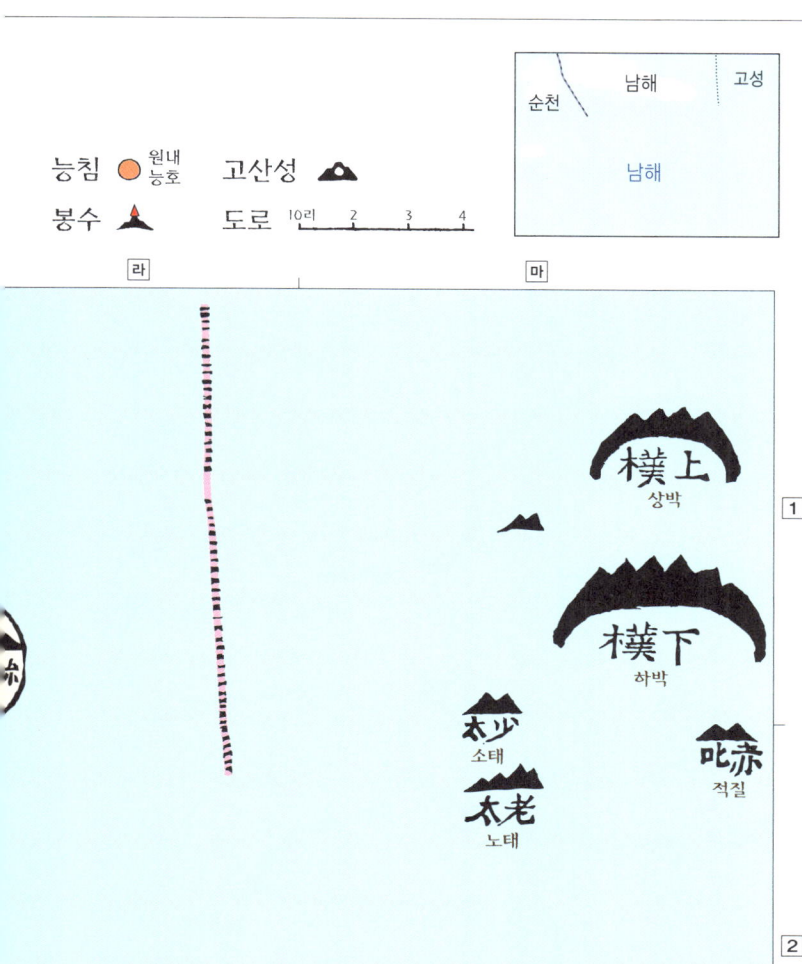

능침 ● 원내 능호 고산성 🔺

봉수 🔺 도로 10리 2 3 4

라 | 마

순천 | 남해 | 고성

남해

橫上
상박

橫下
하박

太少
소태

叱赤
적질

太老
노태

1

2

20-1

3

4

이성계가 왕이 되고자 기도한 금산

남해도의 남부 지역으로서 상주포 서쪽은 앵강만이고, 동남쪽 끄트머리는 미조항이다. 좌측 상단의 돌산도는 현재 돌산대교와 거북선대교로 여수반도와 연륙되어 있다.

금산(錦山) – 나1

원래 이름은 보광산(普光山)인데, 이성계(李成桂)가 "왕이 되면 온 산을 비단으로 덮어 주겠다."고 맹세한 뒤 왕이 되자 이름을 '금산'으로 바꿨다고 한다. 바위에 9개의 홈이 파인 구정봉(九井峯)과 이성계가 기도하였다는 이씨기단을 비롯해, 문장암·사자암·촉대봉·향로봉·음성굴 등 금산삼십팔경을 이루는 기암괴석이 발 아래 펼쳐진 바다와 조화를 이루는 명산이다.

미조항진(彌助項鎭) – 라1

조선 초기에는 왜구들이 미조항 해안에 자주 출몰해 주민들을 괴롭혔다. 《조선왕조실록》에는 1489년(성종 20년) 섬 동남쪽에 작은 보(堡)를 쌓고 육군을 배치해 왜구들을 감시하였다는 기록이 실려 있다. 구미조항진(舊彌助項鎭)이 그 흔적이다. 그런데 육군만으로 방어에 어려움이 많자 1544년(중종 39년)에 동쪽으로 10여 리 떨어진 항구로 미조항진(彌助項鎭)을 옮겨 갔다. 현재 미조항 앞바다의 돌무더기는 당시 진을 설치하였을 때의 방파제라고 한다.

앵강만(鶯江灣) – 나1

상주포보(尙州浦堡)와 평산포진(平山浦鎭) 사이는 남해에서 가장 아름답다는 앵강만이다. 만이 실제보다 단순하게 표현되어 있으나, 앵강만 해안도로는 천혜의 경관과 사람이 빚은 사연이 적절히 섞여 있는 보물 같은 길이다. 소흘산(所訖山, 지금의 설흘산) 남쪽 해안가 언덕에는 다랑논으로 유명한 가천다랭이마을이 있고, 상주포보는 백사장이 아름다운 지금의 상주해변이다.

돌산도(突山島) – 가1

우리나라에서 10번째로 큰 섬이다. 지금은 여수반도와 돌산대교, 이순신대교로 연결되어 있다. 남쪽의 방답진(防沓鎭, 돌산읍 군내리)은 전라좌수영의 전초기지로서 횡간수도·월호수도·제리수도·백야수도·계두수도 등 본영으로 통하는 수로를 드나드는 선박들을 감시하는 요충지였다. 임진왜란 당시 전라좌수영에서 만든 3척의 거북선 중 방답귀선(防沓龜船)을 이곳 방답진에서 건조하였다.

거마도(巨磨島) – 가3

거마도는 지금의 금오도(金鰲島)다. 〈해동지도〉 등 대부분의 옛 지도들은 거마도를 돌산도 서쪽에 그렸으나, 〈대동여지도〉처럼 남쪽에 위치한 것이 맞다. 거마도는 거송이 울창해 섬이 검게 보였다는 데서 유래한 지명이고, 금오도는 섬의 모양이 큰 자라를 닮았다는 데서 유래한 지명이다.

흥양 興陽

영아	■ 영이 있는 읍치는 표시 안함	성지 ⛰️ 산성 ⛰️ 관성	창고 ■무성 ▢유성	고현 ●유성 ◎구읍지 유성	역참 ◐
읍치 🔴무성 🟠유성	진보 🟨무성 🟧유성	목소 牧 牧 場 屬	고진보 ▲ ⏶유성	방리 ○

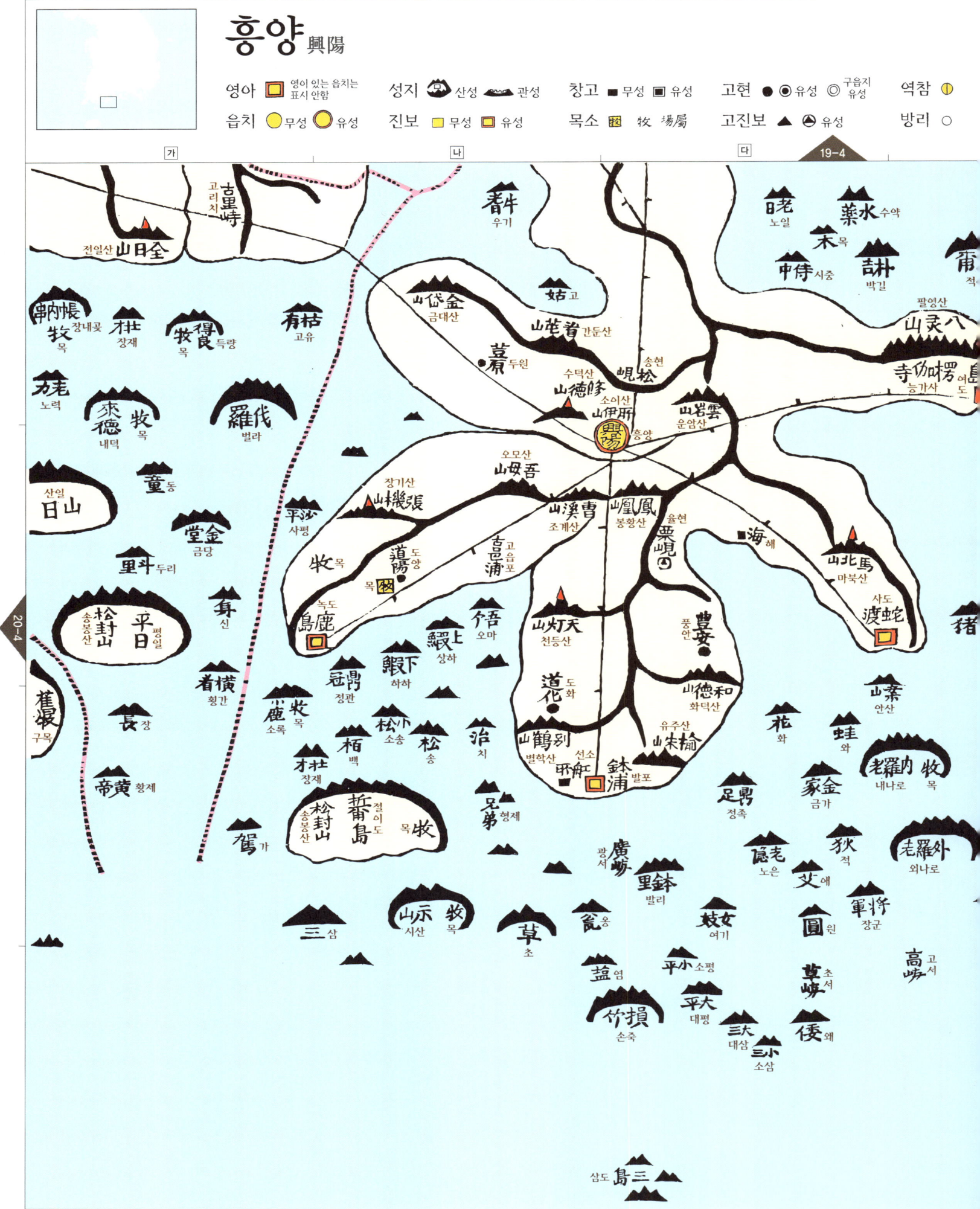

여수반도 끝자락의 백야곶(白也串) 봉수는 돌산도 방답(防踏) 봉수를 받아 흥양 팔영산 봉수로 연결된다.

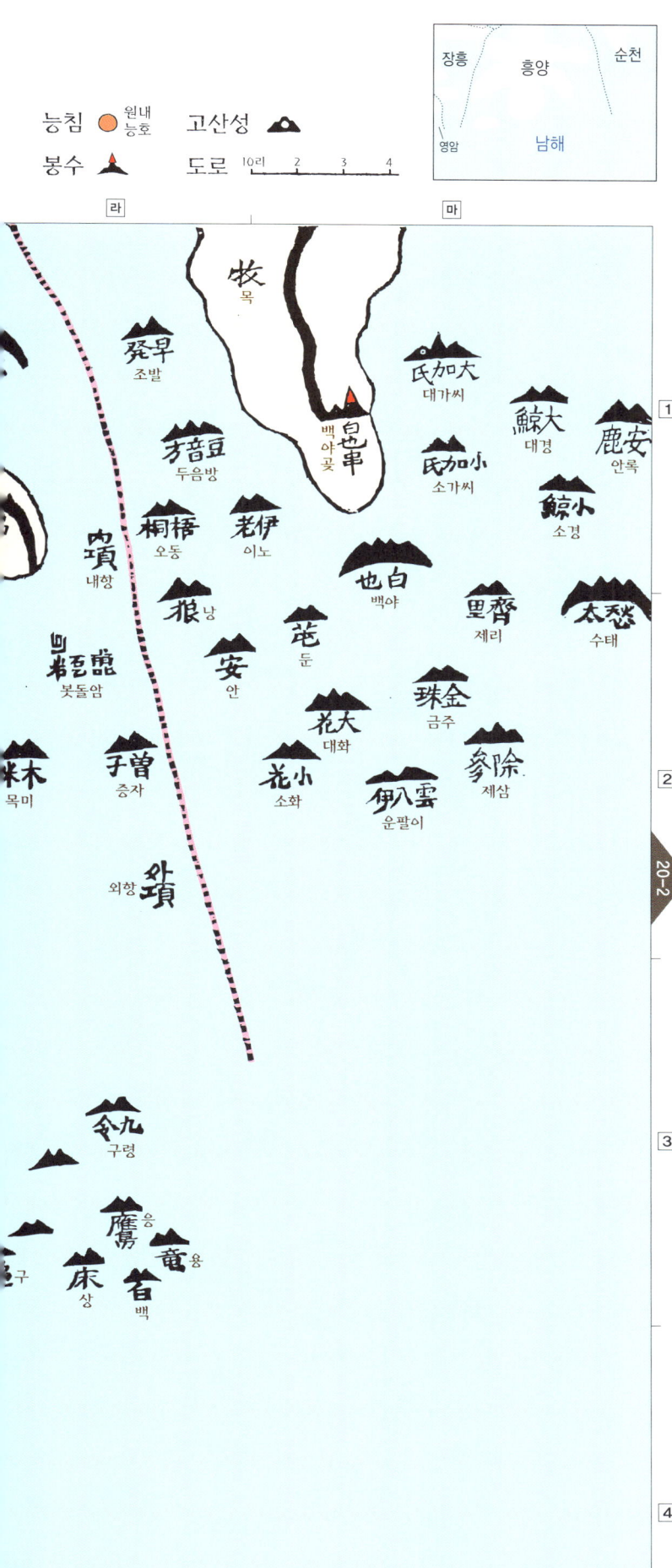

남해를 지키던 반도 고을, 흥양

지도 가운데에는 고흥반도가 불가사리나 오이꽃처럼 펼쳐져 있다. 그 우측으로는 순천만 너머 여수반도의 화양면이고, 좌측은 보성만(득량만) 너머 장흥 땅과 그 앞바다다.

흥양(興陽) – 다2

흥양은 지금의 전라남도 고흥이다. 고려 때 고흥현(高興縣)이었는데, 조선 태조 때 왜구의 침입으로 치소(治所)를 보성의 조양현(兆陽縣)으로 이전하였다가 세종 때 당시 장흥 땅이었던 이곳 두원현(荳原縣)으로 치소를 옮기고 '흥양'이라 하였다. 이 반도는 남해안 방어에 중요한 요충지라 요지마다 진보를 설치하였다. 동남쪽의 사도진(蛇渡鎭)에는 수군첨절제사(水軍僉節制使)를, 녹도진(鹿島鎭) · 여도진(呂島鎭) · 발포진(鉢浦鎭)에는 각각 수군만호 1명을 두었다. 1914년에 고흥으로 바뀌었다.

발포진(鉢浦鎭) – 다3

고흥 남쪽의 발포는 전라좌수영 산하의 5관(순천 · 낙안 · 보성 · 광양 · 흥양) 5포(사도 · 여도 · 녹도 · 발포 · 방답) 중 하나다. 《성종실록》에 따르면 1490년(성종 21년)에 축성한 발포만호성은 둘레가 1,360척, 높이가 13척이었다. 이순신(李舜臣) 장군은 36세 때인 1580년(선조 13년) 발포만호로 부임하여 18개월간 재임한 내력이 있다.

소록도(小鹿島) – 가3

녹도진(鹿島鎭) 남쪽에 '소록(小鹿)'이라는 지명과 함께 목장 표기가 있는 작은 섬이 소록도다. 조선 시대에는 '소록도장(小鹿島場)'이라 불리던 목장이 있었던 이 섬은 일제 강점기에 한센병(나병) 환자들이 집단 수용되면서 '천형(天刑)의 섬'으로 불렸다. 이청준(李淸俊)의 소설《당신들의 천국》은 소록도가 배경이다.

나로도(羅老島) – 라3

나로도는 내나로도와 외나로도 둘로 이루어져 있다. 조선 시대 나라에서 운영하는 말 목장이 있어 '나라섬'이라 부르던 것이 '나로도'로 변한 것이라고 한다. 또 섬의 형국이 '바람에 날리는 비단 같다'고 하여 지명이 유래하였다고도 한다. 현재 외나로도에는 우리나라 최초로 건설된 인공위성 발사장인 나로우주센터가 있다.

삼도(三島) – 다4

이 책에는 〈대동여지도〉에 빠진 거문도를 손죽도 남쪽에 그려 넣었다. 거문도는 고도(古島), 동도(東島), 서도(西島) 3개로 이루어져 '삼도(三島)'라고 불렸다. 1885년(고종 22년) 영국 동양함대가 거문도(巨文島)를 2년 간 점령한 거문도사건 당시 '포트 해밀턴(Port Hamilton)'이라는 이름으로 서구에 알려졌다. 하지만 먼 바다에 있어서인지 대부분의 고지도에서 그 위치가 정확치 않다.

해남 海南 완도 莞島

한반도 최남단의 갈두산(葛頭山)은 조선 시대 영암 땅으로, 그 남쪽 바닷가가 지금의 '토말(땅끝)'이다.

명량대첩의 현장을 품은 해남

한복판에는 해남반도, 우측은 장흥반도가 바다로 뻗어 있고, 그 사이 하천은 탐진강이다. 완도, 고금도 등이 떠 있는 그 앞 바다는 다도해다. 가장 좌측으로는 진도 동부 지역이 보인다.

명량항(鳴梁項) - 가1

해남의 화원반도와 진도 사이의 명량해협은 충무공 이순신 장군이 정유재란 때 12척의 배로 130여 척의 일본 대함대와 맞서 물리친 명량대첩의 현장이다. 해협 북쪽의 우수영은 전라우도 수군 절제사가 주재하던 병영이다. 조선 시대 해남에서 진도를 들어서는 명량항 물길은 우수영~녹진, 삼지원(三枝院)~벽파진(碧波津, 지도의 벽파정)을 잇는 두 갈래가 있었다. 녹진은 주로 군사적 목적으로, 물살이 상대적으로 약한 벽파진은 일반 관리나 백성들이 이용하던 뱃길로 추정된다.

신라청해진(新羅淸海鎭) - 라3

완도는 통일 신라 때의 청해진(淸海鎭)이 있던 섬이다. 지도에도 '신라청해진'이라 표기해 통일 신라 시대 장보고(張保皐)가 중국·일본과 서남아시아를 잇는 동아시아 해상권을 장악한 본거지가 완도였음을 명시하고 있다. 근래 발굴로 확인된 청해진의 정확한 위치는 법화암(法華庵) 지명 동쪽의 장도(일명 장군섬)다.

대둔사(大芚寺) - 다2

두륜산(頭輪山) 밑에 위치한 대둔사는 지금의 대흥사(大興寺)다. 신라 시대에 창건된 사찰인데, 조선 시대 청허당 휴정(休靜), 즉 서산대사(西山大師)가 "만세토록 파괴됨이 없는 곳(萬萬不歲毀之地)"이라며 자신의 가사와 발우를 대흥사에 두라고 유언한 후, 호국도량으로 크게 세를 떨쳐 13대 종사와 13대 강사를 배출하였다. 조선 후기에는 남도 문화의 중심지로 자리매김하였고, 사찰과 인연 있는 추사 김정희(金正喜)의 글씨가 보관되어 있다.

청산도(靑山島) - 마4

청산도는 조선 시대 제주를 오가는 선박들의 기항지였다. 섬 옆에는 "청산도부터 제주 별방소까지 160여 리"라 쓰여 있는데, 별방소는 지금의 제주시 구좌읍 하도리다. 봄이 되면 나지막한 돌담 사이로 샛노란 유채 꽃과 연둣빛 청보리가 하늘거리는 청산도는 2007년 아시아에서는 처음으로 슬로시티에 이름을 올렸다.

보길도(甫吉島) - 라4

제주에서 해남에 이르는 길목에 있는 중간 기착지였던 보길도는 조선 중기의 문신인 고산 윤선도(尹善道)가 은둔하던 섬이다. 윤선도는 보길도 가운데의 너른 골짜기를 '부용동(芙蓉洞)'이라 이름 짓고 격자봉(格紫峰) 아래 집을 지어 '낙서재(樂書齋)'라 하였다. 부용동 초입에 위치한 세연정(洗然亭)은 고산이 경영하던 별서정원이다. 윤선도는 이곳에서 〈어부사시사(漁父四時詞)〉를 지었다.

진도 珍島

영아	⬜ 영이 있는 읍치는 표시 안함	성지	🏔 산성 🌋 관성	창고	■ 무성 ◻ 유성	고현 ● ◉ 유성 ◎ 구읍지 유성	역참 ◐
읍치	🟡 무성 🟠 유성	진보	🟨 무성 🟧 유성	목소	牧 場屬	고진보 ▲ ⬛ 유성	방리 ○

| 가 | 나 | 다 | 19-6 |

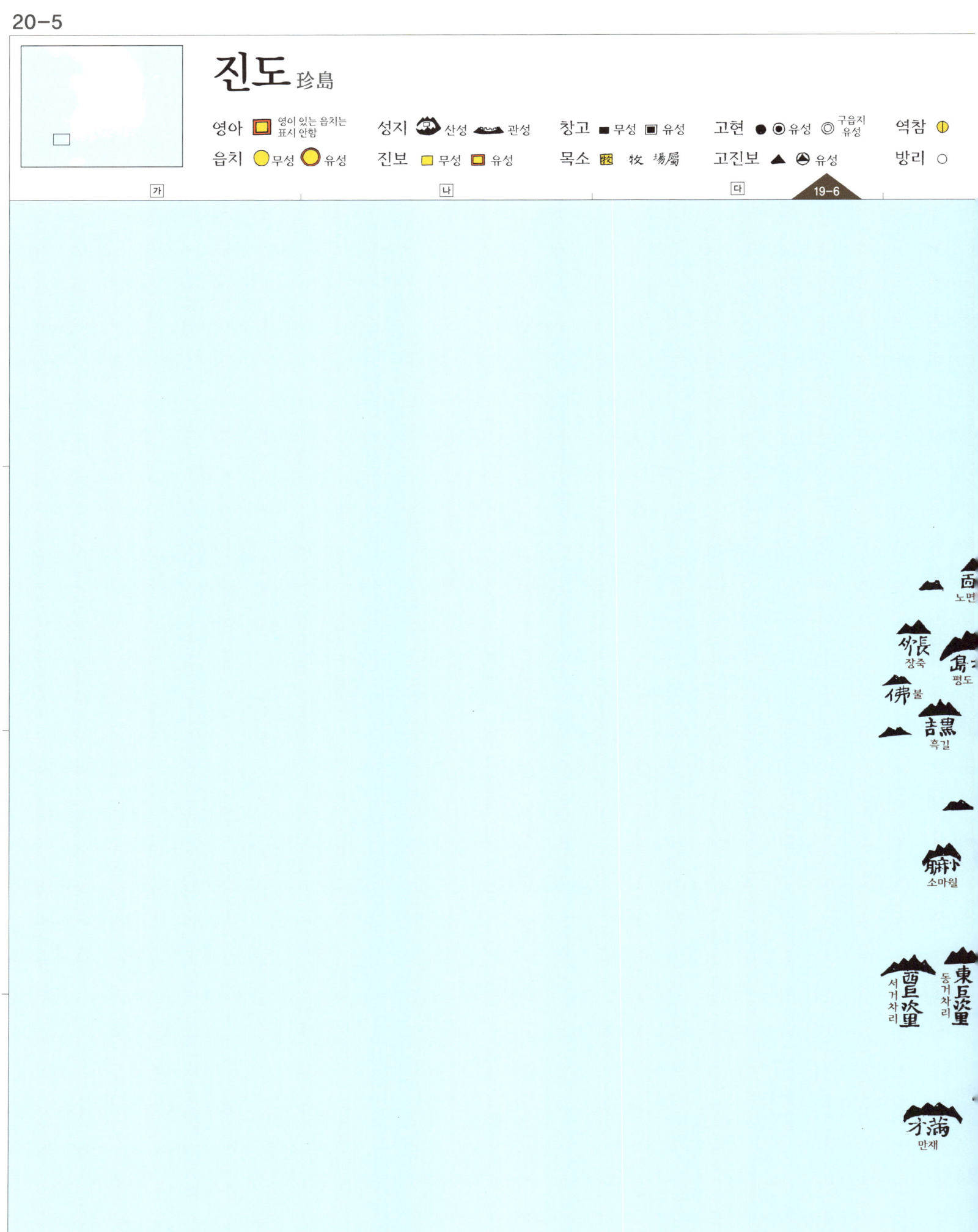

진도 본도와 지사도(知士島) 사이는 천해간석지(淺海干潟地)로 밀물 때 지사도는 마치 섬처럼 보였다.

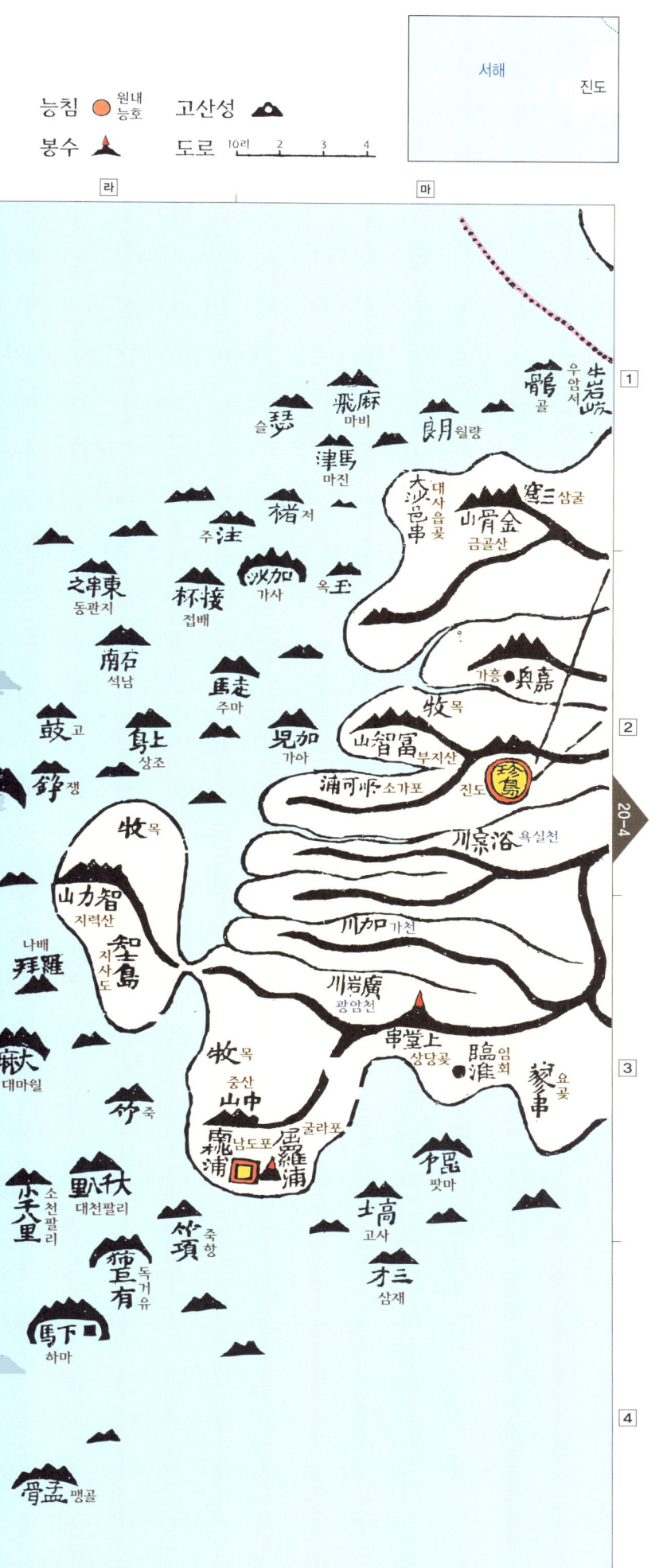

능침 ●원내 능호   고산성 ⛰
봉수 ▲   도로 10리 2 3 4

서해   진도

라   마

牛岩峙 우암서 1
髑 골
飛麻 마비
琴 슬
良朗 월랑
津馬 마진
大沙邑串 대사읍곶   寒三 삼굴
楮 저
山骨金 금골산
注 주
氷加 가사
杯接 접배   玉 옥
之甲東 동관지
南石 석남   輿嘉 가흥
馬走 주마   牧 목
鼓 고   兒加 가아   山智富 부지산
鼽上 상조   珍島 진도
牧 목   浦可所 소가포
山力智 지력산   刈喿浴 욕실천
拜羅 나배   智士島 지사도   川加 가천
獻 대마월   川岩廣 광암천
竹 죽   串堂上 상당곶
牧 목   臨淮 임회
小矢千里 소천팔리   山中 중산   屪車 요곶
臥千大 대천팔리   南桃浦 남도포   羅浦
猫巨有 독거유   竹項 죽항   中忌 팟마
馬下 하마   高士 고사
才三 삼재
骨孟 맹골

〈진도아리랑〉 울려 퍼지는 진도

우리나라 서남 해안이면서 진도의 서부 지역이다. 진도 서남쪽 하마도(지금의 하조도로 추정)와 그 주변 섬들을 '조도군도'라 부른다.

진도(珍島) – 마2
우리나라에서 세 번째로 큰 섬인 진도는 조선의 대표적인 유배지로 알려진 함경도 삼수갑산보다 더 많은 사람이 유배된 곳이지만, 역설적으로 문화와 예술의 고장으로도 이름이 높았다. 진돗개·구기자·돌미역의 삼보(三寶)와 노래·서화·홍주를 일컫는 삼락(三樂)의 섬으로 불린다. 한국의 대표적 민요인 〈진도아리랑〉을 비롯해 남도 지방에서 불리는 창이나 민요 등의 노랫가락을 어디서나 들을 수 있다.

지사도(知士島) – 라3
섬으로 표현되었으나, 실제는 진도와 붙어 있는 땅이다. 지력산 북쪽 해안의 목장 표기는 지력산장(智力山場)이다. 《대동지지》의 '지력산장은 둘레가 130리', 《신증동국여지승람》의 '지력산은 둘레가 75리'라는 기록대로라면 지력산을 포함한 전체가 목장 영역이었을 것으로 여겨진다. 지력산장은 원래 감목관(監牧官)이 파견되었는데, 해남의 황원장(黃原場)으로 옮기면서 감목관도 그곳으로 옮겨 갔다. 18세기 후반 지력산장의 말은 총 1,409필이었다.

남도포성(南桃浦城) – 라3
임회면 남동리 바닷가에 자리한 지금의 남도석성이다. 고려 원종 때 삼별초는 대몽항쟁의 근거지였던 진도 용장성(龍藏城, 20-4 도엽)을 탈출하였는데, 배중손(裵仲孫)은 남도포로 향하다가 굴포(지금의 임회면 굴포리)에서 사망하였고, 금갑에서 배를 탄 김통정(金通精)은 제주로 건너가 2년 남짓 저항하다 여몽연합군에 진압되었다. 현재의 석성은 조선 초기 진을 설치하면서 세운 것이라 한다.

하마도(下馬島) – 라4
지금의 하조도(下鳥島)로 추정된다. 김정호(金正浩)가 편찬한 《대동지지》에는 하조도로 표기되어 있다. 하조도는 크고 작은 섬들이 마치 새떼처럼 흩어져 있는 조도군도(鳥島群島)의 어미섬이다. 현재 조도면의 섬은 154개(유인도 35개, 무인도 119개)로 읍면 단위로는 국내에서 가장 많은 섬을 거느리고 있다.

맹골도(孟骨島) – 라4
맹골도는 전라남도 진도군의 서남부 해역에 위치하는 섬이다. 《신증동국여지승람》에는 '매응골도(每應骨島)'라고 기록하였지만, 《대동지지》를 비롯해 대부분의 기록에는 '맹골도'로 표기되어 있다. 맹골도는 '맹수처럼 사나운 바다 위에 떠 있는 섬'이라는 뜻이다. 맹골수도는 암초가 거의 없고 수심도 깊은 편이지만, 해류가 빠르고 서해와 남해의 해류가 만나 소용돌이치는 험한 해역이다.

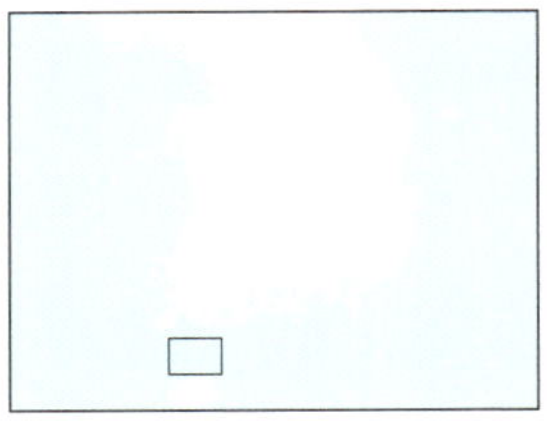

추자도 楸子島

영아 🟨 영이 있는 읍치는 표시 안함　　성지 🏔 산성 ⛰ 관성　　창고 ⬛ 무성 ◼ 유성　　고현 ● ◉ 유성 ◎ 구읍지 유성　　역참 ⓘ

읍치 🟡 무성 🟠 유성　　진보 🟨 무성 🟧 유성　　목소 牧 牧 場屬　　고진보 ▲ ⛰ 유성　　방리 ○

가　　나　　다　　20-4

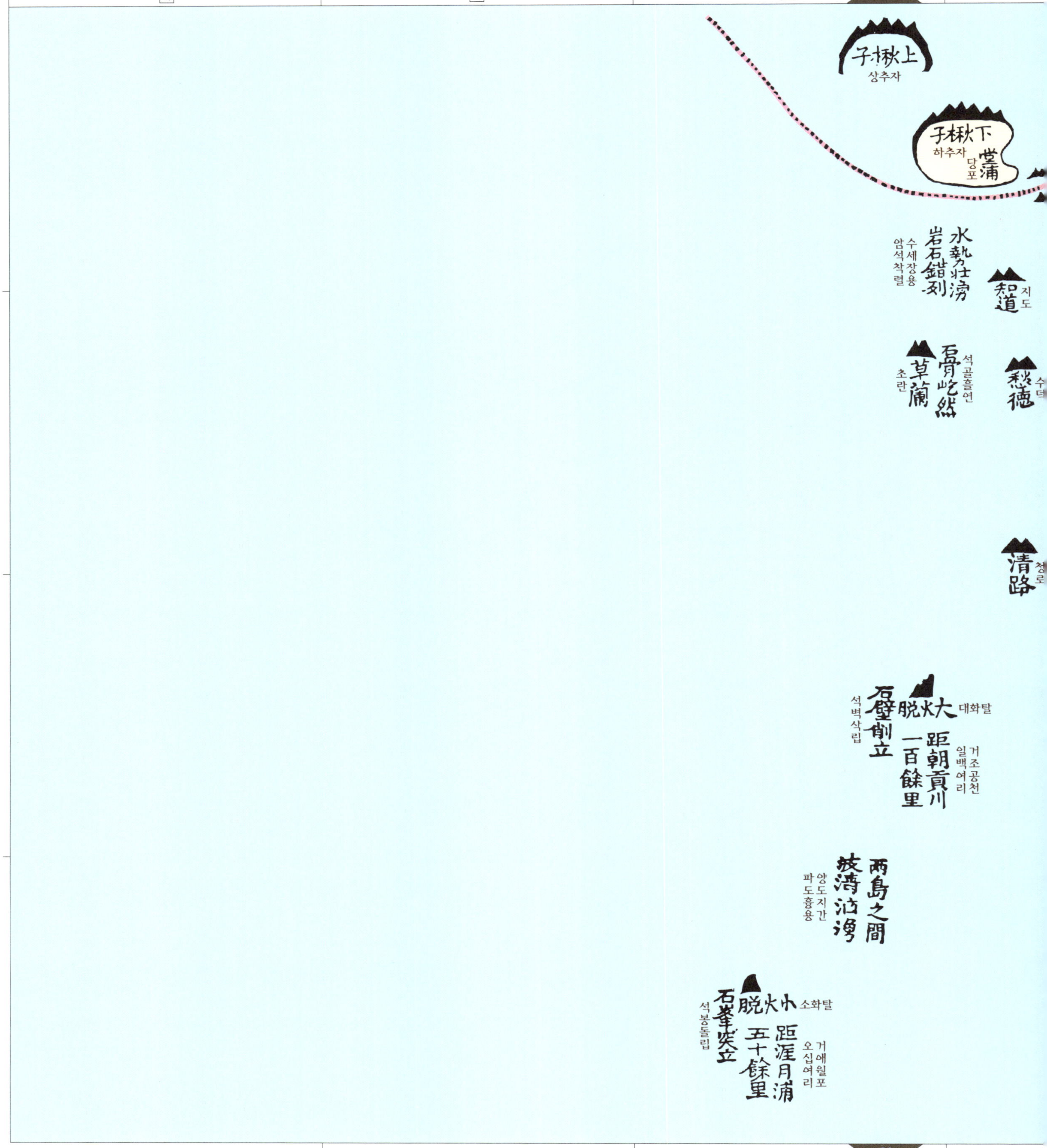

子秋上 상추자

子秋下 하추자 당포 堂浦

水勢壯湧 岩石錯列 수세장용 암석착렬

智道 지도

愁德 수덕

骨屹然 草蘭 석골흘연 초란

清路 청로

脫火大 대화탈 石壁削立 석벽삭립 距朝貢川一百餘里 거조공천 일백여리

兩島之間 波濤泊湧 양도지간 파도흥용

脫火小 소화탈 石峯突立 석봉돌립 距涯月浦五十餘里 거애월포 오십여리

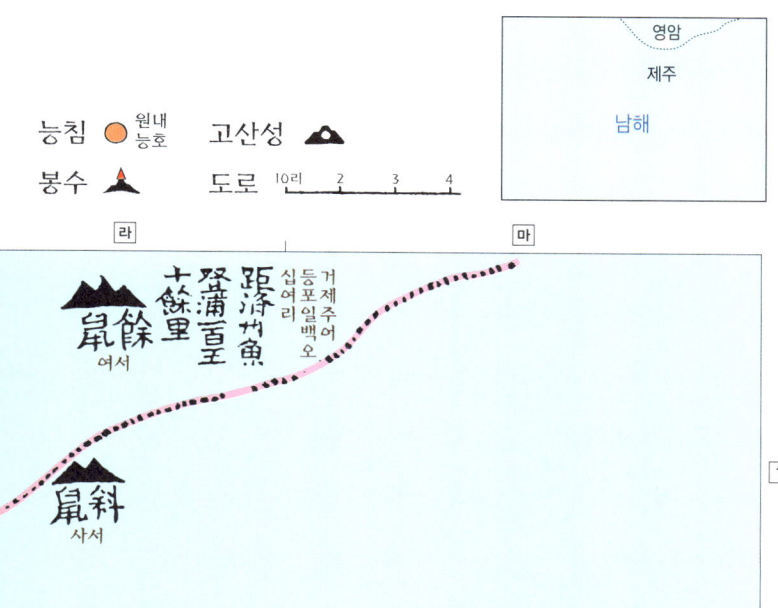

제주 오가는 배들의 기항지, 추자도

해남과 제주 사이의 바다다. 해남~제주 항로의 기항지로서 항로 표지가 되는 섬들을 표현하였고, 그 옆에 항로의 특징도 적고 있다. 항로에서 벗어난 섬들은 대부분 생략하였다.

추자도(楸子島) – 다1 · 라1

추자도는 나주 · 해남과 제주를 오가는 배들의 중요한 기항지다. 조선 초기에는 전라도 제주목에 속하였고, 후기에는 영암에 속하였다. 현재 행정구역으로는 제주특별자치도 제주시에 속해 있지만, 풍속은 전라도에 가깝다. 추자도의 아름다운 경치는 추자십경(우두일출 · 직구낙조 · 신데어유 · 수덕낙안 · 석두청산 · 장작평사 · 망도수향 · 횡간추범 · 추포어화 · 곽계창파)으로 대표된다.

여서도(餘鼠島) – 라1

"사여서도(斜餘鼠島) · 사서도(斜鼠島)는 모두 추자도 동쪽에 있는데 두 섬에 모두 샘이 있고, 그 남쪽에는 어선이 모여든다."《신증동국여지승람》에서 언급한 사여서도는 지도의 여서도다. 고려 때 화산이 폭발한 뒤 생기면서 '서산(瑞山)'이라고도 하였는데, 고려 때 생겼으므로 '여(麗)' 자와 '서(瑞)' 자를 합쳐 '여서도(麗瑞島)'라고도 하였다. 섬 옆에는 '제주 어등포(지금의 행원포구)까지의 거리가 150여 리'임을 적어 놓았다.

사서도(斜鼠島) – 라1

하추자 동쪽에 있는 사서도는 지금의 사수도(泗水島)다. 이 섬은 하추자도 예초리 동쪽 바다에 위치한 무인도로서 완도와 제주를 오가는 선박들의 기항지 역할을 하였다. 〈대동여지도〉에는 두 섬의 거리가 가깝게 표현되어 있으나 실제는 28㎞나 떨어져 있다.

대화탈도(大火脫島) – 다3

추자도와 제주도 사이에 있는 무인도다. 《신증동국여지승람》에 "대화탈도는 추자도 남쪽에 있는데 돌봉우리가 삐쭉삐쭉하고 그 꼭대기에 샘이 있다. 수목은 없고 풀이 있는데 부드럽고 질겨 기구를 만들 만하다."고 하였다. 이 돌섬 부근은 해류가 복잡하기 때문에 뱃사람들은 이 해역을 두려워하였다. 그래서 '화탈(火脫)'은 화급히 벗어나야 하는 뜻으로 해석되기도 한다. 요즘에는 '대관탈도(큰 관탈섬)'라고 부른다. 섬 옆에 '석벽삭립(石壁削立)'이라하여 깎아지른 듯이 가파르고 뾰족한 돌섬의 모습을 표현하였다.

소화탈도(小火脫島) – 다4

대화탈도 서남쪽에 있는 이 돌섬은 '작은과탈' · '소과탈도' · '소화도'라고도 불린다. 소화탈도 주변은 물 흐름이 교차하기 때문에 파도가 소용돌이치고 용솟음쳐서 배들이 표류하거나 전복되는 경우가 많았다. '돌봉우리가 갑자기 솟아나 있다.(石峯突立)'고 한 이 섬은 전체가 급경사의 단애로 이루어져 있다. 섬 옆에 '애월포까지 50여 리'임을 적어 놓았다.

제주 濟州 정의 旌義 대정 大靜

영아 ■ 영이 있는 읍치는 표시 안함　　성지 ⛰ 산성 ⛰ 관성　　창고 ■ 무성 ▣ 유성　　고현 ● ◉ 유성 ◎ 구읍지 유성　　역참 ◗

읍치 ● 무성 ● 유성　　진보 ■ 무성 ▣ 유성　　목소 牧 牧場屬　　고진보 ▲ ⛰ 유성　　방리 ○

가　　　　　　　　나　　　　　　　　다　　　21

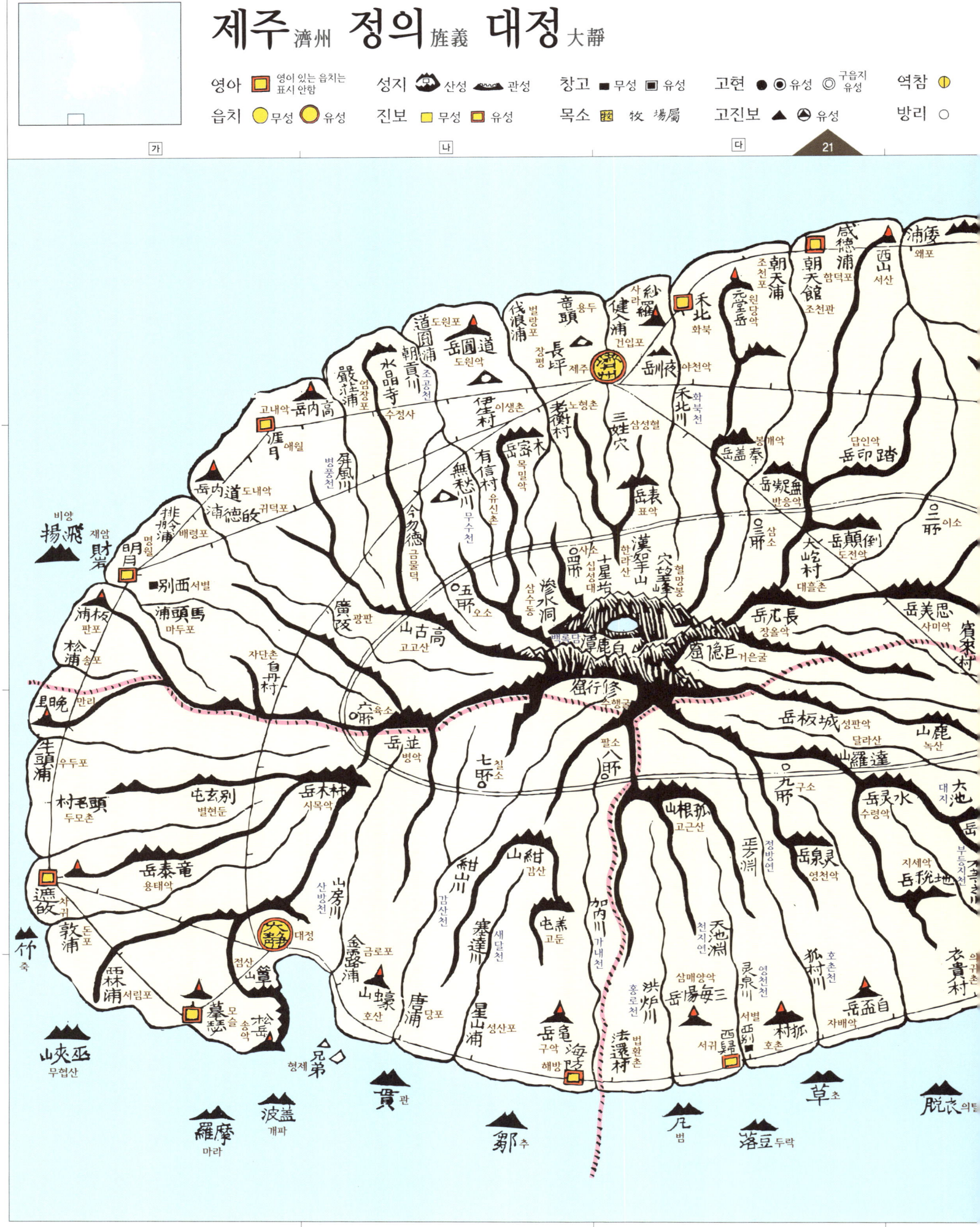

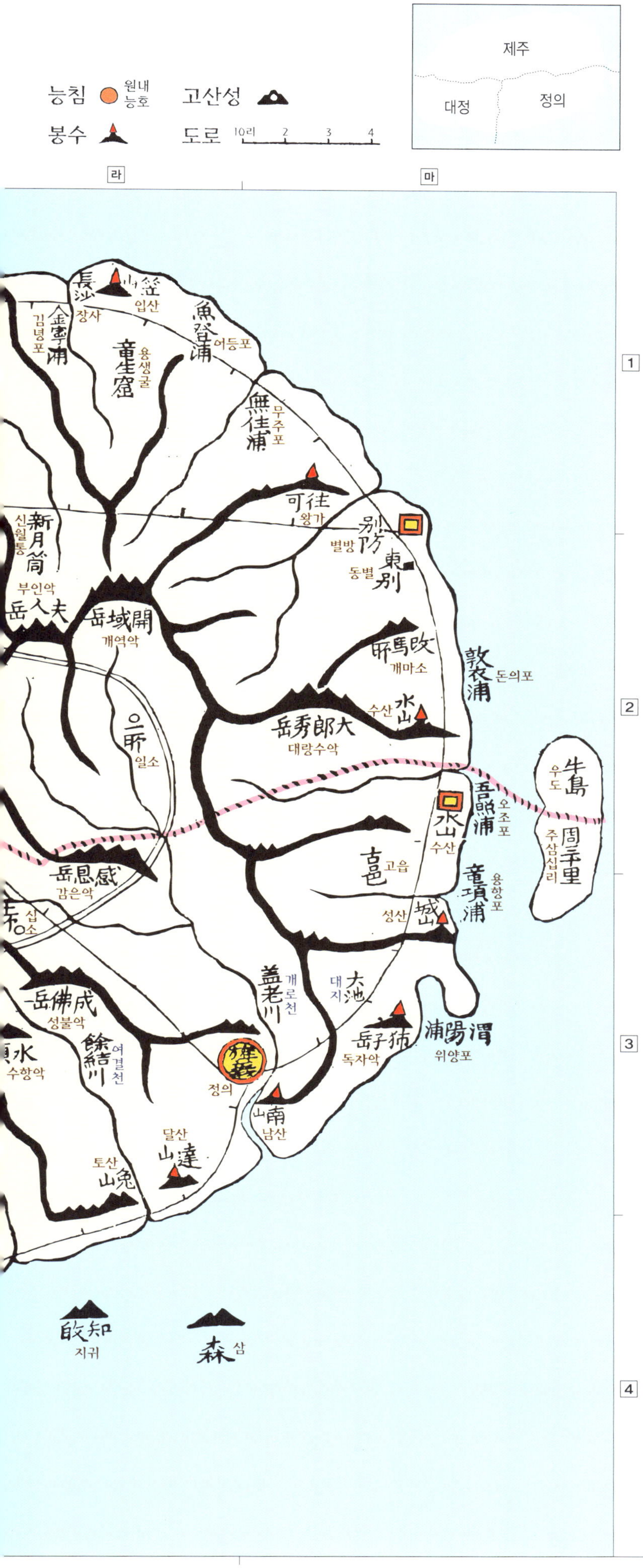
제주
대정
정의
능침
원내 능호
고산성
봉수
도로 10리 2 3 4
라
마
1
2
3
4
장사
입산
김녕포
어등포
용생굴
무주포
왕가
별방
동별
신월통
부인악
개역악
개마소
돈의포
수산
대랑수악
일소
우도
오조포
주삼십리
수산
고읍
감은악
용항포
성산
삼소
개로천
대지
성불악
위양포
독자악
수항악
여결천
정의
남산
달산
토산
지귀
삼

아름다운 화산섬, 제주도

제주도 전체가 한 도엽에 그려져 있다. 제주도의 최고봉인 한라산은 눈이 덮인 듯 표현하였으며, 백록담도 그려 넣었다. 해안에는 제주를 지키던 진보도 표시되어 있다.

제주목(濟州牧) – 다1

제주도는 오랫동안 탐라국으로 불리던 섬이다. 1416년(태종 16년) 한라산을 경계로 북쪽은 제주목을 설치해 목사를 두고, 남쪽을 양분해 동쪽에 정의현(旌義縣), 서쪽에 대정현(大靜縣)을 설치해 현감을 두었다. "집집마다 귤과 유자요, 곳곳마다 준마(駿馬)로다." 조선 전기 제주 출신의 문신인 고득종(高得宗)의 시는 제주의 특징을 잘 묘사하고 있다.

정의현(旌義縣) – 마3

제주도 동남쪽을 다스리던 치소(治所)였고, 현재 관광지로 유명한 성읍민속마을이다. 원래는 동북쪽 '고읍(古邑)'이라는 곳이 치소였는데, 왜적의 침입과 바람의 피해로 지도의 위치로 옮겼다. 현에서 동북쪽으로 30리쯤 떨어진 성산(城山)은 '영주십경'으로 꼽히는 성산 일출봉이다. 그 남쪽 위양포를 감싸고 있는 곳은 섭지코지다.

대정현(大靜縣) – 가3

제주도 서남쪽을 다스리던 치소(治所)다. 이곳에서 유배 중 〈세한도(歲寒圖)〉를 남긴 추사 김정희(金正喜) 등 학식 높은 선비들이 지역 유림에 큰 영향을 끼쳤다. 성문 앞에는 돌하르방도 잘 보존되어 있다. 남쪽 바다의 마라(摩羅)는 우리나라 최남단인 마라도(馬羅島)이고, 개파(蓋波)는 가파도(加波島)다.

제주의 관방시설

제주도 해안에는 왜구로부터 섬을 방어하고자 고려 말부터 해안 둘레에 진(鎭)을 설치하였다. 조선 초기에는 '방호소(防護所)'라 하다가 후기에 '진(鎭)'이 되었다. 조선 시대 제주를 지켜 온 관방시설은 흔히 3성(城), 9진(鎭), 25봉수(烽燧), 38연대(煙臺)로 알려졌는데, 〈대동여지도〉에는 10개의 진이 위치한다. 현재 알려진 9진 체제에는 서귀진 서쪽의 해방진(海防鎭)이 제외되어 있다. 〈대동여지도〉 이후에 제작된 〈1872년 지방지도〉 등에는 해방진이 보이지 않는다.

제주 잣성

제주도는 조선 최대의 말 목장으로서 '국마(國馬)의 부고(府庫)'로 불리던 섬이다. 한라산을 중심으로 중산간 지대에 타원형의 쌍선으로 그려진 것은 목장의 경계를 가른 성(城)이다. 고려 말, 제주도에 목장이 설치되었으나 주민들의 생활 공간인 해안가에 있어 피해가 컸다. 이에 세종 때 중산간 지대에 성을 쌓고 목장을 10구역으로 나누어 관리하는 10소장(所場) 체계를 갖추었는데, 둘레가 165리에 달하였다. 주민들은 이를 '잣성'이라 불렀다.

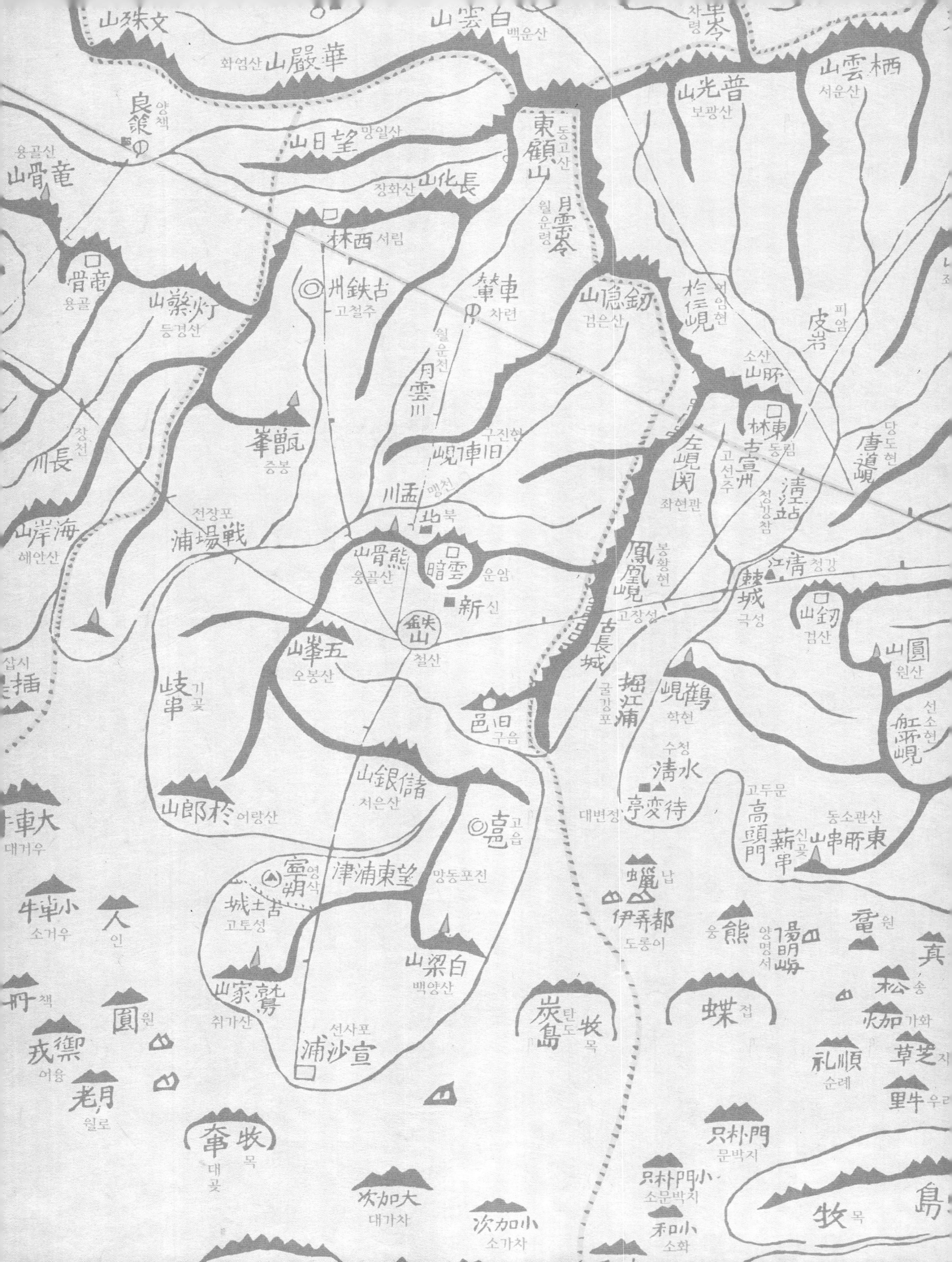

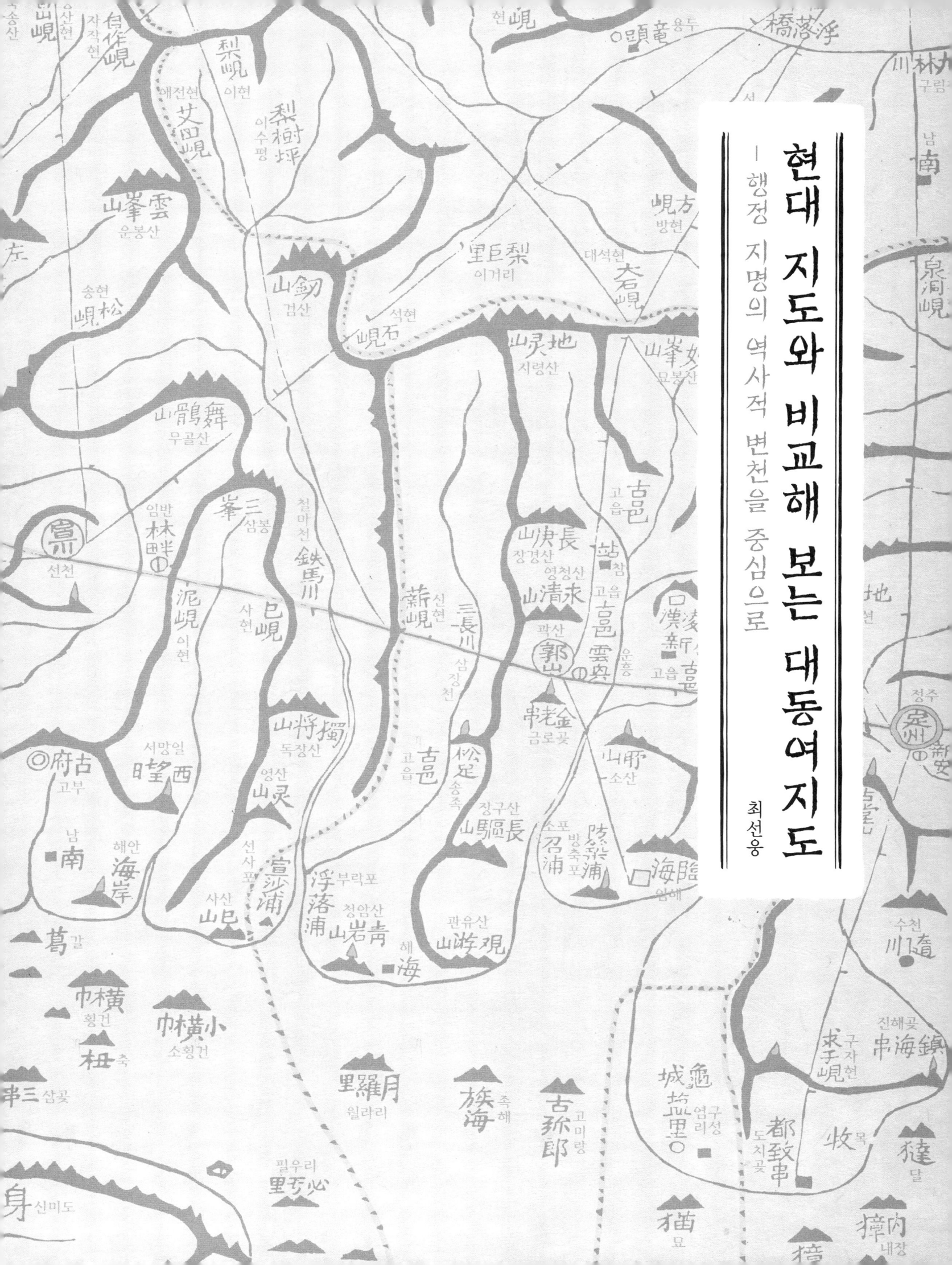

현대 지도와 비교해 보는 대동여지도

— 행정 지명의 역사적 변천을 중심으로

최선웅

도성도 都城圖

5백 년 조선의 도읍, 한양 도성

대동여지도 제1첩에 실려 있는 도성도(都城圖)는 조선의 수도 한양(漢陽)의 도성을 그린 지도이다. 1392년 조선을 건국한 태조는 1394년 한양을 도읍지로 정하고, 도성축조도감(都城築造都監)을 설치해 한양의 내사산(內四山) 즉, 백악(白岳, 북악산)·인왕산(仁王山)·목멱산(木覓山, 남산)·타락산(駝酪山, 낙산)의 산등성을 잇는 성곽을 축조하였다.

도성도에는 한양 외곽의 산을 회화식으로 표현하고, 산줄기를 따라 성곽과 성문을 표시하였다. 도성의 성문은 모두 8개로, 4대문은 흥인지문(興仁之門, 동대문)·돈의문(敦義門, 서대문)·숭례문(崇禮門, 남대문)·숙정문(肅靖門, 북정문)이고, 4소문은 혜화문(惠化門, 동소문)·소의문(昭義門, 서소문)·광희문(光熙門, 수구문)·창의문(彰義門, 자하문)이다. 도성도의 성곽은 북쪽과 남쪽을 압축해 그렸기 때문에 현대 지도에 표시된 성곽과는 그 형태가 다르다.

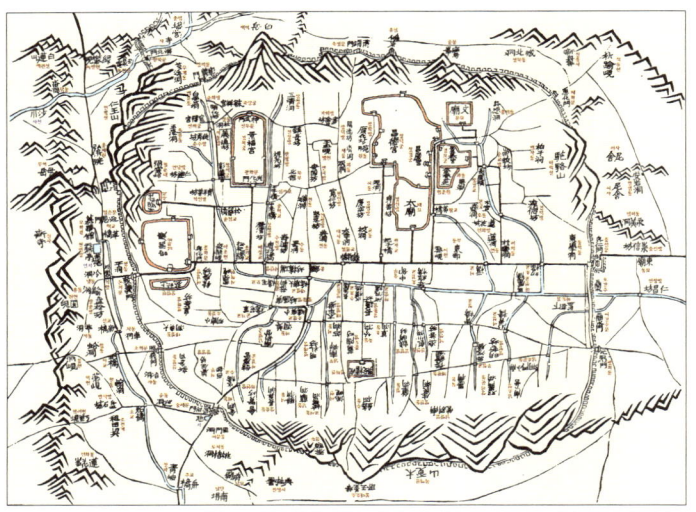

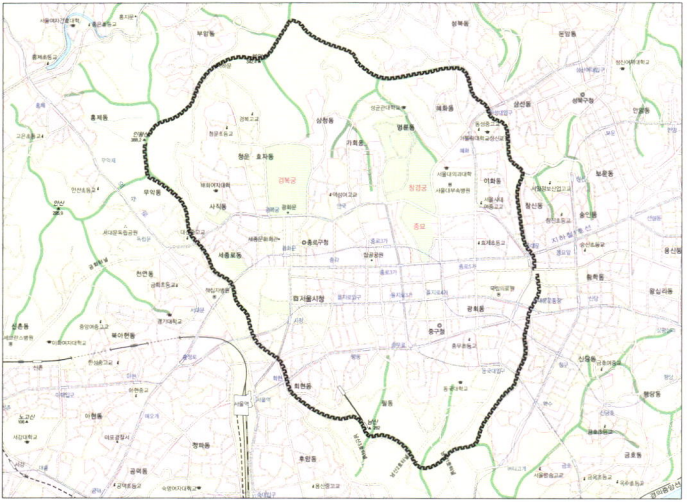

도성 내부에 사방으로 뻗어 나간 하천과 도로는 현대 지도와 유사하다. 하천은 쌍선으로 그려 도로와 구분하였고, 대부분 북쪽과 남쪽 산지에서 발원해 도심을 가로지르는 청계천(淸溪川)에 합류한 뒤 동쪽 중랑천(中浪川)으로 흘러들고, 서쪽 성 밖으로 흘러 나가는 하

천은 한강으로 유입된다. 그러나 현재 서울의 하천은 대부분 복개되어 현대 지도에는 표시되지 않았다.

한양은 557년(신라 진흥왕 18년)에 북한산주(北漢山州)로 불리다가 757년(신라 경덕왕 16년) 한주(漢州)가 되었다. 백제 온조왕 때는 한강 유역에 하남위례성(河南慰禮城)을 도읍으로 정하고, '한성(漢城)'이라고도 하였다. 고려 때는 개경 이남의 남경(南京)으로 불리다가, 1395년(조선 태조 4년)에 신도궁궐조성도감(新都宮闕造成都監)이 설치되면서 본격적으로 천도를 위해 토목 공사에 착수하여 같은 해 10월 한양으로 천도하였고, 이듬해 한성부(漢城府)로 개칭하였다.

한성부의 관할구역은 5부(部) 52방(坊)으로 구획하고 그 명칭을 정하였는데, 5부는 중부·동부·서부·남부·북부이고, 그 아래 52방과 계(契)·동(洞)을 두었다. 세종 때 서부의 3방을 폐지해 49방이 되고, 영조(英祖) 때는 동부 6방·남부 11방·서부 9방·북부 12방·중부 8방으로 5부 46방이었으며, 그 밑에 328계를 두었다. 그 뒤 1865년(조선 고종 2년) 동부에 경모궁방(景慕宮坊)이 신설되어 47방이 되고, 계는 11개가 증가되어 339계가 되었다.

1895년 23부제(二十三府制) 실시로 기존의 한성부가 한성군(漢城郡)으로 개칭되고, 한성군과 경기 북부 10개 군(양주·광주·적성·포천·영평·가평·연천·고양·파주·교하)을 합쳐 새로운 한성부가 되었으나, 이듬해 13도제(十三道制) 실시에 따라 한성군이 다시 한성부로 환원되었다. 1897년 조선이 대한제국으로 국호가 바뀌면서 잠시 황도(皇都)가 되었으나, 1910년 한일병합으로 경성부(京城府)로 개칭되었다. 광복 이후 1946년 8월 15일 서울시로 개칭되고, 1949년 8월 15일 대한민국 정부 수립과 함께 서울특별시가 되어 현재 25개 구(區)를 관할하고 있다.

도성도에는 5부 37방이 표시되어 있는데, 중부는 정선방(貞善坊)·경행방(慶幸坊)·관인방(寬仁坊)·견평방(堅平坊)·수진방(壽進坊)·징청방(澄淸坊)·서린방(瑞麟坊)의 7방이고, 동부는 숭교방(崇敎坊)·건덕방(建德坊)·연화방(蓮花坊)·숭신방(崇信坊)·인창방(仁昌坊)의 5방, 서부는 인달방(仁達坊)·적선방(積善坊)·여경방(餘慶坊)·황화방(皇華坊)·양생방(養生坊)·반송방(盤松坊)·반석방(盤石坊)의 7방, 남부는 광통방(廣通坊)·태평방(太平坊)·장통방(長通坊)·명례방(明禮坊)·훈도방(薰陶坊)·성명방(誠明坊)·낙선방(樂善坊)·회현방(會賢坊)·명철방(明哲坊)의 9방, 북부는 광화방(廣化坊)·양덕방(陽德坊)·가회방(嘉會坊)·진장방(鎭長坊)·안국방(安國坊)·관광방(觀光坊)·순화방(順化坊)·준수방(俊秀坊)·의통방(義通坊)의 9방이다.

궁궐과 태묘(太廟, 종묘), 사직(社稷) 등은 눈에 띄게 쌍선 테두리로 표시하였는데, 궁궐은 경복궁(景福宮)·창덕궁(昌德宮)·창경궁(昌慶宮)·경모궁(景慕宮)·경희궁(慶熙宮)이며, 문묘(文廟)·영희전(永禧殿)·함춘원(含春苑)·상림원(上林苑) 등이 있다. 문묘는 공자(孔子)의 신위(神位)를 모시는 집이고, 영희전은 역대 왕들의 어진(御眞)을 모시고 제사 지내던 곳이며, 함춘원은 창경궁의 후원이고, 상림원은 왕실의 정원이었다.

이 밖에 경복궁 주변의 육상궁(毓祥宮)은 숙종의 후궁이며 영조의 모친인 숙빈 최씨(淑嬪崔氏)의 신주를 모셨던 곳이고, 선희궁(宣禧宮)은 영조의 후궁이자 사도세자(思悼世子)의 생모인 영빈 이씨(暎嬪

李氏)의 신주를 봉안했던 곳이다. 청계천 남쪽의 남별궁(南別宮)은 태종의 둘째 딸 경정공주(慶貞公主)가 거주하던 곳이고, 저경궁(儲慶宮)은 원종(인조의 아버지)의 생모인 경혜유덕인빈 김씨(敬惠裕德仁嬪金氏)의 신위를 봉안했던 곳이다. 1908년에 여러 곳에 흩어져 있던 저경궁(儲慶宮)·대빈궁(大嬪宮)·연호궁(延祜宮)·선희궁(宣禧宮)·경우궁(景祐宮)을 육상궁 경내에 합사(合祀)하고, 1929년에 덕안궁(德安宮)까지 옮겨 와 모두 일곱 개 궁이 한 자리에 모이게 되어 '칠궁(七宮)'이라 부르게 되었다.

목멱산의 봉대오소(烽臺五所)는 조선 5대 직봉(直烽, 한양과 변방 지역을 직접 연결하는 봉수로)이 집결되는 곳으로, 제1로와 제3로·제4로는 몽고·여진·중국 등 북방 민족의 침입을, 제2로와 제5로는 일본의 침입을 경계하고 대비한 것이었다. 제1로는 함경도 경흥(서수라)에서 강원도를 거쳐 목멱산까지, 제2로는 경상도 동래(다대포)에서 충청도를 거쳐 목멱산까지, 제3로는 평안도 강계(만포진)에서 황해도를 거쳐 목멱산까지, 제4로는 평안도 의주(고정주)에서 황해도를 거쳐 목멱산까지, 제5로는 전남 여수(돌산도)에서 충청도를 거쳐 목멱산까지이다.

경조오부도 京兆五部圖

한양 전역을 나타낸 경조오부도

경조오부의 '경조(京兆)'는 중앙 정부가 있는 수도를 말하고, '오부(五部)'는 한성부를 구성하는 행정구역으로, 성 밖 십리(城底十里)까지를 포함한 한양 전역을 말한다. 경조오부도의 범위는 동쪽은 중랑천 밖 구마장내(旧馬場內, 광진구 일대), 서쪽은 귀농곶(歸農串, 수색), 북쪽은 삼각산(三角山, 북한산), 남쪽은 한강(漢江)까지로 지금의 서울특별시 강북 전역과 비슷하다. 성저십리 지역은 근교 농업이 발달했던 곳으로 왕십리는 무, 청파동은 미나리, 이태원은 토란, 연희동 일대에서는 고추와 부추를 재배해 도성에 공급하였다.

삼각산 보현봉(普賢峯)에서 백악(白岳)·인왕산(仁王山)·목멱산(木覓山)을 지나 한강 변 서빙고(西氷庫)까지 이어지는 산줄기와 비봉(碑峰)을 거치는 산줄기, 인왕산에서 서남쪽 한강 변으로 이어지는 산줄기, 삼각산에서 우장현(雨裝峴)을 지나 배봉(拜峯)에 이르는 산줄기는 현대 지도와도 엇비슷한 편이다. 다만, 인왕산 북쪽의 사천(沙川)과 타락산(駝駱山) 남쪽의 개천(開川, 청계천)을 가로지르는 산줄기는 끊어져야 맞다. 또한 한강으로 흘러드는 덕수천(德水川, 지금의 창릉천)과 사천(沙川, 홍제천), 창천(倉川), 만초천(蔓草川), 안암천(安岩川), 석관천(石串川), 속계(涑溪, 지금의 중랑천) 등의 지천도 현대 지도와 잘 대비되나, 현재는 대부분 복개되었다.

도성(都城)의 4대문과 4소문을 기점으로 전국을 잇는 도로를 '성문분로(城門分路)'라고 하는데, 지도에 굵은 선으로 표시된 도로는 조선 10대로이다. 돈의문에서 모화관(慕華館)을 거쳐 북쪽으로 뻗은 고양로(高陽路)는 제1대로인 의주로(義州路)이고, 숭례문에서 청파(青坡)를 거쳐 노량진(露梁津)으로 뻗은 시흥로(始興路)는 제7대로인 수원별로(水原別路)이고, 청파에서 동작진(銅雀津)으로 뻗은 과천로

(果川路)는 제8대로인 해남로(海南路)이고, 숭례문에서 서빙고(西氷庫)로 뻗은 용인로(龍仁路)는 제4대로인 동래로(東來路)이다.

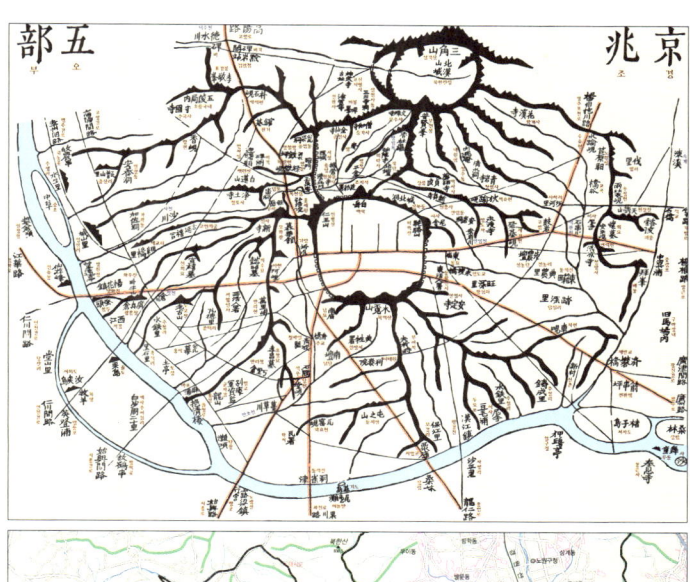

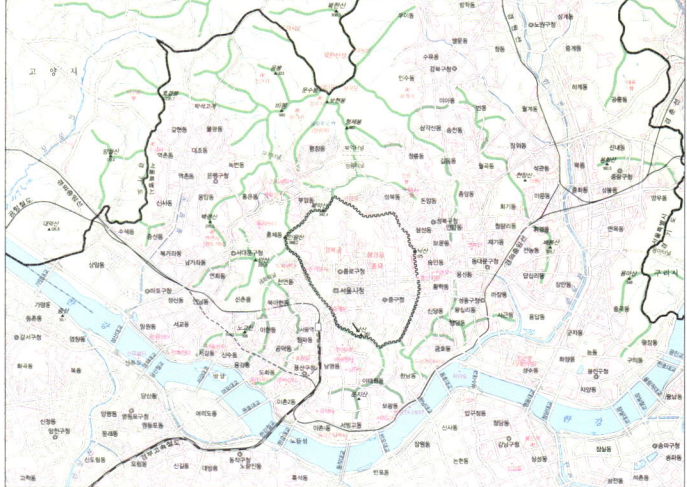

또한 소의문에서 아현(阿峴)을 거쳐 양화진(楊花鎭)으로 뻗은 도로는 제6대로인 강화로(江華路)이고, 흥인문에서 제기현(祭基峴)과 수유현(水踰峴)으로 뻗은 양주포천로(楊州抱川路)는 제2대로인 경흥로(慶興路)이고, 흥인문에서 제기현을 거쳐 동쪽으로 뻗은 양근로(楊根路)는 제3대로인 평해로(平海路)이고, 광희문에서 왕심리(旺深里, 왕십리)를 거쳐 전관평(箭串坪)으로 뻗은 광주로(廣州路)는 제5대로인 봉화로(奉化路)이다. 이 밖에 외곽으로 뻗어 나간 도로로는 고양간로(高陽間路)·행주간로(幸州間路)·인천간로(仁川間路)·시흥간로(始興間路)·광진간로(廣津間路)·가평로(加平路) 등이 표시되어 있다.

도성 밖의 관방 유적으로는 북쪽에 북한산성(北漢山城)과 총영(撼營), 돈의문 밖 경기 감영인 기영(圻營)이 있고, 한강의 주요 나루터를 수비하던 양화진(楊花鎭)·노량진(露梁鎭)·한강진(漢江鎭) 등은 삼진(三鎭)으로 불린다. 총영은 조선 후기에 설치된 총융청(撼戎廳)으로, 한양 외곽의 방어를 담당하던 곳인데 1884년(고종 21년)에 폐지되었다.

이 밖에 조지서(造紙署)는 조선 태종 때 창의문(彰義門) 밖에 설치한 각종 종이를 제조하던 곳이었으나, 1882년(고종 19년)에 폐지되었다. 모화관(慕華館)은 태종 때 설치된 중국 사신을 영접하던 곳으로

청일전쟁 이후 폐지되었고, 홍제원(弘濟院)은 공무여행자의 편의를 위해 설치된 곳이었으며, 이태원(梨泰院)은 조선 시대 공영 숙소였다. 와서(瓦署)는 궁궐을 짓는데 사용되는 기와와 벽돌을 만들던 곳으로 1882년에 폐지되었다. 동활인서(東活人署)와 서활인서(西活人署)는 빈민을 위한 의료 기관이고, 전생서(典牲署)는 궁중에서 제향(祭享)이나 빈례(賓禮), 사여(賜與, 나라나 관청에서 금품을 내려 줌)에 쓸 가축을 기르던 관서이다.

도성 밖 능묘로는 정릉(貞陵)을 비롯해 의릉(懿陵)·회묘(懷墓)·의소묘(懿昭墓)·선희묘(宣禧墓)·효창묘(孝昌墓) 등이 표시되어 있는데, 정릉은 조선 태조의 계비 신덕왕후 강씨(神德王后 康氏)의 능이고, 의릉은 조선 경종과 그의 계비 선의왕후 어씨(宣懿王后 魚氏)의 능이다. 회묘는 조선 성종의 계비 폐비 윤씨의 무덤으로 연산군이 이장하였고, 1969년 서삼릉(西三陵) 경내로 이장하였다. 의소묘는 조선 영조의 손자이자 사도세자의 장남인 의소의 묘로, 1949년 서삼릉으로 이장하였다. 선희묘는 영조의 후궁 영빈이씨(映嬪李氏)의 묘로, 1899년 수경원(綏慶園)으로 바뀐 뒤 1970년 서오릉으로 이장되었다. 효창묘는 정조의 장남인 문효세자(文孝世子)의 묘로, 1944년 서삼릉으로 이장되었다.

이 밖에 선농단(先農壇)은 조선 시대에 고대 중국의 제왕인 신농씨(神農氏)와 후직씨(后稷氏)를 주신으로 제사를 지내고, 풍년을 기원하며 선농제(先農祭)를 지냈던 곳으로 현재 그 터가 남아 있다. 동묘(東廟)와 남묘(南廟)는 조선 선조 때 세운 중국 촉나라 장수 관우(關羽)를 제사하는 곳으로, 동묘(동관왕묘)는 1963년에 보물로 지정되었고, 남묘는 1979년 사당동으로 이전되었다. 북단(北壇)과 남단(南壇)은 조선 시대에 기우제를 지내던 곳이다.

1-1 훈융 訓戎 안원 安原
두만강 하류 연안의 경원부 지역

함경북도 북단 두만강 하류에 접한 경원도호부(지금의 경원군)의 동쪽 지역으로, 장백정간의 지맥이 두만강 가로 뻗어 내리면서 서고동저(西高東低)의 지형을 이룬다. 대동여지도의 산줄기와 물줄기는 현대 지도와 크게 다르지 않다. 두만강의 하중도(河中島, 하천 중간에 퇴적물이 쌓여 형성되는 섬)인 이도(珥島)는 잦은 유로 변경과 퇴적 작용으로 섬의 서단부가 육지와 맞붙어 넓은 범람원(汎濫原, 홍수 때 하천이 범람해 형성된 지형)으로 바뀌었다. 현재 두만강 연안에는 중국 쪽으로 퇴적된 섬이 몇 개 있는데, 그중 유다섬(柳多島)은 퇴적되어 중국 쪽에 붙었으나 경원군 관할로 교량이 놓여 있다.

경원군은 1977년 새별군으로 명칭이 바뀌면서 군 소재지는 대동여지도의 경원부 자리에서 1948년 현재의 위치로 이전하였으나, 2005년 다시 경원군으로 변경되었다. 대동여지도의 도로는 조선 10대로 가운데 한양에서 경흥에 이르는 제2대로로 현재는 함북선 철도와 신의주~나선시 우암 간 도로가 지난다. 대동여지도의 훈융진(訓戎鎭)과 안원진(安原鎭), 동림고산성(東林古山城)은 현재 성터 일부만 남아 있는 옛 성터이다.

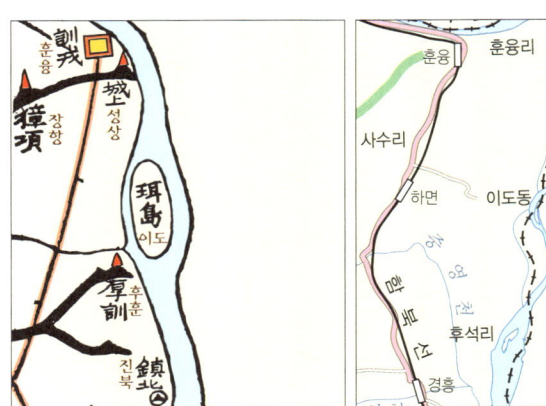

1-2 온성 穩城 종성 鐘城 경원 慶源
우리나라 국토의 최북단 지역, 온성

백두산에서 발원한 두만강이 함경북도 회령을 지나 북동류(北東流)하면서 크게 굽이지는 곳은 우리나라 국토의 최북단인 온성군 지역이다. 대동여지도의 산줄기는 장백정간에서 갈라진 북쪽 지맥으로, 증산(甑山, 1,041m)을 중심으로 뻗어 있는 산줄기는 현대 지도와 비교해도 크게 다르지 않다.

우리나라 국토 최북단의 정확한 위치는 온성군 유포면 풍서리로, 위도 상으로는 북위 43° 00′ 42″이며, 대동여지도에도 최북단에 위치하고 있다. 현대 지도에서 함북선(원라선)의 남양역은 대동여지도에서는 영달진(永達鎭) 북쪽 견탄(犬灘) 봉수가 있는 두만강 가로, 중국 지린성(吉林省) 투먼시(圖們市)와 철도로 연결된다.

온성(穩城)은 삼국 시대 고구려의 판도(版圖)였으나, 고려 때는 요(遼)·금(金)·원(元) 등 이민족의 통치 아래 놓였으며, 1440년(조선 세종 22년) 6진(六鎭) 개척으로 비로소 온성군이 신설되었고, 이듬해 온성도호부로 승격되었다. 1895년 23부제 실시로 경성부(鏡城府) 관할 온성군이 되었고, 이듬해 13도제 실시에 따라 함경북도에 편제되었다. 1952년 온성면이 읍으로 승격되었다.

종성(鐘城)은 세종 때 김종서(金宗瑞)의 6진 개척 사업이 궤도에 올라 1434년(세종 16년) 부거(富居)에 있던 영북진(寧北鎭)을 백안수소(伯顔愁所, 지금의 행영)로 옮겨 본진으로 삼았고, 이듬해 종성으로 개칭되었으며, 1441년(세종 23년) 종성도호부로 승격되었다. 1895년에는 경성부 종성군이 되었고, 이듬해 함경북도에 편제되었다. 1974년 종성군이 폐지되면서 대부분 지역이 온성군에 편입되면서 종성읍이 노동자구로 강등되었다.

경원(慶源)은 고려 때 공주(孔州) 또는 광주(匡州)라고 불렸고, 1398년(조선 태조 7년) 이곳에 이성계의 고조부인 목조(穆祖)와 그 비의 능인 덕릉(德陵)과 안릉(安陵)이 있어, 조선 건국의 성지라 하여 경원부(慶源府)가 설치되었다. 세종 때 6진 개척 이후 경원군으로 개칭되었고, 1583년(선조 16년)에는 이 지역에 여진족의 침범이 잦아지자 이순신(李舜臣)이 건원보(乾元堡) 권관(權管)으로 부임해 3년간 근무하였다. 1895년 경성부 경원군이 되었고, 이듬해 함경북도에 편제되었다. 1977년 경원군이 새별군으로 개칭되었으나, 2005년에 다시 경원군으로 바뀌었다.

대동여지도의 유원진(柔遠鎭)은 조선 초기부터 이민족의 침입을 감시하던 곳으로 흔적만 남아 있고, 영달진(永達鎭)과 동관진(東關鎭)은 성의 일부가 남아 문화재로 보호되고 있다.

2-1 경흥 慶興 녹둔도 鹿屯島
두만강 하류, 3국의 접경 지역

두만강 하류는 중국, 러시아와 국경을 맞대고 있는 접경 지역으로, 하천의 유로 변경과 퇴적으로 인해 강어귀에는 삼각주(三角洲)가 형성되었고 석호(潟湖), 사구(砂丘) 등이 발달하였다. 이로 인해 두만강 하구는 크고 작은 모래섬이 흩어져 있고 서번포(西藩浦), 동번포(東藩浦), 만포(滿浦) 등의 자연 호수가 형성되었다.

지형은 장백정간에 솟은 송진산(松眞山, 1,147m)을 정점으로 사방으로 지맥이 뻗어 비교적 높은 산지를 이루고 있다. 대동여지도의 산줄기와 현대 지도의 산줄기는 일치하지 않는 부분이 많다. 장백정간의 끝 지점인 서수라(西水羅)는 현대 지도에는 지명이 표기되지 않고, 오포단(烏浦端)으로 바뀌었다. 적도(赤島)는 현대 지도에 '붉은섬'으로, 난도(卵島)는 '알섬'으로 표기되었다. 비파항(比巴項)은 현재 섬으로 바뀌어 비파도(琵琶島)가 되었다.

대동여지도의 두만강 하중도인 추도(楸島)와 마전도(麻田島)는 두만강의 유로 변경으로 현재는 없어지고, 강줄기는 곡류천(曲流川)으로 바뀌었다. 두만강 북쪽 중국 땅에 그려진 '팔지(八池)'는 8개의 크고 작은 호수로, 홍양호(洪良浩)의 《북새기략(北塞記略)》에 따르면 팔지 주변 지역을 '알동(斡東)'이라고 하였다. 현대 지도에도 크고 작은 호수가 흩어져 '팔지'를 이루고 있다.

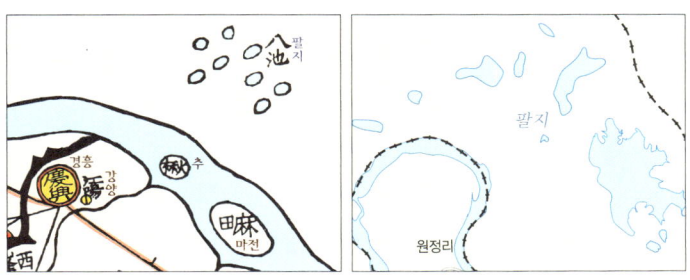

대동여지도에 두만강 하구에 위치한 녹둔도(鹿屯島)는 선조 때 처음 둔전(屯田, 군량을 마련하기 위해 설치된 토지)이 설치되어 농보(農堡, 적을 막기 위해 농사짓는 들판에 설치한 보)가 있었으나, 19세기 이

후 두만강 하구의 토사가 퇴적되어 녹둔도의 동쪽이 연해주(沿海州)에 붙으면서 육지화되고, 1860년 베이징조약(청나라와 영국·프랑스가 맺은 강화조약)에 따라 녹둔도를 포함한 연해주 일대가 러시아에 할양(割讓)되면서 러시아 영토가 되었다. 현대 지도의 두만강 하류에는 퇴적작용에 의해 다시 '큰섬'이 형성되었다.

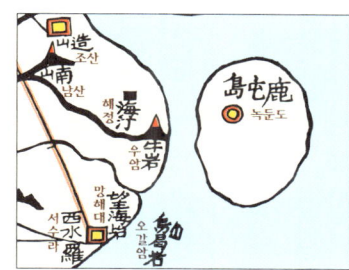

경흥(慶興)은 1435년(세종 17년) 경원군(慶源郡)을 분리해 공성현(孔城縣)이 설치되었고, 2년 뒤인 1437년 공성현이 경흥군으로 개칭되었다. 1443년(세종 25년) 도호부로 승격되었다. 1895년 경성부 관할 경흥군이 되었고, 이듬해 함경북도에 편제되었다. 1977년에 은덕군(恩德郡)으로 개칭되었으나, 2005년 다시 경흥군으로 바뀌었다. 현대 지도에서 경흥군 옛 읍치는 두만강 변의 나진시 원정리(元汀里) 부근이고, 현재 은덕군 소재지는 대동여지도의 아오지진(阿吾地鎭) 서쪽 농경동천(農耕洞川) 변이다.

대동여지도의 경원해진(慶源海津)이 위치한 곳은 현재의 나선특별시 중심 지역이다. 나진시(羅津市)는 1967년 나진군 일부 지역과 웅기군(雄基郡)을 통합해 신설되었고, 1981년 나진시의 웅기군이 선봉군(先鋒郡)으로 개편되었다. 1991년 나진시와 선봉군 지역을 '자유경제무역지대'로 지정하고, 1993년 나진-선봉시로 승격되었다. 2000년 나선직할시로 승격되었으나, 2004년 나선직할시가 폐지되면서 함경북도에 소속되어 나선특급시로 개편되었고, 2010년 함경북도에서 분리되어 도급(道級)의 나선특별시가 되었다.

경흥군의 아오지진은 현재 태양산성(太陽山城)으로 명칭이 바뀌었고, 나선시의 조산진(造山鎭)은 1586년(선조 19년) 이순신이 조산만호(造山萬戶)로 부임해 여진족을 물리친 곳으로, 1762년(영조 38년) 이순신 장군의 5대 손인 이관상(李觀祥)이 관북 절도사(節度使)로 부임하면서 세운 승전대비(勝戰臺碑)가 있고, 서수라진(西水羅鎭)은 성벽 일부만 남아 있다.

함북선 적지역(赤池驛)에서 두만강 쪽으로 갈라진 철도는 두만강선(豆滿江線)이고, 두만강역은 러시아와 연결되는 국경역이다. 대동여지도의 적지(赤池)는 적지역 동남쪽의 호수로 추정된다.

2-2 회령 會寧 행영 行營
장백정간 북부, 여진족과 대치하던 땅

장백정간에서 두만강 쪽으로 산줄기가 뻗어 내리며 남고북저(南高北低)의 지형을 이루고, 회령을 중심으로는 분지가 형성되어 있다. 장백정간에서 뻗어 내린 산줄기는 대동여지도와 현대 지도가 엇비숫하고, 북동쪽 지맥에 솟은 탑향산(塔香山, 806m)은 두 지도에 모두 표기되어 있다.

장백정간에서 발원해 회령에서 두만강으로 유입되는 성천(城川)은 현대 지도에서는 회령천(會寧川)이고, 볼하천(乶下川)은 보을천, 팔하천(八下川)은 팔을천(八乙川), 오롱천(吾弄川)은 오룡천(五龍川) 등으로 각각 명칭이 바뀌었다.

회령(會寧)은 고려 시대 이전에는 북방 민족이 차지한 곳이었는데, 1434년(조선 세종 16년) 6진을 개척하면서 성보(城堡, 성 밖에 임시로 만든 소규모의 요새)를 짓고, 영북진절제사(寧北鎭節制使)가 겸하여 관할하다가 지어진 명칭으로, 그해 가을 회령도호부로 승격되었다. 1895년 23부제 실시로 경성부 회령군이 되었으며, 이듬해 함경북도에 편제되었다. 1991년 회령시로 승격되었다.

종성군의 행영(行營)은 조선 초기 여진족을 막기 위해 설치한 군영(軍營)이었으나, 지방관이나 장수가 순회하며 임시로 거처한 관청의 역할도 하였다. 현재는 회령시에 속하며 옛 성터와 장성 일부가 남아 있다. 현대 지도에 '행영리'란 지명이 표기되어 있다.

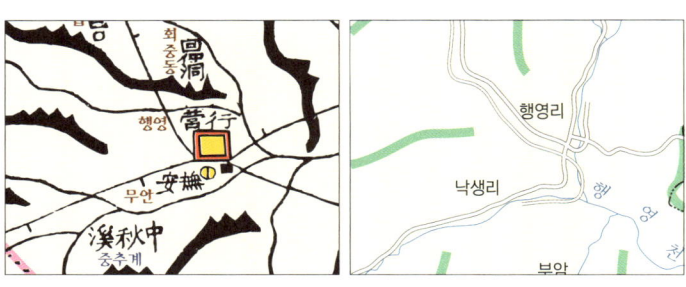

무산령(茂山嶺)에서 회령으로 곧게 뻗은 도로는 조선 10대로 중 제2대로인 동북지경흥이대로(東北至慶興二大路)로, 현재 북한에서는 청진~회령 간 2급도로이며 함북선(원라선)이 나란히 달리고 있다. 북한의 도로 체계는 7등급으로 특급(고속도로)과 일반 1~6급도로로 구분되어 있으며, 2급도로는 대한민국의 지방도에 해당된다.

2-3 무산 茂山

두만강 변의 오랜 국경 마을, 무산

산줄기의 흐름으로 보아 대동여지도의 학서산(鶴栖山)은 현대 지도의 가라지봉(加羅支峰, 1,392m)에 해당된다. 대동여지도상 두만강에 '곡강(曲江)'이라 표기된 것은 이곳이 현대 지도에서와 같이 곡류를 이루는 곳임을 알 수 있다. 두만강으로 유입되는 성천(城川)은 현대 지도의 성천수(城川水)이다. 성천수는 길이 76.3km로 서두수(西頭水), 연면수(延面水)와 함께 두만강의 큰 지류 중 하나이고, 두만강과 합류되는 하류의 무산군 무산읍을 중심으로 한 지역은 남북 길이 약 10km, 동서 너비 약 12km의 무산분지(茂山盆地)를 이룬다. 대동여지도의 두만강 상류는 하천이 여러 갈래로 나뉘지는데, 정작 두만강 본류는 임강대(臨江坮) 위쪽의 짧은 쌍선 하천이고, 나머지는 모두 두만강의 지류이다. 좌측 끝 위로 뻗은 쌍선 하천은 대동여지도 2-4 지도에 '분계강상류(分界江上流)'로 표기되고, 최상류

는 정계비(定界碑)에 닿는다. 분계강은 조선 시대에 백두산에서 발원하여 두만강 위쪽으로 흐르다가 두만강으로 합류되는 것으로 인식했던 강으로, 백두산에서 발원하지 않은 해란강(海蘭江)에 해당되는 강이다. 1740년대 정상기(鄭尙驥)가 제작한 〈동국대지도(東國大地圖)〉에는 온성 부근에서 두만강과 합류하는 지류를 풍계강(豊界江), 일명 분계강으로 표기하였다. 지도 좌측 끝 하단의 쌍선 지류는 소홍단수(小紅端水)이고, 그 오른쪽 쌍선 지류는 서두수, 갑령(甲嶺) 우측 단선 하천은 연면수이다.

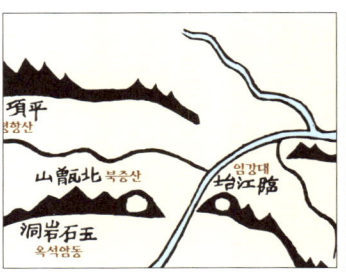

〈동국대지도〉(출처: 국립중앙박물관)

무산(茂山)은 고려 때까지 북방 민족의 판도였다가 1438년(조선 세종 20년) 방어를 위해서 부령 관내에 무산진(茂山鎭)이 설치되었다. 1509년(중종 4년) 폐무산(廢茂山)으로 진을 옮겼다가, 1674년(현종 15년) 상봉평(上峯坪)으로 진을 옮기면서 비로소 무산이 되었고, 1684년(숙종 10년) 무산부로 승격되었다. 1895년에 경성부 관할 무산군이 되었고, 이듬해 함경북도에 편제되었다. 1977년 청진직할시 관할 무산군으로 개편되었다가 1985년 다시 함경북도 관할이 되었다.

무산에서 부령으로 넘어가는 차유령(車踰嶺)은 동해안으로 통하는 주요 고개로 도로와 함께 무산선(무산~고무산) 철도가 지나고, 무산 남서쪽으로는 백무선(백암~무산)이 연결된다. 무산은 조선 시대부터 알려진 노천 철광석 산지로, 현대 지도에 철산과 관련된 지명은 '무산철산역'이 있다.

임강대고산성(臨江坮古山城)과 독소성(篤所城)은 옛 성터가 남아 있고, 양영만동보(梁永萬洞堡)는 조선 중종 때 설치한 부령진에 속한 진보이다.

2-4 백두산 白頭山 천평 天坪

우리 민족의 성산, 백두산

백두대간 첫머리를 장식하는 해발 2,744m(북한은 2,750m)의 백두산(白頭山)은 한반도의 최고봉일 뿐 아니라 나라가 열린 조종산(祖宗山)이다. 정상에는 칼데라호인 천지(天池)를 에워싸고 최고봉 장군봉(將軍峰)을 위시해 2,500m 이상 봉우리 16개가 솟아 장관을 이룬다. 대동여지도에는 천지가 '대지(大池)'로 표기되었으나, '천지'는 우리 민족이 오래전부터 불러오던 명칭으로, 대택(大澤)·용왕담(龍王潭)·천상근(天上近)·달문담(達門潭) 등으로도 불렸다.

대동여지도에는 백두대간 서쪽을 갑산군, 그 동쪽을 무산군 관할

로 표시하였으나, 현재는 양강도 삼지연군(三池淵郡)이다. 삼지연군은 백두고원 지대에 위치하며, 백두산 일대가 주요 명승지이다. 삼지연군은 2020년 삼지원시로 승격되었다.

〈백두산정계비도〉
(출처: 규장각한국학연구원)

대동여지도에는 천지에서 압록강과 두만강(지도상 천지 오른쪽)이 발원하는 것으로 그려졌으며, 산 남쪽 기슭에는 1712년(숙종 38년) 조선과 청나라 사이에 국경을 정하기 위해 세운 정계비(定界碑)가 그려져 있다. 정계비 동남쪽으로는 두 가닥의 물줄기가 합쳐지면서 분계강을 이루는데, '건천(乾川)'이라는 주기(註記)가 있는 것처럼 실제는 존재하지 않는 강이고, 이 물줄기에 표시된 석퇴(石堆, 돌무더기)와 목책(木柵)은 정계비 설치 당시 국경을 표시하기 위해 설치한 것이다.

1712년 정계비 설치 때 청나라 측에서 작성한 〈백두산정계비도〉에는 천지 남쪽 기슭에서 발원하는 하천이 중간에 끊기면서 '입지암류(入地暗流)'라고 표기되었는데, 입지암류는 지리학적으로 복류(伏流), 즉 물이 땅속으로 흐르는 지점을 의미한다. 이 하천은 오늘날 '흑석구(黑石溝)'로 불리며, 오도백하(五道白河)를 거쳐 송화강(松花江)으로 유입되는 것으로 밝혀졌다.

오늘날 백두산 천지는 1962년 중국 베이징에서 북한과 중국 사이에 체결한 조중 변계 조약(朝中邊界條約)에 의해 국경선이 가로지른다. 조약문에 따르면 백두산 천지의 국경선은 '천지를 둘러싸고 있는 산마루의 서남쪽 안부(鞍部, 안장처럼 들어간 부분)로부터 동북쪽 안부까지를 그은 직선'으로 정하였으며, 이에 따라 현재 천지의 54.5%는 북한에, 45.5%는 중국에 속한다.

2-5 여연 閭延

여진족과 대치하던 압록강 변

대동여지도에 그려진 지역은 압록강이 혜산을 지나면서 서쪽으로 유로를 바꿔 흐르다가 후창강 하구에서 북쪽으로 흘러 여연(閭延)에 이르는 강기슭 지역이다. 전체적인 지형은 대동여지도와 현대 지도가 일치하지 않지만, 여연 남쪽의 산줄기는 백두대간의 낭림산에서 시작되는 낭림산맥의 끝머리로 현대 지도와 엇비슷하다. 압록강의 지류인 죽전천(竹田川)은 현재 후창강(厚昌江)이고, 두지천(豆之川)은 연포천(鉛浦川)에 해당된다.

대동여지도의 죽전천 서쪽 산줄기는 자강도와 양강도의 도경계를 이루고, 산줄기 동쪽이 김형직군(金亨稷郡), 서쪽이 중강군(中江郡)이다. 김형직군은 1988년 후창군(厚昌郡)을 개칭한 것으로, 대동여지도의 소재지는 봉포(奉浦) 고진보 동쪽 압록강이 굽이지는 곳이다. 김형직은 김일성의 부친으로 일제 강점기 독립 운동가였다. 중강군은 원래 자성군(慈城郡) 지역이었으나, 1952년에 신설된 군이다.

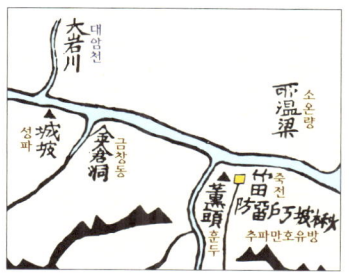

대동여지도에 그려진 압록강은 죽전보(竹田堡)에서 연동(淵洞)까지 거의 일직선으로 흐르고 있으나, 현대 지도의 압록강은 죽전리를 지나 북서쪽으로 방향을 꺾어 흐르다가 부전리에서 다시 심하게 곡류를 이루고 있다. 대동여지도의 죽전보는 현대 지도에서 자강도 김형직군 죽전리(竹田里)이고, 금창동(金倉洞)은 금창리(金昌里), 연동은 늪동으로 표시되어 있으나, 여연은 따로 표시되지 않아 부전리(富田里) 인근으로 추정된다.

압록강 변은 여진족의 침입에 대비한 죽전보와 두지동보(豆之洞堡) 이외에 여러 옛 성터가 남아 있다. 중강군 풍덕리에 위치하는 여연고성(閭延古城)은 세종 초 여진족을 막기 위해 설치한 4군(四郡)의 하나였으나, 여진족이 대규모로 침입해 오자 1445년(세종 27년) 폐군되면서 거주가 금지되었다. 현재 성벽 일부만 남아 있다.

2-6 중강동구평 中江洞口坪

압록강의 중류 지역, 중강진

이곳은 압록강이 중강진 부근에서 남서쪽으로 유로가 바뀌는 중류 지역이다. 대동여지도의 중강천(中江川)과 동쪽 연동(淵洞) 간의 지형은 현대 지도와는 전혀 맞지 않으며, 금동천(金同川)은 현대 지도에서 그 위치를 찾을 수 없다. 대동여지도의 중강동구평(中江洞口坪)은 현대 지도의 중강(中江)이고, 상장빙애평(上長氷厓坪)은 상장리(上長里)에 해당되는데, 대동여지도에서 압록강의 유로는 현대 지도와 그 형태가 전혀 다르다.

중강천 하류의 중강군 지역은 겨울철에는 기온이 몹시 낮고, 여름철에는 상대적으로 높아 한반도에서 연교차가 가장 큰 곳이다. 1933년 1월 12일 중강진(中江鎭)의 기온은 영하 43.6도로 역대 한반도 최저 기온을 기록하였다. 이곳은 자강도 자성군 지역이었으나, 1952년 중강군을 신설해 오늘에 이르고 있다. 대동여지도의 중강동구평은 현재 중강군의 소재지이다.

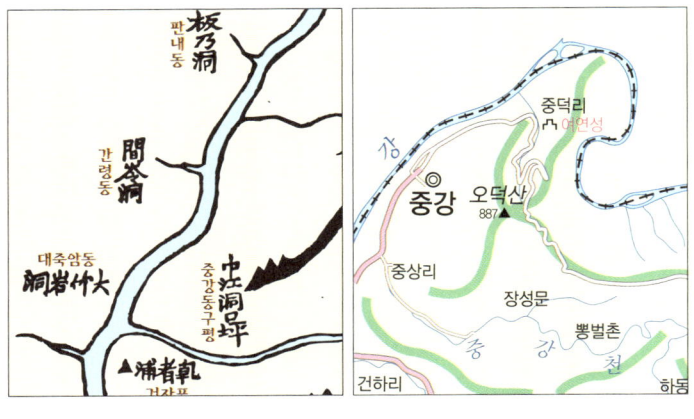

에 버금가는 긴 하천이다. 강 하류 지역은 어유간(魚游澗)으로 흐르는 나북천 하류 유역과 함께 수성평야를 이룬다.

부령(富寧)은 고려 때 우롱이(于籠耳, 鏡城)에 속했는데, 1398년(조선 태조 7년) 우롱이를 경성으로 개칭하고 도호부를 설치하였고, 이곳을 '석막(石幕)'이라고 칭했다. 1432년(세종 14년) 영북진(寧北鎭)을 설치하고, 그 뒤 부거현(富居縣)으로 바꾸었다. 1449년(세종 31년) 부거현을 폐지하고 주민 일부를 석막으로 이주시켜 부령이 되면서 도호부로 승격되었다. 1895년 경성부 부령군이 되었고, 이듬해 함경북도에 편제되었다. 1907년 청진부가 신설되면서 부령군이 폐지되었다가, 1914년 부군면 통폐합(府郡面統廢合) 때 복귀되어 바다가 없는 내륙 군이 되었다.

3-1 대초도大草島 신진新津

함경북도에서 가장 큰 섬, 대초도

대동여지도에 나타난 해안 지역은 온성과 종성, 회령군 남쪽의 해안가이고, 현대 지도에서는 나선시와 청진시 해안 지역으로, 대동여지도의 해안선은 현대 지도와 그 형태가 전혀 다르다. 대초도(大草島)를 포함한 신진(新津) 동쪽 지역은 나선특별시이고, 그 서쪽 지역은 청진시이다. 후창리(厚昌里)에 속한 신진은 현대 지도에도 표기되어 있으나, 유진(楡津)과 해진(海津)은 방진동(方津洞)에 속해 옛 지명이 사라졌다.

나진만 어귀에 위치한 대초도와 그 북쪽의 소초도(小草島)는 나진항을 감싸는 천혜의 방파제 역할을 하고 있다. 대초도는 조선 시대 말을 기르던 목장으로 '마섬'이라고도 하고, 면적 4.5㎢로 함경북도에서 가장 크다 하여 '큰섬'이라고도 불린다.

3-2 부령富寧 어유간魚游澗

조선 초 동북6진의 하나, 부령

대동여지도에 부령 서쪽의 장백정간에서 갈라진 산줄기와 부령 동쪽 운봉산(雲峰山)에서 갈라지는 산줄기는 현대 지도의 산줄기와 엇비슷하다. 부령 옆을 흐르는 용성천(龍城川)은 수성천(輪城川)이고, 판장(板長)과 부거(富居)로 흐르는 하천은 부거천, 이진(梨津)으로 흐르는 고랑기천(高浪歧川)은 지금의 소청천(素淸川)이다.

장백정간의 차유령(車踰嶺)에서 발원하는 수성천은 길이 72km로 함경북도 동해안으로 유입되는 하천 가운데 어랑천, 길주 남대천

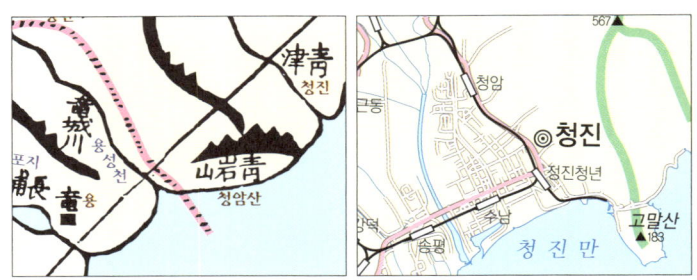

대동여지도 해안가에 '청진(靑津)'이란 지명이 위치한 곳은 현재의 청진시 위치와는 조금 다르고, 용성천 하구가 현재의 청진시 위치이다. 대동여지도의 수성참(輪城站)과 청암산(靑岩山)은 현대 지도에서도 찾아볼 수 있는 지명이다.

부거고현(富居古縣)은 영북진(寧北鎭)이 설치되었던 곳으로 옛 성터가 남아 있고, 주변에는 발해의 고분군이 남아 있다. 폐무산진(廢茂山鎭), 고무산진(古茂山鎭), 어유간진(魚游澗鎭)은 지금도 옛 성터가 남아 있다.

3-3 삼산三山 연면延面

함경북도 북서부, 백무고원 지대

대동여지도의 검덕산(檢德山) 줄기는 장백정간에서 북쪽으로 뻗어나간 산줄기로, 현대 지도에 비해 과장되게 표현되어 있다. 증산(甑山)이 솟아 있는 산줄기는 현재 함경북도와 양강도의 도계를 이루는 산줄기이다. 이 일대 산지는 백무고원(白茂高原)의 중간 지역으로 함경북도에서 가장 높은 지대에 속한다. 백무고원은 현재 한반도에서 가장 추운 곳으로 알려져 있다.

대동여지도의 어윤강(魚潤江)은 현대 지도에서 소홍단수(小紅端水)이고, 서북천(西北川)은 서두수(西頭水), 박하천(博下川)은 연면수(延面水), 허수라천(虛修羅川)은 성천수(城川水)에 해당된다. 서북천 하류 삼산방면(三山方面) 일대는 현재 수력발전용 원봉저수지(圓峰貯水池)가 건설되었다.

증산이 솟은 산줄기 서쪽은 양강도(兩江道) 백암군(白岩郡)이고, 그 동쪽은 함경북도 연사군(延社郡)이며, 검덕산에 속한 산줄기 동쪽은 무산군 지역이다. 백암군은 1954년 양강도가 설치되면서 신설된 군이다. 연사군은 1952년 무산군에서 분리되어 신설된 군으로, 명칭은 조선 시대 무산 16사(社)의 하나였던 연면사(延面社)에서 유래되었다. 사(社)는 고려와 조선 시대에 함경도 지역의 특수행정구역 단위로 다른 지역의 리(里)에 해당된다. 대동여지도의 연면(延面)이 위치한 부근이 현재 연사군의 군청이 있는 곳이다.

3-4 혜산惠山 삼지三池

압록강 최상류, 백두고원 지대

백두대간에서 뻗어 나간 산줄기는 백두고원(白頭高原)을 이루며, 서쪽 압록강으로 뻗어 내리면서 800~1,000m 표고 차를 이룬다. 대동여지도의 보다회산(寶多會山)은 현대 지도의 북포태산(北胞胎山, 2,289m)이고, 허항령(虛項嶺)은 소백산(小白山)과 북포태산 사이에 있는 안부로 삼지연군 소재지가 위치한다.

대동여지도의 삼지(三池)는 현재의 삼지연(三池淵)으로, 화산 분출로 골짜기가 막히면서 형성된 자연 호수이다. 이 호수에는 유입되거나 유출되는 물줄기가 없이 빗물과 샘물로 채워진다. 북한에서는 남서쪽 가장 큰 못을 '1호 못'이라 하고, 북동쪽에 가지런히 놓여 있는 못을 '2호 못', 2호 못 북동쪽에 있는 못을 '3호 못'이라고 이름 붙이고 천연기념물로 지정하였다.

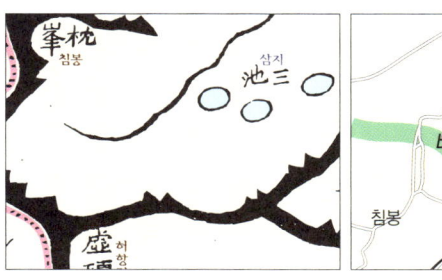

대동여지도의 행정구역은 백두대간을 경계로 함경도 무산과 갑산으로 구분되나, 현대 지도에서는 양강도 관할로 북포태산 서북 지역은 삼지연군(三池淵郡), 북포태산 동북 지역은 대홍단군(大紅湍郡),

그 남쪽은 백암군(白岩郡), 북포태산 남쪽 지역은 보천군(普天郡), 그 남쪽은 1954년에 신설된 양강도(兩江道) 소재지인 혜산시(惠山市)와 운흥군(雲興郡)에 속한다.

혜산진성(惠山鎭城)은 조선 초기에 축성된 성으로, 1421년(세종 3년)에 진을 설치한 뒤 조선 말까지 진성으로 이용되었다. 성의 남문은 북쪽의 여진족을 제압한다는 뜻에서 '북융대(北戎臺)'라 하였는데, 1631년(인조 9년)에 개축하면서 활을 걸어 놓고 외적을 제압하여 복속시킨다는 뜻으로 '괘궁정(掛弓亭)'이라고 이름 지었다. 지금의 누각은 1937년에 다시 지은 것으로 문화재로 지정되어 있다.

3-5 후주厚州 장진강長津江

압록강 유일의 저지대, 후주

대동여지도의 후주 읍치 동쪽에 '평야(平野)'라는 지명이 있듯이 이 지역은 서류(西流)하는 압록강 변으로, 지형이 낮아 비교적 넓은 평원을 이루는 곳이다. 압록강으로는 후주천(厚州川)과 장진강(長津江)이 유입되는데, 백두대간의 황초령(黃草嶺)에서 발원하는 장진강은 길이 261km로 압록강 지류 중 가장 긴 하천이다.

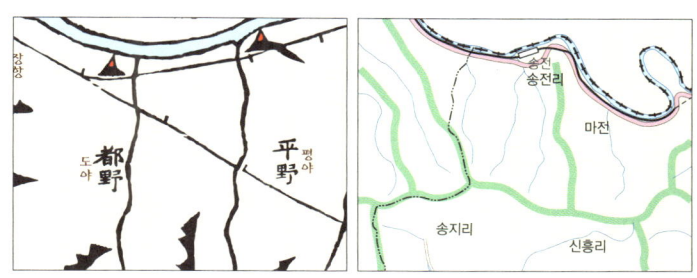

후주(厚州)는 1416년(태종 16년)에 무창(武昌)과 함께 여연군(閭延郡)에 속했다가 1664년(현종 5년) 후주진이 설치되었고, 1822년(순조 22년)에 후주진이 후주부로 승격되었다. 1869년 후주부가 평안도에 속하면서 무창부와 통합되어 후창군(厚昌郡)이 되었고, 1896년 평안북도에 편제되었다. 1954년에 신설된 양강도(兩江道) 관할로 바뀌었고, 1988년 김형직군(金亨稷郡)으로 개칭되었다. 대동여지도의 후주 치소(治所)는 현재 고읍노동자구로 바뀌었다.

대동여지도의 자지령(者之嶺)과 장항(獐項)을 잇는 산줄기 서쪽은 양강도 김형직군이고, 그 동쪽은 김정숙군(金正淑郡)이다. 또한 오감덕(烏甘德)과 운파령(雲坡嶺)을 잇는 산줄기 동쪽은 삼수군(三水郡)이다. 김일성 부인의 이름을 딴 김정숙군은 1981년 함경남도 신파군(新坡郡)을 개칭한 것으로, 소재지는 대동여지도의 갈파지보(乫坡之堡)가 있는 곳이다.

대동여지도에는 압록강 변을 따라서 여진족을 방어하기 위해 설치했던 진보와 봉수가 촘촘히 늘어서 있어, 그 옛날 변경의 긴장감을 느낄 수 있다. 현재 후주읍성, 갈파지진, 소농보(小農堡), 나난보(羅暖堡) 등은 옛 성터가 남아 문화재로 보호되고 있다.

3-6 무창 茂昌

개마고원의 북서부, 무창

대동여지도의 오가산령(五家山嶺)을 지나는 산줄기와 회덕령(回德嶺)을 지나는 산줄기는 현대 지도의 산줄기와 대체로 비슷하다. 다만 나신천(羅信川) 동쪽의 압록강으로 유입되는 하천은 현대 지도에서 찾을 수 없다. 나신천은 대라신천(大羅信川)으로 명칭이 바뀌었다. 대동여지도의 오가산령과 귀후덕령(歸厚德嶺)으로 이어지는 산줄기는 현재 자강도와 양강도의 도경계이며, 그 서쪽은 자강도 화평군(和平郡), 동쪽은 양강도 김형직군이다. 자성강(慈城江) 중상류에 위치한 화평군은 1952년에 신설되었으며, 높은 산줄기에 둘러싸여 산림자원이 풍부한 곳이다.

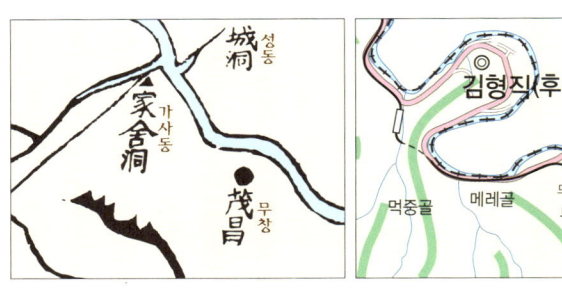

대동여지도에 고현으로 표시된 무창은 1440년(세종 22년) 여진족을 방어하기 위해 압록강 변에 설치한 4군의 하나였으나, 1455년(세조 1년) 여진의 침입이 계속되자 군비 증가 문제로 폐지되었다. 그 뒤 1683년(숙종 9년)에 무창진이 설치되었고, 1813년(순조 13년) 무창부로 승격되었다. 1869년(고종 6년) 후주부(厚州府)가 평안도 관할이 되면서 무창부와 통합되어 후창군(厚昌郡)이 되었고, 1954년에 양강도 후창군으로 개편되었으며, 1988년 김형직군으로 바뀌었다. 옛 무창은 현재 김형직군 무창리이다.

3-7 자성 慈城

4군 중 유일한 행정 소재지, 자성

대동여지도의 압록강으로 뻗어 내린 산줄기는 현대 지도의 산줄기와 크게 다르지 않으나, 상토진(上土鎭)에서 압록강으로 유입되는 자성강(慈城江)의 유로는 대동여지도와 현대 지도가 다르다. 대동여지도의 압록강 솔삼동(乫三洞) 부근에 1966년에 운봉댐이 들어서 길이 77.5km, 너비 1.4km의 거대한 운봉호가 조성되었는데, 이 운봉호는 수력발전용뿐만 아니라 압록강의 홍수와 하류 수풍호의 수량 조절 역할을 겸한다.

대동여지도의 호예령(胡芮嶺)과 잉항(芿項)을 잇는 산줄기를 경계로 북쪽은 중강군, 남쪽은 자성군(慈城郡)이고, 자성군의 소재지는 자성고현이 위치한 곳이다. 조선 시대 4군의 하나인 우예(虞芮)는 중강군에 속한다.

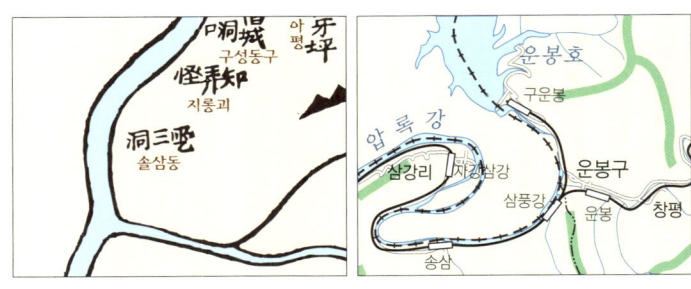

압록강 변의 상토진을 비롯한 옛 관방 유적은 대부분 운봉댐 공사로 수몰되었고, 자성강 하류 송암리 일대에서는 고구려 시기의 적석무덤 150여 기(基)가 발견되었다.

4-1 경성 鏡城

함경북도 중부 해안, 경성만 지역

장백정간에서 동해안 쪽으로 산줄기가 뻗어 내리며 전형적인 서고동저(西高東低)형 지형을 이루며, 동해로 유입되는 하천의 하구 곳곳에는 작은 규모의 평야와 사구(砂丘)가 형성되어 있다. 대동여지도의 장자택(長者澤)과 무계택(武溪澤)은 강의 흐름이 막혀 생긴 폐색호(閉塞湖)로, 인근에 같은 원인으로 생긴 동련당(東蓮塘) 등 5개의 호수가 있어 이를 '어랑오호(漁郞五湖)'라고 부른다. 못의 이름은 현대 지도와 일치하지 않는다.

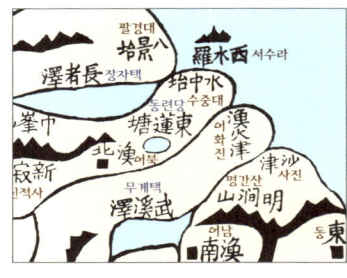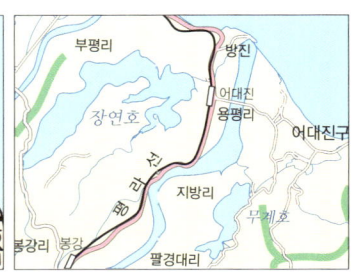

현대 지도의 관모봉(冠帽峰)에서 발원하는 관모천(冠帽川)은 경성읍에서 온포천(溫堡川)과 만나 동해로 유입되지만, 대동여지도에는 관모천에 해당되는 보로지천(甫老知川)과 온포천에 해당되는 주을온천(朱乙溫川)이 각각 따로 동해로 흘러든다. 따라서 대동여지도의 산줄기와 현대 지도의 산줄기도 부합되지 않는다.

경성(鏡城)은 1398년(태조 7년) 북도(北道)의 행정구역을 정할 때 만호진(萬戶鎭)을 두었고, 1436년(세종 18년)에 도호부로 승격되어 병마절도사(兵馬節度使) 겸 판부사를 두었다. 1884년(고종 21년) 북도의 수부(首府)가 되었다. 여기에서 '북도'란 두만강 일대의 북방 경계를 전담하는 북도 병마절도사를 일컫는 것으로 행정상 구획과는 무관하다. 1886년 함경북도 관할이 되었고, 1977년 청진시가 직할시가 되면서 그 관할이 되었으나, 1985년에 다시 함경북도 관할로 개편되었다. 옛 경성군 읍치는 오촌천(梧村川) 하류의 승암구(勝岩區)에 해당된다. 대동여지도에서 운주산(雲住山)이 속한 산줄기 남쪽 지역은 현재 어랑군(漁郞郡)이다.

조선 시대부터 이름난 주을온천(朱乙溫泉)은 현재 온포온천(溫堡溫泉)으로 명칭이 바뀌었고, 주변에는 경성온천(鏡城溫泉), 관모온천(冠帽溫泉) 등이 있다. 승암구에 위치한 경성남문(鏡城南門)과 읍성은 현재 북한의 국보로 지정되어 있으며, 오촌보(吾村堡)·주을온보(朱乙溫堡)·보화보(寶化堡)·삼삼파진(森森坡鎭) 등의 진보는 옛 성터의 일부가 남아서 문화재로 보호되고 있다. 또 대동여지도의 회문평(回文坪, 현대 지도의 회문리) 일대에서는 발해 시대의 유적으로 추정되는 24개의 주춧돌이 발견되었다.

4-2 장백산 長白山

장백정간의 첫머리, 장백산

대동여지도의 어은령(漁隱嶺)에서 증산(甑山)으로 이어지는 산줄기는 백두대간이고, 기운령(起雲嶺)에서 장백산(長白山)으로 이어지는 산줄기는 장백정간이다. 장백산은 중국에서 백두산을 부르는 명칭이지만, 《신증동국여지승람(新增東國輿地勝覽)》에도 기록된 산으로 현대 지도의 만탑산(萬搭山, 2,204m)에 해당된다.
대동여지도에 그려진 장백산의 모습처럼 만탑산은 산정에 바위가 무수히 노출되어, 멀리서 보면 '만개의 탑'이 솟은 것처럼 보인다 하여 붙여진 이름이다. 현대 지도의 만탑산은 장백정간에서 약간 벗어나 솟아 있고, 장백정간에서 갈라진 지맥과 하천들은 대동여지도의 산줄기·물줄기와 서로 부합되지 않는다.

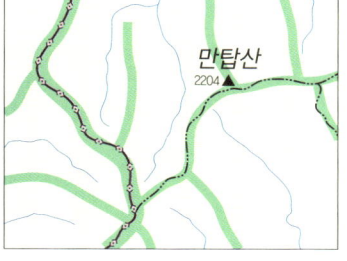

만탑산 북쪽 장백정간에서 벗어나 솟아 있는 관모봉(冠帽峰, 2,541m)은 한반도에서 두 번째로 높은 산이나, 대동여지도에서 그 위치를 가늠하기 쉽지 않다. 관모봉은 조선 시대 지도나 지리지에도 기록되지 않은 산으로, 일제 강점기 지형도 제작을 위해 측량하면서 명명된 산명으로 추정된다. 1976년 북한에서는 관모봉 일대 1,200정보(약 11.9㎢)에 달하는 구역을 '관모봉식물보호구'로 지정해 보호하고 있다.
대동여지도의 장백산은 무산·길주·명천·경성·갑산군의 경계를 이루고 있으나, 현대 지도에서는 함경북도 어랑군·화성군·길주군과 양강도 백암군·운흥군의 경계를 이룬다. 만탑산 남쪽의 길주군 풍계리는 최근까지 핵 실험장으로 사용되던 곳이다.

4-3 갑산 甲山

개마고원 동부 지역, 갑산

백두대간의 지맥이 서쪽 허천강(虛川江) 방향으로 뻗어 내리는 동고서저(東高西低)형 지형으로, 대동여지도의 산줄기는 현대 지도의 산줄기와 서로 부합되지 않아 지형 파악이 쉽지 않다. 허천강 본류와 갑산(甲山)의 위치는 파악되나, 현대 지도의 운흥군(雲興郡) 소재지는 허천강 지류에 위치한 운총진(雲寵鎭)의 위치로 보아 감평(甘坪)으로 추정된다.

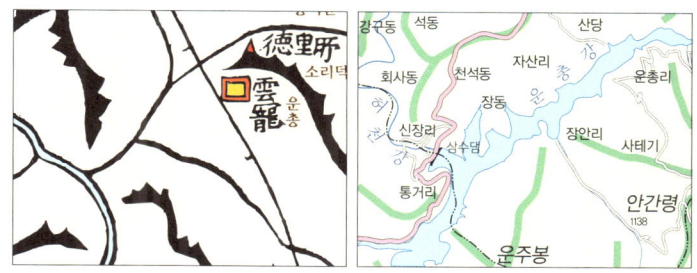

허천강은 길이 226km로 압록강으로 유입되는 지류 가운데 세 번째로 길고, 운총강(雲寵江)이 합류되는 하류에는 현대 지도에서 보는 바와 같이 큰 저수지가 조성되어 있다. 이 댐은 백두산 지역의 전력난을 해소하기 위해 2007년에 준공된 삼수댐으로 담수량은 약 13억 톤에 달한다.
갑산(甲山)은 고려 말에 갑주만호부(甲州萬戶府)가 설치되었고, 1413년(조선 태종 13년) 갑산군이 되었고, 1461년(세조 7년)에 도호부로 승격되었다. 1895년 갑산부가 되었고, 이듬해 함경남도 갑산군이 되었다. 1954년 양강도가 신설되면서 양강도 관할이 되었다. 대동여지도의 행정구역은 갑산군이나, 현대 지도에서는 아간(阿間) 봉수 북쪽은 혜산시이고, 그 남쪽은 갑산군, 갑산군 동쪽 지역은 운흥군이다.
운총보는 운총강 기슭에 축성된 석성으로, 여진족을 물리치는 데 중요한 역할을 한 곳이다. 갑산읍성(甲山邑城)은 세종 때 쌓은 석성으로, 지금은 성의 일부와 1980년에 복원된 진북루(鎭北樓)가 있다. 이 밖에 진동보(鎭東堡)와 동인보(同仁堡)는 옛 성터가 남아 있다.

4-4 삼수 三水

'삼수갑산'의 유래가 된 삼수

이곳은 개마고원의 북부 지역으로 남고북저(南高北低)의 지형을 이룬다. 대동여지도의 산줄기와 물줄기는 현대 지도와도 엇비슷하게 부합된다. 대동여지도 좌측의 쌍선 하천인 오매강(烏梅江)은 지금의 장진강(長進江)이고, 삼수(三水)로 흘러드는 사수동천(沙水洞川)은 삼수천(三水川)이다. 이 지역은 옛날부터 험하고 외진 산골이라 조선 시대 유배지의 하나로, 어려운 지경이나 상황을 일컫는 말로 '삼수갑산에 가는 한이 있어도'라는 속담이 생겼다.

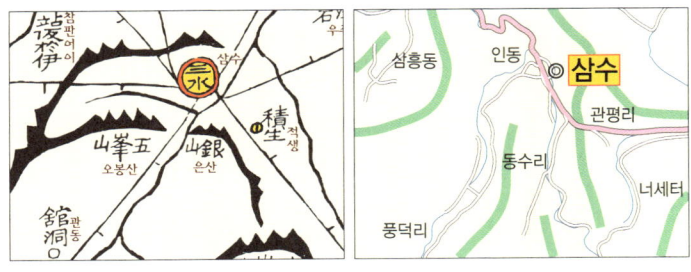

삼수(三水)는 오랜 기간 북방 민족의 지배하에 있다가 고려 말에 수복된 곳으로, 1441년(조선 세종 23년)에 삼수보(三水堡)가 설치되면서 만호(萬戶)를 두고 야인들을 통제하였고, 1446년(세종 28년)에 삼수군이 되었다. 단종 때 잠시 군을 폐지하고 만호를 두었으나, 1461년(세조 7년) 다시 군으로 환원되었고, 이듬해 도호부로 승격되었다. 1895년 23부제 실시로 갑산부 관할 삼수군이 되었고, 이듬해 함경남도에 편제되었다. 1954년 양강도 삼수군이 되었다. 대동여지도의 동산령(東山嶺)을 지나는 긴 산줄기를 중심으로 서쪽이 양강도 김정숙군이고, 동쪽은 삼수군이다.

삼수읍에는 삼수읍성(三水邑城)과 삼수동문(三水東門)이 남아 있고, 장진강 변의 자작구비보(自作仇非堡)와 어면보(魚面堡)에도 옛 성터가 남아 문화재로 보호되고 있다.

4-5 우항령 牛項嶺
망보던 파수가 즐비한 우항령 길

대동여지도 좌측의 쌍선 하천은 자성강(慈城江) 상류이고, 우측 긴 쌍선 하천은 후주천(厚州川) 상류이며, 우측 하단 쌍선 하천은 장진강(長津江)이다. 자성강과 후주천을 가르는 가운데 긴 산줄기는 자강도와 양강도의 도경계를 이룬다. 대동여지도의 하천과 산줄기는 현대 지도와 비교해도 어느 정도 일치한다.

가운데 산줄기를 기준으로 왼쪽 지역은 1949년에 신설된 자강도(慈江道) 화평군(和坪郡)이고, 오른쪽 지역은 김형직군이다. 대동여지도에서 화평군 소재지는 자성강 변 진목파(眞木坡)가 위치한 합수 지점으로, 이곳은 화평분지(和坪盆地)를 이뤄 바닥 표고가 550m로 전국에서 가장 높은 지대에 위치한 분지로 꼽힌다.

조선 시대 전략적 위치로 중요했던 우항령(牛項嶺)은 현대 지도에서는 길이 없는 폐고개가 되었으나, 직동령(直洞嶺)은 현대 지도의 직령(直嶺)으로 자성에서 강계로 가는 도로가 지나는 고개이고, 십만령(十萬嶺)은 현대 지도의 가릉령(加陵嶺)으로 자성에서 장진으로 가는 도로가 지나는 고개이다.

대동여지도의 진목파에서 우항령을 넘는 길에 잇달아 표시된 작은 삼각형(△) 기호는 적군의 침입에 대비해 망보던 임시 초소인 파수(把守)를 표시한 것으로, 조선 시대에 이곳이 국방상 중요 지역이었음을 알 수 있다. 장진강 변의 신방구비(神方仇非) 고진보는 옛 성터가 남아 문화재로 보호되고 있다.

4-6 만포 滿浦
고구려의 도읍 집안과 마주한 만포

마전령(麻田嶺)을 지나는 큰 산줄기가 압록강에 급박하면서 압록강 변을 따라 장자강(將子江) 하구까지 이어지는데, 대동여지도와 현대 지도의 산줄기는 전체적으로 엇비슷하다. 이와 같이 압록강 변을 따라 산줄기가 병행하기 때문에 이 구간은 유일하게 강줄기가 곡류하지 않고 평탄하게 흐른다. 대동여지도에서 압록강으로 유입되는 쌍선 하천은 현재 장자강으로 불리는 독로강(禿魯江)이고, 윗괴천(砬怪川)은 현재 건포강(乾浦江)으로 불린다. 장자강 하류에는 1959년 수력발전용 댐을 건설해 장자강호(將子江湖)가 조성되었다.

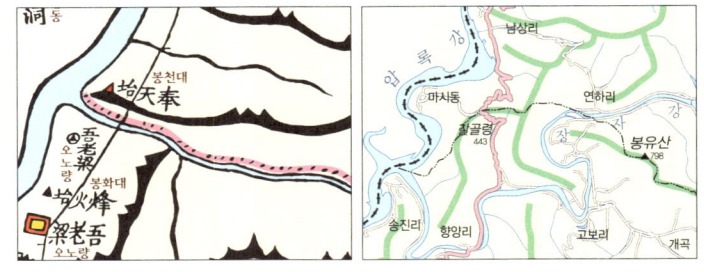

현대 지도에서 이 지역은 6개 시군이 속해 있는데, 압록강 변에는 만포시(滿浦市), 마전령 북쪽은 자성군(慈城郡)과 화평군(和坪郡), 만포시 남쪽으로는 시중군(時中郡), 강계시(江界市), 장강군(長江郡)이 위치한다. 대동여지도의 시중군 소재지는 윗괴천 하구이고, 장강군 소재지는 추파진(楸坡鎭) 자리이다.

만포시는 교통의 요지로 혜산만포청년선(만포~혜산)과 만포선(만포~순천)의 시발점이기도 하고, 압록강 건너 중국 집안(集安)으로도 철도가 연결된다. 도로 역시 위원·강계·자성 방향으로 이어진다. 만포시는 한때 목재 집산지로 철도를 이용해 수요지로 목재를 공급하였던 곳이다.

조선 시대 만포진(滿浦鎭)은 최전방 국경 요충지로 여둔대(餘屯臺) 봉수는 의주·안주·평양·개성을 거쳐 한양의 목멱산(木覓山) 봉수로 연결되는 직봉 제3로의 시발점이다. 만포읍성과 고산리진(高山里鎭), 윗괴진(砬怪鎭)은 옛 성터가 남아 문화재로 보호되고 있다.

4-7 구읍 舊邑

조선 초 위원군의 치소였던 구읍

대동여지도에 이 지역은 위수(渭水, 지금의 위원강) 하구 북쪽으로, 청계산(淸溪山) 줄기가 뻗으면서 압록강이 곡류하는 지역이다. 조선 초기에 이산군(理山郡)의 도을한보(都乙漢堡)가 있었으나, 보가 멀리 떨어져 유사시 대응이 어렵다 하여 1443년(세종 25년) 위원군을 신설하면서 이 자리에 읍치가 들어선 곳이다. 1549년(명종 4년)에 읍치를 청계산 남쪽 위수 강변으로 옮기면서 구읍(舊邑)으로 남게 되었다.

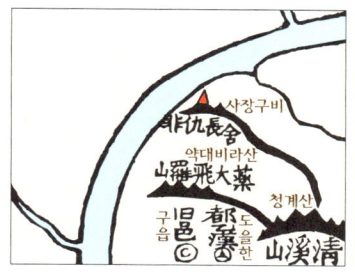

이 밖에 대동여지도에는 사장구비(舍長仇非) 봉수, 약대비라산(藥大飛羅山), 청계산 등의 지명이 있으나, 현대 지도상에는 압록강이 심하게 곡류하는 곳으로, 밖구비와 안구비라는 지명은 굽이쳐 흐르는 압록강의 모습에서 비롯된 지명으로 추정된다.

5-1 명천 明川

함북의 금강, 명천 칠보산

장백산(長白山, 지금의 만탑산)에서 남동쪽으로 뻗어 내리는 산줄기가 해안에 다다르면서 일으킨 산이 칠보산(七寶山)이다. 칠보산은 7개의 봉우리가 하늘을 찌를 듯이 솟아 있어 이름 붙여진 산으로, 주봉인 상매봉(1,103m)을 중심으로 1,000m 내외의 수많은 봉우리와 기암이 솟아 절승을 이루며, 칠보산의 안쪽을 내칠보 지역, 바깥쪽을 외칠보 지역, 해안 쪽을 해칠보 지역으로 구분한다. 북한에서는 칠보산을 '함북금강'이라 하여 불경에 나오는 금·은·호박(琥珀)·차거(硨磲)·산호(珊瑚)·마노(瑪瑙)·진주의 7보가 발하는 아름다운 빛과 같다 하여 붙여진 이름으로, 봄에는 꽃동산, 여름에는 녹음산, 가을에는 홍화산, 겨울에는 설백산으로 불리며 칠보산자연보호구로 지정되어 있다.

대동여지도의 칠보산은 산줄기와 물줄기가 똬리 모양이 되고, '회곡(回谷)'이라는 지명까지 표기하였는데, 18세기에 제작된 〈비변사인방안지도(備邊司印方眼地圖)〉의 명천부 지도에도 칠보산은 더욱 실감 나게 똬리 모양으로 그려져 있다. 1917년에 측도(測圖)된 5만분의 1 지형도 〈칠보산〉의 중심부를 보면 산과 계곡이 봉만유곡(峯巒幽谷, 꼭대기가 뾰족뾰족하게 솟은 산봉우리와 깊은 산골짜기)을 이루고 있어 똬리 모양의 지형이 짐작된다. 칠보산에서 발원되는 하천은 현대 지도의 보촌천(寶村川)이고, 아간천(阿間川)은 화대천(花臺川)에 해당된다.

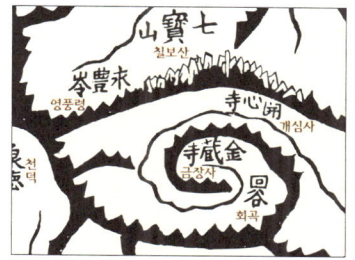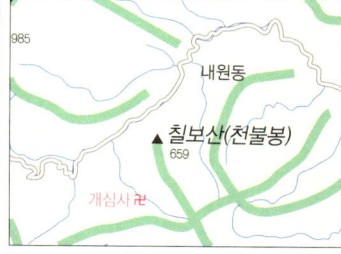

〈비변사인방안지도〉의 명천부　　　1919년 간행 1:50,000 지형도의
(출처: 규장각한국학연구원)　　　〈칠보산〉 중심부

명천(明川)은 고려 말에 수복되어 1398년(조선 태조 7년) 북도의 행정구역을 책정할 때 명원역(明原驛)이 되어 길주목(吉州牧)에 속했다. 1467년(세조 13년)에 이시애(李施愛)가 길주에서 난을 일으키자 길성현(吉城縣)으로 강등되면서 영평령(永平嶺) 이북의 땅을 분리해 명천현이 신설되었고, 1605년(선조 38년) 명천부로 승격되었다. 1895년 경성부 관할 명천군이 되었고, 이듬해 함경북도에 편제되었고, 현재의 명천군 소재지는 칠보산 서쪽 아간방리(阿間坊里) 부근이다.

대동여지도의 명천(明川) 읍치는 현재 명간군(明澗郡)이 위치한 곳으로, 1952년 군면리 대폐합(郡面里大廢合) 때 영안군(永安郡)이 되었는데, 1967년 명간군으로 개칭되었고, 1981년 화성군(化城郡)으로 바뀌었으며, 2005년 화성군을 다시 명간군으로 개칭하였다.

내칠보 지역에 위치한 개심사(開心寺)는 826년(발해 선왕 9년) 대원화상(大圓和尙)이 창건한 고찰로, 1948년 보수할 때 대웅전 용마루에서 '발해 선왕 9년 병오 3월 15일 용강성 석두현 해성사 금강곡 칠보산 개심사 창건주 대원화상 목수팽석'이라고 쓴 종이가 발견되었다. 개심사는 발해 최초의 사찰로 북한에서 국보로 지정되었으며, 재덕진(在德鎭)은 성벽과 건물 터 등이 남아 문화재로 지정되어 있다.

5-2 길주 吉州

'삼해양(三海洋)'이라 불리던 길주

대동여지도의 길주군 서쪽과 동쪽의 군 경계를 이루는 큰 산줄기는 장백정간에서 갈라진 산줄기로, 현대 지도와 서로 비슷함을 알 수 있다. 길주 서쪽 산줄기는 현재 함경북도와 함경남도의 도경계를 이루는데, 산줄기 서쪽 지역은 함경남도 단천시(端川市)이다. 길주로 흐르는 부서천(浮瑞川)은 현재 남대천(南大川)으로 명칭이 바뀌었고, 이 남대천 하구에서 길주를 거쳐 명간군(明澗郡)으로 흐르는 명간천(이전 화성천) 하구까지 좁고 긴 지대가 길주명천지구대(吉州

明川地溝帶)이다. 대동여지도의 별안대령(別安岾嶺, 현재 피자령)은 높이 401m로, 지구대에서 가장 높은 곳이다.

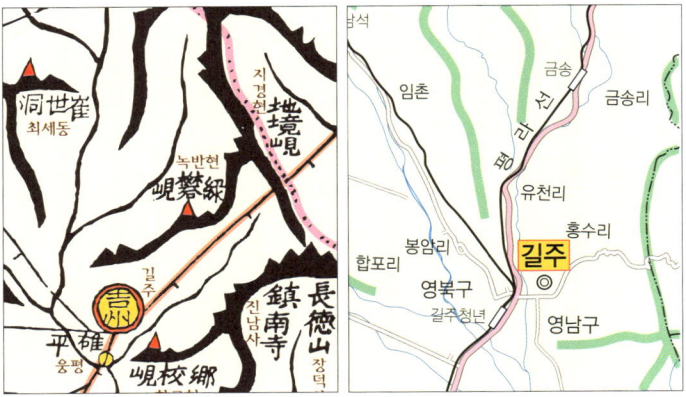

길주(吉州)는 함경북도에서 역사가 가장 오래된 읍치의 하나로, 1390년(고려 공민왕 2년) '해양(海洋)' 또는 '삼해양(三海洋)'이라 불리던 이곳을 길주라고 개칭하고, 만호부(萬戸府)를 두었다. 1398년(조선 태조 7년)에 길주목으로 승격되었으나, 집권 정책을 반대하는 이 시애의 난이 일어나자 1469년(예종 1년)에 길성(吉城)으로 바뀌면서 현으로 강등되었다. 1895년 경성부 관할 길주군이 되었고, 이듬해 함경북도에 편제되었으며, 1898년 길주군의 일부 지역이 분리되어 성진군(城津郡)이 신설되었다. 1943년 길주군이 길성군(吉城郡)으로 개칭되었으나, 1946년에 다시 길주군이 되었다. 고려 때 길주는 바다를 낀 양지바른 곳이었으나, 현재는 화대군(花臺郡)과 김책시(金策市, 성진)에 막혀 바다가 없는 내륙 군이 되고 말았고, 2005년 명간군으로 명칭이 바뀌었다.

길주군에는 고려 시대 여진족을 방어하기 위해 쌓은 길주읍성(吉州邑城)과 조선 중기에 세운 길주향교(吉州鄕校)가 남아 있고, 고려 시대 축성된 것으로 추정되는 다진산성(多津山城)과 산성(山城) 봉수 터가 문화재로 지정되어 있다.

5-3 성대산 聖代山
백두대간의 큰 고개, 조가령

대동여지도의 가운데 남북을 관통하는 굵은 산줄기는 백두대간으로, 현재 양강도와 함경남도의 경계를 이룬다. 해발 1,178m의 조가령(趙家嶺, 대동여지도는 趙哥嶺)은 함경남도 허천군과 양강도 김형권군을 잇는 높은 고개이고, 대동여지도 백두대간상에 높은 산으로 표시된 성대산(聖代山)은 현재 희사봉(希砂峰, 1,759m)으로 추정된다. 조가령을 중심으로 동쪽으로 남류하는 큰 하천은 남대천(南大川)이고, 서쪽으로 북류(北流)하는 큰 하천은 허천강이다. 대동여지도의 산줄기와 물줄기는 현대 지도와도 거의 비슷하다.

대동여지도의 북청군 황수천(黃水川, 현대 지도의 허천강)에는 현대 지도에서 보면 내중저수지(內中貯水池)와 황수원저수지(黃水院貯水池)가 조성되어 있다. 내중저수지는 관개용이고, 황수원저수지는 허천군과 단천군 쪽 4개 발전소에 수자원을 공급하는 유로변경식

발전용 저수지이다.

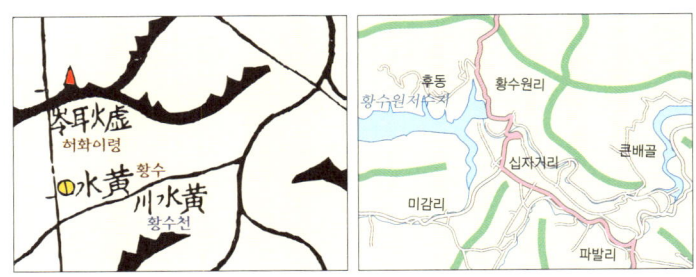

백두대간 동쪽 지역은 1952년에 신설된 허천군(虛川郡)으로, 함경남도에서 삼림 면적 비율이 가장 높다. 백두대간 서쪽 지역 웅이령(熊耳嶺) 북쪽은 양강도 풍서군(豊西郡)이고, 그 남쪽은 김형권군(金亨權郡)이다. 김형권군은 본래 함경남도 풍산군(豊山郡)이었으나, 1990년 김일성의 숙부인 김형권의 이름을 따서 개칭한 것이다. 군 소재지는 대동여지도의 웅이(熊耳) 역참이 있는 곳이다.

5-4 병풍파 屏風坡
첩첩산중, 개마고원의 중심 지역

대동여지도에서 이 지역은 개마고원의 중심부에 해당하는 고원 지대로, 절대적 고도는 높으나 지형은 비교적 평탄하며 경사가 급하지 않다. 대동여지도에 군 경계를 이루는 굵은 산줄기는 백두대간에서 갈라진 지맥으로 현대 지도의 설린령(雪麟嶺) 산줄기와 대응하고, 산줄기 서쪽의 긴 하천은 장진강(長津江) 지류인 부전강(赴戰江)이다. 대동여지도에서 굵은 산줄기 서쪽은 장진군이고, 동쪽은 삼수군과 갑산군이나, 현대 지도에서 산줄기 서쪽은 함경남도 부전군(赴戰郡)이고, 그 동쪽은 양강도 풍서군(豊西郡)이다. 부전군은 1954년에 양강도 관할이었다가 1965년에 함경남도 관할로 바뀌어 오늘에 이른다.

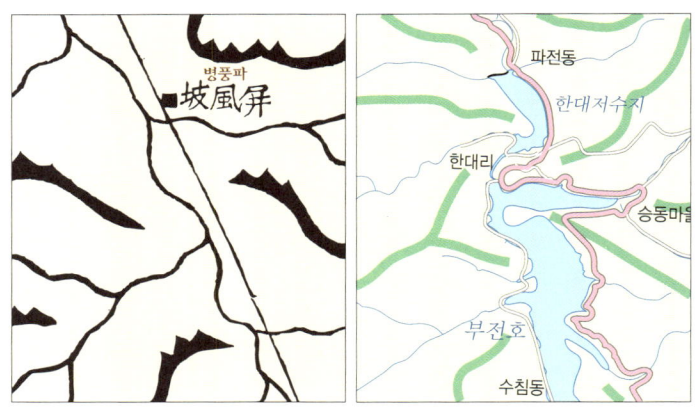

대동여지도의 창고가 있는 병풍파(屏風坡)가 위치한 곳은 현재 그 자리에 1930년에 건설된 부전강댐이 완공되면서 부전호(赴戰湖)가 조성되었고, 호수의 물은 부전령 밑 터널을 통해 동해 사면으로 낙차시켜 유역변경식 발전에 이용된다. 부전호는 북한에서 겨울철에는 스케이트장, 여름철에는 문화휴양지 등으로 이용되고 있다.

5-5 장진 長津
개마고원의 서쪽 지역, 장진

대동여지도의 총전령(蔥田嶺)을 지나는 굵은 산줄기는 현대 지도의 낭림산맥에 해당하는 큰 산줄기이다. 큰 산줄기에서 뻗어 나간 지맥과 장진강(長津江)의 지류는 대동여지도와 현대 지도가 서로 엇비슷하고, 총전령의 위치는 현대 지도의 총곡령(總谷嶺)에 대응한다. 대동여지도에 표기된 청담강(淸潭江)은 장진강 상류의 명칭으로 추정된다. 장진강에는 현재 장진호(長津湖), 제2장진호, 제3장진호 등 3개의 인공 호수가 있는데, 최상류의 장진호는 1938년에 완공되었으며, 제3장진호인 낭림호(狼林湖)는 1967년에 완공되었다.

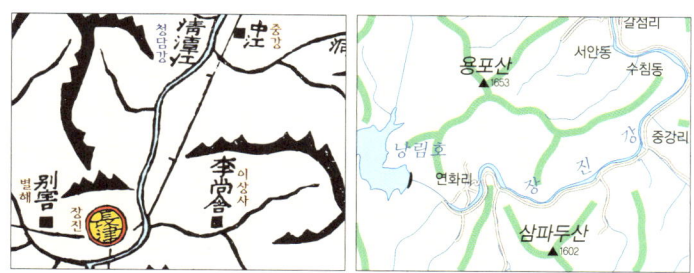

장진(長津)은 1391년(고려 공양왕 3년)에 본래 허천부(虛川府)였던 곳이 갑주(甲州)로 개칭되었는데, 이때 장진도 그 관하에 있었다. 1413년(조선 태종 13년)에 갑주가 갑산군으로 개편되었고, 1461년(세조 7년) 갑산이 도호부가 되면서 그 관하에 있던 삼수만호((三水萬戶)가 삼수군으로 독립될 때 장진도 그 관하에 있었다. 1667년(현종 8년)에 처음 보(堡)가 설치되면서 장진책(長津柵)이라 하였고, 정조 때 보를 폐지하고 절제진(節制鎭)을 설치하였다. 그 후 몇 번의 변천을 거쳐 1843년(헌종 9년)에 비로소 장진군이 되었다. 1895년 23부제 실시로 삼수도호부와 강계부에 속했다가 이듬해 함경남도 장진군이 되었다.

현재의 장진군 소재지는 장진호 상류로 옮겨 갔다. 낭림군은 1952년 함경남도 장진군과 자강도 강계군 일부 지역을 통합해 신설된 군이다. 대동여지도의 큰 산줄기를 기준으로 동쪽은 자강도 낭림군(狼林郡)이고, 서쪽은 장강군(長江郡)과 성간군(城干郡) 지역이다.

5-6 강계 江界
평안도 동북 지역의 중심지 강계

대동여지도의 하단 전천령(箭川嶺)에서 두음령(豆音嶺), 동동령(董董嶺)으로 이어지는 큰 산줄기는 청북정맥의 매화령(梅花嶺)에서 북쪽으로 뻗은 산줄기의 지맥이고, 그 동쪽을 흐르는 쌍선 하천은 독로강(禿魯江)이다. 대동여지도의 산줄기와 물줄기는 현대 지도와 비교해도 크게 다를 바 없다. 대동여지도의 두음령은 현재의 추포령(杻浦嶺)이고, 전천령은 현재의 쑥밭령이다. 독로강은 1976년 장자강(將子江)으로 명칭이 바뀌었으며, 길이 232km로 압록강에 유입되는 지류 중 두 번째로 긴 하천이다. 장자강 하류에는 1959년에 완공된 수력발전용 장자강호가 조성되어 있다.

대동여지도의 큰 산줄기를 기준으로 동쪽의 양파참(梁坡站) 북쪽은 강계시(江界市) 관할이고, 남쪽은 성간군(城干郡)이고, 큰 산줄기 서쪽은 위원군(渭原郡)이다. 또 광산령(筐山嶺) 북쪽 산줄기는 강계시와 시중군(時中郡)의 경계이고, 전천령은 위원군과 전천군(前川郡)의 경계를 이룬다.

강계(江界)는 1401년(조선 태종 1년) 입석(立石, 지금의 입관면 입석동)·이언(伊彦) 두 곳을 합쳐 석주(石州)라고 부르다가 여진 방어의 중요성에 비춰 1403년(태종 3년) 강계부로 승격되었고, 1413년(태종 13년) 강계도호부가 되면서 변경 방어의 요충지가 된 유서 깊은 곳으로, 예로부터 '강계미인', '강계포수', '강계산삼'으로 유명하다. 1695년(숙종 21년) 평안도 강계부가 되어 성안방(城安坊) 등 11개 방을 관할하였다. 1896년 평안도가 분도(分道)될 때 평안북도 관할이 되었고, 1949년 1월에 신설된 자강도(慈江道) 관할로 바뀌었고, 그해 12월 강계시로 승격되어 자강도 소재지가 되었다.

강계시에는 시 중심을 둘러싸고 축조된 강계읍성(江界邑城)이 남아 있고, 공귀리(公貴里, 대동여지도상 공귀천점)에는 청동기 시대의 거주 터가 있다. 성간군에는 옛 성터인 성간산성(城干山城)이 문화재로 보호되고 있다.

5-7 위원 渭原 초산 楚山
수풍호의 상류 지역 초산, 위원

대동여지도 우측의 신령(新嶺)에서 압록강 변으로 갈라져 나간 산줄기는 청북정맥의 지맥이고, 전체적으로 남고북저(南高北低)의 지형으로 비교적 낮은 산지를 이룬다. 대동여지도의 아이진(阿耳鎭)에서 압록강으로 유입되는 쌍선 하천은 지금의 충만강(忠滿江)이고, 초산읍 옆을 흐르는 하천은 지금의 초산천(楚山川)이다. 대동여지도의 산줄기와 물줄기는 현대 지도와도 대비된다. 압록강으로 유입되는 충만강은 길이 119.3km이고, 5km 이상의 지류가 무려 81개나 된다.

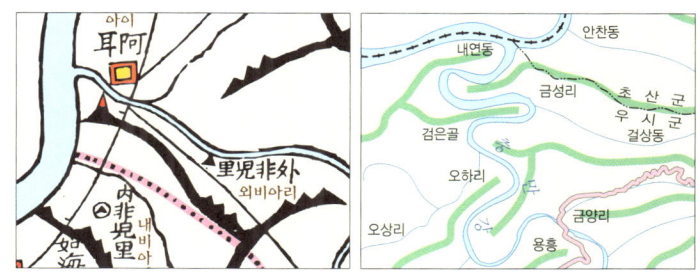

위원(渭原)은 고려 말에 이산군(理山郡) 산하의 도을한보(都乙漢堡)
였다가, 1443년(조선 세종 25년) 보가 멀리 떨어져 있어 급히 응원
할 일이 있으면 곤란하다 하여 강계와 이산 땅을 나누어 위원군이
되었다. 1460년(세조 6년) 위원군을 혁파해 이산에 예속시켰다가
1463년(세조 9년) 복귀시켜 진(鎭)을 두고 군수가 병마첨절제사를
겸하였다. 1895년 강계부 관할 위원군이 되었고, 이듬해 평안북도
에 편제되었다가 1949년 자강도 관할이 되었다.

초산(楚山)은 1402(태종 2년) 산양회(山羊會)·도을한(都乙漢)·봉화
대(烽火臺)·등이언(等伊彦)을 합쳐 이주(理州)라고 부르다가, 1413년
(태종 13년) 이산군(理山郡)으로 개편되었다. 1724년(경종 4년) 평안
감사 오명항(吳命恒)의 장청(狀請)으로 초산도호부로 승격되었다.
1895년 강계부 관할 초산군이 되었고, 이듬해 평안북도에 편제되
었다. 1949년 신설된 자강도 관할이 되었다.

대동여지도의 파발령(擺撥嶺)은 현대 지도와 위치가 맞지 않으나,
위원군(渭原郡)과 초산군(楚山郡)의 경계로는 일치한다. 대동여지도
에서 초산군의 남쪽 경계는 아이진이 위치한 충만강까지인데, 현
재 아이진과 충만강은 1952년에 신설된 우시군(雩時郡) 관할이다.
대동여지도에는 압록강 변을 따라 진보와 봉수가 즐비하게 설치되
어 있으나, 수풍호로 인해 수몰되어 현재 아이진과 산양회진(山羊
會鎭)의 옛 성터와 앙토리목책(央土里木柵)의 흔적이 남아 있고, 초
산읍에는 조선 시대에 세운 누정인 영호정(暎湖亭)이 문화재로 보호
되고 있다.

6-1 마유산 馬乳山
칠보산 남쪽, 무수단 해안

이곳은 칠보산 남쪽 해안 지역으로, 대동여지도의 삼달진(三達津)으
로 흘러드는 아간천(阿間川)은 현대 지도의 화대천(花臺川)이다. 대동
여지도의 마유산(馬乳山)은 현대 지도의 기암동뒤산(546m)으로 추정
된다. 대동여지도에는 표기되지 않았지만, 무수단(舞水端)은 바다로
돌출된 해안 절벽으로, 주변 일대는 경관이 뛰어나 북한에서 천연
기념물로 지정되어 있다.

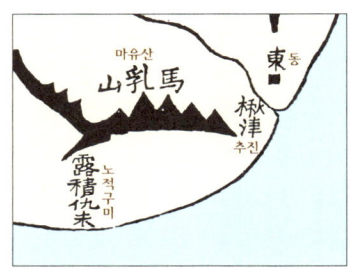

이곳은 대동여지도의 명천(明川) 지역으로, 현대 지도의 함경북도
화대군(花臺郡)이다. 대동여지도에 있는 국화대산(菊花坮山)에서 명
칭이 유래된 화대군은 1952년 길주군과 명천군 일부를 통합해 신
설된 군으로, 함경북도 주요 수산 기지의 하나이다. 화대군 앞바다
에는 양도(洋島), 강후이도, 알섬(卵島) 등 3개의 작은 섬이 있는데

모두 사람이 살지 않는 바위섬이다.

6-2 단천 端川
조선 초에 설치된 고읍, 단천

단천에서 성진으로 넘어가는 마천령(摩天嶺)이 속한 산줄기는 백두
대간에서 갈라진 지맥으로 현대 지도의 산줄기와도 부합되고, 함
경북도와 함경남도의 도경계를 이룬다. 대동여지도의 북대천(北大
川, 단천 북대천)과 남대천(南大川, 단천 남대천) 역시 현대 지도의 하
천과 명칭이 동일하다. 그러나 단천 앞바다에 있는 오갈암(烏曷岩)
과 난도(卵島), 성진 앞바다의 천도(穿島)는 현대 지도에는 표시되지
않았다.

단천(端川)은 고려 말에 고려의 판도가 되어 1375년(고려 무왕 1년)
단주(端州)가 되었다. 1397년(조선 태조 6년) 지단주군사(知端州郡事)
로 개편된 뒤, 1413년(태종 13년) 단천으로 개칭되고 지군사(知郡事,
군수의 옛 명칭)를 두었다. 1720년(숙종 46년) 군에서 도호부로 승격
되었다. 1895년 함흥부 관할 단천군이 되었고, 이듬해 13도제 실시
에 따라 함경남도에 편제되었으며, 1982년 단천시로 승격되었다.
대동여지도 길주군의 성진진(城津鎭)은 조선 태조 때 길주목 성진첨
사(城津僉使)의 관할이었다가 광해군 때 첨사(僉使)를 두었고, 1895년
에 폐지되었다. 1898년 성진군으로 개편되면서 1896년 마산·군산
과 함께 개항장(開港場)이 되면서 성진부로 승격되었다. 그 뒤 군으
로 강등되었다가 1943년 성진부가 되고, 일부 지역은 학성군(鶴城
郡)이 되었다. 광복 직후 시로 승격되었으나, 한국전쟁에서 전사한
김책(金策)을 기리기 위해 1953년 성진시와 학성군을 각각 김책시
와 김책군으로 개칭하고, 1961년 김책군을 김책시에 편입하였다.
이에 따라 성진만(城津灣)도 김책만으로 바뀌었다.

단천시의 단천읍성(端川邑城)은 1432년에 축성된 평지성(平地城)으
로 석성과 문루가 남아 있고, 도덕산성(道德山城)은 성터만 남아 있
다. 김책시의 성진진성(城津鎭城)은 석축 일부가 남아 있다.

6-3 이원 利原 북청 北青
'북청 물장수'의 정신이 깃든, 북청

대동여지도의 후치령(厚致嶺)을 지나는 백두대간과 북청·이원의
경계를 이루는 산줄기는 현대 지도와 크게 다르지 않다. 백두대간

상의 태백산(太白山)은 그 남쪽의 산줄기로 보아 현대 지도의 희사봉(2,117m)에 해당되지만, 위치는 다르다. 그러나 후치령에서 발원해 남류(南流)하는 남대천(북청 남대천)과 이원군의 남대천(리원 남대천)은 현대 지도와 일치한다.

대동여지도의 연지(蓮池)·군선연(群仙淵)·용포호(龍浦湖)·와룡담(臥龍潭) 등은 자연적인 석호(潟湖)이나, 현대 지도에는 명칭이 표기되지 않았다. 예로부터 군선연 일대는 주변 경치가 아름다워 신선들이 쉬어 가던 곳이라 한다.

북청(北青)은 1372년(고려 공민왕 21년) 북청이 되면서 안무사(安撫使)를 두고 만호를 겸하게 하였다. 1398년(조선 태조 7년)에 청주(青州)로 개칭해 부(府)로 승격되었으나, 1417년(태종 17년) 충청도 청주목과 음이 같다 하여 북청부로 개칭되고, 1427년(세종 9년)에 도호부로 승격되었다. 1895년 23부제 실시로 함흥부 관할 북청군이 되었고, 이듬해 함경남도에 편제되었다.

이원(利原)은 1356년(고려 공민왕 5년)에 고려의 판도가 되면서 화주목(和州牧) 관할이 되었다. 1436년(조선 세종 19년) 이성현(利城縣)이 되었고, 1800년(순조 1년)에 이원현으로 개칭되었다. 1895년에 함흥부 관할 이원군이 되었고, 이듬해 함경남도에 편제되었다.

덕성군에는 배골(梨洞) 고인돌 유적이 있고, 북청에는 북청읍성(北青邑城)이 남아 있다. 이원군의 마운령(磨雲嶺)에는 진흥왕순수비(眞興王巡狩碑) 터가 있고, 순수비는 현재 흥남시 함흥본궁(咸興本宮)에 보관 중이다. 문헌상 '북청 물장수'가 등장한 것은 조선 철종 때이고, 1930년대까지 서울에서 북청 사람들이 수방도가(水房都家)를 이뤄 많은 화제를 남겼고, 지금도 북청 사람들은 그 정신을 자랑스러운 전통으로 여기고 있다.

6-4 부전령 赴戰岺

새외사관 중의 하나인 부전령

대동여지도의 화피령에서 부전령(赴戰岺)을 거쳐 소백역산(小白亦山)으로 이어지는 굵은 산줄기는 백두대간이고, 부전령은 개마고원으로 들어가는 새외사관(塞外四關, 금패령·황초령·부전령·후치령) 고개 중 하나이다. 대동여지도의 백역산(白亦山)은 부전령 서쪽에 위치하는데, 현대 지도에서는 부전령 동쪽에 위치하고, 화피령(樺皮嶺)은 현대 지도의 불개미령에 해당된다. 대동여지도의 부전령 북쪽의 하천은 부전강(赴戰江)이고, 부전령 남쪽의 부전령천(赴戰岺川)과 원천(元川)은 성천강(城川江)의 지류이다. 대동여지도의 산줄기

와 물줄기는 현대 지도와도 엇비슷하다.

부전강 상류의 황철파(黃鐵坡)는 현재 부전군(赴戰郡)의 소재지가 있는 곳이다. 대동여지도의 부전령 남쪽은 함흥 땅이나, 현재는 신흥군(新興郡) 관할이고, 대동여지도의 홍원군(洪原郡)은 현재도 같은 군명이다.

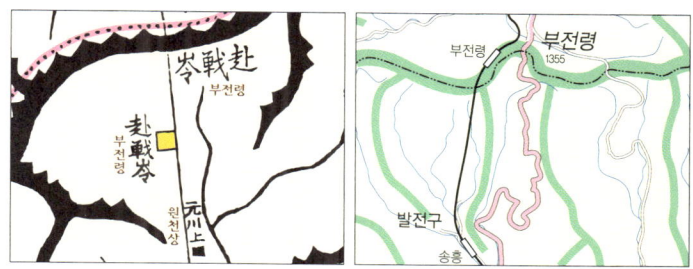

부전령은 해발 1,445m로 남쪽 사면은 경사도가 38° 이상의 급경사를 이루고 있어, 부전령 북쪽의 부전호(赴戰湖)의 물을 도수터널을 이용해 성천강 상류로 낙차시켜 발전하는 유역변경식(流域變更式) 수력발전소가 세 군데 있다. 현대 지도에 표시되어 있는 부전강제1발전소는 송흥리에 있고, 제2발전소는 송하리, 제3발전소는 동흥리에 위치한다. 현대 지도에 표시된 신흥선 철도는 부전령 남쪽의 송흥역과 북쪽의 부전령역 간 약 6km 구간은 경사가 급해 강삭철도(鋼索鐵道, 로프형철도)가 설치되어 있다.

《신증동국여지승람》에 따르면 부전령보(赴戰岺堡)는 1702년(숙종 28년)에 책(柵, 방어용 울타리)을 세우고 보를 설치하였으며, 별장(別將, 임시 관원) 1명을 두었다고 기록되어 있다.

6-5 낭림산 狼林山

낭림산맥의 주산, 낭림산

대동여지도의 황초령(黃草嶺)에서 낭림산을 거쳐 남쪽 소백산(小白山)으로 이어지는 산줄기는 백두대간이고, 낭림산(狼林山, 2,186m)에서 서쪽 태백산(太白山)으로 뻗은 산줄기는 청북정맥이다. 그러나 현대 지도에는 황초령에서 소마대산(小馬垈山, 1,943m)을 거쳐 남쪽으로 뻗은 산줄기가 백두대간이고, 소마대산에서 낭림산으로 이어지는 산줄기가 청북정맥이며, 청북정맥의 웅어수산(雄魚水山, 2,019m)에서 청남정맥이 분기되어 대동여지도의 산줄기와 일치하지 않는다.

황초령도 개마고원으로 들어가는 새외사관 고개 중 하나로, 고개 북쪽으로 흐르는 하천은 장진강(長津江) 상류로, 대동여지도의 구장진(舊長津) 고진보가 있던 곳은 1934년 완공된 장진댐이 들어선 곳이다. 현대 지도에 표시된 가장 큰 호수는 제1장진호이고, 그 하류의 길고 가느다란 호수가 제2장진호, 그 하류의 낭림호가 제3장진호이다. 장진호 물은 도수터널을 통해 황초령 남쪽으로 낙차시켜 영광군(榮光郡) 지역에 5개 발전소가 가동되고 있다. 제1발전소는 수전구, 제2발전소는 상통리, 제3발전소는 수전구, 제4발전소는 동양리, 제5발전소는 인다리에 각각 위치한다.

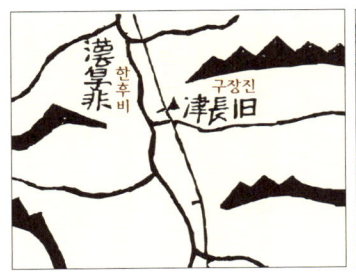 

황초령 북쪽 지역은 현재 함경남도 장진군(長津郡)이고, 그 남쪽은 영광군이다. 낭림산 북쪽 산줄기 서쪽은 자강도 용림군(龍林郡)이고, 소백산 서쪽 지역은 평안남도 대흥군(大興郡)이다.

영광군 영광역에서 황초령을 넘어 장진군 사수역까지 장진선 철도가 연결되는데, 포장역과 황초령역 사이는 경사가 급해 강삭철도가 설치되어 있다. 황초령을 지나는 도로는 2급도로이고, 마대령으로도 장진과 대흥 간 도로가 이어진다.

6-6 적유령 狄踰岺

옛날 관문 역할을 했던 적유령

대동여지도의 적유령(狄踰岺)에서 서쪽 매화령(梅花嶺)을 거쳐 남쪽 모두령(牟頭嶺)으로 이어지는 산줄기는 청북정맥으로 현대 지도와도 일치한다. 적유령 북쪽의 수많은 지류를 거느린 하천은 독로강(禿魯江, 현재의 장자강)이고, 고개 남쪽의 하천은 청천강(清川江)의 지류이다.

조선 시대 평안도 희천과 강계를 잇던 적유령은 옛날 오랑캐들이 쫓겨 넘어갔다 하여 '되넘이령'으로 불리던 고개로 방어상 매우 중요한 곳이었으나, 지금은 이용하지 않고 그 서쪽의 구현(狗峴)으로 뚫린 명문(明文)고개가 그 역할을 대신하고 있다. 명문고개는 옛날 개가 다니던 길이라 하여 '개고개' 또는 '구현령(狗峴嶺)'이라고도 불린다.

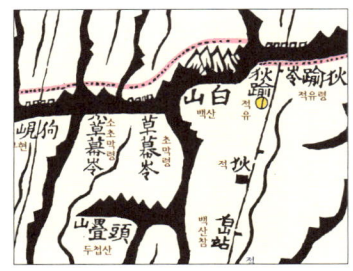 

대동여지도의 적유령 북쪽은 현재 자강도 전천군(前川郡) 관할이고, 고개 남쪽은 자강도 동신군(東新郡), 구현 남쪽은 송원군(松源郡) 관할이다. 대동여지도의 신광보(神光堡) 자리가 지금의 전천군 소재지로 분지를 이루며, 평남보(平南堡) 자리는 용림군(龍林郡) 소재지가 위치하는 곳이다.

6-7 벽동 碧潼

역사가 오랜 북방의 요충지, 벽동

대동여지도의 최첨령(崔檐嶺)에서 자당산(慈堂山)으로 이어지는 산줄기는 청북정맥의 지맥이고, 산줄기 동쪽을 북류하는 별하천(別河川, 현재의 충만강)과 벽동으로 흘러드는 두 줄기 하천은 현대 지도와 비교해도 유사하다. 벽동으로 흘러드는 성창천(城倉川)은 지금의 남천(南川)이고, 임토진(林土鎭)으로 흐르는 하천은 지금의 동천(東川)이다.

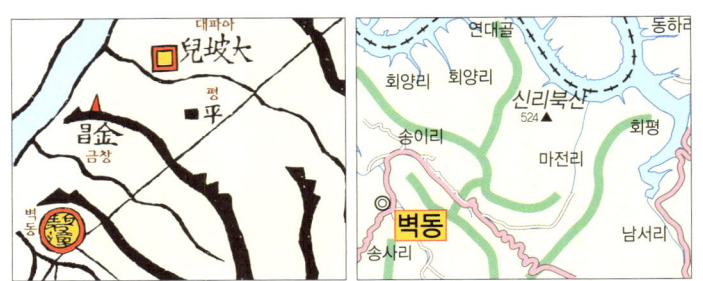

벽동(碧潼)은 여진족의 지배하에 오랫동안 '임토(林土)'·'벽단(碧團)'이라 불렸고, 오랜 역사를 지닌 북방의 요지로 고려 공민왕 때 고려의 판도가 되면서 임토를 음동(陰洞)으로 바꾸었다. 1403년(조선 태종 3년) 벽단과 음동이 합쳐져 벽동군으로 개편되어 조선 말까지 지속되었다. 1895년 의주부(義州府) 관할 벽동군이 되었고, 이듬해 13도제 실시에 따라 평안북도에 편제되었다. 대동여지도에서 보는 바와 같이 벽동은 동천 하구 압록강 변에 위치했으나, 1943년 수풍댐 건설로 인해 현재 위치로 이전하였다.

현대 지도의 자강도 우시군(雩時郡) 소재지는 충만강 하류에 위치하고, 고풍군(古豐郡) 소재지는 충만강 지류인 고면천(古面川) 상류에 위치한다. 그러나 대동여지도의 이산성(理山城)이 고풍군 소재지의 인근이 되어 현대 지도와는 위치가 다르다. 충만강 상류는 송원군(松源郡) 지역으로, 충만강의 중류를 막아 조성된 송원저수지가 고풍군과 송원군에 걸쳐 있다.

백동군의 벽동읍성(碧潼邑城)은 옛 성터 일부와 남문(南門), 동문(東門)이 남아 있고, 고풍군의 이산성은 1440년(세종 22년)에 축성된 석성으로 현재 그 일부가 남아 문화재로 보호되고 있다. 우시군의 심원사(尋源寺)는 폐허가 되어 흔적만 남아 있다.

6-8 창성 昌城

성(城)이 많아 이름 붙여진 창성

대동여지도에 보이는 압록강은 1943년에 수풍댐이 건설되어 현대 지도에서 보는 바와 같이 대규모 수풍호(水豐湖)가 형성되었고, 압록강 변으로 맥을 낮추는 청북정맥의 지맥들은 현대 지도의 산줄기와도 비슷한 편이다. 대동여지도의 벽단진(碧團鎭)으로 흘러드는 하천은 현재의 송계천(松溪川)이고, 어정탄보(於汀灘堡)로 흘러드는 자잔수(自潺水)는 현재 영주천(映珠川)이다.

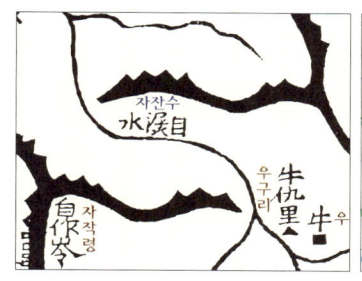

창성(昌城)은 1035년(고려 정종 1년)에 창주(昌州)로 불리다가 1369년 (고려 공민왕 18년) 이성만호부(尼城萬戶府)가 설치되었다. 1402년(조선 태종 2년) 이성(泥城)과 창주를 합쳐 창성군으로 개편되었는데, 창성은 국경 방어 지역으로 성벽이 많아 붙여진 이름이라고 한다. 1438년(세종 20년) 도호부로 승격되어 조선 말까지 지속되었다. 1895년 의주부 관할 창성군이 되었고, 이듬해 평안북도에 편제되었다. 대동여지도의 창성군 읍치는 1943년 수풍댐이 건설되면서 이전되었는데, 위치는 대동여지도의 우구리(牛仇里) 고진보가 있는 곳이다.

현대 지도에서 창성군에 표기된 고려장성(高麗長城)은 고려 때 축조된 천리장성(千里長城)으로 성벽 일부가 남아 있고, 창성향교(昌城鄕校)는 조선 초에 처음 건립되었으나 1765년에 다시 세운 것으로 명륜당과 동재가 남아 있다. 압록강 변에 설치되었던 진보와 봉수 등은 수풍댐으로 거의 수몰되어 자취를 찾을 수 없다.

7-1 마양도 馬養島

조선 시대 군마를 기르던 마양도

대동여지도의 남대천 하구와 해안선, 마양도(馬養島)·육도(陸島) 등의 섬과 육지의 낮은 산줄기의 형태는 현대 지도와 비슷하게 나타난다. 육도는 현재 사주(砂州)에 의해 육지와 연결되었고, 대동여지도 해안가의 여러 호수는 퇴적작용으로 인해 만(灣) 어귀가 막히면서 형성된 호수이다. 현대 지도에는 호만포(湖滿浦)만 표기되어 있다.

마양도는 조선 시대에 주로 말을 사육하던 곳으로 '마랑이섬(馬郎耳島)'이라고도 불렸고, 기후와 사육 조건이 양호해 병든 말도 이곳에 오면 나았다고 한다. 대동여지도에는 홍원군(洪原郡)에 속했으나 현재는 함경남도 신포시 관할이다. 마양도는 신포항의 남쪽을 가로막고 있어 천연 방파제 역할을 하며, 섬 북쪽의 포구는 좋은 어항으로 발달되었다. 신포항 남쪽 마양도 해군 기지 인근은 현재 북한 최대의 동해안 잠수함 기지로 알려져 있다.

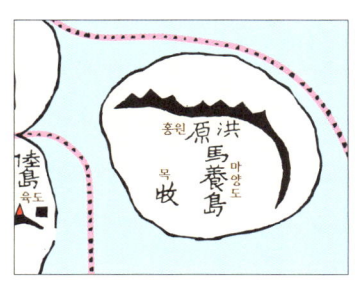
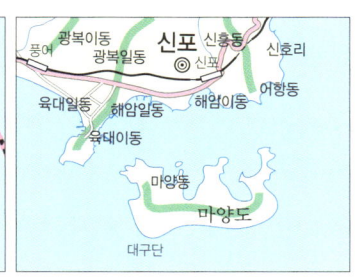

신포시(新浦市)는 북청군과 홍원군에 속했던 곳으로 1952년 신포군이 되었고, 1960년에 시로 승격되었다. 1995년 양화만 동쪽 지역에는 금호지구(琴湖地區)가 신설되면서 분할되었다.

7-2 함흥 咸興 홍원 洪原

조선 태조 이성계의 본거지, 함흥

대동여지도의 함관령(咸關嶺) 산줄기와 북쪽의 천불산(千佛山) 산줄기, 성천강(城川江) 줄기 그리고 해안선 등의 형태는 현대 지도와 비교해 크게 어긋나지 않는다. 백두대간에서 발원한 성천강은 동해로 흐르는 두 번째로 긴 하천으로 길이가 105.3km이며, 부전호와 장진호에 유로변경식 발전소가 설치되어 수량이 풍부하고, 하구에는 수많은 삼각사주(三角砂洲)가 발달되어 있다. 대동여지도의 함흥평(咸興坪)은 지금의 함흥평야로, 성천강·광포강(廣浦江)·금진강(金津江) 등 하천의 퇴적작용으로 토사가 운반되어 형성된 충적평야이며, 관북지방 최대의 곡창 지대이다. 동북쪽 해안의 천초도(川椒島)와 화도(花島)는 현대 지도에서도 확인되나, 천초도는 '전초섬'으로 명칭이 바뀌었다.

함흥(咸興)은 1107년(고려 예종 2년)에 고려의 판도가 되어 '함주(咸州)'라고 불렸고, 1369년(고려 공양왕 18년) 함주목으로 승격되었다. 1416년(조선 태종 16년) 함주도독부와 덕주를 합해 함길도 함흥부가 되었고, 1470년(성종 1년) 함흥군으로 강등되었다가 1509년(중종 4년)에 다시 함흥부가 되었다. 1895년 함흥부 관할 함흥군이 되어 24개 사(社)를 관할하다가 이듬해 함경남도가 되었고, 1910년에 함경남도 도청 소재지가 되었다. 1960년에 직할시로 승격되었다가 1970년 일반시로 강등되어 오늘에 이른다. 따라서 대동여지도의 넓은 함흥부 지역은 현재 함흥시 북쪽으로 신흥군(新興郡), 서쪽으로 영광군(榮光郡)과 함주군(咸州郡), 남쪽으로 흥남구역(興南區域)과 락원군(樂園郡) 등으로 분리되었다.

홍원(洪原)은 '크고 넓은 평야'라는 뜻으로, 1356년(고려 공민왕 5년) 고려의 판도가 되어, 함주에 지주사(知州事)를 두었다가 곧 만호부로 고치고, 1369년(고려 공민왕 18년)에 다시 목(牧)으로 승격되었는데, 이 무렵에 함주에서 분리되어 홍원현이 되었다. 1398년(조선 태조 7년)에 함흥부에 속했다가 1402년(태종 2년)에 분리되어 현령을 두었고, 얼마 뒤 함흥부에 환속되었으나, 1433년(세종 15년)에 또다시 분리되어 현감을 두었다. 1895년에 함흥부 관할 홍원군이 되었고, 이듬해 함경남도에 편제되었다.

함흥시와 그 인근에는 조선 초 태조 이성계의 본거지답게 옛 성터와 능묘 등 많은 유적이 남아 있다. 함흥시에는 함흥부의 읍성인 함흥성(咸興城)과 옛 누각인 구천각(九天閣)이 남아 있고, 함흥본궁(咸興本宮)은 태조 이성계가 왕이 되기 전과 퇴위한 뒤에도 살았던 궁궐로, 정전을 비롯해 여러 부속 건물이 남아 있다. '함흥차사(咸興差使)'라는 말도 함흥본궁과 관련 있는 사연에서 나온 말이다. 또 신라 진흥왕이 마운령(磨雲嶺)과 황초령(黃草嶺)에 세웠던 진흥왕순수비(眞興王巡狩碑)는 함흥역사박물관에 옮겨 보존하고 있다.

만세교가 그려진 〈북새선은도〉의 일부(출처: 국립중앙박물관)

성천강에 가설된 만세교(萬歲橋)는 함흥 명승의 하나로 조선 역대 군주들의 만수무강을 기원한다는 뜻에서 태조가 지은 이름이라고 한다. 조선 후기 화가 한시각(韓時覺)이 1664년(현종 5년) 함경도 길주목에서 실시된 문무과 과거 시험 장면을 그린 기록화인 〈북새선은도(北塞宣恩圖)〉에는 성천강에 걸린 만세교가 뚜렷하다.

대동여지도의 제성단(祭星壇)은 함흥 남쪽 40리 도련포(都連浦)에 위치한다. 이 밖에 함흥 인근에는 이성계의 부친 이자춘(李子春)의 묘인 정릉(定陵)과 조부 이춘(李椿)의 묘인 의릉(義陵), 조모 박씨의 묘인 순릉(純陵), 천불산 아래에는 고조부 이안사(李安社)의 묘인 덕릉(德陵)이 있다. 또 함흥 북서쪽의 함관령에는 고려 천리장성으로 추정되는 성벽 일부가 남아 있다.

7-3 영성 寧城

평안도와 함경도를 가르는 백두대간

대동여지도의 상검산(上釰山) 북쪽과 남쪽으로 뻗은 굵은 산줄기는 백두대간으로, 평안도와 함경도의 도경계를 이룬다. 백두대간 서쪽의 쌍선 하천은 대동강 최상류로 현대 지도와 비교해도 비슷하다. 대동여지도에는 백두대간상의 차일봉(遮日峰) 북쪽의 큰 고개에 명칭이 없으나, 현대 지도에는 평안남도 대흥과 함흥을 연결하는 검산령(劍山嶺, 1,130m)이 표기되어 있다. 대동여지도의 마유령(馬踰嶺)은 현대 지도에는 표기되지 않고, 그 남쪽의 이름 없는 고개는 삼당령(1,250m)이다.

대동여지도 백두대간 서쪽의 행정구역은 영원군(寧遠郡)이고, 백두대간 동쪽의 천의산(天宜山) 북쪽은 함흥부(咸興府)이고, 그 남쪽은 정평부(定平府)이다. 그러나 현대 지도에서 백두대간 서쪽의 행정구역은 평안남도 대흥군(大興郡)으로, 대동여지도에서 그 소재지는 대동강 상류의 사창(社倉, 조선 시대 각 고을의 환곡을 저장해 두던 창

고)이 위치한 곳이다.

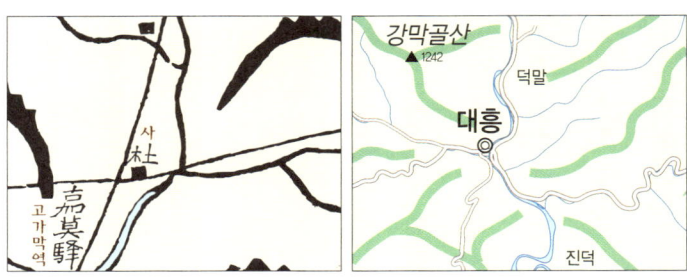

7-4 희천 熙川

우리나라의 4대 명산, 묘향산

대동여지도의 광성령(廣城嶺)에서 묘향산(妙香山)으로 이어지는 굵은 산줄기는 청남정맥이고, 지도 좌측 상단의 축전령(杻田嶺)을 지나는 산줄기는 청북정맥이다. 희천으로 흐르는 긴 쌍선 하천은 청천강의 상류이고, 지도 우측 하단의 쌍선 하천은 대동강 상류이다. 청남정맥을 경계로 동남쪽은 평안남도이고, 서북쪽은 자강도 관할이다.

희천(熙川)은 고려 정종 때 고려의 영토로 편입되어 1217년(고려 고종 4년)에 위주(威州)로 불렸고, 뒤에 희주(熙州)로 개칭되었다. 1396년(조선 태조 5년)에 희주군이 되었고, 1413년(태종 13년)에 군현명의 '주(州)'자를 '산(山)'자나 '천(川)'자로 고치는 규례에 따라 희천(熙川)으로 바뀌었다. 1895년 강계부 관할 희천군이 되었고, 이듬해 평안북도에 편제되었다. 1949년 자강도 관할이 되었고, 1952년에 희천군의 동북쪽 4개 면을 분리해 동신군(東新郡)이 신설되고, 1967년에 희천시로 승격되었다.

평안북도 영변군(寧邊郡)은 1952년에 북쪽 3개 면을 분리해 묘향산의 이름을 따서 향산군(香山郡)이 신설되었다.

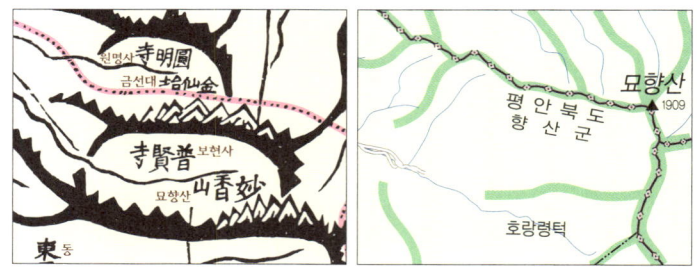

해발 1,909m의 묘향산(妙香山)은 예로부터 동금강(東金剛)·서구월(西九月)·남지리(南智異)·북묘향(北妙香)이라 하여 우리나라 4대 명산의 하나로 꼽힐 정도로 산세가 웅장하고 수려한 산으로 알려졌다. 묘향산에 있는 북한의 대표적 사찰인 보현사(普賢寺)는 고려 때 의상대사가 창건한 사찰로 경내에는 대웅전, 보현사 8각13층탑, 보현사 사적비 등 많은 국보급 문화재가 있다. 계조암(繼祖庵)·능인암(能仁庵)·보윤암(普潤庵) 등의 부속 암자를 거느리고 있으며, 묘향산 입구인 향암리에는 국제친선전람관과 묘향산역사박물관이 있다. 또 봉단성(鳳丹城)에는 옛 성터가 남아 있다.

7-5 운산雲山

우리나라 제일의 금 산지, 운산

대동여지도의 우현(牛峴, 현재의 우현령)에서 아호미령(丫好尾嶺)으로 이어지는 큰 산줄기는 청북정맥으로, 고려 때인 1033년에 쌓은 천리장성(千里長城)이 지나간다. 운산을 감아 흐르는 쌍선 하천은 청천강 수계인 구룡강(九龍江)이고, 당아산성(當峨山城) 옆을 흐르는 쌍선 하천은 대령강(大寧江)의 지류인 창성강(昌城江)이고, 북강(北江)은 대령강의 본류이다. 대동여지도의 산줄기와 물줄기는 현대 지도와 비교해도 크게 다르지 않다. 현재 대령강과 창성강이 합수되는 지점에는 태천저수지(泰川貯水池)가 조성되어 있다.

운산(雲山)은 고려 때 운중군(雲中郡)으로 불리다가 950년(고려 공종 1년)에 위화진(威化鎮)이 되었고, 995년(고려 성종 14년) 운주(雲州)로 개칭되었다. 1413년(조선 태종 13년)에 운산군이 되어 조선 말까지 지속되었다. 1895년 의주부 관할 운산군이 되었고, 이듬해 평안북도에 편제되었다. 1952년 운산면이 읍으로 승격되었다.

대동여지도의 행정계는 현대 지도와 비교해도 비슷하다. 대동여지도의 창성군(昌城郡) 지역은 1952년 신설된 동창군(東倉郡) 지역으로, 대동여지도의 동창(東倉)이 위치한 곳이 군 소재지이다.

운산은 오래전부터 우리나라 제일의 금 산지로 알려졌는데, 본격적인 개발은 구한말인 1895년 미국인 제임스 모스(James R. Morse)가 조선 정부로부터 채굴권을 얻어 이듬해부터 1939년까지 25년 동안 금을 채굴하였고, 일제 강점기에는 일본인에게 채굴권이 넘어갔다. 구룡강 최상류 지역인 북진(北鎮)과 부흥(富興) 일대 금광의 매장량이 가장 풍부하다.

운산 북쪽의 동림산(東林山, 1,165m) 중턱에 있는 큰 무덤은 고구려의 장수 연개소문(淵蓋蘇文)의 무덤으로 알려져 있다. 현대 지도의 백벽산(白壁山, 902m)은 대동여지도의 백벽산(白碧山)과 한자 표기와 위치가 다르며, 산 전체에 화강암이 드러나 급한 절벽을 이루고, 능선은 톱날처럼 날카로운 봉우리로 이뤄져 산세가 웅장하고 험난해 예로부터 평안도 지방에서 널리 알려진 산이다. 산속에는 서산대사의 전설이 전해지고, 견성암(見性庵)과 반고사(盤苦寺)가 있다.

당아산성은 평안도 국경 지역인 창성군의 수비를 위해 1414년(태종 14년)에 처음 산마루를 따라 축조된 산성으로, 1675년(숙종 1년)에 이르러 비로소 산성의 역할을 하였으며, 그 뒤 여러 차례 수축(修築)을 거쳐 그 둘레가 8km에 이른다. 대동여지도와 현대 지도에서 당아산성의 위치는 강을 사이에 두고 서로 다르고, 당아산성의 한자 표기도 '唐阿山城' 또는 '螗蛾山城'으로 쓰이기도 했다.

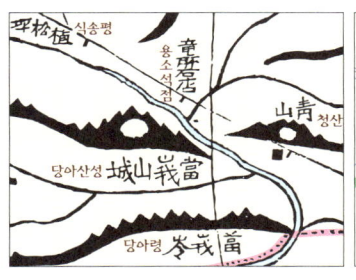

7-6 삭주朔州 구성龜城

고려 천리장성이 지나는 청북정맥

대동여지도의 완항령(緩項嶺)에서 소성령(小城嶺)을 거쳐 노동현(盧洞峴)으로 이어지는 산줄기는 청북정맥으로 고려 때의 천리장성이 지나며, 봉우리와 봉우리 사이의 애구(隘口, 험하고 좁은 목)에는 성벽을 쌓아 변방의 요새 역할을 하였다. 지도 좌측 상단의 큰 하천은 압록강이고, 산줄기에서 동류(東流)하는 형제천(兄弟川)은 대령강의 상류, 지도 좌측 하단의 임천(臨川)은 지금의 삼교천(三橋川)이다. 천마산(天摩山)까지의 청북정맥과 압록강으로 뻗은 지맥은 현대 지도와 서로 대응되나, 천마산 아래쪽 산줄기와 그 외의 지형은 과장되거나 축소되어 현대 지도와 일치하지 않는다.

대동여지도 압록강 변의 구령진(九寧鎮)은 1943년 수력발전을 위한 수풍댐이 건설된 곳으로 현재 평안북도 삭주군 수풍구(水豊區)이다. 수풍댐은 길이 900m, 낙차 106.4m이며, 댐에 의해 조성된 수풍호는 담수면적 345㎢로 남북한을 통틀어 가장 큰 인공 호수이다. 1955년 북한과 중국은 공동으로 압록강수력발전회사를 설립하여 관리·운용하고 있으며, 발전량은 70만kw이다.

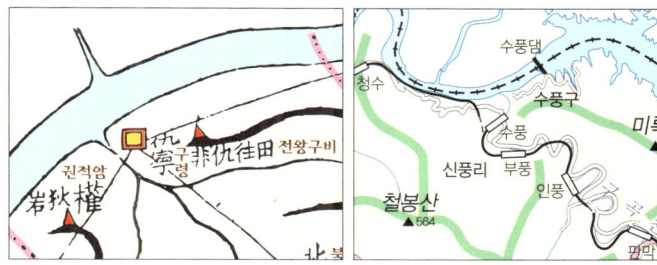

삭주(朔州)는 고려 때 성립된 북방의 주요 마을로 '영색현(寧塞縣)'으로 불렸고, 1018년(고려 현종 9년)에 삭주로 개편되어 방어사(防禦使)를 두었다. 1394년(조선 태조 3년)에 삭주군이 되었고, 1413년(태종 13년)에 도호부로 승격되었으나, 1438년(세종 20년)에 다시 강등되어 삭천(朔川)이 되었고 이듬해 다시 삭주도호부로 승격되었다. 1895년 의주부 관할 삭주군이 되었고, 이듬해 평안북도에 편제되었다. 1952년에 청북정맥의 남동 지역을 분리해 대관군(大館郡)이 신설되고, 의주 땅인 천마산 남서쪽 지역을 분리해 천마군(天摩郡)이 신설되었다.

구성(龜城)은 994년(고려 성종 14년) 구주(龜州)로 불리다가, 1231년(고려 고종 18년) 몽고군의 침입을 잘 막아 냈다 하여 정원대도호부(定遠大都護府)로 승격되었고, 그 뒤 정주목(定州牧)으로 개칭되었다. 1455년(조선 세조 1년) 이곳은 사통오달의 요충지여서 정주목에서 분리해 구성군으로 독립한 뒤, 1466년(세조 12년)에 구성도호부로 승격되었다. 1895년 의주부 관할 구성군이 되었고, 이듬해 평안북도에 편제되었다. 1967년 구성시로 승격되어 오늘에 이른다.

압록강 변의 청수진(青水鎮)은 의주부의 관방 유적으로 옛 성터가 남아 있고, 청성진(清城鎮)은 압록강 푸른 물에 비치는 성이라 하여 붙여진 이름으로 산 능선에 성벽이 잘 보존되어 있다. 또 대관읍에는 옛 성터인 대삭주성(大朔州城)이 남아 있고, 천마군에는 극상

령성(棘城嶺城)과 식송진(植松鎭)의 옛 성터가 문화재로 보호되고 있다. 구성시(龜城市)에 자연 지형을 이용해 축조한 구주성(龜州城)과 구성남문(龜城南門)은 국보급 문화재로 보호되고 있다.

7-7 의주 義州
이성계의 회군으로 유명한 위화도

압록강으로 뻗어 내린 산줄기와 압록강 하류의 수많은 하중도(河中島)는 대동여지도와 현대 지도가 비슷한 형태를 이룬다. 다만 압록강 지류인 옥강천(玉江川)은 지금의 당목천(棠木川)이고, 한천(漢川)은 금광천(金光川)으로 명칭이 바뀌었다. 압록강 하류는 넓은 범람원과 삼각주가 발달하면서 크고 작은 하중도가 40여 개에 달하는데, 대동여지도에는 대구리도(大九里島)를 비롯해 소구리도(小九里島) · 승가도(勝可島) · 어적도(於赤島) · 난자도(蘭子島) · 검동도(黔同島) · 상도(桑島) · 위화도(威化島) · 오몰정도(烏沒亭島) · 여도(駒島) · 마도(麻島) · 신도(新島) · 다지도(多智島) · 임도(任島) · 추도(楸島) · 좌치도(佐治島) 등 16개의 섬이 그려져 있으나, 현대 지도에는 섬이 분명치 않고 명칭도 확인되지 않는다.

의주와 신의주의 북한 지도를 참조하면 대구리도 · 소구리도는 퇴적으로 합쳐져 구리도(九里島)가 되었고, 어적도 · 난자도 · 검동도 · 마도 · 다지도 등은 합쳐져 다지도(多智島)가 되었다. 또 신도 · 임도가 합쳐져 임도(荏島)가 되었으나, 퇴적으로 연륙(連陸)되어 현재는 섬으로 보기 어렵다.

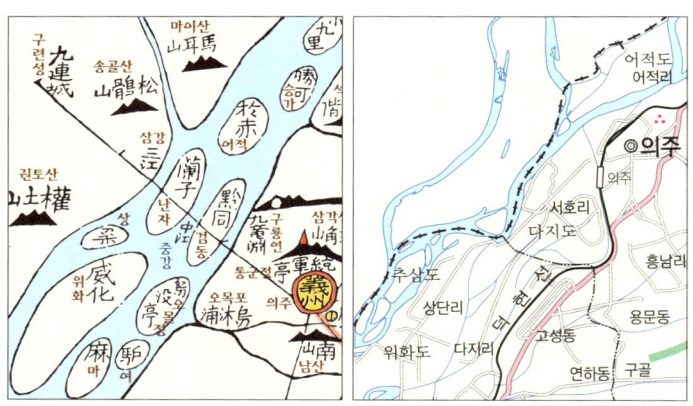

의주(義州)는 옛날부터 대륙으로 향하는 길목으로, 북방 세력과의 충돌이 불가피해 평온한 날이 없었다. 1010년(고려 현종 1년) 패서도(浿西道, 고려 시대 10도의 하나) 보주(保州)로 불렸고, 1054년(고려 의종 6년)에 북계(北界, 고려 시대 5도 양계의 하나) 포주(抱州 또는 把州)가 되었고, 1117년(고려 예종 12년) 서북면 의주로 개편되었다가, 1366년(고려 공민왕 15년)에 의주목(義州牧)으로 승격되었다. 1402년(조선 태종 2년) 판관(判官)을 두었고, 1413년(태종 13년) 의주목이 되었으며, 세조 때는 진을 설치해 북방 수비의 가장 중요한 요충지가 되었다. 1592년(선조 25년) 임진왜란 때는 선조가 이곳으로 피난 와서 환도 후에 의주부윤(義州府尹)으로 승격되었다. 1895년 의주부 관할 의주군이 되었고, 이듬해 평안북도에 편제되었으며, 1907년

부터 평안북도 소재지가 되었다. 1914년 부군면 통폐합 때 다시 의주군이 되었다.

한편 1914년에 의주군 일부 지역이 분리되어 신의주부(新義州府)가 신설되었고, 1921년에 도청도 신의주부로 이전되었다. 신의주부는 1947년 신의주시로 승격되고, 2002년에는 신의주특별행정구가 되면서 중앙 직할이 되었다. 대동여지도의 마평(麻坪)과 위원진(威遠鎭) 일대가 지금의 신의주시 중심부이다.

위화도는 역사적 사건으로 유명한 곳으로, 1388년(고려 우왕 14년) 명나라 요동(遼東) 정벌을 위해 출정했던 우군도통사(右軍都統使) 이성계(李成桂)가 위화도에서 회군을 단행해 우왕을 폐위시키고 정권을 장악한 다음 조선을 건국하게 되었다. 의주에는 둘레 8.3km에 이르는 의주읍성(義州邑城)과 의주남문(義州南門), 통군정(統軍亭) 등이 국보급 문화재로 보호되고 있다. 또 통군정 근처에는 조선 후기의 명장 임경업(林慶業) 장군의 업적을 기리는 기념비가 있다.

8-1 정평 定平 영흥 永興
태조 이성계가 태어난 곳, 영흥

함경남도 남쪽의 동해안 지역으로, 전형적인 서고동저(西高東底)의 지형을 이룬다. 대동여지도의 영흥과 정평 사이에 위치한 장현(場峴)이 속한 산줄기는 백두대간의 지맥이고, 산줄기 북쪽의 쌍선 하천은 장계천(長溪川), 그 남쪽 영흥을 감싸고 흐르는 쌍선 하천은 용흥강(龍興江)이다. 이러한 대동여지도의 지형은 현대 지도와 엇비슷하다. 다만 장현은 현재의 정골현이고, 장계천은 금진강(金津江), 용흥강은 금야강(金野江)으로 각각 명칭이 바뀌었다.

대동여지도의 정평군 동쪽 해안의 형태는 현대 지도와 크게 다르다. 대동여지도 정평군 동쪽의 만입(灣入)은 현재의 광포(廣浦)로, 함경남도 정평군과 함주군의 경계에 걸쳐 있다. 이 호수는 작은 만입이 사주(砂州)나 사취(砂嘴)로 막혀 형성된 석호(潟湖)로, 자연 호수로는 우리나라에서 두 번째 큰 호수이다. 옛날에는 '도련포(都連浦)' 또는 '도린포', '이응포(裏應浦)'라고 불렸다. 광포호 하구와 그 남쪽의 해안은 오랜 시간에 걸친 해안 퇴적으로 해안선이 현대 지도와 같이 바뀌었다. 광포는 1980년 천연기념물로 지정되었다.

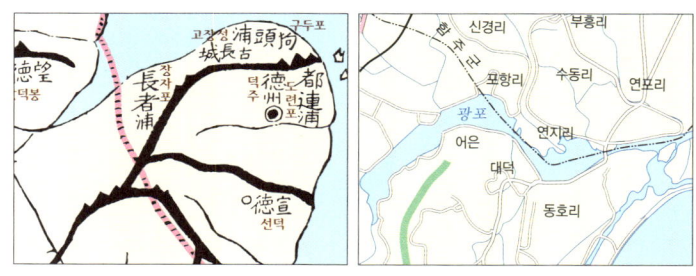

정평(定平)은 고려 초에 '파지(巴只)'로 불렸고, 983년(고려 성종 2년) 천정만호부(千丁萬戶府)가 설치되었으며, 1041년(고려 정종 7년) 정주(定州)가 되었고, 그 뒤 1356년(고려 공민왕 5년)에 도호부로 승격되었다. 1413년(조선 태종 13년)에 평안도 정주(定州)와 이름이 같다 하

여 정평으로 개칭되어 조선 말까지 지속되었다. 1885년 함흥부 관할 정평군이 되었고, 이듬해 함경남도에 편제되었다. 1952년 정평면이 읍으로 승격되었다.

영흥(永興)은 고려 건국 이후 고려의 판도가 되면서 화주(和州)로 개칭되었고, 그 뒤 원나라의 지배에 들었다가 1356년(고려 공민왕 5년) 수복되어 1369년(고려 공민왕 18년)에 화령부(和寧府)로 승격되었다. 조선이 개국되면서 이성계의 외조부 출생지인 영흥진의 이름을 따서 1393년(태조 2년)에 영흥부로 개칭되었고, 1416년(태종 16년) 화주목으로 개칭되었다가 1426년(세종 26년) 영흥대도호부로 승격되었다. 1895년 함흥부 관할 영흥군이 되었고, 이듬해 함경남도에 편제되었다. 1952년 영흥군의 일부를 분할하여 인흥군(仁興郡)과 요덕군(耀德郡)이 신설되었고, 1974년 인흥군이 폐지되었다. 1977년 '검은 금'이라고 불리는 석탄이 많이 산출되고, 황금 이삭이 넘실대는 기름진 밭을 낀 살기 좋은 고장이라는 뜻에서 영흥군을 금야군(金野郡)으로 개칭하였다.

정평군에는 정평읍성(定平邑城)·세류성(細柳城)·원흥진성(元興鎭城) 등의 옛 성터가 남아 있다. 광포는 압록강 하구의 위원진(威遠鎭)에서 시작되는 천리장성의 동쪽 끝부분으로, 대동여지도에 '고장성(古長城)'이라는 지명이 있다.

금야군에는 옛 성터인 관아성(官衙城)과 군자루(君子樓)가 남아 있다. 대동여지도의 용흥강 변에 있는 영흥본궁(永興本宮)은 이성계의 부친 환조(桓祖)의 옛집으로 이성계와 첫 부인 신의왕후(神懿王后)의 위판(位版)을 봉안한 곳이고, 이성계가 별에게 제사한 곳이라고도 전해지고 있다. 1666년(현종 7년)부터 '본궁'이라 불리게 되었다.

8-2 요덕 耀德
용흥강 상류의 볕이 잘 드는 곳, 요덕

대동여지도의 횡천령(橫川嶺)과 철옹성(鐵甕城)을 잇는 굵은 산줄기는 백두대간이고, 산줄기 동쪽으로 흐르는 하천은 용흥강(龍興江, 현재의 금야강)의 지류이고, 서쪽으로 흐르는 물줄기는 대동강의 지류이다. 이들 산줄기와 물줄기는 현대 지도와 비교해도 크게 다르지 않다. 다만 횡천령은 요덕에서 영원으로 넘는 고개가 아니라, 맹산에서 영원으로 넘는 고개로 바뀌었다.

대동여지도의 요덕(耀德)은 높은 산줄기에 둘러싸인 전형적인 내륙 산간 지역으로, 고려 시대에 성을 축조하면서 '요덕진'이라고 하였는데, 요덕은 해가 잘 드는 곳이란 뜻이다. 광복 이전에 요덕은 영흥군에 속했으나, 1952년에 영흥군의 일부를 편입하여 요덕군이 신설되었고, 현재는 요덕 정치범수용소로 유명한 곳이다.

요덕 서쪽 백두대간상에 위치한 철옹성(鐵甕城)은 대동여지도에는 영흥(永興)에 속해 있었으나, 현재의 행정구역은 평안남도 맹산군에 속하고, 현대 지도에는 철옹산(鐵甕山, 1,095m)으로 표기되어 있다. 철옹성은 고구려 때 맹산을 지칭하던 명칭으로, 고려 초에는 '철옹현(鐵甕縣)'으로 불렸으며, 지형적으로 백두대간 산줄기가 'ㄷ'자 형태로 심하게 굽어지는 곳으로 금야강의 지류인 평원천이 깊은 골짜기를

이뤄 마치 큰 독과 같은 천연의 요새를 이룬 곳이다. 산 북쪽에 옛 성터가 남아 있다.

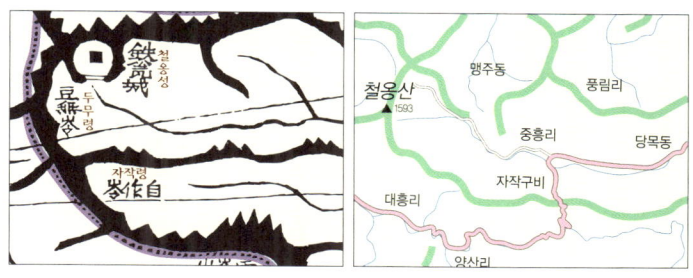

8-3 덕천 德川 맹산 孟山 개천 价川
대동강 상류의 중심 고을, 덕천

대동여지도의 관음현(觀音峴)에서 월봉산(月峰山)을 거쳐 백운산(白雲山)으로 이어지는 산줄기는 청남정맥이고, 지도에 대각선으로 흐르는 긴 쌍선 하천은 대동강이다. 대동여지도의 청남정맥의 형태가 현대 지도와 약간 다르지만, 산줄기와 물줄기는 대체적으로 엇비슷한 편이다. 대동강의 지류인 막탄강(瘼灘江)은 현재 마탄강(馬灘江)으로 이름이 바뀌었는데, 마탄강이 대동강 상류에 합수되는 삼탄(三灘) 일대는 감입곡류(嵌入曲流, 산지나 구릉지에서 구불구불한 골짜기 안을 따라 흐르는 하천)를 이루는 곳이었으나, 1982년 대동강을 막아 금성호(金城湖)가 조성되었다.

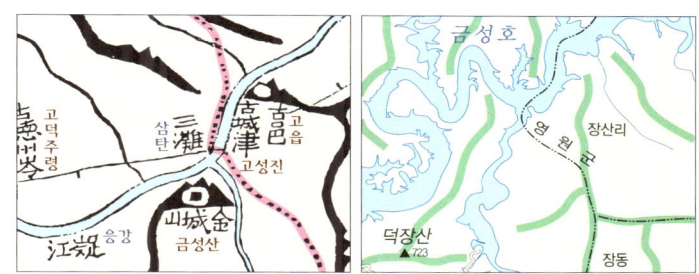

덕천(德川)은 대동강 상류의 분지를 이루는 곳에 있는 고을로, 고려 초에 덕천진이 설치되었고, 뒤에 요원군(遼原郡) 또는 긴 덕지대(평야보다 높은 곳에 평평하게 이루어진 지대)에 있는 진이라 하여 '장덕진(長德鎭)'으로 불리게 되었다. 1001년(고려 목종 4년)에 덕주(德州)로 개칭되었고, 1371년(고려 공민왕 20년)에 덕주군(德州郡)으로 개편되었다. 1413년(조선 태종 13년) 서북 지방이 평안도로 개편되면서 덕천군으로 개칭되었고, 1414년 맹산현과 합쳐 맹덕현(孟德縣)이 되었다가 이듬해 다시 분할되어 덕천군으로 승격되었다. 1896년 평안남도에 편제되었고, 1986년 덕천시로 승격되었다.

맹산(孟山)은 고려 초에 철옹현(鐵甕縣)으로 불리다가, 1019년(고려 현종 10년) 맹주(孟州)로 바뀌었다. 1413년(조선 태종 13년)에 서북 지방이 평안도로 개편되면서 관찰사를 두게 되었을 때, 다시 안주에서 분리되어 맹산현이 설치되었다. 1414년 덕주(德州)와 합쳐 맹덕현(孟德縣)이 되었다가 이듬해 다시 분할되어 맹산현이 되면서 현감을

두었다. 이때 맹산 현감은 병마절제도위(兵馬節制都尉)를 겸하였다. 1895년 맹산군이 되었고, 이듬해 평안남도에 편제되었다.

개천(价川)은 930년(고려 태조 13년)에 안수진(安水鎭)이 설치되었고, 1018년(고려 현종 9년) 연주(連州)로 되었다가, 1215년(고려 고종 2년)에 익주(翼州)로 개칭되었다. 그 뒤 개주(价州)로 바뀌었다. 1413년(조선 태종 13년)에 개천군으로 개칭되었는데, 지명의 '개'는 대동강과 청천강 사이에 끼어 있는 고장이라는 뜻에서 낄 '개(介)' 자를 썼으나, 뒤에 클 '개(价)' 자로 바꾼 것이라 한다. 1895년 평양부 관할 개천군이 되었고, 이듬해 평안남도에 편제되었다. 1990년에 개천시로 승격되었다. 대동여지도 덕천 남쪽의 순천 월경지 관할 지역에는 1952년에 북창군(北倉郡)이 신설되었다.

영원(寧遠)은 922년(고려 태조 5년)에 영원진(寧遠鎭)이 설치되었다. 1396년(조선 태조 5년)에 영청현(永淸縣)과 합쳐 영녕현(永寧縣)이 되었다가, 1413년(태종 13년) 서북면을 평안도로 개편할 때 영원군(寧遠郡)으로 승격되었다. 세종 때 현으로 강등되었으나, 1465년(세조 11년) 영원군으로 승격되고, 진을 설치해 영원군 목사가 첨절제사(僉節制使)를 겸해 군무(軍務)를 보게 하였다. 1895년 평양부 관할 영원군이 되었고, 이듬해 평안남도에 편제되었다.

대동강 중상류 지역은 석회암 지대로, 덕천 대동강 가에 있는 덕천 승리산유적(德川勝利山遺跡)은 석회암 동굴이다. 이 동굴에서 구석기 시대의 인골 화석과 집터, 무덤 등이 발굴되어 문화재로 지정되었다. 또한 북창군 대평리 대동강 가에는 신석기 시대에서 철기 시대 초기에 이르는 유적들이 분포되어 있다.

8-4 영변寧邊 안주安州 태천泰川
을지문덕 장군이 대승한 청천강

대동여지도 동쪽의 큰 쌍선 하천은 청천강이고, 서쪽의 쌍선 하천은 대정강(大定江)이다. 대정강은 오늘날 대령강(大寧江)으로 이름이 바뀌었고, 영변 옆을 흐르는 공포천(孔浦川)도 구룡강(九龍江)으로 바뀌었다. 대동여지도의 산줄기와 물줄기는 현대 지도와 비교해도 서로 비슷한 모습이다. 또한 대동여지도 우측 하단의 봉덕산(鳳德山)에서 마두산(馬頭山)으로 이어지는 산줄기는 청남정맥의 일부분으로 현대 지도와도 엇비슷하다.

대동여지도의 청천강 하류에는 하중도가 여러 개 있는데, 이 가운데 '소착(疏鑿)'이라는 섬은 실제 섬의 명칭이 아니고 하천을 쳐서 물이 흐르게 하는 하천 정비를 뜻하는 말이다. 현대 지도에는 '골

적섬'이라는 지명이 있으나, 유로 변경으로 섬은 없어지고 경작지로 바뀌었고, 이 일대가 충적평야인 남흥벌이다. 태천의 대령강 변은 태천분지를 이루고, 벼농사가 잘 되는 '한드레벌'이라고도 불리는 곳이다.

영변(寧邊)은 고려 때 밀운군(密雲郡)·안삭군(安朔郡)·운남군(雲南郡) 등으로 불리다가 연주(延州)와 무주(撫州) 두 지역으로 분리되었다. 1429년(조선 세종 11년)에 영변대도호부(寧邊大都護府)로 개편되어 조선 말까지 지속되었다. 1895년 의주부 관할 영변군이 되었고, 이듬해 평안북도에 편제되었다.

박천(博川)은 고려 초에 박릉군(博陵郡) 또는 덕창(德昌)으로 불리다가, 995년(고려 성종 14년)에 고려의 지방관제인 패서도(浿西道)에 속하면서 박주(博州)로 바뀌어 방어사를 두었다. 1413년(조선 태종 13년)에 평안도 박천군이 되어 지군사(知郡事)가 설치되었고, 1460년(세조 6년)에 폐지되었다가 1465년에 복귀되었다. 1895년 의주부 관할 박천군이 되었고, 이듬해 평안북도에 편제되었다.

가산(嘉山)은 고려 초에 신도군(信都郡)으로 불렸고, 960년(고려 광종 11년) 습홀(濕忽)에 성을 쌓고 승격시켜 가주(嘉州)라고 개칭하였다. 995년(고려 성종 14년) 방어사를 두고, 1221년(고려 고종 8년) 모반사건이 있었다 하여 무령(撫寧)으로 낮춰졌다. 1413년(조선 태종 13년)에 가산군이 되었고, 1802년(순조 2년)에 현으로 강등되었다가 1822년(순조 22년)에 다시 군으로 승격하였다. 1895년 의주부에 속했다가 이듬해 평안북도에 편제되었다. 1952년 정주시 일부 지역을 포함해 운전군(雲田郡)이 신설되었는데, 그 명칭은 군 남쪽 지역에 펼쳐진 벌이 무한히 넓어 마치 지평선이 구름과 맞닿을 정도로 넓다는 뜻에서 유래된 지명이다.

안주(安州)는 예로부터 전략상 매우 중요한 곳으로, 고려 초에는 팽원군(彭原郡)으로 불리다가 983년(고려 성종 2년)에 영주(寧州)로 개편되었다. 1369년(고려 공민왕 18년)에 안주만호부(安州萬戶府)가 설치되었고, 뒤에 안주목(安州牧)으로 승격된 뒤 조선 시대까지 이어졌다. 1895년에 평양부 안주군으로 개편되었고, 이듬해 평안남도에 편제되었다. 1987년에 안주시로 승격되었다.

태천(泰川)은 970년(고려 광종 21년)에 대령강 상류 지역의 큰 고을이라 하여 '태주(泰州)'라고 칭하고 방어사를 두었다. 1413년(조선 태종 13년)에 태천군(泰川郡)으로 개편되었고, 1473년(성종 13년)에 태천현으로 강등되었다. 1895년 23부제 실시로 의주부 관할 태천군이 되었다가, 이듬해 1896년 13도제 실시에 따라 평안북도에 편제되었다.

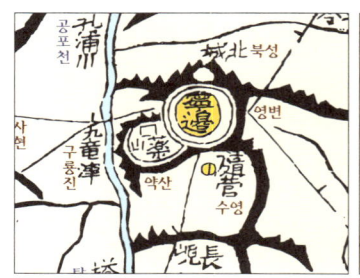

〈광여도〉의 영변부
(출처: 규장각한국학연구원)

대동여지도에 안주성(安州城)은 3중으로 그려져 있는데, 이는 내성(內城)과 외성(外城), 신성(新城)을 나타낸 것으로 내성은 고구려 때 축조되었고, 외성과 신성은 조선 시대에 쌓은 성으로 청천강 남쪽의 전략상 매우 중요한 거점이다.

안주시에는 을지문덕(乙支文德) 장군의 업적을 기록한 비와 석상이 남아 있다. 영변성은 시대를 거치면서 축조된 성으로 본성, 약산성(藥山城), 신성, 북성(北城) 등 4개의 성을 포괄해 '영변철옹성(寧邊鐵瓮城)'이라 부른다. 구룡강 기슭의 약산동대(藥山東臺)는 기암절벽과 봄철 진달래꽃으로 이름난 명승지로 관서팔경의 하나로 꼽힌다.

8-5 철산鐵山 선천宣川 정주定州

서희가 회복한 강동 6주의 중심지

대동여지도 상단 우측의 이현(梨峴)에서 동고산(東顧山)을 거쳐 용골산(龍骨山)으로 이어지는 산줄기는 청북정맥의 끝부분에 해당한다. 청북정맥에서 서해안으로 뻗어 내린 산줄기와 물줄기, 해안선의 굴곡, 신미도(身彌島)의 위치 등은 현대 지도와 비교해도 엇비슷하다. 다만 선천 동쪽을 흐르는 철마천(鐵馬川)은 동래강(東來江)으로 이름이 바뀌었다.

신미도는 평안북도에서 비단섬 다음으로 큰 섬으로 조선 시대에는 말 목장이 있었고, 현재는 육지에서 홍건도[洪建島, 대동여지도에는 횡건도(橫巾島)]와 신미도를 잇는 도로를 겸한 제방이 건설되어 육지와 연결되었다.

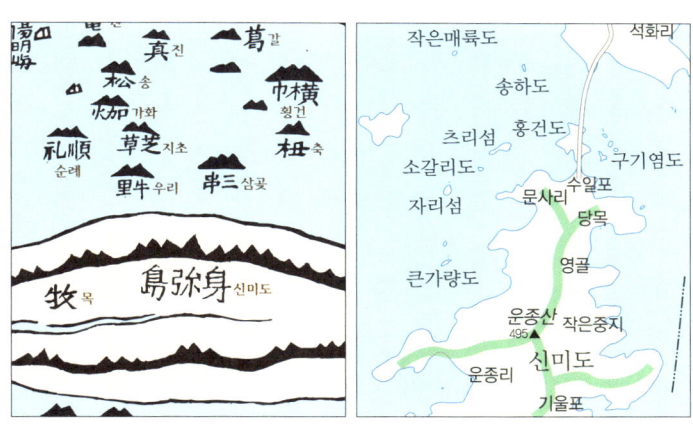

철주(鐵州, 철산)와 통주(通州, 선천), 곽주(郭州, 곽산)는 993년(고려 성종 12년) 거란의 1차 침입 때 병관어사(兵官御事) 서희(徐熙)가 나서 거란 장군 소손녕(蕭遜寧)과 담판해 고려의 땅으로 회복한 강동 6주(江東六州)의 하나이다.

철산(鐵山)은 예로부터 철이 많이 매장된 고을로, 1018년(고려 현종 9년)에 북계 철주(鐵州)였다가 1102년(고려 숙종 7년) 서북면 철주가 되었다. 1413년(조선 태종 13년)에 평안도 철산군이 되었고, 1622년(광해군 14년)에 도호부로 승격되었으나, 1624년(인조 2년) 다시 현으로 강등되었다. 1895년 의주부 관할 철산군이 되었고, 이듬해 평안북도에 편제되었다. 1952년에 철산군과 선천군 일부 지역은 동림산성(東林山城)의 이름을 따서 동림군(東林郡)이 되었다.

선천(宣川)은 고려 초에 통주(通州)로 불리다가, 1018년(고려 현종 9년) 선주(宣州)로 개편되었다. 1413년(조선 태종 13년)에 선천군이 되었고, 1563년(명종 18년) 선천부로 승격되었다가 이듬해 다시 선천군으로 강등되고, 1623년(인조 1년)에 도호부로 승격되었다. 1812년(순조 12년) 선천현으로 강등된 뒤 1895년 의주부 관할 선천군이 되었고, 이듬해 평안북도에 편제되었다.

곽산(郭山)은 994년(고려 성종 13년)에 곽주(郭州)로 불리다가, 1221년(고려 고종 8년) 서북면 정양현(定襄縣)이 되었다. 1413년(조선 태종 13년)에 평안도 곽산군으로 개편되어 조선 말까지 지속되었다. 1896년 13도제 실시에 따라 평안북도에 편제되었다. 1914년 부군면 통폐합 때 정주군에 편입되면서 폐지되었으나, 1952년에 곽산군으로 복귀되었다.

정주(定州)는 해안으로 넓은 평야가 펼쳐진 곳으로, 고려 초에 구주(龜州)로 불리다가, 1231년(고려 고종 18년) 제1차 여몽전쟁에서 승리하자 정원대호부(定遠大都護府)로 승격되었고, 뒤에 정주목이 되었다가, 1261년(고려 원종 2년)에 곽주(郭州)가 되었다. 1413년(조선 태종 13년)에 곽산군(郭山郡)으로 개칭되어 조선 말까지 이어지다가, 1811년(순조 11년)에 홍경래(洪景來)의 난으로 반역향(叛逆鄕)으로 몰려 정원현(定遠縣)으로 강등되었다가 복귀되었다. 1895년 의주부 정주군이 되었고, 이듬해 평안북도에 편제되었다. 1914년 곽산군을 편입하고, 1994년에 정주시로 승격되었다.

정주시에는 조선 시대 정주읍성(定州邑城)의 옛 성터가 남아 있다. 곽산군의 임해진(臨海鎭)은 고려 공민왕 때 설치한 해안진지로, 의주와 평양을 연결하는 길목에 있어 국방상 중요시되던 곳이고, 능한산성(凌漢山城)은 터만 남아 있다. 동림군의 동림산성은 '통주성(通州城)'이라고도 불리는데, 성의 둘레가 6km에 이르며 8개의 성문이 있었다. 검산성(劍山城)에도 옛 성터가 남아 있다. 철산군에는 운암산성(雲暗山城)과 영삭성(令朔城)의 옛 성터가 남아 문화재로 보호되고 있다.

8-6 용천龍川

우리 국토의 서쪽 끝, 비단섬

대동여지도의 지경현(地境峴)에서 법흥산(法興山)과 용면산(龍眠山)을 거쳐 고진보 미곶(彌串)으로 이어지는 산줄기는 《산경표》에 따라 청북정맥의 끝부분이 된다. 그러나 현대 지도에는 염주군과 철산군의 해안 일대가 대규모 간척 공사로 대연통도(大煙童島), 매미섬(蟬島), 와도(臥島) 등 많은 섬이 육지화되면서 미곶의 위치가 불분명해져 자료마다 청북정맥의 말단부가 다르게 표현되어 있다. 도랑강(都浪江)은 현재 삼교천(三橋川)으로 명칭이 바뀌었다.

우리나라 국토의 서쪽 끝은 마안도(馬鞍島)였으나, 신도(薪島)를 비롯한 양도(洋島)·장도(長島)·말도(末島)·축도(杻島)·사자도(獅子島)·구영도(九營島) 등 크고 작은 11개의 섬과 무명평(無名坪), 영문강 일대의 간석지를 제방으로 연결하여 동서 길이 5.76km, 남북 길이 13.76km, 둘레 40.07km의 비단섬(緋緞島)이 조성되었다. 비단섬 북쪽의 황금평(黃金坪)은 원래 하중도였으나, 압록강의 유로 변경과 퇴적작용으로 현재는 중국 영토와 맞닿았고, 과거에는 갈대와 잡초가 무성해 황초평(黃草坪)으로 불렸다.

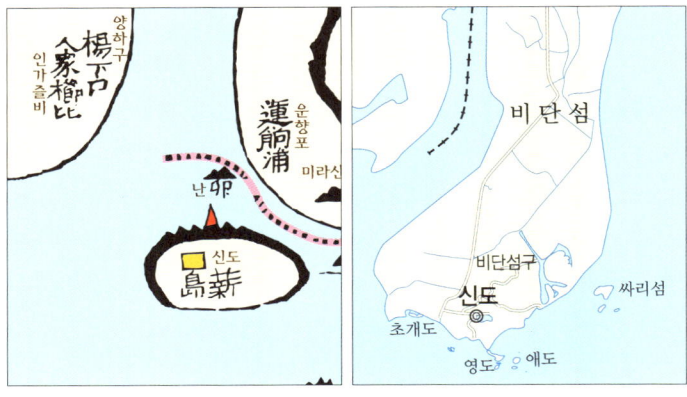

용천(龍川)은 고려 초 거란의 침입으로 수복된 강동 6주의 하나이다. 1014년(고려 현종 5년)에 용주(龍州)로 불리다가, 1278년(고려 충렬왕 4년)에 용만부(龍灣府)로 개편되었다. 1413년(조선 태종 13년)에 용천군으로 개칭되었고, 1620년(광해군 12년) 용천부로 승격되었다. 1895년 의주부 관할 용천군이 되었고, 이듬해 평안북도에 편제되었다. 현재의 염주군·신도군·피천군의 전 지역을 관할했으나, 1952년 군면리 대폐합에 따라 오늘날과 같이 축소되었다. 옛 용천군 지역에는 1952년 염주군(鹽州郡)이 신설되었고, 1967년 신도군(薪島郡)이 신설되었는데, 염주군은 염전이 많다 하여 붙여진 이름이다.

용천군 용연리에는 1972년에 발굴된 신석기 시대 유적에서 주거지와 도끼 활촉, 질그릇 등 석제 유물이 출토되었다. 신도군의 신도진(薪島鎭)은 1807년(순조 7년)에 설치된 진이고, 비단섬 남서쪽의 옛 마안도 남쪽 간석지에 풍화와 해식 작용으로 생긴 비단섬 코끼리바위(緋緞島象巖)는 천연기념물로 지정되었다. 염주군의 청북정맥 산줄기에는 고구려 때 쌓은 용골산성(龍骨山城)의 성터가 남아 있고, 성 안에는 용골산성증수비(龍骨山城增修碑)와 용천부사 이희건(李希建)의 업적을 기리는 이공충렬비(李公忠烈碑)가 있다.

9-1 고원 高原 문천 文川 덕원 德源

동한만의 일부, 원산만 해안 지역

대동여지도의 마수령(馬樹嶺, 지금의 마식령)을 지나는 굵은 산줄기는 백두대간이고, 모든 산줄기는 동해안으로 뻗어 서고동저(西高東底)의 지형을 이룬다. 해안은 동해안에서 보기 드문 리아스식 해안(rias coast)의 특징을 나타내는 동한만(북한 명칭 동조선만)의 일부인 원산만(元山灣, 영흥만의 북한 명칭)이다. 산줄기와 물줄기의 형태는 대동여지도와 현대 지도가 엇비슷하나, 해안선은 사주(沙洲)의 발달로 섬들이 반도를 형성하면서 그 형태가 크게 바뀌었다.

대동여지도의 말응도(末應島)·사도(沙島)·노도(盧島) 등의 섬은 함경도 해안을 따라 내려오는 북한 해류(北韓海流)에 의해 호도(虎島)

의 동쪽으로 뻗어 나온 삼봉산(三峰山) 해안이 깎이면서 사주(沙洲)의 발달로 육지와 연결되어 약 20km에 이르는 호도반도(虎島半島)가 되었고, 마도(馬島)와 사눌도(四訥島)는 육지와 연결되면서 송전반도(松田半島)가 되었다. 이 두 반도에 둘러싸인 바다가 송전만(松田灣)이다.

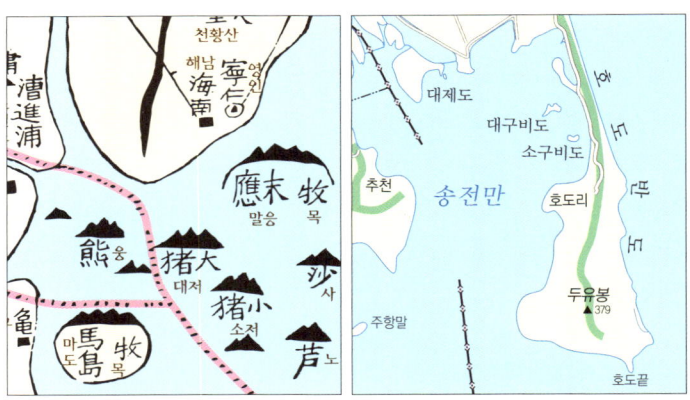

대동여지도와 현대 지도의 섬 위치가 다르나. 덕원군의 소리도(所里島)·연도(連島)·초도(草島) 등은 남대천과 바다의 퇴적작용으로 육지와 연결되면서 갈마반도(葛麻半島)가 형성되었다. 제법 큰 섬인 죽도(竹島)는 해류에 의해 소멸되었고, 신도(薪島)는 현재 갈마반도 북동쪽 해상에 위치한다. 갈마반도의 동쪽 바닷가는 모래사장이 10여 리에 뻗어 있어 '명사십리(明砂十里)'라고 한다. 갈마반도에는 일제 강점기인 1925년부터 군용 비행장이 있었으나, 2015년에 원산 갈마국제공항으로 재개장되었다.

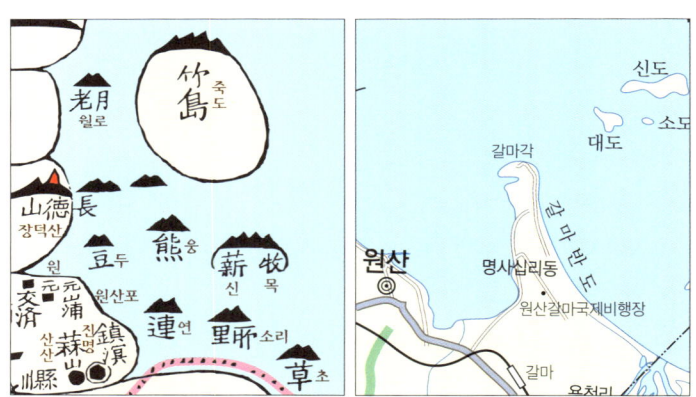

고원(高原)은 고려 때 덕지대에 있는 고을이라는 뜻에서 고주(高州)로 불렸으나, 1413년(조선 태종 13년)에 고주의 '고(高)' 자와 홍원의 '원(原)' 자를 따서 고원으로 개칭되어 조선 말까지 큰 변동 없이 지속되었다. 1895년 함흥부 관할 고원군이 되었고, 이듬해 13도제에 따라 함경남도에 편제되었다.

문천(文川)은 고려 공민왕 때 고려 땅이 되었다. 1413년(조선 태종 13년) 문천군으로 개칭되어 영길도(永吉道)에 속하였고, 1416년(태종 16년)에 함길도(咸吉道), 1470년(성종 1년)에 영안도(永安道), 1509년(중종 4년)에 함경도로 소속이 바뀌었다. 1895년 23부제 실시로 함흥부 관할 문천군이 되었고, 이듬해 함경남도에 편제되었다. 1946년 행정구역 개편에 따라 강원도에 속하게 되었고, 1952년 문천군 북쪽 지역을 분리해 천내군(川內郡)이 개설되었고, 1991년 문천군이 시로 승격되었다.

덕원(德源)은 고려 초에 용주(湧州)라 불리다가, 995년(고려 성종 14년) 방어사(防禦使)를 두었으며, 뒤에 의주(宜州)로 개칭되었다. 1413년(조선 태종 13년)에 의천군(宜川郡)으로 개칭되었고, 1437년(세종 19년)에 덕원군으로 개칭되었다가, 1445년 도호부로 승격되었다. 1895년 함흥부 관할 덕원군이 되었고, 이듬해 함경남도에 편제되었다. 1912년 덕원군의 일부 지역이 분리되어 원산부(元山府)가 신설되었다. 1943년에 덕원군이 폐지되면서 1945년에 원산시로 개편되었으며, 1946년 강원도에 편제되었다. 대동여지도의 원산포(元山浦)가 지금의 원산시 중심지이고, 현재의 덕원역이 옛 덕원군 읍치가 위치했던 곳이다.

원산시 영삼리에 위치한 명적사(明寂寺)는 신라 때 창건된 사찰로, 지금의 건물은 1771년에 개축한 것이나, 대웅전과 심검당(尋劍堂)이 남아 있고 국보급 유적으로 지정되어 있다. 원산시 남동쪽 남대천 하구에서 갈마반도 동쪽으로 길게 뻗어 있는 바닷가는 명사십리로, 예로부터 절경지로 이름난 해빈경승지(海濱景勝地)이다. 대동여지도 문천군의 숙릉(淑陵)은 태조 이성계의 증조비인 정숙왕후(貞淑王后) 최씨의 능이다. 안변군의 지릉(智陵)은 태조 이성계의 증조부인 익조(翼祖) 이행리(李行里)의 능이다.

9-2 양덕 陽德
백두대간의 해서정맥 분기점, 두류산

대동여지도의 박달령(朴達嶺)에서 두류산(頭流山)으로 이어지는 굵은 산줄기는 백두대간이고, 두류산에서 마흘내령(馬訖乃嶺, 지금의 아호비령)으로 분기되는 산줄기는 해서정맥이다. 백두대간과 해서정맥의 남동쪽으로 흐르는 모든 하천은 대동강 지류이고, 구곡령(九曲嶺)과 노동령(盧洞嶺) 남쪽으로 흐르는 하천은 임진강 상류이다. 그리고 박달령과 기린령(麒麟嶺) 북쪽으로 흐르는 하천은 금야강(용흥강의 북한 지명) 지류이다. 이와 같은 대동여지도의 산줄기와 물줄기는 현대 지도와도 엇비슷한 편이다.

양덕(陽德)은 고려 초인 938년(고려 태조 21년)에 양암진(陽巖鎭)이 설치되었고, 983년(고려 성종 2년)에는 수덕진(樹德鎭)이 개설되었다. 1396년(조선 태조 2년) 두 진을 합쳐 양덕현으로 개편하고, 1413년(태종 13년)에 평안도에 속한 뒤 조선 말까지 지속되었다. 1895년 23부제 실시로 평양부 관할 양덕군이 되었고, 이듬해 평안남도에 편제되었다. 1952년에는 군의 일부가 분리되어 신양군(新陽郡)이 개설되었다. 대동여지도의 박달령과 기린령 북쪽 지역은 1952년에 수동군(水洞郡)이 개설되었다가 1990년에 수동구(水洞區)로 바뀌었다.

양덕군에는 고려 때 축조된 수덕진의 옛 성터가 남아 있고, 수동구에는 애수진(隘守鎭)의 옛 성터가 남아 있다. 대동여지도의 양덕은 온천면(溫泉面)과 난전온천(亂田溫泉)이 표기되어 있어, 예로부터 온천향(溫泉鄕)으로 이름난 곳이다. 양덕읍 동쪽의 양덕온천(陽德溫泉)

은 대탕지(大湯池)·소탕지(小湯池)·석탕지(石湯池)온천 등이 있어 양덕의 온천군을 총칭하기도 하나 보통 대탕지온천을 가리키고, 온천수의 수질은 알칼리성 칼슘 또는 알칼리성 단순천으로 분류되고, 현재 천연기념물로 지정되어 있다. 온정리 동쪽에 있는 석탕온천(石湯溫泉)은 약알칼리성 온천으로 역시 천연기념물로 지정되었다.

9-3 은산 殷山 성천 成川 강동 江東
옛 고구려의 설화가 전해지는 성천

대동여지도 좌측으로 남류하는 큰 쌍선 하천은 대동강 본류이고, 성천으로 흘러 대동강에 합류되는 쌍선 하천은 비류강(沸流江)이다. 비류강은 길이 155.2km로 남강(南江)에 이어 대동강의 지류 가운데 두 번째로 긴 하천이다. 대동여지도의 대동강과 비류강의 수계와 산줄기는 현대 지도의 수계와 산줄기와도 엇비슷하다.

성천(成川)은 931년(고려 태조 14년) 성천 지방을 수복하고 강덕진(剛德鎭)을 두어 군사 요지로 삼았고, 1018년(고려 현종 9년)에 안북대도호부(安北大都護府) 관하의 성주(城州)가 되었다. 1413년(조선 태종 13년)에 성천군으로 개편되었고, 2년 뒤인 1415년 성천도호부(成川都護府)가 되었다. 1895년에 성천군이 되었고, 이듬해 1896년 13도제 실시에 따라 평안남도에 편제되었다. 한편 1952년에 양덕군과 성천군 일부를 통합해 신양군(新陽郡)이 신설되었고, 성천군 일부 지역과 황해도 곡산군 일부 지역을 통합해 회창군(檜倉郡)이 신설되었다.

강동(江東)은 고려 때인 1136년(고려 인종 14년)에 잉을사향(仍乙舍鄕)·반석촌(班石村)·박달곶촌(朴達串村)·마탄촌(馬灘村) 4개 향촌을 합쳐 강동현으로, 성천현(成川縣)에 속하던 신성(新城)·나평(蘿坪)·구아(拘牙) 3개 부곡(부락)을 삼등현으로 개편하였다. 조선 초에 강동현에는 현감, 삼등현에는 현령을 두었다. 1435년(세종 17년)에 강동 사람 곽거(郭巨)가 현감을 폭행한 사건이 발생하자 강동현을 폐한 뒤 삼등현에 합쳤고, 1482년(성종 13년)에 다시 삼등현에서 분리되어 강동현이 되었다. 1896년 평안남도 강동군이 되었다가 1963년부터 평양직할시에 속하게 되었다.

은산(殷山)은 983년(고려 성종 2년)에 은주(殷州)로 불리다가, 1278년(고려 충렬왕 4년)에 은산현(殷山縣)이 되었다. 1414년(조선 태종 14년)에 자산군(慈山郡)에 귀속되었다가 이듬해 다시 은산현으로 복귀되었다. 1566년(명종 21년) 도호부로 승격되었으나 그 뒤 다시 현이 되었다. 1895년에 은산군이 되었고, 1907년 순천면(順川面)에 편입되면서 폐지되었다가 1952년에 그 일부를 분리해 다시 은산군이 되었다.

자산(慈山)은 본래 고려의 문성군(文城郡)이었으나, 939년(고려 태조 22년)에 태안주(太安州)로 바뀌었고, 983년(고려 성종 2년)에 자주방어사(慈州防禦使)가 되었으나, 1278년(고려 충렬왕 4년) 지군사로 강등되었다. 1413년(조선 태종 13년)에 자산군으로 개편되었는데, 1505년(연산군 11년) 2월 14일 연산군이 자신의 명을 따르지 않고 도망간 내관(內官) 김계경(金季敬)을 붙잡아 죽이고 그의 본관(本貫)인 자산군을 폐지하였으나, 1506년(중종 1년) 복귀되었다. 1908년 순천군에 통합되면서 자산면이 되었다.

순천(順川)은 983년(고려 성종 2년)에 고을 이름을 순주(順州)·자주(慈州)·은주(殷州)로 고치고, 각 주에 방어사를 두어 북방 여진족에 대한 군사적 요지로 삼았고, 1018년(고려 현종 9년) 평안도가 북계(北界)로 개편되면서 은주와 자주는 안북대도호부(安北大都護府)의 직속 군이 되었다. 1413년(조선 태종 13년)에 자산은 자산군으로 도호부사가 임명되었고, 순천은 순천군으로 군수를 두었다. 이때 종래의 은산 땅은 자산군에 통합되었으나, 2년 뒤 다시 분리되어 은산현이 되었고, 1506년(중종 1년) 순천군이 다시 설치되어 순찰사(巡察使)가 머물렀다. 1895년 순천·자산·은산 각 군은 그대로 유지되었고 이듬해 평안남도에 편제되었다. 1908년 은산군과 자산군이 순천군에 통합되었다. 1943년 순천면이 읍으로 승격되었고, 1983년에 순천군이 순천시로 승격되었다.

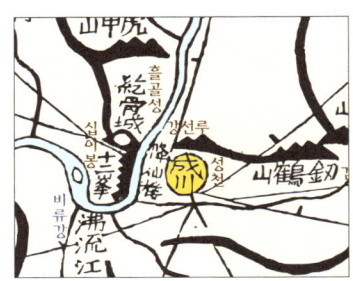 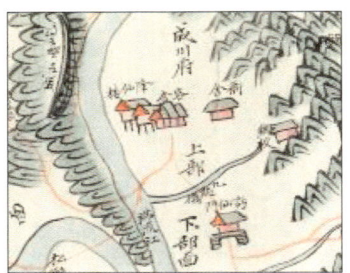

〈해동지도〉의 성천부
(출처: 규장각한국학연구원)

성천군 비류강 가에 있는 강선루(降仙樓)는 조선 시대 성천객사의 누정으로, 주변 경관이 수려하여 관서팔경의 하나로 꼽힌다. 비류강 기슭의 흘골산(紇骨山)에는 평양 동쪽의 위성(衛城)인 흘골산성(紇骨山城)과 십이봉(十二峰)으로 유명하다. 성천 서북쪽에는 고려 때부터 알려진 성천온천(成川溫泉)이 유명하다. 은산에는 옛 성터인 은산읍성(殷山邑城)이 남아 있고, 강동군에는 강동읍성(江東邑城)과 1993년 문흥리에서 단군의 유골과 유물이 발견되어 이듬해에 조성된 단군릉(檀君陵)이 있다.

9-4 숙천 肅川 영유 永柔 순안 順安
예로부터 평양부에 속했던 순안

대동여지도 상단의 녹수산(綠水山)에서부터 도연산(都延山), 사자산

(獅子山)을 거쳐 굴영현(屈靈峴)으로 이어지는 산줄기는 청남정맥의 일부이다. 대동여지도에 순안 옆을 남류하는 하천에는 미륵천(彌勒川)·장고천(長古천)·부금천(薄金川) 등의 여러 이름이 함께 표기되어 있으나, 현대 지도에서는 대동강의 지류인 보통강(普通江)이다. 청북정맥을 비롯한 산줄기와 물줄기, 해안선 등은 대동여지도와 현대 지도가 서로 엇비슷한 편이다.

숙천군과 평원군, 증산군의 해안은 간석지를 개간한 평야가 넓게 발달하였고, 특히 숙천군 해안에는 대규모 염전 지대가 형성되어 있다. 순안구역(順安區域)의 보통강 중류 연안은 순안벌이 펼쳐져 광복 이후에는 관개시설을 갖춘 농업 지역이 되었다. 대동군에는 좌영저수지(左營貯水池)·독좌저수지(獨座貯水池)·갈산저수지(葛山貯水池)·평원저수지(平原貯水池)·당모루저수지·금제저수지(金祭貯水池) 등 관개용 저수지가 많이 조성되어 농사에 이용되고 있다.

숙천(肅川)은 939년(고려 성종 2년)에 숙주성(肅州城)으로 불리다가 뒤에 숙주(肅州)가 되었고, 11세기 초에 숙천으로 개칭되었다. 1416년(조선 태종 16년) 숙천도호부로 승격되었고, 1670년(현종 11년)에 숙천현으로 강등되었으나, 1678(숙종 4년)에 다시 숙천도호부가 되었다. 1895년 숙천군이 되었고, 이듬해 평안남도에 편제되었다. 1914년 부군면 통폐합 때 평원군에 편입되면서 폐지되었으나, 1952년 숙천군으로 복귀되었다.

영유(永柔)는 1018년(고려 현종 9년) 영청(永淸)으로 불렸고, 1269년(고려 원종 10년) 원나라에 점령되었다가 1278년(고려 충렬왕 4년)에 수복되었으며, 1358년(고려 공민왕 7년)에 다시 영청현이 되었다. 1396년(조선 태조 5년) 영원(寧遠)과 유원(柔遠)의 두 진(鎭)을 합쳐 영녕현(永寧縣)이 되었고, 1423년(세종 5년) 영유현(永柔縣)으로 개칭하였다. 1895년 영유군이 되었으나, 1914년 부군면 통폐합 때 평원군(平原郡)에 통합되면서 영유면이 되었다.

순안(順安)은 1136년(고려 인종 14년) 순화현(順和縣)이 되어 현령을 두었고, 뒤에 상원(祥原)에 예속시켰다가 다시 삼화(三和)로 이속시켰다. 1396년(조선 태조 5년) 치소(治所)를 평양의 안정참(安定站)으로 옮기고, 순안이라 고쳐 현령을 두었다. 1895년 순안군이 되었고, 이듬해 평안남도에 편제되었다. 1914년 부군면 통폐합 때 평원군에 통합되면서 순안면이 되고, 1952년 다시 순안군으로 복귀되었으나, 1972년 평양시에 편입되어 순안구역이 되었다.

증산(甑山)은 1136년(고려 인종 14년)에 강서현(江西縣)의 증산향(甑山鄕)이었고, 1395년(조선 태조 4년)에 증산현이 되었다. 1895년 증산군이 되었고, 1914년 강서군에 편입되면서 폐지되어 증산면이 되었다. 1952년 군면리 대폐합 때 증산군이 다시 구성되면서 증산면

이 증산읍으로 승격되었다.

자산군(慈山郡)의 자모산성(慈母山城)은 자모산(慈母山)에 위치하는 산성으로 평양성을 지키던 위성의 하나로 성터가 남아 있고, 자모산 자락에는 고구려 때 사찰인 안국사(安國寺)와 안국사 9층탑이 남아 있다. 영유의 미두산성(米豆山城, 현재 尾頭山城)에는 옛 성터와 미두산(尾頭山) 봉수 터가 남아 있다. 순안구역 동금강산(東金剛山, 현재는 담화산) 기슭에는 천 년 전에 창건되었다는 동금강암사(東金剛庵寺) 터가 남아 있다.

10-1 문암 門岩

통천군 남동쪽 해안의 고현, 운암

대동여지도의 이 지역은 강원도 통천군(通川郡)의 남동쪽 해안이다. 고현 운암(雲岩)은 고려 때 강원도 고성 지역의 고을로, 늘 구름이 낀 바위산이 있는 마을이라 하여 붙여진 이름이며, 뒤에 폐지되면서 조선 시대에는 통천군에 속하게 되었다. 1914년 부군면 통폐합 때 통천군 임남면 운암리로 되었으나, 1952년 고성군(高城郡) 운전리(雲田里)에 편입되면서 폐지되었다.

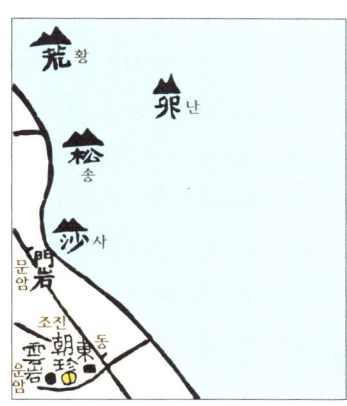

〈여지도〉의 통천군
(출처: 규장각한국학연구원)

대동여지도의 문암(門岩)은 바위 두 개가 문처럼 솟아 있다고 해서 붙여진 이름으로, 18세기 후기에 제작된 군현지도 〈여지도(輿地圖)〉의 통천군 지도에는 해안가에 선바위 두 개를 그려 놓고 '문암'이라고 하였는데, 현대 지도에는 나오지 않는 지명이다. 해안가의 송도(松島)는 현대 지도에 솔섬으로 표시되어 있다.

10-2 안변 安邊 회양 淮陽 통천 通川

중부와 관북 지방을 잇는 통로, 철령

대동여지도의 추포령(楸浦嶺)에서 철령(鐵嶺), 돈합령(頓合嶺)을 거쳐 판막령(板幕嶺)으로 이어지는 큰 산줄기는 백두대간이고, 회양으로 남류하는 쌍선 하천은 북한강 상류이고, 안변으로 북류하는 하천은 남대천(南大川)이다. 백두대간에서 뻗어 나간 산줄기와 물줄기는 현

대 지도와도 서로 엇비슷하다. 대동여지도의 돈합령은 현재 북한에서 '도납령(道納嶺)'으로 부르고 있다.

현대 지도상의 동정호(洞庭湖)는 옛날에는 작은 물굽이(물으로 둘러싸인 바다의 일부분)였으나, 연안류에 의해 모래가 쌓이면서 생긴 석호(潟湖)로, 강원도 내에서 가장 큰 자연 호수이다. 남쪽으로 좁은 물길을 통해 석호인 천아포(天鵝浦)와 이어져 있고, 대동여지도의 호수 내에 있는 군산(君山)은 현재 '밤섬'으로 불린다. 흡곡의 시중호(侍中湖)는 석호와 사빈(沙濱, 모래가 퇴적한 해안 지형)이 발달되어 자연경관이 뛰어나고 지질 및 해양 연구의 학술적 가치가 커 1982년 북한 천연기념물로 지정되었다. 해변에 표기되어 있는 압융관고수(壓戎串古成)·향등고수(香燈古成)·철원고수(鐵垣古成) 등은 변방을 지키던 군사인 수군(戍軍)들이 주둔하던 성터이다.

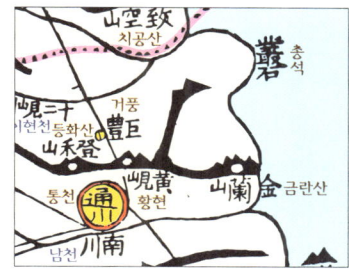

통천군 해안가의 총석(叢石)은 현무암 돌기둥이 절벽을 이룬 곳으로, 현재 북한 천연기념물로 지정된 금강산 총석정구역이다. 총석정(叢石亭)은 총석 위에 세워진 정자로 예로부터 아침 해돋이가 절경이라 '통천금강(通川金剛)'으로 불렸다. 동덕도(東德島)와 천도(穿島)가 있는 해안은 현재 만입이 형성되어 고저만(庫底灣)이 되었다. 안변(安邊)은 본래 고구려의 비열홀군(比列忽郡)이었고, 757년(신라 경덕왕 16년)에 삭정군(朔庭郡)으로 바뀌었다. 920년(고려 태조 3년)에 등주(登州)가 되었고, 1018년(고려 현종 9년)에 안변도호부(安邊都護府)로 개편되었다. 조선 시대에는 여러 차례 도호부에서 대도호부로 승격과 강등을 거듭하다가 1872년에 함경도 안변군이 되었다. 1895년 함흥부 관할 안변군이 되었고, 이듬해 함경남도에 편제되었다. 1946년에 강원도 관할로 바뀌었고, 1952년 군면리 대폐합 때 안변군의 서남쪽 지역은 고산군(高山郡)에, 동쪽 해안 지역은 통천군에 편입되었다.

흡곡(歙谷)은 신라 경덕왕 때 습계현(習谿縣)으로 불리다가, 940년(고려 태조 23년)에 흡곡현으로 개칭되고, 1248년(고려 고종 25년)에 현령을 두었다. 1596년(조선 선조 29년)에 통천에 통합되었다가 다시 분리되었고, 1895년 강릉부 관할 흡곡군이 되었으나, 1910년 흡곡군 전체가 통천군에 편입되었다. 1929년에 흡곡면이 신설되었고, 1952년 통천군에 통합되었다.

통천(通川)은 신라 경덕왕 때 금양군(金壤郡)이었다가 1285년(고려 충렬왕 11년) 통주(通州)로 개칭해 방어사를 두었다. 1413년(조선 태종 13년)에 통주가 통천군으로 개편되었다. 1895년 23부제 실시로 통천군 지역은 강릉부 통천군과 흡곡군(歙谷郡)으로 분리되었고, 이듬해 강원도에 편제되었다. 1910년 흡곡군 전체가 통천군에 편입되었고, 1952년 군면리 대폐합에 따라 통천군이 다시 구성되었

는데, 이때 고저면(庫底面)의 일부 지역이 통천읍으로 승격되었다.

회양(淮陽)은 신라 경덕왕 16년(757년)에 연성군(連城郡)으로 불리다가, 1308년(고려 충렬왕 34년)에 회주목(淮州牧)이 되었고, 2년 뒤인 1310년에 회양부가 되었다. 1413년(조선 태종 13년)에 회양도호부로 개편되어 조선 말까지 지속되었다. 1895년 춘천부 관할 회양군이 되었고, 이듬해 강원도에 편제되었다. 1952년 군면리 대폐합에 따라 회양군이 다시 구성되면서 회양읍도 승격되었다.

안변에는 안변읍성(安邊邑城)의 옛 성터가 남아 있고, 학성산(鶴城山) 기슭에는 안변객사였던 학성관(鶴城館)의 가학루(駕鶴樓)가 문화재로 보호되고 있다. 또 황룡산(黃龍山) 골짜기에 위치한 보현사(普賢寺)는 신라 시대 고찰로 묘향산 보현사와 구별하기 위해 '안변보현사'라고 불린다.

10-3 문성 文城 방장치 防墻峙

온천 지대로 이름난 방장치 주변

대동여지도 우측의 박달령(朴達嶺)에서 설운령(泄雲嶺)·설탄령(雪呑嶺)으로 이어지는 산줄기는 백두대간이고, 상단의 구곡령(九曲嶺)에서 탄령(炭嶺)·미재령(美載嶺)을 거쳐 관현(廣峴)으로 이어지는 산줄기는 해서정맥(海西正脈)이다. 지도 좌측의 쌍선 하천은 대동강 지류인 남강(南江)이고, 방장치(防墻峙) 옆으로 남류하는 하천은 임진강 상류이다. 대동여지도의 산줄기와 물줄기는 현대 지도에서도 확인될 정도로 매우 비슷하다. 현대 지도에서 방장치는 법동군과 판교군을 연결하는 도로가 지나는 나지막한 고개로 명칭조차 남아 있지 않다.

대동여지도 우측 하단의 '중방(中防)'·'상방(上防)'이라고 표기된 좁은 골짜기는 남대천 상류로, '삼방유협(三防幽峽)'이라 일컫는 계곡미가 뛰어난 삼방협(三防峽)이다. 폭이 매우 좁고 1,000m 전후의 봉우리들이 연이어 솟아 급경사를 이룬다. 양쪽 곡벽은 절벽으로 동쪽 산자락에는 고음폭포(鼓音瀑布), 서쪽에는 삼방폭포(三防瀑布)가 있으며, 눈이 많은 지역으로 삼방스키장이 유명하다. 또한 이 협곡은 추가령(楸哥嶺, 752m)이 위치해, 강원도 원산에서 서울을 잇는 북동~남서 방향의 단층선곡(斷層線谷)은 추가령구조곡(楸哥嶺構造谷)의 일부에 해당된다.

대동여지도의 방장치 북쪽은 함경도 안변 지역으로, 1952년 군면리 대폐합 때 강원도 법동군(法洞郡)이 되었고, 방장치 남쪽의 이천군(伊川郡)은 판교군(板橋郡)과 세포군(洗浦郡)이 되었다. 황해도 곡산군(谷山郡)의 문성진(文城鎭) 북쪽 지역은 1952년 군면리 대폐합에 따라 황해도 신평군(新坪郡)이 신설되었고, 그 남쪽은 곡산군으로 남아 있다. 1954년 황해도가 분리되면서 신평군은 황해북도에 속하게 되었다.

방장치 주변은 온천이 여러 곳 있는데, 고개 북쪽 임진강 지류인 노탄천(蘆灘川) 하류에 위치한 노탄온천(蘆灘溫泉)은 《신증동국여지승람》에도 나오는 유서 깊은 온천으로, 현재 기본 예방치료수단인 노탄온천기후요양소(蘆灘溫泉氣候療養所)가 설립되어 있다. 고개 남쪽에 갈산온천(葛山溫泉)이 있고, 대동여지도의 구리항온천(仇里項溫泉) 자리에는 현재 하린원온천(下麟原溫泉)과 상린원온천(上麟原溫泉)이 있다.

대동여지도의 이천군 검암령(檢岩嶺) 남쪽에 있는 문성진(文城鎭)은 절벽 위에 서 있는 문처럼 생긴 두 개의 바위에 성문을 세워 붙여진 이름으로, 현재 옛 성터가 남아 문화재로 보호되고 있다.

10-4 삼등 三登 상원 祥原 수안 遂安

예로부터 금 산지로 이름난 수안

대동여지도의 석현(石峴)에서 대각산(大角山), 언진산(彦眞山), 천자산(天子山)을 거쳐 성현(城峴)에 이르는 산줄기는 해서정맥이다. 지도 상단에 동류하는 쌍선 하천은 대동강 지류 중 가장 긴 남강(南江, 200.5km)이다. 대동여지도의 산줄기와 물줄기는 현대 지도와 비교해도 크게 다르지 않다.

대동여지도의 수안군 읍치 북쪽의 장재덕(長財德)이 위치한 곳은 수안금광으로, 현재는 수안군 남정노동자구에 위치해 있다. 수안금광은 1794년(정조 18년)에 수원 화성(華城)의 건축비를 조달하기 위해 개발된 금광으로, 당시에는 주로 사금을 채취하였다. 일명 '남정광산(楠亭鑛山)'이라고도 불린다. 1893년(고종 30년)에는 궁내부(宮內府)가 관할하여 금광 위원이 상주하면서 덕대제(德大制, 광산주와 계약을 맺고 채광하는 경영 방식)로 채굴하였으나, 재정 궁핍 등으로 1903년에 조선인이 금광 채굴을 청원하면서 수안금광합자회사(遂安金鑛合資會社)가 설립되었다. 1908년 미국인 콜브란(Collbran, H)과 합작하여 한성광업회사(漢城鑛業會社)를 설립하면서 전성기를 맞이하였고, 1916년 생산이 격증하면서 세계적인 금광이 되었다.

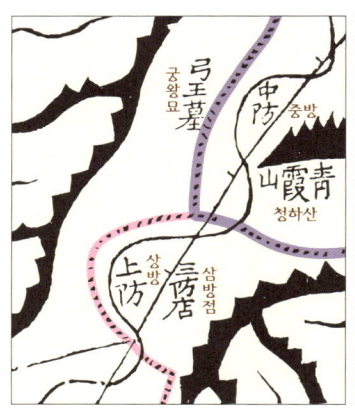
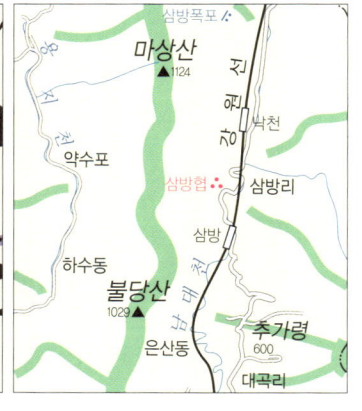

수안(遂安)은 고려 때 처음 사용된 지명으로, 1018년(고려 현종 9년)에 곡주(谷州)의 속현으로 수안현이 되었고, 1310년(고려 충선왕 2년)에 수주(遂州)로 승격되었다. 1417년(조선 태종 17년)에 수안군으로 승격되어 조선 말까지 지속되었다. 1895년 개성부 관할 수안군이 되었고, 이듬해 황해도에 편제되었다. 1952년 군면리 대폐합 때 언진산 북쪽 지역은 연산군(延山郡)으로 분리되고, 수안면이 읍으로 승격되었다. 1954년 황해도가 분리되면서 황해북도 관할이 되었다.

곡산(谷山)은 신라 때 진서현(鎭瑞縣)으로 불리다가, 고려 초에 곡주(谷州)로 바뀌었다. 1393년(조선 태조 2년) 태조의 계비인 신덕왕후(神德王后) 강씨의 고향이라 하여 곡산으로 개칭되었고, 1669년(현종 10년)에 곡산부로 승격되었다. 1895년 개성부 관할 곡산군이 되었고, 이듬해 황해도에 편제되었다. 1954년 황해도가 분리되면서 황해북도 관할이 되었다.

상원(祥原)은 신라 헌덕왕 때 토산현(土山縣)으로 불리다가, 1322년(고려 충숙왕 9년)에 공신 조인규(趙仁規)의 고향이라 하여 상원군으로 개칭되었고, 조선 태종 때 평안도 상원군으로 개편되었다. 1895년 23부제 실시로 평양부 관할 상원군이 되었으나, 1914년 부군면 통폐합 때 중화군(中和郡)에 편입되어 상원면이 되었다. 1952년 평안남도 상원군이 새로 구성되었으나, 1963년 평양직할시에 통합되었다.

삼등(三登)은 1136년(고려 인종 13년)에 삼등현이 되어 현령을 두었고, 1435년(조선 세종 17년)에 강동현(江東縣) 사람 곽만흥(郭萬興)이 현령 이백선(李伯善)을 때리고 욕보였는데도 고을 사람들이 둘러서서 보기만 했다고 하여 강동현을 강등시켜 삼등현에 편입시켰고, 1451년(문종 1년)에 삼등과 강동의 첫 글자를 따서 삼강현(三江縣)으로 바꿨다가, 1482년(성종 13년)에 다시 강동현이 분리 설치되면서 삼등현이 되었다. 1895년 평양부 관할 삼등군이 되었으나, 이듬해 강동군에 통합되면서 삼등면이 되었다.

상원군 흑우리(黑隅里)에는 구석기 시대 초기의 동굴 유적인 검은모루 유적이 위치한다. 상원강 가에 위치한 이 유적은 1966년부터 1968년 사이에 조사 발굴된 것으로, 석기와 함께 29종의 동물 화석이 발견되었다. 현대 지도와 위치는 조금 다르지만 대동여지도의 흑우(黑隅)가 검은모루 유적으로 추측된다.

10-5 평양 平壤 강서 江西 황주 黃州
고구려의 핵심 지역이었던 대동강 유역

대동여지도 좌측 상단의 검암산(檢岩山)에서 오봉산(五峰山), 오석산(烏石山)을 거쳐 석골산(石骨山)으로 이어지는 산줄기는 청남정맥이고, 대각선으로 흘러 서해로 유입되는 큰 쌍선 하천은 대동강이다. 또 황해도 쪽에서 대동강과 합류하는 쌍선 하천은 재령강(載寧江)이다. 대동여지도의 산줄기와 물줄기는 현대 지도에서도 확인될 정도로 비슷하다.

대동여지도에 대동강의 하중도 가운데 지명이 표기된 것은 벽지도

(碧只島)뿐이고, 보산진(保山鎭)이 있는 큰 섬도 이름이 없다. 벽지도는 하천 퇴적작용으로 육지화(陸地化)되어 현재 농경지로 바뀌었다. 보산진은 조선 시대 대동강 하류의 하중도인 이로도(伊老島) 위에 설치되었던 진(鎭)으로 서해를 통해 올라오는 적을 감시하고, 교통로를 방어하는 역할을 하던 곳이었으나, 장기간의 퇴적과 개간으로 인해 현재는 보산동이라는 지명만 남아 있다. 보산진 서북쪽의 대정산(大井山)은 661년 당나라 소정방(蘇定方)이 평양성을 공격하기 위해 교두보로 삼았던 마읍산(馬邑山)으로 추정된다. 현대 지도에 보이는 조개섬은 합도(蛤島)로 역시 육지화되어 농경지로 변했다.

대동여지도의 대동강 하구 재령강과 합수되는 곳에 표기된 '급수문(急水門)'은 물살의 흐름이 매우 세찬 곳이다. 역사적으로는 1656년(효종 7년) 인평대군(麟坪大君)이 사은사(謝恩使)로 청나라에 다녀오면서 쓴 〈연도기행(燕途紀行)〉에 "대동강에 이르렀다. 일명 '왕성강(王城江)'이라고도 하는데, 근원은 영변부 경계와 양덕현 문음산(文音山)에서 시작하여 서쪽으로 60리를 흘러 용강현 급수문에 이르러 바다로 들어간다."라는 기록이 있다. 그리고 1866년(고종 3년)에는 미국 상선 제너럴셔먼호의 대동강 입구 침입 사건이 일어난 직후에 평양감사 박규수(朴珪壽)가 서양의 재침을 막기 위해 대동강 입구인 급수문 양안인 평안도 용강현 동진(東津)과 황해도 황주목 철도(鐵島)에 진을 신설할 것을 건의한 기록이 있다.

평양(平壤)은 고조선의 수도인 왕검성(王儉城)으로 추정되는 유서 깊은 곳으로, 한때 고구려의 수도이기도 했다. 고려 초 평양에 대도호부를 두었다가 서경(西京)으로 개편되었고, 1391년(고려 공양왕 3년)에 서경이 평양부로 개칭되었다. 조선 초에 평양부에 관찰사를 두고 평안도를 관할하면서 관서 지방의 행정 중심지가 되었고, 1896년 13도제 실시 때 평안남도 도청 소재지가 되었다. 1946년 특별시로 승격되면서 중구역·동구역·서구역·북구역의 4개 구역을 설치하고, 1948년 중구역을 분리해 남구역이 신설되었다. 1952년 직할시로 개편되었고, 1958년 북구역을 분리해 대성구역(大成區域)

을 신설하고, 1959년 만경대구역(萬景臺區域)·용성구역(龍城區域)·삼석구역(三石區域)·승호구역(勝湖區域)·낙랑구역(樂浪區域)을 신설하였다. 또 동구역을 선교구역(船橋區域), 서구역을 서성구역(西城區域), 남구역을 외성구역(外城區域), 북구역을 사동구역(寺洞區域)으로 각각 개칭하였다. 1960년에 평천구역(平川區域)·보통강구역(普通江區域)·모란봉구역(牡丹峯區域)·동대원구역(東大院區域)·대동강구역(大同江區域)·역포구역(力浦區域)·형제산구역(兄弟山區域)을 신설해 18개 구역이 되었다. 1963년 평안남도 강남군(江南郡)·상원군(祥原郡)·중화군(中和郡) 등 주변 군을 편입하고, 1972년 평안남도 순안군을 순안구역(順安區域)으로 개편하여 19개 구역, 3개 군으로 확대되었다. 1979년 외성구역을 중구역에 편입하고, 1983년 평안남도 강동군(江東郡)을 편입하고, 1996년에는 은정구역(恩情區域)이 신설되었다. 2010년 강남군·중화군·상원군·승호구역을 분리해 황해북도로 이관하였고, 2011년 황해북도 강남군이 다시 평양직할시에 편입되면서 행정구역은 18개 구역, 2개 군이 되었다.

대동여지도의 삼화현 남쪽 어촌마을인 남포(南浦)는 현재의 남포특별시(南浦特別市)의 중심 지역에 해당된다. 1906년 삼화군(三和郡)이 진남포부(鎭南浦府)로 바뀌었고, 1952년 남포시로 개칭되었다. 1978년 강서군이 폐지되면서 대안시(大安市)가 되고, 1979년 대안시가 남포시에 편입되면서 남포직할시가 되었고, 기존 남포시는 남포구역(南浦區域)으로 개편되었다. 1983년 남포구역을 항구구역(港口區域)·와우도구역(臥牛島區域)으로, 대안시를 대안구역(大安區域)·강서구역(江西區域)·천리마구역(千里馬區域)으로 각각 개편하였다. 2004년 직할시를 특급시로 낮추면서 평안남도 관할이 되었고, 용강군과 대안구역·강서구역·천리마구역을 각각 용강군·대안군·강서군·천리마군으로 분리하고, 항구구역과 와우도구역을 폐지하였다. 2010년 평안남도 남포특급시를 남포특별시로 승격시키면서 평안남도의 용강군·대안군·강서군·천리마군·온천군 등 5개 군이 편입되었다. 뒤에 대안군·강서군·천리마군이 각각 구역으로 개편되면서 3개 구역 2개 군이 되었다.

중화(中和)는 1136년(고려 인종 14년)에 중화현이 되어 현령을 두었고, 1322년(고려 충숙왕 9년) 태조 때의 공신 김락(金樂)과 김철(金哲) 형제의 고향이라 하여 중화군으로 승격되었다. 1413년(조선 태종 13년)에 평안도에 속해 도호부사가 파견되었고, 1592년(선조 25년) 임진왜란 때 중화군 출신 의병장 임중량(林仲樑)의 공이 크다 하여 도호부로 승격되었다. 1895년 평양부 관할 중화군이 되었고, 이듬해 평안남도에 편제되었다. 1963년 평양시에 편입되었고, 2010년 황해북도로 이관되었다.

강서(江西)는 1136년(고려 인종 14년)에 강서현이 되어 현령을 두었고, 1394년(조선 태조 3년)에 증산(甑山)이 분리되면서 11방(坊)을 거느리게 되었고, 조선 말까지 큰 변동 없이 지속되었다. 1895년 강서군이 되었고, 이듬해 평안남도에 편제되었으며, 1914년 증산군이 폐지되면서 일부 지역이 강서군에 편입되었다. 현재는 남포특별시 강서군이다.

함종(咸從)은 고려 초에 아선성(牙善城)이라 하였고, 1018년(고려 현종 9년)에 함종현이 되었다. 1413년(조선 태종 13년)에 현령을 두었

고, 1720년(경종 1년) 함종현이 선의왕후(宣懿王后)의 관향(貫鄕)이므로 도호부로 승격되었다. 1895년 평양부 관할 함종군이 되었고, 1896년 평안남도에 편제되었으나, 1914년 용강군과 증산군, 강서군에 각각 편입되면서 폐지되었다. 1963년 용강군과 강서군 일부를 분리해 온천군(溫泉郡)이 신설되었는데, 이 지역은 고려 시대부터 이름난 온천이 있어 군명으로 채택되었다.

용강(龍岡)은 고려 때 황룡성 또는 군악(軍嶽)으로 불렸고, 1018년(고려 현종 9년) 4도호부 8목제가 실시될 때 황룡성은 용강현(龍岡縣)으로 개편되었다. 1413년(조선 태종 13년)에 용강현에 현령을 두었고, 1466년(세조 12년) 전국에 진관제(鎭管制)가 실시될 때, 평안 진관 관할이 되어 조선 말까지 지속되었다. 1895년 평양부 관할 용강군이 되었고, 이듬해 평안남도에 편제되었으며, 1914년 함종군의 일부 지역이 용강군에 편입되었다. 현재 남포특별시 용강군이다.

삼화(三和)는 1136년(고려 인종 14년)에 삼화현이 되었고, 조선 시대에도 그대로 지속되다가 1686년(숙종 12년)에 삼화부로 승격되었다. 1895년 평양부 관할 삼화군이 되었으나, 용강군에 편입되면서 삼화면이 되었다.

황주(黃州)는 고려 초에 황주로 불렸고, 983년(고려 성종 2년)에 황주목이 되었다. 1417년(조선 태종 7년) 황해도 황주목이 되어 조선 말까지 지속되었다. 1895년 평양부 황주군이 되었고, 이듬해 황해도에 편제되었다. 1947년 관할 송림면과 겸이포읍이 분리되면서 송림시(松林市)가 신설되었고, 1954년 송림시와 황주군이 황해북도에 편제되었다.

장연(長連)은 고려 때 장명진(長命鎭)과 연풍장(連豊莊)을 합쳐 생긴 지명으로, 1390년(고려 공양왕 2년) 두 곳에 겸감무(兼監務, 현감보다 낮은 지방관)를 두었다. 1414년(조선 태종 14년)에 장연현이 되어 조선 말까지 변동 없이 이어지다가 1895년에 해주부 관할 장연군이 되었고, 이듬해 황해도에 편제되었으나, 1914년 은율군(殷栗郡)에 통합되면서 장연면이 되었다. 현재 황해남도 은율군 장연면이다.

대동강 유역은 구석기 시대부터 인류가 거주하였는데, 장구한 시대를 거치면서 많은 유적이 산재하고 많은 유물이 발굴되어 문화유산의 보고라고 할 수 있다. 이 밖에 대동강 유역에는 고구려 시대에 축조된 벽화고분이 산재해 있는데, 평양시 삼석구역의 개마총(鎧馬塚)·토포리대총(土浦里大塚), 중화군의 진파리고분군(眞坡里古墳群), 남포시 룡강군의 쌍영총(雙楹塚)·용강대총(龍岡大塚), 강서구역의 강서대묘(江西大墓)·덕흥리벽화분(德興里壁畵墳)·수산리벽화분(水山里壁畵墳)·약수리벽화분(藥水里壁畵墳)등 다수의 벽화분이 있다.

10-6 광량 廣梁

청남정맥의 마루금 끝자락, 광량진

대동여지도의 증복산(甑覆山)에서 증악산(甑岳山)으로 이어지는 산줄기는 청남정맥이고, 그 끝자락은 광량진(廣梁鎭)이다. 광량진은 현대 지도상 증악구 남쪽 십호동에 해당하는데, 조선 명종 때 처음 수군

진이 설치되어 고종 때까지 수군첨사가 주둔하였다.

대동여지도의 남조압도(南漕鴨島)·덕도(德島)·결석도(結石島)는 간척지 개발로 육지화되었고, 대련주도(大連珠島)와 소련주도(小連珠島)는 현대 지도의 하취라도(下吹螺島)와 상취라도(上吹螺島)로 이름이 바뀌었다. 광량만(廣梁灣)은 원래 대동강 하구 전체를 이르는 만이었으나, 하구에 서해갑문이 조성되면서 현재는 온천군 증악노동자구 남동단과 남포시 와우도구역 갑문동 서단 사이의 해역으로 대부분 지역은 간석지화되어 대규모 염전 지대로 바뀌었다.

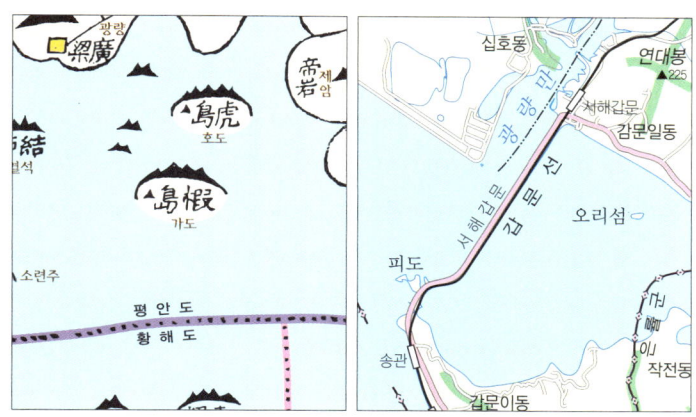

서해갑문(西海閘門)은 1986년 남포시 와우도구역 갑문2동 끝살뿌리에서 남포시 와우도구역 갑문1동 사이의 대동강 하구를 가로막아 건설된 하구갑문이다. 대동여지도에는 제암(帝岩) 남쪽의 돌출부에서 은율군 이곶(梨串, 대동여지도 10-5 지도)을 연결하는 선이 된다. 댐의 길이는 8km이고, 3개의 갑문과 36개의 수문이 있으며, 5만 톤급의 선박이 통행할 수 있다. 댐 위로는 도로와 서해갑문선 철도가 남포시와 황해남도를 연결한다.

조선 시대 이곳은 평안도와 황해도를 방어하는 군사적 요지로, 해안의 광량진은 독진(獨鎭)으로 도호부사가 겸임하였고, 고종 때까지 수군첨사가 주둔하였다.

11-1 고성 高城

한국전쟁이후 남북으로 나뉜 고성

대동여지도 좌측 밑의 회전령(檜田嶺)에서 삽운령(揷雲嶺)으로 이어지는 굵은 산줄기는 백두대간이고, 삽운령에서 북류하는 하천은 남강(南江)이다. 대동여지도의 백두대간과 삽운령에서 분기해 북쪽으로 뻗은 산줄기와 남강의 형태는 현대 지도와도 비슷하나, 남강 상류의 물줄기의 흐름은 전혀 다르다. 삽운령은 현대 지도에서 향로봉(香爐峰, 1,290m) 서쪽의 안부에 해당되고, 옛날에는 탄령(炭嶺)과 함께 인제에서 고성 해금강으로 가는 고개였다.

해금강(海金剛)은 금강산 줄기가 동해로 뻗으면서 천태만상의 기암괴석을 그대로 바닷속에 옮겨 놓은 명승으로, 통천의 총석정(叢石亭)까지 포함해 삼일포와 해만물상(海萬物相)을 중심으로 형성된 해식 지형이다. 석호인 삼일포(三日浦)는 맑은 수면 위로 기괴한 암석과 36개 봉우리가 비치며 절경을 이뤄 예로부터 우리나라 제일의

아름다운 호수로 꼽힌다. 현재 휴양관광지로 북한 천연기념물로 지정되었다. 해안의 칠성봉(七星峰)은 현재 '칠성바위'로 불린다.

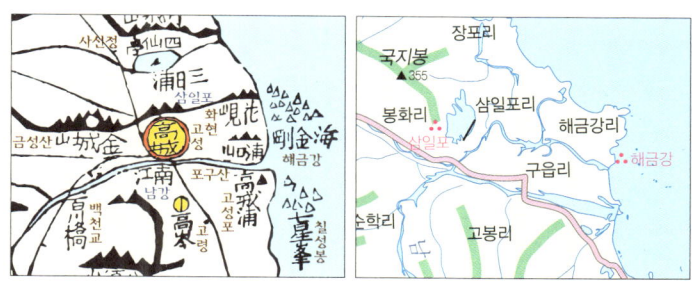

고성(高城)은 569년(신라 진흥왕 30년)에 달홀주(達忽州)로 불리다가 뒤에 고성군이 되었다. 995년(고려 성종 14년)에 삭방도(朔方道)에 속했다가 현종 때 5도 양계로 개편되면서 동계(東界)에 소속된 고성군과 수성군은 각각 고성현과 간성현(杆城縣)으로 바뀌었다. 조선 세종 때 고성군으로 승격되어 조선 말까지 지속되었다. 1895년 강릉부 관할 고성군이 되었고, 1896년 강원도에 편제되었다. 1914년 부군면 통폐합 때 고성군 전체가 간성군에 편입되었다가 1927년 간성군이 고성군으로 개칭되었다. 1952년 다시 고성군이 되었으나, 한국전쟁 이후 군사분계선을 경계로 남북으로 양분되었다. 북한의 고성군 소재지는 대동여지도의 통천군 옹천(瓮遷)에 위치하고, 남한의 고성군 소재지는 옛 간성군의 치소이다.

고성군 구읍리 옛 고성군 치소에는 고성읍성(高城邑城)의 옛 성터가 남아 있고, 신계사 터(新溪寺址)에는 신계사삼층석탑(新溪寺三層石塔)과 당간지주(幢竿支柱)가 남아 있다. 대동여지도의 명사(鳴沙)가 있는 위치는 현재 명호리의 통일전망대가 있는 곳이고, 포진호(泡津湖)는 지금의 화진포(花津浦)이다. 화진포는 동해안에서 가장 큰 석호로 둘레가 약 16km나 되며, 예전에는 열산호(烈山湖)·포진호라고 불렸다. 건봉사(乾鳳寺)는 위치는 다르지만, 신라 때 창건된 고찰로 조선 시대 4대 사찰 중 하나였다.

11-2 금강산 金剛山 금성 金城

천하제일의 명산, 금강산

대동여지도 우측 주령(酒嶺)에서 금강산(金剛山)을 거쳐 앵령(櫻嶺)에 이르는 굵은 산줄기는 백두대간이고, 지도 좌측 하단의 중현(中峴)에서 적산(赤山)으로 이어지는 짧은 산줄기는 한북정맥이다. 그리고 지도 좌측에 남류하는 쌍선 하천은 북한강(北漢江) 상류이다. 대동여지도의 백두대간과 한북정맥, 북한강 상류 등은 현대 지도와 엇비슷하지만, 대동여지도 우측 하단의 응봉령(鷹峰嶺)에서 뻗어 나간 산줄기는 현대 지도와 일치하지 않는다.

대동여지도의 금강산은 마치 1만 2천봉을 나타내려는 듯 바위봉과 날카로운 바위능선이 실감 나게 묘사되어 있다. 금강산에는 만폭동(萬瀑洞)을 비롯해 4개의 사찰명만 표기되어 있고, 봉우리 명칭은 표기되지 않았다. 북한에서는 2002년 금강산 일원을 금강산국제관광특별구로 지정해 관리하고 있는데, 크게 내금강지역(內金剛地

域)·외금강지역(外金剛地域)·해금강지역(海金剛地域)으로 크게 구분하였다. 그리고 내금강지역은 8개 구역, 외금강지역은 10개 구역, 해금강지역은 4개 구역으로 세분해 관리하고 있다.

북한강 상류와 금강천(金剛川) 합류 지점인 남강진(南江津)에는 2005년 임남댐(금강산댐)이 완공되어 저수 용량 26억 톤이 넘는 임남호가 조성되었다. 임남댐은 북한이 금강산발전소를 위해 건설한 댐이지만, 대한민국에서는 이 댐에 대한 수공(水攻) 위협과 홍수를 예방한다는 목적으로 2005년 댐 하류에 '평화의 댐'을 건설하였다. 그러나 평화의 댐은 평상시에 물을 채우지 않는 건류댐으로 운영되고 있다.

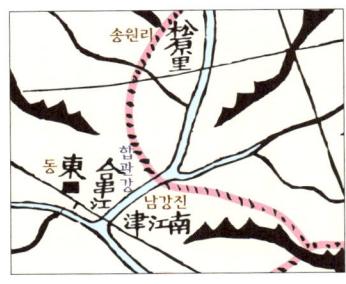

금성(金城)은 신라 경덕왕 때 익성군(益城郡)으로 불리다가 고려 초에 금성이 되었고, 1018년(고려 현종 9년)에 금성군으로 승격되었다가 뒤에 현으로 강등되었다. 오랜 기간 회양도호부에 속해 있다가 1895년 춘천부 관할 금성군이 되었고, 이듬해 강원도에 편제되었으나, 1914년 부군면 통폐합 때 김화군에 통합되면서 폐지되었다. 1952년 김화군이 창도군(昌道郡)으로 개칭되었고, 1954년 김화군이 다시 신설되었다. 1953년 한국전쟁 이후 옛 김화군 대부분 지역과 옛 금성군 일부 지역이 수복되었다.

대동여지도에 표기된 정양사(正陽寺)·표훈사(表訓寺)·장안사(長安寺)·유점사(楡岾寺) 등 사찰은 한국전쟁으로 소진되어 현재 절터만 남아 있다. 다만 정양사 석등(正陽寺石燈)과 정양사 3층탑(正陽寺三層塔)·유점사 석교(楡岾寺石橋) 등이 남아 있고, 만폭동에는 1675년에 개축된 보덕암(普德庵)과 고려 때 마애불상인 묘길상(妙吉祥)이 남아 있다.

11-3 이천伊川 평강平康 철원鐵原
철의 삼각 지대 평강·철원·김화

대동여지도 우측 상단 분수령(分水嶺)이 있는 U자형 산줄기는 백두대간이고, 백두대간에서 분기해 백빙산(白氷山), 법수현(法水峴)을 거쳐 오신산(五申山)에 이르는 산줄기는 한북정맥이다. 그리고 지도 좌측 상단의 두리산(豆里山)이 있는 굵은 산줄기는 임진북예성남정맥이다. 지도 좌측으로 남류하는 쌍선 하천은 임진강 상류이고, 동쪽에서 유입되는 쌍선 지류는 고미탄천(古味呑川)이다.

대동여지도의 분수령을 중심으로 우리나라의 지질과 지형을 구분하는 추가령구조곡(楸哥嶺構造谷)이 북북동에서 남남서 방향으로 뻗어 있다. '검불랑(儉佛郞)'이라는 지명이 현대 지도와 일치한다. 대동여지도의 산줄기와 물줄기는 현대 지도와도 엇비슷한 형태이나, 평강군과 철원군 사이에 위치한 고암산(高岩山)의 산줄기는 일치하지 않는다.

평강(平康)은 1018년(고려 현종 9년)에 평강현으로 개칭되고, 1172년(고려 명종 2년)에 감무(監務)를 두었으나, 뒤에 폐지되어 김화현(金化縣)의 감무가 겸무하였다. 1389년(고려 공양왕 1년) 다시 감무를 두었다. 1413년(조선 태종 13년)에 현감을 두고, 조선 말까지 지속되었다. 1895년 춘천부 관할 평강군이 되었고, 이듬해 강원도에 편제되었다. 1952년 군면리 대폐합 때 군의 북부 지역이 분리되어 신설되는 세포군(洗浦郡)에 편입되었다.

이천(伊川)은 신라 경덕왕 때 이천현이 되어 토산군(兎山郡)에 속하였다. 1413년(조선 태종 13년)에 강원도에 속하면서 현감을 두었고, 그 뒤 도호부로의 승격과 현으로의 강등이 되풀이되었다. 1895년 개성부 관할 이천군이 되었고, 이듬해 강원도에 편제되었다. 1952년 군면리 대폐합에 따라 군의 고마탄천 북쪽 지역이 신설되는 판교군(板橋郡) 관할이 되면서 이천군이 다시 구성되었다.

안협(安峽)은 신라 경덕왕 때 안협으로 개칭되어 황해도 토산군(兎山郡)의 영현[領縣, 외관(外官)이 파견된 주군과 주현으로 외관이 없는 군·현을 지배한다]으로 삼았다. 1018년(고려 현종 9년)에 경기도 동주(東州)에 속하다가 1414년(조선 태종 14년) 경기도의 삭녕군(朔寧郡)과 합하여 안삭군(安朔郡)으로 되었다가 2년 뒤 다시 분리되어 안협현이 되었다. 1424년(세종 6년) 경기도에서 강원도 관할로 바뀌고, 1895년 안협군이 되었다가 1914년 이천군(伊川郡)에 통합되어 안협면이 되었다. 1952년 철원군에 통합되었다.

철원(鐵原)은 옛 고구려의 영토로, 후고구려를 세운 궁예(弓裔)가 905년 철원 풍천원(楓川原)에 도읍을 정하였고, 918년에는 왕건(王建)이 궁예를 몰아내고 고려를 건국한 곳으로, 고려 태조 때 동주(東州)라 하였다. 1254년(고려 고종 41년)에 철원현이 되었고, 1310년(고려 충선왕 2년)에 철원부가 되었다. 1413년(조선 태종 13년) 철원도호부로 승격되었고, 1895년 춘천부 관할 철원군이 되었고, 이듬해 강원도에 편제되었다. 한국전쟁 이후 1953년 철원군은 남·북한으로 각각 분리되어 철원읍·갈말면·동송면·신서면·묘장면·어운면 등 지역이 수복되었다. 현재 북한의 철원군 소재지는 대동여지도의 안협(安峽) 읍치가 있는 곳이다.

김화(金化)는 1018년(고려 현종 9년)에 김화군으로 개칭되었고, 1394년(조선 태조 3년) 교주강릉도(交州江陵道)가 강원도(江原道)로 개칭되면서 김화와 금성은 강원도 관찰사의 관할이 되어 금성현에는 현령을, 김화현에는 현감을 두었다. 1895년 춘천부 관할 김화군과 금성군이 되었고, 이듬해 강원도에 편제되었다. 1908년에는 김화군이 금성군에 편입되었다가 1914년 다시 금성군이 김화군에 통합되었다. 한국전쟁 이후 김화군 대부분이 북한 지역이 되었으나 1952년 김화군이 창도군에 흡수되어 폐지되었고, 1954년 김화군이 다시 설치되었다. 1954년 남한에도 김화군이 있었으나, 1963년 철원군에 통합되었다.

평강·철원·김화는 한국전쟁 중 군사적인 호칭으로 '철의 삼각 지대'라고 불리던 곳으로, 중부 전선을 장악하기 위한 전략적 중요성 때문에 크고 작은 작전이 이 일대에서 펼쳐졌다. 그중에서도 쌍방의 전체적인 작전과 전세(戰勢)에 많은 영향을 끼친 중요한 전투가 파일드라이버 작전(Operation Piledriver)과 백마고지전투, 저격능선전투 등이다.

세포군의 청룡산(靑龍山) 중턱에 옛 산성 터가 남아 있고, 이천군에는 이천읍산성(伊川邑山城)의 옛 성터가 남아 있다. 철원군에는 909년 궁예(弓裔)가 축성한 것으로 전해지는, 배 모양으로 축성된 철원읍성(鐵原邑城)의 옛 성터가 남아 문화재로 보호되고 있다.

11-4 신계新溪 서흥瑞興 평산平山
삼국 시대부터 군사 요충지였던 평산

대동여지도 우측의 신파현(薪破峴)에서 학봉산(鶴峰山)을 거쳐 석현(石峴)으로 이어지는 산줄기는 임진남예성북정맥이나 현대 지도에는 일부만 나타나 있다. 대동여지도 우측 상단 덕업산(德業山)에서 적곡(赤谷) 방향으로 'V' 자로 굽은 산줄기와 지도 좌측 원오현(院吾峴)에서 고정산(高頂山), 멸악산(滅惡山)을 거쳐 운봉산(雲峰山)으로 이어지는 산줄기는 해서정맥이고, 이 두 정맥 가운데로 남류하는 쌍선 하천은 예성강(禮成江) 상류이다. 대동여지도의 전체적인 산줄기와 물줄기는 현대 지도와도 엇비슷한 형태이다.

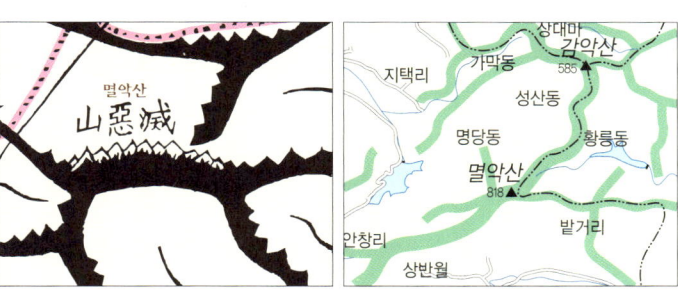

멸악산(818m)은 황해북도 평산군과 인산군 경계에 위치하는 산으

로, 백두대간의 두류산(頭流山)에서 비롯되어 황해도를 남북으로 나누며 장산곶에 이르는 해서정맥(海西正脈)상에 솟아 있다. 지형적으로는 낭림산맥 남부에서 시작하여 황해북도와 황해남도를 남서 방향으로 가로지르는 멸악산맥의 주봉이다. 또한 멸악산맥은 산과 강을 경계로 나누는 한반도의 전통적인 지역 구분의 기준으로, 그 북쪽을 북부 지방이라 하고, 그 남쪽으로 소백산맥과 금강 하구까지를 중부 지방이라고 일컫는다.

신계(新溪)는 백제의 영역이 되어 사소올(沙所兀)과 매치홀(買且忽)로 불렸으나, 고구려 때 매차홀은 수곡성(水谷城)으로 바뀌었고, 757년(신라 경덕왕 16년)에 사소올은 신은현(新恩縣)이 되었고, 수곡성도 현이 되었다. 고려 때 수곡현은 협계현(俠溪縣)으로 개칭되었다. 1413년(조선 태종 13년) 신은현에 현령이 부임했고, 1445년(세종 27년)에 신은현과 협계현을 합쳐 신계현으로 개칭하였다. 1895년 개성부 관할 신계군이 되었고, 이듬해 황해도에 편제되었다. 1954년 황해북도 관할로 바뀌었다.

서흥(瑞興)은 고려 초에 동주(洞州)였다가 995년(고려 성종 14년) 방어사가 부임했으나, 1012년(고려 현종 3년)에 폐지되어 평주(平州)의 속현이 되었다. 1270년(고려 원종 11년) 왕의 태(胎, 태반과 탯줄)를 이곳에 안장한 까닭에 서흥현으로 승격되었다. 1415년(조선 태종 15년)에 서흥군으로 승격되고, 1424년(세종 6년) 도호부로 승격되었다. 1896년에 황해도 서흥군이 되었다가 1954년 황해북도 서흥군이 되었다.

평산(平山)은 782년(신라 선덕왕 3년)에 패강진(浿江鎭)이었다가 궁예(弓裔)에게 항복한 904년부터 평주(平州)가 되었다. 1413년(조선 태종 13년)에 평산군이 되었고, 1415년에 평산도호부로 승격되어 조선 말까지 지속되었다. 1895년 개성부 관할 평산군이 되었고, 이듬해 황해도에 편제되었다. 1952년 평산군 일부 지역과 서흥군 일부 지역을 통합해 인산군(麟山郡)이 신설되었고, 1954년 황해도가 분리되면서 황해북도 평산군이 되었다.

토산(兎山)은 757년(신라 경덕왕 16년)에 토산으로 불리다가, 1062년(고려 문종 16년) 개성부에 속하였다. 1413년(조선 태종 13년)에 현감을 두고, 풍해도(豊海道) 황주목(黃州牧) 관할이 되어 조선 말까지 지속되었다. 1895년 개성부 관할 토산군이 되었고, 이듬해 황해도에 편제되었으나, 1914년 부군면 통폐합 때 폐지되었다. 1952년 토산군으로 복귀되었고, 1954년 황해북도 관할로 바뀌었다.

평산군 산성리 임진강 변에 고구려 시대에 축성된 태백산성(太白山城)은 군사적으로나 교통상 매우 중요한 곳으로, 성곽의 대부분이 남아 있고 산성 동문(東門)과 서문(西門)도 원형을 유지하고 있다. 신계 동북쪽 정봉리에는 기원전 4세기에서 기원전 3세기 것으로 추정되는 정봉리석곽총(丁峰里石槨塚)이 있다. 서흥군 송월리에는 고려 때 창건되고 조선 시대에 중건된 귀진사(歸眞寺)가 남아 있으며, 고성리에는 다섯 개의 골짜기를 끼고 있어 '오곡성(五谷城)'이라고도 불리는 대현산성(大峴山城)의 옛 성터가 남아 있다.

11-5 봉산鳳山 안악安岳 재령載寧

단군 전설이 전해 오는 명산, 구월산

대동여지도 우측 하단의 운달산(雲達山) 줄기와 좌측 하단 문산(文山)에서 달마산(達摩山)을 거쳐 백운산(白雲山)으로 이어지는 산줄기는 해서정맥이다. 재령 동쪽의 북류하는 쌍선 하천은 재령강(載寧江)이고, 재령강 동쪽으로 유입되는 쌍선 하천 당성천(唐城川)은 지금의 서흥강(瑞興江)이다. 대동여지도의 해서정맥과 구월산(九月山)으로 이어지는 산줄기, 물줄기는 현대 지도와도 엇비슷한 편이다.

구월산(945m)은 철따라 풍치가 뛰어나 예로부터 우리나라 5대 명산의 하나로 꼽혀 왔다. 단군(檀君)이 아사달(阿斯達)에서 9월 9일에 승천해 신이 되어, 구월산이라 불리게 되었다는 설화가 전해질 만큼 단군 신화와 관련된 유적이 많다. 구월산에는 고려 시대 이후 사찰이 많이 지어져 산중에 15개의 사찰과 8개의 암자가 있었다고 한다. 대표적인 사찰은 패엽사(貝葉寺)·정곡사(停穀寺)·흥률사(興律寺)·달마사(達磨寺)·락산사(洛山寺)·묘각사(妙覺寺) 등으로, 현재 남아 있는 것은 월정사(月精寺)뿐이다. 또한 구월산에는 고려 때 축성된 구월산성(九月山城)의 옛 성터가 남아 있다.

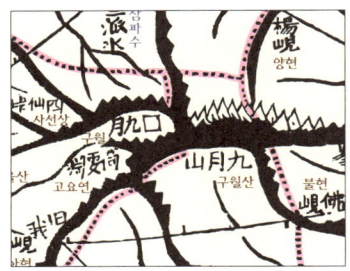

봉산(鳳山)은 995년(고려 성종 14년) 봉주(鳳州)로 불리다가, 1285년(고려 충렬왕 11년) 봉양군(鳳陽郡)으로 바뀌었다. 1395년(조선 태조 4년)에 다시 풍해도(豊海道) 봉주로 되었고, 1413년(태종 13년)에 봉산군으로 개칭되었다. 1416년(태종 16년)에 황해도에 속했다가, 1449년(세종 31년) 황해좌도(黃海左道) 관할로 바뀌었다. 1895년 해주부 관할 봉산군이 되었고, 이듬해 황해도에 편제되었다. 한편 봉산군 사리원면이 1939년에 읍으로 승격되었으나, 1945년 다시 면으로 강등되었고, 1947년 봉산군에서 분리되면서 사리원시(沙里院市)로 승격되었다. 1952년 군면리 대폐합 때 서흥강 남쪽 지역은 은파군(銀波郡)이 되었고, 1954년 황해북도 봉산군으로 개편되었다.

재령(載寧)은 1217년(고려 고종 4년)에 재령현이 되었고, 1415년(조선 태종 15년) 풍해도 재령군으로 승격되었으며, 2년 뒤 황해도에 속해 조선 말까지 지속되었다. 1895년 해주부 관할 재령군이 되었고, 이듬해 황해도에 편제되었다. 1952년에 재령군 장수산(長壽山) 남쪽 지역에 신원군(新院郡)이 신설되었고, 1954년 두 개 군이 황해남도 관할이 되었다.

안악(安岳)은 고려 초에 양악군(楊岳郡)을 개편해 안악군이 되었고, 그 뒤 서해도(西海道)에 속했다. 1395년(조선 태조 4년)에 풍해도 관할로 바뀌었고, 1413년(태종 13년)에 황해도 관할이 되어 조선 말까지 지속되었다. 1895년 해주부 관할 안악군이 되었고, 이듬해 황해도에 편제되었다. 1954년 황해도가 분리되면서 황해남도 안악군이 되었다.

신천(信川)은 고려 초에 신주(信州)로 불리다가, 서해도 관할이 되었다. 1395년(조선 태조 4년)에 풍해도 관할로 바뀌었고, 1413년(태종 13년)에 황해도 신천현으로 개칭되었고, 1469년(성종 1년) 신천군으로 승격되어 조선 말까지 지속되었다. 1895년 신천군과 문화군(文化郡)으로 분리되었다가 1914년 문화군이 다시 신천군에 통합되었다. 1952년 군면리 대폐합 때 신천군의 일부가 삼천군(三泉郡), 송화군(松禾郡), 안악군에 각각 편입되면서 재편성되었고, 1954년 황해남도 관할 신천군이 되었다.

문화(文化)는 고려 초에 유주(儒州)로 불렸고, 1018년(고려 현종 9년) 풍주(豊州)에 속하였다가 1259년(고려 고종 46년) 문화현으로 개칭하여 감무를 두었다. 조선 시대에는 현령을 두고, 조선 말까지 그대로 유지되었다. 1895년 해주부 관할 문화군이 되었고, 이듬해 황해도에 편제되었다. 1914년 부군면 통폐합 때 신천군(信川郡)에 편입되면서 문화면이 되었다. 1952년 문화면은 신설되는 삼천군(三泉郡)에 편입되었고, 1954년 황해남도 관할 삼천군이 되었다.

송화(松禾)는 995년(고려 성종 14년)에 청송현(靑松縣), 가화현(嘉禾縣)에 속하다가, 1018년(고려 현종 9년)에 서해도에 속하게 되었다. 1395년(조선 태조 4년)에 청송현·가화현이 풍해도에 속했으며, 1418년(태종 8년)에 청송현과 가화현이 통합되어 송화현이 되면서 조선 말까지 지속되었다. 1895년에 해주부 관할 송화군이 되었고, 이듬해 황해도에 편제되었다. 1954년 황해도가 분리될 때 황해남도 관할이 되었다.

은율(殷栗)은 고려 초에 은율현이 되었고, 1018년(고려 현종 9년) 풍주(豊州)의 속현이 된 지역과 황주에 속한 장명진(長命鎭) 지역, 왕실 소속의 연풍장(連豊莊) 지역으로 나뉘어졌고, 1390년(고려 공양왕 2년) 장명과 연풍을 겸하는 감무를 두었으나 바로 폐지되었다. 1396년(조선 태조 5년) 은율현에 감무를 두었고, 1414년(태종 14년)에 현감이 부임하였다. 1460년 고을 백성이 현감을 처단한 사건이 발생하자 현을 폐지하고 장련현(長連縣)에 합쳤다가 1470년에 복귀되는 등 폐지와 복귀를 거듭하였다. 1895년 해주부 관할 은율군이 되었고, 이듬해 황해도에 편제되었다. 1954년 황해도가 분리될 때 황해남도 관할이 되었다.

신천군 명사리에는 1962년에 발굴된 고대 유적지인 명사리유적(明沙里遺跡)이 있고, 고려 초기에 창건된 고찰인 자혜사(慈惠寺)에는 석등(石燈)과 5층탑(五層塔)이 전해지고 있다. 재령군 고산리에는 기원전 4세기경의 유적인 고산리토분묘(孤山里土墳墓)가 있고, 부덕리에의 고조선 시대의 무덤인 부덕리판곽묘(富德里板槨墓)에서는 고조선 시대의 각종 유물이 발굴되었다. 은율군 관산리에 있는 관산리지석묘(冠山里支石墓)는 기원전 1천 년 전반기의 고인돌로 우리나라 고인돌 가운데 가장 크다고 한다.

11-6 풍천豊川 장연長淵

해서정맥 마루금의 끝머리, 장산곶

대동여지도 하단 불타산(佛陀山)에서 장산곶(長山串)으로 이어지는 산줄기는 해서정맥의 말단부이다. 대동여지도의 해서정맥 산줄기와 박석산(朴石山)의 산줄기, 남대천(南大川), 해안의 초도(椒島)와 석도(席島) 등은 현대 지도와도 그 형태가 엇비슷하다.

황해도 3대 도서의 하나인 초도는 산이 많고 항상 흰 구름이 감돌아 '초도춘운(椒島春雲)'이라 하였는데, 대동여지도에도 '춘운산(春雲山)'이라 표기되어 있다. 《숙종실록》에 "초도의 목장은 바다 서쪽에 있는데, 지금까지 왕래하던 황당선(荒唐船)이 모두 그 길을 경유하니, 실로 요해처가 되므로 첨사(僉使)를 두도록 하라."라는 기록이 있듯이 초도는 고려 시대부터 중국으로 가는 북방 항로의 요지로, 초도진(椒島鎮)이 설치되었다. 조선 시대에는 풍천군(豊川郡)에 속했으나, 1996년에 남포시 관할이 되었다. 또한 석도는 해안선의 기복이 심해 만(灣)과 갑(岬)이 발달되어 썰물 때는 간석지가 드러나고, 어업 기지와 연안항로의 안내 역할을 하며, 현재 과일군에 속한다.

 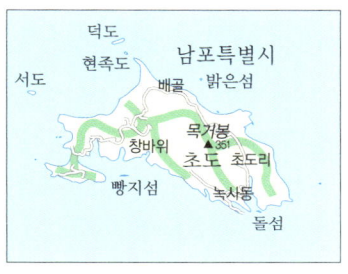

장연(長淵)은 고구려 때부터 장연으로 불렸고, 1018년(고려 현종 9년)에 옹진현에 속하였고, 1106년(고려 예종 1년)에 감무를 두었다. 1402년(조선 태종 2년)에 진(鎮)이 설치되었고, 1414년(태종 14년)에 연강(淵康)으로 개칭되었다가 2년 뒤에 다시 장연현으로 복귀되었다. 1623년(인조 1년)에 도호부로 승격되었으나 1764년(영조 40년) 백성들이 둔전(屯田, 군대가 경작하는 토지)의 장교를 죽인 사건이 일어나자 현으로 강등되었고, 1773년(영조 49년)에 다시 도호부로 복귀되었다. 1895년 장연군이 되었고, 이듬해 황해도에 편제되었다. 1952년 남대천 남쪽 지역이 용연군(龍淵郡)으로 분리되고, 1954년 황해남도 관할 장연군이 되었다.

풍천(豊川)은 고려 초 풍주(豊州)로 불리다가, 1005년(고려 성종 14년)에 도호부로 승격되었고, 1018년(고려 현종 9년)에 방어사로 바뀌었다. 1397년(조선 태조 6년)에 진(鎮)이 설치되어 병마사가 지주사(知州事)를 겸하도록 하였다. 1413년(태종 13년) 풍천군이 되었다가 은율현(殷栗縣)과 합쳐져 풍해도 풍률군(豊栗郡)이 되었으나 이듬해 다시 분리되었다. 1469년(예종 1년)에 도호부로 승격되어 풍천도호부가 되었다. 1895년 풍천군이 되었고, 1909년 송화군에 편입되었다. 1967년 송화군 지역에 들어선 대규모 송화과수농장지구를 분리하면서 과일군이 신설되었다.

장연군 학림리(鶴林里)에는 학림사터(鶴林寺址)와 학림사5층탑(鶴林

寺五層塔)이 남아 있고, 장연군 지역에는 경치가 아름다운 장연팔경(長淵八景)이 있다. 과일군에는 고려 때 축성된 풍천읍성(豊川邑城)의 옛 성터가 남아 있고, 용연군 불타산 남쪽에는 용연읍성(龍淵邑城)의 옛 성터가 남아 있다. 해안가에는 서해안의 대표적인 명승지인 몽금포(夢金浦) 해변이 전개된다. 또한 산줄기가 바다 쪽으로 뻗어 나갔다 하여 불려진 장산곶은 해변을 따라 기암절벽이 병풍처럼 늘어서 예로부터 명소로 알려져 있다.

12-1 간성杆城 양양襄陽

금강산에 버금가는 명산, 설악산

대동여지도에 남북으로 뻗은 큰 산줄기는 백두대간으로 설악산이 자리하고, 동해안을 따라서는 선유담(仙遊潭)·화담(花潭, 현재의 송지호)·광호(廣湖, 현재의 광포호)·영랑호(永郞湖)·청초호(靑草湖)·쌍호(雙湖) 등의 석호가 형성되어 있다. 간성으로는 남천(南川), 양양으로는 남강(南江, 현재의 남대천)이 동해로 흘러든다. 백두대간 산줄기와 해안선의 모습은 현대 지도와 비교해도 다르지 않다.

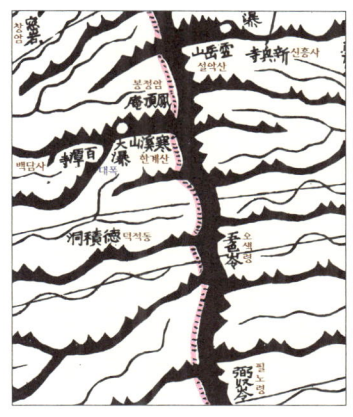 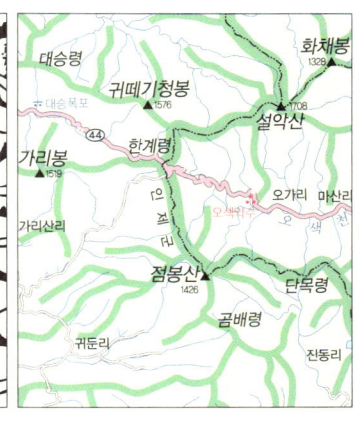

백두대간의 마기라산(麻耆羅山)은 지금의 향로봉(香爐峰, 1,290m)이다. 산 아래 표기된 진부령(珍富岺)은 현재 사용하지 않는 고개이며, 위치로 봐서 용두(龍頭)에서 간성으로 넘어가는 흘리령(屹里嶺)이 지금의 진부령(陳富嶺)에 해당된다. 연수파령(連水坡嶺)은 위치로 봐서 지금의 미시령(彌矢嶺)이다. 대동여지도의 설악산(雪岳山)은 한계산(寒溪山)이 위치한 백두대간상에 있어야 맞고, 백담사(百潭寺) 역시 봉정암(鳳頂庵)이 있는 계곡 아래에 있어야 맞다. 설악산 남쪽에 이름 없는 고개는 인제군 원통(元通)과 양양을 잇는 고개인 오색령(五色嶺)이다. 이 고갯길은 1971년 군사용 도로로 개통되었고, 1981년에 포장도로가 완성된 뒤 한계령(寒溪嶺) 도로가 개통되었다. 양양군에서는 옛 이름인 오색령으로 바꿀 것을 주장해 2016년 한계령휴게소 양양군 지역에 '백두대간 오색령'이라는 표지석을 설치했다. 대동여지도에 '오색령'이라고 표기된 고개는 현대 지도의 지형과는 맞지 않는 고개이고, 필노령(弼奴嶺)은 인제에서 양양으로 넘어가는 고개로, 위치로 보아 현대 지도의 곰배령에 해당된다.

외설악의 천후산(天吼山)은 지금의 울산암(蔚山岩)이고, 신흥사(新興

寺)와 계조굴(繼祖窟)의 위치가 현대 지도와 다르다. 설악산에 표시된 고산성 기호는 권금산성(權金山城)이고, 대폭(大爆)은 토왕성폭포(土旺城瀑布)를 가리킨다. 내설악 한계산(寒溪山)의 고산성 기호는 한계고성(寒溪古城)이고, 대폭은 대승폭포(大勝瀑布)를 가리킨다.

대동여지도의 동해안에는 간성의 선유담(仙遊潭)에서부터 양양의 쌍호(雙湖)에 이르기까지 7개의 석호가 그려져 있는데, 송지포(松池浦)와 화담(花潭)은 현재의 송지호(松池湖)이고, 광호(廣湖)는 현재의 광포호(廣浦湖)이다. 《택리지》에 "간성의 화담(花潭)은 달이 맑은 샘에 빠진 것 같다."라고 하였는데, 여기에서 화담은 송지호가 아닌 화진포(花津浦)를 가리킨다. 쌍호는 현재 그 모습을 찾을 수 없고, 갈대가 무성한 습지 형태로 명맥이 유지되고 있다.

간성(杆城)은 고구려 때부터 수성군(迕城郡)이었고, 신라 경덕왕 때 수성군(守城郡)으로 개칭되었다. 995년(고려 성종 14년)에 삭방도(朔方道)의 간성군이 되었고, 1018년(고려 현종 9년) 간성현이 되어 동계(東界)에 속했고, 속현으로 열산현(烈山縣)을 두었다가 다시 군으로 복귀되었고, 1389년(고려 공양왕 1년)에 두 군이 분리되었다. 조선 시대에는 간성군으로 조선 말까지 지속되다가 1914년 부군면 통폐합 때 고성군을 합쳐 새로운 간성군이 되었으나, 1919년 고성군으로 개칭되면서 군내면이 간성면으로 개칭되었다. 1979년 간성면이 읍으로 승격되었다.

양양(襄陽)은 신라 때 익령현(翼嶺縣)으로 불리다가, 1221년(고려 고종 8년)에 몽고군을 물리친 공으로 양주(襄州)로 승격되어 방어사를 두었다. 1397년(조선 태조 6년)에 태조의 외향(外鄕)이었던 까닭으로 양주부로 승격되었고, 1413년(태종 13년)에 도호부로 승격되었으나, 3년 뒤인 1416년에 양주에서 양양으로 개칭되어 도호부로 승격되었다. 1618년(광해군 10년)에 사화(士禍)로 인해 양양현으로 강등되었다가, 1623년(인조 1년)에 복귀되었으나, 1627년(인조 5년)에 역란(逆亂)으로 다시 현으로 강등되었다가 1637년(인조 15년)에 복귀되었다. 1895년 강릉부 관할 양양군이 되었고, 이듬해 강원도에 편제되었다.

오늘날 속초시(束草市)는 간성과 양양에 속했던 지역으로, 1919년 양양군 도천면(道川面)이 속초면으로 개칭되고, 1942년 속초읍으로 승격된 뒤 1963년에 시로 승격되었다.

간성읍에 간성지(杆城址)가 일부 남아 있고, 고성의 청간정(淸澗亭)은 관동팔경의 하나로, 지방문화유산으로 지정되어 있다. 속초시에는 조양동선사유적이 있고, 설악산에는 권금성(權金城) 일부가 남아 있으며, 설악동에 보물로 지정된 향성사지 삼층석탑(香城寺址三層石塔)이 있다. 양양에는 국보로 지정된 진전사지 삼층석탑(陳田寺址三層石塔) 외에 선림원지(禪林院址)와 낙산사(洛山寺) 등의 불교 문화재가 다수 존재한다.

12-2 양구 楊口 인제 麟蹄 춘천 春川
조선 초에 도호부로 승격된 춘천

대동여지도 좌측 상단의 불정산(佛頂山)에서 대성산(大成山)으로 이

어지는 굵은 산줄기는 한북정맥이고, 낭천현(狼川縣) 옆을 흐르는 쌍선 하천은 북한강, 인제 서화천(瑞和川)에서 춘천으로 흘러드는 쌍선 하천은 소양강(昭陽江)으로 현대 지도와 비교해도 크게 다르지 않다. 또한 대동여지도 우측 상단의 도솔산(兜率山)에서 광치(廣峙)를 지나 사명산(四明山)을 거쳐 용화산(龍華山)에 이르는 산줄기는 백두대간에서 뻗어 나온 산줄기로, 현대 지도와도 엇비슷하다.

북한강 상류의 파로호(破虜湖)는 1944년에 화천댐 준공으로 형성된 인공 호수로 대한민국 최북단에 위치한다. 화천댐은 최대 규모의 수력발전용 댐으로, 대동여지도에서의 위치는 북한강으로 합류하는 간척천(看尺川)으로 가늠된다. 파로호는 조성 당시 명칭이 대붕호(大鵬湖)였으나, 한국전쟁 때 중공군을 크게 무찌른 것을 기념해 1955년 이승만 대통령이 '오랑캐를 격파했다'는 뜻에서 명명한 것이다.

소양강 하류의 소양강댐은 1973년에 준공된 다목적댐으로, 충주호에 이어 우리나라에서 두 번째로 큰 인공 호수이다. 양구군 도솔산 북쪽에는 우리나라의 대표적인 산간 분지인 해안분지(亥安盆地)가 위치하는데, 한국전쟁 당시 격전지였던 이 분지는 사발처럼 움푹 패었다 해서 '펀치볼(Punch Bowl)'이라고 불렸다.

춘천(春川)은 신라 경덕왕 때 삭주(朔州)로 불리다가, 뒤에 광해주(光海州)로 바뀌었다. 940년(고려 태조 23년)에 '봄이 빨리 오는 고을'이라는 뜻으로 춘주(春州)로 바뀌었다. 1413년(조선 태종 13년) 8도제가 실시되면서 춘천군으로 개칭되고, 2년 뒤에 도호부로 승격되었다. 1755년(영조 31년) 과거 시험 때 임금을 비방하는 글이 발견된 사건에 춘천 출신 강몽협(姜夢協)이 가담한 것이 드러나 현으로 강등되었다가, 1765년에 복귀되었다. 1895년 춘천부(春川府)가 되면서 춘천군 등 12개 군을 관할하게 되었고, 원주에 있던 감영(監營)을 춘천으로 옮겼다가 뒤에 관찰부가 되었다. 1896년 13도제 실시에 따라 관찰부를 도청으로 개편하고, 춘천군이 되었다. 1946년 춘천읍이 춘천부로 승격되면서 춘천군은 춘성군으로 개칭되었고, 1949년 춘천부가 춘천시로 개편되었다. 1992년 춘성군이 춘천군으로 개칭되고, 1995년 춘천시와 춘천군이 통합되어 새로운 춘천시가 되었다.

낭천(狼川)은 고구려 때 생천(狌川) 또는 야시매(也尸買)로 불리다가, 757년(신라 경덕왕 16년)에 낭천군으로 개칭되었고, 1018년(고려 현종 9년)에 춘주(春州)의 속현이 되었다. 1393년(조선 태조 2년)에 감무를 두었고, 1413년(태종 13년)에 낭천현이 되면서 현감을 두었다. 1644년(인조 22년)에 낭천현이 김화현(金化縣)에 통합되었다가, 1653년(효종 4년)에 복귀되었다. 1895년 춘천부 관할 낭천군이 되

었고, 이듬해 강원도에 편제되었다. 1902년 화천군(華川郡)으로 개칭되었고, 1979년 화천면이 화천읍으로 승격되었다.

인제(麟蹄)는 고구려 때 저족현(猪足縣)이었으며, 757년(신라 경덕왕 16년)에 희제현(狶蹄縣)으로 개칭되었고 양록군(楊麓郡)에 속하였다. 940년(고려 태조 23년)에 희제현이 인제현으로 개칭되었고, 1389년(고려 공양왕 1년) 감무가 파견되었다. 1413년(조선 태종 13년) 인제현에 현감을 두었고, 1895년 춘천부 인제군이 되었다가 이듬해 강원도에 편제되었다. 1979년 인제면이 읍으로 승격되었다.

양구(楊口)는 757년(신라 경덕왕 16년) 양록군(楊麓郡)으로 불렸고, 940년(고려 태조 23년)에 양구현(陽口縣 또는 楊溝縣)으로 개칭되고, 1106년(고려 예종 1년)에 감무를 두었고, 이때 양구(楊口)로 개칭되었다. 1393년(조선 태조 2년) 낭천에서 분리하여 별도로 감무를 두었고, 1413년(태종 13년) 현감을 두었다. 1895년 춘천부 관할 양구군이 되었고, 이듬해 강원도에 편제되었다. 1979년 양구면이 읍으로 승격되었다.

춘천 지역에는 국보로 지정된 한송사지 석조보살좌상(寒松寺址石造菩薩坐像)이 국립춘천박물관에 소장되어 있다. 화천 지역에는 용화산에 석성인 용화산성(龍華山城)이 있고, 양구에는 삼한 시대 축성했다는 비봉산성지(飛鳳山城址)가 남아 있다. 인제 대암산(大岩山) 산정부의 용늪은 우리나라 1호 람사르 협약 습지이고, 내린천과 인북천(麟北川, 대동여지도상 서화천)이 합수되는 곳에 위치한 합강정(合江亭)은 조선 숙종 때 세워진 정자로 1998년에 복원되었다.

12-3 연천 漣川 영평 永平 포천 抱川
숱한 설화를 간직한 여울, 한탄강

대동여지도 우측 하현(遐峴)에서 백운산(白雲山), 운악산(雲岳山), 굴치(屈峙)를 거쳐 향적산(香積山)에 이르는 산줄기는 한북정맥이고, 좌측 하단의 갈립산(葛立山)과 불곡산(佛谷山) 줄기도 한북정맥이다. 연천 서쪽을 흐르는 쌍선 하천은 임진강(臨津江, 대동여지도상 징파강)이고, 연천 동쪽에서 임진강으로 유입되는 쌍선 하천은 한탄강(漢灘江, 대동여지도상 체천)이다. 대동여지도의 산줄기와 물줄기는 현대 지도와 비교해도 엇비슷한 편이다.

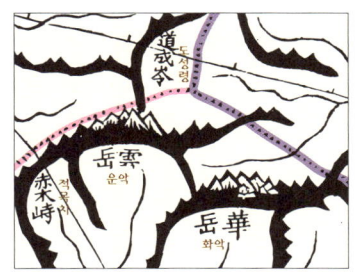

화악산(華岳山)은 해발 1,468m로 경기도의 최고봉이며, 개성 송악산·포천 운악산·파주 감악산·서울 관악산과 더불어 경기 5악의 하나로 꼽히는 산이다. 운악산(雲岳山, 935m)은 '경기금강(京畿金剛)'이라 불릴 만큼 경기 5악 중 가장 절경인 산으로, 산 아래 고찰 현

등사(懸燈寺)의 이름을 따서 '현등산'이라고도 불린다. 대동여지도의 운악산과 화악산이 서로 가까이 표시되어 있으나, 현대 지도상의 위치와는 크게 차이가 난다.

포천(抱川)은 475년(고구려 장수왕 93년)에 마홀군(馬忽郡, 일명 命旨)과 양골현(梁骨縣)이 설치되었고, 757년(신라 경덕왕 16년)에 마홀군은 견성군(堅城郡), 양골현은 동음현(洞陰縣)으로 개편되었다. 고려 초에 견성군이 포주(抱州)로 개칭되었고, 1106년(고려 예종 1년) 동음현에 감무를 두고, 1172년(고려 명종 2년) 포주에 감무를 두었다. 1269년(고려 원종 10년) 동음현이 영흥현(永興縣)으로 승격되었다. 1393년(조선 태조 2년) 영흥현이 영평현(永平縣)으로 개칭되었고, 1413년(태종 13년)에는 포주가 포천현으로 개칭되어 현감을 두었다. 1618년(광해군 10년)에 포천현과 영평현이 합쳐져 영흥도호부(永興都護府)로 승격되면서 경기 감영이 설치되었고, 1623년(인조 1년)에 다시 포천현과 영평현으로 분리되었다. 1895년 포천군과 영평군으로 승격되었고, 1914년 영평군이 포천군에 편입되었다. 1953년 포천군 전 지역이 수복되었고, 2003년 포천시로 승격되었다.

영평(永平)은 고구려 때 양골현(梁骨縣)으로 불리다가, 757년(신라 경덕왕 16년)에 동음현(洞陰縣)으로 개편되었다. 1106년(고려 예종 1년) 동음현에 감무를 두었고, 1269년(고려 원종 10년)에 위사공신(衛社功臣) 강윤소(康允紹)의 고향이라 하여 영흥현(永興縣)으로 승격되었다. 1393년(조선 태조 2년) 영흥현이 영평현(永平縣)으로 개칭되었고, 1618년(광해군 10년) 이곳에 경기 감영을 새로 만들면서 포천과 합쳐 영흥도호부가 되었다. 1623년(인조 1년)에 다시 포천현과 영평현으로 분리되었다. 1895년 포천군과 영평군으로 승격되었고, 1914년 영평군이 포천군에 편입되었다. '영평'이란 명칭은 포천시 영중면(永中面) 영평리(永平里)로 남아 있다.

대동여지도의 양주군 사천(沙川) 고읍과 가정자(柯亭子)가 위치한 곳은 현재 동두천시(東豆川市) 중심부에 해당된다. 사천 고읍은 현재 동두천시 상패동의 자연 지명인 사천리(沙川里)이고, 가정자는 동두천동의 자연지 명인 가정자리(柯亭子里)이다.

연천(漣川)은 고려 태조 때 장주(獐州 또는 獐州)로 불리다가, 1309년(고려 충선왕 1년)에 연천(漣川, 漣州)으로 개칭되었고, 1389년(고려 공양왕 1년)에 감무를 두었다. 1413년(조선 태종 13년)에 연천현이 되어 현감을 두고 조선 말까지 지속되었다. 1895년 한성부 관할 연천군이 되었고, 이듬해 경기도에 편제되었다. 1914년 부군면 통폐합 때 마전군(麻田郡) 일원과 적성(積城) 일원이 연천군에 편입되었으나, 1945년 38선 이남의 적성군 지역(적성면, 남면)은 파주군에 편입되었다. 1979년 연천면이 읍으로 승격되었다.

마전(麻田)은 고구려 때 마전천(麻田淺 또는 泥沙波忽)으로 불렸고, 신라 경덕왕 16년(757년)에 임단(臨湍)으로 바뀌었다. 고려 초에 마전으로 개칭되었고, 1389년(공양왕 1년)에 감무를 두었다. 조선 태종 14년(1414년)에 연천현과 합쳐서 마련현(麻連縣)이 되었다가 다시 분리되었다. 1452년(문종 2년) 이곳에 숭의전(崇義殿)을 중건하면서 마전군으로 승격되었다. 1895년 삭녕군(朔寧郡)에 통합되었다가 이듬해 경기도에 편제되었으나, 1914년 부군면 통폐합 때 연천군에 편입되어 미산면(嵋山面)이 되었다.

적성(積城)은 고구려 때 칠중성(七重城 또는 及別)으로 불리다가, 757년 (신라 경덕왕 16년)에 중성현(重城縣)으로 바뀌었다. 고려 초에 적성으로 개칭되었고, 1106년(고려 예종 1년)에 감무를 두었다. 1413년(조선 태종 13년)에 현감을 두고, 조선 말까지 지속되었다. 1895년 한성부 관할 적성군이 되었고, 이듬해 경기도에 편제되었다. 1914년에 연천군에 통합되어 적성면이 되었다가, 1945년 38선 이남의 적성군 지역(적성면, 남면)은 파주군(坡州郡)에 편입되었다. 이듬해 남면은 양주군 관할이 되고, 1996년 파주군이 시로 승격되면서 파주시 적성면이 되었다.

삭녕(朔寧)은 고려 때 승령현(僧嶺縣)으로 불리다가, 757년(신라 경덕왕 16년)에 삭읍(朔邑)으로 바뀌었다. 고려 때 삭녕으로 개칭되었고, 1403년(조선 태종 3년) 삭녕현이 이성계의 원비 신의왕후(神懿王后)의 외향이라 하여 지군사(知郡事)를 두고 승령현을 편입시켰다. 1414년(태종 14년)에 안협현(安峽縣)을 합쳐 안삭군(安朔郡)이 되었으나, 2년 뒤 다시 분리되어 삭녕현으로 복귀되었다. 1895년 개성부 관할 삭녕군이 되었고, 이듬해 경기도에 편제되었다. 1914년 내문면(乃文面)·마장면(馬場面)·인목면(寅目面)은 철원군에 편입되고, 군내면(郡內面)·동면(東面)·서면(西面)·남면(南面)은 연천군에 편입되면서 폐지되었다. 1943년 연천군 북면·동면을 합쳐 삭녕면이 되었으나, 1953년 한국전쟁 이후 삭녕면·서남면·인목면·내문면의 각 일부 지역만 수복되어 현재 연천군과 철원군 관할이 되었다.

연천의 숭의전은 1452년 문종 때 중건되면서 지어진 이름으로, 고려 태조와 일곱 왕의 제사를 지내던 사당이다. 영평 지역에는 예로부터 풍광이 뛰어나고 유서 깊은 여덟 곳이 있어 영평 8경이라 하였는데, 화적연(禾積淵)·금수정(金水亭)·창옥병(蒼玉屛)·낙귀정지(樂歸亭址)·선유담(仙游潭)·와룡암(臥龍岩)·백로주(白鷺洲)·청학동(靑鶴洞)이 그것이다. 또한 철원 지역의 한탄강에는 한국의 나이아가라폭포라고 불리는 직탕폭포(直湯瀑布)가 있고, 그 상류에는 조선 시대 철원 8경의 하나로 꼽히는 고석정(孤石亭)과 계곡 풍광이 뛰어난 순담계곡(尊潭溪谷)이 있다.

12-4 개성 開城 장단 長湍 배천 白川
437년 간 고려 왕조의 도읍지, 개성

대동여지도 우측 상단의 수룡산(首龍山)에서부터 천마산(天摩山), 마제산(馬堤山)을 거쳐 임진강 하구의 삼성당산(三聖堂山)에 이르는 굵은 산줄기는 임진북예성남정맥이고, 우측 하단의 한강 하구와 합류되는 쌍선 하천은 임진강(臨津江)이고, 개성 서쪽으로 남류하여 한강 하구와 합류되는 쌍선 하천은 예성강(禮成江)이다. 대동여지도의 산줄기와 물줄기, 해안선은 전체적으로 현대 지도와 잘 대비되는 편이다.

예성강 서쪽의 해안 지역은 해주까지 평야가 넓게 펼쳐져 있는데, 연안(延安)·배천(白川)의 지명을 따서 연백평야(延白平野)라고 부르며 예로부터 황금만파(黃金萬波)의 곡창 지대로 이름난 곳이다. 대동여지도 좌측 하단 한강 하구 남쪽의 섬은 교동도(喬桐島)와 강화

도(江華島)의 일부이다. 대동여지도상 임진강 하류의 하중도인 일미도(一眉島)는 현재 남쪽 강 기슭에 붙어 육지가 되었다.

개성(開城)은 고구려 때 동비홀(冬比忽)과 부소갑(扶蘇岬)으로 불렸고, 757년(신라 경덕왕 16년)에 동비홀은 개성(開城), 부소갑은 송악군(松岳郡)으로 각각 바뀌었다. 918년(고려 태조 1년) 고려의 수도가 되었고, 이듬해 개성과 송악이 합쳐져 개주(開州)가 되었다. 995년(고려 성종 14년)에 개성부(開城府)로 개칭되어 수도를 관장하다가 1018년(고려 현종 9년) 개성부가 폐지되고 송악현이 중앙 정부 직속이 되면서 개성현은 분리되었다. 1062년(고려 문종 16년)에 개성현이 개성부로 바뀌고, 1308년(고려 충렬왕 10년)에 개성부가 수도 내까지 관장하면서 개성의 지위가 역전되었다. 조선 건국 후 개성은 조선의 수도였으나, 1396년(조선 태조 5년)에 한양으로 이전되었다. 1438년(세종 20년) 개성에는 개성부(開城府)가 설치되어 개성부 유수(留守)를 두었으며, 그 뒤에도 송도(松都)·중경(中京)·개성으로 불렸다. 1896년 경기도에 편제되었고, 1914년 개성군이 된 이후 1930년 송도면의 시내 지역은 개성부가 되었고, 그 외 지역은 개풍군(開豊郡)이 되었다. 1945년 이후 개성 지역이 남·북으로 분리되어 북반부에 속한 경기도 장단군 일부와 개풍군 일부를 통합해 1946년 장풍군(長豊郡)이 신설되고, 1952년 개풍군과 장풍군 일부 지역을 통합해 판문군(板門郡)이 신설되었다. 1949년 개성시로 승격되었고, 1955년 개풍군과 판문군이 편입되면서 개성직할시로 승격되었으며, 1960년 장풍군과 강원도 철원군 일부가 편입되었다. 2002년 판문군이 폐지되었고, 2003년 황해북도에 편제되면서 개성특급시로 격하되었으나, 2019년에 개성특별시로 승격되었다.

장단(長湍)은 757년(신라 경덕왕 16년)에 장단으로 개칭되었고, 1001년(고려 목종 4년)에 시중(侍中) 한언공(韓彦恭)의 고향이라 하여 단주(湍州)로 승격되었고, 1018년(고려 현종 9년)에 현령을 두었다. 1414년(조선 태종 14년) 임강(臨江)을 통합해 장림(長臨)으로 개칭되었으나, 같은 해 임진현(臨津縣)과 합쳐 임단현(臨湍縣)으로 바뀌었고, 1419년(세종 1년)에 장단현이 되었다. 그 뒤 세조 때 정희왕후(貞熹王后) 윤씨의 선영이 있는 곳이라 하여 군으로 승격되었고, 1469년(예종 1년) 이곳에 진(鎭)이 설치되면서 도호부로 승격되었다. 1895년 개성부 관할 장단군이 되었고, 이듬해 경기도에 편제되었다. 한국전쟁 이후 남북으로 양분되어 북쪽 지역은 현재 개성시와 장풍군에 편입되고, 남쪽 지역은 연천군과 파주군에 편입되었다. 2011년 파주시 군내출장소가 장단출장소로 개칭되어 지명이 남게 되었다.

배천(白川)은 신라 경덕왕 때 구택(雊澤)으로 고쳐 해고군(海皐郡)의 영현이 되었으며, 고려 초에 백주(白州)로 개칭되었다. 1018년(고

려 현종 9년) 평주(平州)에 예속되었고, 그 뒤 두 번이나 명칭이 변경되었으나, 1369년(고려 공민왕 18년) 다시 백주가 되었다. 1413년(조선 태종 13년)에 배천으로 개칭되어 군으로 승격된 뒤 조선 말까지 지속되었다. 1895년 해주부 관할 배천군이 되었고, 1914년 연안군과 합쳐 연백군(延白郡)이 되었다. 1952년 연백군이 분할되어 배천군이 신설되었다. 1954년 황해도가 분리되면서 황해남도 배천군이 되었다. 배천의 한자 표기는 '白川'이나, 활음조 현상으로 배천으로 읽는다.

연안(延安)은 신라 경덕왕 때 해고군(海臯郡)으로 불리다가, 1308년(고려 충렬왕 34년)에 온주목(溫州牧)으로 승격되었으나, 1310년(고려 충선왕 2년) 연안부(延安府)로 바뀌었다. 1395년(조선 태조 4년)에 풍해도(豊海道) 연안도호부로 승격되었고, 1417년(태종 7년)에 황해도에 속하면서 조선 말까지 지속된다. 1895년 해주부 관할 연안군이 되었고, 이듬해 황해도에 편제되었으며, 1914년 배천군(白川郡)이 편입되면서 연백군(延白郡)으로 개편되었다. 1952년 배천군이 분리 신설되었고, 1954년 황해남도 관할이 되었다.

금천(金川)은 고려 초에 우봉현(牛峰縣)이었다가 1061년(고려 문종 15년) 개성부에 속하였다. 1395년(조선 태조 4년) 풍해도(風海道) 우봉현이었다가 1652년(효종 3년)에 우봉현과 강음현을 통합해 금천군이 되었다. 1895년 개성부에 속했고, 이듬에 황해도에 편제되었다. 1914년 토산군이 폐지되면서 금천군에 통합되고, 1954년에 황해북도 관할이 되었다.

파주(坡州)는 고구려 영역의 파해평사현(坡害平史縣)과 술이홀현(述爾忽縣)이었다가 757년(신라 경덕왕 16년) 파해평사현은 파평현(坡平縣)으로, 술이홀현은 봉성현(峰城縣)으로 개칭되었다. 고려 때는 파평현과 봉성현에 감무를 두었고, 1387년(고려 우왕 13년)에 봉성현이 서원현(瑞原縣)으로 바뀌면서 현령을 두었다. 1393년(조선 태조 2년)에 서원군(瑞原郡)으로 승격되고, 1398년(태조 7년)에 서원군과 파평현이 합쳐져 원평군(原平郡)이 되었다. 1414년(태종 14년)에는 교하현(交河縣)이 원평군에 합쳐져 원평도호부로 승격되었다. 1418년(태종 18년) 교하현이 다시 독립되었고, 1459년(세조 5년) 왕비 정희왕후 윤씨의 고향이라 하여 파주목(坡州牧)으로 승격되었다. 1895년 한성부 관할 파주군이 되었고, 이듬해 경기도에 편제되었으며, 1914년 교하군 전역과 양주군·고양군·적성군의 일부가 파주군에 통합되었다. 1996년 파주군 일원이 파주시로 승격되었다.

개성에는 고려 때의 읍성과 내성인 반월성(半月城)을 비롯해 만월동의 남대문(南大門)과 첨성대(瞻星臺), 자남동의 관덕정(觀德亭), 선죽동 노계천에 놓인 선죽교(善竹橋)와 숭양서원(崧陽書院), 방직동의 성균관(成均館) 등 많은 문화재가 남아 있다. 이 밖에 송악산(松岳山)에는 국사당 봉수 터, 개성 북쪽의 천마산에는 수도 방위를 위해 쌓은 대흥산성(大興山城)의 옛 성터가 남아 있고, 우리나라 3대 명폭의 하나인 박연폭포(朴淵瀑布)는 천연기념물로 지정되어 있다.

개풍군 해선리에는 고려 때 축조된 공민왕릉(恭愍王陵)과 왕건왕릉(王建王陵) 외에 고려 시대의 옛 무덤들이 산재해 있고, 제릉(齊陵)은 태조 이성계의 원비인 신의왕후(神懿王后) 한씨(韓氏)의 능이고, 후릉(厚陵)은 조선 2대왕인 정종과 정안왕후(定安王后)의 능이다. 예성

강 하구 변의 벽란도(碧瀾渡)는 개성과 가까이 위치한 고려 시대 제일의 하항(河港)이자 국제적인 항구로, 중국 송나라와 일본의 상인뿐만 아니라 멀리 남양(南洋)과 서역(西域)의 해상들까지 드나들며 교역을 하던 곳이다. 배천군 강호리에는 고려 시대 사찰인 강서사(江西寺)가 남아 있고, 고려 때 세운 5층탑과 7층탑이 전해진다. 연안군에는 고구려 시기의 평지성인 연안읍성(延安邑城)과 나진포리산성(羅津浦里山城)의 옛 성터가 남아 있고, 철따라 경치가 아름다운 연안팔경(延安八景)이 있다.

판문점(板門店)은 원래 명칭인 널문리의 한자 지명으로, 조선 시대 이곳은 주막거리로 임진왜란 때 피난 가던 선조가 머물렀던 곳이기도 하고, 1953년 7월 27일 한국전쟁을 끝내는 정전협정이 체결된 곳이기도 하다. 1972년 임진강 가에 북한 실향민을 위한 임진각(臨津閣)이 세워져 주변의 제3땅굴, 도라전망대 등지와 함께 안보관광지가 되었다.

12-5 해주 海州 강령 康翎 옹진 瓮津
조선 초부터 황해도의 중심지, 해주

대동여지도 상단 우측 취라산(吹螺山)에서 미록산(麋鹿山)을 거쳐 북숭산(北嵩山)으로 이어지는 굵은 산줄기는 해서정맥이다. 대동여지도의 산줄기와 물줄기, 해안선의 형태는 현대 지도와도 잘 대비되는 편이고, 연안의 순위도(巡威島)·연평도(延平島)·장재도(長財島)·형제도(兄弟島)·대수압도(大水鴨島)·소수압도(小水鴨島)·용매도(龍媒島) 등의 섬도 현대 지도와 그 위치가 엇비슷하다. 해안 지형은 드나듦이 복잡해 옹진반도(瓮津半島)·강령반도(康翎半島)·마산반도(馬山半島)·연안반도(延安半島) 반도와 해주만(海州灣)의 만입이 발달되었고, 강령·청단·연안군 등 해안 지역에는 간석지가 발달하여 북한에서 간석지가 제일 많은 곳으로 꼽는다.

강령반도 말단의 등산곶(登山串)은 조선 시대 해상 관측과 선박 출동에 유리한 곳이라 하여 옹진반도 안쪽 가을포에 있던 만호진(萬戶鎭)을 옮겨 등산진(登山鎭)을 설치하였는데, 1684년(숙종 10년)에 해로 요충지인 순위도((巡威島)로 이전해 조선 연안에서 불법 어로를 하거나 밀무역을 하는 황당선(荒唐船)을 단속하였다. 또한 순위도의 등산진은 1846년 6월 5일 서양 선교사의 입국 경로를 알아보기 위해 나섰던 김대건(金大建) 신부가 체포된 곳이기도 하다.

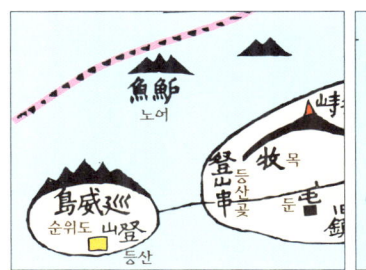 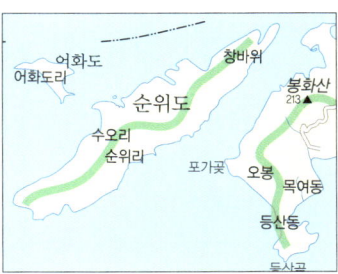

해주(海州)는 757년(신라 경덕왕 16년) 폭지군(瀑池郡)으로 불렸고, 고려 초부터 해주로 바뀌었다. 983년(고려 성종 2년)에 해주목으로 승

격되었고, 1018년(고려 현종 9년) 안서도호부(安西都護府)로 개편되고, 1122년(고려 예종 17년) 대도호부로 승격되었으나, 1247년(고려 고종 34년)에 다시 해주목이 되었다. 1389년(고려 창왕 1년) 이후로 관찰사영(觀察使營)의 소재지가 되어 서해도의 행정 중심지가 되었다. 조선 초에도 해주목으로서 황해도의 행정 소재지였으나, 1449년(조선 세종 31년) 병영을 설치하고, 관찰사영은 황주로 옮겨졌다. 1616년(광해군 8년) 현으로 강등되었다가, 1623년(인조 1년) 다시 해주목이 되었다. 1895년에 황해도 해주군이 되었고, 1938년 해주부가 되면서 서쪽 지역을 분할해 벽성군(碧城郡)이 신설되고, 1945년 해주시가 되었다. 1952년에는 동쪽 지역을 분할해 청단군(靑丹郡)이 신설되고, 벽성군과 옹진군, 장연군 일부를 분할해 태탄군(苔灘郡)이 신설되었다. 한편 평산군(平山郡)은 1950년에 연안군(延安郡)에 편입되었다. 또한 해주시와 이들 군은 1954년 행정구역 개편 때 황해남도에 편제되었다. 조선 시대 해주에 속했던 연평도는 광복 직후 경기도 옹진군에 편입되고, 한국전쟁 정전협정에 따라 연평도와 백령도는 남한에 속하게 되었고, 1995년 인천광역시에 편입되었다.

강령(康翎)은 고구려 때 부진이(付珍伊)로 불리다가, 고려 초에 영강(永康)으로 바뀌었고, 1106년(고려 예종 1년) 감무를 두었다. 1414년(조선 태종 14년) 장연(長淵)과 합쳐져 연강(淵康)이라 하였으나 곧 다시 영강이 되었다. 1428년(세종 10년) 영강현(永康縣)과 백령진(白翎鎭)을 합쳐 강령현이 되어 조선 말까지 지속되었다. 1895년 해주부 관할 강령군이 되었고, 이듬해 황해도에 편제되었으나 1914년 옹진군에 통합되었다. 1952년 군면리 대폐합에 따라 옹진군 일부와 벽성군 일부를 합쳐 강령군이 다시 구성되었고, 1954년 황해도가 분리되면서 황해남도 관할이 되었다.

옹진(甕津)은 940년(고려 태조 23년) 옹진으로 개칭되었고, 1018년(고려 현종 9년) 현령을 두었다. 1397년(조선 태조 6년) 옹진현에 진이 설치되어 병마사가 현령을 겸임하였고, 1719년(숙종 45년) 황해도수영으로 승격되어 수군절도사(水軍節度使)가 설치되는 한편, 도호부로 승격되었다. 1895년 해주부 옹진군이 되었고, 이듬해 황해도에 편제되었다. 1945년 이후 대부분 지역이 북한에 속하게 되고, 1954년 황해도가 분리되면서 황해남도 관할이 되었다. 그러나 1953년 한국전쟁 정전협정에 따라 송림면과 백령면이 수복되어 1973년 옹진군이 되었고, 1995년 군 전체가 인천광역시에 편입되었다.

해주시 북쪽에 위치한 수양산(首陽山, 946m)에 위치한 고구려 때 옛 성터인 수양산성(首陽山城)은 성벽의 높이가 5m 안팎이고, 둘레가 5,258m에 이른다. 해주에는 해주읍성(海州邑城)을 비롯해 많은 유적과 유물이 전해지고 있다. 옹진군 본영리(本營里)에는 본영리읍성(本營里邑城)과 고려 때 몽고수군의 항복문을 받은 것을 기념해 세운 수항문기적비(受降門奇蹟碑)가 있고, 은동리(隱洞里)에는 12세기경으로 추정되는 옹진고려자기 가마터가 있다.

12-6 백령 白翎 행영 行營

북한과 지척인 서해 최북단 섬, 백령도

대동여지도의 해안과 여러 섬들은 현대 지도와 비교했을 때 형태와 위치가 다르지만, 전체적인 지형은 엇비슷하다. 대동여지도에 비해 현대 지도의 산줄기가 적은 것은 저지대의 등고선 표현이 명확하지 않기 때문이다. 대동여지도 우측 상단의 큰 만입은 대동만(大東灣)이고, 우측 하단의 만입은 옹진만(甕津灣)이다. 대동만과 옹진만 사이의 돌출부는 읍저반도(邑底半島)라고 부른다.

대동여지도의 장연군(長淵郡) 지역은 1952년 군면리 대폐합에 따라 용연군(龍淵郡)이 되었고, 1954년 황해도가 분리되면서 황해남도에 편제되었다. 조선 시대 황해도 장연군에 속했던 백령도(白翎島)·대청도(大靑島)·소청도(小靑島)는 광복 직후 경기도 옹진군에 편입되었고, 1953년 한국전쟁 정전협정에 따라 대한민국 땅이 되었다.

장연군 남쪽 해안의 무수룡포(舞睡龍浦)는 현재 구미포(九味浦)에 해당하는 곳으로 경관이 빼어나고 서해의 중요한 수산 기지가 되고 있다. 옹진은 황해도 수영이 설치되었던 고을로, 옹진을 본영(本營)으로 하고 소강진(所江鎭)에 영을 설치하여 행영(行營)으로 하였다. 1719년(숙종 45년) 옹진이 도호부로 승격되면서 옹진도호부사가 황해도 수군절도사를 겸직하면서 소강진이 수영으로 승격되었다. 소강진은 수영으로 승격되기 이전부터 지리적으로 황해 연안에서 강화로 이어지는 길목에 위치하고, 중국 산동반도(山東半島)와 단거리에 위치하여 황해도 연안의 방위를 담당하던 요해처(要害處)였다.

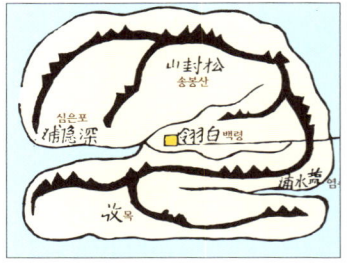

백령도(白翎島)는 대한민국의 서해 최북단에 위치한 섬으로, 우리나라에서 14번째로 큰 섬이다. 고구려 때는 곡도(鵠島, 따오기섬)라 불렸고, 고구려 멸망 후에는 신라의 영토인 한주(漢州) 장구진(長口鎭)에 딸려 있다가 1018년(고려 현종 9년) 백령진(白翎鎭)이 되었다. 1609년(조선 광해군 1년)에 수군진을 설치하고 수군첨절제사(水軍僉節制使)를 파견하였다. 심은포(深隱浦)와 염수포(鹽水浦)는 황해도 제일의 염장으로 자염군(煮鹽軍, 바닷물을 졸여 군수용 소금을 만드는 군인) 50명이 배치되기도 하였다. 백령진은 1705년(숙종 31년)에 대청도로 옮겼다가 중국 황당선의 출몰이 심해지자 다시 백령도로 옮겼고 고종 때 갑오개혁의 실시로 폐지되었다. 섬 북서쪽의 두무진(頭武津)은 해안 절벽이 절승을 이뤄 광해군이 '늙은 신의 마지막 작품'이라고 극찬한 곳으로 명승으로 지정되었다.

13-1 우계羽溪

한양 경복궁 정 동쪽의 동해 해변

대동여지도의 해안은 강릉 경포해변에서 망상해변에 이르는 동해안으로, 백사정(白沙汀)이 경포해변이고, 죽도(竹島) 앞으로 흐르는 강이 남대천(南大川)이다. 안인포(安仁浦)는 지금의 안인진리(安仁津里)이고, 오근산(五斤山)과 우계(羽溪) 고현 사이의 해변이 조선 시대 한양의 경복궁 정(正) 동쪽에 있는 바닷가라는 뜻의 정동진(正東津)이다. 우계 남쪽 해변은 망상해변이다.

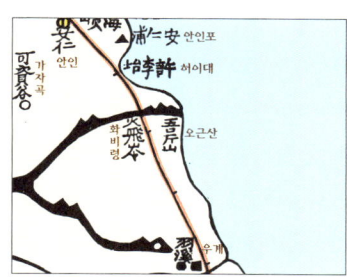

대동여지도의 지역은 강릉부(江陵府)에 속하는데, 우계는 '신라 때 동해로 흘러드는 주수천(珠樹川)과 낙풍천(樂豊川)이 합수되면서 이룬 호수가 마치 날개를 펼친 것 같다'하여 붙여진 이름으로 삼척군의 속현이었으나, 고려 때 강릉에 예속되었고, 조선 세조 때는 우계면으로 직촌(直村, 수령이 직접 통치하는 군현의 하부 행정 조직)이 되었다. 1914년 부군면 통폐합 때 옥계면(玉溪面)이 되었고, 1995년 명주군이 강릉시에 통합되면서 강릉시에 속하게 되었다.

해안을 따르는 도로는 조선 10대로 중 한양에서 원주를 거쳐 강릉·평해에 이르는 제3로이고, 도로 상의 화비령(火飛嶺)은 현재 동해1호 터널이 뚫리면서 옛 고개가 돼버렸다.

고진보인 안인포는 만이 깊고 넓어서 병선(兵船)이 많이 정박할 수 있었던 곳이라 한다. 안인진리 바닷가에 위치한 허이대(許李臺)는 평평한 바위로, 조선 세조 때 문신인 허종(許琮)과 이륙(李陸) 두 사람이 야인의 난을 평정하고 지나다가 쉬던 곳으로, 두 사람의 성씨를 따서 붙여진 이름이다.

한송사(寒松寺)는 신라 때 창건된 사찰로 전성기에는 200여 칸 규모의 큰 사찰이었으나, 폐사되어 현재 강릉 남항진동 해안에 절터만 남아 있다. 국보로 지정된 한송사지 석조보살좌상은 국립춘천박물관에, 보물로 지정된 한송사지 석조보살좌상은 강릉시립박물관에 보존되어 있다.

13-2 강릉江陵 평창平昌

영동 지역 중앙의 큰 고을, 강릉

대동여지도의 구룡령(九龍嶺)에서 오대산을 거쳐 대관령(大關嶺), 삽운령(揷雲嶺)으로 이어지는 큰 산줄기는 백두대간이다. 평창으로 흐르는 쌍선 하천은 남한강 지류인 평창강(平昌江)이고, 여량(餘糧)으로 흐르는 쌍선 하천은 역시 남한강 지류인 골지천(骨只川)이다. 동해안

에는 마호(麻湖)·향호(香湖)경포호(鏡浦湖) 등 석호가 발달되어 있다. 백두대간을 비롯한 대동여지도의 전체적인 지형은 현대 지도와 엇비슷한 편이다.

백두대간 상의 이현(泥峴)은 지금의 선자령(仙子嶺)에 해당되고, 삽현(鈒峴)은 지금의 닭목령, 삽운령은 지금의 삽당령(揷唐嶺)이다. 또 오대산에서 서남쪽으로 뻗은 산줄기는 용문산(龍門山)까지 뻗어 있는 큰 산줄기이다. 은두의령(銀豆儀嶺)은 지금의 운두령(雲頭嶺)이고, 연방산(燕方山)은 지금의 회령봉(會靈峰, 1,331m)이다. 발음봉(鉢音峰)은 지금의 발왕산(發旺山)으로 그 기슭에 조성된 용평스키장은 2018년 제23회 평창동계올림픽 때 개·폐회식이 개최되었고, 주경기장인 알파인스키 경기장이었다.

〈청구도〉(출처: 규장각한국학연구원)

오대산의 5대 암자 중 하나인 서대(西臺)의 우통수(于筒水)는 《세종실록지리지(世宗實錄地理志)》와 《동국여지승람(東國輿地勝覽)》 등에 한강의 발원지로 기록되어 있고, 김정호가 1834년(순조 34년)에 제작한 〈청구도(靑邱圖)〉에도 우통수가 '한강의 근원(漢水之源)'이라고 기록되어 있다. 그러나 오늘날 한강의 발원지는 태백시 금대산의 검룡소(儉龍沼)로 바뀌었다.

강릉(江陵)은 신라 때 명주(溟州)로 불렸으나, 1261년(고려 원종 2년) 몽고의 침입 때 국왕을 보필한 공신(功臣) 김홍취(金洪就)의 고향이라 하여 명주를 경흥도호부(慶興都護府)로 승격시켰다. 1308년(고려 충렬왕 34년)에 강릉부(江陵府)가 되었다가, 1389년(고려 공양왕 1년)에 강릉대도호부로 승격되었다. 조선 시대에도 강릉대도호부로 조선 말까지 지속되었다. 1895년 관찰부가 설치되었고, 1896년 강릉군으로 바뀌었다. 1931년 강릉면이 읍으로 승격되었고, 1955년에 강릉읍이 강릉시로 승격되면서 나머지 지역은 명주군(溟州郡)이 되었다. 1995년 명주군을 통합해 새로운 강릉시가 되었다.

평창(平昌)은 757년(신라 경덕왕 16년)에 백오현(白烏縣)으로 불리다가, 940년(고려 태조 23년)에 평창현(平昌縣)으로 바뀌면서 원주의 속현이 되었으며, 1299년(고려 충렬왕 25년) 평창에 현령을 두면서 원주의 속현에서 벗어났다. 1392년(조선 태조 1년)에 목조(穆祖)의 비 효공왕후(孝恭王后)의 고향이라 하여 평창군으로 승격되었고, 1413년(태종 13년) 강원도에 속해 조선 후기까지 지속되었다. 1895년 충주부 관할 평창군이 되었고, 이듬해 강원도에 편제되었다. 대동여지도에 대관령 서쪽 지역이 강릉에 속했으나, 1906년

평창군에 편입되었다.

대관령 동쪽 강릉 지역에는 고려 시대 유적으로 경포대(鏡浦臺), 강릉향교, 강릉대도호부 관아와 보물로 지정된 보현사 낭원대사탑(普賢寺朗圓大師塔) 등이 있고, 조선 시대 유적으로는 우리나라에서 가장 아름다운 한옥으로 꼽히는 선교장(船橋莊)을 비롯해 오죽헌(烏竹軒) 등 많은 건축물이 산재해 있다. 이 밖에 대동여지도의 천유동(天遊洞)은 명승으로 지정된 청학동 소금강(靑鶴洞小金剛)이다.

대관령 서쪽 평창 지역에는 오대산 월정사(月精寺)에 국보로 지정된 팔각 구층석탑(八角九層石塔)과 석조보살좌상, 상원사(上元寺)에 국보로 지정된 상원사 동종(上元寺銅鐘) 등의 많은 국가유산이 보존되어 있다. 1606년(선조 39년)에 설치된 오대산사고(五臺山史庫)는 한국전쟁 중에 소실되어 지금은 그 터만 남아 있고, 보관되었던 《조선왕조실록》은 1910년 이왕직도서관(李王職圖書館)에서 관리하다가 이듬해 조선총독부가 접수해 동경제국대학(東京帝國大學) 도서관으로 보냈으나, 1923년 9월 일본 관동대지진으로 대부분 소실되고 말았다.

13-3 홍천 洪川 횡성 橫城
강원도 중서부 지역의 홍천·횡성

대동여지도 우측 가운데의 청량산(淸涼山)은 백두대간 상의 오대산에서 갈라져 나온 산줄기에 솟은 산으로, 서쪽으로 뻗은 산줄기는 용문산(龍門山)으로 이어지고, 북동진하는 산줄기는 가리산(加里山)으로 이어진다. 홍천을 끼고 흐르는 쌍선 하천은 북한강 지류인 홍천강(洪川江)이다. 대동여지도 우측 상단의 북쪽으로 흐르는 쌍선 하천은 내린천(內麟川)이고, 좌측 상단의 동쪽으로 흐르는 쌍선 하천은 북한강이다.

대동여지도에 고산성이 있는 덕고산(德高山)은 지금의 태기산(泰岐山)으로, 남쪽으로 산줄기가 갈라져 한 줄기는 구미치(仇未峙)를 거쳐 사자산(獅子山)에 이르고 또 한 줄기는 회현(檜峴)을 거쳐 치악산(雉岳山, 대동여지도 14-4 지도)으로 이어진다. 대동여지도의 이 일대 지형은 현대 지도와 전혀 맞지 않는데, 덕고산에서 서쪽으로 뻗은 산줄기는 오음산(五音山)으로 바로 이어지지 않고 공작산(孔雀山)을 거치고, 공작산에서 발원하는 하천이 남쪽 횡성으로 흐르고 또한 청일(晴日)과 갑천(甲川)의 위치 등도 현대 지도와 다르다. 따라서 2000년에 태기산에서 남서쪽으로 흐르는 계천(桂川)을 막아 완공된 횡성호(橫城湖)의 위치도 가늠하기 어렵다.

홍천(洪川)은 1018년(고려 현종 9년)에 홍천현으로 개칭되었고, 1143년(고려 인종 21년)에 감무(監務)를 두었다. 1413년(조선 태종 13년) 현감을 두고, 조선 말까지 지속되었다. 1895년 춘천부 관할 홍천군이 되었고, 이듬해 강원도에 편제되었다. 1945년 광복 이후 38선 이남 지역이 편입되면서 현재 전국에서 가장 면적이 넓은 기초자치단체가 되었다. 1963년 홍천면이 읍으로 승격되었다.

횡성(橫城)은 고려 시대 횡천현(橫川縣) 또는 어사매(於斯買)로 불리다가, 신라 때 횡천(橫川)이 되었는데, 이 명칭은 횡성의 젓줄인 섬강(蟾江)이 동서로 가로질러 흐르기 때문에 유래된 것이라고 한다. 1389년(고려 공양왕 1년)에 감무를 두었다. 1413년(조선 태종 13년)에 현감을 두었고, 이듬해 홍천(洪川)과 발음이 비슷하다 하여 횡성현으로 개칭되었다. 1895년 춘천부 관할 횡성군이 되었고, 이듬해 강원도에 편제되었다. 1979년 횡성면이 읍으로 승격되었다.

홍천 지역의 관방 유적으로는 대미산성(大彌山城)이 남아 있고, 수타사(壽陀寺, 대동여지도상 水墮寺)에는 대적광전을 비롯해 삼층석탑, 홍온당부도(紅蘊堂浮屠) 등의 문화재가 남아 있다. 이 밖에 공작산(孔雀山) 수타사계곡, 팔봉산(八峯山) 등은 명승지로 꼽히는 곳이다. 횡성의 관방 유적으로는 오늘날 태기산성으로 불리는 덕고산성(德高山城) 터가 남아 있다.

13-4 한양 漢陽 광주 廣州 양근 楊根
한양을 둘러싼 큰 고을, 양주·광주

대동여지도 좌측 상단의 홍복산(弘福山)에서 도봉(道峰), 삼각산(三角山)을 거쳐 별아산(別阿山)으로 이어지는 산줄기는 한북정맥이고, 좌측 하단의 광교산(光敎山)에서 수리산(修理山)으로 이어지는 산줄기는 한남정맥이다. 그리고 용문산 줄기는 오대산에서 뻗어 나온 백두대간 지맥이다. 대동여지도의 산줄기 물줄기의 형태는 현대 지도와도 엇비슷한 편이다.

대동여지도의 산명과 하천명은 현대 지도와 다른 것이 많은데, 대표적으로 북한산은 삼각산, 불암산은 검암산(儉岩山), 죽엽산은 주엽산(注葉山), 주금산은 검단산(黔丹山), 축령산은 비령산(飛靈山), 예봉산은 예빈산(禮賓山), 화야산은 소야산(所也山), 유명산은 마유산(馬遊山) 등으로 표기되었고, 중랑천은 두험천(豆驗川), 왕숙천은 왕산천(王山川), 경안천은 우천(牛川) 등으로 표기되어 있다. 또한 양자산(養子山)과 무갑산(武甲山)도 그 위치가 다르다.

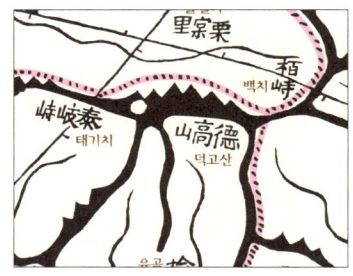

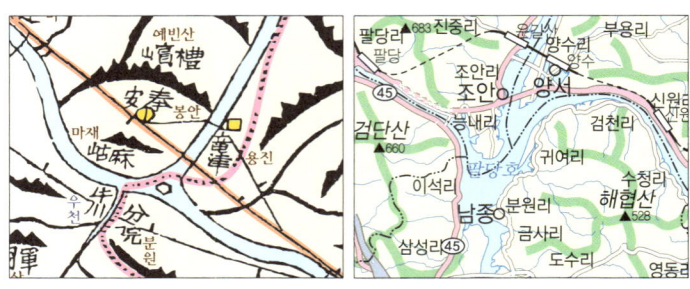

북한강과 남한강이 합수되는 지점에는 1973년 말 다목적댐인 팔당

댐이 건설되어 수도권 지역의 상수원이 되었다. 대동여지도상 우천(牛川)이 한강으로 유입되는 지점에 위치한 분원(分院)은 15세기 후반 경기도 광주군 일대에 설치된 사옹원(司饔院)의 관영 사기제조장(官營沙器製造場)으로 궁중에서 사용하는 도자기를 제작하던 곳이다. 이전에는 땔감을 조달하기 쉽도록 대개 10년에 한 번씩 장소를 옮겨 분원의 고유 명칭이 없었으나, 영조 때 이르러 광주 분원이 고정되면서 '분원리'라는 지명이 생겨났다.

양주(楊州)는 757년(신라 경덕왕 16년) 내소군(來蘇郡)으로 불리다가, 고려 때 견주(見州)로 바뀌었다. 1395년(조선 태조 4년)에 양주로 개칭되었고, 1413년(태종 13년) 도호부로 승격되었으며, 1466년(세조 12년)에 목(牧)으로 승격되었다. 1895년에 한성부 관할 양주군이 되었고, 이듬해 경기도에 편제되었다. 1963년 의정부읍이 시로 승격되면서 분리되고, 1980년 남양주군이 분리되고, 1981년 동두천읍이 시로 승격되면서 분리되었다. 2003년 양주시로 승격되었다.

고양(高陽)은 신라 때부터 한양군의 속현인 고봉현(高峰縣)으로 불리다가, 1394년(조선 태조 3년)에 고봉현에 감무를 두었고, 1413년(태종 13년) 고봉현과 덕양현(德陽縣)을 합쳐 고양현으로 개칭하였다. 1471년(성종 2년) 고양에 경릉(敬陵)과 창릉(昌陵)이 있어 군으로 승격되었고, 1895년 한양부 관할 고양시가 되었고, 이듬해 경기도에 편제되었다. 1992년 고양시로 승격되어 현재 덕양구, 일산동구, 일산서구 등 3개 자치구로 나누어져 있다.

광주(廣州)는 삼한 시대에는 마한의 중심지였고, 삼국 시대에는 백제의 터전, 신라 때는 신주(新州)·한주(漢州)로 불렸다. 940년(고려 태조 23년)에 광주로 개칭되고, 983년(고려 성종 2년) 광주목으로 승격되었다. 1577년(조선 선조 10년)에 광주부로 승격되었고, 1623년(인조 1년) 남한산성을 축조한 뒤 치소를 이전하였다. 1895년에 한성부 관할 광주군이 되었고, 이듬해 경기도에 편제되었다. 1917년 군청을 남한산성에서 경안리(慶安里)로 이전하였다. 1979년 광주면이 읍으로 승격되었고, 2001년 군 전체가 광주시로 승격되었다.

양근(楊根)은 고구려 때의 명칭으로 고려 초에 양근현이 되었고, 1356년(고려 공민왕 5년)에 군으로 승격되면서 조선 말까지 그대로 지속되었다. 1895년 춘천부 관할 양근군이 되었고, 이듬해 경기도에 편제되었다. 1908년 양근 일부와 지평군 일부를 합쳐 양평군(楊平郡)으로 개편되었다. 1979년 양평면이 읍으로 승격되었다.

지평(砥平)은 신라 경덕왕 때 지평현으로 개칭되었고, 1413년(조선 태종 13년)에 현감을 두었다. 1895년 춘천부 관할 지평군이 되었고, 이듬해 경기도에 편제되었으며, 1908년 양근군(楊根郡)과 합쳐 양평군이 되었다. 1914년 지평군 일부와 여주군 일부를 합쳐 지제면(砥堤面)이 되었고, 2006년 지평면으로 개칭되었다.

가평(加平)은 고구려 때 근평군(斤平郡)이었다가 757년(신라 경덕왕 16년) 가평군으로 개칭되었다. 고려 때 춘주부(春州府)에 속했으나, 1413년(조선 태종 13년) 강원도에서 경기도로 이관되어 현감을 두었다. 1507년(중종 2년)에 임금의 태(胎)가 봉안된 곳이라 하여 가평군으로 승격되었다. 1895년 한성부 관할 가평군이 되었고, 이듬해 경기도에 편제되었다. 1973년에는 가평면이 읍으로 승격되었다.

양천(陽川)은 757년(신라 경덕왕 16년) 공암현(孔巖縣)으로 개칭하면서 율진군(栗津郡)의 영현(領縣)이 되었고, 1310년(고려 충선왕 2년)에 양천으로 바뀌었다. 1394년(조선 태조 3년)에 경기좌도 소속으로 바뀌면서 현령을 두었고, 1414년(태종 14년) 금천현과 합쳐 금양현(衿陽縣)이 되었으나 2년 뒤에 다시 분리되었다. 1895년에 인천부 관할 양천군이 되고, 이듬해 경기도에 편제되었다. 1914년 김포군에 통합되었다가 1963년 서울시에 편입된 뒤, 1977년 강서구(江西區)가 되었으나 1988년 강서구에서 양천구(陽川區)가 분구되었다.

과천(果川)은 940년(고려 태조 23년)에 과주(果州)로 개칭되고, 1018년 광주목(廣州牧)에 속해 감무를 두었고, 1390년(고려 공양왕 2년)에 경기좌도에 속하였다. 1413년(조선 태종 13년) 경기도 과천현이 되어 현감을 두었다. 1895년 인천부 관할 과천군이 되었고, 이듬해 경기도에 편제되었으며, 1914년 시흥군에 편입되었다. 1978년 과천 신도시 계획이 결정되면서, 1982년 경기도 과천지구출장소로 승격되고, 1986년 시흥군 과천면 일원이 과천시로 승격되었다.

시흥(始興)은 757년(신라 경덕왕 16년)에 곡양현(穀壤縣)으로 불리다가, 940년(고려 태조 23년) 곡양현이 금주(衿州 또는 黔州)로 개칭되었다. 1413년(조선 태종 13년)에 양천현과 합쳐 금양현(衿陽縣)이 되었다가, 2년 뒤에 다시 분리되었다. 금주가 금천현(衿川縣)으로 개칭되고 통합과 분리를 거듭하다가 1795년(정조 19년)에 시흥현으로 개칭되었다. 1895년 인천부 관할 시흥군이 되었고, 이듬해 경기도에 편제되었으며, 1914년 과천군과 안산군의 일부가 시흥군에 편입되었다. 1973년 안양읍이 시로 승격되면서 분리되고, 1986년 과천면이 과천시로 승격되고, 안산시가 신설되면서 분리되었다. 1989년 군포읍과 의왕읍이 각각 시로 승격되고, 시흥군 나머지 지역이 시흥시가 되었다.

안산(安山)은 757년(신라 경덕왕 16년)에 안산현(安山縣)으로 불렸고, 1308년(고려 충렬왕 34년)에 안산군(安山郡)으로 승격되었다. 1402년(조선 태종 2년)에 경기좌·우도의 통합이 이루어진 뒤에도 안산군으로 사용되면서 조선 말까지 그대로 유지되었다. 1895년 인천부 관할 안산시가 되었고, 이듬해 경기도에 편제되었다. 1914년 부군면 통폐합 때 시흥군과 수원군에 분할 통합되면서 폐지되었다. 1976년 반월국가산업단지가 개발되면서 반월도시개발지원사업소가 설치되었고, 1979년 반월지구출장소가 되었다가 1986년 안산시로 승격되었다.

수원(水原)은 757년(신라 경덕왕 16년)에 수성군(水城郡)으로 개칭되었고, 940년(고려 태조 23년) 수주(水州)로 승격되었다가, 1005년(고려 목종 8년)에 한남(漢南) 또는 수성(隋城)이라 하였다. 1271년(고려 원종 12년) 몽고군을 무찌른 부사 안열(安悅)의 공으로 수원도호부로 승격되었다가 뒤에 수원부로 강등되었다. 1413년(조선 태종 13년) 도호부가 되었고, 1526년(중종 21년)에 군으로 강등되었다가, 1793년(정조 17년) 수화성유수부(華城留守府)로 승격되었다. 1895년 인천부 관할 수원군이 되었고, 이듬해 경기도에 편제되었다. 1914년 남양군(南陽郡)과 광주군, 안산군의 일부가 수원군에 통합되었다. 1949년 수원읍이 수원시로 승격되면서 수원군 지역은 화성군(華城郡)으로 개칭되었고, 1967년 서울에 있던 경기도청이 수원시로 이전되었다. 또한 대동여지도 수원부에 위치한 '오산(烏山)'은 1949년 화성군 오

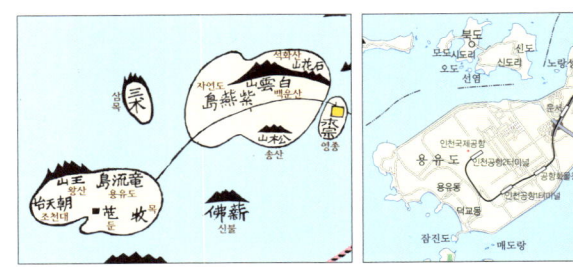

산면이었다가 1960년 읍으로 승격되고, 1989년 오산시로 승격되었다.

한양 주변의 양주와 고양·광주 일대는 도성의 인근 지역으로, 조선 시대 역대 왕과 왕비의 능묘인 왕릉이 밀집되어 있다. 대동여지도의 양주 지역에 경종과 계비 선의왕후의 능인 의릉(懿陵)을 비롯해 중종의 비 문정왕후 능인 태릉(泰陵), 태조의 능인 건원릉(健元陵), 단종의 비 정순왕후 능인 사릉(思陵), 선조의 후궁 인빈 김씨의 무덤인 순강원(順康園), 세조와 정희왕후 윤씨의 능인 광릉(光陵), 중종의 비 단경왕후의 능인 온릉(溫陵), 숙종의 후궁 숙빈 최씨 무덤인 소령원(昭寧園) 등이 있다. 고양 지역에는 숙종과 계비 인현왕후의 능인 명릉(明陵), 인종과 정비 인성왕후의 능인 효릉(孝陵)이 있고, 광주 지역에는 성종과 계비 정현왕후의 능인 선릉(宣陵), 태종과 원경왕후 민씨의 능인 헌릉(獻陵) 등이 산재해 있다.

대동여지도의 광주 읍치는 남한산성(南漢山城) 내에 위치하는데, 이곳에는 보물로 지정된 수어장대(守禦將臺)·숭렬전(崇烈殿) 등을 비롯해 성터와 궁궐터가 남아 있다. 정조 때 화성(華城)이 축조된 수원(水原)에 아무런 표시가 없는 것은 정조 사후에 외척들이 권력을 독점하는 세도정치가 시작되면서 정조의 치적이 묻혀 버린 결과로 추정된다.

양주의 아차산성(我嵯山城)은 백제가 고구려의 남진에 대비하기 위해 광주(廣州)에 도읍을 두었을 때 한강의 도하처(渡河處)를 수비하기 위해 쌓은 산성으로, 현재는 옛터만 남아 있다. 한강 남쪽 광주 땅에 명칭 없는 고산성은 백제 시대의 성곽인 풍납동 토성(風納洞土城)으로, 한강 변의 서벽을 제외하고 북벽·동벽·남벽의 일부가 남아 있다. 양근 함공현(咸公峴)에 있는 산성은 함씨(咸氏)의 시조인 함씨대왕이 탄생했다는 바위굴을 보호하기 위해 축성된 함왕성(咸王城)으로 현재 700m 정도의 성곽이 남아 있다.

13-5 강화 江華 김포 金浦 인천 仁川
한양의 관문이자 요충지, 강화도

대동여지도 우측 하단 소래산(蘇來山)에서 가현산(歌弦山)을 거쳐 조강(祖江) 변에 이르는 산줄기는 한남정맥의 끝자락이다. 여기에서 조강은 한강과 임진강이 합수되어 김포반도와 강화도 북쪽을 흐르는 한강 하류를 말한다. 우측 위에 산줄기는 그려지지 않았지만 본달산(本達山)에서 봉수가 있는 고봉(高峰)을 거쳐 장명산(長命山)에 이르는 산줄기는 한북정맥의 끝자락이다. 본달산은 현재의 현달산(見達山)을 말한다. 우측 상단의 큰 하천은 한강 하류이고, 김포반도와 강화도 사이 해협은 '강화해협(江華海峽)' 또는 '염하(鹽河)'라고 불린다.

대동여지도의 김포·부평·인천의 해안 일대는 현재 간척되어 해안선이 거의 직선에 가깝게 변형되었다. 인천 앞바다의 영종도(永宗島)·자연도(紫燕島)·삼목도(三木島)·용유도(龍流島)는 1994년 방조제로 연결되어 현재 '영종용유도(永宗龍游島)'라고 불리고 2001년 인천국제공항이 들어섰다. 자연도는 영종도의 옛날 명칭이다.

강화도 서쪽의 송가도(松家島)·석모로도(席毛老島)·어리정도(魚里井島)는 별도의 섬으로 나타나 있지만, 이 섬들은 조선 숙종 때 제방과 간척 사업으로 합쳐지면서 석모도(席毛島)가 되었다. 또한 서검도(西檢島)는 현대 지도에서 미법도(彌法島) 서쪽에 위치한다. 대동여지도의 산줄기와 물줄기, 연안의 섬들도 현대 지도와 엇비슷한 편이다.

강화(江華)는 757년(신라 경덕왕 16년)에 해구군(海口郡)으로 불렸고, 940년(고려 태조 23년) 강화현으로 개칭되었고, 1377년(고려 우왕 3년) 강화부로 승격되었다. 1413년(조선 태종 13년)에 도호부로 승격되었고, 1627년(인조 5년) 정묘호란 때 인조가 잠시 피난했던 곳으로 유수부(留守府, 군사적 요지에 설치된 관서)로 승격되었다. 1885년 강화군이 되었고, 이듬해 잠시 강화부가 되었으나, 1906년 다시 강화군이 되었다. 1914년 교동군(喬桐郡)이 강화군에 편입되었다. 1973년 강화면이 읍으로 승격되었으나, 1995년 인천광역시에 편입되어 현재 인천광역시 강화군이다.

교동(喬桐)은 고구려의 고목근현(高木根縣)이었으나, 신라 경덕왕 때 교동으로 개칭되면서 해구군(海口郡)의 영현이 되었다. 조선 태조 때 현감(縣監)을 두었고, 인조 때 부(府)로 승격되었다. 1895년에 인천부 관할 교동군이 되었다가 이듬해 경기도에 편제되었으나, 1914년 강화군에 편입되면서 교동면이 되었다.

교하(交河)는 신라 경덕왕 때 교하군으로, 1394년(조선 태조 3년)에 감무를 두었고, 1418년(태종 18년)에 현감을 두었다. 1731년(영조 7년)에 인조와 인열왕후(仁烈王后) 한씨의 능인 장릉(長陵)이 이곳으로 정해져 군으로 승격되었다. 1895년 한성부 관할 교하군이 되고, 이듬해 경기도에 편제되었다. 1914년 파주군에 편입되면서 교하면이 되었고, 2002년 파주시 교하읍이 되었다가 2011년 교하동·운정1동·운정2동·운정3동으로 각각 분리되었다.

통진(通津)은 신라 경덕왕 때 분진(分津)이라 불렸고, 940년(고려 태조 23년)에 통진으로 개칭되었다. 1413년(조선 태종 13년)에 통진현이 되었고, 1694년(숙종 20년)에 도호부로 승격되었다. 1895년 인천부 관할 통진군이 되었고, 이듬해 경기도에 편제되었으나, 1914년 부군면 통폐합 때 김포군에 편입되었다. 1998년 김포시 통진면이 되고, 2004년 통진읍으로 승격되었다.

김포(金浦)는 삼국 시대에는 검포(黔浦)로 불렸고, 고려 때 김포현이 되었다. 1627년(조선 인조 5년) 인조의 생부인 원종(元宗)의 능침 장릉(章陵)을 양주에서 김포로 이전하면서 1632년(인조 10년)에 김포군으로 승격되었다. 1896년 경기도에 편제되었고, 1914년 통진군(通津郡)과 양천군(陽川郡) 일부가 김포군에 통합되었다. 1998년 김포군이 김포시로 승격되었다.

부평(富平)은 신라 경덕왕 때 장제(長堤)로 불렸고, 고려 초에는 수주(樹州)라 칭하였고, 1150년(고려 의종 4년) 안남도호부(安南都護府)가 되었다가 1215년(고려 고종 2년) 계양도호부(桂陽都護府)로 개칭되었다. 1413년(조선 태종 13년)에 부평도호부가 되어 조선 후기까지 지속되었다. 1895년 인천부 관할 부평군이 되었고, 이듬해 경기도에 편제되었다. 1914년 부평군과 그 주변이 통합되면서 부천군(富川郡)이 신설되었다. 옛 부평군 지역은 현재 인천광역시 부평구 부평동과 경기도 부천시의 일부가 되었다.

인천(仁川)은 백제 시대에 미추홀(彌鄒忽)이리 불렸고, 고려 때는 수주(樹州)의 속현이었다가 숙종 때 모후 인예태후(仁睿太后)의 출신지여서 경원군(慶源郡)으로 개칭되었고, 1390년(고려 공양왕 2년)에 경원부로 승격되었다. 1413년(조선 태종 13년) 인천군으로 개편되었고, 1460년(세조 6년) 세조의 모후인 세종의 비 소헌왕후(昭憲王后)의 외향이라 하여 도호부로 승격되었다. 1895년 인천부가 되었고, 이듬해 경기도에 편제되었다. 1949년 인천시로 승격되었고, 1981년 직할시로 승격되었다가, 1995년 인천광역시로 개칭되면서 옹진군과 강화군 전역, 김포군 검단면이 편입되었다. 현재 8개 자치구와 2개 군으로 구성되어 있다.

강화도 마니산에는 하늘에 제사를 올리기 위해 쌓았다고 전하는 참성단(塹星壇)을 비롯해 강화지석묘(江華支石墓) 등 많은 유적이 분포되어 있다. 마니산 참성단은 1964년 사적으로 지정되었고, 1955년 제36회 전국체육대회부터 이곳에서 성화 채화식을 개최하였다. 관방 유적으로는 강화산성(江華山城), 삼랑성(三郎城), 문수산성(文殊山城), 갑곶돈대, 광성보(廣城堡), 덕진진(德津鎭), 초지진(草芝鎭) 등을 비롯해 현재 5진·7보·53돈대가 분포되어 있다. 이 밖에 대동여지도에는 나타나지 않았지만 전등사(傳燈寺), 정수사(淨水寺), 석모도 보문사(普門寺) 등에도 많은 문화재가 남아 있다. 김포의 장릉(章陵)은 인조의 추존 원종(元宗)과 인헌왕후 구씨의 능이고, 교하의 장릉(長陵)은 인조와 인열왕후 한씨의 능이고, 파주의 공릉(恭陵)은 고려 제7대 목종(穆宗)의 첫 번째 능이다.

13-6 산연평 山延平

서해 5도의 하나인 모로초(우도)

대동여지도의 산연평(山延平)은 지금의 소연평도(小延平島)이고, 모로초(毛老草)는 우도(隅島), 함박서(含朴嶼)는 함박도(咸朴島)이다. 그 밖에 사내서(沙乃嶼)·수중초(水中草)·북도(北島)·다고서(多鼓嶼)·마어초(麻魚草)·아리초(牙里草)·운지초(雲地草)·가인서(加仁嶼)·세초(細草) 등은 현대 지도에서 찾을 수 없는 섬들이다.

소연평도는 현재 인천광역시 옹진군 연평면에 속하는 섬이다. 섬 내에 214m의 산봉우리는 마치 삿갓 모양으로 생겨 서해를 항해하는 선박의 표적이 되었다고 하여 '산연평도(山延平島)'라 불리게 되었으며, 섬에 자석 광산이 있어 '쇠연평'이라고도 부른다. 우도는 현재 인천광역시 강화군 서도면에 속하는 섬으로, 민간인이 거주하지 않는 군 작전 구역이다.

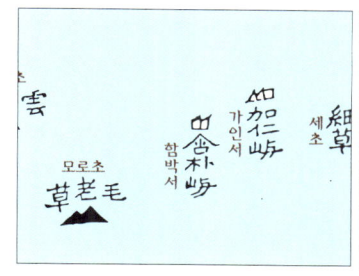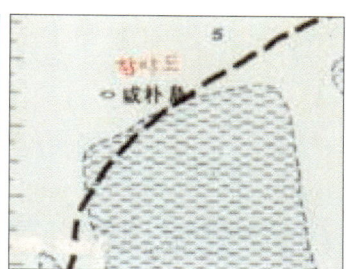

정전협정 체결 당시의 북한 측 지도

함박도 역시 인천광역시 강화군 서도면에 속하는 무인도였으나, 2019년 8월경 함박도 북쪽에 북한군 기지가 들어선 사실이 알려지게 되었다. 2019년 11월 1일 국회는 감사원에 '함박도 군사보호구역 지정 등 함박도 관리 실태에 대한 감사'를 요구하였으나, 2020년 3월 31일 감사원은 '함박도는 북한 관할 영토'라는 감사 결과를 발표해 함박도는 북한의 영토로 확인되었다.

1953년 7월 27일 정전협정 체결 당시 군사분계선과 달리 해상 군사분계선은 유엔군 측의 3해리 영해 주장과 북한 측의 12해리 영해 주장의 입장 차이로 합의되지 않자 같은 해 8월 30일 유엔군 총사령관이 정전협정의 안정적인 관리를 위해 유엔군 측 해·공군의 해상초계 활동 범위를 한정하는 북방한계선(NLL)을 동·서해에 설정하였다. 국방부에서 제시한 서해 NLL 좌표를 기준으로 함박도(동경 126° 01′ 41″, 북위 37° 40′ 40″)의 위치를 확인한 결과 함박도는 서해 NLL 북쪽에 위치하는 것으로 밝혀졌다.

14-1 울릉도 鬱陵島 우산도 于山島

동해상의 두 섬, 울릉도와 독도

대동여지도 울릉도의 전체적인 형태는 현대 지도와 차이가 있으나, 중봉(中峰, 지금의 성인봉)을 정점으로 뻗어내린 산줄기는 비슷하다. 유일한 하천명인 대천(大川)은 현대 지도의 위치와 다르지만, 울릉도에서 가장 긴 태하천(台霞川)이다.

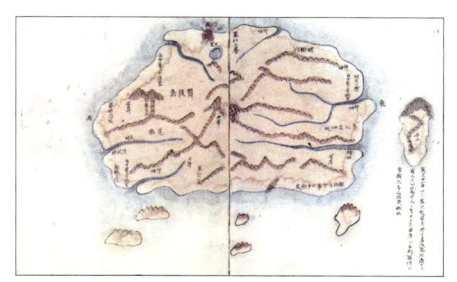

〈청구도〉의 울릉도
(출처: 규장각한국학연구원)

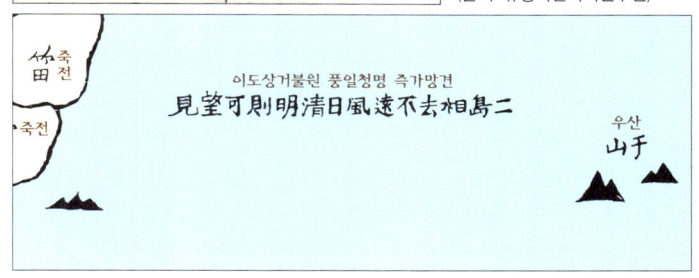

김정호가 제작한 필사본 〈청구도〉에는 울릉도 동쪽에 독도를 가리

키는 우산도(于山島)가 그려져 있으나, 대동여지도에는 누락되었다. 이 책 《해설 대동여지도》 울릉도에는 우산도를 그려 넣고 《세종실록지리지》에 나오는 "두 섬이 서로 거리가 멀지 않아 날씨가 맑으면 바라보인다(二島相距不遠風日淸明則可望見)."라는 문구를 써 넣었다. 우산도(于山島)는 독도의 옛 명칭으로, 《세종실록지리지》에 '우산(于山)과 무릉(武陵) 두 섬이 현의 정동 쪽 바다 가운데 있다'고 하였고, 《동국문헌비고(東國文獻備考)》에도 '우산도와 울릉도 두 섬으로, 하나가 바로 우산이다(于山島 鬱陵島 二島一卽于山).'라고 하였다. 이 밖에 독도는 삼봉도(三峰島)·가지도(可支島)·석도(石島)·독섬·돌섬 등 여러 명칭으로 불렸다.

'바람을 기다리는 곳'이라는 대풍소(待風所)는 태하동에 배를 대고 울릉도 수토사(搜討士)들이 머물렀던 곳으로, 현대 지도에서는 울릉도 서북쪽 끝에 돌출된 대풍감(待風坎)을 가리킨다. 주토굴(朱土窟)은 태하리에 있는 황토굴(黃土窟)로 조정에 진상하였던 황토를 캐내던 곳이다. 공암(孔岩)은 섬 내에 표기되어 있지만, 실제는 바닷가에 솟은 바위로 '코끼리바위'라고 부른다. 저전동(楮田洞)은 《정조실록》에 "울릉도 수토 결과에 관한 장계에 저전동으로 가 보니 골짜기 어귀에서 중봉에 이르기까지 수십 리 사이에 세 곳의 널찍한 터전이 있어 수십 섬지기의 땅이었다."라고 기록된 것으로 봐서 지금의 북면 석포동(石圃洞)으로 추정된다.

울릉도 해안 곳곳에 표기된 '죽전(竹田)'은 난대성 대나무가 자생하는 곳을 말하고, 동북쪽 해안에 '각석입표(刻石立標)', 남서쪽 해안에 '각판입표(刻板立標)'라고 쓴 것은 울릉도를 순찰한 수토사(搜討使)들이 바위에 새긴 방문 기록으로, 현재 태하리 해안 바위에 남아 있다. 또 '선박(船泊)'이라 표기된 곳은 배를 댈 수 있고, 거주 가능한 지역으로 위치로 봐서는 지금의 도동항으로 추정된다.

14-2 삼척 三陟

'산이 많은 곳'에서 유래된 삼척

대동여지도 좌측 하단 말흔산(末欣山)에서 직치(直峙)로 이어지는 큰 산줄기는 낙동정맥(洛東正脈)이다. 백병산(白屛山)은 위치로 보아 지금의 면산(綿山, 1,246m)이고, 사립산(簑笠山)은 응봉산(鷹峰山, 1,266m)에 해당된다.

대동여지도의 오십천(五十川)은 오십 번 정도 건너야 상류로 갈 수 있다고 해서 붙여진 이름으로, 물굽이가 실감나게 표현되었다. 삼척 남쪽 동해로 흘러드는 교가천(交柯川)은 현재의 마읍천(麻邑川)이

고, 사립산 북쪽으로 흐르는 옥원천(沃原川)은 현재의 가곡천(可谷川)이다. 대동여지도의 산줄기와 물줄기, 해안선의 형태는 현대 지도와 엇비슷하다.

삼척(三陟)은 삼한 시대에 실직국(悉直國)이었다가 757년(신라 경덕왕 16년)에 삼척군으로 개칭되었다. 1393년(조선 태조 2년)에 삼척이 태조의 5대조인 목조(穆祖)의 외향이어서 부(府)로 승격되었고, 1413년(태종 13년) 도호부로 승격되었다. 1895년 강릉부 삼척군이 되었고, 이듬해 강원도에 편제되었다. 1980년 삼척군 북평읍과 명주군 묵호읍이 통합되어 동해시(東海市)가 되었고, 1981년 장성읍과 황지읍이 통합되어 태백시(太白市)가 되었고, 1986년 삼척읍이 삼척시로 승격되면서 삼척군과 분리되었다. 1995년 삼척군을 통합해 새로운 삼척시가 되었다.

대동여지도의 평릉역(平陵驛)은 지금의 동해시 위치이고, 갈령(葛嶺) 남쪽의 울진(蔚珍)은 1963년 강원도 관할에서 경상북도 관할이 되면서 백병산에서 갈령으로 이어지는 산줄기는 강원도와 경상북도의 도경계가 되었다.

삼척에는 삼척읍성 터가 남아 있고, 삼척포진(三陟浦鎭)은 조선 초부터 삼척의 수군본부로 영동 지역과 울릉도의 치안을 담당해 오다가 1898년에 폐지되어 성터가 남아 있다. 그 밖에 갈야산성지(葛夜山城址)와 옥원성지(沃原城址) 등이 남아 있고, 갈야산에는 실직군왕릉(悉直郡王陵)이 있다. 삼척 오십천 변 절벽에 위치한 죽서루(竹西樓)는 고려 충렬왕 때 이승휴(李承休)가 창건하였고, 1403년(고려 태종 3년) 삼척부사 김효손(金孝孫)이 중창한 것으로 예로부터 관동팔경의 하나로 유명하다. 현재 국보로 지정되어 있다.

두타산(頭陀山)에서 발원하는 무릉계(武陵溪)는 호암소(虎巖沼)에서부터 용추폭포(龍湫瀑布)까지 약 4km에 이르는 계곡으로, 무릉반석(武陵盤石)을 비롯해 학소대·옥류동·선녀탕·쌍폭·용추폭 등이 절경을 이루며, 특히 무릉반석에는 조선의 명필인 양사언(楊士彦)을 비롯한 시인묵객(詩人墨客)들의 글이 새겨져 있다.

14-3 정선 旌善 영월 寧越 영춘 永春

한강과 낙동강의 발원지, 태백산

대동여지도 우측 상단 백복령(白福嶺)에서 태백산(太白山)을 거쳐 소백산(小白山)으로 이어지는 큰 산줄기는 백두대간이다. 백두대간의 건의령(巾衣嶺) 남쪽 분기점(구봉산)에서 유현(楡峴), 말읍산(末邑山)으로 이어지는 산줄기는 낙동정맥이 시작되는 곳이다. 백두대간 상의 대박산(大朴山)은 지금의 금대봉(金臺峰, 1,418m)이고, 창옥봉(蒼玉峰)은 함백산(咸白山, 1,572m)으로 추측된다. 정선에서 영월로 흐르는 쌍선 하천인 연촌강(淵村江)은 지금의 동강(東江)이고, 영월 청령포로 흘러드는 쌍선 하천은 서강(西江)으로도 불리는 평창강(平昌江)이다. 이 두 강이 합수되어 영춘(永春)으로 흐르는 큰 하천은 남한강(南漢江)이다. 대동여지도의 지형은 전체적으로 현대 지도와도 대비되는 편이다.

태백산 일대의 산지는 한강과 낙동강의 발원지로, 대동여지도의 황지(黃池)는 《동국여지승람》에 "낙동강의 근원지로서 관아에서 제전을 두어 가뭄 때는 기우제를 올렸다."라는 기록이 있어 낙동강의 발원지로 알려졌으나, 최근에는 금대봉 남쪽의 은대봉(1,142m, 상함백) 북동쪽 골짜기의 너덜샘으로 확인되었다. 《신증동국여지승람》에 오대산 서대(西臺)에서 솟아나는 우통수(于筒水)가 한강의 근원이라고 기록되어 있으나, 1987년 국립지리원에 의해 금대봉 기슭에 있는 검룡소(儉龍沼)가 497.5km에 달하는 한강의 최장 발원지로 인정되었고, 현재 명승으로 지정되었다.

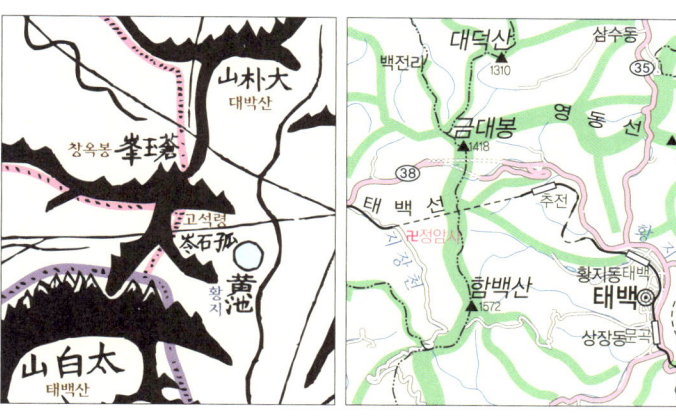

정선(旌善)은 고구려 때 잉매현(仍買縣)으로 불렸고, 757년(신라 경덕왕 16년)에 정선이 되어 명주(溟州)에 속했다. 고려 초에 삼봉(三鳳), 1018년(고려 현종 9년)에 주진군(朱陳郡), 1291년(고려 충렬왕 17년)에 도원군(桃源郡), 1310년(고려 충선왕 2년)에 침봉군(沈鳳郡) 등으로 이름이 여러 차례 바뀌다가 1353년(고려 공민왕 2년)에 다시 정선군이 되었다. 조선 후기까지 정선군으로 지속되다가 1895년 충주부 관할이 되었고, 이듬해 강원도에 편제되었다. 1973년 정선면이 정선읍, 사북출장소가 사북읍(舍北邑)으로 각각 승격되었다.
영월(寧越)은 고구려 때 내생군(奈生郡)이었다가 신라 경덕왕 때 명주(溟州)에 속했다. 940년(고려 태조 23년)에 영월로 개칭되었고, 1372년(고려 공민왕 21년)에 영월군으로 승격되었다. 1698년(조선 숙종 24년) 도호부로 승격되어, 조선 말까지 그대로 지속되었다. 1895년 충주부 관할 영월군이 되었고, 이듬해 강원도에 편제되었다. 1960년 영월면이 읍으로 승격되었다.
영춘(永春)은 757년(신라 경덕왕 16년) 자춘현(子春縣)으로 불리다가, 고려 때 영춘이 되어 원주에 속하였다. 1413년(조선 태종 13년) 현감을 두어, 조선 후기까지 지속되다가 1895년 영춘군이 되었으나, 1914년 부군면 통폐합 때 단양군에 통합되어 영춘면이 되었다.
정선의 정암사(淨岩寺)는 신라 때 자장율사(慈藏律師)가 창건한 고찰로, 우리나라 5대 적멸보궁(寂滅寶宮)의 한 곳이다. 태백산 남쪽 경상도 봉화 땅에 표기된 태백산사고(太白山史庫)는 1606년(선조 39년)에 설치된 외사고(外史庫)로 《조선왕조실록》이 보관되었던 곳이다. 각화사(覺華寺)는 신라 문무왕 때 원효가 창건하였고, 삼층석탑과 각화사귀부(覺華寺龜趺)가 남아 있다.
순흥 땅의 부석사(浮石寺)는 신라 문무왕 때 의상이 창건한 고찰로 국보로 지정된 무량수전(無量壽殿)과 조사당(祖師堂) 등의 국가유산이 보존되어 있다.

영월 장릉(莊陵)은 조선 6대 단종(端宗)의 능이다. 단종은 어린 나이에 왕위에 올랐으나, 숙부 수양대군(首陽大君)에 의해 폐위되어 영월 청령포(清泠浦)에 유배되었다가 세상을 떠났다. 영월 서강(西江)이 굽이지는 곳에 위치한 청령포는 삼면이 강으로 둘러싸여 배를 타야 들어갈 수 있는 절해고도와 같은 곳으로 금표비(禁標碑)와 영조 때 세운 단묘유적비(端廟遺蹟碑)가 남아 있다. 2008년 명승으로 지정되었다.

14-4 원주原州 제천堤川 충주忠州
강원과 충청의 큰 고을 원주, 충주

대동여지도 상단 가운데의 치악산(雉岳山, 1,288m)은 백두대간 오대산에서 갈라져 나온 지맥상에 솟은 큰 산이고, 충주·청풍·단양을 가로지르는 큰 강은 남한강(南漢江)이며, 충주 남쪽에서 남한강으로 흘러드는 하천은 달천(達川)이다. 이 밖에 원주 동쪽으로 남한강에 유입되는 강은 섬강(蟾江)이고, 지도 상단 우측의 쌍선 하천은 남한강의 지류인 주천강(酒泉江)이다. 대동여지도의 전체적인 지형은 현대 지도와 대비되는 편이나, 현재의 신림(神林)은 치악재를 넘어 제천에 이르는 도중에 있어야 되나, 대동여지도에는 신림이 제천 쪽이 아닌 원주 동쪽에 위치해 있어 이 일대의 지리 정보가 현대 지도와 맞지 않는다.

원주(原州)는 469년(고구려 장수왕 57년)에 평원군(平原郡)으로 불리다가 678년(신라 문무왕 18년)에 북원소경(北原小京)이 되었다. 757년(신라 경덕왕 16년) 북원경(北原京)이 되었다. 고려 태조 23년(940년)에 원주로 개칭되었고, 1269년(고려 원종 10년)에 정원도호부(靖原都護府)로 승격되고, 1308년(고려 충렬왕 34년)에 원주목으로 승격되었다. 조선 태조 때 강원 감영(江原監營)이 설치되면서 강원도 행정의 중심지가 되었다. 1895년 충주부 관할 원주군이 되었고, 이듬해 강원도에 편제되었다. 1955년 원주시로 승격되면서 원주군은 원성군으로 바뀌었다. 1989년 원성군이 원주군으로 개칭되고, 1995년 원주시와 원주군이 통합되어 새로운 원주시가 되었다.
제천(堤川)은 757년(신라 경덕왕 16년)에 나제군(奈堤郡)으로 개칭되었고, 940년(고려 태조 23년)에 제주군(堤州郡)이 되었다. 1413년(조선 태종 13년)에 제천으로 개칭되어 현감을 두어, 조선 말까지 지속되었다. 1895년 제천군으로 승격되고, 청풍도호부가 청풍군이 되었고, 이듬해 강원도에 편제되었다. 1940년 제천면이 읍으로 승격되었고, 1980년 제천읍이 제천시로 승격되고, 제천군은 제원군(堤

原郡)으로 개칭되었다. 1995년에 제천시와 제원군이 통합되면서 새로운 제천시가 되었다.

청풍(淸風)은 757년(신라 경덕왕 16년)에 청풍으로 개칭되어, 1018년(고려 현종 9년) 감무를 두었고, 1317년(고려 충숙왕 4년)에 이 고을의 승려 청공(淸恭)이 왕사(王師)가 되어 지군사(知郡事)로 승격되었다. 1660년(조선 현종 1년) 청풍부로 승격되어, 조선 말까지 지속되었다. 1895년 충주부 관할 청풍군이 되었고, 1914년 제천군에 통합되어 읍내면(邑內面)이었다가, 1917년에 청풍면으로 개칭되었다.

단양(丹陽)은 고려 초 단산현(丹山縣)으로 불리다가 1318년(고려 충숙왕 5년) 단양군으로 승격되었으나, 1413년(조선 태종 13년)에 현감을 두어 조선 후기까지 지속되었다. 1895년 충주부 관할 단양군과 영춘군(迎春郡)이 군이 되었으나, 1914년 영춘군이 단양군에 통합되면서 영춘면이 되었다.

충주(忠州)는 757년(신라 경덕왕 16년)에 중원경(中原京)으로 불렸고, 940년(고려 태조 23년)에 충주부로 개칭되고, 983년(고려 성종 2년) 충주목으로 승격되었다. 1395년(조선 태종 4년) 충청도의 계수관(界首官, 도와 군현 사이의 지방제도)이 되었고, 1895년 관찰부(觀察府)로 승격되면서 충청북도의 중심지가 되었고, 이듬해 충청북도의 수부(首府)가 되었다. 1908년 충청북도 도청이 청주로 이전되었다. 1956년 충주읍이 시로 승격되면서 충주군은 중원군(中原郡)으로 개편되었다. 1995년 도농 통합에 따라 중원군을 통합하여 새로운 충주시가 되었다.

음성(陰城)은 고구려 때 잉홀현(仍忽縣)으로 불렸고, 757년(신라 경덕왕 16년)에 음성현으로 개칭되어 고려 때까지 지속되었다. 1413년(조선 태종 13년)에 현감을 두었고, 1598년(선조 31년) 폐현되었다가, 1618년(광해군 18년) 음성현으로 복귀되었고, 1662년(현종 3년) 괴산군에 통합되었다가 이듬해 다시 복현되었다. 1895년 충주부 소속 음성군이 되었고, 이듬해 충청북도에 편제되었다. 1956년 음성면이 읍으로 승격되었다.

원주시에는 조선 시대의 강원 감영을 비롯해 원주향교(原州鄕校) 등의 옛 건축물이 남아 있고, 삼국 시대 축성된 것으로 추정되는 금대리 영원산성(領願山城, 대동여지도에는 金峐城)이 남아 있다.

제천에는 감악산성(甘岳山城)·제비랑산성(齊非郞山城)·월악산의 덕주산성(德周山城) 등이 남아 있고, 의림지(義林池)는 삼한 시대까지 올라가는 오래된 저수지로 현재 명승으로 지정되어 있다.

단양에는 국보로 지정된 신라 적성비(新羅赤城碑)가 있고, 가은암산성(加恩巖山城)과 독락산성(獨樂山城)이 남아 있다. 이 밖에 단양 주변에는 도담삼봉(島潭三峯), 삼선암(三仙岩) 등 단양8경으로 불리는 명승지가 산재해 있다.

충주에는 남산성(南山城)을 비롯해 대림산성(大林山城)·장미산성(薔薇山城)·천룡성(天龍城) 등의 산성이 남아 있고, 국보로 지정된 탑평리 칠층석탑(일명 중앙탑)과 명승으로 지정된 탄금대(彈琴臺)가 있다. 탄금대는 정약용(丁若鏞)의 《아방강역고(我邦疆域考)》에 우륵(于勒)이 가야금을 타던 곳으로 전하며, 임진왜란 때 신립(申砬) 장군이 소서행장(小西行長)과 맞서 싸우다 패전해 투신한 곳으로 유명하다.

14-5 이천 利川 여주 驪州 안성 安城
비옥한 평야가 많은 경기 남부 지역

대동여지도 하단 우측의 보현산(普賢山)에서 칠장산(七長山)에 이르는 산줄기는 한남금북정맥이고, 칠장산에서 북쪽으로 구봉산(九峰山), 보개산(寶蓋山)을 거쳐 인성산(仁聖山)으로 이어지는 산줄기는 한남정맥이며, 칠장산에서 대문령(大門嶺)을 거쳐 성거산(聖居山)으로 이어지는 산줄기는 금북정맥이다. 다만 대동여지도에는 칠장산이 표기되어 있지 않고, 칠현산(七賢山)의 위치도 현대 지도와 다르다.

대동여지도 상단 우측의 쌍선 하천은 남한강이고, 좌측 하단의 쌍선 하천은 아산만으로 유입되는 안성천(安城川)이다. 대동여지도의 산줄기와 물줄기는 현대 지도와 엇비슷한 편이나, 현대 지도의 서운산(瑞雲山)은 금북정맥상에 위치하나 대동여지도에는 정맥에서 벗어나 있고, 성거산의 위치도 크게 어긋나 있다.

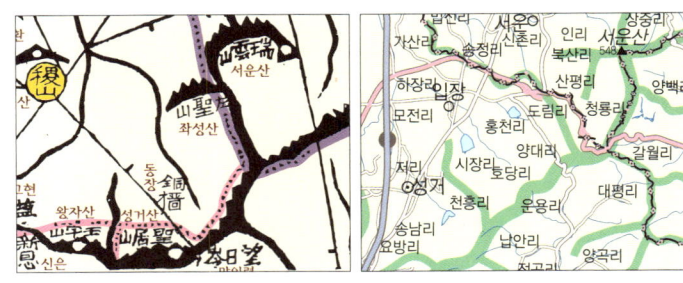

용인(龍仁)은 940년(고려 태조 23년) 용구현(龍駒縣)으로 개칭되어 감무를 두었고, 1172년(고려 명종 2년)에 감무를 두었다가 뒤에 현령으로 승격되었다. 1414년(조선 태종 14년) 용구와 처인(處仁) 두 현을 합쳐 용인현으로 개칭하였다. 1895년 충주부 관할 용인군이 되었고, 이듬해 경기도에 편제되었다. 1979년 용인면이 읍으로 승격되었고, 1985년 용인시로 승격되었다.

양지(陽智)는 고려 초 양량부곡(陽良部曲)으로 불리다가, 1399년(고려 정종 1년) 안성에서 분리되어 양지현이 되었다. 1413년(조선 태종 13년) 현감을 두었고, 1500년(연산군 6년) 이천에 통합되었다가, 1504년(연산군 10년)에 복귀되었다. 1895년 충주부 관할 양지군으로 승격되었으나, 1914년 용인군에 통합되어 내사면(內四面)이 되었다. 1995년 용인시 양지면이 되었다.

이천(利川)은 757년(신라 경덕왕 16년) 황무현(黃武縣)으로 불리다가, 고려 태조 왕건이 후백제를 치러 갈 때 이천에 진을 쳤는데, 이때 주민 서목(徐穆)이 도와 무사히 남천(지금의 복하천)을 건넜다고 하여 이천으로 불리게 되었다고 한다. 1257년(고려 고종 44년) 영창현(永昌縣)으로 바뀌었고, 1389년(고려 공민왕 1년)에 남천현(南川縣)이 되었다. 1393년(조선 태조 2년) 이천현이 되어 감무를 두었고, 1413년(태종 13년)에 현감을 두었으며, 1444년(세종 26년)에 도호부로 승격되었다. 1895년 충주부 관할 이천군이 되었고, 이듬해 경기도에 편제되었으며, 1914년 음죽현(陰竹縣)이 이천군에 통합되었다. 1938년 이천면이 읍으로 승격되었고, 1996년에 이천군이 이천시로 승격되었다.

여주(驪州)는 757년(신라 경덕왕 16년) 황효(黃驍)라고 불렸고, 940년

(고려 태조 23년) 황려현(黃驪縣)으로 개칭되었고, 1305년(고려 충렬왕 31년)에 여흥(驪興)으로 바뀌었다. 1388년(고려 우왕 14년)에 여흥부로 승격되었으나, 1389년(고려 공양왕 1년)에 우왕이 폐위되어 이곳으로 오게 되면서 여흥군으로 강등되었다. 1401년(조선 태종 1년) 태종의 비 원경왕후(元敬王后)의 내향이라고 해서 여흥부로 승격되었고, 1413년(태종 13년)에 도호부로 승격되었다. 1469년(예종 1년) 광주(廣州) 헌릉(憲陵)에 있던 세종의 영릉(英陵)이 옮겨 오면서 천령현(川寧縣)을 통합하여 여흥목으로 승격되었고, 이때 판관이 두어져 여주(驪州)로 개명되었다. 1895년 충주부 관할 여주군이 되었고, 이듬해 경기도에 편제되었다. 1941년 여주면이 읍으로 승격되었고, 2013년 여주군 일원이 여주시로 승격되었다.

진위(振威)는 신라 경덕왕 때 개칭된 명칭으로, 고려 때인 1172년(고려 명종 2년) 감무를 두었고 뒤에 현령으로 승격되었다. 1398년(조선 태조 7년) 충청도 관할에서 경기도로 이속시켜 조선 후기까지 지속되다가 1895년 공주부 관할 진위군이 되었고, 이듬해 경기도에 편제되었다. 1914년 부군면 통폐합 때 수원군의 일부와 충청남도 평택군(平澤郡)이 진위군에 통합되었다. 1938년 진위군이 평택군으로 개칭되었고, 평택면이 읍으로 승격되었다. 1948년 오랫동안 진위 군청 소재지였던 북면을 진위면으로 변경하였다. 현재 평택시 진위면이다.

양성(陽城)은 757년(신라 경덕왕 16년)에 적성(赤城)으로 불리다가, 940년(고려 태조 23년) 양성현으로 개칭되었고, 1175년(고려 명종 5년)에 감무를 두었다. 1413년(조선 태종 13년)에 현감을 두고 충청도에서 경기도로 이속되었다. 1895년 공주부 관할 양성군이 되었고, 이듬해 경기도에 편제되었다. 1914년 부군면 통폐합 때 안성군에 편입되어 양성면이 되었다. 현재 안성시 양성면이다.

평택(平澤)은 757년(신라 경덕왕 16년)에 팽성현(彭城縣)으로 불리다가, 940년(고려 태조 23년)에 평택현으로 개칭되어 천안부에 속하였다. 1413년(조선 태종 13년)에 현감을 두었으나, 평택현은 그대로 충청도에 남아 있었다. 1895년 공주부 관할 평택군이 되었고, 이듬해 충청남도에 편제되었다. 1914년 평택군 전역이 경기도 진위군에 통합되었으나, 1938년 다시 평택군으로 개칭되었다. 1986년 평택읍이 시로 승격되면서 평택군이 분리되었으나, 1995년 송탄시와 평택군을 통합하여 새로운 평택시가 되었다.

직산(稷山)은 신라 때 사산현(蛇山縣)으로 불리다가, 940년(고려 태조 23년)에 직산현으로 개칭하였고, 뒤에 감무를 두었다. 1393년(조선 태조 2년)에 이곳 사람 김연(金淵)이 명나라에 들어가 사명을 완수하고 사신이 되어 돌아오자 지군사(知郡事)로 승격하였으나, 1413년(태종 13년)에 현으로 강등되었다. 1895년 직산군이 되었고, 1914년 천안군에 통합되어 직산면이 되었다. 1995년 천안시 직산면이 되었고, 2002년 직산읍으로 승격되었다.

아산(牙山)은 본래 백제의 탕정군(湯井郡)·아술현(牙述縣)·굴직현(屈直縣) 지역이었다가, 신라 경덕왕 때 아술현은 음봉현(陰峯縣), 굴직현은 기량현(祈梁縣)으로 각각 고쳐 탕정군의 영현이 되었다. 고려 때 아산은 온수군(溫水郡)·아주(牙州)·신창현(新昌縣) 등이 있었던 지역으로, 아주는 1018년(고려 현종 9년)에 아주현으로, 온수군

은 1172년(고려 명종 2년)에 온수현으로 고쳐 신창현과 함께 감무를 두었다. 1413년(조선 태종 13년)에 아주현은 아산현으로 개칭되고, 1442년(세종 24년)에 온수현은 온양군으로 개칭되었다. 1895년 홍주부(洪州府) 관할 아산군·온양군·신창군이 되었고, 1914년 부군면 통폐합 때 3개 군이 통합되어 아산군이 되었다. 당시 군청 소재지는 온양이었다. 1986년 온양읍이 시로 승격되면서 아산군이 분리되었다. 1995년 온양시와 아산군이 통합되어 새로운 아산시가 되었다.

안성(安城)은 신라 경덕왕 때 백성군(白城郡)으로 불렸으나, 940년(고려 태조 23년) 안성현으로 개칭되어 1172년(고려 명종 2년)에 처음 감무를 두었고, 1362년(고려 공민왕 11년) 안성군으로 승격되었다. 1413년(조선 태종 13년)에 경기도에 이속되어 조선 후기까지 지속되었다. 1895년 공주부 관할 안성군이 되었다가 이듬해 경기도에 편제되었으며, 1914년 양성군(陽城郡)과 죽산군(竹山郡)의 일부가 통합되었다. 1937년 안성면이 읍으로 승격되었고, 1998년 안성군 일원이 안성시로 승격되었다.

죽산(竹山)은 고려 초에 죽주(竹州)라 하였고, 1413년(조선 태종 13년)에 죽산현이 되어 현감을 두었고, 1543년(중종 38년) 도호부로 승격되었다. 1895년 충주부 관할 죽산군이 되었고, 이듬해 경기도에 편제되었다. 1914년 부군면 통폐합 때 일부는 안성군에 나머지 지역은 용인군에 편입되었고, 1992년 이죽면이 죽산면으로 개칭되었고, 현재는 안성시 죽산면이다.

음죽(陰竹)은 신라 경덕왕 때 음죽으로 개칭되었고, 1018년(고려 현종 9년) 충주로 이관시킨 뒤에 감무를 두었다. 1413년(조선 태종 13년) 음죽현이 되어 현감을 두고, 경기도에 이속되어 조선 후기까지 지속되었다. 1895년 충주부 관할 음죽군으로 승격되었으나, 1914년 군을 폐하여 일부는 이천군에 편입되고, 나머지 지역은 음성군에 편입되었다.

수원의 건릉(健陵)은 조선 22대 정조와 효의왕후(孝懿王后) 김씨의 능이고, 정조 때 옮긴 사도세자의 능인 융릉(隆陵)은 대동여지도에 표기되지 않았다. 여주의 영릉(英陵)은 세종과 그의 비 소헌왕후(昭憲王后) 심씨의 능으로 사적으로 지정되었다. 수원 화성(華城)은 정조가 아버지 사도세자의 묘를 수원으로 옮기면서 새로운 도읍지를 만들기 위해 1796년(정조 20년)에 완공한 성곽으로 전체 길이는 5.74km에 이르고, 현재 문루(門樓)를 비롯해 암문(暗門)·수문(水門)·공심돈(空心墩)·장대(將臺)·포루(舖樓)·각루角樓)·봉돈(烽墩)·적대(敵臺)·치성(雉城) 등의 시설물이 보존되어 있다. 화성은 사적으로 지정 관리되고 1997년 유네스코 세계유산에 등재되었으며, 팔달문(보물)과 화서문(보물)이 각각 국가유산으로 등록되어 있다.

용인의 관방 유적으로는 보개산성(寶蓋山城)과 처인성(處仁城) 등이 남아 있고, 안성에는 죽주산성(竹州山城)·서운산성(瑞雲山城)·망이산성(望夷山城) 등이 있다. 이천에는 설봉산성(雪峰山城)이 남아 있고, 원적산성지(圓寂山城址)가 있다. 여주의 신륵사(神勒寺)는 신라의 원효대사가 창건한 고찰로 보물로 지정된 조사당(祖師堂), 다층석탑, 다층전탑, 보제존자석종(普濟尊者石鐘), 보제존자석종비, 대장각

기비(大藏閣記碑), 보제존자석종 앞 석등 등의 많은 국가유산이 보존되어 있다.

14-6 남양南陽 당진唐津 면천沔川
바닷길을 통한 교역의 거점, 당진

대동여지도 하단 가운데 문수산(文殊山)의 굽은 줄기는 금북정맥이고, 우측 하단의 만입은 아산만(牙山灣)이고, 우측 가운데의 좁은 만입은 남양만(南陽灣)이다. 당진이 위치한 곳은 태안반도의 북쪽 지역이고, 당진 서쪽 팔봉산(八峯山)이 위치한 깊은 만입은 가로림만(加露林灣)이다. 대동여지도의 해안선 형태와 섬 등은 현대 지도와도 엇비슷한 편이나, 영흥도는 덕적도와 비슷한 크기임에도 작은 섬으로 묘사되어 있다. 또 자월도는 소홀도(召忽島)로, 승봉도는 승황도(昇黃島)로, 굴업도는 굴압도(屈鴨島)로 표기되고, 덕적도 밑의 선접도(仙接島)는 1895년 남양군이 인천부 관할로 바뀌면서 선갑도(仙甲島)로 개칭되었다.

대부도(大阜島)와 선감미도(仙甘弥島, 현재의 선감도)는 1994년 시화방조제를 완공할 때 이어졌으며, 남쪽만 육지와 방조제로 연결되었다. 대동여지도의 남양 읍치로 만입된 곳은 현재 화옹방조제로 간척되어 있고, 그 남쪽의 남양만도 1974년 남양방조제 건설로 내륙호가 되었다. 아산만 안쪽은 1974년 아산만방조제가 건설되었고, 행담도(行擔島) 남쪽은 1979년 삽교방조제가 건설되었다. 태안반도 북쪽 소난지도(小蘭芝島) 남쪽의 큰 만입은 1989년 대호방조제 건설로 간척되면서 대호지(大湖池)가 형성되었고, 당진 북쪽 두 개의 만입은 1995년 석문방조제 건설로 간척지가 형성되었다.

대동여지도의 아산만 가운데 비석처럼 우뚝한 바위섬은 영옹암(令翁岩)으로 높이가 1백 척으로 그 모습이 장군처럼 보여 왜군을 물리쳤다는 전설이 전해지며, 대진(大津) 바닷가에 있다 해서 '대진 영공암(大津令公巖)'이라 불리고, '영옹바위'라고도 불린다. 이 바위는 밀물 때 윗부분만 드러나지만 썰물 때는 높이 15m가량이 해면 위로 솟는다. 그 남쪽의 행담도는 1868년 독일의 항해가인 오페르트의 배가 이곳에 정박한 것으로 알려졌고, 2001년 서해안고속도로가 개통된 뒤 명물 휴게소가 되었다.

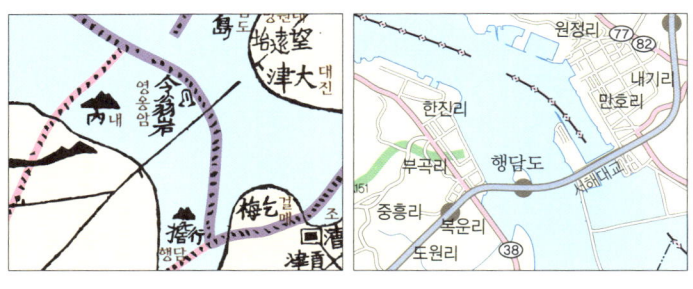

대동여지도의 태안반도 서쪽 끝에 12개의 바위섬이 나열되어 있는 십이방이(十二防耳)는 현대 지도에 안도·대방이·새뱅이 등 작은 섬으로 이뤄진 군도로, 가장 큰 대방이섬(大島)을 중심으로 여뱅이섬(汝島)·거먹뱅이섬(黑島)·수리뱅이섬(鳶島)·꽃뱅이섬(煙突島)·질

마뱅이섬(鞍島)·새뱅이섬(新島) 등 7개의 무인도를 가리킨다. 그 옛날 이 섬들은 마치 물 위에 떠 있는 병선(兵船)처럼 보여 오랑캐의 침입 막아 냈다는 뜻에서 '방이칠도(防夷七島)'라고도 부른다.

남양(南陽)은 757년(신라 경덕왕 16년) 당은군(唐恩郡)으로 불렸고, 829년(신라 흥덕왕 4년) 당성군(唐城郡)이 되었다. 1290년(고려 충렬왕 16년) 원나라 장수 홍다구(洪茶丘)의 고향이라 하여 익주(益州)가 되어 지익주사(知益州事)가 파견되었고, 뒤에 익주목(益州牧)으로 승격되었다. 1310년(고려 충선왕 2년) 전국의 목(牧)이 혁파되면서 남양부(南陽府)로 격하되었다. 1413년(조선 태종 13년)에 남양도호부로 승격되었고, 1644년(인조 22년) 현으로 강등되었으며, 그 뒤로도 복귀와 강등이 거듭되었다. 1895년 인천부 관할 남양군이 되고, 이듬해 경기도에 편제되었으나, 1914년 군이 해체되면서 수원군에 편입되어 남양면이 되었다. 1949년 수원읍이 시로 승격되면서 수원군이 화성군으로 개칭되었다. 현재 화성시 남양읍이다.

당진(唐津)은 백제 때 벌수지현(伐首只縣)·혜군(槥郡)·사평현(沙平縣)·여촌현(餘村縣) 등의 지역에 해당된다. 신라 때 벌수지현은 당진현, 사평현은 신평현(新平縣), 여촌현은 여읍현(餘邑縣)으로 각각 바뀌었다. 고려 초 여읍현은 여미현(餘美縣)으로 바뀌고, 신평현은 1018년(고려 현종 9년)에 홍주(洪州)에 편입되고, 당진현은 고려 예종 때 감무를 두었다. 1413년(조선 태종 13년)에 당진현에 현감을 두었고, 면천(沔川) 지역은 면천군이 되어 조선 말까지 지속되었다. 1985년 홍주부 관할 당진군으로 승격되었고, 이듬해 충청남도에 편제되었다. 1914년 면천군과 해미군 일부, 예산군 일부가 당진군에 통합되었다. 1963년 당진면이 읍으로 승격되었고, 2012년 당진군이 당진시로 승격되었다.

면천(沔川)은 백제 때 혜군(槥郡)이었고, 757년(신라 경덕왕 16년)에 혜성군(槥城郡)으로 개칭되었다. 1413년(조선 태종 13년)에 면천군으로 승격되어 조선 말까지 지속되었다. 1914년 부군면 통폐합 때 당진군에 편입되면서 면천면이 되었다. 현재 당진시 면천면이다.

덕적도는 조선 전기 경기좌도수군첨절제사(京畿左道水軍僉節制使)의 관할지로 국영 목장이 설치되었고, 숙종 때 수군만호(水軍萬戶)가 파견되었으나 곧 폐지되고, 영조 때 수군진(水軍鎭)을 설치하고 수군첨사(水軍僉使)가 파견되었다. 덕적진(德積鎭)은 1895년 23부제 실시로 폐지되었다. 남양 해변에는 화량진(花梁鎭)의 성터가 남아 있고, 대부도에는 국영 목장이 있어 목장을 관리하는 관청인 사복시

(司僕寺)가 설치되었다.

아산의 공진창(貢津倉)은 충청도 청주와 천안 등지의 세곡(稅穀)을 수납하여 한양의 경창(京倉)으로 운송하는 기능을 담당하던 곳으로, 공세곶창(貢稅串倉)은 공세창(貢稅倉), 아산창(牙山倉)이라고도 부른다. 광해군 때 조창(漕倉) 주변에 성곽을 축조하였으나, 조선 후기인 19세기 중반 조창이 폐쇄되었고, 1895년 조창 터에는 공세리 성당이 들어섰다.

15-1 울진蔚珍 평해平海 영해寧海
조선 시대 강원도 땅이었던 울진·평해

대동여지도 좌측 남북으로 길게 뻗은 큰 산줄기는 낙동정맥이다. 위치로 보아 낙동정맥상의 검마산(劍摩山)은 지금의 통고산(通古山, 1,067m)이어야 하나, 현대 지도에서 검마산은 한티재 남쪽 정맥상에 위치해 있다. 불영산(佛影山)은 현대 지도의 천축산(天竺山, 653m)에 해당되고, 불영계곡이라 불리는 왕피천 지류인 광천(光川)은 대동여지도에 표기되지 않았다.

울진포(蔚珍浦)로 흘러드는 비천(飛川)은 지금의 왕피천(王避川)이고, 그 상류 금계천(錦溪川)은 장수포천(長水浦川)에 해당된다. 평해로 흘러드는 남천(南川)은 지금의 남대천(南大川)이며, 영해로 흘러드는 적천(赤川)은 지금의 송천(松川)이다. 대동여지도의 산줄기와 물줄기는 전체적으로 현대 지도와 엇비슷한 편이나, 일부 산의 위치는 현대 지도와 맞지 않는다.

대동여지도 하단 등운산(騰雲山)에서 동쪽 지경현(地境峴)에 이르는 산줄기는 강원도와 경상도의 도경계를 이루는데, 지경현은 땅의 경계를 가르는 고개라는 뜻이다. 등운산은 조선 시대 영해 8경의 하나로 현대 지도의 칠보산(七寶山, 811m)에 해당된다. 1963년 울진군이 강원도에서 경상북도 관할로 변경되면서 지경현은 울진군과 영덕군의 경계가 되었다.

울진(蔚珍)은 757년(신라 경덕왕 16년) 울진군으로 불리다가, 고려 초에 울진현이 되어 995년(고려 성종 14년)에 현령을 두었고, 그 뒤 충렬왕 때 이곳 출신 황서(黃瑞)가 왕을 호위해 원나라에 다녀오면서 지군사(知郡事)로 승격되었다. 1466년(조선 세조 12년) 울진포(蔚珍浦)에 수군만호(水軍萬戶)가 배치되었다. 1895년 강릉부 관할 울진군이 되었고, 이듬해 강원도에 편제되었다. 1914년 부군면 통폐합 때 평해군이 폐지되면서 그 일부가 울진군에 편입되었다. 1963년 경상북도 관할로 변경되었다. 대동여지도의 수비(首比)는 낙동정맥 서쪽

에 표시되어 있으나, 현대 지도에는 낙동정맥 동쪽 왕피천 상류에 위치한다.

평해(平海)는 757년(신라 경덕왕 16년)에 평해가 되어 유린군(有隣郡)의 영현이 되었다. 1172년(고려 명종 2년) 감무를 두었고, 충렬왕 때 지군사(知郡事)로 승격되었다. 1466년(조선 세조 12년)에 평해군이 되어 조선 말까지 지속되다가 1895년 강릉부 평해군이 되었고, 이듬해 강원도에 편제되었으나, 1914년 부군면 통폐합 때 울진군에 통합되어 평해면이 되었다. 1980년 평해읍으로 승격되었다.

영해(寧海)는 757년(신라 경덕왕 16년) 유린군(有隣郡)이 되었고, 940년(고려 태조 23년) 예주(禮州)로 개칭되고, 1018년(고려 현종 9년)에 방어사를 두었고, 1310년(고려 충선왕 2년) 전국의 목(牧)을 없앨 때 영해부(寧海府)로 강등되었다. 1397년(조선 태조 7년) 영해부에 진영(鎭營)을 설치하여 병마사가 부사를 겸하게 하였고, 1413년(태종 13년) 진을 없애고 도호부가 되어 조선 말까지 지속되었다. 1895년 안동부 관할 영해군이 되었다가 이듬해 경상북도에 편제되었다. 1914년 영덕군에 통합되어 영해면이 되었다.

울진군에는 고현성(古縣城)과 평해읍성이 남아 있고, 불영사(佛影寺)는 신라 때 의상이 창건한 사찰로, 보물로 지정된 응진전(應眞殿)과 대웅보전, 영산회상도(靈山會相圖) 등의 국가유산이 있다. 명승과 경관으로는 성류굴을 비롯해 불영사계곡·망양정(望洋亭)·월송정(越松亭)·주천대(酒泉坮) 등이 있고, 온천으로는 덕구온천과 백암온천이 유명하다.

관동팔경의 하나인 망양정은 조선 선조 때 평해군수 고경조(高敬祖)가 중수(重修)하였으나, 허물어져 방치되었다가 1860년 철종 때 울진현령 이희호(李熙虎)가 현재의 자리로 옮겨 세웠다. 대동여지도에 표기된 능허대(凌虛臺)는 옛 울진읍성 요새지에 망대를 두었던 자리이고, 영해의 관어대(觀魚坮)는 예로부터 일출이 유명한 곳이다.

15-2 영천榮川 예안禮安 안동安東
조선 시대 문화와 전통을 간직한 안동

대동여지도 우측 끝 일월산(日月山)에서 안동까지 뻗어 내린 산줄기는 낙동정맥에서 갈라진 산줄기이고, 상단 봉화 동쪽에서 안동까지 뻗은 산줄기는 백두대간에서 갈라진 산줄기이다. 안동 남쪽을 가로지르는 굽이진 쌍선 하천은 낙동강(洛東江)이고, 진보 쪽에서 낙동강에 합수되는 하천은 반변천(半邊川)이며, 예천 동쪽을 흐르는 쌍선 하천은 낙동강의 지류인 내성천(乃城川)이다. 대동여지도의 산줄기와 물줄기의 형태는 전체적으로 현대 지도와 엇비슷한 편이나, 안동의 진산인 학가산(鶴駕山, 870m)은 하가산(下柯山)으로 표기되어 있다.

안동시 동쪽 낙동강 상류에는 1976년 다목적 안동댐이 준공되어 안동호가 조성되었고, 안동댐 건설로 수몰된 월영대(月映臺)는 1974년 안동댐 입구(안동시 성곡동)로 이전하였다. 낙동강의 지류인 반변천에는 1992년 임하댐이 완공되어 임하호(臨河湖)가 조성되었고, 안동시 인근 지역의 생활 및 공업·농업용수로 활용되고 있다.

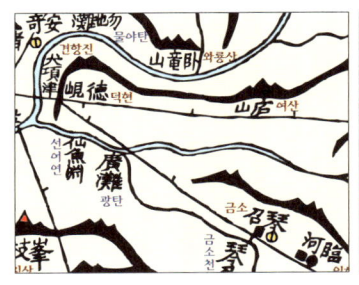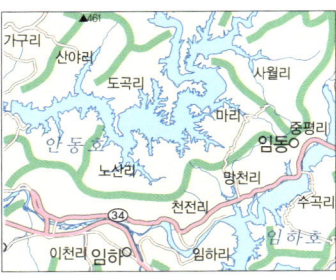

안동(安東)은 757년(신라 경덕왕 16년)에 고창군(高昌郡)으로 개칭되었고, 930년(고려 태조 13년)에 안동부(安東府)로 승격되고, 1204년(고려 신종 7년) 안동대도호부로 승격되었다. 조선 시대에는 대도호부 지위를 그대로 유지했으며, 1895년 안동부에 관찰부를 두고 경상도 동북부 16개 군을 관할했으나, 이듬해 경상북도 안동군이 되었다. 1914년 예안군이 안동군에 편입되었다. 1963년 안동읍이 시로 승격되면서 안동군과 분리되었고, 1995년 안동시와 안동군이 통합되어 새로운 안동시가 되었다.

예안(禮安)은 신라 경덕왕 때 선곡현(善谷縣)으로 개칭되었고, 고려 태조 때 성주 이능선(李能宣)이 귀순하면서 예안으로 고쳐 군으로 승격시켰다. 1413년(조선 태종 13년)에 현감을 두어 조선 말까지 지속되다가 1895년 예안군으로 승격되었다. 1914년 안동군에 편입되어 예안면이 되었다. 현재 안동시 예안면이다.

영양(英陽)은 신라 때 고은현(古隱縣)으로 불리다가, 940년(고려 태조 23년)에 영양군으로 개칭되었다. 1413년(조선 태종 13년)에 영해부에 이속되었다가, 1683년(숙종 9년)에 영양현으로 복귀되었다. 1895년 안동부 관할 예안군으로 승격되었고, 이듬해 경상북도에 편제되었다. 1979년 영양면이 읍으로 승격되었다.

진보(眞寶)는 757년(신라 경덕왕 16년)에 진보현이 되었고, 고려 태조 때 진안현을 합쳐 보성군(甫城郡)으로 승격되었다. 1394년(조선 태조 3년)에 감무를 두었고, 세종 때 현감을 두었다. 1474년(성종 5년)에 이 고을 사람 금맹함(琴孟諴)이 현감 신석동(申石同)을 모욕하였다 하여 현을 없애고 청송부에 합쳤다가, 4년 뒤에 복귀시켰다. 1895년에 안동부 관할 진보군이 되었고, 이듬해 경상북도에 편제되었다. 1914년 부군면 통폐합 때 청송군에 통합되어 진보면이 되었다.

청송(靑松)은 757년(신라 경덕왕 16년) 적선현(積善縣)·연무현(緣武縣)·진보현(眞寶縣)으로 바뀌었고, 고려 초에 연무현은 안덕현(安德縣)으로 바뀌고, 진보현은 진안현(眞安縣)과 합쳐져 보성부(甫城府)가 되었고, 적선현은 986년(고려 성종 5년) 청부현(靑鳧縣)으로 개칭되었다. 1394년(조선 태조 3년) 청보현(靑寶縣)이 되었고, 1418년(세종 1년) 소헌왕후 심씨(昭憲王后沈氏)의 본향이라 하여 청보현과 진보현을 합쳐 청보군(靑寶郡)으로 승격되었다. 1423년(세종 5년) 청부현과 송생현(松生縣)을 합쳐 청송군이 되었고, 1459년(세조 5년) 청송도호부로 승격되면서 조선 말까지 유지되었다. 1895년 안동부 관할 청송군이 되었고, 이듬해 경상북도에 편제되었다.

영천(榮川)은 757년(신라 경덕왕 16년)에 내령군(奈靈郡)으로 불렸고, 940년(고려 태조 23년) 강주(剛州)로 개칭되었고, 1143년(고려 인

종 21년) 순안(順安)으로 바뀌어 현령을 두었다. 1413년(조선 태종 13년)에 영천군이 되어 조선 말까지 유지되었다. 1895년 안동부 관할 영천군이 되었고, 이듬해 경상북도에 편제되었으나, 1914년 영주군(榮州郡)으로 개명되었다. 1980년 영주군이 영주시로 승격되었고, 그 일부 지역은 영풍군(榮豊郡)이 되었으나, 1995년 영주시와 영풍군이 통합되어 새로운 영주시가 되었다.

봉화(奉化)는 757년(신라 경덕왕 16년) 옥마현(玉馬縣)으로 불리다가, 고려 태조 때 봉성현(鳳城縣)이 되었고, 1390년(고려 공양왕 2년)에 봉화현(奉化縣)으로 개칭되어 감무를 두었다. 1413년(조선 태종 13년)에 현감을 두었고, 1457년(세조 3년) 순흥도호부(順興都護府)가 역향(逆鄕)으로 지목되어 폐지되자 일부 영역이 봉화현에 편입되었다. 1895년 안동부 관할 봉화군으로 승격되고, 이듬해 경상북도에 편제되었다. 1979년 봉화면이 읍으로 승격되었다.

순흥(順興)은 신라 경덕왕 때 급산군(岌山郡)으로 불리다가, 940년(고려 태조 23년) 흥주(興州)로 개칭되었고, 1172년(고려 명종 2년) 처음 감무를 두었다. 충렬왕 때 흥녕현령(興寧縣令)으로 승격되고, 충숙왕 때 다시 지흥주사(知興州事)로 승격되었으며, 충목왕 때 순흥부(順興府)로 승격하였다. 1413년(조선 태종 13년)에 도호부가 되었고, 1457년(세조 3년) 금성대군(錦城大君)과 순흥부사 이보흠(李甫欽)의 단종 복위 사건으로 도호부가 혁파되었다. 1683년(숙종 9년) 순흥도호부로 다시 복귀되었다. 1895년 안동부 관할 순흥군이 되었고, 이듬해 경상북도에 편제되었으나, 1914년 영주군(榮州郡)에 통합되면서 순흥면이 되었다. 1995년 영주군이 영주시에 통합되면서 영주시 순흥면이 되었다.

예천(醴泉)은 757년(신라 경덕왕 16년)에 수주군(水酒郡)을 예천군으로 바꾸었다. 935년(고려 태조 18년) 보주(甫州)로 개칭되었다가, 1172년(고려 명종 2년)에 태자의 태(胎)를 묻었다 하여 기양현(基陽縣)으로 승격되고, 1204년(고려 신종 7년)에 다시 보주가 되었다. 1413년(조선 태종 13년) 보천군(甫川郡)으로 개칭되었다가 1416년(태종 16년)에 예천으로 환원되어 조선 말까지 지속되었다. 1895년 안동부 관할 예천군과 용궁군(龍宮郡)이 되었고, 이듬해 경상북도에 편제되었다. 1914년에 용궁군이 예천군에 통합되면서 용궁면이 되었다.

안동에는 학가산성(鶴駕山城) 터가 남아 있고, 봉정사(鳳停寺)의 극락전(極樂殿)과 대웅전은 국보로, 화엄강당(華嚴講堂)·고금당(古今堂) 등은 보물로 지정되었다. 또 법흥사지 칠층전탑(法興寺址七層塼塔)은 국보로, 운흥동 오층전탑과 조탑리 오층전탑은 보물로 지정되었다. 유교 문화재로는 도산서원(陶山書院)과 병산서원(屛山書院) 등이 있고, 하회(河洄) 마을에는 유성룡(柳成龍)을 모신 충효당(忠孝堂)과 유씨 종택의 양진당(養眞堂)이 보물로 지정되어 있다. 봉화에는 청량산성(淸凉山城) 터가 남아 있고, 물야면 북지리에 국보로 지정된 마애여래좌상(磨崖如來坐像)이 있다.

15-3 괴산槐山 문경 聞慶 보은 報恩

충청도와 경상도를 잇는 문경새재

대동여지도 상단 우측 죽령(竹嶺)에서 조령(鳥嶺)을 거쳐 속리산(俗離山)·구봉산(九峯山)·봉황산(鳳凰山)으로 이어지는 길고 큰 산줄기는 백두대간이고, 속리산에서 구치(龜峙)·웅치(熊峙)로 이어지는 산줄기와 지도 좌단의 초현(椒峴)에서 보광산(普光山)으로 이어지는 산줄기는 한남금북정맥이다. 대동여지도 하단 우측 수정탄(修正灘)에서 삼탄(三灘)을 거쳐 하풍진(河豊津) 쪽으로 굽어져 흐르는 쌍선 하천은 낙동강이고, 우측 끝에서 낙동강으로 합류하는 하천은 내성천(乃城川), 속리산 동쪽에서 발원해 문경에서 낙동강으로 흘러드는 관천(串川)은 지금의 영강(潁江)이다. 그리고 괴산 동쪽을 흐르는 쌍선 하천은 남한강의 지류인 달천(達川)이다. 대동여지도의 산줄기와 물줄기는 전체적으로 현대 지도와 엇비슷한 편이다.

백두대간상의 작성산(鵲城山)은 작성(鵲城)과 봉산(封山) 표석이 있는 산으로, 현재는 황정산(黃庭山, 1,078m) 또는 황장산(黃腸山)으로 불리고, 1899년에 편찬된 《문경현지(聞慶縣誌)》에는 황장봉산(黃腸封山)으로 나와 있다. 계립령(鷄立嶺)은 오늘날 하늘재로 대동여지도에는 도로가 표시되지 않았지만, 계립령 길은 충주와 문경 사이의 가장 낮은 고개로 신라 시대 개척되어 고구려와 백제 간 영토 분쟁이 있었던 옛길이었으나, 고려 말 조령(鳥嶺)에 길이 열리면서 기능을 잃고 말았다. 이화령(伊火嶺)은 옛날에 고개가 가파르고 산짐승이 많아 여러 사람이 함께 넘었다 해서 '이유릿재'라고도 불렸으나, 지금은 고개 주위에 배나무가 많아 '이화령(梨花嶺)'으로 바뀌었다. 구봉산(九峯山)은 병풍을 두른 듯 9개의 봉우리가 이어져 현재 구병산(九屛山)으로 불리고 있다.

낙동강으로 내성천과 금천(錦川)이 합수되는 곳은 조선 시대 '삼탄(三灘)'으로, 영남에서 조령으로 연결되는 삼강나루가 있어 조령을 넘기 위해서는 반드시 거쳐야 하는 길목이었다. 〈해동지도〉에는 삼강진선(三江津船), 용궁 군현지도에는 삼강진(三江津)이라고 표기되었으며, 1900년대부터 삼강주막이 있었다고 한다.

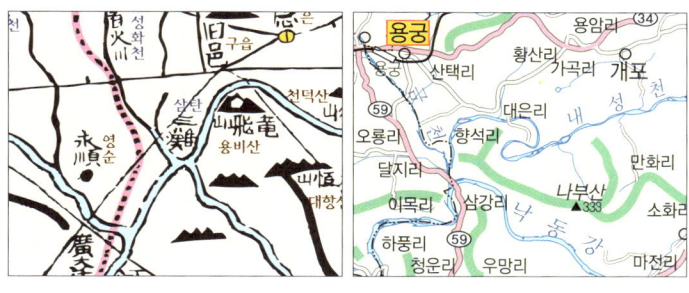

대동여지도 속리산 북쪽에 선유동(仙遊洞)·화양동(華陽洞)·내선유동(內仙遊洞)·용유동(龍游洞) 등은 예로부터 계곡 경관이 빼어난 곳이다. 화양구곡(華陽九曲)으로도 불리는 화양동은 조선 중기 송시열(宋時烈)이 은거했던 곳으로 유명하고, 화양천 하류에서부터 경천벽(擎天壁)·운영담(雲影潭)·읍궁암(泣弓巖)·금사담(金沙潭)·첨성대(瞻星臺)·능운대(凌雲臺)·와룡암(臥龍巖)·학소대(鶴巢臺)·파천(巴串) 등의 명승이 펼쳐져 있다. 화양천 상류에 위치하는 선유동 역시 계

곡을 따라 구곡이 펼쳐져 선유구곡(仙遊九曲)이라고 한다. 백두대간상 청화산(靑華山) 동쪽의 내선유동과 용유동은 병천(甁川) 상류의 계곡으로 예로부터 계곡미가 수려한 곳이다. 내선유동은 문경선유동계곡이라 불리고, 아홉 구비 절경을 이뤄 선유구곡이라고도 한다. 용유동 역시 계곡 경관이 빼어나 쌍룡계곡(雙龍溪谷)이라고 불린다.

괴산(槐山)은 신라 경덕왕 때 괴양(槐壤)으로 불리다가, 고려 때 괴주(槐州)로 바뀌었고, 1018년(고려 현종 9년)에 장연(長延)과 함께 충주목 관할이 되었다. 1403년(조선 태종 3년)에 지괴주사(知槐州事)로 되었다가 1413년(태종 13년) 괴주가 괴산군으로 승격되었다. 괴산의 지명 유래는 느티나무((槐木)에서 유래되었다고 전한다. 1895년 충주부 관할 괴산군이 되었고, 이듬해 충청북도에 편제되었다. 1914년 부군면 통폐합 때 청안군(淸安郡) 일부와 연풍군(延豊郡)을 통합해 지금의 괴산군이 되었다.

보은(報恩)은 757년(신라 경덕왕 16년)에 삼년군(三年郡)으로 불렸고, 고려 때 보령(保齡)으로 개칭했다가 보령(保令)으로 바꿨다. 1406년(조선 태종 6년) 충청우도의 보령현(保寧縣)과 음이 같다 하여 보은현으로 개칭한 뒤 조선 말까지 지속되었다. 1895년 공주부 관할 보은군이 되었고, 이듬해 충청북도에 편제되었다. 1914년 회인군(懷仁郡)과 충청남도 대덕군(大德郡)의 일부가 편입되었다. 1973년 보은면이 읍으로 승격되었다.

연풍(延豊)은 고구려 때 상모현(上芼縣)으로 불렸는데, 1018년(고려 현종 9년)에 장연현(長延縣)으로 개칭해 장풍현(長豊縣)과 함께 충주에 속하였다. 1394년(조선 태조 3년) 장연현과 장풍현을 합쳐 장풍현이라 하고 감무를 두었으며, 1403년(태종 3년) 연풍현으로 고치고 1413년에 현감을 두었다. 1895년 연풍군으로 승격되었으나, 1914년 괴산군에 통합되어 연풍면이 되었다.

문경(聞慶)은 757년(신라 경덕왕 16년) 관산현(冠山縣)·가선현(嘉善縣)·호계현(虎溪縣) 등으로 불리다가, 고려 때 관산현은 문희군(聞喜郡)으로, 가선현은 가은현(加恩縣)으로 바뀌었고, 뒤에 문희군은 문경군으로 개칭되었다. 1413년(조선 태종 13년)에 문경현이 되어 현감을 두고 조선 말까지 지속되었다. 1895년 안동부 관할 문경군이 되었고, 이듬해 경상북도에 편제되었다. 1949년 군청을 점촌리(店村里)로 이전하고, 1956년 점촌읍으로 승격되었다. 1986년 점촌읍이 시로 승격되면서 문경군이 분리되었다. 1995년 점촌시와 문경군이 통합되어 새로운 문경시로 승격되었다.

함창(咸昌)은 신라 경덕왕 때 고령군(古寧郡)으로 불리다가, 961년(고려 광종 12년)에 함녕군(咸寧郡)이 되었다. 1018년(고려 현종 9년) 함창현으로 개칭되고, 1171년(고려 명종 2년)에 감무를 두었다. 1413년(조선 태종 13년)에 현감을 두었고, 그 뒤 조선 말까지 지속되었다. 1895년 안동부 관할 함창군이 되었고, 이듬해 경상북도에 편제되었으나, 1914년 부군면 통폐합 때 상주군에 편입되어 함창면이 되었다. 현재 상주시 함창읍이다.

용궁(龍宮)은 신라 때 축산현(竺山縣)이었고, 995년(고려 성종 14년) 용주(龍州)로 바뀌었고, 1012년(고려 현종 3년) 용궁으로 개칭되었다. 1413년(조선 태종 13년)에 현감을 두고, 조선 말까지 지속되었

다. 1895년 안동부 관할 용궁군이 되었고, 이듬해 경상북도에 편제되었다. 1914년 부군면 통폐합 때 예천군(醴泉郡)에 편입되어 용궁면이 되었다.

풍기(豊基)는 신라 때 기목진(基木鎭)으로 불리다가, 고려 초에 기주(基州)가 되었고, 1390년(고려 공양왕 2년)에 감무를 두었다. 1413년(조선 태종 13년)에 기천(基川)으로 개칭되어 현감을 두었고, 1451년(문종 1년) 은풍현(殷豊縣)과 합쳐 풍기군(豊基郡)으로 승격되면서 조선 말까지 지속되었다. 1895년 안동부 관할 풍기군이 되었고, 이듬해 경상북도에 편제되었으나, 1914년 영주군(榮州郡)에 편입되어 풍기면이 되었다. 1973년 풍기면이 읍으로 승격되었다. 현재 영주시 풍기읍이다.

괴산에는 미륵산성(彌勒山城)이 남아 있고, 화양동에 만동묘정비(萬東廟庭碑) 등의 문화재가 남아 있다. 보은에는 함림산성(含林山城)이 남아 있고, 대동여지도에 표기되지 않았지만 법주사에 국보로 지정된 쌍사자 석등(雙獅子石燈)과 팔상전(捌相殿)을 비롯해 원통보전(圓通寶殿), 대웅보전, 석련지(石蓮池), 마애여래의좌상(磨崖如來倚座像) 등의 불교 문화재가 보존되어 있다.

문경에는 조령산성(鳥嶺山城)을 비롯해 희양산성(曦陽山城)·작성(鵲城)·가은고성(加恩古城) 등의 산성이 있다. 희양산의 양산사(陽山寺)는 지금의 봉암사(鳳巖寺)로, 사찰 내에는 지증대사적조탑(智證大師寂照塔)을 비롯해 삼층석탑(三層石塔) 등의 문화재가 보존되어 있다. 또한 문경에서 연풍으로 넘어가는 조령에는 조선 시대 3개의 관문이 설치되었고 관문을 따라 성벽이 축조되어 있는데, 제1관문은 주흘관(主屹關)·제2관문은 조곡관(鳥谷關)·제3관문은 조령관(鳥嶺關)이다.

함창(현재는 상주)의 공검지(恭儉池)는 '공갈못'이라고도 불리는데, 의림지(義林池)·벽골제(碧骨堤)와 같은 시기인 삼한 시대에 축조된 저수지로 남한에서 가장 큰 규모의 저수지로 알려졌었다. 이 저수지를 '공갈못'이라 부르게 된 연유는 둑을 쌓을 때 '공갈'이라는 아이를 묻었다는 설화에 의한 것으로, 현재는 대부분이 논으로 바뀌고 작은 못만 남아 있다.

15-4 진천鎭川 청주淸州 공주公州
신라 이후 중원문화의 중심지, 청주

대동여지도 우측 가운데 적현(赤峴)에서 거대산(巨大山)을 거쳐 좌구산(坐龜山)으로 이어지는 굽은 산줄기와 그 위쪽 봉학산(鳳鶴山)에서 마곡산(麻谷山)으로 이어지는 산줄기는 한남금북정맥이고, 지도 상단 좌측 납운치(納雲峙)에서 월조산(月照山), 차령(車嶺), 쌍령(雙嶺)을 거쳐 각흘치(角屹峙)에서 남쪽으로 뻗은 큰 산줄기는 금북정맥이다. 지도 하단 우측에서 공주 방면으로 흐르는 쌍선 하천은 금강(錦江)이고, 북쪽에서 금강으로 합수되는 쌍선 하천은 금강의 최대 지류인 미호천(美湖川)이다. 금강의 물줄기는 현대 지도와 잘 맞지 않으며, 검단연(檢丹淵)은 현재 대청댐이 들어선 곳이다. 대동여지도의 산줄기와 물줄기는 현대 지도와 엇비슷한 편이나, 지명은 현대 지도와 다른 것이 많다.

청주(淸州)는 삼국 시대 백제와 신라의 각축장이었다가, 통일 신라 이후 757년(신라 경덕왕 16년) 서원경(西原京)으로 승격되었다. 940년(고려 태조 23년)에 청주로 개칭되었고, 983년(고려 성종 2년) 청주목으로 승격되었다. 조선 초에는 청주목으로 존속되다가, 1505년(연산군 11년) 이곳 출신 사람이 환관 이공신(李公臣)을 죽인 사건으로 청주목을 분리해 이웃 고을들에 분속시켰다. 중종 때 청주목으로 복귀되었고, 그 뒤 강등과 복귀가 거듭되었다. 1895년 공주부 관할 청주군이 되었고, 이듬해 충청북도에 편제되었으며, 1914년 문의군이 청주군에 편입되었다. 1949년 청주시로 승격되었다. 2014년 청원군과 통합되어 새로운 청주시가 되었다.

청안(淸安)은 고려 때 청당(淸塘)과 도안(道安)으로 불렸는데, 1405년(조선 태종 5년)에 두 현을 합쳐 청안으로 개칭하고 감무를 두었다. 1413년(태종 13년)에 현감을 두고, 조선 말까지 지속되었다. 1895년 청안군으로 승격되었으나, 1914년 부군면 통폐합 때 괴산군에 통합되어 폐지되었다. 현재 괴산군 청안면이다.

문의(文義)는 757년(신라 경덕왕 16년) 연산군(燕山郡)으로 불리다가, 1172년(고려 명종 2년) 감무를 두었으며, 1259년(고려 고종 46년) 위사공신(衛社功臣) 박희실(朴希實)의 내향(內鄕)이라 하여 문의현으로 승격되면서 조선 말까지 그대로 지속되었다. 1895년 문의군으로 승격되었고, 1914년 청주에 통합되면서 폐지되었다. 현재 청주시 상당구 문의면이다.

회인(懷仁)은 신라 경덕왕 때 매곡(昧谷)으로 불렸고, 고려 초에 회인으로 개칭되고, 1383년(고려 우왕 9년) 감무를 두었다. 1413년(조선 태종 13년)에 현감을 두고, 조선 말까지 그대로 지속되었다. 1895년 회인군으로 승격되었으나, 1914년 보은군에 편입되어 회북면(懷北面)이 되었다. 2007년 보은군 회인면으로 개칭되었다.

회덕(懷德)은 757년(신라 경덕왕 16년) 비풍군(比豊郡)으로 불렸고, 1172년(고려 명종 2년) 감무를 두었다. 1413년(조선 태종 13년)에 충청우도 공주목에 속하는 회덕현이 되어 조선 말까지 지속되었다. 1895년 공주부 관할 회덕군이 되었으나, 1914년 부군면 통폐합 때 회덕·진잠·공주 3개 군이 폐합되어 대전군(大田郡)이 되었다. 1935년 대전이 부로 승격하면서 대덕군 회덕면이 되었다. 1948년 대전부가 시로 승격되었고, 1989년 대전직할시가 되고, 1995년 대전광역시가 되었다. 현재 대전광역시 대덕구 회덕동이다.

공주(公州)는 475년부터 538년까지 백제의 수도 웅진(熊津)이었고, 660년 나당연합군에 패하면서 웅진도독부(熊津都督府)가 설치되었고, 757년(신라 경덕왕 16년)에 웅천주가 웅주(熊州)로 바뀌었다. 940년(고려 태조 23년) 공주로 개칭되고, 983년(고려 성종 2년)에 공주목이 되어 조선 말까지 큰 변화 없이 유지되었다. 1895년 공주군으로 개칭되면서 충청남도의 수부로 관찰사가 주재하였고, 1911년 충청남도의 도청 소재지가 되었으나, 1932년 경부선 철도 개통으로 도청이 대전으로 이전되었다. 1986년 공주읍이 시로 승격되면서 공주군과 분리되었고, 1995년 공주시와 공주군이 통합되어 새로운 공주시가 되었다.

연기(燕岐)는 신라 경덕왕 때의 명칭으로, 1018년(고려 현종 9년)에는 청주목에 속했다. 1397년(조선 태조 6년) 연기현에 감무를 두었고, 1414년(태종 14년) 전의현(全義縣)과 연기현을 합쳐 전기현(全岐縣)이 되었으나, 1416년 연기현과 전의현을 분리하여 각각 현감을 두었다. 1895년 공주부 관할 연기군이 되었고, 이듬해 충청남도에 편제되었으나, 1914년 전의군(全義郡)과 공주군 일부가 연기군에 편입되었다. 2012년 연기군 전체와 공주시 일부, 충청북도 청원군 일부 지역이 세종특별자치시에 편입되었다.

정산(定山)은 757년(신라 경덕왕 16년)에 열성현(悅城縣)으로 불렸고, 940년(고려 태조 23년) 정산현으로 개칭되어, 1018년(고려 현종 9년) 공주목의 속현이 되었다가 뒤에 복귀하여 감무를 두었다. 1413년(조선 태종 13년)에 현감을 두고, 조선 말까지 그대로 지속되었다. 1895년에 정산군이 되었으나, 1914년 부군면 통폐합 때 청양군(靑陽郡)에 통합되어 정산면이 되었다.

천안(天安)은 신라 경덕왕 때 목주(木州)로 불리다가, 930년(고려 태조 13년)에 천안으로 개칭되어 도독(都督)을 두었고, 1310년(고려 충선왕 2년)에 전국의 부목을 폐지할 때 영주(寧州)로 바뀌었으나, 1362년(고려 공민왕 11년)에 다시 천안부가 되었다. 1413년(조선 태종 13년)에 영산군(寧山郡)으로 고쳤다가 1416년(태종 16년)에 다시 천안군이 되어 조선 말까지 지속되었다. 1895년 공주부 관할 천안군이 되었고, 이듬해 충청남도에 편제되었다. 1914년 목천(木川)과 직산(稷山)을 통합하였고, 1931년 천안면이 읍으로 승격되었다. 1963년 천안읍이 시로 승격되면서 천안군이 천원군(天原郡)으로 변경되었으나, 1991년 천원군이 천안군으로 개칭되었다. 1995년 도농 통합에 따라 천안시와 천안군이 통합되어 새로운 천안시가 되었다.

목천(木川)은 백제 때 대목악군(大木岳郡)으로 불리다가 757년(신라 경덕왕 16년)에 대록군(大麓郡)으로 개칭되었고, 940년(고려 태조 23년) 목주군(木州郡)이 되었다. 1413년(조선 태종 13년) 목천으로 개칭되어 현감을 두고, 조선 말까지 지속되었다. 1895년 목천군으로 승격되었으나, 1914년 부군면 통폐합 때 천안군에 통합되어 목천면이 되었다. 현재 천안시 목천읍이다.

전의(全義)는 940년(고려 태조 23년)에 전의현이 되어 조선 말까지 그대로 지속되었다. 1895년 공주부 관할 전의군이 되었고, 이듬해 충청남도에 편제되었다. 1914년 부군면 통폐합 때 연기군에 통합되었다. 현재 새종특별자치시 전의면이다.

온양(溫陽)은 671년(신라 문무왕 11년)에 탕정주(湯井州)로 승격되었고, 고려 태조 때 탕정군이 되고, 940년에 온수군(溫水郡)으로 개칭되었다. 1414년(조선 태종 14년)에 신창(新昌)과 통합하여 온창(溫昌)으로 개칭되었다가 1442년(세종 24년)에 왕이 온천을 와서 온양군으로 승격되어 조선 말까지 그대로 지속되었다. 1895년 공주부

관할 온양군이 되었고, 이듬해 충청남도에 편제되었다. 1914년 온양군·아산군·신창군이 통합되어 아산군이 되었고, 1941년 온양면이 온양읍으로 승격되었다. 1986년에 온양시로 승격되었으나, 1995년 아산군과 통합되면서 아산시(牙山市)가 되었다.

진천(鎭川)은 신라 때 흑양군(黑壤郡)으로 불리다가, 고려 초에 강주(降州)로 바뀌었고, 뒤에 진주(鎭州)로 개칭되었고, 1259년(고려 고종 46년) 몽고의 침략 때 사력을 다하여 저항한 무인 임연(林衍)이 문백면 구곡리에서 태어났다고 하여, 창의현(彰義縣)으로 승격되었다. 1269년(고려 원종 10년)에 다시 임연의 공으로 의령군(義寧郡)으로 승격되어 지군사(知郡事)를 두었으나, 임연이 죽은 뒤에 진주현으로 강등되었다. 조선 초에는 상산(常山)으로 불리다가, 1413년(조선 태종 13년)에 진천현으로 개칭되면서 현감을 두고, 조선 말까지 지속되었다. 1895년 충주부 관할 진천군으로 승격되었고, 이듬해 충청북도에 편제되었다. 1973년 진천면이 읍으로 승격되었다.

청주에는 상당산성(上黨山城)과 부모산성(父母山城)이 남아 있고, 세계 최고의 금속활자본인 직지심경(直指心經)을 인쇄했던 흥덕사지(興德寺址)가 있다.

공주의 산성에 '쌍수(雙樹)'라고 표기된 것은 이 산성이 백제 때는 웅진성(熊津城)이었고, 고려 이후에는 공산성(公山城)이었다가 조선 인조 이후 쌍수산성(雙樹山城)으로 개칭되었기 때문이다. 공주에는 백제 시대 유적이 밀집되어 분포하는데, 이 가운데 송산리고분군(宋山里古墳群)은 백제의 왕릉으로 추정되는 고분들로 현재 무령왕릉(武寧王陵)을 포함하여 1~6호 고분이 복원되어 있다. 무령왕릉과 왕릉원은 국보로 지정되어 있으며, 무령왕 금제 관식(金製冠飾)을 비롯한 무령왕릉의 유물 11점도 국보로 지정되었다.

천안에는 흑성산성(黑城山城)과 세성산성(細城山城) 등의 관방 유적이 남아 있다. 온양온천(溫陽溫泉)은 우리나라에서 가장 오래된 온천으로, 질병 치료에 효험이 있어 조선 시대 태조 임금을 비롯해 세종과 세조가 어실(御室)을 짓고 유숙한 곳이다.

15-5 서산瑞山 홍주洪州 보령保寧
충청도에서 살기 좋은 곳, 내포지방

대동여지도 우측 중간 차유령(車踰嶺)에서 구봉산(九峯山), 성주산(聖住山), 가야산(伽耶山), 북산(北山), 백화산(白華山), 지령산(智靈山)으로 이어지는 긴 산줄기는 금북정맥이다. 홍주의 간월도(看月島)와 죽도(竹島), 해미의 마도(馬島)는 1995년 서산지구 간척 사업에 의해 육지

가 되었다. 합덕지(合德池)는 백제 시대에 조성되었다는 저수지로 조선 영조와 정조 때 보수 공사를 하였고, 장구한 기간 합덕평야를 관개하던 젖줄이었으나, 1964년 예당지(禮唐池)가 준공되면서 폐지되었다. 대동여지도의 산줄기와 해안의 형태는 현대 지도와도 엇비슷한 편이다.

국내에서 6번째로 큰 섬인 안면도(安眠島)는 원래 태안반도에 연결되었던 육지였으나, 1638년(조선 인조 16년) 충청관찰사 김육(金堉)이 조운(漕運)의 편의를 위해 뭍의 좁은 허리에 운하를 파서 섬이 되었다. 태안반도 끝의 굴포(掘浦)라는 지명이 이를 뒷받침한다. 현재 안면운하(安眠運河)는 길이가 200m, 폭이 200m이다. 1970년대 안면교가 건설되면서 안면도는 육지와 다시 이어졌다.

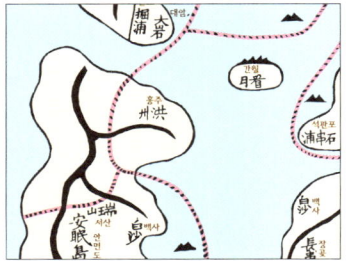

〈여지도〉의 충청도
(출처: 규장각한국학연구원)

예산(禮山)은 백제 때 오산현(烏山縣)으로 불렸고, 신라 경덕왕 16년(757년)에 고산현(孤山縣)으로 바뀌었으며, 고려 태조 2년(919년) 예산현으로 개칭되었다. 조선 태종 5년(1405년) 현감을 두어 조선 말까지 그대로 지속되었다. 1895년 홍주부 관할 예산군이 되었고, 이듬해 충청남도에 편제되었다. 1914년 부군면 통폐합 때 덕산군과 대흥군, 공주군 일부가 예산군에 편입되었고, 1940년 예산면이 읍으로 승격되었다.

덕산(德山)은 백제 때 금물현(今勿縣)이었는데, 757년(신라 경덕왕 16년)에 금무(今武)로 바뀌 이산(伊山)에 속하였다. 고려 때 덕풍으로 개칭되었고, 명종 때 감무를 두었다. 1405년(조선 태종 5년)에 덕풍현(德豊縣)과 이산현(伊山縣)을 합쳐 덕산현으로 개명되었고, 1413년(태종 13년)에 현감을 두어 조선 말까지 지속되었다. 1895년 홍주부 관할 덕산군으로 승격되었고, 이듬해 충청남도에 편제되었다. 1914년 부군면 통폐합 때 예산군에 통합되어 덕산면이 되었다.

대흥(大興)은 백제 때 임존성(任存城)으로 불리다가, 757년(신라 경덕왕 16년) 임성군(任城郡)으로 바뀌고, 고려 초에 대흥군으로 개칭되고, 1172년(고려 명종 2년)에 감무를 두었다. 1407년(조선 태종 7년) 군으로 승격되었으나, 1413년(태종 13년) 다시 대흥현이 되어 현감을 두고, 조선 말까지 지속되었다. 1895년 홍주부 관할 대흥군이 되었고, 이듬해 충청남도에 편제되었으나, 1914년 예산군에 통합되어 대흥면이 되었다.

신창(新昌)은 백제 때 굴직현(屈直縣)으로 불리다가, 757년(신라 경덕왕 16년) 기량현(祁梁縣)으로 바뀌었다. 940년(고려 태조 23년) 신창현으로 개칭되었고, 1391년(고려 공양왕 3년)에 만호 겸 감무를 두었다. 1414년(조선 태종 14년)에 온수(溫水)와 합쳐 온창(溫昌)으로 바뀌었

으나, 1416년(태종 16년) 다시 신창이 되어 현감을 두었다. 1895년 홍주부 관할 신창군이 되었고, 이듬해 충청남도에 편제되었다. 1914년 아산군에 편입되어 학성면(鶴城面)이 되고, 1917년 다시 신창면이 되었다. 현재 아산시 신창면이다.

서산(瑞山)은 백제 때 기군(基郡)으로 불리다가, 755년(신라 경덕왕 14년)에 부성군(富城郡)으로 바뀌었다. 1284년(고려 충렬왕 10년) 서산군으로 승격되어 지군사(知郡事)를 두었고, 1308년(고려 충렬왕 34년)에 서주목(瑞州牧)으로 승격되었다가 2년 뒤에 서령부(瑞寧府)로 강등되었다. 1413년(조선 태종 13년) 서산군이 되었고, 1695년(숙종 21년) 노비가 주인을 살해한 일이 생겨 현으로 강등되었다가 1713년 복귀되었고, 그 뒤 강등과 복귀를 거듭하다가 1785년(정조 9년)에 군으로 복귀되었다. 1895년 홍주부 관할 서산군이 되었고, 이듬해 충청남도에 편제되었다. 1914년 태안군과 해미군 일부가 통합되었고, 1942년 서산면이 읍으로 승격되었다. 1989년 서산읍이 시로 승격되면서 서산군이 분리되었으나, 1995년 도농 통합에 따라 서산군과 통합해 새로운 서산시가 되었다.

해미(海美)는 백제의 여촌현(餘村縣)이었다가, 757년(신라 경덕왕 16년)에 여읍(餘邑)으로 바뀌었고, 고려 초에 다시 여미(餘美)가 되었다. 1407년(조선 태종 7년) 정해(貞海)와 여미 두 현을 합쳐 해미로 개칭하고, 1413년(태종 13년)에 현감을 두었다. 1895년 홍주부 관할 해미군이 되었고, 이듬해 충청남도에 편제되었다. 1914년 부군면 통폐합 때 서산군에 편입되고, 1917년 해미면이 되었다. 현재 서산시 해미면이다.

태안(泰安)은 백제 때 성대혜현(省大兮縣)으로 불리다가, 757년(신라 경덕왕 16년) 소태현(蘇泰縣)이 되었다. 1298년(고려 충렬왕 24년)에 태안군으로 개칭되면서 조선 말까지 그대로 지속되었다. 1914년 부군면 통폐합 때 태안군 전체가 서산군에 통합되었다. 1973년 태안면이 읍으로 승격되었고, 1989년 서산에서 분리되어 태안군이 되었다.

홍주(洪州)는 995년(고려 성종 14년)에 운주(運州)라 불렸고, 1012년(고려 현종 3년)에 홍주로 개칭되었다. 1358년(고려 공민왕 7년) 왕사(王師) 보우(普愚)의 고향이라 하여 홍주목으로 승격되어 조선 말까지 지속되었다. 1895년 홍주부(洪州府)가 되어 인근 22개 군을 관할하였다가, 이듬해 홍주군이 되어 충청남도에 편제되었다. 1914년에 홍주군과 결성군(結城郡)이 통합되면서 홍성군(洪城郡)이 되었고, 1941년 홍주면이 홍성읍으로 승격되었다. 2012년 홍북면(洪北面) 내포신도시(內浦新都市)로 대전광역시에 있던 충청남도 도청이 이전되었고, 2017년 홍북면이 홍북읍으로 승격되었다.

청양(靑陽)은 백제 때 고량부리현(古良夫里縣)과 열기현(悅己縣)이 있었다가, 757년(신라 경덕왕 16년)에 고량부리현은 청정현(靑正縣)으로, 열기현은 열성현(悅城縣)으로 바뀌었다. 고려 초에 청정현은 청양현으로, 열성현은 정산현(定山縣)으로 각각 개칭되었다. 1395년(조선 태조 4년)에 청양현에 감무를 두었고, 1413년(태종 13년)에는 청양현과 정산현에 모두 현감을 두었다. 1668년(현종 9년) 청양현을 정산현에 합쳐 정양현(定陽縣)으로 고쳤다가 1674년(현종 15년)에 다시 청양현과 정산현을 분리하였다. 1895년 두 현이 각각 청양군

과 정산군으로 승격되었고, 1914년 정산군이 청양군에 통합되면서 정산면이 되었다. 청양면이 읍으로 승격되었다.

결성(結成)은 백제의 결기현(結己縣)이었는데, 757년(신라 경덕왕 16년)에 결성군(潔城郡)으로 바뀌었다. 1172년(고려 명종 2년)에 결성으로 개칭되어 감무를 두었다. 1413년(조선 태종 13년)에 현감을 두고, 조선 말까지 지속되었다. 1895년 홍주부 관할 결성군으로 승격되고, 이듬해 충청남도에 편제되었으나, 1914년 부군면 통폐합 때 홍성군에 통합되어 결성면이 되었다.

보령(保寧)은 백제 때 신촌현(新村縣)과 사포현(寺浦縣) 지역이었고, 신라 경덕왕 때 신촌현은 신읍현(新邑縣), 사포현은 남포현(藍浦縣)으로 각각 개칭되었다. 고려 초에 신읍현이 보령현으로 개칭되어 1106년(고려 예종 1년)에 감무를 두었다. 1413년(조선 태종 13년)에 현감을 두었고, 1652년(효종 3년)에 도호부로 승격되어 수군절도사 겸 부사(府使)를 두었다가 3년 뒤에 다시 현으로 강등되었다. 1895년 보령군으로 승격되었다. 1963년 대천면이 읍(大川邑)으로 승격되었고, 1986년 대천읍이 대천시로 승격되면서 보령군이 분리되었다. 1995년 도농 통합에 따라 대천시와 보령군이 통합되어 새로운 보령시가 되었다.

덕산온천(德山溫泉)은 조선 시대부터 알려졌으나, 1917년 일본인에 의해 처음 온천장으로 개장되었다. 천연 중탄산나트륨 온천으로 게르마늄 성분이 포함되어 있어 근육통, 관절염, 신경통 등에 효능이 있다고 한다. 대흥현 봉수산(鳳首山)에 있는 고산성은 백제 시대에 축조된 산성으로, 봉수산성 또는 임존성(任存城)이라고도 불리며 현재 성벽 일부와 성문·수구문(水口門)·우물 터·건물 터 등이 남아 있다.

홍주읍성(洪州邑城)은 백제 시대의 주류성(周留城)으로 축조된 연대는 확실치 않으나, 현재 남아 있는 성벽의 둘레는 약 800m이고, 동문인 조양문(朝陽門)과 동헌인 안회당(安懷堂)이 남아 있다. 보령 충청수영(忠淸水營)은 조선 시대 충청도 수군절도사영이 있던 수영으로 중종 때 성이 축조되었고, 성 안에는 영보정(永保亭)을 비롯해 관덕정(觀德亭)·대변루(待變樓)·능허각(凌虛閣)·고소대(姑蘇臺)·옹성(甕城)·성문·연못 등이 있었으나, 현재는 서쪽 망화문(望華門) 터의 아치형 석문(石門)만 남아 있다.

15-6 안흥安興
금북정맥 줄기의 끝머리, 안흥

대동여지도의 안흥진(安興鎭)은 금북정맥의 끝머리에 해당된다. 섬으로 표시된 파도지도(波濤只島)는 〈1872년 지방지도〉 태안군 지도에도 현대 지도와 같이 육지로 나타나 있는데, 이는 사주(砂洲)의 발달로 인해 육지와 이어진 육계도(陸繫島)이다. 〈1872년 지방지도〉 태안군 지도에서 파도지 끝에 표기된 후망산(候望山)은 배후 후망 시설이 있던 곳으로, 충청수영(忠淸水營) 안흥진 소관의 파도지후망산(波濤只候望山)이고, 이곳에는 망을 보던 후망장(候望將)을 두었다. 현대 지도에는 이 후망산을 뒤끈이산(91m)으로 표기하고 있다.

〈1872년 지방지도〉의 태안군
(출처: 규장각한국학연구원)

안흥만 입구의 남쪽 해협은 '난행량(難行梁)'이라 불렸던 곳인데, 바닷물이 험난하여 조운선(漕運船)이 이곳에 이르러 여러 번 조난을 당하므로 사람들이 그 이름을 꺼려해 편안한 길목이라는 뜻의 안흥량(安興梁)으로 고쳤다고 한다. 현대 지도에서는 신진도(新津島)와 마도(馬島)를 거쳐 가의도(賈誼島)에 이르는 해역이 안흥량이다.

안흥진은 1609년 광해군 때 설치된 수군첨절제사가 통솔하는 거진(巨鎭, 주진 밑에 설치되었던 중간 규모의 진)으로, 그 후에 방어영(防禦營)으로 승격되었고 충청도 수영의 행영(行營)이 되기도 했다. 안흥 마을 뒷산에 있는 안흥성은 조선 효종 때 석성으로 축조되어 안흥진성(安興鎭城)이라고도 부르며 중국 사신을 영접하던 곳이기도 하다. 동학농민운동 때 성 안의 건물은 소실되었으나, 성곽과 동문인 수성루(壽城樓)·서문인 수홍루(垂虹樓)·남문인 복파루(伏波樓)·북문인 감성루(坎城樓)는 원래 모습대로 남아 있다.

16-1 영덕盈德 청하淸河 흥해興海
천년의 맛인 대게의 고장, 영덕

대동여지도 상단 좌측 팔각산(八角山)에서 고라산(高羅山)을 거쳐 운주산(雲住山)에 이르는 남북으로 긴 산줄기는 낙동정맥이다. 흥해 동쪽에 돌출된 지역은 호미반도(虎尾半島)의 말단부이고, 육지와의 사이는 영일만(迎日灣)이다. 호미곶은 일제 강점기인 1918년부터 장기갑(長鬐岬)으로 불리다가 1995년 장기곶으로 변경되었고, 2001년부터는 호미곶으로 바뀌었다. 따라서 호미곶이 위치한 반도의 명칭 또한 구룡반도(九龍半島), 장기반도(長鬐半島) 등으로 불리다가 현재는 호미반도로 불린다. 청송(靑松)의 주방산(周房山)은 신라 때 명주군왕(溟州郡王)이었던 김주원(金周元)이 공부한 곳이라 하여 붙여진 이름으로, 현재는 주왕산(周王山)으로 불린다. 청하의 내영산(內迎山)은 대동여지도보다 먼저 제작된 〈청구도〉에는 '내연산(內延山)'으로 나와 있어 잘못 표기된 것으로 보인다.

영덕군을 가로질러 동해로 흘러드는 오십천(五十川)은 옛날에는 은어가 서식할 정도로 청정한 하천이었다. 대동여지도에는 강 하구를 삼강(三江)이라 하였으나, 현재는 동해안의 주요 어항 중 하나인 강구항(江口港)이 위치한다. 강구항은 영덕대게의 집산지로 매년

3월 '왕이 사랑한 대게'라는 슬로건으로 영덕대게축제가 개최된다. 영해 축산포 앞바다의 축산도(丑山島)는 조선 시대에 유배지였으나, 일제 강점기에 바다를 매립하면서 육지가 되었다.

낙동강이고, 그 위쪽 비안(比安)을 끼고 흐르는 쌍선 하천은 낙동강의 지류인 위천(渭川)으로 경상북도 내륙의 넓은 하곡평야(河谷平野)를 적시는 젖줄이다.

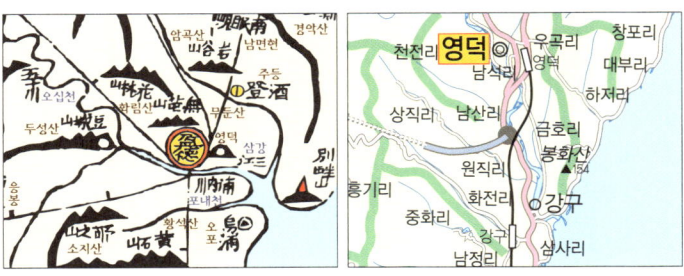

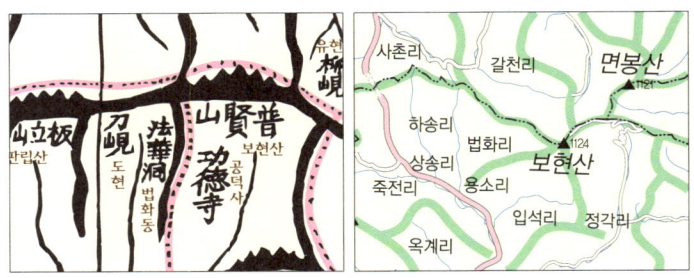

영덕(盈德)은 757년(신라 경덕왕 16년) 유린군(有隣郡)으로 불렸고, 940년(고려 태조 23년)에 영덕군이 되었다. 1415년(조선 태종 15년)에 영덕현이 되어 현령을 두고, 조선 말까지 지속되었다. 1895년 안동부 관할 영덕군이 되었고, 이듬해 경상북도에 편제되었다. 1914년 영해군(寧海郡)이 통합되었고, 1979년 영덕면이 읍으로 승격되었다.

청하(淸河)는 757년(신라 경덕왕 16년)에 해아현(海阿縣)으로 불렸고, 940년(고려 태조 23년)에 청하현으로 개칭되었다. 조선 태조 때 감무를 두었고, 1413년(조선 태종 13년)에 현감을 두고, 조선 말까지 지속되었다. 1895년 안동부(安東府) 관할 청하군으로 승격되고, 이듬해 경상북도에 편제되었으나 1914년 영일군에 편입되었다. 현재 포항시 북구 청하면이다.

흥해(興海)는 757년(신라 경덕왕 16년) 의창군(義昌郡)으로 불렸고, 940년(고려 태조 23년)에 흥해군으로 개칭되고, 1367년(고려 공민왕 16년) 국사(國師) 천희(千熙)의 고향이라 하여 지군사(知郡事)로 승격되어 조선 말까지 지속되었다. 1895년 동래부 관할 흥해군이 되고, 이듬해 경상북도에 편제되었다. 1914년 흥해면이 되면서 영일군에 통합되었고, 1956년 의창면(義昌面)으로 바뀌었다가, 1983년 흥해읍으로 개칭되었다. 현재 포항시 북구 흥해읍이다.

영덕에는 오보진성지(烏保鎭城址)·달로산성지(達老山城址)·축산리성터 등의 성터가 남아 있고, 봉수는 별반산(別畔山) 봉수와 대소산(大所山) 봉수가 남아 있다. 내연산에 위치한 보경사(寶鏡寺)에는 보물로 지정된 원진국사비(圓眞國師碑)와 승탑(僧塔) 등의 국가유산이 있고, 흥해 칠포(漆浦)에는 영일칠포리암각화가 있다.

16-2 의성義城 군위軍威 의흥義興

삼한 시대 부족국가 소문국의 땅, 의성

대동여지도 우측 중간 보현산(普賢山)에서 서쪽으로 뻗어 나간 지맥들은 낙동정맥에서 갈라져 나온 산줄기이다. 해발 1,124m의 보현산은 경상북도에서 일월산(1,218.5m), 팔공산(1,192.9m) 다음으로 높은 산으로, 이 지역 일대의 산들을 거느린다는 뜻에서 모자산(母子山)으로 불렸다고 하는데, 대동여지도에는 보현산 남쪽에 따로 모자산이 표기되어 있다. 보현산 동봉 정상에는 1996년에 건립된 보현산 천문대가 있다. 대동여지도 하단 좌측 인동 옆으로 흐르는 큰 하천은

의성(義城)은 삼한 시대 소문국(召文國)으로 불리다가 신라 경덕왕 때 문소군(聞韶郡)으로 바뀌었고, 후삼국 시기에는 의성부가 설치되었다. 1143년(고려 인종 21년)에 의성현이 되어 현령을 두었고, 조선 말까지 그대로 지속되었다. 1895년 대구부 관할 의성군으로 승격되고, 이듬해 경상북도에 편제되었다. 1914년 부군면 통폐합 때 비안군(比安郡)과 의흥군(義興郡)이 의성군에 통합되었고, 1940년 의성면이 읍으로 승격되었다.

비안(比安)은 757년(신라 경덕왕 16년) 비옥(比屋)으로 불리다가, 1390년(고려 공양왕 2년) 안정현(安貞縣)에 감무를 둘 때 비옥현을 겸임하게 하였다. 1421년(조선 세종 3년) 안정현과 비옥현을 합쳐 안비현(安比縣)으로 개칭하였다가, 2년 뒤 비안으로 개칭되었다. 1895년 대구부 관할 비안군이 되었고, 이듬해 경상북도에 편제되었으나, 1914년 부군면 통폐합 때 의성군에 통합되어 비안면이 되었다.

군위(軍威)는 757년(신라 경덕왕 16년) 군위현으로 개명된 이후 고려 때는 지방제도 개편으로 이합이 잦았고, 1413년(조선 태종 13년) 군위현에 현감을 두고 조선 말까지 지속되었다. 1895년 대구부 관할 군위군으로 승격되고, 이듬해 경상북도에 편제되었으며, 1941년 의흥군이 군위군에 통합되었다. 1979년 군위면이 읍으로 승격되었으나, 2023년 대구광역시에 편입되어 현재 대구광역시 군위군이다.

의흥(義興)은 신라 때 구산현(龜山縣) 지역이었고, 고려 때 구산현과 부계현(缶溪縣)을 통합해 의흥군이 되었다. 1413년(조선 태종 13년) 의흥현이 되어 조선 말까지 지속되었다. 1895년 대구부 관할 의흥군이 되고, 이듬해 경상북도에 편제되었으나, 1914년 군위군에 통합되어 의흥면이 되었다.

신녕(新寧)은 757년(신라 경덕왕 16년) 개정된 지명으로, 고려 공양왕 때 감무를 두었다. 1413년(조선 태종 13년) 현감을 두고, 조선 말까지 지속되었다. 1895년 대구부 관할 신녕군으로 승격되었고, 이듬해 경상북도에 편제되었으나, 1914년 부군면 통폐합 때 영천군에 통합되었다. 현재는 영천시 신녕면이다.

인동(仁同)은 신라 경덕왕 때의 지명으로, 고려 공민왕 때 감무를 두었고, 조선 초기까지 지속되다가 1604년(선조 37년)에 도호부로 승격되었다. 1895년 대구부 관할 인동군이 되었고, 이듬해 경상북도에 편제되었으나, 1914년 부군면 통폐합 때 칠곡군에 편입되면서 인동면이 되었다. 현재 구미시 인동동이다.

의성읍에는 성산성지(城山城址)가 있고, 금성산(金城山)에는 삼국 시

대 고분군과 금성산성지가 있다. 의성군 남쪽에 표기된 소문국고지(召文國古址, 조문국으로도 읽음)는 삼한 시대에 부족국가 있던 곳으로, 소문국은 《삼국사기》에 그 이름이 처음 등장하고, 《대동지지》에는 소문국의 옛터가 의성 읍치에서 남쪽으로 25리 떨어진 지점이라고 밝히고 있다. 이를 증명하듯 금성면 일대는 고분이 많이 분포하고 있으며, 2013년 이곳에는 의성조문국박물관이 개관되어 고분에서 발굴된 유물을 전시하고 있다.

군위 의흥면에는 화산산성(華山山城)과 인각사지(麟角寺址), 보물로 지정된 인각사 보각국사탑 및 비(麟角寺普覺國師塔·碑)가 있고, 부계면(缶溪面)에는 국보로 지정된 군위 아미타여래삼존 석굴(軍威阿彌陀如來三尊石窟)이 있다. 삼존 석굴은 통일 신라 시대의 석굴 사원으로 거대한 자연 암벽을 뚫은 석굴 내에 아미타여래삼존 석상을 안치하였다. 이 석굴은 1962년에 발견되었는데, 조성 연대가 경주 석굴암보다 100년이 앞선다고 한다.

16-3 상주尙州 선산善山 영동永同
충청·전라·경상 3도의 분기점, 삼도봉

대동여지도 상단 가운데 웅현(熊峴)에서 추풍령(秋風嶺), 삼도봉(三道峰), 주치(朱峙)로 이어지는 큰 산줄기는 백두대간이다. 삼도봉은 충청·전라·경상 3도의 경계를 가르는 분기점으로 정상에는 1990년에 세운 '삼도봉 대화합 기념탑'이 있다. 지도 우측의 쌍선 하천은 낙동강이고, 지류인 위수(渭水)는 지금의 위천(渭川)이다. 지도 좌측의 끊어지다 이어지는 쌍선 하천은 금강(錦江)이다. 대동여지도의 산줄기와 물줄기는 현대 지도와도 엇비슷한 편이다.

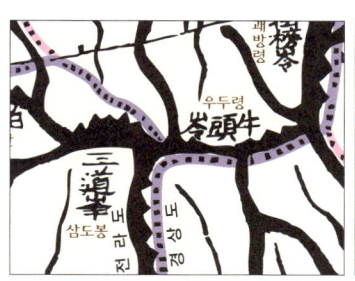

낙동강(洛東江)은 삼국 시대에 황산강(黃山江)이라 하였고, 조선 시대에 이르러 가락(駕洛, 지금의 상주)의 동쪽으로 흐르는 강이란 뜻에서 붙여진 명칭이다. 조선 후기 실학자 이긍익(李肯翊)이 지은 《연려실기술(燃藜室記述)》 16권 〈지리전고(地理典故)〉 편에 '낙동(洛東)은 상주의 동쪽'이라고 적혀 있다. 선비들이 한양으로 과거 보러 갈 때 이 고개를 넘으면 추풍낙엽처럼 낙방한다 하여 황악산 남쪽의 괘방령(掛榜嶺)을 넘었다는데, 괘방령은 과거 급제의 방이 붙기를 기원한다는 뜻에서 붙여진 이름이라고 한다.

상주(尙州)는 524년(신라 법흥왕 11년) 상주(上州)로 불렸고, 557년(신라 진흥왕 18년) 상락군(上洛郡)이 되었고, 687년(신라 신문왕 7년) 사벌주가 되었다가 757년(신라 경덕왕 16년) 상주(尙州)로 개칭되었다. 983년(고려 성종 2년)에 상주목이 되고, 1408년(조선 태종 8년) 상주

에 경상 감영을 두어 경상감사가 상주목사를 겸하였다. 1895년 안동부 관할 상주군이 되었고, 이듬해 경상북도에 편제되었다. 1914년 부군면 통폐합 때 함창군이 상주군에 통합되었고, 1931년 상주면이 읍으로 승격되었다. 1986년 상주읍이 시로 승격되면서 상주군이 분리되었으나, 1995년 상주시와 상주군이 통합되면서 새로운 상주시가 되었다.

선산(善山)은 757년(신라 경덕왕 16년)에 숭선군(嵩善郡)으로 불렸고, 995년(고려 성종 14년)에 선주(善州)로 개칭되었다. 1413년(조선 태종 13년) 선산군으로 개칭되었고, 2년 뒤에 도호부로 승격되었다. 1895년 대구부 관할 선산군이 되었고, 이듬해 경상북도에 편제되었다. 1963년 선산군 구미면이 읍으로 승격되고, 1978년 구미읍과 칠곡군 인동면이 합쳐 구미시로 승격되면서 선산군이 분리되었고, 이듬해 선산면이 읍으로 승격되었다. 1995년 선산군과 구미시가 통합되어 새로운 구미시가 되었다.

개령(開寧)은 신라 진흥왕 때 청주(青州)로 불렸고, 신라 경덕왕 때 개령으로 바뀌었다. 1172년(고려 명종 2년)에 감무를 두었고, 1413년(조선 태종 13년)에 현감(縣監)을 두어 개령현이 되었다. 1895년 대구부 관할 개령군이 되었고, 이듬해 경상북도에 편제되었다. 1914년 부군면 통폐합 때 김천군(金泉郡) 개령면이 되었다. 현재 김천시 개령면이다.

김산(金山)은 신라 때 풍무현(風茂縣)으로 불렸고, 고려 공양왕 때 감무를 두었다. 조선 건국 이후 정종(定宗)의 태가 묻혔다 하여 김산군으로 승격되었고, 1895년 대구부 관할의 김산군이 되었다가 이듬해 경상북도에 편제되었다. 1914년 개령군(開寧郡) 일부를 통합하면서 김천군으로 바뀌었다. 1949년 김천읍이 김천시로, 김천군은 금릉군(金陵郡)으로 바뀌었고, 1995년 금릉군은 김천시에 통합되면서 새로운 김천시가 되었다.

청산(青山)은 757년(신라 경덕왕 16년)에 기산(耆山)으로 불렸고, 940년(고려 태조 23년)에 청산으로 개칭되었다. 1403년(조선 태종 3년)에 감무를 두었고, 1416년에 현감을 두었다. 1895년(고종 32년) 청산군으로 승격되었고, 1914년 부군면 통폐합 때 옥천군에 합하여 청산면이 되었다.

영동(永同)은 757년(신라 경덕왕 16년)에 영동으로 불렸고, 995년(고려 성종 14년) 계주(稽州)로 바뀌었다. 1413년(조선 태종 13년)에 영동으로 개칭되면서 영동과 황간에 현감을 두고, 조선 말까지 지속되었다. 1895년 공주부 관할 영동군과 황간군으로 승격되었고, 이듬해 충청북도에 편제되었다. 1914년 황간군과 경상북도 상주군 일부가 영동군에 통합되었다.

황간(黃澗)은 신라 때 소라현(召羅縣)으로 불리다가 신라 경덕왕 때 황간으로 개칭되었고, 1018년(고려 현종 9년)에 감무를 두었다. 1414년(조선 태종 14년)에 청산(青山)과 합쳐 황청현(黃青縣)이 되었으나, 2년 뒤 각각 복귀되어 현감을 두었다. 1895년 충주부 관할 황간군이 되었고, 이듬해 충청북도에 편제되었다. 1914년 부군면 통폐합 때 영동군에 편입되어 황간면이 되었다.

무주(茂朱)는 본래 무풍(茂豊)으로 불렸으나, 백제 때 무산현(茂山縣)으로 바뀌었다가, 757년(신라 경덕왕 16년)에 다시 무풍현이 되었

다. 1414년(조선 태종 14년)에 무풍과 주계(朱溪)를 합쳐 무주현으로 개칭되고, 조선 말까지 그대로 지속되었다. 1895년 남원부 관할 무주군으로 승격되었고, 이듬해 전라북도에 편제되었다. 1979년 무주면이 읍으로 승격되었다.

상주에는 옛 사벌국의 고성인 병풍산성(屛風山城) 터가 남아 있고, 김천에는 속문산성(俗文山城) 터가 남아 있다. 선산(현재 구미시) 금오산(977m) 정상부에 축조된 금오산성(金鳥山城)은 고려 시대의 산성으로 내외 성벽의 길이는 약 6.3km이고 현재 남문·서문·중문·암문(暗門)과 건물 터가 남아 있다. 임진왜란 때는 이 산성의 전략적 중요성이 인식되어 연산군 때 성벽을 수축하였고, 현재 성 내에는 고종 때 세운 중수송공비(重修頌功碑)가 있다.

영동은 신라와 백제가 국경을 마주했던 곳이어서 산성과 성터가 많은데, 영동읍성 외 마니산성지(摩尼山城址)와 황간의 백화산성(白華山城) 등이 있다. 무주의 적상산성(赤裳山城)은 고려 말기의 산성으로, 둘레 약 3km이고 현재 북문지와 서문지, 사고지(史庫址)가 남아 있다. 적상산사고는 조선 광해군 때 건립되어 실록이 보관되었고, 인조 때는 묘향산사고를 이곳에 옮겨 보관하였는데, 정묘호란 이후에는 사고의 수호가 어려워지자 1643년 산성 안에 호국사(護國寺)를 창건해 수호 사찰로 하였다. 1910년 한일늑약 이후 실록은 구황실문고(舊皇室文庫)로 편입해 장서각에 보관시켰고, 그 뒤 한국전쟁 와중에 분실되었다고 했으나, 현재 김일성대학도서관에 보존되어 있는 것으로 알려져 있다.

16-4 옥천沃川 연산連山 익산益山
옛날 전라도 땅이었던 진산과 금산

대동여지도 하단 가운데 축치(杻峙)에서 대둔산(大芚山), 양정치(羊丁峙), 판치(板峙), 망월산(望月山)으로 이어지는 긴 산줄기는 금북정맥이고, 대동여지도 좌측과 우측 끝의 쌍선 하천은 금강(錦江) 줄기다. 대동여지도의 산줄기와 물줄기는 현대 지도와 엇비슷하다.

대둔산 남쪽의 이치(梨峙)는 지금의 배티재로, 임진왜란 때는 전라도도절제사 권율(權慄)과 동복현감(同福縣監) 황진(黃進)이 거느린 관군이 일본의 고바야카와 다카가게(小早川隆景)가 거느린 왜군을 격퇴해 왜군의 전라도 진출을 저지하였다. 대둔산 북쪽의 황산령(黃山嶺) 서쪽 일대(지금의 논산시 연산면 신양리와 신암리 일원)는 660년 백제군과 신라군이 큰 전투를 벌려 백제 장군 계백(階伯)이 전사하면서 패한 황산벌이다.

익산의 황등제(黃登堤)는 정확한 축조 연대를 알 수 없지만 김제의 벽골제(碧骨堤), 고부의 눌제(訥堤)와 더불어 백제 시대 또는 그 이전에 축조된 오랜 역사를 지닌 저수지로 추정된다. 《동국문헌비고》에 "길이 900보, 둘레 25리(長九百步 周二十里)"라는 기록이 있으나, 《조선왕조실록》에는 기록이 없는 것으로 보아 조선 시대에는 전혀 보수하지 않은 것으로 추정된다. 다만 일제 강점기에 증축해 사용되다가 현재는 논으로 바뀌었지만, 대동여지도에 황등제가 표시된 것에 대해서는 연유를 알 수 없다.

대동여지도의 식장산(食藏山)이 위치한 회덕(懷德) 지역과 보문산(寶文山)이 위치한 공주 지역, 차탄(車灘)이 위치한 진잠(鎭岑) 지역은 현재 대전광역시의 중심부에 해당된다. 대전(大田)은 우리말의 '한밭'이 한자화 된 이름으로, 《신증동국여지승람》 공주목 산천에 '유성현 동쪽 25리에 있다는 대전천(大田川)'이 가장 오래된 기록이다. 1900년대 초까지 대전은 한적한 농촌 마을이었으나, 1905년 경부선 개통으로 대전역이 들어서면서 근대 도시로 발전되기 시작했다.

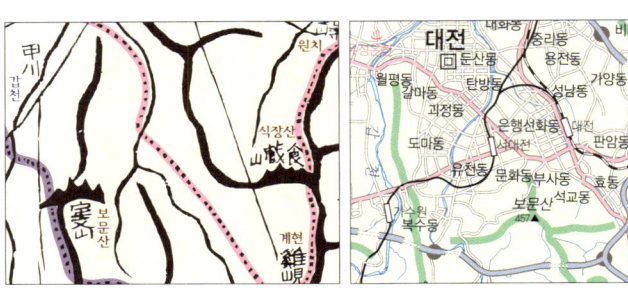

옥천(沃川)은 757년(신라 경덕왕 16년)에 기산현(耆山縣)으로 불리다가, 고려 초에 청산현(靑山縣)으로 개칭되었고, 1390년(고려 공양왕 2년) 감무를 두었다. 1413년(조선 태종 13년)에 옥천군(沃川郡)으로 개칭되었고, 이듬해 청산현은 황간에 합쳐져 황청현(黃靑縣)으로 바뀌었다가 다시 청산현으로 복귀되었다. 1895년 공주부 관할 옥천군과 청산군으로 개편되었다가, 이듬해 충청북도에 편제되었다. 1914년 부군면 통폐합 때 청산군이 옥천군에 통합되고, 1949년 옥천면이 옥천읍으로 승격되었다.

진잠(鎭岑)은 백제 때 진현(眞峴)으로 불리다가, 757년(신라 경덕왕 16년)에 진령(鎭嶺)으로 바뀌었다. 940년(고려 태조 23년) 진잠현으로 개칭되었고, 1018년(고려 현종 9년)에 감무를 두었다. 1413년(조선 태종 13년)에 현감을 두고, 조선 말까지 지속되었다. 1895년에 공주부 관할 진잠군으로 승격되었고 이듬해 충청남도에 편제되었으며, 1914년 부군면 통폐합 때 대전군에 통합되어 진잠면이 되었다. 현재 대전광역시 유성구 진잠동이다.

연산(連山)은 백제 때 황등야산군(黃登也山郡)으로 불리다가, 757년(신라 경덕왕 16년)에 황산군(黃山郡)으로 고쳤다. 940년(고려 태조 23년)에 연산현(連山縣)으로 개칭되었고, 1018년(고려 현종 9년) 감무를 두었다. 1413년(조선 태종 13년)에 현감을 두고, 조선 말까지 지속되었다. 1895년 공주부 관할 연산군이 되었고, 이듬해 충청남도에 편제되었으나, 1914년 부군면 통폐합 때 논산군에 통합되어 연산면이 되었다.

노성(魯城)은 백제 때 노산주(魯山州)이었다가, 신라 경덕왕 때 이산(尼山)으로 개칭되었다. 1414년(조선 태종 14년) 석성(石城)과 합쳐 이성(尼城)이 되었다가, 2년 뒤에 다시 분리되었다. 1646년(인조 24년)에 이산현 출신 유탁(柳濯)이 모반한 사건을 계기로 이산현·연산현·은진현이 폐지되면서 은산현(恩山縣)이 되었다. 1656년(효종 7년)에 다시 이산현이 되었으나, 1776년(정조 1년)에 현의 명칭이 왕의 이름인 이산(李祘)과 음이 같다 하여 이성(尼城)으로 바뀌었다. 그 뒤 노성읍(魯城邑)이 되었다가, 1800년(정조 24년)에 노성현이 되었다. 1895년 공주부 관할 노성군으로 승격되었고, 이듬해 충청남도에 편제되었으나, 1914년 부군면 통폐합 때 논산군에 통합되어 노성면이 되었다. 현재 논산시 노성면이다.

석성(石城)은 백제 때 진악산현(珍惡山縣)으로 불리다가, 686년(신라 신문왕 6년) 석산(石山)으로 바뀌었다. 940년(고려 태조 23년)에 석성(石城)으로 개칭되었고, 1390년(고려 공양왕 2년)에 다시 감무를 두었다. 1414년(조선 태종 14년) 이산현(尼山縣)과 합쳐 이성현(尼城縣)이 되었다가, 이듬해 다시 분리되어 현감을 두었다. 1895년 공주부 관할 석성군으로 승격되었고, 이듬해 충청남도에 편제되었으나, 1914년 군의 일부가 부여군과 논산군에 각각 통합되었다. 현재 부여군 석성면이다.

은진(恩津)은 덕은(德恩)과 시진(市津) 두 현이 합쳐져 생긴 지명으로, 757년(신라 경덕왕 16년)에 덕은군으로 개칭되었다. 1397년(조선 태조 6년) 덕은현이 되어 감무를 두었고, 1413년(태종 13년)에 현감을 두었고, 1419년(세종 1년) 은진현으로 개칭되었다. 1895년 공주부 관할 은진군으로 승격되었고, 이듬해 충청남도에 편제되었다. 1914년 은진군은 연산군·노성군·석성군 일부와 통합해 논산군(論山郡)이 되었고, 1917년에 대조곡면이 은진면으로 개칭되었다. 1996년 논산군 전체가 논산시로 승격되었다.

진산(珍山)은 백제의 진동현(珍同縣)이었다가, 1390년(고려 공민왕 2년)에 고산현(高山縣)에 편입되었다. 1393년(조선 태조 2년) 왕의 태(胎)가 관내 만인산(萬仞山)에 묻히면서 진주(珍州)로 승격되어 지사관(知事官)을 두었고, 1413년(태종 13년) 진산군으로 개칭되었다. 1895년 공주부 관할 진산군이 되었고, 이듬해 전라북도에 편제되었다. 1914년 부군면 통폐합 때 진산군이 금산군에 통합되면서 진산면이 되었다.

금산(錦山)은 백제 때 진내군(進乃郡)이라 불렸고, 신라 경덕왕 때 진례군(進禮郡)으로 바뀌었고, 1305년(고려 충렬왕 31년)에 금주군(錦州郡)이 되었다. 1413년(조선 태종 13년)에 금산군으로 개칭되어 조선 말까지 지속되었다. 1895년 공주부 관할 금산군이 되고, 이듬해 전라북도에 편제되었으며, 1914년 부군면 통폐합 때 진산군이 금산군에 통합되었다. 1940년 금산면이 읍으로 승격되었고, 1963년 충청남도로 관할로 변경되었다.

용담(龍潭)은 백제 때 물거현(勿居縣)이었는데, 757년(신라 경덕왕 16년)에 청거(淸渠)로 바뀌었다. 1313년(고려 충선왕 5년) 용담현으로 개칭되어 현령을 두었고, 조선 말까지 큰 변동 없이 지속되었다. 1895년 남원부 관할 용담군으로 승격되었고, 이듬해 전라북도에 편제되었으나, 1914년 부군면 통폐합 때 진안군에 통합되어 용담면이 되었다.

고산(高山)은 백제 때 난등량(難等良)이라 하였고, 757년(신라 경덕왕 16년) 고산으로 바뀌었다. 1390년(고려 공민왕 2년)에 감무를 두었다. 1413년(조선 태종 13년) 현감을 두고, 조선 말까지 지속되었다. 1895년 전주부 관할 고산군이 되었고, 이듬해 전라북도에 편제되었으나, 1914년 부군면 통폐합 때 전주군에 편입되었다. 1935년 전주군 전주읍이 전주부로 승격되면서, 나머지 전주군 지역은 완주군으로 개칭되었다. 고산은 현재 완주군 고산면이다.

여산(礪山)은 백제의 지량초현(只良肖縣)이었는데, 757년(신라 경덕왕 16년)에 여량으로 바뀌었고, 1391년(고려 공양왕 3년)에 감무를 두었다. 1404년(조선 태종 4년)에 여량의 '여(礪)' 자와 낭산의 '산(山)' 자를 따서 여산현으로 개칭하였고, 1436년(세종 18년)에 태종의 왕후 민씨의 출신 고을이라 하여 군으로 승격되었다. 1699년(숙종 25년)에는 단종 왕후 송씨의 본관이라 하여 도호부로 승격되었다. 1895년 전주부 관할 여산군이 되었고, 이듬해에 전라북도에 편제되었으나, 1914년 부군면 통폐합 때 익산군에 통합되어 여산면이 되었다. 1995년 이리시와 익산군이 통합되면서 익산시 여산면이 되었다.

용안(龍安)은 고려 때는 함열현의 도내 산은소(山銀所)로 불리다가 1321년(고려 충숙왕 8년) 용안현으로 승격되었다. 1409년(조선 태종 9년) 함열현을 합쳐 안열현(安悅縣)으로 고쳤으나, 1416년 다시 분리되었다. 1895년 전주부 관할 용안군이 되었고, 이듬해 전라북도에 편제되었다. 1914년 부군면 통폐합 때 익산군에 통합되어 용안면이 되었고, 1995년 이리시와 익산군이 통합되어 익산시가 되면서 익산시 용안면이 되었다.

익산(益山)은 신라 경덕왕 때 금마군(金馬郡)으로 개칭되었고, 1344년(고려 충혜왕 5년)에 원나라 순제 황후 기씨(奇氏)의 출신 고을이라 하여 익주(益州)로 승격되었다. 1413년(조선 태종 13년)에 익산군으로 개칭되어 조선 말까지 큰 변동 없이 지속되었다. 1895년 전주부 관할 익산군이 되었고, 이듬해 전라북도에 편제되었다. 1914년 부군면 통폐합 때 여산군·함열군·용안군이 익산군에 통합되었다. 1931년 익산면이 익산읍이 되었다가 바로 이리읍으로 개칭되고, 1947년 이리부로 승격되면서 익산군에서 분리되었으며, 1949년 이리시로 승격되었다. 1995년 도농 통합에 따라 이리시와 익산군이 통합되어 새로운 익산시가 되었다.

옥천의 삼성산산성(三聖山山城)은 백제 시대 산성으로 현재 관산성(管山城)으로 불리며, 《삼국사기》에 따르면 백제 성왕이 대가야의 군사와 함께 신라의 관산성을 치다가 패배하여 죽음을 당한 곳이다. 이 밖에 마성산(馬城山) 정상에 성터가 있다.

논산시에는 황화산성(皇華山城)·외성산성(外城山城)·대둔산성(大芚山城)·노성산성(魯城山城) 터가 남아 있고, 은진현 북쪽에 표기된 '미륵(彌勒)'은 관촉사(灌燭寺) 경내에 있는 고려 시대의 석조미륵보살입상(石造彌勒菩薩立像)으로, 높이가 17,8m에 이르는 우리나라에서 가장 큰 불상이며, 국보로 지정되었다.

익산에는 미륵산성(彌勒山城)과 낭산산성(朗山山城) 등의 성터가 남아 있다. 미륵사(彌勒寺)는 백제 시대의 사찰로 현재는 절터만 남아 있으나, 국보로 지정된 미륵사지 석탑(彌勒寺址石塔)과 보물로 지정된 미륵사지 당간지주(彌勒寺址幢竿支柱)가 전해지고 있다. 석탑은 백제 시대에 조성된 것으로 현존하는 국내 최대의 석탑으로, 오랜 세월 동안 무너져 절반 정도 남아 있던 것을 일제 강점기에 붕괴를 막기 위해 시멘트로 보수하여 탑의 반쪽만 남아 있었다. 붕괴 위험이 있어 2001년 석탑의 해체 조사와 함께 보수를 시작해 2017년 준공하였다.

16-5 부여扶餘 서천舒川 옥구沃溝

120여 년의 백제 도읍지, 부여

대동여지도 우측 상단 부여 조룡대(釣龍臺)가 위치한 곳은 금남정맥의 끝부분이다. 지도 하단의 큰 강은 금강 하구이고, 부여 옆을 흐르는 쌍선 하천은 금강의 부여 구간을 일컫는 백마강(白馬江)이다. 대동여지의 해안선과 금강, 백마강, 거차산(巨次山)에서 남쪽으로 뻗어 내린 산줄기는 현대 지도와도 엇비슷한 편이다.

남포 서쪽 홍주(洪州) 지역에 속해 있는 고도도(古道島)·녹도(鹿島)·불모도(不毛島) 등의 13개의 섬은 현대 지도의 보령시 오천면에 속한 불모도(佛母島)·호도(狐島)·녹도(鹿島) 등의 섬과 대응되지만, 섬의 명칭과 위치는 일치하지 않는다. 또한 《대동지지》에 고도도는 고태도(古台島)라고도 하며, 섬 둘레가 20리이며, 장고도(長鼓島)와 서로 마주 본다고 하였다. 또한 효자미도(孝子味島)는 원산도(元山島)의 동쪽에 있고, 말응도(末應島)는 원산도 남쪽에 있으며, 여읍도(女邑島)는 눌도(訥島)의 서쪽에 있고 효죽도(殻竹島)의 남쪽이며, 율도(栗島)는 여읍도 서쪽에 있다고 하였으나, 현대 지도와 위치가 전혀 맞지 않는다.

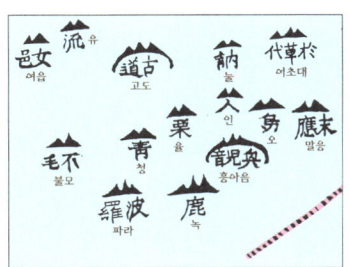

부여(扶餘)는 538년(백제 성왕 16년)에 웅진(熊津)에서 사비로 도읍을 옮기고 국호를 남부여(南扶餘)로 바꾸었다. 그 뒤 120여 년간 백제의 수도가 되었다. 757년(신라 경덕왕 16년)에 부여군으로 개칭되었고, 1172년(고려 명종 2년)에 처음 감무를 두었다. 1413년(조선 태종 13년)에 현감을 두고, 조선 말까지 지속되었다. 1895년에 공주부 관할 부여군이 되었고, 이듬해 충청남도에 편제되었으며, 1914년 부군면 통폐합 때 홍산현(鴻山縣)과 임천현(林川縣)이 부여군에 통합되었다. 1960년 부여면이 읍으로 승격되었다.

홍산(鴻山)은 백제 때 대산현(大山縣)으로 불리다가, 757년(신라 경덕왕 16년) 한산(翰山)으로 개칭되었다. 940년(고려 태조 23년)에 홍산으로 개칭하고, 1175년(고려 명종 5년) 한산 감무가 겸하였다. 1413년(조선 태종 13년) 현감을 두고, 조선 말까지 지속되었다. 1895년 홍주부 관할 홍산군으로 승격되었고, 이듬해 충청남도에 편제되었으나, 1914년 부군면 통폐합 때 부여군에 통합되어 홍산면이 되었다. 임천(林川)은 백제의 가림군(加林郡)이었다가, 757년(신라 경덕왕 16년) 가림(嘉林)으로 바뀌었고, 1018년(고려 현종 9년)에 현령을 두었다. 1394년(조선 태조 3년) 명나라 조정으로 들어간 환자(宦者) 진한룡(陳漢龍)의 청으로 부(府)로 승격되었다가, 1413년(태종 13년) 임천군으로 개칭되어 조선 말까지 지속되었다. 1895년 홍주부 관할 임천군이 되었고, 이듬해 충청남도에 편제되었다. 1914년 부군면

통폐합 때 부여군으로 통합되어 임천면이 되었다.

남포(藍浦)는 백제 때 사포현(寺浦縣)이었다가, 757년(신라 경덕왕 16년)에 남포현으로 개칭되었다. 1466년(조선 세조 12년)에 현감을 두고 조선 말까지 지속되었다. 1895년 홍주부 관할 남포군으로 승격되었고, 이듬해 충청남도에 편제되었다. 1914년 부군면 통폐합 때 보령군에 편입되어 남포면으로 되었다. 1995년 보령군과 대천시가 통합되면서 보령시 남포면이 되었다.

비인(庇仁)은 백제의 비상현(比象縣)이었다가, 757년(신라 경덕왕 16년) 비인으로 개칭되었고, 1018년(고려 현종 9년)에 감무를 두었다. 1413년(조선 태종 13년)에 현감을 두고, 조선 말까지 지속되었다. 1895년 비인군으로 승격되었다가 1914년 부군면 통폐합 때 서천군에 통합되어 비인면이 되었다.

서천(舒川)은 백제 때 설림군(舌林郡)으로 불리다가, 756년(신라 경덕왕 15년)에 서림군(西林郡)으로 바뀌었다. 고려 충숙왕 때 서림군 사람 이언충(李彦忠)이 공을 세웠다 하여 지서주사(知西州使)로 승격되었다. 1413년(조선 태종 13년)에 서천군으로 개칭되어 조선 말까지 지속되었다. 1895년 홍주부 관할 서천군이 되었다가, 1914년 부군면 통폐합 때 한산군과 비인군이 서천군에 통합되었다. 1917년 서천군의 남양면(南陽面)이 서천면으로 개칭되었고, 1979년 읍으로 승격되었다.

옥구(沃溝)는 백제 때 마서량현(馬西良縣)이었다가 757년(신라 경덕왕 16년)에 옥구현으로 개칭되었다. 1397년(조선 태조 6년) 진을 두었고, 1423년(세종 5년) 첨절제사로 하여금 다스리도록 하였다가 뒤에 다시 군으로 고쳐 현감을 두었다. 1895년 전주부 관할 옥구군이 되었고, 이듬해 전라북도에 편제되었다. 1910년 옥구부를 군산부로 개칭하고, 1914년 군산부 나머지 지역과 임피군 일부, 전라남도 지도군 고군산면, 충청남도 오천군 하남면이 옥구군에 통합되었다. 1980년 구읍면(舊邑面)이 옥구읍으로 승격되었고, 1995년 옥구군이 군산시에 통합되면서 군산시 옥구읍이 되었다.

부여는 백제의 옛 도읍지로 백제 고분군과 궁남지(宮南池), 부소산성(扶蘇山城)을 비롯한 많은 문화재가 산재해 있다. 부소산성에는 사비루(泗沘樓)·군창지(軍倉址)·낙화암(落花巖)·고란사(皋蘭寺) 등의 문화재가 있고, 지도에 표시된 조룡대(釣龍臺)는 백마강 가운데 있는 수중바위로 당나라 장군 소정방(蘇定方)의 전설이 깃든 곳이고, 대왕포(大王浦)는 백제 무왕(武王)이 뱃놀이를 하던 곳이라고 한다.

서천에는 건지산성(乾芝山城), 운은산(雲銀山) 봉수, 칠지산(漆枝山) 봉수 등의 유적이 있다. 또 서천포진(舒川浦鎭)은 1514년(중종 9년)에 완성된 진성으로, 고려 시대에는 장암진성(長巖鎭城)으로 불렸고, 조선 시대에는 서천포영성 또는 서천포진성으로 불렸다. 고려 말에는 최무선(崔茂宣)이 서해에 출몰하는 왜적을 격파한 곳이기도 하다. 비인의 마량진(馬梁鎭)은 조선 전기 설치된 수군 진영이었으나, 1895년에 폐지되었다.

군산에는 화산(花山) 봉수, 오성산(五聖山) 봉수, 불지산(佛智山) 봉수 등이 있고, 군산진(群山鎭)은 고군산군도의 군산도(群山島, 지금의 선유도)에 있던 수군진을 조선 세종 때 옥구로 이전한 수군 진영이다. 또한 군산은 고려 시대부터 조운의 중심지로 조운창(漕運倉)이 있었다.

16-6 어청 於靑

조선 시대 홍주에 속한 어청도·외연도

대동여지도의 삽시도(揷時島)와 마차도(麻次島)·외안도(外安島)·어청도(於靑島)는 조선 시대 충청도 홍주목(洪州牧)에 속했던 섬이었으나, 현재 삽시도·마차도·외연도는 보령시 오천면에 속하고, 어청도는 군산시 옥도면에 속한다. 현대 지도에서 삽시도는 안면도 남쪽 원산도와 이웃하고 있어, 대동여지도의 삽시도와 위치가 전혀 다르다. 삽시도는 그 생김새가 화살을 꽂은 활과 같다 해서 붙여진 이름으로, 현재의 한자 표기는 '揷矢島'이다. 마차도는 현대 지도에 불모도(拂母島) 서북쪽에 붙어 있는 작은 섬으로, 현재는 치도 또는 토끼섬으로 불린다.

외안도는 현재 '외연도(外煙島)'로 표기되고, 주변의 횡견도(橫見島)·대청도(大靑島)·오도(梧島)·수도(水島)·황도(黃島) 등과 함께 외연열도(外煙列島)를 구성한다. 중국 제(齊)나라가 망하자 500여 명의 군사를 이끌고 이 섬에 정착하였다는 전횡(田橫)의 사당이 있다. 어청도는 조선 시대에는 충청도 홍주목에 속했으나, 1914년 전라북도 옥구군에 속했다가 1995년 군산시에 속하게 되었다. 이 섬에는 중국 제(齊)나라 사람 전횡(田橫)을 위한 사당 치동묘(淄東廟)가 있다. 어청도에서는 전횡에게 제사를 올리지 않지만, 외연도에서는 매년 정월에 제사를 올린다고 한다.

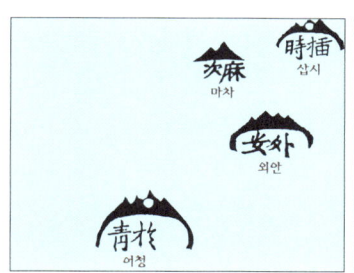

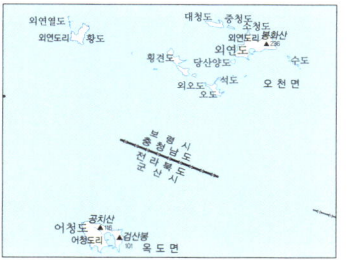

17-1 영일 迎日 장기 長鬐 경주 慶州

천 년을 이어 온 신라의 도읍, 경주

대동여지도 상단 좌측 소산(所山)에서 무학산(舞鶴山), 하지산(下枝山)을 거쳐 호거산(虎踞山)으로 이어지는 산줄기는 낙동정맥이다. 지도 상단 가운데 만입은 영일만(迎日灣)으로, 만으로 유입되는 쌍선 하천 형강(兄江)은 지금의 형산강(兄山江)이다. 대동여지도의 산줄기·물줄기와 영일만, 구룡반도 등의 형태는 현대 지도와도 엇비슷한 편이다.

영일만에 표기된 죽도(竹島)와 덕도(德島)는 형산강 하구에 쌓인 모래로 이루어진 섬 중의 하나로, 형산강의 제방이 축조되고 포항시가 확장되면서 이들 섬은 포항 시가지에 포함되었다. 현재 포항시의 중심 지역인 죽도동이 옛 죽도가 위치하던 자리이다. 대동여지도의 허령(許嶺) 동쪽 하구는 지금의 구룡포항이고, 포이포(包伊浦) 고진보는 지금의 모포리(牟浦里), 양포(梁浦)는 지금의 양포항이다.

경주(慶州)는 기원 전후 무렵 사로국(斯盧國)으로 발전하여 통일 이후의 전성기에 대도시로 발전하면서 서라벌(徐羅伐), 금성(金城) 등으로 다양하게 불렸다. 935년(고려 태조 18년) 신라가 멸망하자 경주대도호부, 계림부(鷄林府) 등으로 불렸고, 987년(고려 성종 6년) 서경(평양), 개경(개성)과 함께 고려 3경이 되었고, 1012년(고려 현종 3년) 잠시 경주로 격하되었지만, 1030년(고려 현종 21년) 다시 동경(東京)으로 바뀌었다. 1394년(조선 태조 3년)에 계림부가 되었고, 1413년(태종 13년)에 경주부로 개칭되었다. 1519년(중종 14년)에 경상도가 좌우도로 분리될 때 경상좌도의 감영을 두었다가, 1593년(선조 26년)에 감영이 성주(星州)로 옮겨 갔다. 1895년 경주군으로 개편되었고, 이듬해 경상북도에 편제되었다. 1931년 경주면이 읍으로 승격되었고, 1955년 경주읍이 경주시로 승격되면서 경주군은 월성군(月城郡)으로 개칭되었고, 1989년 월성군이 다시 경주군이 되었다. 1995년 도농 통합에 따라 경주시와 경주군이 통합되어 새로운 경주시가 되었다.

대동여지도 경주부 서쪽의 고현 상성(商城)은 본래 서형산군(西兄山郡)으로, 경덕왕 때 상성으로 개칭되어 경주에 합쳐진 지명이다. 경주부 동남쪽에 고진보로 표시된 감포(甘浦)는 경상좌도 수군절도사영 휘하의 감포만호영(甘浦萬戶營)이 있던 곳으로, 임진왜란 이후인 1751년(영조 27년) 부산포로 이전되면서 혁파되어 지금의 감포읍과는 관련이 없다. 현대 지도의 감포(甘浦)는 지형이 한자 '감(甘)'자 모양으로 생겼고, 인근에 감은사(感恩寺)가 있는 포구라 하여 감은포(感恩浦)로 불리다가 감포가 되었다고 전하며, 1937년 양북면에서 분리되어 읍으로 승격되었다.

영일(迎日)은 757년(신라 경덕왕 16년)에 임정현(臨汀縣)으로 불리다가 940년(고려 태조 23년)에 영일현(迎日縣) 또는 연일현(延日縣)으로 개칭되었고, 1390년(고려 공양왕 2년) 감무를 두었다. 1417년(조선 태종 17년)에 영일진(迎日鎭)이 설치되어 병마사가 지현사(知縣事, 현령의 업무를 대신하던 관리)를 겸임하였고, 1423년에 병마첨절제사(兵馬僉節制使)로 개칭되었다가 현감으로 격하되었다. 1895년 동래부 관할 연일군(延日郡)이 되었고, 이듬해 경상북도에 편제되었다. 1914년 연일군·흥해군·청하군·장기군이 통합되면서 영일군으로 개편되었다. 1931년 영일군 포항면이 읍으로 승격되고, 1949년 포항읍이 시로 승격되면서 영일군으로 분리되었고, 1980년 영일군의 연일면이 읍으로 승격되었다. 1995년 포항시와 영일군이 통합되면서 새로운 포항시가 되면서 남구 연일읍이 되었다.

장기(長鬐)는 원래 지답현(只畓縣)이었는데, 757년(신라 경덕왕 16년) 기립현(鬐立縣)으로 개칭되고, 910년(고려 태조 23년)에 장기현이 되었으며, 1390년(고려 공양왕 2년) 감무가 파견되면서 주현으로 승격되었다. 조선 태종 때 지현사를 두었다가 뒤에 현감을 두고, 조선 말까지 지속되었다. 1895년 동래부 관할 장기군으로 승격되었고, 이듬해 경상북도에 편제되었다. 1914년 부군면 통폐합 때 영일군 장기면이 되었다. 현재 포항시 남구 장기면이다.

경주는 신라 천 년의 도읍지로 도시 전체가 박물관이라고 할 정도로 유물과 유적이 밀집되어 국보 36점, 보물 105점, 사적 79개소 등의 국가유산이 보존되어 있다. 낭산(狼山)에는 선덕왕릉(善德王陵)을 비롯하여 신문왕릉(神文王陵)·효공왕릉(孝恭王陵)·신무왕릉(神武王陵)이 있고, 남산(南山)에는 헌강왕릉(憲康王陵)·정강왕릉(定康王陵)·경명왕릉(景明王陵)·경애왕릉(景哀王陵) 등이 있으며, 서악(西岳)에는 무열왕릉(武烈王陵)과 김유신묘(金庾信墓) 등이 분포한다. 성터로는 월성(月城)·금성(金城)·만월성(滿月城)·명활성(明活城)·남산성(南山城)·선도산성(仙桃山城) 등이 있다. 불교 문화재로는 불국사(佛國寺), 석굴암(石窟庵), 감은사지삼층석탑(感恩寺址三層石塔)과 남산 일대의 유적을 들 수 있으나 대동여지도에는 표기되지 않았다.

대동여지도의 이견대(利見臺)는 문무대왕릉(文武大王陵)을 바라보는 언덕 위에 위치한 정자로 신라 제30대 문무왕(文武王)과 제31대 신문왕(神文王)의 전설을 간직한 곳으로, 동해천(東海川, 지금의 대금천) 하구가 현재의 위치이다. 포항에는 장기읍성(長鬐邑城)과 연일읍성(延日邑城)이 있고, 산성으로는 뇌산성(磊山城) 등이 있다.

17-2 영천 永川 대구 大邱 청도 淸道

영남 지방의 중심지, 대구

대동여지도 우측 가운데 전룡산(田龍山, 현재의 사룡산)에서 오른쪽 산줄기는 낙동정맥이고, 지도 좌측의 쌍선 하천은 낙동강이며, 낙동강으로 흘러드는 가늘고 긴 쌍선 하천은 금호강(琴湖江)이다. 대동여지도의 팔공산에서 뻗어 나간 산줄기와 전령산에서 비슬산(琵瑟山)으로 이어지는 긴 산줄기 그리고 낙동강·금호강 등의 물줄기는 현대 지도와도 엇비슷한 편이다.

대구의 최항산(最項山)은 현재의 최정산(最頂山, 905m)이고, 영천 읍치 바로 밑의 죽방산(竹方山)은 대나무와 오동나무가 무성했다는 산으로 현재의 유봉산(遊鳳山, 241m)이다. 금호강 변에 표기된 동경도(東京渡)는 예전 신라의 도읍지인 경주(東京)로 가기 위해 금호강을 건너던 나루터로, 현재의 4번 국도가 지나는 금호대교 주변으로 추정된다.

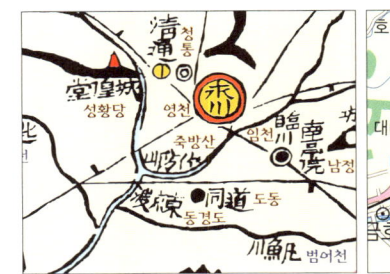
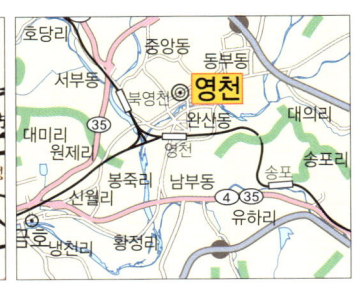

대구(大邱)는 신라 때 위화군(喟火郡)과 달구화현(達句火縣)으로 나뉘었다가 757년(신라 경덕왕 16년) 위화군은 수창군(壽昌郡)으로, 달구화현은 대구현(大丘縣)으로 개칭되었다. 고려 때는 1143년(고려 인종 21년) 대구현에 현령을 두었고, 1419년(조선 세종 1년) 대구군으로 승격되었고, 1466년(세조 12년) 도호부가 설치되었다. 1601년(선조 34년) 경상감영이 설치되면서 주변 영남 지방의 중심지가 되었다. 1895년 대구부 관할 대구군으로 개편되었고, 이듬해 경상북도에 편제되었다. 1914년 대구부가 되었으며, 1949년 시로 승격되었다. 1981년 달성군 일부와 칠곡군 칠곡읍, 경산군 안심읍 등을 편입해 직할시로 승격되었고, 1995년 광역시로 개칭되면서 달성군 전역이 통합되었다.

칠곡(漆谷)은 신라 때는 팔리현(八里縣) 등으로 불리다가 고려 초에 팔리현이 팔거현(八居縣)으로 개칭되었고, 또 여러 이름으로 불리다가 1640년(조선 인조 18년)에 팔거현에 가산산성(架山山城)이 축성되면서 칠곡도호부가 되었다. 1895년 대구부 관할 칠곡군으로 개편되고, 이듬해 경상북도에 편제되었으며, 1914년 인동군(仁同郡)이 칠곡군에 편입되었다. 1981년 군의 일부가 대구직할시에 편입되면서 군세가 크게 약화되었다.

현풍(玄風)은 757년(신라 경덕왕 16년)에 현효(玄驍)로 불렸고, 940년(고려 태조 23년) 현풍으로 바뀌었고, 1390년(고려 공양왕 2년)에 처음 감무를 두었다. 1413년(조선 태종 13년) 현감을 두고, 조선 말까지 지속되었다. 1895년 대구부 관할 현풍군이 되었고, 이듬해 경상북도에 편제되었다. 1914년 현풍군을 통합해 달성군(達成郡)으로 개편되면서 현풍면이 되었다. 현재 대구광역시 달성군 현풍면이다.

경산(慶山)은 757년(신라 경덕왕 16년)에 장산군(獐山郡)으로 불렸고, 940년(고려 태조 23년) 장산군(章山郡)으로 바뀌었다. 1317년(고려 충선왕 4년)에 왕의 이름을 피하여 경산으로 개칭되었고, 1391년(고려 공양왕 3년)에 왕비 순비노씨의 고향이라 하여 군으로 승격되었다. 1395년(조선 태조 4년)에 경산군이 현으로 강등되어 현령을 두고, 조선 말까지 지속되었다. 1895년 경산군으로 승격되었고, 1914년 하양군과 자인군·신령군 남면 일부가 경산군에 통합되었다. 1956년 소재지인 경산면이 읍으로 승격되었고, 1989년 경산읍이 시로 승격되면서 경산군이 분리되었다. 1995년 경산시와 경산군이 통합되면서 새로운 경산시가 되었다.

하양(河陽)은 고려 초에 하주(河州)라 불렸고, 1018년(고려 현종 9년) 하양현으로 개칭하여 감무를 두었다. 1413년(조선 태종 13년) 현감을 두어 조선 말까지 지속되었다. 1895년 대구부 관할 하양군이 되었고, 이듬해 경상북도에 편제되었다. 1914년 부군면 통폐합 때 경산군에 통합되어 하양면이 되었다. 현재 경산시 하양읍이다.

자인(慈仁)은 신라 경덕왕 16년(757년) 자인으로 개칭되어 조선 인조 15년(1637년)에 경주에서 분리되어 지인현이 되어 현감을 두었다. 1895년 대구부 관할 자인군이 되었고, 이듬해 경상북도에 편제되었다. 1914년 부군면 통폐합 때 경산군에 통합되면서 자인면이 되었다. 현재 경산시 자인면이다.

영천(永川)은 757년(신라 경덕왕 16년)에 임고군(臨皐郡), 신녕현(新寧縣)으로 불리다가, 고려 때 영주군(永州郡)으로 개칭되었고, 1172년(고려 명종 2년) 감무를 두었다. 1413년(조선 태종 13년) 영천군으로 개칭되어 지군사를 두었고, 뒤에 강등되었다가 복귀되었다. 1895년 대구부 관할 영천군과 신녕군이 되었고, 이듬해 경상북도에 편제되었으며, 1914년 부군면 통폐합 때 신녕군이 영천군에 통합되었다. 1937년 영천면이 읍으로 승격되었고, 1981년 영천읍이 시로 승격되면서 영천군이 분리되었으나, 1995년 영천시와 영천군이 통합되어 새로운 영천시가 되었다.

청도(淸道)는 신라 초에 이서군(伊西郡)이었다가 757년(신라 경덕왕 16년) 이서군이 분리되면서 오악현(烏嶽縣)·형산현(荊山縣)·소산현(蘇山縣)으로 각각 개편되었고, 940년(고려 태조 23년)에 대성군과 오악·형산·소산현이 통합되어 청도군이 되었다. 1466년(조선 세조 12년)에 군수를 두고, 조선 말까지 그대로 유지되었다. 1895년 대구부 관할 청도군이 되었고, 이듬해 경상북도에 편제되었다. 1949년 청도면이 읍으로 승격되었다.

창녕(昌寧)은 신라 초 비사벌군(比斯伐郡)으로 불리다가 757년(신라 경덕왕 16년)에 화왕군(火王郡)으로 개칭되고, 940년(고려 태조 23년) 창녕군으로 바뀌었다. 1414년(조선 태종 14년)에 창녕군을 현으로 강등시켜 현감을 두고 조선 말까지 지속되었다. 1895년 대구부 관할 창녕군이 되었고, 이듬해 경상남도에 편제되었다. 1914년 부군면 통폐합 때 영산군(靈山郡)이 창녕군에 편입되었다. 1960년 창녕면이 읍으로 승격되었다.

〈1872년 지방지도〉의 가산진 지도 (출처: 규장각한국학연구원)

칠곡의 가산산성(架山山城)은 임진왜란과 병자호란 이후 외침에 대비하기 위해 1640년(조선 인조 18년)에 내성(內城)을 축성하기 시작해 그 뒤 외성(外城)과 중성(中城)이 완성되었고, 약 180년 간 칠곡도호부(漆谷都護府)의 읍치가 되었다. 현재 내성과 중성, 외성의 유

구(遺構)가 거의 남아 있고, 사문지(四門址)·암문(暗門)·수구문(水口門)·건물 터 등이 남아 있다.

대구의 대구달성(大邱達城)은 삼국 시대 초기에 축성된 산성이고, 낙동강 변의 현풍 소이산(所伊山) 봉수는 화원의 성산(城山) 봉수와 대구의 마천산(馬川山) 봉수와 이어지는 군사 요지였다. 영천에는 후삼국 황보능장(皇甫能長)의 금강산성(金剛山城)이 있고, 은해사(銀海寺)에 국보로 지정된 거조사 영산전(居祖寺靈山殿) 외 보물 5점이 있으며, 조선 시대 역참과 함께 교통로의 중요한 기능을 했던 남정원(南亭院)이 지도에 표기되어 있다.

경산에는 남천면에 금성산성(金城山城)이 있다. 청도에는 운문사 대웅보전(雲門寺大雄寶殿), 운문사 금당 앞 석등(雲門寺金堂石燈) 등 보물 9점이 보존되어 있는 운문사(雲門寺)와 청도읍성이 있다. 창녕에는 국보로 지정된 신라 진흥왕 척경비(眞興王拓境碑)와 사적으로 지정된 화왕산성(火旺山城)이 유명하다.

17-3 성주星州 거창居昌 합천陜川
법보종찰 해인사를 품은 가야산

대동여지도 상단 좌측 마치(馬峙)에서 대덕산(大德山), 덕유산(德裕山)을 거쳐 영취산(靈鷲山), 백운산(白雲山)으로 이어지는 굵은 산줄기는 백두대간이고, 이 가운데 영취산(1,075m)은 금남호남정맥의 출발점이자 낙동강의 최대 지류인 남강·금강·삼진강의 분수령을 이룬다. 또 대덕산에서 동남쪽으로 뻗은 산줄기에는 수도산(修道山)과 가야산(伽倻山)이 솟아 있다.

백두대간 육십치(六十峙, 지금의 육십령) 북쪽의 봉황봉(鳳凰峰)은 현재의 남덕유산(1,508m)이고, 남쪽의 장안산(長安山)은 현재의 구시봉(1,015m)이며, 구시봉 남쪽에는 2001년 길이 3.17km의 육십령 터널이 뚫려 통영~대전간고속도로가 지난다. 현대 지도의 장안산(1,237m)은 금남호남정맥의 출발점인 영취산 서쪽에 위치한다. 대동여지도 하단 우측의 쌍선 하천인 황둔강(黃芚江)은 지금의 황강(黃江)으로, 침연(砧淵)이 위치한 곳에는 1988년에 준공된 합천댐이 들어섰다.

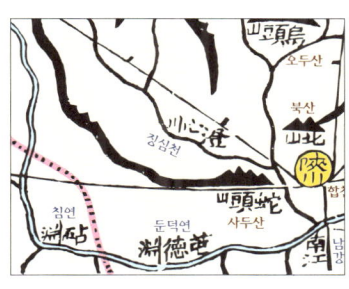

성주(星州)는 757년(신라 경덕왕 16년)에 본피현(本彼縣)이 신안현(新安縣)으로 개명되었다. 940년(고려 태조 23년)에 경산부(京山府)로 승격되었고, 1308년(고려 충렬왕 34년)에 성주목(星州牧)으로 승격되었으나, 2년 뒤에 경산부(京山府)로 강등되었다. 1400년(조선 태종 1년)에 다시 성주목으로 승격되었으나, 1614년(광해군 7년) 이창록(李昌

祿)이란 자가 광해군의 어지러운 정치를 비방한 사건이 발생하자 목(牧)이 혁파되어 고령현에 통합되었다가, 1623년(광해군 15년) 서인(西人) 일파에 의한 인조반정(仁祖反正) 뒤에 다시 성주목으로 승격되었다. 1895년 대구부 관할 성주군이 되었고, 이듬해 경상북도에 편제되었다. 1979년 성주면이 읍으로 승격되었다.

고령(高靈)은 대가야(大加耶)의 도읍으로, 757년(신라 경덕왕 16년)에 고령군으로 개칭되었고, 1175년(고려 명종 5년)에 처음 감무를 두었다. 1413년(조선 태종 13년)에 고령현이 되어 현감을 두고, 조선 말까지 변동 없이 지속되었다. 1895년 23부제 실시로 대구부 관할 고령군이 되었고, 이듬해 경상북도에 편제되었다. 1979년 고령면이 읍으로 승격되었다.

지례(知禮)는 본래 지품천현(知品川縣)이었는데, 신라 경덕왕 때 지례현으로 개칭되었고, 1390년(고려 공양왕 2년)에 처음 감무를 두었다. 1413년(조선 태종 13년)에 현감을 두고, 조선 말까지 지속되었다. 1895년 대구부 관할 지례군으로 승격되었고, 이듬해 경상북도에 편제되었으나, 1914년 부군면 통폐합 때 김천군에 통합되면서 지례면이 되었다. 현재 김천시 지례면이다.

거창(居昌)은 757년(신라 경덕왕 16년)에 거창군으로 개명되었고, 1018년(고려 현종 9년)에 합천이 합주(陜州)로 승격되면서 거창현으로 강등되어 가조현(加祚縣)·감음현(感陰縣)과 함께 합주의 속현이 되었다. 가조현은 신라 때 가소현(加召縣)으로 불렸다. 1172년(고려 명종 2년)에 거창현에 감무를 두었다. 1414년(조선 태종 14년)에 거창현과 가조현 지역에 거제현을 합쳐 제창현(濟昌縣)이 되었다가, 이듬해 거창현으로 환원되어 현감을 두었다. 1729년(영조 5년)에 거창부(居昌府)로 승격되었으나, 그 뒤 강등과 복귀를 거듭하다가 1895년 진주부 관할 거창군이 되었고, 이듬해 경상남도에 편제되었다. 1937년 거창면이 읍으로 승격되었다.

안의(安義)는 757년(신라 경덕왕 16년)에 이안현(利安縣)으로 바뀌었고, 1018년(고려 현종 9년)에 합주(陜州)에 내속되었다가 공양왕 때 감음현(感陰縣)에 귀속되었다. 1415년(조선 태종 15년) 감음(感陰)과 이안(利安)이 합쳐져 안음(安陰)으로 개칭되었고, 1728년(영조 4년)에 고을 사람이 무신란(戊申亂)에 가담한 관계로 이듬해 안음현이 폐지되었다가, 1736년(영조 12년)에 안음현이 복귀되었다. 1767년(영조 43년)에 산음현(山陰縣)에서 일곱 살 먹은 여자아이가 사내아이를 낳았다 하여 산청현(山淸縣)으로 이름을 바꿀 때 안음도 안의(安義)로 개칭되었다. 1895년 진주부 관할 안의군으로 승격되었고, 이듬해 경상남도에 편제되었으나, 1914년 함양군에 통합되어 안의면이 되었다.

합천(陜川)은 757년(신라 경덕왕 16년)에 대야주(大耶州)가 강양군(江陽郡)으로 강등되었고, 1018년(고려 현종 9년) 현종의 생모이자 경종의 비인 헌정왕후(獻貞王后)의 고향이라 하여 합주(陜州)로 승격되었다. 1413년(조선 태종 13년)에 합주가 합천군으로 강등되었고, 조선 말까지 지속되었다. 1895년 진주부 관할 합천군이 되었고, 이듬해 경상남도에 편제되었다. 한편 삼가현(三嘉縣)이 군으로 승격되면서 초계군(草溪郡)과 함께 진주부에 속했으나, 1914년 부군면 통폐합 때 합천군에 통합되었다. 1929년 강양면이 합천면으로 개칭되었

고, 1979년 합천면이 읍으로 승격되었다.

초계(草溪)는 신라 경덕왕 때 팔계현(八溪縣)이었는데, 940년(고려 태조 23년)에 초계현으로 바뀌었고, 1172년(고려 명종 2년)에 처음 감무를 두었으며, 1316년(고려 충숙왕 3년)에 초계군으로 승격되어 지군사(知郡事)를 두었다. 조선 시대에도 그대로 초계군이었고, 1446년(조선 세조 12년)에 지군사를 군수로 바꾸어 조선 말까지 지속되었다. 1895년 진주부 관할 초계군이 되었고, 이듬해 경상남도에 편제되었으나, 1914년 합천군에 통합되면서 초계면이 되었다.

성주에는 성주읍성지와 독용산성(禿用山城), 가야산성지(加耶山城址, 일명 백운산성) 등의 성곽이 남아 있다. 합천의 가야산 해인사(海印寺)에는 국보로 지정된 대장경판(大藏經板)과 장경판전(藏經板殿)을 비롯해 많은 국가유산이 보존되어 있고, 합천대야성(陜川大耶城)·미숭산성(美崇山城) 등의 성터가 남아 있다.

거창 건흥산(乾興山)에는 삼국 시대 산성인 거열산성(居列山城)을 비롯해 분산성(盆山城, 일명 城山城), 금귀산성(金貴山城) 등의 성터가 남아 있고, 금귀산성에는 봉수 터도 남아 있다. 함양 안의면의 황석산(黃石山, 1,193m) 정상 좌우로 뻗는 능선상에 있는 길이 2.75km의 황석산성(黃石山城)은 삼국 시대 축성된 산성으로, 정유재란 때 조종도(趙宗道)와 안음 현감 곽준(郭䞭) 등이 왜군과 싸우다가 전사한 곳이다.

17-4 진안 鎭安 전주 全州 임실 任實
풍패지향, 조선 왕조의 발상지 전주

대동여지도 상단 가운데 주줄산(珠崒山)에서 청록산(靑鹿山)을 거쳐 사자산(獅子山), 유점치(鍮店峙)를 지나 운주산(雲住山), 사슬치(沙瑟峙)까지 남서쪽으로 뻗은 산줄기는 호남정맥이고, 청록산에서 마이산(馬耳山)을 거쳐 성수산(聖壽山), 수분현(水分峴)을 거쳐 노치(蘆峙)에 이르는 산줄기는 금남호남정맥으로 현대 지도와도 엇비슷하다. 지도 하단 우측 기치(箕峙)를 지나는 짧은 산줄기는 백두대간이다. 《신증동국여지승람》에 기록된 주줄산은 현재의 운장산(1,126m)으로, 주출산(珠出山)·주화산(珠華山) 등으로 불렸고, 최고봉인 중봉을 운장대(雲藏臺)라고 했는데, 일제 강점기 때 지형도를 제작할 때 '운장산(雲長山)'으로 바뀌었다고 한다.

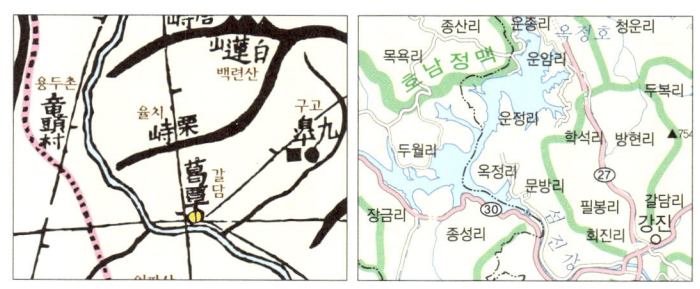

대동여지도 상단 좌측 끝의 쌍선 하천은 서해로 흘러드는 만경강(萬頃江)이고, 하단 좌측의 쌍선 하천은 섬진강(蟾津江)이다. 섬진강가에 위치한 역참 갈담(葛覃)은 1965년 우리나라 최초의 다목적댐

인 섬진강댐이 축조되면서 옥정호(玉井湖)가 조성되었다. 이보다 앞서 1925년 축조되었던 운암댐은 섬진강댐이 생기면서 수몰되었다. 대동여지도의 산줄기와 물줄기의 형태는 현대 지도와 엇비슷한 편이다.

전주(全州)는 백제 시대에 완산(完山)으로 불렸으나, 757년(신라 경덕왕 16년)에 완산주를 전주로 개칭하였다. 983년(고려 성종 2년)에 전주목으로 승격되었고, 1018년(고려 현종 9년) 강남도(江南道)와 해양도(海陽道)가 합쳐져 전라도가 되면서 전주에 안남대도호부를 설치하였다. 조선 개국과 더불어 전주는 풍패지향(豊沛之鄕) 즉 왕의 조상이 살았던 지역으로 중시되어 완산유수부(完山留守府)로 승격되었다. 1403년(조선 태종 3년)에 전주부로 개칭되면서 조선 말까지 지속되었다. 1895년 전주부 전주군으로 개편되었고, 이듬해 전라북도에 편제되면서 수부(首部)가 되었다. 1914년 고산군(高山郡)이 편입되었고, 1935년 전주읍이 전주부로 승격되면서 나머지 전주군 지역은 완주군(完州郡)이 되었다. 1949년 전주시로 개칭되고, 그 뒤 완주군 지역이 점차적으로 편입되었으나, 2013년 완주군과의 통합은 완주군 주민의 반대로 부결되었다.

금구(金溝)는 백제의 구지지산(仇知只山)이었다가 757년(신라 경덕왕 16년) 금구로 개칭되었다. 1457년(조선 세조 3년) 전주진관(全州鎭管, 지방 군사조직으로 전주부윤이 병마절제사를 겸함)에 속해 조선 말까지 지속되었다. 1895년 전주부 관할 금구군이 되었고, 이듬해 전라북도에 편제되었으나, 1914년 김제군에 통합되어 금구면이 되었다. 현재 김제시 금구면이다.

태인(泰仁)은 757년(신라 경덕왕 16년) 대산군(大山郡)으로 불렸고, 1354년(고려 공민왕 3년) 감무를 두고, 태산(太山, 泰山)으로 개칭되었다. 1409년(조선 태종 9년) 인의현(仁義縣)을 통합해 태인현이 되었고, 1413년(태종 13년)에 현감을 두고 조선 말까지 지속되었다. 1895년 전주부 관할 태인군으로 승격되고, 이듬해 전라북도에 편제되었으나, 1914년 정읍군에 통합되어 태인면이 되었다. 현재 정읍시 태인면이다.

진안(鎭安)은 백제의 난진아현(難珍阿縣)으로, 757년(신라 경덕왕 16년)에 진안으로 개칭되었다. 고려 초에 전주의 속현으로 감무를 두었고, 1301년(고려 공양왕 3년)에는 마령현(馬靈縣)까지 겸무하였다. 1413년(조선 태종 13년) 마령현을 통합하여 진안현이 되어 현감을 두고, 조선 말까지 지속되었다. 1895년 남원부 관할 진안군으로 승격되었고, 이듬해 전라북도에 편제되었으며, 1914년 용담군(龍潭郡)이 진안군에 통합되었다. 1979년 진안면이 읍으로 승격되었다.

임실(任實)은 백제 때의 명칭으로 완산주(完山州)에 속했으며, 757년(신라 경덕왕 16년)에 임실군으로 개칭되었고, 1172년(고려 명종 2년)에 감무를 두었다. 1413년(조선 태종 13년)에 임실군현이 되어 현감을 두고, 조선 말까지 지속되었다. 1895년 남원부 관할 임실군으로 승격되고, 이듬해 전라북도에 편제되었다. 1979년 임실면이 읍으로 승격되었다.

장수(長水)는 신라와 국경을 접하고 있어 국방상 요충지였으며, 757년(신라 경덕왕 16년)에 고택현(高澤縣)과 벽계군(壁溪郡)으로 나뉘었다. 940년(고려 태조 23년) 고택현을 장천현(長川縣)으로, 벽계

군을 벽계현으로 바꾸었고, 995년(고려 성종 14년) 벽계현을 장계현(長溪縣)으로 개칭하고, 1108년(고려 예종 3년) 장천현의 감무가 장계현을 겸하였다. 1413년(조선 태종 13년) 장천현이 장수현으로 개칭되었고, 1414년(태종 14년)에 장수현에 현감을 두고, 조선 말까지 지속되었다. 1875년 남원부 관할 장수군으로 개칭되었고, 이듬해 전라북도에 편제되었다. 1979년 장수면이 읍으로 승격되었다.

전주에는 고덕산(高德山)에 후백제를 건국한 견훤의 산성이라고 전해지는 남고산성(南固山城, 일명 古德山城)을 비롯해 조선 태종 때 태조의 영정을 봉안하기 위해 축성한 위봉산성(威鳳山城)의 터가 남아 있다. 현재 국도가 지나는 만마관(萬馬關)은 남고산성의 속성으로 산세가 험해 말 1만여 두를 감출 수 있다 하여 '만마도관(萬馬道關)'이라고도 불렀다. 전주읍성은 풍남문(豊南門)만 남아 있고, 대동여지도의 덕지(德池)는 현재 덕진공원의 핵심을 이루는 덕진호이다.

대동여지도 장수의 성수산(聖壽山) 고산성은 《신증동국여지승람》에 "성적산성(聖迹山城)은 돌로 쌓았고 주위는 970척, 높이는 10척인데, 지금은 반이나 무너져 있다."라는 기록과 《대동지지(大東地志)》 장수현 부분에 "고성(古城)이 성수산에 있으며, 둘레가 970척이다."라는 기록을 볼 때, 산성이 있는 산이 성적산으로 불리다가 성수산으로 변경되었다고 본다. 침치(砧峙) 고산성은 백제 말기 신라와의 전투를 위해 쌓은 침령산성(砧嶺山城)이다.

17-5 만경 萬頃 부안 扶安 고부 古阜
하늘과 땅이 맞닿은 평야, 김제·만경

대동여지도 하단 우측 끝에 살짝 꺾어진 산줄기는 호남정맥이고, 하단 가운데 율치(栗峙)에서 수광산(水光山)을 거쳐 변산(邊山)에 이르는 산줄기는 호남정맥의 내장산에서 뻗어 나간 산줄기이다. 또한 지도 상단의 쌍선 하천은 만경강(萬頃江)이고, 그 남쪽의 쌍선 하천은 동진강(東津江)이다. 만경강과 동진강 일대는 우리나라 최대의 곡창 지대인 김제·만경평야가 펼쳐진 곳으로, 이 두 들판을 합쳐 호남평야(湖南平野)라고 부른다.

변산반도 북쪽의 계화도(界火島)에는 조선 시대 서남 해안의 제5로 직봉 봉수가 있었으나, 1968년 방조제가 완성되면서 육지가 되었다. 대동여지도의 군산도(群山島)는 하나의 커다란 섬으로 그려졌으나, 실제는 선유도(仙遊島)를 비롯해 무녀도(巫女島)·장자도(壯子島)·신시도(新侍島)·관리도(串里島)·대장도(大長島) 등 10여 개의 유인도와 20여 개의 무인도로 이루어진 무리 섬으로 오늘날의 고군산군도(古群山群島)이다. 고군산군도의 섬들은 1991년부터 2010년까지 군산 비응항(飛鷹港)에서 야미도(夜味島)·신시도·북가력도(北可力島)·신가력도(新可力島)를 연결해 부안 대항리까지 이어지는 길이 33.9km의 새만금방조제가 완공되면서 육지와 연결되었다. 대동여지도의 해안선과 산줄기, 물줄기는 현대 지도와도 엇비슷한 편이다.

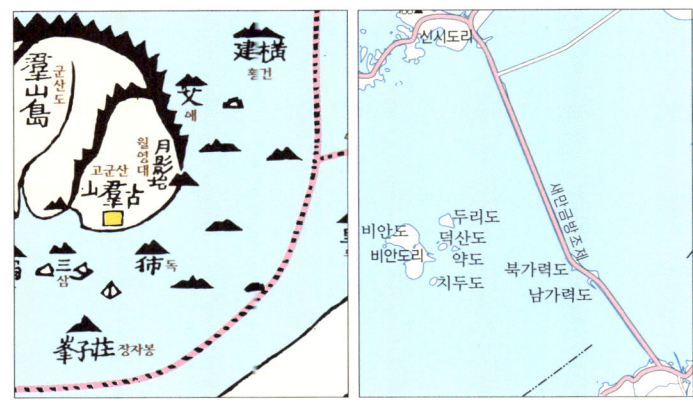

변산반도 남쪽의 제안포(濟安浦)는 고려 시대 12대 조창의 하나인 안흥창(安興倉)이 있던 곳으로, 현재의 줄포(茁浦) 인근이고, 검모포(黔毛浦)는 조선 시대 수군만호진이 설치되었던 곳이다. 또 사진포(沙津浦)와 선운포(禪雲浦, 현재의 仙雲浦) 일대의 포구는 물산이 풍부해 일찍이 해창(海倉)이 설치되었던 곳이었으나, 일제 강점기 이후 간척 사업이 활발히 진행되면서 대부분의 굴곡 해안 간석지가 육지가 되어 농경지로 이궁되고 있다.

부안(扶安)은 백제 때 개화현(皆火縣), 흔량매현(欣良買縣)으로 불리다가, 757년(신라 경덕왕 13년)에 개화현은 부령현(扶寧縣)으로, 흔량매현은 희안현(喜安縣)으로 개칭되었다. 고려 때 희안현을 보안현(保安縣)으로 바꾸었고, 뒤에 감무를 두었다. 1416년(조선 태종 16년) 부령현과 보안현의 이름을 따서 부안현으로 개칭되었다. 1895년 전주부 관할 부안군이 되었고, 이듬해 전라북도에 편제되었다. 1943년 부령면이 부안읍으로 승격되었다.

만경(萬頃)은 백제 때 두내지현(豆奈只縣)으로 불리다가, 757년(신라 경덕왕 16년)에 만경으로 개칭되었고, 1106년(고려 예종 1년) 만경현으로 승격되어 감무를 두었다. 1620년(조선 광해군 12년)에 기근으로 백성들이 흩어지자 만경현이 폐지되었다가, 1637년(인조 15년)에 복귀되었다. 1895년 전주부 관할 만경군으로 승격되었고, 이듬해 전라북도에 편제되었으나, 1914년 김제군에 통합되어 만경면이 되었다. 현재 김제시 만경읍이다.

김제(金堤)는 백제 때 벽골현(碧骨縣)이었다가 757년(신라 경덕왕 16년)에 김제군으로 바뀌었고, 1018년(고려 현종 9년) 현으로 강등되었으며, 1143년(고려 인종 21년)에 현령을 두었다. 1403년(조선 태종 3년) 명나라 내시인 한첩목아(韓帖木兒)의 요청으로 김제군으로 승격되었고, 1455년(세조 1년)에는 김제군이 전라도 전주도(全州道)의 우익을 맡았다. 1895년 전주부 관할 김제군이 되었고, 이듬해 전라북도에 편제되었다. 1914년 만경군과 금구군(金溝郡)이 김제군에 통합되었고, 1931년 김제면이 읍으로 승격되었다. 1989년 김제시로 승격되면서 김제군이 분리되었으나, 1995년 김제군을 통합하여 새로운 김제시가 되었다.

정읍(井邑)은 백제 때 대시산군(大尸山郡)·정촌현(井村縣)·고사부리군(古沙夫里郡)으로 불렸고, 757년(신라 경덕왕 16년)에 정촌현을 정읍현으로, 고사부리현을 고부군으로 바꾸었다. 936년(고려 태조 19년) 정읍현을 고부군의 속현으로 삼고 감무를 두었다. 1589년(조선 선조 22년)에 고부군의 속현이었던 정읍현이 독립된 현이 되었다. 1895년 전주부 관할 정읍군으로 승격되었고, 이듬해 전라북도에 편제되었다. 1914년 태인군과 고부군 일부가 정읍군에 통합되었고, 1930년 정읍면이 정주면으로 개칭되고, 이듬해 정주읍으로 승격되었다. 1981년 정주읍이 시로 승격되면서 정읍군이 분리되었으나, 1995년 정읍군이 통합되어 새로운 정읍시가 되었다.

고부(古阜)는 백제 때 고사부리군(古沙夫里郡)으로 불렸고, 757년(신라 경덕왕 16년) 고부군으로 개칭되었다. 936년(고려 태조 19년) 영주(瀛州)로 개칭되었다가, 1019년(고려 현종 10년) 다시 고부군으로 복귀되었다. 1466년(조선 세조 12년) 지군사(知郡事)가 군수(郡守)로 바뀌어 조선 말까지 지속되었다. 1895년 전주부 관할 고부군으로 승격되었고, 이듬해 전라북도에 편제되었다. 1914년 군의 일부는 부안군에, 나머지 지역은 정읍군에 분리 편입되면서 고부면이 되었다. 현재 정읍시 고부면이다.

흥덕(興德)은 백제 때 상칠현(上柒縣)으로 불리다가 757년(신라 경덕왕 16년)에 상질(尙質)로 바뀌었다. 고려 때 장덕현(章德縣, 昌德縣)으로 바꾸어 감무를 두었으나, 1298년(고려 충렬왕 24년)에 왕의 이름(璋)과 음이 같다 하여 흥덕현으로 개칭되어 조선 말까지 그대로 지속되었다. 1895년 전주부 관할 흥덕군로 승격되었고, 이듬해 전라남도에 편제되었으나, 1914년 부군면 통폐합 때 고창군에 편입되어 흥덕면이 되었다.

부안은 바다에 접한 요충지였기 때문에 검모포진(黔毛浦鎭)·격포진(格浦鎭)·위도진(蝟浦鎭) 등의 진이 있었고, 북쪽의 만경 지역과 남쪽의 점방산(占方山)을 연결하는 계화도 봉수와 월고리 봉수 등이 있다. 또 조선 태종 때 축성된 부안진성(扶安鎭城)과 우금산성(禹金山城) 등이 남아 있다.

김제에는 백제 부흥군을 토벌하기 위해 신라군이 주둔했다는 교동 성산(城山) 성터가 남아 있다. 백제 때의 저수지인 김제 벽골제(碧骨堤)는 우리나라 최초의 가장 큰 저수지로 《신증동국여지승람》에 따르면 옥구진(沃溝鎭) 병마사(兵馬使) 김훈(金訓)에 의해 중수되었으나, 불과 5년 만인 세종 2년에 큰 비로 무너진 뒤 세종 10년에 폐지되었다. 현재 약 3km에 달하는 제방과 3개소의 수문지(水門址)가 남아 있다.

만경의 능제(陵堤)는 조선 시대 만경강과 동진강 사이의 비옥한 평야에 농업용수를 공급하는 저수지로 현재 능제저수지로 남아 있다. 군산도는 고려 때부터 조선(漕船)이 오가며 중국과의 무역 중개지 역할을 하였고, 군사적으로도 중요해 조선 인조 때 고군산진(古群山鎭)이 설치되었다.

고부의 눌제(訥堤)는 삼국 시대 축조된 저수지로, 익산의 황등제·김제의 벽골제와 더불어 호남 삼호(三湖)의 하나였다. 1873년에 폐지되어 현재 옛 제방은 도로로 이용되고 있다. 또 고부면 두승산(445m)에 있는 백제 온조왕 때 쌓았다는 두승산성(斗升山城)은 현재 성의 대부분이 무너져 내렸으나, 문지(門址)와 수구문(水口門) 등의 시설이 남아 있다.

18-1 울산蔚山 언양彦陽 양산梁山

해상 교통과 군사 요충지였던 울산

대동여지도 좌측 상단 가지산(迦智山)에서 취서산(鷲棲山), 원적산(圓寂山), 계명산(鷄鳴山)으로 이어지는 산줄기는 낙동정맥 끝자락으로, 현대 지도의 태백산맥 남단부와도 그 형태가 매우 비슷하다. 또한 낙동정맥에서 동진하는 여러 지맥들도 그 위치만 약간씩 다를 뿐 현대 지도의 산줄기와 크게 다르지 않다. 해안선의 드나듦도 방어진반도(方魚津半島)와 울산만(蔚山灣)의 만입, 그 남쪽 기장(機張)에 이르기까지 대동여지도의 형태는 현대 지도와 엇비슷하다. 물줄기 또한 가지산에서 발원해 울산만으로 흘러드는 태화강(太和江)을 위시해 그 남쪽의 회야강(回夜江), 기장 서쪽에서 수영만으로 흘러드는 수영강(水營江), 양산을 거쳐 낙동강으로 흐르는 양산천(梁山川) 등 명칭이 약간씩 다르긴 해도 대동여지도와 현대 지도가 엇비슷함을 알 수 있다.

울산만의 어귀에는 장생포항, 방어진항 등이 있으나, 현재는 연안에 울산공업단지가 들어서면서 수산업이 쇠퇴하고 공업항으로 바뀌었다. 대동여지도에 나와 있는 명산도(鳴山島)와 죽도(竹島)는 항만 공사로 없어졌고, 동백섬(冬柏島)은 지금의 방도리 앞바다의 춘도(椿島)이다.

울산(蔚山)은 757년(신라 경덕왕 16년)에 하곡현(河曲縣, 일명 河西縣)으로 불렸고, 930년(고려 태조 13년) 하곡(河曲)·동진(東津)·우풍(虞風) 3현이 합쳐져 흥례부(興禮府 또는 興麗府)로 승격되었고, 995년(고려 성종 14년) 흥례부가 공화현(恭化縣)으로 강등되었고, 1018년(고려 현종 9년)에 공화현·헌양현·기장현·동래현이 합쳐져 울주로 개편되었다. 1397년(조선 태조 6년) 울주에 진(鎭)을 두었고, 1413년(태종 13년) 진이 폐지되어 울산군으로 개칭되었다. 1437년(세종 19년)에 울산도호부로 승격되었으나, 그 뒤 강등과 복귀를 되풀이하다가 1895년 동래부 관할 울산군이 되었고, 이듬해 경상남도에 편제되었다. 1962년 울산시로 승격되면서 울산군이 울주군으로 개편되었다. 1991년 울주군이 울산군으로 바뀌었고, 1995년 울산군이 울산시에 통합되었다. 1997년 울산광역시가 되면서 울주군이 복귀되었다.

언양(彦陽)은 757년(신라 경덕왕 16년) 헌양현(巘陽縣)으로 불리다가, 1143년(고려 인종 21년) 감무를 두었고, 그 뒤 언양으로 개칭되었다. 1413년(조선 태종 13년) 현감을 두고, 조선 말까지 지속되었다. 1895년 동래부 관할 언양군이 되었고, 이듬해 경상남도에 편제되었으나, 1914년 부군면 통폐합 때 울산군에 통합되었다. 현재 울산광역시 울주군 언양읍이다.

양산(梁山)은 757년(신라 경덕왕 16년) 양주(良州)로 불리다가, 940년(고려 태조 23년)에 양주(梁州 또는 良州)로 개칭되었고, 1018년(고려 현종 9년) 방어사를 두었다. 1413년(조선 태종 13년) 양산군으로 개칭되어 조선 말까지 큰 변동 없이 지속되었다. 1895년 동래부 양산군이 되었고, 이듬해 경상남도에 편제되었다. 1979년 양산면이 읍으로 승격되고, 1996년 양산군 일원이 도농복합 형태의 양산시로 승격되었다.

기장(機張)은 757년(신라 경덕왕 16년)에 기장현이 되었고, 1304년(고려 충렬왕 6년)에 양주(梁州)의 속현이 되었다가, 1391년(고려 공양왕 3년)에 독립 현이 되었다. 1413년(조선 태종 13년)에 현감을 두었고, 조선 말까지 그대로 지속되었다. 1895년 동래부 관할 기장군으로 승격되었고, 이듬해 경상남도에 편제되었으나, 1914년 동래군에 통합되었다. 1973년 동래군이 폐지되면서 양산군에 통합되었고, 1995년 부산광역시 기장군이 되었다.

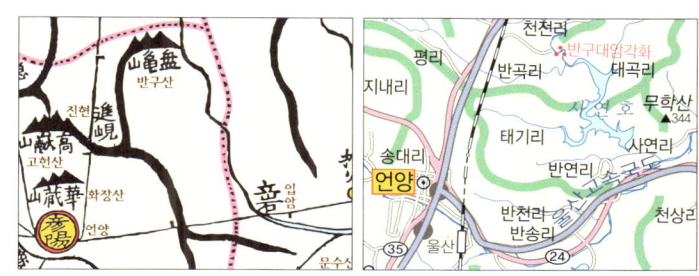

대동여지도의 태화강 지류인 대곡천(大谷川) 변에 위치한 반구산(盤龜山, 265m) 절벽에는 신석기 시대 말에서 청동기 시대로 추정되는 육지 동물과 바다고기, 사냥하는 장면 등 총 200여점의 그림이 새겨져 있다. 이 반구대 암각화(盤龜臺岩刻畫)는 1965년 사연댐이 준공된 이후인 1971년 동국대학교 불적조사단에 의해 발견되었다. 사연댐의 수위에 따라 암각화가 물에 잠긴다고 하는데, 2005년 상류에 대곡댐이 건설되면서 다소 완화되긴 했지만, 근본적인 해결책은 되지 못하고 있다. 울주 대곡리 반구대 암각화는 국보로 지정되었고, 2025년 유네스코 세계유산에 등재되었다.

울산의 좌병영(左兵營)은 조선 선조 때 경상좌도 울산에 있었던 병마절도사영(兵馬節度使營)으로 현재 병영성의 일부가 남아 있다. 이 밖에 해방유적(海防遺跡)으로는 개운포성지(開雲浦城址)와 유포 봉수 터 등이 있고, 울주군 서생면에 위치한 서생포영(西生浦營)은 수군만호영(水軍萬戶營)으로 임진왜란 당시 가토 기요마사(加藤淸正)가 만호진성을 헐고 다시 쌓은 성으로 현재 서생포왜성으로 불린다. 양산의 통도사(通度寺)는 우리나라 삼보사찰의 하나인 불보(佛寶) 사찰로, 신라 선덕여왕 때 자장율사(慈藏律師)가 창건하였다. 절에는 보물로 지정된 통도사 국장생 석표(通度寺國長生石標)를 비롯해 많은 국가유산이 보존되어 있다. 기장에는 기장읍성(機張邑城)과 두모포영지(豆毛浦營址)가 일부 남아 있고, 아이(阿爾) 봉수는 그 원형이 비교적 잘 남아 있다.

18-2 밀양密陽 김해金海 창원昌原
남강과 밀양강이 합류하는 낙동강 유역

대동여지도 하단 좌측 여항산(餘航山)에서 광려산(匡廬山), 천주산(天柱山), 전단산(梅栴山)을 거쳐 김해 분산(盆山)에 이르는 산줄기는 낙남정맥이다. 낙남정맥 지맥상에 솟은 두척산(斗尺山)은 낙남정맥에서 가장 높은 무학산(舞鶴山, 762m)의 옛 이름이라고 한다. 또한 전단산은 현재 정병산(精兵山, 566m)으로 불린다. 대동여지도의 낙남정맥을 비롯한 전체적인 산줄기는 현대 지도와 엇비슷한 편이다. 지도를 가로지르는 폭이 큰 하천은 낙동강이고, 좌측에서 낙동강에 합류되는 쌍선 하천은 남강(南江)이고, 밀양 오른쪽을 흐르는 쌍선 하천은 밀양강(密陽江)이다. 창원 남쪽의 만입은 마산만(馬山灣)으로 일제 강점기부터 매립되기 시작하였고, 마산포(馬山浦)는 현재의 시가지 중심으로 바뀌었다. 대동여지도의 낙동강 본류와 지류도 현대 지도와 크게 다르지 않다.

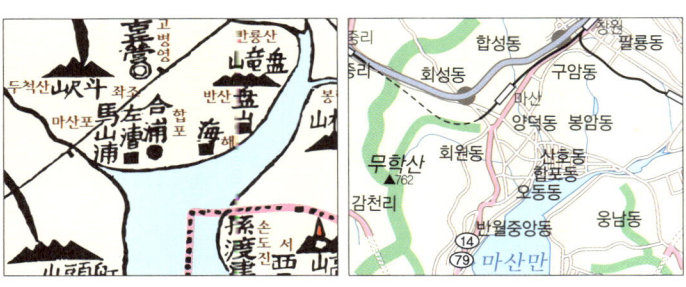

밀양(密陽)은 757년(신라 경덕왕 16년)에 밀성군(密城郡)으로 불렸다. 995년(고려 성종 14년) 길주(密州)로 승격되었다가, 1018년(고려 현종 9년)에 다시 밀성군이 되어 지군사(知郡事)를 두었고, 1390년(고려 공민왕 2년) 밀성군이 공양왕의 증조모 박씨(朴氏)의 내향(內鄕)이라 하여 밀양부로 승격되었다. 1392년(조선 태조 1년) 밀성군으로 환원되었고, 2년 뒤 다시 밀성부로 승격되었다. 1401년(태종 1년) 밀성군으로 강등되었다가 1415년(태종 15년) 밀양도호부로 승격되어 조선 말까지 지속되었다. 1895년 대구부 관할 밀양군이 되었고, 이듬해 경상남도에 편제되었다. 1931년 밀양면이 읍으로 승격되었고, 1989년 밀양읍이 시로 승격되면서 밀양군이 분리되었으나, 1995년 밀양군과 밀양시가 통합되면서 새로운 밀양시가 되었다.
영산(靈山)은 757년(신라 경덕왕 16년) 상약현(尙藥縣)으로 불리다가, 1282년(고려 충렬왕 8년) 몽고와 연합해 일본 원정에 이바지한 공이 크다 하여 의안군은 의창현(義昌縣)으로, 합포는 회원현(會原縣)으로 개칭되어 각각 현령을 두었다. 1413년(조선 태조 13년) 현감을 두고, 조선 말까지 지속되었다. 1895년 대구부 관할 영산군으로 승격되었고, 이듬해 경상남도에 편제되었으나, 1914년 부군면 통폐합 때 창녕군에 편입되어 영산면이 되었다.
창원(昌原)은 757년(신라 경덕왕 16년)에 의안군(義安郡)으로 바뀌었고, 1282년(고려 충렬왕 8년) 의안군은 의창현(義昌縣)으로, 합포는

회원현(會原縣)으로 개칭되었다. 1408년(조선 태종 8년) 의창과 회현의 글자를 따서 창원부(昌原府)로 승격되고, 1415년(태종 15년) 창원도호부로 승격되면서 조선 말까지 지속되었다. 1895년에 진주부 창원군이 되었고, 이듬해 경상남도에 편제되었다. 1906년 창원부로 승격되었고, 1908년 진해군과 김해군 일부가 편입되었으며, 1931년 진해면이 읍으로 승격되었다. 1955년 진해읍이 시로 승격되면서 창원군이 분리되었다. 1980년 창원공업지구가 창원시로 승격되었고, 이때 창원군은 의창군으로 개칭되었다. 2010년 창원시·마산시·진해시가 통합되면서 새로운 창원시가 되었다.
함안(咸安)은 757년(신라 경덕왕 16년) 처음 불렸던 명칭으로, 983년(고려 성종 2년)에 함안군으로 바뀌었고, 1172년(고려 명종 2년)에 감무를 두었다. 1505년(조선 연산군 11년) 함안도호부로 승격되었다가 이듬해 다시 군으로 환원되었다. 1895년 진주부 함안군으로 개편되었고, 경상남도에 편제되었다. 1906년 행정구역 개편에 따라 칠원군이 함안군에 통합되었고, 1918년 읍내면(邑內面)이 함안면으로 개칭되었다. 1954년 군청이 함안면에서 가야면으로 이전되었고, 1979년 가야면이 읍으로 승격되었다.
칠원(漆原)은 신라 경덕왕 때 칠제(漆隄)로 불리다가, 고려 초에 칠원으로 개칭되었고, 1390년(고려 공양왕 2년)에 감무를 두었다. 1413년(조선 태종 13년)에 현감을 두어 조선 말까지 지속되었다. 1895년 진주부 관할 칠원군으로 승격되었고, 이듬해 경상남도에 편제되었으나, 1908년 함안군에 통합되면서 칠원면이 되었다. 현재 함안군 칠원읍이다.
김해(金海)는 삼한 시대 가락국(駕洛國)의 도읍지로, 757년(신라 경덕왕 16년)에 김해소경(金海小京)으로 개칭되었고, 940년(고려 태조 23년)에 김해부가 되었다. 1413년(조선 태종 13년) 김해도호부로 승격되어 조선 말까지 지속되었다. 1895년 진주부 관할 김해군이 되었고, 이듬해 경상남도에 편제되었다. 1931년 김해면이 읍으로 승격되었고, 1981년에 김해읍이 김해시로 승격되면서 김해군이 분리되었다. 1995년 김해시와 김해군이 통합되면서 새로운 김해시가 되었다.
밀양 남천강 절벽에 있는 영남루(嶺南樓)는 조선 시대 밀양도호부 객사의 누각으로, 옛날 귀한 손님을 맞아 잔치를 베풀던 곳이다. 진주 촉석루(矗石樓), 평양 부벽루(浮碧樓)와 함께 한국의 3대 누각으로 꼽히며 국보로 지정되었다. 대동여지도에 '성황(城隍)'이라고 표기된 산성은 추화산성(推火山城)으로, 능선 위에 축조된 테뫼성(산 정상을 둘러쌓은 성)은 둘레가 1,430m에 이른다. 수산제(守山堤)는 삼한 시대의 저수지로 벽골제, 의림지와 함께 우리나라 3대 저수지로 꼽는다. 현재 저수지의 대부분 논으로 바뀌었고 수문지(水門址)만 남아 있다.
창원의 고병영(古兵營)은 경상우도 병마절도사영이 있던 곳으로, 병영성의 성곽 터를 합포성지(合浦城址)라고 부른다. 조선 선조 때 우도병영이 진주로 옮겨가면서 합포진(合浦鎭)으로 남았다. 창원읍성 터와 김해의 경계를 이루는 비음산(飛音山) 위에 돌로 쌓은 진례산성(進禮山城)은 성터만 남아 있다.
김해 분산성(盆山城)은 해발 330m의 분산 정상 둘레에 돌로 쌓은 산성으로 길이가 약 900m에 달한다. 삼국 시대에 축성된 것으로 추정되고, 고려 말 조선 초의 문신 박위(朴葳)가 수축한 뒤 임진왜

란 때 무너진 것을 고종 때 다시 쌓았다. 성 주변에 가야 고분들과 수로왕비릉(首露王妃陵), 가야의 건국 설화와 관련된 구지봉(龜旨峰)이 있어 이 성과 연관성이 있다.

18-3 함양 咸陽 의령 宜寧 진주 晉州
임진왜란 3대 대첩으로 유명한 진주

대동여지도의 좌측 지리산 천왕봉(天王峯)에서 남동쪽 우산(牛山)까지 이어진 산줄기와 진주 남쪽 망진산(望晉山) 봉수를 지나는 굴곡진 짧은 산줄기는 낙남정맥이나, 현대 지도에서는 지리산 영신봉(靈神峰, 1652m)이 낙남정맥의 시작점이다. 대동여지도 상단 가운데 황산(黃山)에서 갈항(葛項), 자굴산(闍崛山), 광제산(光濟山)을 거쳐 진주로 급박하는 산줄기는 백두대간 남덕유산에서 뻗어 나온 산줄기이다. 대동여지도의 산줄기 형태는 현대 지도와도 엇비슷한 편이다.
함양에서 산청과 진주를 거쳐 흐르는 쌍선 하천은 남강(南江)이고, 지리산에서 발원하여 남강으로 유입되는 쌍선 하천은 덕천강(德川江)이다. 또 지도 하단 좌측의 짧은 쌍선 하천은 섬진강이다. 남강과 덕천강이 합류되는 곳에는 1970년 남강댐이 건설되어, 저수량 3억 1천만 톤의 진양호(晉陽湖)가 조성되었다. 대동여지도의 물줄기는 현대 지도와도 엇비슷한 편이다.

진주(晉州)는 757년(신라 경덕왕 16년) 청주(菁州)가 강주(康州)로 바뀌었고, 940년(고려 태조 23년) 진주로 개칭되었다가 983년(고려 성종 2년) 진주목으로 승격되었다. 1392년(조선 태조 1년) 진주를 진양(晉陽)으로 개칭하고 태조현비의 내향이라 하여 진양대도호부가 되었으나, 1402년(태종 2년)에 진주목으로 바뀌어 조선 말까지 지속되었다. 1895년 진주군이 되었고, 이듬해 경상남도에 편제되면서 도청 소재지가 되었으나, 1925년 경남 도청이 부산으로 이전되었다. 1939년 진주읍이 진주부로 승격되면서 진주군은 진양군으로 개칭되었고, 1949년 진주부가 진주시로 승격되었다. 1995년 진주시와 진양군이 통합되어 새로운 진주시가 되었다.
의령(宜寧)은 757년(신라 경덕왕 16년)에 의령현이 되었고, 1390년(고려 공양왕 2년)에 감무를 두었다. 1413년(조선 태종 13년) 현감을 두고, 조선 말까지 지속되었다. 1895년 진주부 관할 의령군으로 승격되었고, 이듬해 경상남도에 편제되었다. 1979년 의령면이 읍으로 승격되었다.
삼가(三嘉)는 신라 경덕왕 때 가수(嘉壽 또는 嘉樹)로 불렸고, 고려 공민왕 때 감무를 두었다. 조선 태종 때 삼기현(三岐縣)을 합쳐 삼가

현이 되어 조선 말까지 지속되었다. 1895년 진주부 관할 삼가군이 되었고, 이듬해 경상남도에 편제되었으나, 1914년 일부는 거창군에, 일부는 합천군에 통합되었다. 현재 합천군 삼가면이다.
산청(山淸)은 757년(신라 경덕왕 16년) 산음현(山陰縣)으로 개칭되었고, 1390년(고려 공양왕 2년) 감무를 두었다. 1413년(조선 태종 13년) 현감을 두었으나, 1767년(영조 43년) "산음현에 일곱 살 먹은 여자아이가 잉태해서 사내아이를 낳았다."라고 경상 감사 김응순(金應淳)이 치계(馳啓)하자, '음(陰)' 자를 '청(淸)' 자로 바꿔 산청현으로 개칭되었다. 1895년 진주부 관할 산청군으로 승격되었고, 이듬해 경상남도에 편제되었다. 1914년 부군면 통폐합 때 단성군이 통합되었고, 1979년 산청면이 읍으로 승격되었다.
단성(丹城)은 신라 때 단계현(丹溪縣)과 강성현(江城縣)으로 불렸고, 1436년(조선 세종 18년)에 두 현을 합쳐 단성현이 되었다. 임진왜란 직후인 1599년(선조 32년)에 산청현(山淸縣)에 통합되었다가 1613년(광해군 5년)에 복귀되었다. 1895년 진주부 관할 단성군으로 승격되었고, 이듬해 경상남도에 편제되었으나, 1914년 부군면 통폐합 때 산청군에 통합되어 단성면이 되었다.
함양(咸陽)은 757년(신라 경덕왕 16년)에 천령군(天嶺郡)으로 불렸고, 1018년(고려 현종 9년)에 함양군으로 개칭되었다가, 1172년(고려 명종 2년) 현으로 강등되어 감무를 두었다. 1395년(조선 태조 4년)에 함양군으로 승격되었고, 1729년(영조 5년) 함양도호부로 승격되었다가 1788년(정조 12년)에 다시 함양군이 되었다. 1895년 진주부 관할 함양군이 되었고, 이듬해 경상남도에 편제되었다. 1914년 부군면 통폐합 때 안의군(安義郡)이 함양군에 통합되면서 안의면이 되었다.
진주 남강 변의 진주성(晉州城)은 삼국 시대 축성되었고 고려 후기에 개축된 평산성으로, 임진왜란 3대 대첩의 하나인 진주성 대첩을 이룬 곳이다. 진주성은 내성과 외성으로 구분되어 촉석루(矗石樓)를 비롯해 의기사(義妓祠)·포정사(布政司)·북장대(北將臺)·서장대(西將臺)·창렬사(彰烈祠) 등이 있고, 남강 변에는 논개(論介)가 왜장을 끌어안고 순절한 의암(義巖)이 있다.
산청 단성면의 백마산성(白馬山城)은 강산성(江山城), 동산성(東山城), 단성산성(丹城山城) 등 여러 가지 이름으로 불렸던 산성으로, 건물이 존재했을 것으로 추정되는 석축 일부가 남아 있다. 남강의 상류인 경호강(鏡湖江) 변의 적벽(赤壁)은 붉은 바위 절벽이 마치 병풍을 두른 듯 해 붙여진 이름이다. 산청과 삼가의 경계에 표기된 황산(黃山)은 현재 철쭉으로 이름난 황매산(黃梅山, 1,113m)이다.

18-4 남원 南原 구례 求禮 담양 潭陽
고전소설 춘향전의 무대, 남원

대동여지도 상단 우측 명저치(鳴猪峙)에서 여원치(女院峙)를 지나 반야봉(般若鋒), 지리산(智異山)에 이르는 굵은 산줄기는 백두대간의 끝자락이다. 지도 좌측 상단 용천산(龍泉山)에서 설산(雪山), 만덕산(萬德山)을 거쳐 경산(景山)에 이르는 산줄기는 호남정맥이다. 지도 상단

에서부터 곡성을 거쳐 구례 남쪽을 가로지르는 쌍선 하천은 섬진강(蟾津江)이고, 지도 하단 섬진강으로 흘러드는 쌍선 하천은 보성강(寶城江)이다. 대동여지도의 백두대간을 비롯한 산줄기와 물줄기는 현대 지도와 엇비슷한 편이다.

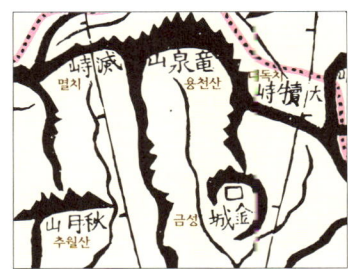 

호남정맥 용천산에서 남쪽으로 흘러 담양을 감아 도는 물줄기는 영산강(榮山江)의 발원지로, 현재 최상류에는 1976년에 완공된 담양호가 위치한다. 현대 지도에서 담양호 왼쪽에 솟은 산은 호남정맥상의 추월산(秋月山)인데, 대동여지도에는 호남정맥에서 갈라진 지맥상에 추월산이 있어 그 위치가 다르다.

남원(南原)은 백제 시대 대방군(帶方郡)으로 불리다가 757년(신라 경덕왕 16년)에 남원으로 개칭되었고, 940년(고려 태조 23년) 남원부(南原府)로 승격되었다. 1413년(조선 태종 13년)에 남원도호부가 되었고, 1739년(영조 15년) 양찬규(梁纘揆)의 반란으로 일신현(一新縣)으로 강등되었다가 1750년(영조 26년) 다시 남원부로 복귀되었다. 1895년 남원부가 군이 되어 16개 군을 관할하였고, 이듬해 전라북도에 편제되었다. 1914년 남원부가 폐지되고, 운봉군(雲峰郡)을 통합해 남원군이 되었으며, 1931년 남원면이 읍으로 승격되었다. 1981년 남원읍이 시로 승격되면서 남원군이 분리되었으나, 1995년 남원군과 남원시가 통합되면서 새로운 남원시가 되었다.

운봉(雲峰)은 백제 때 아영성(阿英城 또는 阿莫城)으로 불리다가 757년(신라 경덕왕 16년)에 운봉이 되었다. 1392년(조선 태조 1년)에 감무를 두고, 조선 말까지 큰 변동 없이 지속되었다. 1895년 남원부 운봉군으로 승격되었고, 이듬해 전라북도에 편제되었다. 1914년 부군면 통폐합 때 남원군에 통합되었다. 1995년 운봉면이 읍으로 승격되었다.

순창(淳昌)은 백제 때 도실군(道實郡)으로 불리다가 757년(신라 경덕왕 16년)에 순화군(淳化郡)으로 바뀌었다. 940년(고려 태조 23년) 순창으로 개칭되었고, 1314년(고려 충숙왕 1년)에 당시 국통(國統)인 정오선사(丁午禪師)의 고향이라 하여 군으로 승격되어 조선 말까지 큰 변화 없이 지속되었다. 1895년 남원부에서 독립되었고, 이듬해 전라북도에 편제되었다. 1979년 순창면이 읍으로 승격되었다.

곡성(谷城)은 백제 때 욕나군(欲乃郡 또는 欲川郡)으로 불리다가, 757년(신라 경덕왕 16년) 곡성으로 개칭되었고, 1172년(고려 명종 2년)에 감무를 두었다. 1413년(조선 태종 13년)에 곡성현으로 승격되어 현감을 두고, 조선 말까지 지속되었다. 1895년 남원부 관할 곡성군이 되었고, 이듬해 전라남도에 편제되었다. 1909년 옥과군(玉果郡)이 창평군(昌平郡)에 편입되었고, 1914년 창평군이 폐지되면서 옛 옥과군의 6개 면이 곡성군에 통합되었다. 1979년 곡성면이 읍으로

승격되었다.

옥과(玉果)는 백제 시대 과지현(果支縣 또는 菓支·果兮)으로 불리다가 757년(신라 경덕왕 16년) 옥과현으로 개칭되었고, 1172년(고려 명종 2년)에 감무를 두었다. 1413년(조선 태종 13년)에 현감을 두고, 조선 말까지 지속되었다. 1895년 남원부 관할 옥과군으로 승격되었고, 이듬해 전라남도에 편제되었다. 1909년 창평군(昌平郡)에 편입되었고, 1914년 부군면 통폐합 때 창평군이 폐지되면서 옛 옥과군의 6개 면이 곡성군에 통합되었다. 현재 곡성군 옥과면이다.

담양(潭陽)은 백제 시대에 추자혜군(秋子兮郡)으로 불리다가 757년(신라 경덕왕 16년) 추성군(秋成郡)으로 바뀌었다. 995년(고려 성종 14년) 담양으로 개칭되었고, 1172년(고려 명종 20년)에 감무를 두었다. 1395년(조선 태조 4년) 국사 조구(祖丘)의 본향이라 하여 담양군으로 승격되었고, 1399년(정종 1년) 정종비 김씨(金氏)의 외향이라 하여 부로 승격된 뒤 1413년(태종 13년) 담양도호부가 되었으며, 그 뒤 강등과 복귀를 거듭하였다. 1895년 남원부 관할 담양군이 되었고, 이듬해 전라남도에 편제되었다. 1943년 담양면이 읍으로 승격되었다.

창평(昌平)은 백제 때 굴지(屈支)로 불리다가 757년(신라 경덕왕 16년) 기양(祈陽)으로 바뀌었고, 940년(고려 태조 23년)에 창평현으로 개칭되어 조선 말까지 지속되었다. 1895년 남원부 관할 창평군으로 승격되었고 이듬해 전라남도에 편제되었으나, 1914년 부군면 통폐합 때 담양군에 통합되어 창평면이 되었다.

구례(求禮)는 백제 때 구차례현(仇次禮縣)으로 불리다가 757년(신라 경덕왕 16년) 구례현으로 개칭되었고, 1143년(고려 인종 21년)에 감무를 두었다. 1413년(조선 태종 13년)에 현감을 두고, 조선 말까지 큰 변동 없이 지속되었다. 1895년 남원부 관할 구례군으로 승격되었고, 이듬해 전라북도에 편제되었다가, 1914년 전라남도 관할이 되었다. 1963년 구례면이 읍으로 승격되었다.

남원의 남원성(南原城)은 통일 신라 시대 축성된 성으로, 정유재란 당시 조명연합군이 왜군을 상대로 전투를 벌였으나, 중과부적으로 왜군에게 대패하였다. 만인의총(萬人義塚)은 남원성 전투에서 전사한 병사 2천 명과 주민 1만여 명을 합장한 무덤이다. 교룡산성(蛟龍山城)은 삼국 시대의 산성으로, 현재 문지(門址)와 수구(水口)·옹성(甕城) 등의 시설이 남아 있다. 실상사(實相寺)는 통일 신라 시대 증각대사 홍척(洪陟)이 창건한 사찰로, 국보로 지정된 백장암 삼층석탑(百丈庵三層石塔)을 비롯해 국가유산이 다수 보존되어 있다.

구례에는 봉성산성(鳳城山城)이 남아 있고, 화엄사(華嚴寺)와 연곡사(鷰谷寺) 등 불교 문화재가 산재해 있다. 화엄사는 신라 때 연기조사(緣起祖師)가 세운 고찰로 국보로 지정된 각황전(覺皇殿), 각황전 앞 석등(覺皇殿石燈), 사사자 삼층석탑(四獅子三層石塔) 등 많은 국가유산이 전해진다. 통일 신라 시대에 연기조사(緣起祖師)가 창건한 연곡사에도 국보로 지정된 동 승탑(東僧塔)과 북 승탑(北僧塔) 등 많은 불교 문화재가 보존되어 있다. 연기조사는 《화엄사지(華嚴寺志)》에 인도 승려로 알려져 있으나, 이에 대해서는 논란이 있다.

담양의 금성산성(金城山城)은 고려 시대 이후 백성들의 피난 목적으로 축조된 산성으로, 외성의 둘레가 2km, 내성의 둘레가 700m이다. 장성의 입암산성(笠巖山城), 무주의 적상산성(赤裳山城)과 함께

호남 삼처산성(三處山城)으로 꼽힌다.

순창에는 홀어머니산성·합미성(合米城)·옥출산성지(玉出山城址)·여현성지(廬峴城址) 등이 있으나, 대동여지도에서 확인되는 것은 옥출산성뿐이다. 곡성 옥과면에 설산고성지(雪山古城址)가 있으며, 압록원(鴨綠院)은 섬진강 압록진(鴨綠津) 언덕에 있는 조선 시대 도로 쉼터였다. 현재 섬진강 가의 압록유원지(鴨綠遊園地)는 경관이 아름답고, 담수어가 많아 낚시터로도 이름난 곳이다.

18-5 고창 高敞 영광 靈光 광주 光州
예로부터 호남지역의 중심지, 광주

대동여지도 상단 우측 갈치(葛峙)에서 내장산(內藏山)을 거쳐 백암산(白岩山)으로 이어지는 산줄기는 호남정맥이다. 광주 북쪽과 장성 쪽에서 흐르는 쌍선 하천은 영산강(榮山江)이나, 지도상에는 장성 쪽 물줄기가 본류처럼 보인다. 대동여지도의 내장산에서 입암산성(笠岩山城)을 거쳐 불갑산(佛甲山)을 지나 함평 해제반도(海際半島)에 이르는 긴 산줄기와 영산강 등의 물줄기는 현대 지도와도 크게 다르지 않다.

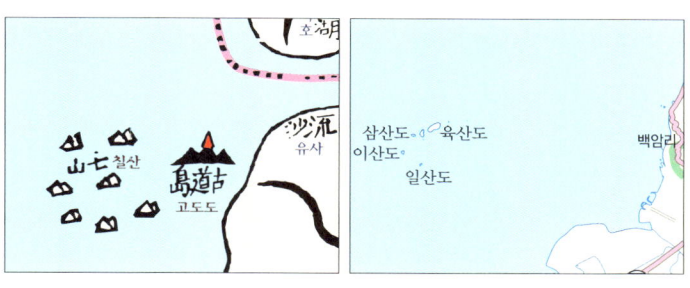

영광 앞바다에 그려진 칠산도(七山島)는 크기와 모양새가 엇비슷한 7개의 바위섬들이 모여 붙여진 이름이다. 칠산도는 평소에 5개의 섬만 보이고 썰물 때 2개가 드러나는데, 현대 지도에는 섬 5개가 그려져 있고 가장 큰 섬인 육산도(六山島)만 표기되어 있다. 칠산도 주변의 칠산 바다는 1960년대까지만 하더라도 조기(石首魚, 石魚)가 가장 많이 잡혔던 어장으로, 한창 때는 배 위로 뛰어 오르는 조기로 배가 가득 찼다고 한다. 대동여지도에는 칠산도와 육지 사이에 봉수가 있는 고도도(古道島)가 있고, 현대 지도에는 그러한 지명은 없지만 백수읍 백암리 북동쪽 해안가에 점으로 표시된 극히 작은 섬이 있다.

광주(光州)는 백제 때 무진주(武珍州 또는 奴只)로 불리다가 757년(신라 경덕왕 16년)에 무주(武州)로 고쳐, 전라남도 지역의 중심 치소로 삼았다. 940년(고려 태조 23년)에 광주로 개칭되어 도독부가 설치되었고, 1373년(고려 공민왕 22년)에 광주목으로 개칭되었다. 1430년(조선 세종 12년)에 광주 사람 노흥준(盧興俊)이 목사 신보안(辛保安)을 구타한 일로 무진군(茂珍郡)으로 강등되었다가, 1451년(문종 1년)에 다시 광주목이 되었다. 그 뒤 강등과 복귀를 거듭하다가 1895년 나주부 광주군이 되었고, 이듬해 전라남도 도청이 되었다. 1935년 광주부로 개칭되면서 광산군(光山郡)이 분리되었다. 1949년 시로 승격

되었고, 그 뒤 광산군이 점차적으로 편입되었다. 1986년 직할시로 승격되었고, 1995년 광주광역시로 변경되어 현재 5개 자치구로 구성되어 있다.

장성(長城)은 백제 시대 고시이현(古尸伊縣)으로 불리다가 757년(신라 경덕왕 16년) 갑성군(岬城郡)으로 바뀌었고, 940년(고려 태조 23년)에 장성현으로 개칭되었다. 1413년(조선 태종 13년)에 현감을 두었고, 1655년(효종 6년) 군비 확장으로 입암산성을 수축하고, 장성도호부로 승격되었다. 1895년 전주부 관할 장성군이 되었고, 이듬해 전라남도에 편제되었다. 1943년 장성면이 읍으로 승격되었다.

고창(高敞)은 백제 때 모량부리현(牟良夫里縣)으로 불리다가 757년(신라 경덕왕 16년) 고창현으로 개칭되었다. 1401년(조선 태종 1년)에 감무를 두었고, 1455년(세조 1년)에 현감을 두고 조선 말까지 지속되었다. 1895년 고창군으로 승격되었고, 이듬해 전라남도에 편제되었다가, 1906년 전라북도 관할로 바뀌었다. 1914년 부군면 통폐합 때 무장군(茂長郡)과 흥덕군(興德郡)이 고창군에 통폐합되었다. 1955년 고창면이 읍으로 승격되었다.

무장(茂長)은 백제 때 송미지현(松彌知縣)으로 불리다가 757년(신라 경덕왕 16년)에 무송(茂松)으로 개칭되었다. 1417년(조선 태종 17년) 무송현을 장사현에 통합하여 무장으로 개칭하고 조선 말까지 지속되었다. 1895년 전주부 관할 무장군으로 승격되었고 이듬해 전라남도에 편제되었으나, 1906년 전라북도로 바뀌었다. 1914년 부군면 통폐합 때 고창군에 통합되어 무장면이 되었다.

영광(靈光)은 백제 때 무시이군(武尸伊郡)으로 불리다가 757년(신라 경덕왕 16년) 무령군(武靈郡)으로 바뀌었다. 940년(고려 태조 23년) 영광군으로 개칭되었고, 1018년(고려 현종 9년)에 전라도 관할이 되었으며, 그 뒤 조선 말까지 강등과 복귀를 거듭하였다. 1895년 전주부 관할 영광군으로 승격되었고, 이듬해 전라남도에 편제되었다. 1955년 영광면이 읍으로 승격되었다.

함평(咸平)은 백제 시대 굴내현(屈乃縣)과 다지현(多只縣)으로 불리다가 757년(신라 경덕왕 16년) 굴내현은 함풍현(咸豊縣), 다지현은 다기현(多岐縣)으로 개칭되었고, 1172년(고려 명종 2년)에 함풍현에 감무를 두었다. 1409년(조선 태종 9년) 함풍현과 모평현(牟平縣)을 통합해 함평현으로 개칭하였다. 《세종실록지리지》에 따르면 함평 대굴포(大堀浦)에 수군처치사영(水軍處置使營)이 설치되어 1440년(세종 22년) 해남으로 이전될 때까지 전라도 수군의 중심지가 되었다. 1895년 나주부 관할 함평군으로 승격되었고, 이듬해 전라남도에 편제되었다. 1963년 함평면이 읍으로 승격되었다.

대동여지도 광주 서남쪽의 왕조대(王祖臺)와 북쪽의 견훤대(甄萱臺)는 조선 영조 때 편찬한 《여지도서(輿地圖書)》에 따르면 왕조대의 위치를 언급하며 "견훤대와 서로 마주보고 있다(與甄萱臺相對)."라고 하여 왕건(王建)과 견훤이 결전을 앞두고 설치한 지휘소로 추정된다. 영산강 가의 극락평(極樂坪)은 옆에 서창(西倉)이 있어 현재 '서창벌'이라고 불리는 곳이다. '극락'이란 지명은 서창마을에 있었던 극락원(極樂院)에서 비롯되고, 광주에서는 지금도 영산강을 '극락강'이라 부른다.

장성의 입암산성(笠岩山城)은 입암산(654m) 능선상의 산성은 고려

시대 이전에 축조된 것으로 추정되며, 성의 둘레는 약 5.2km이고 사적으로 지정된 전남 지역의 대표적 관방 유적이다. 이 밖에 진원(珍原) 구읍지에 진원성(珍原城)과 삼성산성(三聖山城) 등이 있다. 백암산(白岩山) 백양사(白羊寺)는 백제 무왕 때 여환(如幻) 스님이 창건한 고찰로, 보물로 지정된 소요대사탑(逍遙大師塔)을 비롯해 많은 불교 문화재가 보존되어 있다.

고창에는 모양성(牟陽城)으로 불리는 고창읍성과 무장읍성이 남아 있고, 산성은 고산성(高山城)과 서산성(西山城) 터가 남아 있다. 봉수는 북쪽의 소응포(所應捕) 봉수로 응하는 고리포(古里浦) 봉수 터가 있다. 선운사(禪雲寺)에는 보물로 지정된 금동지장보살좌상을 비롯해 많은 불교 문화재가 보존되어 있고, 문수사(文殊寺) 경내에도 대웅전 등의 문화재가 보존되어 있다.

영광 법성진(法聖鎭)은 조선 시대 전라 감영 직할의 수군진으로, 정조 이래 진량면의 행정까지 관할하던 독진(獨鎭)이었다. 법성진성은 돌로 쌓았고, 현재 남아 있는 성벽은 460m로 상태는 양호한 편이며, 성 위에 조성된 숲쟁이는 명승으로 지정된 아름다운 숲이다. 차음산(次音山) 봉수는 가음산(歌音山) 정상부에 위치하는 우수영 소관의 봉수로 석축 일부가 남아 있고, 북쪽으로 고도도 봉수와 응한다. 현재 연흥사(烟興寺)에 소장된 〈묘법연화경(妙法蓮華經)〉 1권 총 4책은 1628년(조선 인조 6년) 수연사(隨緣寺)에서 간행한 목판본이다.

18-6 지도智島 임자도荏子島
수군진이 있었던 지도와 임자도

대동여지도의 해제반도(海際半島) 끝부분과 지도(智島), 임자도(荏子島)의 형태는 현대 지도와 엇비슷한 편이나, 그 밖의 섬은 현대 지도와 명칭이나 위치, 섬의 크기 등이 일치하지 않는다. 명칭이 일치하는 섬은 자은도(慈恩島)·낙월도(落月島)·대노록도(大老鹿島)·소노록도(小老鹿島)·허사도(許沙島) 등과 대가씨도(大加氏島)·소가씨도(小加氏島)이다.

임자도 서쪽의 암타도(岩墮島)는 지금의 암태도(岩泰島)이고, 암태도는 자은도와 함께 임자도 남쪽에 위치하며 크기도 임자도보다 훨씬 큰 섬이다. 그러나 대동여지도에는 임자도가 암타도와 자은도보다 훨씬 크게 그려졌으며, 암타도와 자은도의 위치가 뒤바뀌었다. 임자도 남쪽의 전증도(前甑島)는 현재의 증도(甑島)이고, 그 밖에 섬들은 현대 지도와 지명이 일치하지 않는다. 지도와 사옥도(沙

玉島), 증도(甑島)는 연륙교로 해제반도와 이어져 있다.

대동여지도의 암타도·자은도·지도의 행정구역은 나주목(羅州牧)이고, 임자도외 기타 섬들의 행정구역은 영광군(靈光郡), 해제반도 끝머리 임치진(臨淄鎭)은 함평군(咸平郡)에 속한다. 임치진은 조선 초기에 설치되어 우도수군첨절제사영(右道水軍僉節制使營)이 있어 군사적으로 중요한 곳이었다. 현재 성축이 잘 보존되어 있고, 첨절제사(僉節制使) 공적비가 여러 기 남아 있다.

지도(智島)는 조선 숙종 때 수군진이 설치되었다가 1895년 폐지되었고, 이듬해 지도군(智島郡)이 신설되면서 군청 소재지가 되었다. 1914년 지도군이 폐지되고 지도면으로 무안군에 편입되었다가 1969년 신안군에 속하게 되었으며, 1980년 지도읍으로 승격되었다. 현재 지도진의 진성(鎭城)은 축조된 흔적과 기록이 없어 아예 성이 없었던 것으로 추정된다.

임자도는 고려 초부터 수군통제사가 주둔하는 진이 설치되어 자은도까지 관할하였고, 영조 때는 영광군에 속하였다. 1895년 진이 폐지되면서 지도군에 속하였고, 1914년에는 지도군이 폐지되면서 무안군에 속했다가 1969년에 신안군에 편입되었다. 현재 임치진성(臨淄鎭城)은 석성의 극히 일부와 성곽의 잔재만 남아 있다.

19-1 동래東萊
부산광역시의 옛 이름, 동래

대동여지도 상단 좌측 기비현(其比峴)에서 선암산(仙岩山)을 거쳐 승악산(勝岳山)으로 이어지는 산줄기는 낙동정맥의 끝자락이다. 기비현은 지금의 만덕고개이고, 선암산은 백양산(白楊山, 642m), 승악산은 승학산(乘鶴山, 497m)이다. 산줄기 서쪽 동두저포(東頭渚浦)가 있는 수역은 낙동강 하구이고, 동래부 앞을 흐르는 범어천(梵魚川)은 지금의 수영강(水營江)이다. 대동여지도의 산줄기와 물줄기는 현대 지도와도 엇비슷하다.

대동여지도의 절영도(絶影島)는 지금의 영도(影島)이고, 태종대(太宗臺)는 바위섬으로 표시되었으나, 실제로는 영도 남동쪽 끝에 위치하는 해식애(海蝕崖, 바닷물이 해안을 깎아 생긴 절벽)이다. 현재 영도와 방파제로 연결된 '아치섬'이라고 불리는 조도(朝島)는 대동여지도에 표시되지 않았다. 고지도(古智島)는 《신증동국여지승람》에도 등장하는 섬이었으나, 일제 강점기 부산진 매축(埋築) 때 없어졌다. 목도(木島)는 다대포항 남쪽에 위치하고 '나무섬'이라고도 하며, 형제도(兄弟島)는 바위섬으로 부산의 대표적인 다이빙 포인트이다. 다아리도(多阿里島)는 〈청구도〉에 다가리도(多加里島), 〈1872년 지방지도〉에 다가도(多加島)로 표현되어 있으나, 실제 존재했는지 여부는 확인할 수 없다.

또한 대동여지도의 오륙도(五六島)와 동백도(冬栢島)는 현대 지도에서 확인되지만, 우도(牛島)는 〈1872년 지방지도〉에 우암(牛岩)으로 표시되고, 관음암(觀音岩)·석우암(石牛岩)·요암(腰岩)·불암(佛岩) 등은 〈청구도〉와 〈대동여지도〉에만 나오는 지명으로 그 근원을 찾을 수 없다.

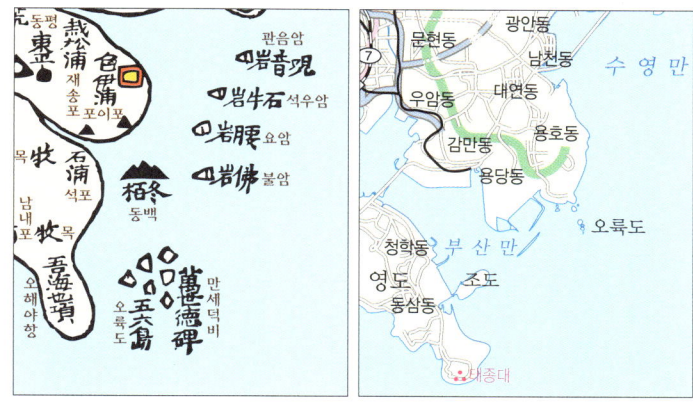

동래(東萊)는 신라의 땅이 되어 거칠산군(居漆山郡)으로 불리다가 757년(신라 경덕왕 16년) 동래군으로 개칭되었으나, 1018년(고려 현종 9년)에 동래현으로 격하되어 현령을 두었다. 1397년(조선 태조 6년) 처음 진(鎭)을 설치해 병마사(兵馬使) 겸 판현사(判縣事)를 두었고, 1547년(명종 2년)에 동래도호부로 승격되었다. 1895년 동래부 관할 동래군이 되었고, 이듬해 경상남도에 편제되었다. 1914년 부산부(釜山府)가 부산부와 동래군으로 분할되었고, 기장군을 동래군에 편입시켰다. 1931년 동래면이 읍으로 승격되고, 1951년 부산부에 편입되어 동래출장소가 설치되었다. 1957년 구제(區制) 실시에 따라 부산시 동래구가 되었다. 현재 부산광역시 동래구이다.

경상도좌수영(慶尙道左水營)은 조선 시대 일본과 가까이 있어 군사적으로 중요시되었던 동래에 설치되어 240여 년간 남해안을 방어한 수군 기지의 본영이었다. 좌수영은 처음 부산포(釜山浦)에 있었으나, 태종 때 울산 개운포(開雲浦)로 옮겼고, 선조 때 다시 수영(水營)으로 옮긴 뒤 1895년에 폐지되었다. 현재 좌수영성지는 부산광역시 기념물로 보호되고 있다.

동래읍성(東萊邑城)은 지형을 이용한 산성 형식의 읍성으로 고려 말 박위(朴葳)가 왜구 침략에 대비해 축성한 것으로, 전체 둘레가 1,962m에 달한다. 읍성은 임진왜란 때 동래부사 송상현(宋象賢)을 위시한 군관민이 혼연일체가 되어 왜적을 맞아 치열한 전투를 벌였던 임진왜란 최초의 격전지였고, 임진왜란 이후 방치되었다가 영조 때 과거보다 훨씬 큰 규모의 읍성을 축성하였다. 일제 강점기 시가지 확장에 따라 서문과 남문 사이의 성벽이 철거되고, 1979년부터 보수하기 시작해 현재 성곽·북문(北門)·북장대(北將臺)·동장대(東將臺)·서장대(西將臺) 등이 복원되었다.

초량왜관(草梁倭館)은 임진왜란 이후 두모포(豆毛浦)에 설치되었으나, 수심이 얕고 장소가 협소해 배를 대기에 부적절하다 하여 1673년(조선 현종 14년)에 이전 설치하였다. 이후 초량왜관은 200여 년간 일본과의 외교와 무역의 거점이 되었고, 왜관에는 관수(館守, 조선 시대 왜관을 지키고 관리하던 직) 이하 역원(譯員)에게 체재비가 지급되었다. 1872년(고종 9년) 일본이 조선과 외교를 맺기 위해 초량왜관을 무단 접수하여 이후 일본 공사관으로 바뀌었다.

19-2 웅천熊川 진해鎭海 고성固城
영남 지방의 중심지, 대구

대동여지도 상단 좌측 적석산(積石山)을 거치는 산줄기는 낙남정맥이고, 지도 우측 몰운대(沒雲臺)에서 멎은 짧은 산줄기는 낙동정맥의 끝자락이다. 대동여지도 낙동강 하구에는 칠점산(七點山)이 위치한 섬은 대저도(大楮島)이고, 그 밖에 명지도(鳴旨島)·소요저(所要渚)·사두도(蛇頭島)·죽도(竹島)·취량도(鷺梁島) 등 크고 작은 하중도가 있으나, 현대 지도에는 해안선을 따라 연안 사주(longshore bar)의 변화로 대저도와 본맥도(本麥島)·을숙도(乙淑島) 등의 하중도가 형성되었다. 칠점산은 퇴적평야 내의 얕은 산지로 처음에는 7개의 봉우리가 있었지만, 일제 강점기에 김해비행장을 만들면서 3곳이 없어지고, 그 뒤 3곳마저 훼손되어 현재 1곳만 남아 있다.

갈대밭과 철새도래지로 유명한 을숙도·대마등·진우도(眞友島) 등은 1904년 지형도에 나타나고, 장자도(長子島)는 1916년 지형도에 표시되었으며, 1955년 지형도에 백합등이, 1975년 지형도에 새등도(신자도)가 처음 등재되었다. 이후 나무싯등·도요등·맹금머리등이 생겨났고, 낙동강 하구에서 남해를 향해 모래섬이 계속 형성되고 있다. 1987년 염해(鹽害) 방지와 용수 공급을 목적으로 총 길이 1.9km의 낙동강 하굿둑이 건설되었다.

낙동강 하구와 가덕도(加德島)·고성반도(固城半島)·거제도(巨濟島) 등 해안 지형은 대동여지도와 현대 지도가 엇비슷한 편이다. 현재 가덕도는 가덕대교로 연륙되고, 가덕도와 거제도는 가덕해저터널과 거가대교로 연결되어 있다. 미륵도(彌勒島)는 원래 200m가 넘는 폭의 고성반도 남단과 이어진 판데목(썰물 때 육지와 이어지는 목)이었으나, 1932년 이곳을 굴착하여 통영운하가 만들어졌고, 해저에는 483m 길이의 해저터널이 건설되었다.

진해(鎭海)는 원래 웅지현(熊只縣)과 골포현(骨浦縣)에 소속된 완포향(莞浦鄕)이었으나, 757년(신라 경덕왕 16년) 웅지현은 웅신현(熊神縣)으로, 골포현은 합포현(合浦縣)으로 개칭되었고, 고려 초에 완포향이 현으로 승격되었다. 1452년(조선 문종 2년) 웅신현과 완포현이 합쳐져 웅천현(熊川縣)이 되었고, 1510년(중종 5년) 삼포왜란(三浦倭亂) 후 웅천도호부로 승격되었으나, 2년 뒤 다시 웅천현으로 환원되었다. 1895년 23부제 실시에 따라 진주부 관할 웅천군으로 승격되었고, 이듬해 경상남도에 편제되었다. 1908년 웅천군과 진해군이 창원군에 통합되었고, 1912년 마산부 일부를 합쳐 진해면이 되면서 '진해'로 불리게 되었다. 1931년 창원군 진해읍으로 승격되었고, 1955년 진해시로 승격되었다. 2010년 진해·마산·창원이 통합되면서 창원시 진해구로 개편되었다.

고성(固城)은 737년(신라 효성왕 1년)에 고자군(古自郡)으로 불리다가, 757년(신라 경덕왕 16년)에 고성군으로 개칭되었다. 1018년(고려 현종 9년) 고성현으로 강등되어 현령을 두고, 조선 말까지 변동 없이 지속되었다. 1895년 진주부 관할 고성군이 되었고, 이듬해 경상남도에 편제되었다. 1938년 고성면이 읍으로 승격되었다.

웅천(熊川)은 신라 때 웅지현(熊只縣)으로 불리다가, 757년(신라 경덕왕 16년)에 웅신현(熊神縣)으로 개칭되었다. 1437년(조선 세종 19년) 첨절제사(僉節制使)를 두었고, 1451년(문종 1년)에 웅천현이 되었다. 1510년(중종 5년) 삼포왜란 후 웅천도호부로 승격되었으나, 2년 뒤 다시 웅천현으로 복귀되었다. 1895년 진주부 관할 웅천군으로 승격되었고, 이듬해 경상남도에 편제되었으나, 1914년 창원군에 통합되어 웅천면이 되었다. 1973년 진해시에 편입되어 웅천동으로 개편되었고, 2010년 창원시 진해구 웅천동이 되었다.

웅천읍성(熊川邑城)은 조선 세종 때 수군첨사영으로 축성된 읍성으로 성문과 성벽 일부가 남아 있고, 제포성(薺浦城)은 고려 때 왜구의 침입을 막기 위해 처음 쌓은 성으로, 조선 성종 때는 경상우도 우수영으로 사용되었고, 성의 일부가 남아 있다. 대동여지도 배응현(裵應縣) 남쪽 남산에 있는 웅천왜성(熊川倭城)과 웅천안골왜성(熊川安骨倭城)은 임진왜란 당시 왜군이 쌓은 성이다. 안골포 동쪽 산 위에 쌓은 웅천안골왜성은 왜군 수군의 본거지로 성의 일부만 남아 있다. 사화랑(沙火郞) 봉수는 경상도 방면에서 한양 목멱산에 이르는 제2로의 간봉(間烽, 직봉 사이에 보조로 설치한 봉수)이다.

고성읍성(固城邑城)은 남문루(南門樓)가 남아 있고, 성곽은 거의 훼손된 상태이다. 통영(統營)은 조선 선조 때 거제도에 있던 삼도수군통제영(三道水軍統制營)을 옮겨온 것으로, 세병관(洗兵館) 등 100여 동의 건물들이 있었으나, 일제 강점기 세병관을 제외한 모든 건물이 헐리고 말았다. 통영성지(統營城址), 삼천포진지(三千浦鎭址)는 병선의 전진 기지로 이용되었던 곳이다.

거제의 영등포진(永登浦鎭)은 원래 1392년(조선 태조 1년)에 고성(固城)의 구소비포(舊所非浦)에 처음 설치했다가 거제 장목면으로 옮겼으나, 1757년(영조 33년) 이전 자리가 해안 방어의 요충지여서 소비포진과 영등진을 합쳐 다시 옮겼다. 현재 성의 일부가 남아 있고, 대동여지도 거제도 북쪽에 '구영등(舊永登)'이 표시되어 있다. 사등성지(沙等城址)는 평지에 석축으로 쌓아 올린 성으로 동서남북에 성문이 있고 타원형으로 이루어지는데, 이것은 원삼국 시대 독로국의 왕성으로 축조된 것으로 알려져 왔다. 고현성(古縣城)은 조선 세종 때 쌓은 성으로 현종 때까지 거제군의 치소로 사용되었다. 장목포진(長木浦鎭)은 1470년(조선 성종 1년)에 설치한 거제 7진의 하나로 임진왜란 때 이순신 장군이 전략을 숙의하던 진영사(鎭營舍)가 남아 있고, 조라포진(助羅浦鎭)은 거제 7진의 하나로 수군만호를 두었다고 한다. 옥포성(玉浦城)은 1486년(조선 성종 17년)에 축성되었고, 임진왜란 때 이순신 장군이 첫 승리를 거둔 옥포대첩(玉浦大捷)

으로 유명한 곳으로, 현재 민가에 성벽 일부가 남아 있다.

19-3 사천泗川 곤양昆陽 남해南海
변한의 옛 땅, 경상도 서남부 지역

대동여지도 상단 가운데 옥산(玉山)에서 소곡산(所谷山)을 지나는 산줄기가 북쪽으로 뻗다가 다시 팔음산(八音山), 용암산(龍岩山)을 거쳐 종송산(宗送産)으로 꺾어지는 산줄기는 낙남정맥이다. 경상도와 전라도의 도경계를 이루는 폭 넓은 하천은 섬진강(蟾津江)의 하류이다.

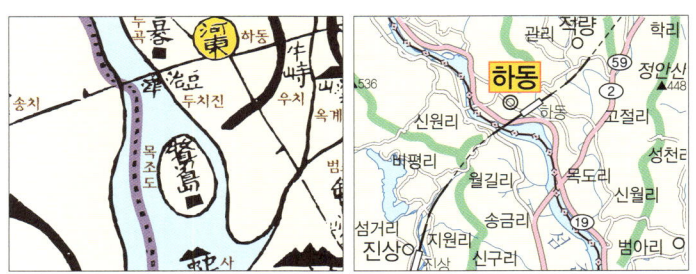

하중도인 목조도(牧鳥島)는 기러기가 많이 서식하여 '목도(鶩島)'라고 하였고, 조선 시대에는 말을 방목하던 곳으로 '목도(牧島)'라고 불렸으나, 1961년 목도 제방이 준공되면서 육지가 되어 현재 목도리(牧島里)로 불린다. 현대 지도의 남해도(南海島)와 창선도(昌善島)는 근접한 반면 대동여지도에서는 간격이 너무 떨어져 있는 것을 제외하고는 산줄기와 해안의 형태가 크게 다르지 않다.

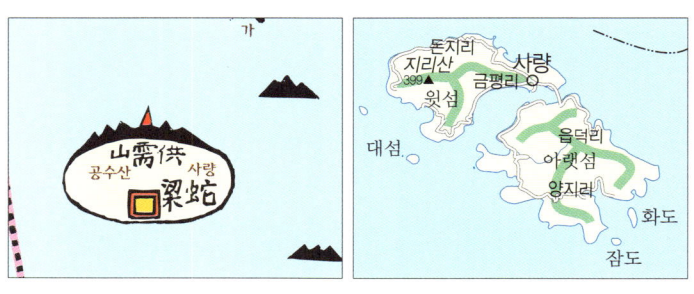

사량도(蛇梁島)는 옛날 박도(樸島)와 가도(柯島) 두 섬으로 이뤄졌는데, 조선 시대 왜구 방어를 위한 사량진(蛇梁鎭)을 두 섬 사이의 동강(東江)에 설치하면서 사량도가 되었다고 한다. 일설에 '사량(蛇梁)'이라는 명칭은 윗섬과 아랫섬 사이의 바다가 뱀 같이 굴곡이 졌다 하여 붙여진 것이라고 한다. 1760년경에 제작된 〈비변사방안지도〉 고성(固城) 지도에는 사량도과 가도가 따로 그려져 있고, 그 사이의 바다가 뱀처럼 굴곡지게 표현되어 있다. 대동여지도에는 사량도가 하나의 섬으로 표현되고, 가도는 사량도 북동쪽 떨어진 곳에 표시되어 있다.

사천(泗川)은 신라 시대 사물현(泗勿縣)으로 불리다가 757년(신라 경덕왕 16년) 사수현(泗水縣)으로 바뀌었다. 1011년(고려 현종 2년)에 사주(泗州)로 개칭되었고, 1172년(고려 명종 2년)에 감무를 두었다. 1413년(조선 태종 13년)에 사천현으로 개칭되어 현감을 두고, 조선 말까지 지속되었다. 1895년 진주부 관할 사천군으로 승격되었고,

이듬해 경상남도에 편제되었다. 1914년 곤양군(昆陽郡)을 통합하였고, 1931년 삼천포면이 읍으로 승격되었다. 1956년 섬천포읍이 삼천포시(三千浦市)가 되면서 사천군이 분리되었고, 1995년 삼천포시와 사천군을 통합해 새로운 사천시가 되었다.

곤양(昆陽)은 고려 때 곤명현(昆明縣)으로 불렸고, 1419년(조선 세종 1년) 남해현(南海縣)과 합쳐 곤남군(昆南郡)으로 승격되었다. 1437년(세종 19년)에 곤양군(昆陽郡)으로 개칭, 승격된 후 조선 말까지 지속되었다. 1895년 진주부 관할 곤양군이 되었고, 이듬해 경상남도에 편제되었으나, 1914년 사천군에 통합되어 곤양면이 되었다. 현재 사천시 곤양면이다.

하동(河東)은 백제 시대 한다사군(韓多沙郡)이라 불렸다가, 757년(신라 경덕왕 16년) 하동군으로 개칭되었다. 고려 때는 하동현이었다가, 1414년(조선 태종 14년) 남해현과 합쳐 하남현(河南縣)이 되었고, 이듬해 다시 하동현이 되었다. 1704년(숙종 30년)에 하동도호부로 승격되었다. 1895년 진주부 관할 하동군이 되었고, 이듬해 경상남도에 편제되었다. 1938년에는 하동면이 읍으로 승격되었다.

남해(南海)는 신라 때 전야산군(轉也山郡)으로 불리다가 757년(신라 경덕왕 16년)에 남해군으로 개칭되었고, 1018년(고려 현종 9년) 남해현으로 강등되어 현령을 두었다. 1414년(조선 태종 14년) 하동현과 합쳐져 하남현(河南縣)이 되었다가, 1417년(태종 17년) 남해현으로 환원되었다. 1419년(세종 1년)에 곤명현에 통합되어 곤남군(昆南郡)이 되었고, 1437년(세종 19년) 다시 남해현이 되어 현령을 두었다. 1895년 진주부 관할 남해군이 되었고, 이듬해 경상남도에 편제되었다. 1979년 남해면이 읍으로 승격되었다.

사천읍성(泗川邑城)은 조선 세종 때 돌과 흙으로 쌓은 성으로, 성황당산성(城隍堂山城)과 마주하고 있으며, 현재 300m 정도의 옛 성곽이 남아 있다. 곤양읍성(昆陽邑城) 역시 세종 때 쌓은 성으로 남은 성벽은 대부분 민가의 담과 축대로 이용되고 있으며, 현재 우물 1개소가 남아 있다. 대동여지도에는 다솔사(多率寺)를 비롯해 고고사(孤古寺)·배왕사(排王寺)·배방사(排房寺) 등의 사찰이 표기되었는데, 다솔사는 신라 때 연기조사(緣起祖師)가 창건한 고찰로 불교 문화재가 남아 있으나, 나머지 사찰은 폐사되었다. 곤양의 노량(露梁)과 남해도 사이의 바다는 1598년(조선 선조 31년) 정유재란 때 일본과 해전이 벌어졌던 곳으로, 이 노량해전은 이순신 장군의 마지막 전투로 유명하다.

하동의 쌍계사(雙溪寺)는 신라 때 의상대사(義湘大師)의 제자 삼법(三法)이 창건한 고찰로, 신라 진성여왕 때 건립된 국보 진감선사탑비(眞鑑禪師塔碑)를 비롯해 보물로 지정된 쌍계사 승탑 등 많은 불교 문화재가 보존되어 있다. 신응사(神凝寺)는 화개면 의신마을 왕성초등학교 자리에 있었던 절로 신흥사(新興寺)라고 불렸다 한다. 악양(岳陽) 섬진강 변의 고소성(姑蘇城)은 대동여지도에는 표시되지 않았지만, 신라 때 축성된 산성으로 성벽이 온전하게 남아 있다.

남해의 충렬사(忠烈祠)는 이순신 장군이 전사한 뒤 시신이 안치됐던 곳으로, 1632년(조선 인조 10년) 유림들이 초사(草舍)를 지어 제사를 지냈고, 효종 때 사당과 비를 다시 세웠다. 현종 때 '충렬사'라는 사액을 받았고, 현재 사당·재실·비각 등이 있으며 충무공의 시신이

문혔던 자리에 가묘(假墓)가 남아 있다.

고성의 구소을비포진(旧所乙非浦鎭)은 조선 성종 때 축조된 석성으로, 200m 정도의 성벽이 원상태로 남아 있다. 당포진(唐浦鎭)은 통제영에 속한 수군만호진으로, 임진왜란 때 이순신 장군도 이 성에서 왜적을 물리쳤으며, 현재 석축 752m가 남아 있다. 진주에 속한 창선도 적량진(赤梁鎭)은 1420년(조선 세종 2년)에 축성된 것으로 추정되며, 수군만호진으로 중요한 군사 요충지였으나, 현재는 농토로 개간되면서 석축의 흔적만 남아 있다.

19-4 순천順天 낙안樂安 보성寶城
전라 좌수영의 본영이었던 순천

대동여지도 상단 좌측 주로치(周路峙)에서 천운산(天雲山), 중조산(中條山)을 거쳐 여재(呂岾)로 이어지는 산줄기와 하단 좌측의 사자산(獅子山)에서 주월산(舟越山), 금화산(金華山), 분계치(分界峙)를 거쳐 오도치(吾道峙)에 이르는 산줄기 그리고 상단 우측의 송원치(松院峙)에서 계족산(雞足山)을 거쳐 백운산(白雲山)으로 연결되는 산줄기는 모두 호남정맥이다. 지도 상단 좌측의 쌍선 하천은 섬진강 지류인 보성강(寶城江)이다. 대동여지도의 산줄기와 물줄기, 여수반도 등의 해안은 현대 지도와 엇비슷하다.

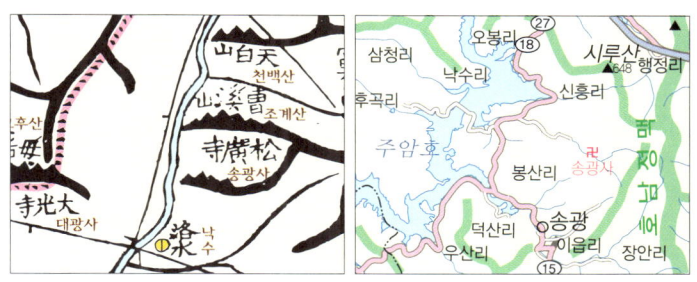

1979년 도립공원으로 지정된 조계산(曹溪山, 887m)은 호남정맥상에 위치하는데, 대동여지도에는 지능선 끝에 표기되어 있어 위치가 맞지 않는다. 조계산 서쪽의 보성강에는 1992년 다목적 댐인 주암댐 완성으로 주암호(住巖湖)가 조성되어 광주와 전남 동부권 지역의 수자원이 되고 있다.

순천(順天)은 백제 시대 감평군(欿平郡) 또는 둔지현(遁支縣), 분차군(分嵯郡)으로 불리다가 757년(신라 경덕왕 16년)에 감평군이 승평군(昇平郡)으로 개칭되었다. 940년(고려 태조 23년) 해읍현은 여수현(麗水縣)으로, 여산현은 돌산현(突山縣)으로, 희양현은 광양현(光陽縣) 개칭되고, 983년(고려 성종 2년)에 승주목(昇州牧)이 되었고, 1036년(고려 정종 2년) 다시 승평군으로 바뀌었다. 1309년(고려 충선왕 2년) 승주목(昇州牧)으로 승격되었고, 이듬해 순천부(順天府)가 되면서 '순천'이라는 이름이 처음 생겼다. 1413년(조선 태종 13년)에 순천도호부로 승격되어 전라좌도 남부의 중심지가 되어 조선 말까지 지속되었다. 1895년 남원부 관할 순천군이 되었고, 이듬해 전라남도에 편제되면서 도서 지역은 돌산군(突山郡)으로 분리되었고, 1897년에 여수군(麗水郡)이 분리되었다. 1949년 순천시로 승격되면

서 승주군(昇州郡)이 분리되었으나, 1995년 순천시와 승주군이 통합되어 새로운 순천시가 되었다.

여수는 940년(고려 태조 23년)에 해읍현(海邑縣)이 여수현(麗水縣)으로, 여산현(廬山縣)이 돌산현(突山縣)으로 개칭되었다. 조선이 개국될 때 현령 오흔인(吳欣仁)이 이성계에 불복하자, 1396년(조선 태조 5년) 군사를 보내 여수현과 돌산현을 폐현시키고 순천도호부에 편입시키면서 지도에서 사라졌다. 1897년에 이르러 순천군에서 분리되면서 여수군이 신설되었고, 1914년 돌산군이 폐지되면서 5개 면이 편입되었다. 1931년 여수면이 읍으로 승격되었고, 1949년 여수읍이 시로 승격되면서 여천군(麗川郡)이 분리되었다. 1986년 여천지구출장소가 시로 승격되었고, 1998년 여천시·여천군·여수시가 통합되면서 새로운 여수시가 되었다. 대동여지도의 고돌산진(古突山鎭)은 현대 지도에서 용주리 일대이고, 장군도(將軍島)는 현대 지도에는 없지만 돌산대교 바로 밑에 위치한다. 만흥사(萬興寺)는 현대 지도의 만흥동 일대에 있던 사찰로 그 위치가 많이 어긋난다.

낙안(樂安)은 백제 시대 분차군(分嵯郡)으로 불리다가 757년(신라 경덕왕 16년)에 분령군(分嶺郡)으로 바뀌었고, 940년(고려 태조 23년)에 낙안으로 개칭되고, 1172년(고려 명종 2년) 감무를 두고, 뒤에 낙안군으로 승격되었다. 1466년(조선 세조 12년) 군수를 두고, 조선 말까지 지속되었다. 1895년 나주부 관할 낙안군이 되었고, 이듬해 전라남도에 편제되었다. 1909년 낙안군이 폐지되어 순천군에 편입되면서 낙안면이 되었다. 현재 순천시 낙안면이다.

광양(光陽)은 백제 시대 마로현(馬老縣)으로 불리다가 신라 통일 이후 희양현(曦陽縣)으로 바뀌었고, 940년(고려 태조 23년) 광양현으로 개칭되고, 충정왕 때 감무를 두었다. 1413년(조선 태종 13년)에 현감을 두고, 조선 말까지 지속되었다. 1895년 남원부 관할 광양군이 되었고, 이듬해 전라남도에 편제되었다. 1949년 광양면이 읍으로 승격되고, 1981년 광양만에 제2제철소가 건립되면서 1986년 광양출장소가 설치되었다. 1989년 광양군 일부가 동광양시(東光陽市)로 승격되었다. 1995년 광양군과 동광양시가 통합해 새로운 광양시가 되었다.

보성(寶城)은 백제 시대 복홀군(伏忽郡)으로 불리다가 757년(신라 경덕왕 16년)에 보성군으로 개칭되었고, 고려 태조 때는 삼양군(三陽郡)이었다가 996년(고려 성종 15년)에 패주(貝州)로 바뀌었으나, 1018년(고려 현종 9년)에 다시 보성군이 되었다. 1395년(조선 태조 4년)에 잦은 왜구의 침입으로 흥양현(고흥)의 치소를 보성군의 속현인 조양현(兆陽縣)으로 이전하였고, 1430년(세종 12년) 장흥도호부의 관할이었다가 그 뒤 순천도호부에 속해 조선 말까지 지속되었다. 1895년 나주부 관할 보성군이 되었고, 이듬해 전라남도에 편제되었다. 1940년 보성면이 읍으로 승격되었다.

동복(同福)은 백제 시대 두부지(豆夫只)로 불리다가 757년(신라 경덕왕 16년)에 동복으로 바뀌어 곡성군의 영현이 되었고, 1018년(고려 현종 9년) 동복현이 승려 조염(祖琰)의 고향이라 하여 감무로 승격되었다. 1405년(조선 태종 5년) 화순현에 합쳐 화순감무가 겸했고, 1416년(태종 16년) 동복현으로 복귀되었다. 1655년(효종 6년)에는 화재로 전패(殿牌, 임금을 상징하는 '殿' 자를 새겨 각 고을 객사에 세

운 나무패)를 태웠다 하여 동복현이 폐지되고 화순현에 편입되었다가, 1664년(현종 5년)에 다시 동복현이 설치되었다. 1895년 나주군 관할 동복군으로 승격되었고, 이듬해 전라남도에 편제되었으나, 1914년 화순군에 통합되면서 동복면이 되었다.

순천·여수의 좌수영(左水營)은 조선 성종 때 설치한 전라도 수군절도사의 주진(主鎭)으로, 선조 때는 삼도수군통제영(三道水軍統制營)의 본영이기도 했다. 1895년 영이 철폐되었고, 현재 부속 관청이었던 진남관(鎭南館)은 숙종 때 소실된 것을 다시 중건하여 현재 국보로 지정되었다. 고돌산진(古突山鎭)은 성종 때 좌수영이 설치되고 9년 뒤에 축성된 진으로, 지금은 그 흔적을 찾을 수 없다. 순천의 성황당(城隍堂) 봉수는 한양으로 연결되는 직봉의 기능을 했던 곳이다.

낙안읍성(樂安邑城)은 조선 전기에 축조된 읍성으로, 둘레가 1,400m가 넘는 장방형의 성벽과 동문인 낙풍루(樂豊樓)·서문인 낙추문(樂秋門)·남문인 진남루(鎭南樓)의 터와 옹성 등의 시설이 남아 있다. 성 안의 전통 마을은 1987년 복원된 것이다.

순천의 송광사(松廣寺)는 신라 말 체징(體澄)이 창건하였고, 고려 때 보조국사(普照國師)가 수도처로 만들면서 승보사찰로 불리게 되었다. 목조삼존불감(木彫三尊佛龕)을 비롯한 국보 4점과 보물 18점 등 많은 불교 문화재가 보존되어 있다. 선암사(仙岩寺)는 신라 때 도선국사(道詵)가 창건하고 고려 때 중창되었으며, 보물로 지정된 선암사 승선교(仙巖寺昇仙僑)를 비롯한 많은 불교 문화재가 있다.

여수 흥국사(興國寺)는 고려 명종 때 지눌(知訥)이 창건한 사찰로, 조선 인조 때 중건하였고 정조 때는 승군이 주둔하였다. 보물로 지정된 대웅전을 비롯한 국가유산이 다수 보존되어 있다.

광양에는 광양읍성지(光陽邑城址)와 중흥산성(中興山城)의 토성 일부가 남아 있고, 마로산성(馬老山城)은 산정에 둘레 550m의 성벽이 남아 있다. 섬진강 하구의 섬진진(蟾津鎭)은 성이 축조되지 않았으나 당시 주둔군이 359명이나 되었고, 진터에는 공적비 4기가 남아 있다. 옥룡사(玉龍寺)는 신라 때 도선국사(道詵國師)가 창건한 사찰이었으나, 1967년 혜성(慧性)이 중창하면서 법왕사(法王寺)로 바꾸었다.

보성에는 오봉산성(五峰山城)과 조양현성(兆陽縣城), 벌교읍의 부용산성(芙蓉山城) 등이 있었으나, 현재 터만 남아 있다. 정흥사(正興寺)는 조선 후기 폐사되었다.

19-5 나주羅州 영암靈岩 장흥長興
전라도 지역의 젖줄, 영산강

대동여지도 우측 가운데 벽옥산(碧玉山)에서 용두산(龍頭山), 노동치(蘆洞峙)를 지나 우측으로 꺾어지는 산줄기는 호남정맥의 일부이다. 지도 상단 가운데에서 서남쪽으로 흐르는 큰 강은 영산강(榮山江)이고, 장흥과 강진 남쪽을 흐르는 쌍선 하천은 남해로 유입되는 탐진강(耽津江)이다. 대동여지도의 산줄기와 물줄기, 영산강 하구의 형태는 현대 지도와 엇비슷한 편이다.

영산강 하구에는 농업용수와 영산강 수질 개선을 목적으로 1981년 목포시 옥암동과 영암군 삼호읍 사이에 하굿둑이 완공되었고, 영암군 삼호읍과 해남군 화원면 사이에는 1996년 영암금호방조제가 완공되었다. 대동여지도의 소금도(蘇今島)는 1792년(조선 정조 16년) 제작된 〈영호남연해형편도(嶺湖南沿海形便島)〉에는 돈을 묶는다는 뜻의 '속금도(束金島)'라고 표시되어 있으나, 현대 지도에는 금호도(錦湖島)로 표기되어 있다. 금호도는 일제 강점기 무한한 발전과 부흥을 이룬다는 뜻에서 개칭된 이름이라고 한다.

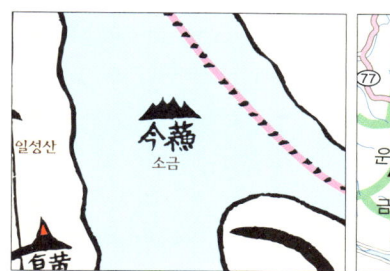

나주(羅州)는 백제 시대 발라군(發羅郡)으로 불리다가 686년(신라 신문왕 6년)에 통의군(通義郡)이 개칭되었고, 757년(신라 경덕왕 16년)에는 통의군이 금성군(錦城郡 또는 錦山郡)으로 개칭되었다. 940년(고려 태조 23년) 나주로 개칭되었고, 983년(고려 성종 2년) 나주목이 되었다. 조선 시대에도 나주목으로 전라도 남부의 중심지였다. 1895년 나주군으로 개칭되었고, 이듬해 전라남도에 편제되었다. 1914년 남평군(南平郡)이 통합되어 남평면이 되고, 1931년 나주면이 읍으로 승격되었다. 1981년 나주읍과 영산포읍을 합해 나주의 옛 지명을 따 금성시(錦城市)가 되었으나, 1986년 다시 나주시로 개칭되었다. 1995년 나주시와 나주군을 통합해 새로운 나주시가 되었다.

남평(南平)은 백제 때 미동부리현(未多夫里縣 또는 未多夫里)으로 불리다가 757년(신라 경덕왕 16년)에 현웅(玄雄)으로 바뀌었고, 940년(고려 태조 23년) 남평(南平 또는 永平)으로 개칭되어, 1172년(고려 명종 2년)에 감무를 두었다. 1413년(조선 태종 13년) 현감을 두고, 조선 말까지 지속되었다. 1895년 나주부 관할 남평군으로 승격되었고, 이듬해 전라남도에 편제되었으나, 1914년 부군면 통폐합 때 나주군에 통합되어 남평면이 되었다. 현재 나주시 남평읍이다.

화순(和順)은 백제 때 잉리아현(仍利阿縣)·이릉부리군(爾陵夫里郡)·두부지현(豆夫只縣) 등으로 불리다가 757년(신라 경덕왕 16년)에 잉리아현은 여미현(汝湄縣)으로 바뀌었고, 940년(고려 태조 23년) 여미현이 화순현으로 개칭되고, 1390년(고려 공양왕 2년)에 감무를 두었다. 1407년(조선 태종 7년) 동복현과 화순현을 합쳐 복순현(福順縣)으로 개칭하였으나, 1413년(태종 13년) 다시 화순현으로 바꾸었다. 그 뒤 분리와 통합을 거듭하다가 1895년 나주부 관할 화순군이 되었고, 이듬해 전라남도에 편제되었다. 1908년 능주군과 화순군 일원이 능주군에 통합되었고, 1913년 능주군이 화순군으로 개칭되고, 이듬해 동복군도 화순군에 편입되었다. 1962년 화순면이 읍으로 승격되었다.

능주(綾州)는 백제 시대 이릉부리(爾陵夫里)로 불리다가 757년(신라 경덕왕 16년) 능성군(陵城郡)으로 바뀌었고, 1143년(고려 인종 21년)에 현령을 두었다. 1416년(조선 태종 16년) 화순을 통합하여 순성(順城)으로 바뀌었다가, 2년 뒤에 분리되었다. 1632년(인조 10년) 인헌왕후(仁獻王后) 구씨(具氏)의 고향이라 하여 능주목으로 승격되었다. 1895년 나주부 관할 능주군이 되었고, 이듬해 전라남도에 편제되었다. 1914년 부군면 통폐합 때 화순군에 통합되어 능주면이 되었다.

무안(務安)은 백제 시대 물아혜군(勿阿兮郡)으로 불리다가 757년(신라 경덕왕 16년)에 무안군으로 개칭되었고, 944년(고려 혜종 1년) 물량군(勿良郡)으로 바뀌었으나, 991년(고려 성종 10년) 다시 무안군이 되었다. 1413년(조선 태종 13년)에 현감을 두고, 조선 말까지 지속되었다. 1895년 나주부 무안군이 되었고, 이듬해 도서 지역이 지도군(智島郡)으로 분리되었다. 이1897년 목포진이 개항되면서 무안부로 승격되었다. 1910년 무안부가 목포부로 개칭되었으나, 1914년 무안군이 따로 독립되었다. 1969년 도서 지역이 신안군(新安郡)으로 분리되었고, 1979년 무안면이 무안읍으로 승격되었다. 한편 목포부는 1949년 목포시로 개칭되었다.

영암(靈巖)은 백제 시대 월내군(月奈郡)으로 불리다가 757년(신라 경덕왕 16년) 영암군이 되었고, 995년(고려 성종 14년) 안남도호부(安南都護府)의 하나인 낭주군(朗州郡)이 되었으나 1018년(고려 현종 9년) 다시 영암군이 되었다. 조선 시대에도 영암군으로서 호남 서남부의 중심지 역할을 하였다. 1895년 나주부 관할 영암군이 되었고, 이듬해 전라남도에 편제되었다. 1979년 영암면이 읍으로 승격되었다.

강진(康津)은 백제 시대 도무군(道武郡)과 동음현(冬音縣)이 설치되었으나, 757년(신라 경덕왕 16년) 도무군이 양무군(陽武郡)으로, 동음현이 탐진현(眈津縣)으로 개칭되었다. 940년(고려 태조 23년) 양무군이 도강현(道康縣)으로 개칭되고, 1172년(고려 명종 2년)에 감무를 두었다. 1417년(조선 태종 17년) 도강현과 탐진현을 합쳐 강진현이 된 뒤 조선 말까지 지속되었다. 1895년 나주부 관할 강진군으로 승격되었고, 이듬해 전라남도에 편제되었다. 1937년 강진면이 읍으로 승격되면서 오늘에 이른다.

장흥(長興)은 백제 시대 오차현(烏次縣)·마사량현(馬斯良縣)·고마미지현(古馬彌知縣)·계천현(季川縣) 등으로 불리다가 757년(신라 경덕왕 16년)에 오차현은 오아현(烏兒縣)으로, 마사량현은 대로현(代勞縣), 고마미지현은 마읍현(馬邑縣), 계천현은 계수현(季水縣)으로 변경되었다. 고려 초에 오아현이 정안현(定安縣)으로 바뀌었으나, 1109년(고려 예종 4년)에 인종의 비 공예태후 임씨(恭睿太后任氏)의 고향이라 하여 장흥부로 승격되었다. 1413년(조선 태종 13년) 장흥도호부로 승격되었고, 효종 때 장흥현으로 강등되었다가 복귀되었다. 1895년 나주부 장흥군이 되었고, 이듬해 전라남도에 편제되었다. 1940년 장흥면이 읍으로 승격되어 오늘에 이른다.

나주의 나주읍성 남문지(羅州邑城 南門址)는 고려 시대 쌓은 성으로 조선 세조 때 크게 확장하고, 현종 때 대대적인 보수 공사를 하였다. 현재는 서문 주변에 100m 가량의 성벽만 남아 있고, 옛날 성 안에 있었던 건물로는 객사(客舍)였던 금성관(錦城館), 객사문(客舍門)인 망화루(望華樓)와 내아(內衙)가 남아 있으며, 1993년에 남문지에 복원한 남고문(南顧門)이 있다. 《신증동국여지승람》에 "금성산성(錦城山城)은 돌로 쌓은 성으로 둘레가 2,946척이고 높이가 12척에 달하며 삼면이 험준하다. 이전에는 군창이 있었으나 지금은 폐지되었다."라고 기록되어 있다. 쌍계사(雙溪寺)는 신라 때 백운(白雲)이 창건하였고, 조선 인종 때 묘법연화경언해(妙法蓮華經諺解)를 번각했으나, 현재 일본에 소장되어 있다.

화순의 오성산성(烏城山城, 대동여지도 19-4 지도)은 고려 말 왜구의 침입을 막기 위해 쌓은 성으로, 정유재란 때 향민 5백여 명과 왜적 3천 명이 3일간을 싸워 피로 물들인 곳이라 한다. 능주의 금오산성(金鰲山城) 터는 용암산(545m) 정상을 둘러쌓은 산성으로 길이가 1,525m에 이른다. 왜성(倭城)은 《대동지지》에 고려 때 왜적을 방어하기 위해 쌓은 성이라 하여 왜성(倭城)이라 불렸으며, 성터만 남아 있다.

무안의 목포진(木浦鎭)은 조선 시대 수군의 진영으로, 1493년(조선 세종 21년)에 현재의 자리에 목포 만호진을 설치하였으나, 1895년(고종 21년) 폐진되었다. 원래의 성과 유적은 남아 있지 않으나, 최근 복원되어 인근에 유달산성지와 임진왜란 때 이순신과 관련 있는 노적봉과 유달산 봉수 터가 남아 있다. 총지사(摠持寺)와 법천사(法泉寺)는 남북국 시대 금지국(金地國)의 승려 정명(淨明)이 창건한 고찰로, 총지사는 조선 순조 때 폐찰되었고, 법천사는 폐허된 것을 일제 강점기 새로 건립되어 오늘에 이른다.

영암의 도갑사(道岬寺)는 통일 신라 때 도선국사가 창건한 사찰로 전해지며, 1456년(조선 세조 2년) 신미(信眉)와 수미(守眉)에 의해 크게 중창되었다. 경내에는 국보로 지정된 도갑사 해탈문(道岬寺解脫門)을 비롯해 많은 불교 문화재가 보존되어 있다.

강진의 병영(兵營)은 조선 시대 전라도 병마절도사의 병영으로, 17세기 제주도에 표류했던 네덜란드인 하멜(H. Hamel) 일행이 억류되어 살았던 곳이다. 당시 건물이나 유적은 소실되어 남아 있지 않고, 성벽 일부만 남아 있으나 현재 복원이 추진되고 있다. 백련사(白蓮寺)는 신라 때 무염(無染)이 창건한 고찰로, 대웅전을 비롯해 백련사 사적비 등의 국가유산이 보존되어 있다.

대동여지도의 수인산성(修仁山城)은 강진군과 장흥군 경계에 위치하나, 접근성은 장흥군 유치면 쪽이 유리하다. 고려 때 축조된 산성으로 조선 태종 때 개축했으며, 성벽의 길이는 6km에 달하고 성 안에는 봉수와 수인사, 창고 터 흔적이 남아 있다. 보림사(寶林寺)는 남북국 시대 통일 신라의 승려 체징(體澄)이 창건한 사찰로, 남·북 삼층석탑 및 석등(南·北三層石塔·石燈)을 비롯한 국보 2점과 보물 5점 등 귀중한 불교 문화재가 보존되어 있다.

19-6 다경포 多慶浦 흑산도 黑山島
전라도 남서쪽의 다도해

대동여지도 우측 상단의 다경포진(多慶浦鎭)이 있는 곳은 무안반도(務安半島)의 끝이고, 우측 하단의 돌출부는 화원반도(花原半島)의 일부이다. 압해도(押海島)는 목포 앞바다에 위치한 섬으로, 2008년 개통된 압해대교를 통해 목포와 연륙되고, 2013년 개통된 김대중대교로 무안반도와 연륙되었으나, 대동여지도에는 육지와 멀리 떨어져 있다.

비금도(飛禽島) 남쪽에 도초도(都草島)가 인접해 있어야 되지만, 대동여지도에는 멀리 떨어져 있고, 장산도(長山島)는 화원반도 동쪽에 위치해야 맞는다. 또 대동여지도에는 대흑산도(大黑山島)와 흑산도진(黑山島鎭)이 있는 본우이도(本牛耳島, 지금의 우이도)가 이웃해 있으나, 실제는 우이도가 도초도 남서쪽 가까이에 위치해야 한다. 홍의도(紅衣島)는 지금의 홍도(紅島)이고, 가가도(可佳島)는 조선 시대에 '可佳島', '家假島' 등으로 불리다가 1896년부터는 사람이 살 수 있는 곳이라 하여 가거도(可居島)라 불렸다. 일제 강점기 소흑산도로 바뀐 것을 2008년 다시 가거도로 환원하였다. 전체적으로 대동여지도의 섬들 위치는 현대 지도와 많은 차이가 난다.

대동여지도에 다경포진(多慶浦鎭)은 영광군 월경지에 속하나, 현재는 무안군 운남면 성내리 원성내마을에 속한다. 《고려사(高麗史)》 지리지에 다경진에 관한 기록이 나오는 것으로 보아 고려 시대부터 해상교통의 요충지였던 것으로 추정되며, 1515년(조선 중종 10년)에 해제 임치진(臨淄鎭) 예하에 다경진이 설치되면서 높이 12척(약 3.6m), 둘레 980척(약 294m)에 달하는 석성을 쌓았으나, 현재는 높이 2m, 길이 100m 정도의 잔재만 남아 있다.

대동여지도의 압해도(押海島)·비금도(飛禽島)·장산도(長山島)·흑산도(黑山島)·대흑산도(大黑山島) 외 많은 섬은 나주목 월경지에 속한다. 압해도와 비금도·장산도·흑산도·대흑산도는 1896년에 지도군에 속했다가 1914년 부군면 통폐합 때 무안군이 되었고, 1969년 무안군에서 신안군이 분리되면서 현재는 각각 신안군 압해면·비금면·장산면·흑산면이 되었다.

흑산진(黑山鎭)은 조선 숙종 때 설치된 수군 주둔 처인 별장진(別將鎭)으로 나주목에 속했다가 1888년 흑산진으로 승격되어 만호(萬戶)를 두고 서해진(西海鎭)을 감시하였다.

가가도 서쪽 47km 거리에 암초가 있는데, 2006년 해양지명위원회에서 '가거초(可居礁)'라고 명명하였고, 2009년 종합해양과학기지가 건설되었다. 지리상 위치는 북위 33° 56′ 31″, 동경 124° 35′ 34.2″이다.

20-1 거제 巨濟

남해안 방어의 최전선, 거제

대동여지도와 현대 지도의 섬 위치를 비교해 보면 거제도(巨濟島)를 중심으로, 산달도(山達島)는 제 위치이나, 한산도(閑山島)는 북쪽으로 치우쳐 올라가 있고, 비진도(比珍島)는 남쪽으로 동떨어져 있으나, 대체적으로 큰 차이는 없는 편이다. 그러나 몇몇 섬의 명칭은 현대 지도와 다른 것이 있다.

대동여지도의 비진도는 내비진도(內非辰島)와 외비진도(外非辰島)로 구분되어 있으나, 실제 비진도는 크기가 비슷한 섬 2개가 남북 방향으로 사주에 의해 연결되어 있어 북쪽을 내도(內島, 안비진도), 남쪽을 외도(外島, 바깥비진도)라고 부른다.

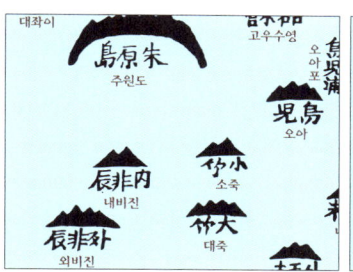 

대동여지도의 주원도(朱原島)는 《신증동국여지승람》에 나오는 지명으로 한산도와 떨어져 있으나, 현대 지도에는 한산도와 인접해 있는 추봉도(秋蜂島)로, 2007년 개통된 추봉교로 한산도와 연결되어 있다. 거제도 남쪽의 매매도(每每島)는 현대 지도의 매물도(每勿島)와 소매물도(小每勿島)를 가리킨다. 매물도는 등대섬을 포함해 3개의 섬으로 알려져 있으나, 등대섬은 소매물도 남쪽에 사주로 연결된 섬으로, 지도에는 따로 등장하지 않는다.

거제(巨濟)는 677년(신라 문무왕 17년)에 상군(裳郡)으로 불리다가 757년(신라 경덕왕 16년)에 거제군으로 개칭되었고, 1018년(고려 현종 9년) 거제현으로 강등되면서 고성현을 속현으로 삼고 현령을 두었다. 1414년(조선 태종 14년)에 거제현과 거창군을 합쳐 제창현(濟昌縣)이 되었다가 이듬해 거제현으로 환원되었고, 1711년(숙종 37년) 거제도호부로 승격되었다. 1895년 거제군이 되었고, 이듬해 경상남도에 편입되었다. 1914년 부군면 통폐합 때 용남군(龍南郡)과 거제군(巨濟郡)이 통영군(統營郡)에 통합되었고, 1935년 이운면(二運面)이 장승포읍으로 승격되었다. 1953년 거제도와 부속 도서가 통영군에서 분리되면서 거제군이 되었다. 1989년 장승포읍이 시로 승격되면서 거제군이 분리되었으나, 1995년 장승포시와 거제군이 통합되어 새로운 거제시가 되었다.

거제도는 제주도에 이어 우리나라 두 번째로 큰 섬으로, 선사 유적이 남아 있고, 조선 시대 유적으로는 성(城)의 박물관이라 할 만큼 관방 유적이 많이 남아 있다. 거제읍 수정봉에 있는 옥산성지(玉山城址)는 조선 고종 때 부사 송희승(宋熙昇)이 축조한 것으로, 외성 서문지에는 옥산금성이 1873년에 축조되었음을 알리는 석각이 있다. 가배량성(加背梁城)은 조선 성종 때 경상우도 수군절도사영성으로 축조되었으나, 선조 때 통제사영이 통영(統營)으로 이전되면서

고성 남쪽에 있던 가배량진이 이곳으로 옮겨 온 것이다. 지세포성(知世浦城)은 조선 인종 때 왜구의 침입을 막기 위해 쌓은 성이었으나, 임진왜란 때 함락되었다. 현재 성 입구에는 수군만호의 비석이 남아 있고, 2018년 '지세포진성'으로 명칭이 바뀌었다. 이 밖에 구조라성(助羅城)·구 율포성(栗浦城) 등의 성터가 남아 있다.

조선 시대 거제군에 속한 한산도는 임진왜란 때인 1592년 7월 이순신 장군 최대 전승지인 임진왜란 3대첩의 하나인 한산대첩을 이룬 곳이다. 제승당(制勝堂)은 이순신 장군이 수군을 지휘하던 사령부로, 현재의 건물은 1930년대에 중수한 것이다. 충렬사(忠烈祠)는 이순신 장군의 사우(祠宇)로 충무공의 위업을 기리기 위해 위패를 모셔 두었다.

20-2 금산 錦山 돌산도 突山島

한 점 신선이 노닐던 섬, 남해도

대동여지도의 남해도(南海島)는 현대 지도와 달리 앵강만(鶯江灣)의 만입이 없이 남쪽 해안을 밋밋하게 표현하였다. 앵강만은 일제 강점기 우리말인 '곳골'을 한자로 '앵(鶯)'이라 쓰고, '호수같이 잔잔한 강'이라는 뜻에서 붙인 이름이라고 한다. 남해도 남쪽의 섬들 가운데 바위섬인 세존도(世尊島)는 실재하는 섬이나, 그 밖에 섬은 확인되지 않는다.

대동여지도의 소태도(少太島)와 노태도(老太島)는 현재 욕지도(欲知島) 북쪽에 인접한 상노대도(上老大島)와 하노대도(下老大島)의 다른 이름으로, 해오라기 '노(鷺)' 자와 집터 '대(垈)' 자를 따서 '노대(鷺垈)'라고 부르던 것을 일제 강점기에 '노대도(老大島)'라고 바꿔 위쪽 섬이 상노대도, 아래쪽 섬이 하노대도가 되었다.

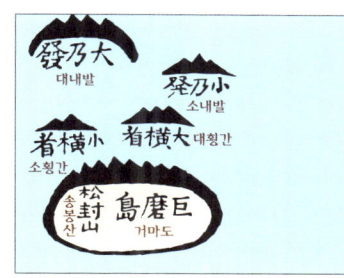 

대동여지도의 돌산도(突山島)는 여수반도와 동떨어져 있으나, 현대 지도는 여수반도와 인접해 돌산대교로 연결되어 있다. 대횡간도(大橫看島)와 소횡간도(小橫看島)는 개도(蓋島)와 나란히 돌산도 남쪽에 위치해야 하나, 대동여지도에는 떨어져 표시되어 있다. 또 대동여지도의 거마도(巨磨島)는 원래 이름이 '거무섬'이었는데, 음이 비슷한 한자어로 표기하면서 금오도(金鰲島)가 되었다고도 하며, 섬 모양이 금거북을 닮아서 지어진 이름이라고도 한다.

남해현의 옛 수군 기지였던 평산포진성(平山浦鎭城)과 미조항진성(彌助項鎭城)이 표기되었는데, 평산포진성은 현재 흔적이 거의 남아 있지 않고, 미조항진성은 군사 요충지로 성의 일부가 남아 있다. 금산(錦山)에는 봉수 터가 남아 있다.

20-3 흥양 興陽

좌수영 소속 4진이 있던, 흥양

대동여지도 가운데의 큰 반도는 고흥반도이고, 상단 우측의 돌출부는 여수반도의 끝부분이다. 고흥반도 내의 산줄기는 흥양 고을의 동쪽 운암산(雲岩山)을 지나 남쪽으로 세 갈래로 나누어져 있으나, 현대 지도에는 운암산에서 고흥 군청 북서쪽을 돌아 천등산에서 세 갈래로 갈라져 산줄기의 형태가 서로 다르다. 참고로 〈1872년 지방지도〉 흥양현 지도에도 산줄기는 현대 지도와 같은 형태이고, 그 이전의 군현지도도 같은 형태로 그려져 있다.

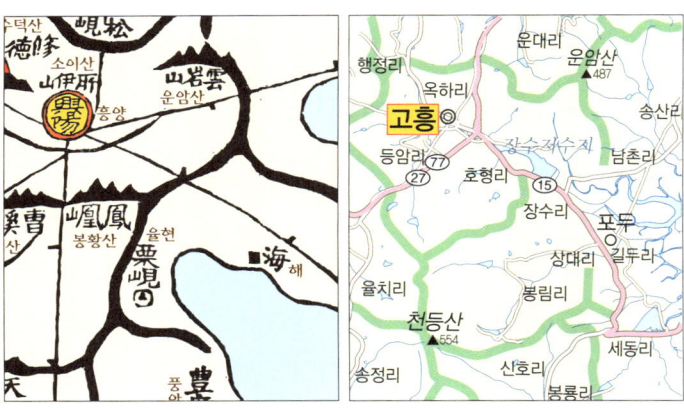

대동여지도의 내나로도(內羅老島)와 외나로도(外羅老島)는 고흥반도와 떨어져 있으나, 실제는 나로1대교로 연륙될 정도로 근접해 있고, 나로2대교로 두 섬도 연결되어 있다. 또 절이도(折爾島)는 현재의 거금도(居金島)로, 소록도와 거금대교로 이어졌고, 소록도는 소록대교로 연륙되어 있다.

대동여지도의 섬 위치는 현대 지도와 차이가 많이 나는데, 금당도(金塘島)는 거금도 서쪽에 있어야 하고, 평일도(平日島)는 금당도 남쪽에 위치해야 한다. 또 산일도(山日島)는 지금의 생일도(生日島)로 평일도 남쪽에 있어야 하고, 초도(草島)는 손죽도(巽竹島) 서남쪽에 위치해야 한다. 고흥반도 남쪽 40km 지점에 위치한 삼도(三島)는 현재의 거문도(巨文島)로, 동도(東島)·서도(西島)·고도(古島)의 세 섬으로 구성되어 있으나, 대동여지도에는 누락되어 추가로 그려 넣은 것이다.

흥양(興陽)은 원래 고이부곡(高伊部曲)이었으나, 1285년(고려 충렬왕 11년)에 고이부곡 출신 유비(柳庇)가 통역으로 원나라에 가서 공을 세웠다 하여 고흥현(高興縣)으로 승격되었다. 1397년(조선 태조 6년)에 현을 폐지해 보성군 도양현에 이속시키고, 진(鎭)을 설치하였고, 1441년(세종 23년) 고흥과 보성군의 속현이던 남양현(南陽縣)을 합쳐 흥양현으로 개칭되었다. 임진왜란 때는 전라좌수영의 진이 집중적으로 설치되어 구국의 전초기지 역할을 하였다. 1895년 나주부 관할 흥양군이 되었고, 이듬해 전라남도에 편제되었으나, 1914년 고흥군과 그 일원을 관할로 고흥군이 되었다. 1979년 고흥면이 고흥읍으로 승격되었다.

고흥군에는 고인돌이 1,000개 이상 분포하는데, 대표적으로 유둔리덕암지석묘를 비롯해 중산리지석묘군, 과역리민등지석묘군, 도청리지석묘군 등이 있다. 성곽으로는 흥양읍성(興陽邑城)을 비롯해 발포진성(鉢浦鎭城)·녹도진성(鹿島鎭城)·여도진성(呂島鎭城)·사도진성(蛇渡鎭城) 등의 수군만호성이 있다. 팔영산(八影山) 능가사(楞伽寺)는 고구려의 아도화상(我道和尙)이 창건하였고, 임진왜란 때 소진된 것을 인조 때 벽천(碧川)이 중창하면서 능가사로 이름을 바꾸었다.

20-4 해남 海南 완도 莞島

전라우수영이 설치되었던, 해남

대동여지도 해남 서쪽으로 길게 돌출된 육지는 화원반도(花原半島)이고, 해남 남쪽으로 돌출된 육지는 해남반도(海南半島)이다. 해남반도와 화원반도로 뻗은 산줄기는 호남정맥에서 갈라진 산줄기로, 금강산(金剛山)에서 분기된 것은 현대 지도의 산줄기와 맞지 않는다. 해남반도 밑 천관산(天冠山)으로 이어지는 산줄기도 현대 지도에서는 양암봉(陽巖峰, 469m)에서 천관산과 천태산(天台山) 줄기가 갈라지는데, 대동여지도의 산줄기와는 다르다. 대동여지도의 천개산(天蓋山)은 현대 지도의 천태산(549m)이다.

대동여지도의 해안선과 섬의 형태는 현대 지도와 대비되는 편이나, 해남반도 이진진(梨津鎭) 동쪽의 좁은 만입은 과장 표현되었고, 현재는 간척 사업으로 사내방조제가 조성되어 육지가 있다. 완도와 육지 사이의 바다와 탐진강 하류의 만입을 현재 완도~도암만이라고 부른다. 진도(珍島)와 완도(莞島), 고금도(古今島)는 현재 연육교로 연결될 만큼 육지와 근접해 있으나, 대동여지도에는 육지와 멀리 떨어져 있다. 또한 완도와 신지도(薪智島)는 교량으로 연결될 정도로 가까우나, 대동여지도에는 동떨어져 있다.

대동여지도 강진의 마도진(馬島鎭)은 만입 내에 표시되어 고금도와 거리가 떨어져 있으나, 현대 지도에서는 마량(馬良)이 옛 마도진이 위치하던 곳이고, 현재 마량과 완도군 고금도 사이의 고금~마량 간 해협에는 2007년 고금대교가 건설되어 연륙되었다. 조선 정조 때 제작된 지도첩인 〈지승(地乘)〉의 강진현 지도에도 마도진은 현대 지도와 위치가 같고, 고금도와 인접해 표시되었다.

해남(海南)은 백제 시대 새금현(塞琴縣)·황술현(黃述縣)·고서이현(古西伊縣)으로 불리다가 757년(신라 경덕왕 16년)에 새금현은 침명현(浸溟縣)으로, 고서이현은 고안현(固安縣)으로, 황술현은 황원현(黃原縣)

으로 각각 개칭되었다. 940년(고려 태조 23년)에 침명현은 해남현(海南縣)으로, 고안현은 죽산현(竹山縣)으로, 황원현은 황원군으로 개칭되었다. 1409년(조선 태종 9년) 왜구로 인해 육지로 이전된 진도현(珍島縣)과 합쳐져 해진군(海珍郡)으로 개칭되었고, 1437년(세종 19년) 해남과 진도가 분리되어 다시 해남현이 되어 현감을 두었다. 1895년에 나주부 해남군이 되었고, 이듬해 전라남도에 편제되었다. 1955년에 해남면이 읍으로 승격되었다.

전라우수영(全羅右水營)은 무안 대굴포(大掘浦)에 있던 수군처치사영(水軍處置使營)이 세종 때 해남 황원곶(黃原串)으로 옮겨 오면서 전라우도 수군의 본영이 되었고, 세조 때 절도사영으로 승격되었으며, 정유재란 때에는 명량대첩의 배후기지로 이용되었다. 현재 토축의 성벽 일부와 북문지가 남아 있고, 성 안에는 1724년과 1752년 및 1804년에 세운 우물 건립비와 중수비가 있다. 2016년 사적으로 지정되었다.

20-5 진도珍島
우리나라에서 세 번째로 큰 섬, 진도

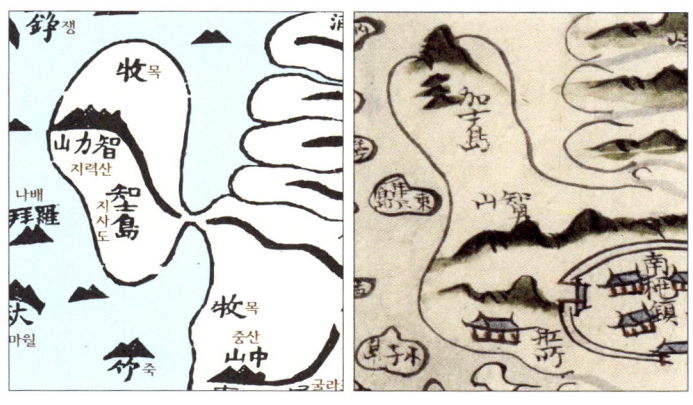

〈여지도〉의 가사도
(출처: 규장각한국학연구원)

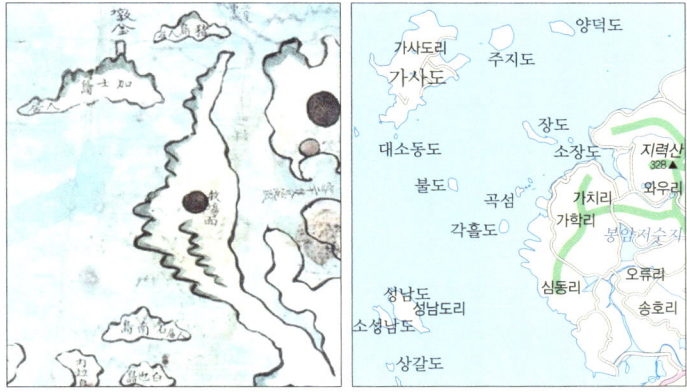

〈영호남연해형편도〉의 가사도
(출처: 국립중앙도서관)

대동여지도에 표시된 진도(珍島) 서쪽의 육지와 잘록하게 붙어 있는 지사도(知土島)는 실제 섬이 아니다. 조선 영조 때 제작된 군현 지도첩인 〈여지도(輿地圖)〉에는 가사도(加土島)로 표기되어 육지와 붙어 있으나, 정조 때 제작된 〈영호남연해형편도〉에는 가사도가 현대 지도와 같이 별도의 섬으로 표현되어 있다. 대동여지도에도 진도 읍치 서북쪽에 한자는 다르나 같은 이름의 '加沙島(가사도)'가 있는 것으로 보아 '지사도'라는 지명은 오류로 추정된다. 대동여지도의 지력산(智力山)은 현대 지도에는 진도군 지산면 와우리에 위치한다.

진도 주변에는 많은 섬이 여기저기 흩어져 있으나, 대동여지도의 섬 명이 바뀐 것으로는 대마월도(大麻月島)와 소마월도(小麻月島)는 대마도(大馬島)와 소마도(小馬島)이고, 동거차리도(東巨次里島)와 서거차리도(西巨次里島)는 동거차도(東巨次島)와 서거차도(西巨次島)이다. 그리고 하마도(下馬島)는 하조도(下鳥島)의 오기로 추정된다.

진도는 백제 시대에 인진도군(因珍島郡)으로 불리다가 757년(신라 경덕왕 16년)에 진도현이 되었다. 940년(고려 태조 23년) 진도군이 되었으나, 1270년(고려 원종 11년) 삼별초(三別抄, 고려 시대 경찰 및 전투의 임무를 수행한 부대의 명칭)가 들어와 별도로 나라를 세웠으나, 이듬해 여몽연합군이 삼별초를 토벌하면서 진도가 황폐되었고, 1350년(고려 충선왕 2년) 왜구의 침입으로 영암군으로 관아와 주민을 이주시켜 80년간 진도에 행정기관이 설치되지 않았다. 1409년(조선 태종 9년) 해남현과 합쳐 해진군(海珍郡)이 되었고, 1437년(세종 19년)에 진도군으로 독립되었다. 1865년(고종 2년) 진도는 남해의 요새지라 하여 도호부로 승격되었으나, 1874년(고종 11년)에 다시 진도군으로 강등되었다. 1895년에 나주부 관할 진도군이 되었고, 이듬해 전라남도에 편제되었다. 1979년에 진도면이 읍으로 승격되었다.

진도읍성(珍島邑城)은 세종 때 진도군으로 독립되면서 둘레 3,400척, 높이 11척의 읍성을 쌓고 3개의 문을 설치하였는데, 현재 성벽의 일부만 남아 있다. 삼별초(三別抄)가 진도에 설치한 대표적인 항몽(抗蒙) 시설인 용장성(龍藏城)은 성 안에 축대를 쌓은 층단식(層段式) 평지가 있고, 건물 터가 남아 있다. 이 밖에 바닷길 요새에 위치한 남도포성(南桃浦城)과 금갑진(金甲鎭城)은 성터와 성벽 일부가 남아 있다.

21 추자도楸子島
옛날 제주뱃길의 징검다리, 추자도

대동여지도의 상추자도(上楸子島)와 하추자도(下楸子島)는 현대 지도 상에 근접해 있어 추자대교로 연결되어 있다. 추자대교는 1972년에 처음 건설되어 추자교로 불렸으나, 1993년 하중을 견디지 못해 붕괴된 이후 1995년 새로 완공된 교량이다. 추자도 동쪽의 여서도(餘鼠島)는 추자군도와 거문도 사이에 위치한 외딴섬인 여서도(麗瑞島)이고, 사서도(斜鼠島)는 추자군도와 여서도 사이에 위치하는 사수도(泗水島)이다.

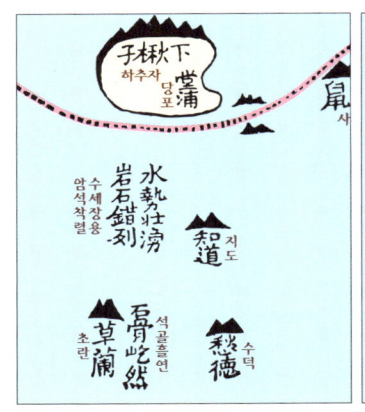

22 제주濟州 정의旌義 대정大靜

우리나라에서 가장 큰 섬, 제주

대동여지도의 한라산은 백록담과 함께 실감나게 표현되어 있고, 사방으로 뻗어 나간 산줄기와 물줄기, 해안선, 주변의 작은 섬들은 현대 지도와도 엇비슷하다. 특히 대동여지도의 산줄기는 등고선 없이도 현대 지도의 산줄기와 대비됨은 고산자 김정호의 지도제작 수준을 가늠케 한다.

대동여지도상 한라산의 혈망봉(穴望峰)은 한라산의 최고봉이고, 십성대(十星臺)는 영실(靈室)의 칠성대(七星臺)를 가리킨다고 한다. 그외 기생화산(오름)의 명칭은 현대 지도와 다른 것이 많은데, 백록담 동쪽의 장올악(長兀岳)은 위치로 봐서 흙붉은오름(1,382m)과 같으나, 산정에 화구호가 있는 봉우리로 물장오리오름(938m)이라고도 한다. 성판악(成板岳)은 성널오름(1,213m)으로 현대 지도와 위치가 다르고, 사미악(思美岳)은 세미오름(421m)으로 역시 위치가 다르다. 병악(並岳)은 위치로 봐서는 삼형제오름(1,077m)에 해당되지만 확실치 않다.

제주도 주위의 섬들 명칭도 현대 지도와 다른데, 차귀진(遮歸鎭) 앞바다의 죽도(竹島)는 차귀도이고, 모슬진(摹瑟鎭) 앞바다의 개파도(盖波島)는 지금의 가파도(加波島)이고, 마라도(摩羅島)는 한자 표기가 현재의 마라도(馬羅島)와 다르다. 두락도(豆落島)는 지금의 문섬이고, 초도(草島)는 섶섬이다.

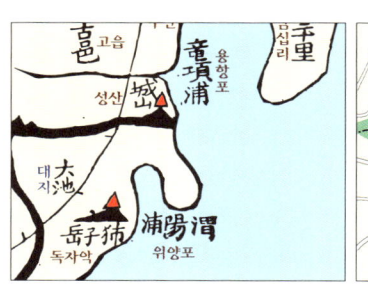

대동여지도의 제주도 동쪽 해안에 표기된 위양포(渭陽浦)는 갯가 명칭으로 일찍이 '위양개'라고 불렀고, 현재의 성산포에 해당된다. 그러나 위양포는 성산일출봉 남쪽의 섭지코지 해안에 표기되어, 현재의 성산포와는 위치가 맞지 않다. 섭지코지는 제주도 방언으로 섭지는 '좁은 땅', 코지는 '곶'이라는 뜻으로서, 바다로 돌출된 '좁은 곳'을 의미한다.

제주(濟州)는 삼국 시대 탐라국(耽羅國)이었고, 1105년(고려 숙종 10년)에 탐라군으로 개편되었고, 고려 고종(1192~1259년) 때 제주로 명칭이 바뀌었다. 1416년(조선 태종 16년) 한라산을 경계로 산 북쪽 지역은 제주목이 되었고, 산 남쪽 지역은 동서로 나누어 동쪽은 정의현(旌義縣), 서쪽은 대정현(大靜縣)이 되었다. 1864년(고종 1년) 대정현과 정의현이 군으로 승격되었가 1880년(고종 17년) 다시 현으로 환원되었다. 1895년 제주부로 개편되었고, 이듬해 전라남도에 편제되었다. 1906년 제주군이 되었고, 1910년 대정군과 정의군이 제주군에 통합되었다. 1946년 제주도(濟州道)로 승격되면서 남제주군과 북제주군이 설치되고, 1955년 제주읍이 제주시로 승격되었다. 1981년 서귀읍이 남제주군으로부터 독립해 서귀포시(西歸浦市)로 승격되었고, 2006년 제주특별자치도가 출범하면서 제주시와 북제주군, 서귀포시와 남제주군이 각각 통합되었다.

대정(大靜)은 1416년(조선 태종 16년)에 제주목사겸도안무사(濟州牧使兼都安撫使) 오식(吳湜)이 건의하여 3읍 체제가 이루어지면서 한라산 남서부를 분리해 대정현이 되었고, 1864년(고종 1년) 대정군으로 승격되었으나, 1880년(고종 17년) 현으로 환원되었다. 1895년 제주부 대정군이 되었고, 이듬해 전라남도에 편제되었으나, 1910년 제주군에 통합되어 대정면이 되었다. 1946년 제주도에 도제(道制)가 실시되면서 남제주군에 속하게 되었다. 1956년 대정면이 읍으로 승격되었고, 2006년 서귀포시 대정읍이 되어 오늘에 이른다. 오늘날 대정읍 소재지는 모슬진(慕瑟鎭) 자리이다.

정의(旌義)는 본래 제주 동도(東道)였고, 1416년(조선 태종 16년)에 한라산 남동부를 분리해 정의현이 되었고, 1864년(고종 1년) 정의군으로 승격되었으나 1880년(고종 17년) 현으로 환원되었다. 1895년 제주부 정의군이 되었고, 이듬해 전라남도에 편제되었으나 1910년 제주군에 통합되어 정의면이 되었다. 1946년 제주도에 도제가 실시되면서 남제주군에 속하게 되었다. 1980년 성산면과 남원면이 읍으로 승격되었고, 2006년 남제주군과 통합되면서 서귀포시가 되었다. 대동여지도의 정의현은 현대 지도에서는 표선면 성읍리이다.

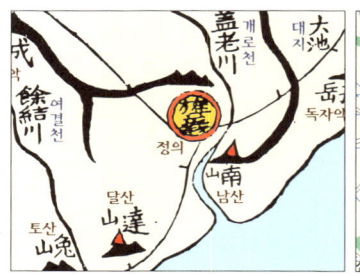

조선 시대 제주의 방어 시설은 3성 9진(三城九鎭)이 있었는데, 제주 성지(濟州城址)는 《신증동국여지승람》에 둘레 4,394자, 높이 11자로 기록되어 있으나 곳곳에 성터가 남아 있고, 오현단(五賢壇) 남쪽 일부가 복원되었다. 화북진지(禾北鎭址)는 숙종 때 축성되어 성의 일부가 남아 있고, 서귀진지(西歸鎭址)는 현재 성터 일부와 표석만 남아 있다.

대동여지도의 한라산 중산간(中山間) 지역을 따라 타원형으로 그려진 쌍선은 제주도 출신 관리 고득종(高得宗)이 세종에게 건의해 1430년부터 세워진 10개의 국영 목마장(牧馬場)으로, 그 넓이가 제주도 면적의 반을 차지할 정도였다고 한다. 목장의 경계를 따라 165리 규모의 잣담(성벽과 같이 쌓아 두른 돌담으로, '잣성'이라고도 함)이 축조되면서 목장 십소장(十所場)이 형성되기 시작하였고, 제주목사가 3읍 감목관(監牧官)을 겸직하면서 마정(馬政)을 통솔하였다. 십소장의 구역은 1소장부터 6소장까지는 제주목 지역이고, 7소장과 8소장은 대정현 지역, 9소장과 10소장은 정의현 지역이었다. 각 소장은 최고 책임자인 마감(馬監)과 군두(群頭)·군부(群頭)·목자(牧子)에 의해 철저하게 운영되었으며, 가축 중 말이 가장 많아 소장마다 1만에서 2만 마리를 방목했다고 한다.

대동여지도 지명 색인 설명

1 대상 항목

〈대동여지도〉에 수록된 모든 지명(11,677개)을 대상으로 색인을 작성하였다. 지명에는 목장을 나타내는 주기인 '목(牧)'과 '목우(牧牛)', '목양(牧羊)'까지 포함시켰다.

2 표기 방법

1) 색인 지명의 표기는 한글명(한자명), 지도표 분류, 지도명 및 층 – 면수, 쪽수, 색인부호 순으로 기록하였다.
　　• 예 : 숭례문(崇礼門) ························· 도성도 / 20 / 나4
　　　　삼악산(三岳山) / 고산성 ············· 13-3 / 172 / 가1
　　　　마라(摩羅) / 섬 ····················· 22 / 262 / 가4

2) 지명 뒤에는 지도표의 분류 따라 영아, 읍치, 방리, 성지, 진보, 역참, 창고, 목소, 봉수, 고현, 고진보, 고산성, 능침 외에 못, 섬, 바위섬, 월경지, 파수, 사찰 등을 부기하였다. 다만 지도표가 중복되는 지명은 고산성 · 봉수, 역참 · 창고 등으로 부기하였다.

3) 〈대동여지도〉에 오기된 지명은 가능한 범위 내에서 지도를 수정하였다.

　　• 예 : 9-3 위가산(委架山) → 왜가산(倭架山)　　　　9-3 파탄(波灘) → 기탄(歧灘)
　　　　10-3 하풍산(霞風山) → 하람산(霞嵐山)　　　10-5 망덕(望德) → 망덕산(望德山)
　　　　11-3 내빙산(來氷山) → 주빙산(朱氷山)　　　12-3 패약령(牌龠嶺) → 패약령(牌龠嶺)
　　　　14-5 중목포(中木浦) → 중방포(中防浦)　　　15-1 허대(虛垈) → 능허대(凌虛垈)
　　　　15-4 세운치(細雲峙) → 납운치(納雲峙)　　　16-3 공천(松川) → 송천(松川)
　　　　16-4 소현(少峴) → 사현(沙峴)　　　　　　16-4 풍시(豊是) → 풍제(豊堤)
　　　　16-5 와보(瓦甫) → 와포(瓦浦)　　　　　　17-4 사슬사(沙瑟寺) → 사슬치(沙瑟峙)
　　　　18-2 갈시(葛崼) → 갈현(葛峴)　　　　　　18-3 도굴산(闍窟山) → 자굴산(闍窟山)
　　　　20-5 대십팔리(大十八里) → 대천팔리(大千八里)　20-5 소십팔리(小十八里) → 소천팔리(小千八里)

3 음훈 색인

1) 지명은 가 · 나 · 다 순으로 배열하고, ㄲ · ㄸ · ㅃ · ㅆ · ㅉ 등의 된소리는 각각 ㄱ · ㄷ · ㅂ · ㅅ · ㅈ의 뒤에 실었다.
2) 색인 가운데 음이 같은 지명이 복수로 나올 경우 층 – 면수와 쪽수 순으로 배열하였다.

4 한자 표기

1) 지명의 한자 표기는 가능한 한 지도에 표기된 한자(略字 또는 俗字)대로 수록하였다.
2) 〈대동여지도〉에 표기된 한자(앞)와 正字(뒤) 대비

가	仮→假	검	釖→劍	경	苟→敬	고	蛊→蠱	관	関→關	관	覌→觀	구	亀→龜
구	旧→舊	국	国→國	귀	敀→歸	기	猉→麒	노	芦→蘆	노	炉→爐	누	楼→樓
단	断→斷	대	坮,台→臺	독	狑→獨	등	灯→燈	란	鸾→鸞	려	庐→廬	려	呂→麗
령	岺→嶺	레	礼→禮	로	炉→爐	류	畱→留	막	帒→幕	만	万→萬	만	峦→巒
만	湾→灣	멱	覔→覓	묘	庙→廟	미	弥→彌	미	麋→麛	반	盘→盤	발	発→發
변	変→變	변	边→邊	보	宝→寶	선	舡→船	소	蘓→蘇	수	壽→壽	실	寔→實
악	恶→惡	앵	莺→鶯	여	驴→驪	염	塩→鹽	영	灵,霝→靈	영	营→營	영	荣→榮
영	寕→寧	용	竜→龍	울	盉,欝→鬱	의	仪→儀	잠	蚕→蠶	장	蔵→藏	장	将→將
장	壮→壯	전	戦→戰	전	銭→錢	제	済→濟	조	条→條	증	曽→曾	지	吉→旨
진	真→眞	천	迁→遷	첩	畳→疊	촉	真→矗	총	葱→蔥	총	捴→摠	침	沉→沈
칭	尓→稱	탁	槖→橐	한	闲→閑	호	号→號	화	画→畫	헌	献→獻	흑	黒→黑

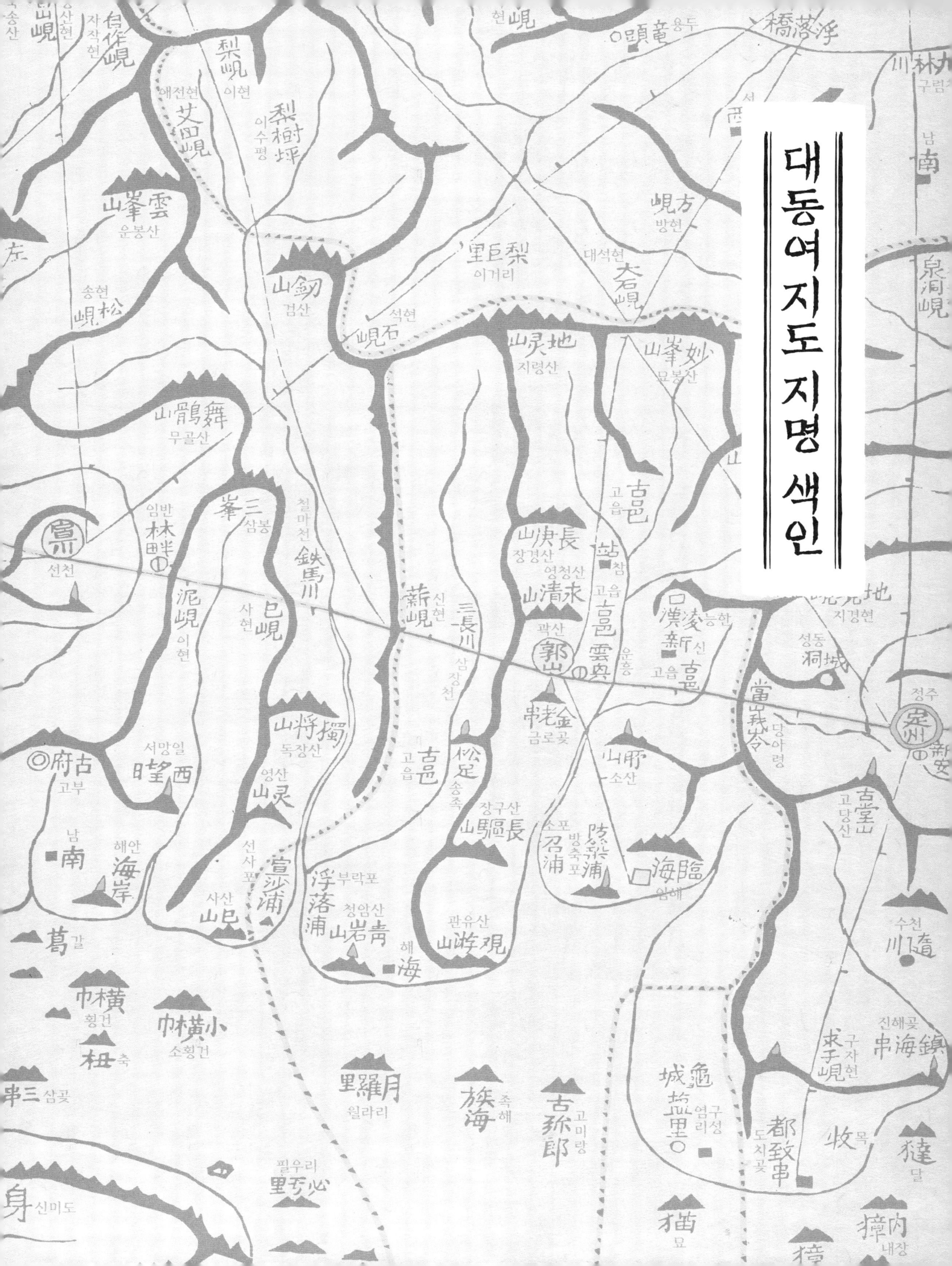

지명/분류	층-면수/쪽수/색인

지명 색인 – 사

지명/분류	층-면수/쪽수/색인
선두동(船頭洞) / 봉수	6-8 / 96 / 다4
선두산(船頭山)	18-2 / 228 / 나4
선박(船泊)	13-5 / 176 / 가1
선박(船泊)	14-1 / 180 / 다4
선사포(宣沙浦) / 진보	8-5 / 120 / 가4
선사포(宣沙浦) / 고진보	8-5 / 120 / 라3
선산(仙山) / 섬	20-4 / 256 / 라2
선산(善山) / 읍치	16-3 / 209 / 마2
선석산(禪石山)	16-3 / 209 / 마4
선소(船所) / 창고	10-5 / 140 / 가4
선소(船所) / 창고	19-3 / 242 / 가2
선소(船所) / 창고	19-4 / 244 / 다3
선소(船所) / 창고	19-5 / 246 / 나1
선소(船所) / 창고	20-3 / 254 / 나3
선소현(船所峴)	8-5 / 120 / 다3
선안(宣安) / 역참	15-2 / 194 / 다2
선암(仙岩)	16-2 / 206 / 라2
선암(仙岩) / 역참	18-5 / 235 / 라3
선암사(仙岩寺) / 사찰	19-4 / 244 / 다1
선암사(仙岩寺) / 사찰	20-4 / 257 / 마2
선암산(仙岩山)	19-1 / 238 / 가1
선암산(禪岩山) / 봉수	15-3 / 196 / 라2
선암산(船岩山)	16-2 / 206 / 라3
선암천(船岩川)	15-4 / 198 / 나4
선암천(仙岩川)	14-4 / 187 / 라4
선어연(仙魚淵)	15-2 / 194 / 다3
선여산(船餘山)	18-1 / 226 / 나3
선연(船淵)	18-5 / 235 / 라2
선연(仙淵)	15-1 / 192 / 나3
선운산(禪雲山)	17-5 / 224 / 다4
선원(繕院)	19-4 / 244 / 다2
선원천(禪院川)	14-5 / 188 / 나3
선유담(仙游潭) / 못	12-1 / 156 / 나1
선유동(仙游洞)	15-3 / 196 / 나2
선유봉(仙遊峰)	경조오부도 / 22 / 가3
선은산(仙隱山)	20-4 / 256 / 다2
선장(仙場)	15-5 / 201 / 마1
선장산(禪長山)	13-4 / 174 / 다4
선재(蟬岾) / 섬	19-6 / 249 / 마1
선적(善積) / 진보	11-4 / 150 / 나1
선적천(善積川)	11-4 / 150 / 나1
선접(仙接) / 섬	14-6 / 190 / 나1
선천(宣川) / 읍치	8-5 / 120 / 다2
선천(船遷)	12-2 / 159 / 마4
선천(鐥川)	18-3 / 230 / 나4
선치(蟬峙)	18-5 / 234 / 나3
선평(仙坪)	10-2 / 134 / 라2
선화천(宣化川)	15-5 / 201 / 라1
선희궁(宣禧宮)	도성도 / 20 / 나1
선희묘(宣禧墓)	경조오부도 / 22 / 나2

지명/분류	층-면수/쪽수/색인
설(雪) / 창고	18-2 / 228 / 라3
설관(雪關)	5-5 / 76 / 라4
설대산(雪坮山)	7-5 / 107 / 마2
설령(雪岺)	4-2 / 56 / 나3
설림산(雪林山)	16-5 / 212 / 다4
설마치(雪馬峙)	12-3 / 160 / 나3
설매현(雪梅峴)	18-3 / 231 / 마3
설봉산(雪峯山)	3-2 / 42 / 나4
설봉산(雪峯山)	5-2 / 71 / 라4
설봉산(雪峯山)	7-2 / 100 / 다3
설봉산(雪峯山)	8-2 / 115 / 마3
설봉산(雪峯山) / 고산성	14-5 / 189 / 라1
설산(雪山) / 고산성	18-4 / 232 / 나3
설아산(雪莪山)	15-4 / 198 / 가1
설악산(雪岳山) / 고산성	12-1 / 156 / 나3
설운령(泄雲岺)	10-3 / 137 / 마3
설천(雪川) / 방리	20-2 / 252 / 나1
설탄령(雪呑岺)	10-3 / 137 / 마4
설학산(雪鶴山)	8-1 / 112 / 가4
설한동천(雪寒洞川)	6-5 / 91 / 라1
설한령(雪寒岺)	6-5 / 90 / 다1
설한봉(雪寒峯)	8-4 / 118 / 가1
설화(舌火) / 역참	17-2 / 218 / 가2
섬강(蟾江)	14-4 / 186 / 가2
섬거(蟾居) / 역참	19-3 / 242 / 가1
섬등(蟾磴)	19-5 / 247 / 마1
섬암(蟾岩) / 바위섬	16-5 / 212 / 다4
섬진(蟾津) / 진보	19-3 / 242 / 가2
섭하(涉河)	10-5 / 140 / 다3
성(城) / 창고	7-3 / 102 / 가3
성(城) / 고산성 · 창고	7-5 / 106 / 라3
성(城) / 창고	14-2 / 182 / 다4
성간(城干) / 역참 · 창고	5-6 / 79 / 라4
성거산(聖居山)	12-4 / 163 / 라2
성거산(聖居山) / 고산성	14-5 / 188 / 나4
성곶(城串) / 봉수	7-2 / 100 / 나3
성곶(城串)	11-1 / 144 / 가1
성곶(聲串) / 봉수	12-5 / 165 / 마3
성곶(聲串)	13-4 / 174 / 가4
성교원(星橋院)	10-4 / 139 / 라4
성기(星奇) / 역참	17-3 / 220 / 다2
성내산(城內山) / 봉수 · 고산성	15-2 / 194 / 가1
성당(聖堂)	16-5 / 213 / 마3
성당산(聖堂山)	14-6 / 190 / 다4
성대(聖代) / 방리 · 창고	6-3 / 86 / 다2
성대산(聖代山)	5-3 / 72 / 다3
성덕산(聖德山)	18-4 / 232 / 나4
성동(城洞)	3-6 / 51 / 라1
성동(城洞) / 고산성	8-5 / 121 / 마3
성동천(城洞川)	7-5 / 107 / 라3

지명/분류	층-면수/쪽수/색인
성량(省良) / 고현 · 창고	19-3 / 242 / 나2
성력산(聖曆山) / 고산성 · 봉수	8-1 / 112 / 가3
성령(城岺)	16-2 / 206 / 나1
성령(成岺)	17-1 / 216 / 가1
성령(箴岺)	17-1 / 216 / 나2
성류굴(聖留窟)	15-1 / 192 / 다2
성륜산(聖輪山)	14-5 / 188 / 다2
성마령(星麻岺)	14-3 / 184 / 나1
성명방(誠明坊)	도성도 / 20 / 다3
성문(城門) / 고진보 · 봉수	6-3 / 87 / 마3
성법(省法) / 역참	18-2 / 229 / 라4
성부산(星浮山)	17-1 / 216 / 나3
성북(城北) / 고산성 · 봉수	11-2 / 146 / 가1
성북동(城北洞)	도성도 / 21 / 라4
성북동(城北洞)	경조오부도 / 22 / 다2
성불사(成佛寺) / 사찰	7-3 / 103 / 마3
성불사(成佛寺) / 사찰	8-2 / 115 / 라4
성불사(成佛寺) / 사찰	16-2 / 206 / 다3
성불산(成佛山)	5-2 / 70 / 라2
성불산(成佛山)	11-4 / 150 / 가4
성불산(成佛山) / 고산성	17-2 / 218 / 나3
성불악(成佛岳)	22 / 263 / 라3
성산(城山) / 고산성	6-3 / 87 / 라3
성산(城山) / 진보	10-4 / 138 / 가3
성산(城山) / 고산성	12-3 / 160 / 다4
성산(城山) / 고산성	12-4 / 163 / 마4
성산(城山) / 방리	13-2 / 171 / 마2
성산(城山) / 고산성	14-3 / 184 / 가4
성산(城山) / 고산성	14-5 / 189 / 라2
성산(城山) / 고산성	15-3 / 196 / 다4
성산(城山) / 고산성	15-4 / 198 / 다3
성산(城山) / 고산성 · 봉수	15-5 / 200 / 다2
성산(城山) / 고산성 · 봉수	16-2 / 206 / 다2
성산(城山) / 고산성	16-2 / 206 / 다3
성산(城山) / 봉수 · 고산성	16-4 / 210 / 나1
성산(城山) / 고산성 · 봉수	17-2 / 218 / 다2
성산(城山) / 고산성 · 봉수	17-2 / 219 / 라1
성산(城山) / 고산성	17-3 / 220 / 가4
성산(城山) / 고산성	17-3 / 220 / 나3
성산(城山) / 고산성	17-5 / 225 / 마2
성산(城山) / 고산성	18-2 / 228 / 나3
성산(城山) / 고산성	18-5 / 234 / 가4
성산(城山) / 고진보 · 고산성	19-2 / 240 / 가2
성산(城山) / 고산성	19-5 / 247 / 라2
성산(城山) / 고산성	19-5 / 247 / 마1
성산(城山) / 봉수	22 / 263 / 마3
성산(星山) / 봉수	17-3 / 221 / 마1
성산(聖山)	9-4 / 130 / 라2
성산리(城山里)	13-3 / 172 / 다2
성산리(城山里)	경조오부도 / 22 / 가2

지명/분류	층-면수/쪽수/색인
우(牛)/창고	6-8/97/라4
우(牛)/섬	19-1/238/나1
우(牛)/섬	19-3/242/가3
우(牛)/섬	19-6/249/마2
우(牛)/섬	20-4/257/마1
우(芋)/섬	10-2/135/마2
우가연(禹家淵)	9-3/128/가2
우간진(右看津)	7-2/101/마2
우개(牛開)/섬	19-6/248/다2
우계(牛溪)	6-3/87/라3
우계(牛溪)	12-3/160/가3
우계(羽溪)/고현·창고	13-1/168/가4
우곡(牛谷)/역참	16-2/206/다4
우교(牛橋)	9-1/124/가3
우구리(牛仇里)/고진보	6-8/97/라4
우금암(禹金岩)/고산성	17-5/224/다3
우기(牛耆)/섬	20-3/254/나1
우도(牛島)/섬	22/263/마2
우도진(牛島津)	20-4/257/마1
우동산(牛童山)	10-4/138/가2
우두령(牛頭岺)/봉수	5-3/72/나1
우두령(牛頭岺)/봉수	16-3/208/다4
우두산(牛頭山)	7-2/100/다3
우두산(牛頭山)	12-4/163/마4
우두산(牛頭山)	14-2/182/가4
우두산(牛頭山)	14-4/186/가1
우두산(牛頭山)	14-4/186/다1
우두산(牛頭山)	15-3/196/다4
우두산(牛頭山)	17-3/220/라3
우두암(牛頭庵)/사찰	8-2/114/가2
우두치(牛頭峙)	17-3/220/다2
우두평(牛頭坪)/고산성	12-2/158/나4
우두포(牛頭浦)	22/262/가3
우령(牛岺)	10-3/136/다2
우령(羽岺)	13-3/172/나2
우령산(牛岺山)	18-2/228/다2
우령천(牛岺川)	10-3/136/다1
우리(牛里)/섬	8-5/120/다4
우면산(牛眠山)	13-4/174/나3
우명산(牛鳴山)	12-2/158/라3
우묵(牛默)/섬	19-6/248/다1
우배치(牛背峙)	19-2/240/가1
우보산(牛甫山)	14-3/185/마3
우봉(牛峯)	8-5/120/나1
우봉(牛峯)/고현	12-4/162/다1
우산(于山)/섬	14-1/181/라4
우산(牛山)/고산성·봉수	10-5/140/가3
우산(牛山)/고산성	15-5/201/라4
우산(牛山)	17-5/225/마1
우산(牛山)	18-3/230/나4

지명/분류	층-면수/쪽수/색인
우산(牛山)	19-2/240/가1
우산(牛山)/봉수	19-2/240/가3
우산(牛山)	19-3/242/다2
우산(禹山)	11-5/153/마3
우산진(牛山津)	18-2/228/가1
우산포(牛山浦)	11-5/152/다2
우상현(牛象峴)	12-3/160/가3
우수영(右水營)/영아	20-4/256/가1
우순치(牛順峙)	18-5/235/마2
우슬치(牛膝峙)	20-4/256/다1
우악(牛岳)/섬	19-6/249/마4
우암(牛岩)/봉수	2-1/29/라4
우암(牛岩)/창고	17-2/218/나1
우암(遇岩)	7-2/100/다1
우암서(牛岩嶼)/바위섬	20-5/259/마1
우예(虞芮)/고현	3-7/52/다1
우와산(牛臥山)	18-5/234/나2
우읍산(禹揖山)	13-4/175/마2
우이산(牛耳山)	12-5/164/다1
우장(牛場)/역참·창고	6-7/95/마4
우장령(牛場岺)	6-7/95/마3
우장산(牛場山)	8-3/117/마3
우장천(牛場川)	7-5/106/가4
우장현(雨裝峴)	경조오부도/23/마2
우제령(牛蹄岺)	7-5/106/다4
우주(紆州)/고현·창고	16-4/210/나4
우주암(雨注岩)	4-4/61/마1
우중(牛中)/창고	6-7/95/마3
우지령(牛脂岺)	6-2/84/나1
우지산(右地山)	1-2/26/다1
우천(牛川)	13-4/174/다3
우천(牛川)	15-4/198/라1
우천(隅川)/방리	13-3/172/다4
우첩(牛疊)/섬	19-6/249/라2
우치(牛峙)	12-5/164/나2
우치(牛峙)	18-4/232/나2
우치(牛峙)	19-3/242/나1
우택굴(牛宅窟)	18-5/234/다2
우통수(于筒水)	13-2/170/다2
우평(牛坪)	14-6/191/마4
우평(羽坪)	10-5/140/나2
우풍(虞風)/고현	18-1/226/나2
우하(牛下)/창고	6-7/94/라3
우한치(雨寒峙)	12-1/156/다4
우항령(牛項岺)/파수	4-5/62/가2
우항산(牛項山)	18-2/228/가1
우현(右峴)	8-4/119/마3
우현(右峴)	16-3/209/라2
우현(牛峴)/진보	7-5/107/마1
우현(牛峴)	15-3/196/나1

지명/분류	층-면수/쪽수/색인
우현(牛峴)	16-1/204/나3
우현(牛峴)	16-2/207/마1
우현(牛峴)	18-5/235/라2
우현(牛峴)/고진보	20-2/252/나1
우화정(羽化亭)	12-3/160/가1
운(雲)/창고	8-3/116/다4
운가위천(雲加委川)	4-2/57/마4
운계산(雲溪山)	11-5/152/나3
운계천(雲溪川)	11-5/152/나1
운곡(雲谷)/방리·창고	9-2/126/다1
운곡천(雲谷川)	8-2/114/다4
운교(雲交)/역참·창고	13-3/173/마4
운근(雲根)/역참	11-1/144/나4
운길산(雲吉山)	13-4/174/다2
운달산(雲達山)	6-3/87/라3
운달산(雲達山)	11-5/153/마4
운달산(雲達山)	15-3/196/라2
운동(雲洞)/파수	3-6/50/나2
운두리(雲頭里)/진보	6-8/96/다4
운두봉(雲頭峯)/봉수	2-2/30/가2
운두산(雲頭山)	7-5/106/다3
운두산(雲頭山)	8-3/116/가4
운두산(雲頭山)	12-4/162/가2
운량포(運粮浦)	8-6/122/다1
운련산(雲連山)	10-3/136/가4
운령(雲岺)	9-2/126/나1
운림(雲林)/고진보·창고	9-2/127/마2
운마산(雲摩山)	11-4/150/가2
운문산(雲門山)	17-2/219/마4
운방산(雲放山)	16-2/206/나1
운봉(雲峰)/읍치	18-4/233/마4
운봉산(雲峯山)	1-2/27/마4
운봉산(雲峯山)	3-2/42/라1
운봉산(雲峯山)	8-2/114/가4
운봉산(雲峯山)	8-5/120/다1
운봉산(雲峯山)/봉수	10-5/141/마2
운봉산(雲峯山)	11-2/146/나4
운봉산(雲峯山)	11-4/150/가4
운봉산(雲峯山)	16-3/209/마4
운봉산(雲峯山)	18-1/226/나4
운산(雲山)/읍치	7-5/107/라4
운산(雲山)	8-4/118/가4
운산(雲山)/역참	15-2/194/다4
운성산(雲城山)	11-6/155/마1
운수사(雲水寺)/사찰	8-2/115/마4
운수사(雲水寺)/사찰	19-1/238/가1
운악(雲岳)	12-3/161/마3
운악산(雲岳山)	13-4/175/마4
운악산(雲岳山)	17-1/216/나1
운암(雲岩)/고현	10-1/132/가4

지명 색인 - 아

지명 색인 - 자

‖ 참고문헌 ‖

저서 및 편서

《고산자 김정호 기념사업 연구보고서》, 국립지리원, 국립지리원, 2001
《국역 신증동국여지승람 Ⅰ~Ⅶ권》, 민족문화추진회, 1978
《대동여지도 국한문색인》, 박성봉, 백산자료원, 2005
《대동여지도 별권 색인표》, 이우형, 광우당, 1985
《대동여지도 복간본》, 김정호, 광우당, 1985
《대동여지도색인》, 경성제국대학법문학부, 1936
《대동여지도색인》, 경희대학교 전통문화연구소, 1980
《대동여지도 영인본》, 김정호, 국립지리원, 1982
《대동여지도의 독도》, 이우형, 광우당, 1990
《대동지지 영인본》, 김정호, 아세아문화사, 1974
《박물관에서 대동여지도를 만나다》, 국립중앙박물관, 열린박물관, 2007
《산경표, 조선광문회판 영인본》, 신경준, 푸른산, 1990
《여지도서 상·하》, 국사편찬위원회, 규장문화사, 1979
《청구도 건·곤 복간본》, 김정호, 민족문화추진위원회, 1971
《택리지》, 이중환, 평화출판사, 2005
《한국지명유래집》, 국토지리정보원, 진한엠앤비, 2015~2016
《한한대사전(漢韓大字典)》, 민중서관편집국, 민중서관, 1986

논문

〈대동여지도〉, 양보경, 한국사시민강좌 23집, 1998
〈목판본 대동여지도의 지명연구, 문화역사지리 제22권 제3호〉,
  임종옥·김기혁, 2010

웹자료

고려사 : 국사편찬위원회 db.history.go.kr
고려사절요 : 국사편찬위원회 db.history.go.kr
관동지(상, 하) : 한국고전번역원 db.itkc.or.kr
네이버 지식백과 : terms.naver.com
동방미디어 : www.koreaa2z.com
문화콘텐츠닷컴 : www.culturecontent.com
삼국사기 : 국사편찬위원회 db.history.go.kr
삼국유사 : 국사편찬위원회 db.history.go.kr
서울대학교 규장각한국학연구원 : e-kyujanggak.snu.ac.kr
세종실록지리지 : 국사편찬위원회 sillok.history.go.kr
승정원일기 : 국사편찬위원회 sjw.history.go.kr
연려실기술 : 한국고전번역원 www.kopia.co.kr
우리역사넷 : contets.history.go.kr/mfront
조선왕조실록 : 국사편찬위원회 sillok.history.go.kr
종로도서관 고문헌 원문검색 서비스 : jnliboldbook.sen.go.kr
한국자료센터 : www.kostma.net
현진상, 대동여지도 지도표 해설 : www.angangi.com